ETHNOMATHEMATICS

Challenging Eurocentrism in Mathematics Education

민족 수학

Arthur B. Powell, Marilyn Frankenstein 지음

김진호 · 김상미 · 서보억 · 신동조 · 여승현

이대현 · 황지현 옮김

KM 경문사

ETHNOMATHEMATICS

Challenging Eurocentrism in Mathematics Education

민족 수학

Arthur B. Powell, Marilyn Frankenstein 지음

김진호 · 김상미 · 서보억 · 신동조 · 여승현 · 이대현 · 황지현 옮김

감사의 글

민족수학ethnomathematics이라는 학문 분야가 특히 중요한 이유는 전 세계적인 해방 투쟁의 지적 영향에서 비롯되었다는 점과 이 분야에 관한 관심과 노력이 학계에 국한되지 않았다는 점 때문이다. 많은 사람이 조직적인 노력과, 교육과정에 포함시켜려는 노력을 통해 민족수학의 출현에 기여하였고, 기존 수학교육계의 생각과 관행을 변화시켰다. 그 중에서도 이 책의 저자들의 중심적인 역할에 감사드리고 싶다. 19세기의 한 저명한 지식인이 철학자들은 세상을 다양한 방식으로 해석했을 뿐이며, 중요한 것은 세상을 변화시키는 것이라[a] 이들은 수학과 수학교육의 영역에서 활동해 왔다.

이 책의 아이디어와 제작에 기여해 주신 많은 분이 있었다. 특히 뉴옥Newark에 있는 러트거스 대학교Rutgers University의 많은 분께 감사의 말씀을 전하고 싶다. 우리 둘 다 남아프리카에 있는 동안 초기 제안서를 출판사와 저자들에게 전달하고 관련 서신을 계속 받아볼 수 있게 해준 엘리노어 해리스Eleanore Harris에게 감사의 마음을 전한다. 처음부터 그녀는 우리에게 엄청난 사무적 지원을 해 주었다. 또한 연구 및 컴퓨터 관련 작업을 도와준 마헨드라 람나우스Mahendra Ramnauth, 케빈 파웰Kevin Powell, 마이클 브램릿Michael Bramlett, 그리고 오타 교정을 도와준 티쳐스 칼리지Teachers College의 다니엘 네스Daniel Ness에게도 감사를 표한다.

나Arthur B. Powell는 러트거스 대학교Rutgers University(Newark College of Arts and Sciences)의 헤아릴 수 없는 지원과 동료들의 영감에 감사드릴 수 있게 되어 기쁘게 생각한다. 대부분의 연구 및 커뮤니케이션 비용은 학과와 대학에서 기꺼이 기증해 주었다. 나는 수업 외에도 아프리칸 디아스포라(African Diaspora)[b]에서 문화의 역할을 주의 깊게 살펴보고 인식하고 그것이 아프리칸 미국인 커뮤니티에서 교육 관행을 어떻게 형성하는지 이해해야 한다고 처음으로 주장한 동료이자 친구인 윌리엄 존스William Jones 교수에게 큰 빚을 지

---

a) 마르크스가 1845년 봄에 쓴 "포이어바흐에 관한 논문들(Theses on Feuerbach)"에는 이 내용이 열한 번째이자 마지막 논문으로 수록되어 있다. (칼 마르크스와 프레드릭 엥겔스, 《작품집》, 5권, New York: International Publishers, 1976, 5쪽 및 8쪽). Lorch(1996)는 "베를린의 훔볼트 대학교(독일에서 가장 명망 있는 대학) 정문에는 이 인용문이 대리석에 커다란 글씨로 새겨져 있다"고 기술하고 있다.

b) 역자 주. 디아스포라는 본토를 떠나 타국에서 살아가는 "공동체 집단" 또는 "이주" 그 자체를 의미한다. 세계사적으로 볼 때, 유대인, 아일랜드인 등의 디아스포라가 있었다. "아프리칸 디아스포라"는 대체로 "비자발적 이주"였다.

고 있다. 그 결과 1986년에 나는 인종, 계급, 성별, 문화에 관한 새로운 학문을 우리 대학의 커리큘럼에 통합하는 캠퍼스 세미나에 참여했고, 그 결과 수학과 문화에 관한 광범위한 참고문헌 목록을 작성하게 되었으며 이것이 민족수학으로 이어졌다. 마지막으로, 이 작업에서 항상 나를 지지해 주었고 특정 장의 민족수학에 대해 나와 함께 토론하고 결국 그 내용을 포함하도록 준비하는 데 도움을 준 아내 캐롤린 M. 소머빌Carolyn M. Somerville에게 특별하고 따뜻한 감사의 말을 전하고 싶다.

나(마릴린 프랑켄슈타인Marilyn Frankenstein)은 퍼블릭 앤드 커뮤니티 서비스 대학the College of Public and Community Service(CPCS)의 학생, 교수진 및 교직원이 제공하는 지적 및 정치적 지원에 감사드린다. CPCS의 기관 철학은 정의롭고 인간적인 세상을 만드는 데 교육이 할 수 있는 활동가적 역할에 대한 비전과 지적 및 정치적 행동주의가 서로 변증법적으로 지원한다는 비전이 포함되어 있다. 이러한 맥락에서 반인종주의자, 반자본주의자, 반성소수자 등 활동가 학자로서의 나의 작업은 단순히 '용인'된 것이 아니라 더 중요한 가치를 인정받았다.

또한 뉴욕주립대학교 출판부State University of New York Press(SUNY Press)의 지원에도 감사를 표하고 싶다. 우리의 작업을 단순한 마케팅 아이템이 아닌 진지한 지적 프로젝트로 취급해 준 기획 편집자 프리실라 로스Priscilla Ross에게 깊은 감사를 표한다. 그녀는 우리의 모든 주장을 경청하고, 우리의 선택을 이해했으며, 우리의 아이디어가 최종 원고에 그대로 반영되도록 하는 데 중요한 역할을 했다. 또한 모든 문의에 신속하게 답변하고 원고에서 출판으로 이어지는 모든 세부 사항을 도와준 제작 편집자 다이앤 가넬레스Diane Ganeles에게도 감사를 표한다.

재인쇄를 허락해 주신 다음 분들께 감사의 말씀을 전한다.

런던에 있는 Routledge 출판사는 피터 맥라렌Peter L. McLaren과 콜린 랭스헤르Colin Lankshear가 편저한 《Politics of Liberation: Paths from Freire》(1994)에 실린 "Toward Liberatory Mathematics: Paulo Freire's Epistemology and Ethnomathematics"이란 글을 우리 두 편집자가 1, 2, 3, 4, 6절의 서문에 변경하여 사용하도록 허락해 주었다.

아래의 논문들을 사용할 수 있도록 허락해 준 《For the Learning of Mathematics》 학술지의 창립자이자 편집위원장인 데이비드 휠러David Wheeler에게 특별히 감사의 말씀을 전한다.

- D'Ambrosio, U. (1985). Ethnomathematics and Its Place in the History and Pedagogy of Mathematics. *For the Learning of Mathematics*, 5(1), 41-48. 이 논문은 본서에서 제1장으로 재출판됨.
- Walkerdine, V. (1990). Difference, Cognition, and Mathematics Education. *For the*

Learning of Mathematics, 10(3), 51-55. 이 논문은 본서에서 제9장으로 재출판됨.

- Harris, M. (1987). An Example of Traditional Women's Work as a Mathematics Resource. *For the Learning of Mathematics*, 7(3), 26-28. 이 논문은 본서에서 제10장으로 재출판됨.
- Borba, M. (1990). Ethnomathematics and Education. *For the Learning of Mathematics*, 10(1), 39-43. 이 논문은 본서에서 제12장으로 재출판됨.
- Fasheh, M. (1982). Mathematics, Culture and Authority. *For the Learning of Mathematics*, 3(2), 2-8. 이 논문은 본서에서 제13장으로 재출판됨.
- Zaslavsky, C. (1991). World Cultures in Mathematics Calss. *For the Learning of Mathematics*, 11(2), 32-36. 이 논문은 본서에서 제15장으로 재출판됨.
- Knijnik, G. (1992). An Ethnomathematical Approach to Mathematics Education: Culture, Mathematics, Education, and the Landless of Souththern Brazil. *For the Learning of Mathematics*, 13(3), 23-26. 이 논문은 본서에서 제18장으로 재출판되면서, 제목을 An Ethnomathematical Approach in Mathematical Edcuation: A Matter of Political Power로 바꿈.
- Science History Publication 출판사는 Ascher, M.과 Ascher, R.(1986)이 *History of Science*, 14, 125-144에 게재한 Ethnomathematics를 사용할 것을 허락해 주었다. 이 논문은 본서에서 제2장으로 재출판됨.
- Institute of Race Relations는 Joseph, G. G.(1987)이 *Race & Class*, 28(3), 13-28에 게재한 Foundations of Eurocentrism in Mathematics를 사용할 것을 허락해 주었다. 이 논문은 본서에서 제3장으로 재출판됨.
- The University of Chicago Press 출판사는 Bernal, M.(1992)이 *ISIS*, 83, 596-607에 게재한 Animadversions on the Origins of Western Science를 사용할 것을 허락해 주었다. 이 논문은 본서에서 제4장으로 재출판됨.
- 뉴저지주 New Brunswick에 있는 Transaction Books 출판사는 I. van Sertima가 편저한 *Black in Science: Ancient and Modern*(pp. 100-109)에 Lumpkin, B.(1983)이 집필한 Africa in the Mainstream if Mathematics History를 사용할 것을 허락해 주었다. 이 논문은 본서에서 제5장으로 재출판됨.
- 뉴저지주 Hillsdale에 있는 Lawrence Erlbaum Associates 출판사는 U. Neisser이 편저한 *The School Achievement of Minority Children: New Perspectives*(pp. 169-189)에 Ginsburg, H. P.(1986)가 집필한 The Myth of the Deprived Child: New Thoughts on Poor Children를 사용할 것을 허락해 주었다. 이 논문은 본서에서 제6장으로 재출판됨.

- 호주의 멜버른에 있는 Control Publications 출판사는 Martin, B.(1988)가 *Search: Science and Technology in Australia and New Zealand*, 19(4), 209-214에 게재한 Mathematics and Social Interests를 사용할 것을 허락해 주었다. 이 논문은 본서에서 제7장으로 재출판됨.
- 뉴욕주 뉴욕시에 있는 Science & Society Quarterly 출판사는 Struik, D. J.(1948)이 *Science & Society*, 12(1), 181-196에 게재한 마르크스Marx 그리고 Mathematics를 사용할 것을 허락해 주었다. 이 논문은 본서에서 제8장으로 재출판됨.
- 네덜란드의 Dordrecht에 있는 Kluwer Academic Publishers 출판사는 Gerdes, P.(1988)이 *Educational Studies in Mathematics*, 19(3), 137-162에 게재한 On Culture, Geometrical Thinking and Mathematics Education을 사용할 것을 허락해 주었다. 이 논문은 본서에서 제11장으로 재출판됨.
- 미국 Washington, DC에 있고, 하버드 대학교에서 출판하는 The Journal of Negro Educatio은 Anderson, S. E.(1990)이 *The Journal of Negro Education*, 59(3), 348-359에 게재한 Worldmath Curriculum: Fighting Eurocentrism in Mathematics를 사용할 것을 허락해 주었다. 이 논문은 본서에서 제14장으로 재출판됨.
- 펜실베이니아주 필라델피아에 있는 The University of Pennsylvania Press 출판사는 Pinxten, R., van Dooren, I., 그리고 Harvey, F.(1983)이 집필한 5장(The Anthropology of Space)의 수정본을 사용할 것을 허락해 주었다. 이 논문은 본서에서 제17장으로 재출판됨.

추천사

이 서문을 쓰도록 초대받게 되어 영광이며 매우 기쁘게 생각한다.

서문을 쓰다 보면 항상 개인적인 이야기를 할 수 있는 기회가 생긴다. 호주 애들레이드(Adelaide)에서 열린 제5차 국제수학교육학술대회에서 국제민족수학연구그룹(the International Study Group on Ethnomathematics; ISGEm) 설립을 처음 제안한 지 12년 만에 이 서문을 쓰고 있다. 그 회의에서 내가 한 기조연설은 민족수학에 대한 새로운 추진의 시작을 알렸고 영향력이 컸다고 생각한다. 이미 많은 일이 진행되고 있었지만, 그 이후 일어난 일의 강도는 인상적이었다.

민족수학의 성장과 유럽 중심주의에 대한 도전, 비판수학 교육$_{\text{criticalmathematics education}}$[a]의 확산, 그리고 다문화 교육 동향에서 수학의 중심적 위치를 볼 때, 우리는 이것의 중요성을 인식하는 데 실수를 범해서는 안 된다. 이러한 모든 탐구 분야는 본질적으로 교육, 특히 수학교육 그리고 교육의 사회적 및 인지적 함의점들에 대한 성찰, 역사, 특히 수학의 역사에 대한 성찰, 인식론, 특히 수학의 인식론에 대한 성찰, 그리고 수학 자체에 대한 새로운 성찰이다.

민족수학이라는 단어는 한동안 주로 "원시"라고 불리는 문화와 동일시되는 "문자를 갖고 있지 않은 문화"에서 행해지는 수학과 관련하여 사용되어왔다. 그러나 이제는 "민족수학"이라는 단어가 더 광범위하게 사용되고 있으며, 이 책에서도 이를 쓰고 있다. 우리는 다양한 정의 시도와 대체할 이름에 대한 제안을 볼 수 있으며, 이는 모두 정상적인 현상이고 실제로 새로운 연구 영역의 출현을 재확인해 준다. 부인할 수 없는 오늘날의 사실은 우리는 수학과 수학의 사회적 함의에 관한 새롭고 폭넓은 관점을 찾고 있다는 것이다. 관련한 원고들을 수집한 이 모음집은 그러한 모색을 비판수학 교육의 관점에서 표현한 것이다.

민족수학은 현대 과학, 특히 수학이 인류 전체의 삶의 질을 향상시키기 위한 경험, 성찰, 망상, 희망의 품으로 형성되었다. 우리 모두는 모든 인간과 다른 인간과의 관계에서 평등과 존엄을 꿈꾸며, 우주 현실에서 우리의 위치를 이해하고 내적 평화를 실현하고 다

a) 편집자 주. 이것은 수학교육에서 새롭게 떠오르는 또 다른 분야를 지칭한다. 이러한 아이디어의 개발을 조율하려는 시도가 비판수학 교육자 그룹(CmEG)이다. 이 그룹의 뉴스레터 사본은 이 책의 편집자 중 한 명에게 문의하면 얻을 수 있다.

른 종 및 자연 전체와의 균형 관계를 찾고자 한다. 일부 동료들은 여전히 "하지만 수학과 수학교육이 이 모든 것과 무슨 상관이 있나?"라고 질문을 던질 수 있다. 그리고 그들은 더 나아갈 수도 있다. "이들은 수학과 수학교육이 아니라 사회과학과 정치학, 철학과 종교학, 심리학과 정신분석학, 환경과학과 생태학의 영역이다"

나는 민족수학을 기본으로 돌아가는 방법이라고 생각한다. 물론 위에서 언급한 넓은 의미의 기본은 우리의 공통된 꿈을 구성하는 전역적인 목표와 함께한다. 어떤 사람들은 이것이 엄밀성, 정확성, 비모순성 등 고유한 코드, 규범, 규칙, 가치(일부에서는 "실증주의적 합리성"이라고 부르는 것과 동일시하는)를 가진 수학 같은 특정 사고방식과 무슨 관련이 있는지 여전히 이해하지 못할 수도 있다. 그러나 대안적 합리성에 속하는 다른 코드, 규범, 규칙, 가치에 대해 질문하는 것은 실제로 상상할 수 있는 일이다.

모든 사회의 복잡성, 즉, 한 사회와 다른 사회의 다름은 개인의 행동을 조직하고, 분류하고, 비교하고, 질서화하는 방향으로 코드, 규범, 규칙, 가치를 생성하는 역할을 한다. 이러한 코드, 규범, 규칙 및 가치의 예는 더 많거나 적음, 작거나 큼, 적거나 많음, 가깝거나 멀음, 안팎과 같은 분석, 설명 및 행동의 도구이다. 이러한 코드, 규범, 규칙, 가치(예: 기수와 서수, 계산과 측정, 분류와 비교)는 생성, 조직화, 수용된 문화에 따라 다양한 형태를 취한다. 다양한 문화적 환경에서 이러한 형태와 행동을 회복하는 것이 민족수학의 주된 목표였으며, 이는 심리학 및 인류학에서 지적 운동의 목표와 공통점을 발견했다.

인류 내에서 타인의 발견은 사회생활을 향한 주요한 단계였다. 타인에 대한 인식은 우리의 일상적인 행동에서 어떻게 나타날까? 우리는 시간과 공간을 초월하여 현재 또는 먼 곳에 있는 타인과 어떤 종류의 관계를 형성할까? 의사소통은 이러한 관계에서 주요한 수단으로 간주된다. 언어와 음악, 그림과 회화, 유물과 건축물, 예술과 종교, 점술과 과학은 모두 주변 환경과 관계를 맺거나 시공간을 초월하여 과거로 돌아가거나 미래를 예견하고 예언하려는 노력이다.

지난 3세기 동안 우리는 새로운 재산과 생산 방식, 도시 공동체의 일상생활을 조직하는 새로운 방식, 가족 및 사회 전반의 새로운 관계의 발전을 목격했다. 이러한 발전은 각각 고유한 특성을 지니고 있으며, 이는 수학에 대한 지배적인 유럽 중심적 개념과 연결된다. 식민지 시대부터 이러한 개념은 전 세계적으로 강요되었고 이후 '합리적' 인간 행동의 패턴으로 받아들여졌다. 제국주의 열강의 통제 아래 의도적으로 이루어진 세계화의 결과는 수용 가능한 수준과 거리가 멀다.

민족수학의 개념은 의식적이든 무의식적이든 이러한 성찰에서 비롯된다. 주변부 국가와 소위 선진국 모두에서 소외된 문화권의 지식과 행동 양식에 대해 배우는 것 외에도, 강제 수용소에서 사람들이 불태워지고 독가스로 죽임을 당하며 도시들이 폭격당하며, 인간의 존엄이 근본적으로 담론에 그치며, 한 인간이 다른 인간에게 고문을 당하며, 문화적 행위가 검열되고 억압되는 상황들 등 동종 인간에 대한 인간의 행동이 왜 그렇게 혐오스럽게 변해갔는지도 우리는 관심을 두고 있다. 이 모든 행위는 노벨상 수상자를 다수 배출하고 우수한 수학으로 검증된 최고 수준의 과학적 발전, 즉 합리성을 강조하는 국가에서 공식적으로 행해졌다. 인류는 어떤 이유로 이토록 낙후된 것일까? 수학자로서 나는 항상 나의 전공에 내재된 인도주의적 가치를 찾고 있었다. 수학자로서 우리는 인류를 위한 새로운 시대의 전령사가 될 수 있지 않을까? 왜 안 될까? 하지만 이를 위해서는 과학과 수학에 내재된 윤리적 요소를 인식해야 한다. 물론 수학의 가치는 항상 설명되어 있다. 버트런드 러셀Bertrand Russell 같은 인본주의자조차도 "수학은 … 조각처럼 차갑고 엄정한 아름다움, 즉 최고의 아름다움을 지니고 있다"라고 말했을 정도이다. 물론, 모든 사람은 학교에서 수학의 기본, 즉 기초를 배우는데, 이 수학은 이렇게 냉정하고 엄격하게 정밀한 방식으로 폭탄과 파괴적인 기술을 만들어 냈다. 민족수학은 이 조각품에 담긴 애정과 사랑을 탐구하는 데 도움이 될 수 있다.

나는 수학이 현대 사상과 사회를 구축하는 데 중심이 된 이유를 이해하기 위해 아이디어 역사의 일부로서 과학과 수학에 대한 더 넓은 관점의 필요성을 느꼈다. 따라서 자연, 사회, 정치, 경제, 종교 등 수학 발전의 유형과 동기에 영향을 미친 다양한 요소에 대한 이해를 넓히기 위해 수학의 역사를 살펴보는 것은 당연한 일이다.

로마인들이 실용적인 성향을 지니고 있어서 그리스 철학을 거부했다거나, 유럽 중세 시대가 어둠의 시대였다거나, 현대 수학이 그리스의 메시지를 아랍인들이 보존하고 전달한 것을 포착한 르네상스와 현대 시대의 몇몇 학자들이 생각한 결과라고 하는 것만으로 충분하지 않다. 이러한 설명을 받아들이는 것은 지나치게 순진한 것이다.

우리는 자연스럽게 더 넓은 질문을 던지게 된다. 퀸투스 쿠르티우스 루푸스Quintus Curtius Rufus의 《알렉산더의 역사》를 읽어 해석하지 않고 그리스 수학을 이해할 수 있는가? 그리고 로마 시대 건축가인 비트루비우스Vitruvius의 저술들과 유럽의 도시화에 대해 분석하지 않고서 중세 수학을 어떻게 이야기할 수 있는가? 하지만 마추픽추를 언급하지 않고 어떻게 도시화에 관해 이야기할 수 있을까? 중세 기하학의 발전과 밀접한 관련이 있다고 보지 않고 어떻게 대성당의 건축을 이해할 수 있을까? 하지만 어떻게 대성당에 관해 이야기하면서 몹티Mopti와 젠네Djenne의 큰 사원을 무시할 수 있을까? 물론 중세의 수학 지식으로의 단계를 이해하려면 유럽의 사회적, 정치적 구조에 대한 분석이 필요하다. 그렇기 때문에 로저 베이컨Roger Bacon, 오컴Ockham 등의 길을 닦은 영국 수도원의 분위기와 밀접한 관련이 있는 아서왕 서사시를 배우는 것이 실제로 적절한 이유이다. 물론 캠브리지와 옥스퍼드도 이와 관련이 있다. 그러나 순디아타Sundyatha의 서사시는 아서왕 서사시만큼 인상적이며, 이것은 마사Masa의 출현과 관련이 있다. 당연히 팀북투Tombouctou에 있는 중세 대학의 중요성은 이와 관련이 있다.

이러한 일련의 질문은 만남의 문화적 역학을 이해하는 데 근본적으로 중요하다. 아프리카에서 정복자들을 만났던 지식인들은 누구였으며, 아시아와 라틴 아메리카에 대해서도 비슷한 질문을 던질 수 있을까? 설명에 관한 탐구를 동기로 삼았던 이 지식인들은 어떻게 콜로키움을 조직하는 데 성공할 수 있었을까? 물론 콜로키움은 모든 진정한 문화 간 만남의 결과물이다. 상상할 수 없는 일이지만 만약 이러한 콜로키움이 일어나지 않았다면 그 이유는 무엇일까?

현대의 '영웅'을 생각해 보자. 나폴레옹Napoleon, 세실 로즈Cecil Rhodes 경 등 거의 모든 백과사전에 등장하는 많은 영웅이 있다. 하지만 사모리 투레Samory Toure[b]와 판초 비야Pancho Villa[c]가 등재된 백과사전은 극소수에 불과하며, 이 영웅들은 산적이나 기껏해야 반란군으로 등장한다. 역사가 조작되는 방식은 역겹다. 수학의 역사도 마찬가지이다.

역사에 대한 우리의 관점을 넓히는 것은 우리 사회에서 수학과 수학교육의 역할을 이해하는 것과 모든 관련이 있다. 이러한 확장된 관점은 특히 수학의 역사, 인식론, 교육학 관련 프로그램으로서의 민족수학에 대한 나의 견해에 기여한다.

우리는 이제 민족수학을 이러한 문제를 내부에서 집중적으로 다루는 것으로 바라보고 있다. 물론 여전히 많은 사람이 이러한 접근 방식을 형성하는 위에서 언급한 질문들을 무시하려고 한다. 약 20년 전에 한 동료가 내게 "하지만 니체Nietzsche는 수학교육의 목표에 무엇을 말할 수 있을까? 그리고 이 파울루 프레이Paulo Freire라는 사람은 누구인가?"라고 물어왔다. 이와 같은 질문들은 자주 반복된다. 사람들은 사르트르Sartre와 푸코Foucault, 플로베르Flaubert와 무질Musil, 그리고 잭 케보키언Dr. Kevorkian과 O. J. 심슨O. J. Simpson은 수학교육과 무슨 관련이 있는지 자주 묻는다.

민족수학이 대부분의 과학자, 특히 과학교육자, 그리고 매우 특별한 방식으로 수학자와 수학교육자에게 뿌리내린 것, 즉 자신이 실천하고 가르치는 것에 대한 절대적인 믿음에 의문을 제기하기 때문에 이러한 질문은 민족수학을 두려워하는 것이 아니라 스스로를 두려워하기 때문에 나올 수 있다. 많은 사람이 왜 그런지 의문을 제기하지 않으며, 더 나쁜 것은 그 과정에서 사로잡히게 된 학생들의 지식과 견해를 공유하지 않고 자신의 직업을 수행한다.

수학이라는 단어가 오늘날 우리가 가지고 있는 의미와 유사한 의미로 사용되기 시작한 14세기와 15세기로 거슬러 올라가면 거의 같은 시기에 세계적으로 큰 변화가 있었다. 이것은 우연의 일치가 아니다. 그 이후로 모든 인류에게 새로운 설명, 생산 및 재산의 형태가 적용되었다. 공간과 시간에 대한 새로운 개념과 크고 작은 것에 대한 새로운 인식이 등장했다.

---

b) 역자 주. 이슬람의 개혁가이자 군사지도자.
c) 역자 주. 멕시코의 독재정권에 맞서 싸운 게릴라전에 능숙한 지도자.

개념과 인식의 복잡성, 가능성과 어려움, 욕망과 야망, 새로운 사고의 비용과 보상을 이해하지 않고는 아이디어의 역사를 이해하는 것은 불가능하다. 이러한 일반적이고 광범위한 범주를 분석하지 않고 어떻게 수학의 역사에 관해 이야기할 수 있을까?

글로벌 세계의 개념화부터 효과적인 세계화를 위한 수단의 개발까지, 현대 과학과 수학의 주요 발전 단계를 살펴볼 수 있다. 글로벌 세계라는 개념은 개종 종교의 출현, 즉 기독교와 이슬람 신앙과 밀접한 관련이 있다. 그러나 실제로 세계화는 선박, 기차, 자동차, 비행기 등 대중교통과 전화, 라디오, 텔레비전 등 통신과 같은 수단의 강화로 가능해졌다. 실제로 현대 과학과 수학은 오늘날의 세계에 본질적으로 내재된 것이다. 그리스 기하학이 그리스 사상에 내재되어 있었던 것과 마찬가지이다. 각 문화의 수학이 해당 문화 환경에 내재되어 있는 것과 마찬가지이다. 우리가 현재의 세계 질서에 의문을 제기한다면, 현대 시대의 대표적 사고 양식인 과학과 수학에 대한 의문을 피할 수 없다. 따라서 과학과 수학의 정치적 차원을 살펴볼 필요가 있다.

우리 모두는 미래에 대해 걱정한다. 하지만 당장 눈앞에 보이는 미래만이 아니다. 우리가 보지 못할 미래, 우리가 글을 쓰고 예술과 책과 지식을 생산하도록 유도하는 미래, 우리의 이름이 존경과 애정으로 기억되고 우리 자신이 좋은 본보기로 언급되기를 바라는 미래가 우리의 관심사이다. 다른 사람들이 재산을 축적하고 권력을 구축하도록 유도하는 미래도 마찬가지이다. 이러한 고민 속에서 우리는 모든 인간의 삶에서 다양한 원동력의 이유를 찾을 수 있다. 교육자로서 우리는 다른 방향으로 나아가야 한다. 우리는 새로운 세대의 손을 잡고 미래로 걸어간다. 따라서 우리의 관심사는 우리 아이들, 우리 학생과 그 자녀, 우리 손자와 그 자녀의 미래이다. 그렇기 때문에 교육은 사랑의 행위이다. 수학교육도 다르지 않다. 수학에 관해 이야기할 때 이러한 주제에 대해 논의하고, 우리의 성찰에 사랑을 가져오는 것이 왜 이상하게 느껴져야 하는가?

역사를 살펴보면 이러한 문제가 과학 및 수학과 관련이 있음을 알 수 있다. 그러나 이러한 문제는 엄밀성, 정확성, 탄력성 등 수학에 내재된 일련의 가치에 기반하여 윤리의 이름에서 점차 제거되었다. 하지만 나는 존중, 연대, 협력의 윤리에도 관심이 있다. 사실 우리는 지식을 습득하는 데 많은 것이 관여한다는 것을 알고 있다. 지식은 감각적, 직관적, 정서적, 이성적 요소가 복합적으로 작용하여 만들어진다. 이것이 수학과 양립할 수 없는 것일까? 그렇지 않다면 어떤 관계가 있을까?

민족수학은 이 모든 것과 관련이 있다. 연구 프로그램으로서 민족수학은 다양한 문화적 환경에서 역사적으로 지식이 어떻게 구축되었는지 살펴보라고 우리를 초대한다. 민족수학은 다양한 자연 및 문화 환경에서 현실을 설명하고, 이해하고, 배우고, 대처하는 기술, 방식, 예술 및 스타일을 비교 연구하는 학문이다. 어원학적 남용으로 인해 분석과 tics (techne에서 유래)의 범주에 각각 ethno와 mathema라는 단어를 사용하게 되었다.

역사적 측면에서 이것은 지식의 생성, 지적 및 사회적 조직, 그리고 지식의 확산에 대한 분석이다. 지식을 분석하는 이러한 국면은 일반적으로 서로 분리되어 연구되며 인지학, 인식론, 역사학, 사회학, 교육학으로 분류되는 학문으로 구분된다. 통합적 접근 방식은 주로 지식 분석에서 이러한 모든 국면의 상호 관계를 살펴본다.

민족수학은 현재 어떤 위치에 있을까? 많은 연구가 이루어졌다. 몇몇 박사 학위 논문이 제출되었고, 여러 권의 책이 출판되었으며, 세계 여러 곳에서 새로운 연구들을 진행하고 있다. 이 책은 민족수학에 관한 다양한 논문을 한 권의 책으로 모았다는 점에서 특히 중요한 공헌을 하고 있다. 각 부의 광범위한 소개에서 파월Powell과 프랑켄슈타인Frankenstein의 정리와 분석은 이 고전적인 논문들이 이 분야에 어떻게 중요한 공헌을 했는지 보여준다. 그 결과, 이 분야가 발전하고 민족수학이라는 새로운 학문 분야가 강화되었다. 민족수학은 여전히 많은 사람에게 비학문적 관행과 반과학적 이론의 의미를 지니고 있다. 이 책과 같은 기여는 민족수학이 지식에 대한 총체적이고 학제적인 관점으로서 진정한 차원의 민족수학을 보여준다.

우리라탕 담브로시오Ubiratan D'Ambrosio

상 파울로São Paulo

차 례

서론

아서 윌리엄 바덴 파웰(Arthur B. Powell)과
마릴린 프랑켄슈타인(Marilyn Frankenstein)

유럽 중심주의Eurocentrism에 대한 교육적 도전을 논의할 때 언급해야 할 가장 중요한 요점은 다음일 것이다.

> 지리학적으로 유럽은 거대한 유라시아 대륙의 하나의 반도이므로 유럽이란 존재하지 않는다 … 유럽은 지금까지 항상 정치적이고 문화적인 개념이었다. 19세기 이전에, 지리학자들은 보통 유럽을 "기독교 국가들Christendom"로 불렀다. 식민주의가 서구의 문화와 종교를 전 세계로 전파하기 시작했을 때, 일부 영국과 독일 지리학자들은 유럽 대륙의 동쪽 경계를 그리기 시작했는데, 그들이 실제로 한 것은 "서구 문명"과 백인의 동쪽 경계를 그리는 것이었다(Grossman, 1994, 39쪽).

이는 어떻게 거짓된 "사실"이 우리가 세상에 대해 당연시하는 지식의 일부가 되었는지를 보여주는 중요한 예이다. 그 거짓된assumed "지식"은 단순히 가상의 지리적 실체를 만들어내는 것을 넘어 지식의 창조와 "문명"의 발전에 있어 유럽의 중심성을 선언하는 것으로 확장된다. 유럽 중심적인 해석에서 유럽(그리고 미국과 같은 "유럽화된" 지역)은 항상 존재하였고 현재 우월한 중심부라 할 수 있는데, 이러한 유럽으로부터의 지식, 창의성, 기술, 문화 등이 소위 개발도상국이라고 불리는 열등한 주변국으로 흘러간다는 것이다.

물론, 유럽 중심주의에는 상당한 지적 도전들이 존재한다. 아민Amin(1989)은 이 세상에 존재하는 지식에 대한 아랍-이슬람 문화의 주요한 기여를 보여줌으로써 그리고 "인본주의적 보편주의universalism에 관한 유럽 중심적 형태가 어떻게 보편주의를 부정하는지"를 보여줌으로써 유럽 중심적 해석에 반대한다. "유럽 중심주의는 그 확산에 저항한 민족과 문명의 파괴를 가져왔다"(114쪽). 디옵Diop(1991)은 그리스 기반의 유럽 지식 자체가 흑인 이집트 문명에 토대를 두고 있음을 보여준다. 베르날Bernal(1987)은 유럽 중심주의가 18세기 유럽에서 어떻게 발전했는지를 다양한 형태의 유럽 노예제와 제국주의의 근거로 설명한다. 나아가 블로트Blaut(1993)는 아메리카 대륙의 성공적인 정복과 유럽 식민주의의 확산, 즉 유럽의 선택적 개발과 아시아, 아프리카, 라틴 아메리카 저발전에 원인이 되는 행동은 "유럽의 내부적 특성으로 설명할 수 있는 것이 아니라 지역적 현실을 반영한다"는 것을 보여준다(2쪽).

이러한 학문적 연구에도 불구하고, 유럽 중심의 신화는 존속하여 학교 교육과정에 영향을 미치는데 심지어 수학과 같은 가치중립적이라고 할 수 있는 학문에서도 그러하다. 이 책은 유럽 중심주의가 수학교육에 스며드는 독특한 방식에 도전한다. 구체적으로, 전 세계 학교에서 가르치는 "학문적academic" 수학은 유럽 남성에 의해서만 만들어져 주변으로 확산되었다는 것, 수학적 지식은 문화 밖에 존재해서 문화의 영향을 받지 않는다는 것, 인간 활동의 극히 일부만이 수학적이며 "합법적인legitimate" 수학으로서 진지하게 고려할 가치가 있다는 것에 도전하고자 한다. 이러한 도전은 수학, 수학교육, 역사, 인류학, 인지심리학, 페미니스트 연구, 그리고 아메리카, 아시아, 아프리카, 백인계 아메리카, 원주민계 아메리카, 아프리카계 아메리카에 대한 연구들로부터 새로운 학문인 민족수학을 만들었다. 이 책은 또한 반유럽적이고 해방주의적 관점에서 민족수학의 다양한 지적인 흐름을 정리하려고 한다. 우리는 비판적으로 선택적이라 할 수 있는데, 예를 들어, 앙골라Angolan 모래그림 속 수학뿐만 아니라 문화적 발전을 가로막은 제국주의의 정치, 그리고 앙골라 모래그림을 만드는 것과 관련된 수학적 활동을 가치 없는 것으로 치부하는 문화적 제국주의의 정치에도 관심이 있다.

이 책은 수학교육에서 유럽 중심주의에 대한 구체적인 도전들을 책의 각 부section로 구성하였다. 각 부는 포괄적인 도입으로 시작하며 민족수학 분야의 발전에 선구자적이라고 판단되는 몇 가지 기여점들에 대해 논의한다. 제1부 "민족수학적 지식"에서는 이 분야에 대한 정의를 소개하고 유럽 중심주의에 대한 다른 도전들을 지적한다. 제2부 "왜곡되고 숨겨진 수학 지식의 역사 밝히기"에서는 유럽 중심주의의 역사기술적historiographic 프로젝트에 도전한다. 제3부 "문화와 수학적 지식 사이의 상호작용 고려하기"에서는 누가 수학을 하는지 그리고 어떻게 다양한 관행practice이 수학적 활동에 영향을 미치는지 탐구한다. 제4부 "수학 지식으로서 중요한 것을 다시 생각하기"에서는 수학적 지식에 대한 비학술적인 자원sources을 검토한다. 제5부 "교육과정에서 민족수학적 실천praxis"에서는 넓은 개념에서의 수학을 전통적인 교육적 환경과 비전통적인 교육적 환경에 통합시킬 수 있는 가능성에 대해 논의한다. 마지막으로, 제6부 "민족수학적 연구"에서는 이 분야에서의 연구 활동을 분석하고 침묵과 빈곤의 정치에 대한 정치적 도전을 가능하게 하는 방법론적 접근의 예를 제공한다.

이렇듯 민족수학적 사고에 관해 다양한 관점으로 나타나는 주제는 보통의 학문적인 사고에서 나타나는 개별적 범주에 대해 재고해볼 필요성과 관계된다. 아산티Asante(1987)는 아프리카 중심적 관점의 토대가 되는 이론적 신조는 "현실세계의 일상 경험에서 대립되는 이분법은 존재하지 않는다"(14쪽)라고 주장한다. 이 주장은 프레이리Freire(1970, 1982)의 관점에서는 주관과 객관, 행동과 반성, 교수와 학습, 지식과 응용 사이의 이분법을 깨는 것을 의미하며, 파셰Fasheh(1989)와 아담스Adams(1983)의 관점에서는 "논리"로 분류된 사고와 "직관"으로 분류된 사고가 지속적이고 변증법적으로 상호작용한다는 것을 의미한다. 또한, 담브로시오D'Ambrosio(1987)의 관점에서는 "모든 사고를 지배하는 근본적인 논리는 하나"라는 개념이 너무 고정되었다는 것static을 의미하며, 디옵(1991)의 관점에서는 "논리"와 "경험" 사이의 상호작용이 시간이 지남에 따라 "논리"에 대한 우리의 정의를 변화시킨다는 것을 의미한다(363쪽). 나아가 레이브Lave(1988)에게 이 주장은 어떻게 "맥락에서의 활동activity-in-setting"이 행위를 하는 사람들 사이에서 매끄럽게 확장되는지를 이해하는 것을 의미하며, 디옵(1991)의 관점에서는 "서양의" 지식, "동양의" 지식, 그리고 "아프리카"의 지식의 차이가 인간들 사이의 상호작용과 세계와의 상호작용에서 비롯되는 인간의 지식 창조 과정을 왜곡시킨다는 것을 의미한다. 이 책을 통해, 우리는 이러한 잘못된 이분법의 기저에는 실용적이고 일상적인 지식과 추상적이고 이론적인 지식 사이의 분열이 있다는 것을 강조한다. 우리는 이러한 변증법적 상호연결을 이해하는 것이 수학을 다른 모든 학문과 연결시킬 뿐만 아니라 수학적 지식을 세상을 이해하고 행동하려는 인간의 한 측면으로 보게 할 것이라 믿는다. 우리는 민족수학을 이러한 연결을 개념화하기 위한 강력하고 통찰을 가진 수단으로 본다.

참고문헌

Adams III, H. H. (1983). African observers of the universe: The Sirius question. In I. Van Sertima (Ed.). *Blacks in science: Ancient and modem* (pp. 27-46). New Brunswick, NJ: Transaction.

Amin, S. (1989). *Eurocentrism.* New York: Monthly Review.

Asante, M. K. (1987). *The Afrocentric idea.* Philadelphia: Temple University.

Bernal, M. (1987). *Black Athena: The Afroasiatic roots of classical civilization.* Vol. 1. London: Free Association.

Blaut, J. M. (1993). *The colonizer's model of the world: Geographical diffusionism and Eurocentric history*. New York: Guilford.

D'Ambrosio, U. (1987). Reflections on ethnomathematics. *International Study Group on Ethnomathematics Newsletter* 3(1): 3-5.

Diop, C. A. (1991). *Civilization or barbarism: An authentic anthropology*. New York: Lawrence Hill Books.

Fasheh, M. (1989). Mathematics in a social context: Math within education as praxis versus within education as hegemony. In C. Keitel, P. Damerow, A. Bishop, and E Gerdes (Eds.). *Mathematics, education, and society* (pp. 84-86). Paris: UNESCO.

Freire, P. (1970). *Pedagogy of the oppressed.* New York: Seabury.

______. (1982). "Education for critical consciousness" Boston College course notes taken by M. Frankenstein.

Grossman, Z. (1994). Erecting the new wall: Geopolitics and the restructuring of Europe. *Z Magazine* (March): 39-45.

Lave, J. (1988). *Cognition in practice.* Cambridge, England: Cambridge.

제 1 부

민족수학적 지식

ETHNOMATHEMATICAL KNOWLEDGE

제 1 부

민족수학적 지식

아서 윌리엄 바렌 파웰(Arthur B. Powell)과
마릴린 프랑켄슈타인(Marilyn Frankenstein)

민족수학은 수학, 교육, 문화, 정치 간의 상호작용에 대한 담론에서 새로운 개념적 범주로 등장했다. 당연히 다양한 정의와 관련 관점이 존재하며, 각 정의와 관점, 그리고 용어 자체는 학술지나 다른 학술 포럼에서 논쟁을 거쳐 거부되거나 수용되었다.[1] 민족수학의 영역을 정의하고 설명하기 위한 최근의 노력 중에서, 두 가지 주요 입장은 아셔Ascher와 아셔(1986; Ascher 1991), 담브로시오D'Ambrosio(1985/본서에서 제1장으로 재출판됨, 1987, 1988, 1990)의 아이디어로 대표할 수 있다.

마샤 아셔와 로버트 아셔(1986/본서에서 제2장으로 재출판됨)는 민족수학을 "비문해 민족의 수학적 아이디어에 관한 연구"로 정의한다(125쪽). 아셔(1991)는 수학적 아이디어가 모든 문화에 존재한다는 것을 인정하면서도 이것이 모든 문화에 걸쳐 수학적 아이디어가 동일하다는 것을 의미하지는 않는다고 지적한다.

> 서양 문화와 아프리카의 초퀘족Tshokwe 사이에서 그래프 이론의 문화적 배경은 동일하지 않으며, 동일할 것이라고 예상해서도 안 된다. 우리 주변에서 볼 수 있는 줄무늬, 잉카인들의 줄무늬, 마오리족의 줄무늬는 스타일, 사용법 및 기타 문화적 연관성에서 상당히 다르다. 줄무늬 패턴의 창조와 이에 관한 관심은 공유되지만, 그 창조의 동기나 특정 줄무늬로 이어지는 세계관이나 미학은 반드시 공유되는 것은 아니다(186쪽). …
>
> … [수학적] 아이디어는 모든 문화에 존재하지만 어떤 아이디어가 강조되고, 어떻게 표현하는지, 그리고 특정 맥락은 문화마다 다를 수 있다(187쪽). …

… 그러나 차이점은 추상적 또는 논리적으로 사고하는 능력이 아니다. 차이점은 사고의 주제, 문화적 전제, 어떤 상황이 어떤 사고 과정을 불러일으키는지에 있다(190쪽).

이들 진술은 마샤 아셔와 로버트 아셔의 프로젝트의 인류학적, 수학적 뿌리와 관심사를 드러낸다. 그들의 프로젝트에는 이데올로기적 관심사도 있다. 이들은 수학적 아이디어의 근원에 대한 유럽 중심의 역사적, 인류학적 관념에 도전하고자 하며, 여기에는 비문해, 비서양 민족의 수학적 아이디어의 가치에 관한 수학 문헌의 악의적인 진술이 포함된다.[2] 그들이 지적했듯이, 비문해 민족에 대한 대부분의 진술은 일반적으로 (1) 수학사의 예비 장이나 수학의 정신에 관한 텍스트에 있으며 (2) 이론적으로나 사실적으로 결함이 있다(1986, 125쪽). 비문해 민족은 원시적이거나 선형적 진화 경로를 따라 더 일찍 존재했다고 여겨진다. 따라서 그들의 아이디어는 수학에 대한 논의의 시작 부분에 배치된다. 이와는 대조적으로 마샤 아셔와 로버트 아셔(1975, 1981, 1986), 아셔(1983, 1987, 1988a, 1988b, 1990, 1991)는 비문해 민족에 대한 특정 개념이 현대 '서구' 수학의 개념과 유사하고 그만큼 복잡하다는 것을 입증했으며, 수학에 다문화적이고 세계적인 관점을 불어 넣어 수학의 역사를 넓혀왔다. 그러나 우리는 민족수학의 영역을 비문해, 비서양 민족의 수학적 아이디어로 한정하는 것은 너무 좁은 범위라고 주장한다. 왜냐하면 원의 여집합에 많은 것들이 있으므로 반지름은 더 길어야 하기 때문이다.

보완점을 발견하려면 민족수학에 대한 더 넓은 관점이 필요하다. 민족수학 프로그램의 창시자이자 가장 중요한 이론가인 담브로시오(1985/본서에서 제1장으로 재출판됨)는 수학의 보편성에 대한 믿음은 사고방식이나 문화에 따라 수학의 형태가 달라지고, 계산, 순서, 분류$_{\text{sorting}}$, 측정, 추론, 분류$_{\text{classifying}}$, 모델링 방식이 근본적으로 달라질 수 있음을 고려하고 이에 대한 인식을 제한한다고 통찰력 있게 지적한다. 즉, 유럽 중심의 특수성을 덮어버리는 일반적인 보편성의 개념을 버리면 문화마다 다른 수학을 만들어낼 수 있고, 한 문화의 수학은 시간이 지남에 따라 문화의 변화를 반영하여 변화할 수 있다는 인류학적 인식을 얻을 수 있다. 수학사와 문화인류학의 교차점에 존재하는 담브로시오의 민족수학은 사회경제적 계층 차이에 뿌리를 둔 학문적 수학과 실용적 수학 사이의 이집트 및 그리스 구분을 넘어선다(44-45쪽). 20세기에 들어와서, 이러한 구분은 엘리트가 사회의 생산력을 관리할 수 있도록 학교에서 가르치는 '학문적' 수학과 개인이 세상에서 효과적으로 기능할 수 있도록 하는 '일상적' 수학 사이의 대조에서 드러난다. 반면에 민족수학은 다음과 같다.

민족수학은 민족 부족 사회, 노동 집단, 특정 연령대의 어린이, 전문직 계층 등과 같이 식별 가능한 문화 집단 사이에서 행해지는 수학을 말한다. 그 정체성은 주로 관심사, 동기 부여, 학문적 수학의 영역에 속하지 않는 특정 코드와 전문 용어에 따라 달라진다. 우리는 이러한 민족수학의 개념에서 더 나아가 현재 공학자들이 사용하는 수학, 주로 미적분학에서 발전된 엄격성과 형식주의 개념에 부합하지 않는 수학의 대부분을 포함할 수 있다(D'Ambrosio, 1985, 45쪽).

여기에는 이전 개념보다 더 넓은 범위의 인류를 포용하는 민족수학 개념이 있다. 이 개념 내에서 서구 사회 내의 문화 집단도 민족수학을 가지고 있다. 또한 담브로시오(1987)는 문화적 분위기와 동기의 영향을 최소화하거나 무시해서는 안 된다고 주장한다. 예를 들어, 음악과 같은 다른 문화적 산물을 만들어내는 것과 마찬가지로 수학적 아이디어는 특정 맥락에서 구체화되며 어떤 아이디어가 생산되는지는 맥락적 내용과 관련이 있다.

이는 과학의 역사와 과학 지식의 인식론적 토대를 살펴보는 다소 다른 방식을 요구한다. 이는 정신 과정에 대한 민족학적ethnological 해석과 다양한 사고방식에 대한 인식, 그리고 고려 대상인 문화 집단의 경험적 배경에 따라 달라지는 설명 논리에 대한 인식을 요구한다. 따라서 우리는 모든 사고를 지배하는 기본 논리가 하나뿐이라는 주장을 부인하게 된다(3쪽).

예를 들어, 산업 공학자, 어린이, 농민, 컴퓨터 과학자 등 다양한 문화 집단은 추론, 측정, 코딩, 분류 등의 고유한 방식을 가지고 있다. 따라서 각 집단에는 학문적 수학자를 포함한 고유한 민족수학이 있다. 또한 민족수학을 학문적 수학 이상으로 확장하는 것은 비공식적이고 임시적인 민족수학의 측면이다. 이 점은 보르바Borba(1990/본서에서 제12장으로 재출판됨)와 Mtetwa(1992)가 적절하게 설명했다. 예를 들어, 보르바는 민족수학이 "특정 사회문화 집단의 언어 코드로 표현된 수학적 지식"이라고 말하면서, 이는 "전문 수학자가 생산한 수학도 민족수학의 한 형태로 볼 수 있다는 것을 의미한다. …"고 지적한다(40쪽). 또한 그는 보편성에 대한 비판을 재언급한다.

학문적 수학은 현재 세계 여러 지역에서 사용되고 있다는 점에서 국제적일 수 있지만, 전 세계 인구의 일부만이 학문적 수학을 사용할 가능성이 있다는 점에서 국제적이라고 할 수는 없다(40쪽). …

따라서 민족수학을 "저속한" 또는 "2류" 수학으로 오해해서는 안 되며, 수학적 아이디어의 다양한 문화적 표현으로 이해해야 한다(41쪽).

보르바는 학문적 수학의 제국주의를 비판하는 것을 넘어 하나의 민족수학이 다른 민족수학을 지배하는 대신 수학적 아이디어의 다양한 표현을 인정해야 한다고 주장한다. 민족수학적 아이디어의 기원은 문화적으로 차별화된 집단의 인지적 관행에 따라 달라지며, 이러한 아이디어는 집단의 역학 관계와 다른 문화 집단과의 관계에 따라 유지, 진화 또는 소멸한다. 어떤 단계에서 전문 수학자 집단이 민족수학적 지식의 한 측면을 이론화하기로 결정하고, 이를 적절히 응용하여 나중에 성문화된 형태로 되돌려줄 수 있다. 이러한 맥락에서 담브로시오는 다음과 같이 썼다.

> 우리는 수학에서 확립되고 받아들여진 전문성 모형의 밖에서 과학 분야가 평행하게 발전한 예를 찾을 수 있다. 물리학자들 사이에서 본격적으로 사용된 지 약 20년이 지난 후, 분포 이론에 의해 구조화된 수학적 대상이 된 Dirac의 델타 함수가 그러한 예 중 하나이다(1985, 47쪽).

담브로시오의 민족수학에 대한 폭넓은 관점은 사회 내부와 사회 간의 지식의 변증법적 변형을 설명한다. 나아가 담브로시오는 수학적 지식을 정적이고 정해진 것이 아니라 역동적이고 인간 활동의 결과로 본다는 점에서 그의 인식론은 Freire(1970, 1973)의 인식론과 일치한다. 이러한 민족수학의 개념은 수학의 역사학Historiography of mathematics에 대한 비판을 인정할 수밖에 없다(D'Ambrosio, 1988). 즉, 기록된 역사가 숨기거나, 동결하거나, 도난당한 민족에 대한 수학적 개념이 존재한다는 것이다. 이러한 아이디어를 포함하면 "서양" 수학으로 분류되는 것을 "세계 수학world mathematics"이라고 부르는 것이 더 정확하다는 것을 분명히 알 수 있다(Anderson, 1990/본서에서 제14장으로 재출판됨). 우리는 민족수학에 문자 또는 비문자, 구술 또는 비구술 형태로 나타난 민족의 수학적 아이디어가 포함되며, 그중 많은 부분이 기존의 수학 역사에서 무시되거나 왜곡되어왔다고 주장한다. 우리와 그 밖의 다른 수학교육자들은 민족수학과 학문적 수학의 경계를 넓혀 두 분야를 통합하여 수학과 관련된 모든 지적 활동과 일상생활의 다른 활동을 포괄할 수 있도록 노력하고 있다.[3] Fasheh는 민족수학의 근본적인 프로젝트를 "다른 민족, 다른 사고방식의 논리를 이해하기 위해 열심히 노력하는 것"이라고 정의한다.[4]

미주

1. 그러한 포럼 중 하나가 국제민족수학연구그룹(ISGEm)의 뉴스레터이다. 구독을 신청하거나 자세한 정보를 받으려면 Gloria Gilmer(9155 North 70th Street, Milwaukee, WI 53223, U.S.A.)에게 문의 바란다.

2. Joseph의 연구물들(1987년/본서에서 제3장으로 재출판됨, 1991) 중, 특히 1991년에 출판된 《The crest of the peacock: The non-European roots of mathematics》라는 책은 유럽 중심의 역사학에 대한 최근의 중요한 도전을 대표한다.

3. 예를 들어, 아셔(1983), Crowe(1971, 1975), Gattegno(1988), Gerdes(1986, 1988a/본서에서 제11장으로 재출판됨), Harris(1987), Ginsburg(1986/본서에서 제6장으로 재출판됨, 1988b), Joseph(1991, 1993), Zaslavsky(1973, 1990, 1991, 1992, 1996)를 참조하시오.

4. 파셰Fasheh는 "지구촌의 수학교육: 민족수학에서 무엇을 기대할 수 있는가? (Mathematics Education in the Global Village: What can we expect from ethnomathematics?)"라는 제목으로 1988년 7월 헝가리 부다페스트에서 열린 제6회 국제수학교육학술대회 패널 발표에서 이 발언을 했다.

참고문헌

Anderson, S. E. (1990). Worldmath curriculum: Fighting Eurocentrism in mathematics. *Journal of Negro Education* 59(3): 348-359.

Ascher, M. (1983). The logical-numerical system of Inca quipus. *Annals of the History of Computing* 5(3): 268-278.

______. (1987). Mu Torere: An analysis of a Maori game. *Mathematics Magazine* 60(2): 90-100.

______. (1988a). Graphs in cultures (II): A study in ethnomathematics. *Archives for History of Exact Sciences* 39(1): 75-95.

______. (1988b). Graphs in cultures: A study in ethnomathematics. *Historia Mathematica* 15(3): 201-227.

______. (1990). A river-crossing problem in cross-cultural perspective. *Mathematics Magazine* 63(1): 26-29.

______. (1991). *Ethnomathematics: A multicultural view of mathematical ideas.* Belmont, CA: Brooks/Cole.

Ascher, M., and Ascher, R. (1975). The quipu as a visible language. *Visible Language* 9(4): 329-356.

______. (1981). *Code of the quipu: A study in media, mathematics, and culture*. Ann Arbor: University of Michigan Press.

______. (1986). Ethnomathematics. *History of Science* 24: 125-144.

Borba, M. C. (1990). Ethnomathematics and education. *For the Learning of Mathematics* 10(1): 39-43.

Crowe, D. W. (1971). The geometry of African art I: Bakuba art. *Journal of Geometry* 1: 169-182.

______. (1975). The geometry of African art II: A catalog of Benin patterns. *Historia Mathematica* 2: 253-271.

D'Ambrosio, U. (1985). Ethnomathematics and its place in the history and pedagogy of mathematics. *For the Learning of Mathematics* 5(1): 44-48.

______. (1987). Reflections on ethnomathematics. *International Study Group on Ethnomathematics Newsletter* 3(1): 3-5.

______. (1988). Ethnomathematics: A research program in the history of ideas and in cognition. *International Study Group on Ethnomathematics Newsletter* 4(1): 5-8.

______. (1990). *Etnomatemática: Arte ou técnica de explicar e conhecer* [Ethnomathematics: Art or technique of explaining and knowing]. Sao Paulo: Editora Atica.

Freire, P. (1970). *Pedagogy of the oppressed*. New York: Seabury.

______. (1973). *Education for critical consciousness*. New York: Seabury.

Gattegno, C. (1988). *The science of education: Part 2B: The awareness of mathematization*. New York: Educational Solutions.

Gerdes, P. (1986). How to recognize hidden geometrical thinking: A contribution to the development of anthropological mathematics. *For the Learning of Mathematics* 6(2): 10-12, 17.

______. (1988a). On culture, geometrical thinking and mathematics education. *Educational Studies in Mathematics* 19: 137-162.

______. (1988b). On some possible uses of traditional Angolan sand drawing in the mathematics classroom. *Journal of the Mathematical Association of Nigeria* 18(1): 107-125.

Ginsburg, H. P. (1986). The myth of the deprived child: New thoughts on poor children. In U. Neisser (Ed.). *The school achievement of minority children: New perspectives* (pp. 169-189). Hillsdale, New Jersey: Lawrence Erlbaum Associates.

Harris, M. (1987). Mathematics and fabrics. *Mathematics Teaching* 120: 43-45.

Joseph, G. G. (1987). Foundations of eurocentrism in mathematics. *Race & Class* 28(3): 13-28.

______. (1991). *Crest of the peacock: The non-European roots of mathematics*. London: I. B. Tauris.

______. (1993). *Multicultural Mathematics*. Oxford: Oxford University.

Mtetwa, D. (1992). "Mathematics" and ethnomathematics: Zimbabwean students' view. *International Study Group on Ethnomathematics Newsletter* 7(1): 1-3.

Zaslavsky, C. (1973). *Africa counts: Number and patterns in African culture*. Boston: Prindle, Weber and Schmidt.

______. (1990). Symmetry in American folk art. *Arithmetic Teacher* 38(1): 6-12.

______. (1991). Multicultural mathematics education for the middle grades. *Arithmetic Teacher* 38(6): 8-13.

______. (1992). Multicultural mathematics: Interdisciplinary cooperativelearning activities. Portland, ME: Walch.

______. (1996). *The multicultural math classroom: Bringing in the world*. Portsmouth, NH: Heinemann.

제 1 장

민족수학과 수학의 역사와 수학교수에서의 위치

우비라탕 담브로시오(Ubiratan D'Ambrosio)

편집자 주: 브라질의 수학자이자 수학교육 철학자인 우비라탕 담브로시오$_{\text{Ubiratan D'Ambrosio}}$를 "민족수학 프로그램의 학술적 아버지"라고 부르는 데 Gerdes와 동의한다(16장 참조). 1970년대 중반부터 그는 전 세계의 다양한 포럼에서 영어와 포르투갈어로 민족수학 프로그램을 발표해 왔다. 이 장은 민족수학을 포괄적으로 이론적으로 최초로 영어로 다룬 내용이다. 이러한 아이디어는 이 분야의 발전을 촉진했다. 이 장은 1985년 《For the Learning of Mathematics》의 5권 1호의 41-48쪽에 처음으로 게재되었다. 포르투갈어로 더 업데이트된 내용을 담브로시오(1990)에 실었다. 새로운 논문의 말미에 저자는 간단한 새로운 내용을 추가하였다.

들어가는 말

이 논문에서는 새로운 방식으로 수학을 가르치는 역사적 접근의 토대가 될 수 있는 몇 가지 기본적인 문제에 대해 논의하고자 한다. 우리의 프로젝트는 주로 민족수학의 개념을 개발하는 데 중점을 두고 있다.

본 주제는 수학사와 문화인류학 사이의 경계에 놓여 있다. 우리는 민족과학$_{\text{ethnoscience}}$을 사회적, 경제적, 문화적 배경과 직접적으로 연관된 과학적, 더 나아가 기술적 현상에 대한 연구로 개념화할 수 있다. 민족천문학, 민족식물학, 민족화학 등에 대한 연구는 이미 많이 진행되어 왔다.[1] 사람들이 수학의 보편성을 믿기 때문인지 민족수학에서는 많은 연구가 이루어지지 않았다. 하지만 최근 인류학자들이 주로 수행한 연구에 따르면 세기, 순서 정하기, 분류하기, 측정하기, 무게 측정하기 등 일반적으로 수학적인 행위가 학교 시스템에서 보통 가르치는 것과는 근본적으로 다른 방식으로 수행되었다는 증거가 나타나고 있기 때문에 이러한 믿음을 유지하기가 더 어려워 보인다. 이로 인해 문화 및 인류학적 틀에서 수학 개념의 진화에 대한 몇 가지 연구가 권장되었다. 그러나 우리는 이러한 방향이 매우 제한적이고 미약한 정도까지만 추구되었다고 생각한다. 이러한 접근 방식을 취한 레이몬드 루이스 와일더R. L. Wilder의 기초 서적과 와일더의 접근 방식에 대한 C. 스모린스키C. Smorinski[2]의 최근 논평이 수학자들이 취한 가장 중요한 시도인 것 같다. 반면에 인류학자들에 의해 이에 관한 상당한 양의 문헌이 있다. 인류학자, 문화사학자, 수학자 사이에 다리를 놓는 것은 서로 다른 사고방식이 서로 다른 형태의 수학으로 이어질 수 있다는 것을 인식하는 중요한 단계이며, 이 분야를 '민족수학'이라고 부를 수 있다.

안톤 두미트리우Anton Dimitriu의 방대한 논리 역사[3]에서는 그리스 사상에서 비롯된 논리학에 대한 일반적인 역사적 연구의 배경으로서 인도와 중국의 논리학을 간략하게 설명한다. 예를 들어, 우리는 다른 출처를 통해 "숫자 1"이라는 개념이 Nyaya-Vaisesika의 인식론에서는 상당히 다른 개념이라는 것을 알고 있다. "1은 영속한 실체에서 영속한 반면, 2나 같은 다른 수들은 영속적이지 않고" 이러한 속성을 바탕으로 산술이 진행된다(119쪽).[4] 실제로 잉카인들이 수를 다루는 논리에 대해 알려진 것은 거의 없지만, 잉카 제국의 줄의 매듭을 이용한 의사소통 체계인 "결승문자" 연구를 통해 잉카인들이 질적-양적 언어를 혼합하여 사용했음을 알 수 있다.[5]

이러한 다양한 증거들은 수학의 역사를 더 넓은 맥락에서 살펴보고 다른 형태의 수학을 통합하여 생각해 볼 기회를 제공한다. 그러나 수학에서 교육학에 대한 함의가 매우 중요하기 때문에 수학이 단순한 학문적 활동이 아니라고 고려하는 것 이상으로 심화될 필요가 있다. 최근의 인지 이론은 발전하여, 문화와 인지가 얼마나 밀접한 관련이 있는지를 잘 보여준다. 오랜 기간 인지 메커니즘과 문화적 환경이 밀접한 관련이 있다는 연구가 있었지만, 데카르트까지 거슬러 올라가며 수학의 발전과 함께 성장한 환원주의적 경향은 최근까지 교육을 지배하는 경향이 있었다. 이는 결국 수학이 문화와 무관한 인식을 의미한다. 최근에는 생물학과 문화의 상호침투interpenetration에 대한 전체론적 인식은 문화와 수학적 인지에 대한 풍성한 연구의 장을 열었다.[6] 이는 수학교육에도 분명한 영향을 미치며, 이는 나의 저서인 《Socio-Cultural Bases for Mathematics Education》[7] 및 《Several Dimentions of Science Education》[8]에서 충분히 논의된 바 있다.

수학교육의 역사적 개요

수학교육의 몇 가지 측면을 역사적으로 아주 간략하게 살펴보자. 이를 위해 서양 역사의 사회문화적 구성의 주요 전환에 대해 시대 구분이 필요하다(이 목적을 위해 다른 문화와 문명은 고려하지 않는다).

플라톤 시대까지 수학의 시작과 성장은 크게 두 가지로 나뉘는데, 하나는 그리스인들의 이상적인 교육에 통합된 '학문적' 수학이고, 다른 하나는 주로 육체 노동자를 위한 '실용적' 수학이라고 할 수 있다. 이집트 수학의 기원을 보면, 그 뒤에는 노동자들에게 가르쳤던 '실용적' 수학을 위해 존재하였다. 이러한 구분은 그리스 시대에도 이어져 플라톤은 "이 모든 학문[암호와 산술, 행성 궤도의 측정과 관계]을 세세한 부분까지 연구하는 것은 대중을 위한 것이 아니라 선택된 소수를 위한 것이고"(법학 7권, 818쪽)[9], "국가의 최고 기능을 공유해야 할 사람들이 계산에 대한 연구에 참여하고 유지하도록 유도해야 하며 … 마치 상인이나 장사꾼이 될 준비를 하는 것처럼 사고팔기 위한 목적이 아니라 …"(공화국 7권, 525b쪽)고 하였다.[10] 이처럼 사회 계층에 따라 구분된 학문적 수학과 실용적 수학의 구분은 로마인들에 의해 문법, 논리학, 수사학으로 구성된 '삼학trivium'과 산술학, 기하학, 음악, 천문학의 '사과quadrivium', 노동자를 위한 실천적인 교육으로 이어졌다. 중세에는 이 두 가지가 한 방향으로 융합되기 시작하는데, 즉 실용 수학이 기하학 분야에서 학문적인 수학의 일부 아이디어를 사용하기 시작하였다. 실용 기하학은 중세 시대에는 그 자체로 하나의 과목이었다. 실용 기하학에서 이론 기하학으로의 근사는 12세기 초 바스의 애덜라드Adelard가 유클리드 공론을 아랍어로 번역한 것을 따랐다. 도미니쿠스 군디살리누스Dominicus Gomdissalinus는 과학을 분류하면서 "어떤 사람이 어떤 예술을 행하면서 그것이 무엇인지, 어떤 주제를 가지고 있는지, 전제되는 다른 것들을 모른다는 것은 수치스러운 일이다"라고 하였다(8쪽).[11] 암호와 수 세기와 관련하여 아라비아 숫자가 도입되면서 변화가 일어나기 시작했는데, 피보나치의 논문(481쪽)[12]은 산술의 실용적 측면과 이론적 측면을 혼합하기 시작한 최초의 논문이다.

르네상스 시대는 새로운 노동 구조가 등장한 시기로, 도면을 통해 벽돌공이 설계도에 접근할 수 있게 되고, 발명가가 아닌 다른 사람이 기계를 설계하고 재현할 수 있게 되면서 건축 분야에도 변화가 일어난다. 회화 영역에서는 학교가 더 효율적이라는 사실이 밝혀지고 논문이 나오게 된다. 학자들은 학술 활동에 모국어를 사용하기 시작했고, 때로는 비기술적인 언어와 비학자가 이해할 수 있는 스타일로 글을 쓰기도 했다. 가장 잘 알려진 예로는 갈릴레오나 1704년 발간한 뉴턴의 "옵틱스Optiks"와 같은 것들이 있다.

산업 혁명 시대에는 점점 더 복잡해지는 기계와 사용 설명서를 다루기 위한 필요성뿐만 아니라 사회적 이유 때문에 실용 수학이 학문적인 수학에 가까워지는 속도가 빨라졌다. 미주 12와 같은 새로운 질서에서 사회적, 경제적 우위를 유지하기 위해 준비해야 했던 귀족의 자녀들에게는 학문적 훈련만으로는 충분하지 않았기 때문이었다(482쪽). 산업 혁명 시대에는 학문적 수학과 실용적 수학의 근사가 학교 시스템에 들어가기 시작한 시기로 산업 혁명 시대의 교육의 특징이라 할 수 있다.

마지막으로, 20세기에 이르러 대중 교육이라는 개념이 널리 퍼지는 마지막 단계에 도달한다. 플라톤 시대보다 더 시급하게 대중 교육 시스템에서 어떤 수학을 가르쳐야 하는지에 대한 질문이 제기되었다. 그 대답은 플라톤이 주장한 것처럼 엘리트 양성을 위해 수학교육이 필수적이었던 귀족들이 교육받은 것과 같이 엘리트가 경제 및 사회 구조를 유지하는 동시에 생산 부문을 효과적으로 관리할 수 있도록 하는 수학이어야 된다는 것이었다. 수학은 이제부터 우리가 '학문적 실용 수학scholarly practical mathematics', 즉 학교에서 가르치고 배우는 수학으로 부를 '학문적 수학academic mathematics'으로 적응하고 자리를 잡았다. 이와는 대조적으로 민족 부족 사회, 노동 집단, 특정 연령대의 어린이, 전문직 계층 등과 같이 식별 가능한 문화 집단 사이에서 실행되는 수학을 **민족수학**이라고 부르고자 한다. 그 정체성은 주로 관심사, 동기 부여, 그리고 학문적 수학의 영역에 속하지 않는 특정 코드와 전문 용어에 따라 달라진다. 이러한 민족수학의 개념에서 더 나아가 미적분학의 학문적 과정에서 개발된 엄밀성과 형식주의의 개념에 부합하지 않는 현재 엔지니어들이 주로 사용하는 미적분학과 같은 수학의 대부분을 포함할 수 있다. 예를 들어, 실바누스 톰슨Sylvanus Thompson의 미적분학에 대한 접근 방식은 이러한 민족수학의 범주에 더 적합할 수 있다. 그리고 빈민가의 건축가, 우물 파는 사람, 그리고 헛간 만드는 사람들도 민족수학의 예를 사용한다.

물론 이 개념은 수학에 대해 보다 더 넓은 해석을 필요로 한다. 이제 플라톤의 암호와 산술, 행성 궤도의 측정과 관계 외에도 분류, 순서 정하기, 추론, 모델링 능력까지 수학에 포함시킨다. 이는 역사를 통틀어 매우 광범위한 인간 활동으로, 학계에 의해 수용되어 공식화되고 성문화되어 우리가 '학문적 수학'이라고 부르는 것에 통합되었지만 문화적으로 식별되는 집단에서 살아있고 그들의 관행에서 일상을 구성하고 있다.

역사와 교육학에서의 민족수학 및 그들 간의 관계

본질적으로 수학적 성격을 지닌 여러 관행을 식별하도록 해 주는 수학의 광범위한 개념화를 제안한다. 또한 전문 용어, 코드, 상징, 신화, 심지어 추론과 추론의 특정 방식까지 문화적으로 식별 가능한 모든 집단을 포함하기 위해 광범위한 **민족**ethno의 개념을 전제로 한다. 물론 이는 개인적 행동에서 사회적 행동, 문화적 행동에 이르는 행동의 계층화 결

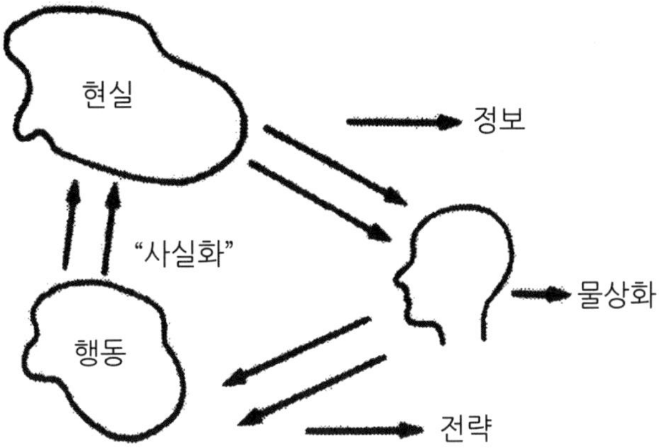

[그림 1–1]

과로서의 문화 개념에서 비롯된 것이다.

이 개념은 [그림 1-1]에 구조적으로 나와 있는 현실-개인-행동-현실의 사이클에 기반한 개인 행동 모델에 기반한다. 이 전체론적 모델에서 현실이 무엇인지, 개인이 무엇인지, 행동이 무엇인지에 대한 논의에 들어가지 않을 것이다. 대신에 미주[13]를 참조하였다. 단순히 자연적, 물질적, 사회적, 심리 정서적 등 넓은 의미의 현실을 가정한다. 이제 개인에게 자극을 생성하는 정보 메커니즘(감각과 기억, 유전적 시스템과 후천적 시스템을 모두 포함하는)을 통해 연결이 가능하다는 것을 알 수 있다. 이러한 자극은 구체적으로 보이는 듯한 물상화reification 메커니즘을 통해 행동을 가능하게 하는 전략(코드와 모델에 기반한)을 만들어낸다. 행동은 현실에서의 인공물artifact과 멘티팩트mentifact(아이디어, 개념, 이론, 성찰, 생각 등 구체화되지 않은 지적 활동의 모든 결과를 의미하는 신조어)가 사실화됨으로써 현실에 영향을 미친다. 이들은 위에서 언급한 넓은 의미에서 현실에 추가되고 현실을 수정한다. 사회생물학자들은 물상화라는 개념을 "사물이나 활동의 복잡한 배열과 같이, 사실적으로 구체적인 형태를 부여하고 단순화하여 단어나 다른 기호로 표시하는 정신 활동과 상대적으로 무형적인 현상"으로 사용했다(380쪽).[14] 이것이 행동 전략이 정의되는 기본 메커니즘이라고 가정한다. 이러한 행동은 인공물을 통해서든 멘티팩트를 통해서든 현실을 수정하고, 이 재연 과정을 통해 새로운 행동 전략을 수정하거나 생성하는 추가 정보를 생산한다. 이 끊임없는 순환은 민족수학 개념의 기초가 되는 이론적 프레임워크의 토대가 된다.

개인의 행동은 교육과 같은 메커니즘을 통해 특정 방식으로 동질화되어 사회적 행동을 형성하고, 이는 다시 우리가 "문화"라고 부르는 것을 생성한다. 다시 한 번 [그림 1-2]와 같은 체계를 통해 사회적 행동의 전략으로서의 문화 개념을 이해할 수 있다. 이제 개인의

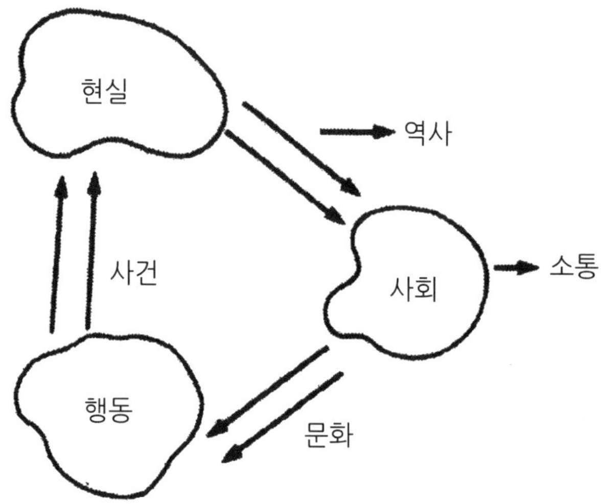

[그림 1-2]

행동의 특징인 물상화의 메커니즘은 소통으로 대체되고, 개인에게 영향을 미치는 정보는 역사로 대체되며, 이는 사회 전체에 영향을 미친다. 본 장에서는 아래의 이론적 틀에 대해 더 자세히 설명하지 않고, 다른 곳에서 다루고자 한다.

위에서 언급했듯이, 문화는 전문 용어, 코드, 신화, 상징, 유토피아, 추론과 추론의 방식을 통해 나타낸다. 이와 관련하여 민족수학을 구성하는 암호, 수 세기, 측정, 분류, 순서 정하기, 추론, 모델링과 같은 관행이 있다.

그러면 다음과 같은 기본적인 질문을 제기할 수 있다. 민족수학은 얼마나 "이론적"일 수 있는가? 이전 단락의 말미에 언급한 것과 같은 수학적 관행이 문화적으로 다른 여러 집단에 알려져 있다는 것은 오랫동안 인식되어 왔으며, 여기서 "알려져 있다"라는 것은 서구적 또는 학문적 방식과는 상당히 다른 방식으로 알려져 있다는 것을 의미한다. 이는 인류학자들의 연구와 민족지학이 과학으로 인정받기 전에도 세계 여행자들의 보고서에서 종종 볼 수 있다. 이러한 기록에 대한 관심은 주로 호기심이나 원주민의 사고방식을 배우려는 인류학적 관심의 원천이었다. 여기서 한 걸음 더 나아가 이러한 임시방편적인 관행에서 기저에 있는 탐구의 구조를 찾으려고 노력하고 있다. 즉, 다음과 같은 질문을 던져야 한다.

1. 임시방편적인 관행과 문제 해결은 어떻게 방법론으로 발전합니까?
2. 방법론은 어떻게 이론으로 발전합니까?
3. 이론은 어떻게 과학적 발명으로 발전합니까?

과학사를 연구해 보면, 과학 이론을 구축하는 단계가 바로 이 세 가지 질문인 것 같다. 특히 수학의 역사는 1, 2, 3단계에 대해 잘 설명해 주고 있으며, 과학사의 연구 프로그램은 본질적으로 이 세 가지 질문에 기초하고 있다.

주요 문제는 방법론적 문제이며, 역사 자체, 특히 과학사의 개념에 있다. 벨론$_{\text{Bellon}}$의 두 번째 과학 혁명에 관한 훌륭한 저서의 첫 문장인 "과학사의 이론의 탄생과 죽음, 개념의 형식화와 성장을 항상 타당하고 모든 곳에 적용 가능한 체계(scheme, 논리적 또는 철학적)에서 도출하려는 유혹이 숨겨져 있다. 실제 문제를 다루지 않는 대신, 역사는 한 철학 학파 또는 다른 철학 학파의 이익을 위해 교화적인 이야기에 대한 학습된 검토$_{\text{learned review}}$가 될 것이다"(1쪽)[15]란 내용에 동의해야 할 것이다. 이러한 경향은 민족과학, 특히 민족수학과 같은 대중적 관행에 대한 분석에 스며들어 역사성을 박탈한다. 결과적으로, 지식의 지위를 박탈하게 된다.

이 시점에서 대규모의 전문적인 활동으로 간주되는 오늘날 과학의 본질에 대해 몇 가지 언급하는 것이 적절하다. 이미 언급했듯이 19세기 초부터 과학은 현재 위치로 발전하였다. 과학자들이 서로 소통하고 과학 정기 간행물, 회의 및 협회가 알려졌지만, 19세기 초 과학자들의 활동은 그 자체로 보상을 받지 못했다. 보상은 후원의 결과로 더 많이 주어졌다. 대학은 과학자를 준비시키거나 과학적 연구를 위해 개인을 훈련시키는 데 거의 관심이 없었다. 19세기에 이르러서야 과학자가 되는 것이 전문적인 활동으로 간주되기 시작했다. 그리고 이러한 변화로 인해 순수 과학과 과학 분야를 구분하는 것은 거의 피할 수 없는 일이 되었다. 이제 특정 자격을 갖춘 전문가인 과학자의 훈련은 해당 전공에서, 대학 또는 유사 기관에서 이루어졌으며, 전문 활동을 위한 자격을 부여하는 메커니즘이 개발되었다. 그리고, 자격에 대한 평가 기준이 개발되었다. 지식, 특히 과학적 지식에 개인에게 전문 활동에 필요한 자격을 부여할 수 있는 지위를 부여하였다. 사회의 여러 계층에서 다양한 수준의 정교함과 깊이로 실행되는 이와 동일한 지식은 전문적 인증을 제공할 책임과 권한을 가진 사람들에 의해 수용되었다.

과학 분야 외부에서 확립되고 수용된 직업 모델과 평행하게 발전한 예를 수학에서도 찾을 수 있다. 물리학자들 사이에서 본격적으로 사용된 지 약 20년이 지난 후, 분포 이론에 의해 구조화된 수학적 대상이 된 디랙$_{\text{Dirac}}$의 델타 함수가 그러한 예 중 하나이다. 이러한 과정은 사회에 관한 지식의 내부적 역학 관계의 한 측면이다.

수학에서 새로운 아이디어가 실천가들 외부에서 등장하고, 이러한 아이디어가 수학의 적절한 규범을 부여받아 수학으로 "이론화할 수 있는" 것으로 인식되는 시점부터 아이디어가 수용되어 수학으로 공식화될 때까지는 명백하게 시간차가 존재한다. 이 기간 아이디어가 활용되고 실행되는 것은 넓은 의미에서 "민족수학"이라고 부를 수 있다. 즉, 새로운 아이디어는 결국 인정되는 사고방식이나 스타일로서의 수학이 될 수 있다. 그러나 대부분 사례는 공식화되지 못하고, 해당 관행은 그것을 시작한 문화적으로 차별화된 집단에 국한되어 계속 제한된다. 학교 교육의 메커니즘은 수학의 지위를 획득한 다른 동등한 관행으로 이러한 관행을 대체하며, 이 관행은 원래의 형태로 수용되어 성문화된 버전으로 환원된다.

이러한 관행, 즉 민족수학에 대한 지위는 일반적인 전통적 의미의 수학이 가지고 있는 수준에 도달하지 못한다. 토머스 쿤T. S. Kuhn의 용어를 빌리자면, "정상 수학"이 아니며 "혁명적인revolutionary 수학"을 만들어 낼 가능성은 매우 낮다고 할 수 있다. 민족수학은 사회 변화의 결과로 진화하면서 자신의 생명력을 유지하지만, 이전의 형태는 새로운 형태로 쉽게 대체되어 잊혀지게 된다. 이러한 형태의 지식의 누적적 특성은 인정받지 못하고, 과학 분야로서의 지위도 불안정하다. 사회 전반의 변화로 인한 민족수학의 내부적 혁명은 "정상 민족수학"과 연결도 불충분하다. 즉, 학문으로 구조화된 지식의 척추인 역사적 발전의 사슬chain을 인식할 수 없다. 결과적으로 민족수학은 구조화된 지식 체계가 아니라 임시방편적인 관행의 집합으로 인식되고 있다.

본 연구의 목적은 민족수학 내에서 구조화된 지식의 집합체를 찾아내는 것이다. 이를 위해서는 위의 1, 2, 3단계를 따르는 것이 필수적이다.

현재 수학적 관행, 즉 민족수학으로 식별할 수 있는 문화적으로 차별화된 집단의 관행에 대한 사례와 데이터를 수집하고 이러한 관행을 추론의 패턴, 즉 사고방식으로 연결하려고 시도하고자 한다. 인지 이론과 문화인류학을 모두 활용하여 이러한 관행의 기원을 추적하고자 한다. 이를 통해, 관행을 지식의 체계로 체계적으로 정리할 수 있다.

결론

효과적인 교육 활동을 위해서는 교육과정 개발에 대한 집중적인 경험뿐만 아니라 민족수학을 흡수하고 이해할 수 있는 조사 및 연구 방법도 필요하다. 이를 위해서, 아직 잘 개발되지 않은 학문 분야로서, 수학에 관한 매우 어려운 인류학적 연구 방법의 개발이 절실히 필요하다. 수학의 발전에 있어 사회문화적, 경제적, 정치적 요인의 상호영향을 이해하는 것을 목표로 하는 수학의 사회적 역사와 함께 인류학적 수학anthropological mathematics은 현재 선진국에서 관심을 끌고 있는 것처럼 단순한 학문으로서가 아니라 적절한 방식으로 교육과정을 개발할 수 있는 토대로서 제3세계 국가에서 필수적인 연구 주제가 될 것으로 믿는다.

제3세계 국가에서의 교육과정 개발은 방법, 목표, 내용을 연대적으로 고려할 뿐만 아니라, 인류학적 연구의 결과를 교육과정을 특징짓는 데 사용하는 3차원 공간에 통합함으로써 보다 글로벌하고 명확하게 총체적인 접근 방식을 필요로 한다. 이러한 연구 결과를 기존의 실수로 종종 수행되었던 교육과정의 각 영역이나 구성 요소에 개별적으로 통합하는 방법과는 상당히 다른 방식이다.

이러한 접근 방식은 제3세계 국가의 수학교육 연구의 우선순위에 많은 영향을 미치며, 과학으로서 수학의 발전에도 분명한 대응책을 제시한다. 순수 수학과 응용 수학의 구분은 분명히 다른 방식으로 해석되어야 한다. 순수 수학으로 분류되어 왔고 지금도 그렇게 불리고 있는 것은 특정 역사적 순간의 주요한 기대에서 벗어날 수 없는 사회적, 경제적, 문화적 분위기 속에서 학문이 발전해 온 자연스러운 결과이다. 따라서, 레오폴트 크로네커L. Kronecker("신은 정수를 창조했고 나머지는 인간의 작품이다"), 카를 마르크Karl Marx, 찰스 다윈Charles Darwin이 동시대인이었다는 사실을 이점에서 무시하기 어렵다. 수학에 반대되는 순수 수학은 명백하게 정치적, 철학적 색조를 띠고 이들은 동시에 고려된다. 제3세계 국가에서 이러한 구분이 매우 인위적이고, 이데올로기적으로 위험하다. 국가 발전 우선순위를 대학 연구의 특징인 학문적 관행에 통합하는 방식으로 교육과정과 연구 우선순위를 수정하는 것은 분명 가장 어려운 일 중의 하나일 것이다. 그렇다고 해서, 이러한 어려움으로 인해 더 긴급하고 즉각적인 목표를 위해 인적 자원을 모아야 할 필요성이 커지고 있음을 모른 척해서는 안 된다.

이는 제3세계 국가의 수학과 과학 발전에 실질적인 문제를 제기한다. 이 문제는 이 논문의 주제인 과학과 이데올로기의 관계에 대한 결론으로 자연스럽게 이어진다.

에메 세제르Aimé Césaire가 《La Tragédie du Roi Christophe》에서 비난한 복장, 주택, 직책에 내재된 이데올로기는 소위 제3세계 국가의 대부분을 차지하는 옛 식민지의 간부와 지식인 계급이 형성될 때 더욱 미묘하고 파괴적인 영향을 미치며 더 길고 파괴적인 방향으로 변모하였다. 식민주의는 근대 과학, 특히 수학 및 기술과 공생 관계 속에서 함께 성장했다는 사실을 잊지 말아야 한다.

미주

1. Ubiratan D'Ambrosio, "Science and technology in Latin America during discovery," *Impact of Science on Society 27*, no. 3 (1977): 267-274.

2. R. L. Wilder, *Mathematics as a cultural system* Oxford: Pergamon, 1981; see also C. Smorynski, "Mathematics as a cultural system," *Mathematical Intelligencer 5*,

no. 1 (1983): 9-15.

3. Anton Dimitriu, *History of logic* (4 vols) (Kent, England: Abacus Press, 1977).

4. Karls H. Potter ed., Indian metaphysics and epistemology. *Encyclopedia of Indian Philosophies* (Princeton, N.J.: Princeton University Press, 1977).

5. Marcia Ascher, and Robert Ascher, *Code of the Quipu* (Ann Arbor, MI: The University of Michigan Press, 1981).

6. David E Lancy, *Cross-cultural studies in cognition and mathematics* (New York: Academic Press, 1983).

7. Ubiratan D'Ambrosio, *Socio-cultural bases for mathematics education* (São Paulo: UNICAMP, Campinas 1985).

8. ______. *Several dimensions of science education* (Santiago: CIDE/REDUC, 1990).

9. Plato, *Dialogues*, ed., E. Hamilton, and H. Cairns (New York: Pantheon Books, 1963).

10. Plato, *Dialogues (Republic)*, ed., E. Hamilton, and H. Cairus (New York: Panthem Books, 1963).

11. Stephen K. Victor ed., *Practical geometry in the high Middle Ages* (Philadelphia: The American Philosophical Society, 1979).

12. Ubiratan D'Ambrosio, "Mathematics and society: some historical considerations and pedagogical implications," *Int. J. Math. Educ. Sci. Technol., 2*, no. 4, (1980): 479-488.

13. ______. Uniting reality and action: A holistic approach to mathematics education, in *Teaching Teachers Teaching Students,* L. A. Steen and D. J. Albers eds. (Boston: Birkhauser, 1980), 33-42.

14. Charles J. Lumsden, and Edward D. Wilson, *Genes mind and culture* (Cambridge, MA: Harvard University Press, 1981).

15. Enrico Bellone, *A world on paper* (Cambridge, MA: The MIT Press, 1980; orig. ed. 1976).

제 2 장

민족수학

마샤 아셔(Marcia Ascher)와 로버트 아셔(Robert Ascher)

편집자 주: 수학자 마샤 아셔Marcia Ascher와 인류학자 로버트 아셔Robert Ascher는 비문해 민족이 '원시적인' 수학적 아이디어만 가지고 있다는 생각에 도전하고 있다. 전문 수학자를 대상으로 한 이들의 연구는 비문해 민족의 정교한 수학적 아이디어, 즉 현대의 '서구' 수학과 비슷하거나 더 복잡한 아이디어에 대한 상세한 증거를 제공했다. 따라서 1986년 《History of Science》의 14권(125-144)에 처음 실린 이 장은 영어권 수학 커뮤니티에 민족수학을 소개하는 데 중요한 역할을 했다.

저자 주: 이 글은 1980년대 초에 작성되었지만 몇 년 동안 저널에 실리지 못했다. 따라서 민족수학에 대한 초기의 생각을 반영하고 있다. 그 이후로 우리는 가장 중요한 두 가지 관점에 대한 생각을 명확히 했다. 우선, 첫 문장에 등장하지만 전체 논의의 근간이 되는 "수학적 아이디어"라는 용어의 의미를 명확히 했다. 우리에게 수학적 아이디어에는 수, 논리, 공간 구성, 그리고 더 중요한 것은 이러한 것들을 시스템과 구조로 조합하거나 조직하는 것이 포함된다. 둘째, 우리는 수학 문헌에서 '원시적primitive'이라는 구시대적인 용어를 사용하는 것에 대응하기 위해 '비문해nonliterate'라는 용어를 사용했다. 그러나 민족수학의 범위를 정의할 때 이 용어는 너무 제한적이다. 한 단어로는 충분하지 않지만 "전통적traditional"이라는 용어가 더 낫다. 아셔가 1991년에 편저한 《Ethnomathematics: A Multicultural View of Mathematical Ideas》 중 브룩스Brooks와 콜Cole가 집필한 한 장은 전체가 민족수학의 범위와 함의, 그리고 다른 분야와의 관계를 자세히 설명하고 있다.

I

민족수학은 비문해 민족의 수학적 아이디어를 연구하는 학문이다. 사람들은 어떤 식으로든 그 문화에서 이름 붙혀진 개념으로 대응되는 수학적 사고 개념을 인식한다. 예를 들어, 문맹이든 아니든 모든 인간은 공간에 임의의 질서를 부여한다. 특정 질서는 문화적 맥락 속에서 발전하며, 그 형식과 내용은 반드시 그것이 발생한 문화를 표현한다.

비문해 민족에 대한 많은 진술은 수학 문헌, 일반적으로 수학사의 서문이나 수학에 대한 정신을 소개하는 책에서 찾을 수 있다. 그러나 대부분의 표현은 이론적으로나 사실적으로 결함이 있다. 따라서, 이러한 진술들을 수정하고 현대적 사고에 적합한 민족수학으로 나아가야 할 때이다.

II

다른 곳에서는 "원시적"이라고 부르는 사람들을 "비문해"라는 용어를 선택하여 적용하였다. 그러나 이러한 용어 사용은 단어에 대한 논쟁 그 이상의 문제를 제기한다. 인간에게 적용되는 "원시적"이란 개념은 고전적 진화론의 산물이다.[1] 19세기 패러다임의 핵심은 비문해 민족이 일련의 예정된 단계를 거쳐야만 함을 강조한다. 즉, 원시인들을 문명으로 이어지는 직선적인 진화 경로를 따라 가장 초기에 생존한 대표자라고 가정한다.[2] 비문해 민족을 "원시인"이라고 부르는 이유는 그들이 독창적이고 초기적이며 고대적이고 원시적인 것으로 여겨졌기 때문이다. "원시"를 민족지학적으로 현재에 적용하면 이론적으로 시대착오적이라는 것이 상식일 수 있지만, 수학 문서에서는 계속 사용되고 있다. 따라서 현재 생존해 있거나 최근에 소멸한 비문해 민족의 아이디어가 연대기적으로 구성된 수학 논의의 시작 부분에 잘못 놓이게 된다.

비문해 민족의 수학적 사고는 고전적 진화론자들에게 수number에만 국한되어 있었다. 비문해 민족이 살아있는 조상이고 수학이 수에서 시작되었다는 것을 당연하게 여겼다면 아무것도 아닐 수 있다. 이 학파에서 가장 높은 평가를 받았던 에드워드 버넷 타일러E. B. Tylor는 《Primitive Culture》라는 책의 한 장을 "세는 기술"에 할애했다.[3] 22년 후, 수학자 L. L. 코넌트L. L. Conant는 영향력 있는 저서 《The Number Concept: Its Origin and Development》를 저술하였다.[4] 이 책은 고전적 진화론자, 특히 Tylor의 사상에 영향을 받아 오늘날까지 그 영향력을 이어가고 있다.[5] 현재 수학자들에게도,[6] 비문해 민족의 수학적 사고는 수 단어를 자료로 사용하는 수에 중점을 둔다. 수 단어에 언급된 신체 부위, 단어가 어떻게 형성되는지, 수 단어가 얼마나 큰지, 사물의 범주에 따라 서로 다른 수 단어가 사용되는지 등에 대해 논의한다. 수에 대한 기록은 조약돌, 막대기의 홈, 현의 매듭 등 1-1 집합으로 이루어진다. 수렵과 채집, 목축이나 상업 등 다양한 경제의 필요성에 따라 개념이 달라진 것이다. 그리고 때때로 비문해자의 수에 대한 이해력은 다른 동물의 수 감각과 비교되기도 한다.[7] 이러한 개념은 검사가 필요하다.

수와 신체 부위에 같은 단어가 사용된다는 사실은 수로서의 수에 대해서 아무것도 알려주지 않는다. 모든 언어에서 수를 나타내는 단어는 다른 단어를 나타내는 단어와 마찬가지로 여러 가지 방식으로 자유롭게 만들어진다. 이미 존재하는 단어에서 어떤 단어가 채택되면 곧 새로운 문맥에 적합한 의미를 갖게 된다. 예를 들어, 영어 사용자가 측정의 맥락에서 "피트a foot"라고 말할 때 영어를 모르는 사람은 그가 신체 부위를 생각하고 있다고 생각할 수 있다. 문맹 문화권에서 수와 관련된 문맥에서 신체 부위에 대한 단어를 듣는다면 이를 달리 생각할 이유가 없다. 두 언어 공동체에 속한 화자에게 맥락은 관련이 없다.

큰 수에 관한 단어는 언어 공동체의 사람들이 얼마나 높은 수를 세고 싶어하는지를 반영할 뿐이며 지능이나 추상화 능력과는 관련이 없다. 모든 언어의 유연성과 확장성 덕분에 필요한 경우 더 큰 수에 관한 단어를 추가할 수 있다.[8] 수 세기 개념은 보편적이다.[9] 보편적으로 인식되고 있는 것과 다양한 수 단어의 공통점은 하나에서 다음까지 동일한 양이 있다는 것이다. 즉, 모든 수 단어는 1, 1+1, 1+1+1 등에 부여된 이름이다. 새로운 이름은 필요할 때 만들어지지만, 그 존재 여부가 수 개념에 대해 새로운 것을 의미하지는 않는다. 크로네커Kronecker의 "신은 정수를 만들었다"라는 말과 페아노Peano의 가설에 의해 나타나는 성질은 어쩌면 같은 말을 또 다른 방식으로 표현한 것일지도 모른다.

언어 연구는 또한 다른 문화권에서 세계를 분류하는 방식의 다양성과 풍요로움에 대한 통찰력을 제공하는 주요한 역할을 한다.[10] 다양한 수에 대한 단어 사용은 수학 교과서에서 추상적인 수 개념이 없다는 증거로 잘못 인용되는 경우가 많다. 예를 들어, 북아메리카 북서부 해안에 거주한 인디언인 치므시 족Tsimshians은 평평한 물체와 동물, 둥근 물체와 시분할, 사람, 긴 물체, 카누, 명확한 물체가 언급되지 않은 경우 세기 등 일곱 가지 수의 단어 집합을 가지고 있다고 한다.[11] 수학자들은 이러한 범주가 상호배타적이지도 완전하지도 않다는 것을 인식해야 하지만 그렇지 않고, 치므시 족이 둥글고 평평한 물체나 별과 같은 물체에 어떤 단어를 사용하는지 궁금해 하였다. 수에 대한 단어 집합이나 수 분류 사용은 널리 퍼져 있지만 여전히 결정적인 분석을 피하고 있다.[12] 일부 집단은 살아있는 물체와 죽은 물체에 대해 서로 다른 수에 대한 단어를 가지고 있다는 가정을 하고 [그림 2-1(a)]와 같이 도식화해 보자.

3_L의 개념은 3의 개념과 살아있음의 개념이 둘 사이의 교차점이 된다. [그림 2-1(b)]에서는 기호만 변경하였다. 두 도식에 대해 잘 알지 못하는 사람은 A, B, C, D만 듣고도 이들이 잘 구분된다고 생각할 수 있다. 듣는 사람은 구체적인 아이디어의 산물이라고 생

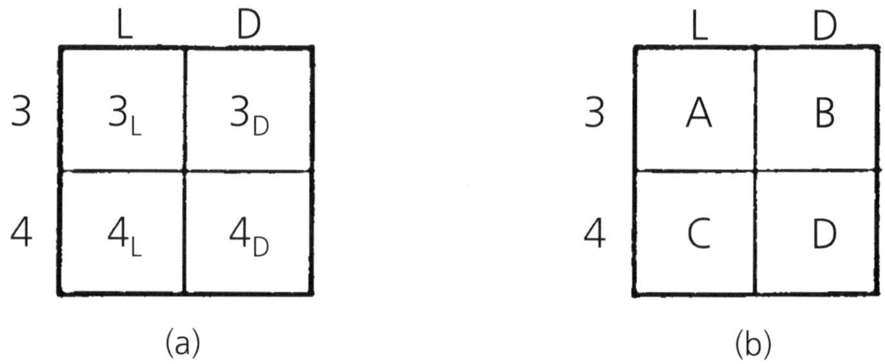

[그림 2-1]

각할 수 있지만, 실제로는 두 가지 차원을 동시에 전달할 수 있는 능력은 아이디어를 다소 미약해지게 만든다. 수학적 글쓰기에서 몬타나 보호구역에 사는 블랙피트Blackfeet 인디언은 산 자와 죽은 자에 대해 서로 다른 수 집합을 사용한다고 한다.[13] 결론을 내릴 수 있는 것은 블랙피트 인디언이 이러한 근본적인 대조를 주장한다는 것이다. 이러한 구분이 서양 수학의 응용에 도입될 경우 어떤 영향을 미칠지 추측해 볼 수 있다. 현실적인 문제에서 수학적 모델을 구성할 때 변수가 생명체인지 무생물인지에 대한 지식을 변수와 함께 유지하는 것이 더 나을 수도 있다. 디오판토스 방정식의 경우처럼 영역이 정해진 변수로 다룰 수 있다. 현재 수에 대한 관습적인 이야기에서 언어 영역에서 시각적 촉각 영역으로의 전환이 있다. 인공물은 조약돌, 홈이 있는 막대기, 매듭이 있는 끈 등이다. 인공물에서 종종 강조되는 측면인 만들어지는 재료는 수학적으로 중요하지 않다. 예를 들어, 매듭을 묶은 끈은 1-1 계수tally일 수도 있고, 칠판에 1-1 계수 또는 복잡한 적분을 기록할 수 있는 것처럼 잉카의 논리적 숫자 체계처럼 정교할 수도 있다.[14] 1-1 계수는 조약돌, 획 등 개별 개체를 한 번에 하나씩 다른 개별 개체와 연결하여 어떤 목적에 따라 추적 가능한 기호 집합을 만드는 단계별 매칭 프로세스이다. 반면에 수 기호는 매체와 관계없이 수의 의미에 포함되는 모든 것을 표현하는 것이다. 수 기호 집합이 있다는 것은 숫자와 그 관계에 대한 체계적인 개념이 있다는 것을 의미한다. 자료만큼이나 강조되는 것은 수 기호의 생성 및 사용에 대한 동기이다. 그것은 개별 사냥꾼이나 목축업자의 재산 및 사업 요구 측면에서 생각할 수 있다. 분명한 것은 기호 체계가 사적인 코드를 넘어서기 위해서는 사용자 그룹에 의해 공유, 확산, 반복되어야 한다는 것이다.

이 통념은 전체 또는 부분적으로 반복되는 일화 속에 잘 요약되어 있는데, 이 일화는 특별한 호소력을 지니고 있음에 틀림없다. 이 일화는 아프리카 데마라Demara 원주민 양치기 목동과 탐험가, 상인, 과학자, 인류학자 또는 민족학자로 다양하게 묘사되는 다른 사람

사이의 교류에 관한 이야기이다. 목동이 2+2(또는 2×2)=4라는 단순한 산술적 사실을 이해할 수 없다는 것을 보여주기 위한 것이다. 양 한 마리에 담배 두 개비를 받기로 동의한 목동이 두 번째 양을 선택한 후 담배 네 개비를 받으면서 혼란스러워하고 화를 내는 모습을 묘사한 것이다.[15] 물론 문제는 목동이 산수를 이해하지 못한다는 것이 아니라 과학자/상인이 양을 이해하지 못한다는 것이다. 양은 표준화된 단위가 아니다. 데마라 목동은 마침내 거래에 동의했고 상인이 두 번째 다른 동물에 대해 동일한 금액을 지불하려는 의지가 있었기 때문에 혼란스러워할 수 있다.

이 일화는 두 사람이 서로 대화하는 모습을 보여주는 것 외에도 수학적 개념과 그 응용의 차이에 대한 문제를 제기한다. 수학적 아이디어를 구체적인 사례에 적용할 때는 항상 응용을 다루게 된다. 예를 들어, 기체의 부피를 결합하거나 공통원소가 있는 집합들의 합집합을 구할 때는 2+2=4가 적용되지 않는다는 것을 알 수 있다.[16] 더 중요한 것은 1912년 일찍이 베르트하이머Wertheimer가 인정한 것처럼,[17] 가장 단순한 수학적 모델의 적용 가능성도 문화적 범주화의 문제가 된다는 것이다. 예를 들어 사과 2개+배 2개=과일 4개이지만 바지 2개+재킷 2개=2벌이라고 생각한다.

얼마 전만 해도 남자 2명+여자 2명=2커플이라고 말했지만, 이제는 남자 2명+여자 2명=4명이라고 조심스럽게 말하게 되었다. 또한, 2인치×2인치=4제곱인치이지만 사과 2개×사과 2개=4제곱사과는 아니라고 믿는다. 서양 학자들이 수학의 보편성을 규명하려고 할 때 제기한 질문은 2+2가 항상 4와 같은지 여부이다.[18] 4가 2+2의 이름으로 인식되면 여기서와 같이 모델이 적용되는지 여부가 문제가 된다. 이 질문은 문화에 따라 답이 다를 수 있고, 같은 문화 내에서도 답이 다를 수 있다.[19]

비문해 민족의 수학적 아이디어에 대한 논의는 수를 중심으로 이루어지지만, 그 가정과 결론은 논리와 사고로까지 확장된다. 비문해 민족은 종종 단순하거나 어린아이 같고, 추상화나 일반화가 아닌 구체적인 사고만 가능하며, 지능이 낮고, 분석적 사고를 할 수 없으며, 공식적인 추론이나 논리가 없는 것으로 명시적으로 묘사된다.[20] 어떤 맥락에서든 이러한 묘사는 심하게 편협한 것이며 수학의 맥락에서는 비난하고 있는 것이다.

이러한 특징을 살펴보기 위해 지적 역사의 흐름을 짚어보면, 고전적 진화론자들에게 "인류의 정신적 통일성"은 근본적인 것이었다.[21] 이 신념은 레비 브뤼Lévy-Brühl의 영향력 있는 저서에서 도전을 받았다.[22] 그는 '정신적 통일성' 대신에 비문해자는 '전논리적(prelogical)'이고, 우리는 논리적(logical)이라고 하여 분리된 사고의 세계를 구축했다. 여기서 '논리적'이란 단어의 의미는 모든 사고와 사고 과정을 포괄하는 넓은 의미에서 의도된 것이다. 레비 브뤼은 다시 한 번 수의 문제를 검토하면서 이번에는 사고에 주목하여, 처음으로 만족스러운 방식으로 수를 설명할 수 있다고 주장하며 코넌트의 연구 결과를 재검토하였다. 그는 5가 가장 '자연스러운' 수라고 믿었던 코넌트가 비문해 문화권에서 발견한 다양한 수에 당황했다고 말한다. 그러나 레비 브뤼이 원시인의 정신이 우리처럼 기능하지 않고, 논리적이기보다는 신비주의적이며, 추상화에 대해 거의 알지 못한다는 사실을 이해한다면 어떻게 한 진법이 다른 진법보다 더 "자연적"일 수 있겠는가라고 이야기하는 것은 놀랍지가 않다.[23] 레비 브뤼이 자신과 고전적 진화론자 사이에 그린 선은 우리가 믿는 것처럼 견고하거나 빠르지 않다. 그들은 진화 가설을 위해 정신적 통일성이라는 개념이 필요했지만, 문화와 시대의 인종적, 계급적 편견이 그들의 과학을 가렸기 때문에 거의 매번 모순되었다.[24] 예를 들어, 그들은 비문해자들을 어린아이와 같은 존재로 규정하고 두 가지를 의미했다. 원시인이 문화 진화의 초기 단계였던 것처럼, 어린아이와 같다는 것은 인간의 삶에서 초기 단계를 의미했다. 또는, 원시인은 어린아이처럼 생각한다는 의미였다.[25] 사실상 진화론자들에 대한 빅토리아 시대의 편견이 레비 브뤼의 작품에서 철학이 된 셈이다.[26]

1910년 《How Natives Think》가 출판된 지 몇 년 만에 레비 브뤼의 아이디어는 수학 문헌에 긴 시간 동안 무비판적으로 들어갔고,[27] Menninger[a)]에서 힘을 얻었으며, 한 세대 후 다른 사람들의 작품에서도 계속되었다.[28] Durkheim에서 Lévi-Strauss에 이르는 수많은 인류학자들이 이에 반대했음에도 불구하고 어린아이 같은 논리적 원시인의 신화는 지속되었다.[29] 그 이유는 무엇일까? 한 가지 대답은 전 세계 대부분의 사람들이 우리의 지적 열등자라고 주장하는 데에는 정치적, 사회적, 경제적, 이념적 가치가 있기 때문이다. 또 다른 답은 더 발전한 기술은 더 높은 지능과 함께 간다는 믿음에서 찾을 수 있다. 모든 비문해 민족을 포괄할 만큼 광범위하고 사고방식을 정확히 짚어낼 만큼 예리한 진술을 다루기가 어렵기 때문에 학문 분야 내에서 그 끈질김은 사라지지 않았다. 그럼에도 불구하고 약 15년 전부터 다양한 관점을 가진 학자들이 이 문제를 직접적으로 다루기 시작했다.

한 가지 중요한 주장은 레비 브뤼이 사용한 수와 관련된 구체적인 민족지학적 사례를 다루고 있다. 예를 들어, 그는 베다 종교, 의식, 전설에서 특정 수와 그 수의 배수 또는 나눗셈인 수가 중요한 역할을 한다는 점에 주목했다. 이러한 맥락에서 때때로 3, 7 또는 9가 서로 대체되기도 하였다. 이로 부터 레비 브뤼은 "논리적 사고에 부조리한 이러한 동치equivalence는 신비주의적 참여에 몰두하는 후자는 이러한 숫자를 다른 숫자와의 추상적 관계 또는 그것이 유래한 산술 법칙과 관련하여 고려하지 않기 때문에 전논리적 사고에 매우 자연스러워 보인다"[30] 그러나 이러한 유형의 치환을 하는 인도네시아의 원주민인 Kédang 부족의 수 개념과 산술 능력에 대한 최근 현장 연구는 다른 결론을 가능하게 한다.[31] 실제 산술적 맥락에서 수를 사용하는 것과 비산술적 맥락에서 수를 사용하는 것은 서로 모순되거나 서로의 중요성을 떨어뜨리지 않는다. 상징적인 맥락에서 홀수는 삶과 연

---

a) 역자 주. Karl Menninger가 쓴 《Number Words and Number Symbols》를 말한다. 이 책은 《수 언어와 수 기호》로 번역되어 있다.

관되고 짝수는 죽음과 연관된다. 상황에 따라 이러한 클래스 내에서 대체가 가능하다. 예를 들어, 4일의 의식 기간이 규정되어 있지만 이를 지킬 수 없는 경우 2일은 가능하지만 3일은 심각한 침해가 될 수 있다. 4일과 2일은 같은 클래스의 구성원이므로 이러한 맥락에서 동등한 의미를 갖는다. 이러한 동치 클래스의 형성은 수에 대한 추상적 개념의 한 예라고 생각한다. 레비 브뤼에 대한 다른 반론은 논리적 프로세스를 구체적으로 다루고 있다. 레비 브뤼가 설명하는 논리적 과정을 반박으로, 지금까지 연구된 수백 개의 언어 중에 논리적 연결인 '논리곱$_{\text{and}}$, 논리합$_{\text{or}}$, 부정$_{\text{not}}$, 동치$_{\text{iff}}$, 가정$_{\text{if...then}}$'을 처리할 수 있는 능력이 부족한 언어는 없었다.[32] 그러나 자연스러운 담론은 형식적인 논리로 명시적으로 구조화될 필요는 없다. 일반적으로 통용되는 신념은 전제로 명시되기보다는 추정되는 경우가 더 많다. 따라서 추론의 과정을 따를 수 있도록 특정 문화의 신념에 대한 어느 정도의 이해가 필요하다. 이러한 이해가 부족한 외부인은 들은 내용이 비합리적이거나 비논리적이라는 잘못된 생각에 쉽게 빠질 수 있다.[33] 일부 철학자들이 주장하듯이, 문화마다 다른 개념과 신념의 틀에서 비롯된 다양한 결론을 경험에서 추론하여 학습할 수 있는 보편적인 '자연적 합리성'이 있다.[34] 또한, 논리적이라고 간주되는 인간 사고의 형태는 이제 더 광범위하게 간주되며 진술의 타당성에 대한 추론[35]과 3치 논리(three-valued logic)[b)]를 포함한다.[36] 비슷한 맥락에서, 휴리스틱(heuristics), 제한화(circumscription),[37] 및 퍼지 이론[38]과 같은 영역은 인공지능에 관심을 갖고 인간과 유사한 프로세스를 공식화하려는 컴퓨터 과학자들에 의해 탐구되고 있다.

비문해자의 추론 능력을 조사하는 데 사용되는 삼단논법은 최근 인지심리학자들에 의해 재검토되었다.[39] 이 연구에서는 응답자들이 이전에 불만족스러운 응답으로 간주되었던 것에 도달하기 위해 사용한 추론을 보다 심층적으로 조사했다. 다음은 아프리카의 크펠레족의 한 응답자가 질문에 답하지 않은 한 가지 예이다.

질문: 크펠레 사람들은 모두 쌀 농사를 짓습니다.
스미스 씨는 쌀 농부가 아닙니다.
그는 크펠레 사람인가요?

응답의 한 부분: 아는 사람이 있을 때, 질문이 나오면 그에 대해 대답할 수 있습니다.
그러나 그 사람을 모르는 경우 그에 대한 질문이 나오면 대답하기가 어렵습니다.[40]

비록 질문자가 제기한 논증은 답을 얻지 못했지만, 추론하고 가설적으로 사고하는 능력은 입증되었다. 또한 크펠레 응답자와 서양인 질문자가 모르는 사람에 대해 이야기하는

b) 역자 주. 3치 논리는 진릿값이 세 개가 있는 다치 논리 체계를 의미한다.

것에 대해 서로 다른 견해를 가지고 있다는 것도 입증되었다. 또 다른 질문은 다음과 같이 요약할 수 있다.

> A 또는 B가 참이면 C가 참일 때,
> A와 B가 참이 아니라면,
> C는 참일까?

그리고 응답은 다음과 같다:

> 만약 A가 참이면 Q도 참이고,
> 만약 B가 참이면 Q는 참이 아니며,
> 만약 Q가 참이 아니면 A도 참이 아닙니다.
> A와 B가 참이 아니라면,
> 결론은 C도 참이 아닙니다.[41]

여기에서도 논리는 괜찮지만 응답자는 자신의 세계관과 일치하는 진술을 명시적으로 대체했다. 크펠레, 바이Vai, 유카테칸Yucatecan의 원주민과 북미인을 대상으로 한 여러 유사한 연구를 비교한 결과, 서양인 질문자가 기대한 응답을 이끌어내는 데는 학교 교육 수준이 가장 중요한 것으로 나타났다.[42] 그러나 이는 공식적인 서양식 교육에서 질문자와 '함께 노는 것'을 강조하는 학교 문화를 배우기 때문에 당연한 결과이다. 또한 일부 심리학자들은 서양 어린이에게 사용되는 검사와 그들이 정의하는 발달 단계가 다른 문화의 성인과 어린이에게 사용될 때 유효하지 않다고 확신한다.[43] 피아제 등은 서양 문화 내에서도 질문이 검사 대상자의 삶의 경험을 더 가깝게 반영할 때 결과에 차이가 있다는 점을 주목하기 위해 입장을 수정하기도 하였다.[44]

면밀히 검토한 결과 어린아이 같은 원시인의 신화를 뒷받침하는 연구나 재연구 사례는 단 한 건도 없었다. 연구 결과는 다음과 같이 요약할 수 있다. "인지의 문화적 차이는 특정 인지 과정이 한 문화 집단에 존재하고 다른 문화 집단에 존재하지 않는 것보다 특정 인지 과정이 적용되는 상황에 더 많이 존재한다"[45] 더 이상 비문해를 어린아이와 같은 것으로 생각할 수 없다. 실제로 많은 현대 인류학자들의 접근 방식은 스스로를 어린아이로 생각하는 것이다.[46] 결국, 방문한 사람들의 관점에서 볼 때 외부인은 어린아이와 같은 사람이며, 예를 들어 연장자를 부르는 방법, 식기를 잡는 올바른 방법 또는 산 사람과 죽은 사람을 세는 데 다른 단어를 사용해야 한다는 것을 모르기 때문에 종종 아이와 같다고 듣게 된다.

Ⅲ

비문해자의 수학적 아이디어는 민족지학적 문헌에서 도출해야 하며, 이 작업이 쉽지 않다는 것을 이해해야 한다. 대부분의 인류학자들은 수학에 이해가 제한적이고 관련 질문을 거의 하지 않았다.[47] 수학에 관심이 있는 연구자가 더 깊이 파고 들었거나 더 구체적으로 기록했을 수도 있는 아이디어는 그 실체가 드러나지 않았을 수도 있다. 다행히도, 적어도 일부 인류학자들은 자신도 모르는 사이에 활용할 수 있는 정보를 포함했으며, 최근의 일부 연구는 관련 아이디어를 구체적으로 다루고 있다. 또한, 어떤 경우에는 인공물뿐만 아니라 민족사적 기록도 이용 가능한 경우도 있다. 수학이라는 범주는 민족 고유의 것이므로, 다른 민족이 분류한 것을 찾을 수는 없다. 또한 수학을 전문적으로 가르치는 전문 수업이 없기 때문에 명시적인 수학이 존재하지 않는다. 수학적 아이디어는 다른 영역과 활동에서 암시적으로 찾아야 한다. 한 문화권에서 수학의 맥락은 그 문화권이 무엇을 생각하고 어떻게 생각하는지에 따라 달라진다.

민족수학의 특정 연구에는 상세한 조사와 분석이 필요하다. 모든 진지한 노력과 마찬가지로, 그 결과는 일화적이기보다는 그 이상이 될 것이다. 예를 들어, 잉카의 논리 수학 체계[48]와 마야의 달력[49]에 대한 문화적 파급 효과에 대한 상당한 연구가 이미 이루어지고 있다. 하지만 여기서는 문화적 정교함에서 분리된 사례를 통해 가능성과 문제점을 살펴보고자 한다. 수와 수리력을 넘어 확장된 공간에 질서를 부과하는 몇 가지 사례를 대조하고, 사용자가 논리적 구조를 명확하게 인식하고 관심을 갖는 몇 가지 개념적 모델을 인용하여 그로부터 추론을 이끌어낸다.

서양 문화권에서는 오랫동안 유클리드 기하학이 정신적 구조의 정교함이라기보다는 물리적 세계에 대한 진리를 설명하는 것이라고 믿었다. 가장 기본적인 개념은 자의적인 것으로 인식되었지만, 다른 문화권의 몇 가지 예시를 보면 얼마나 자의적인지 알 수 있다. 점, 선, 직각, 직사각형, 평면은 우리 주변에서 우리가 구축한 세계에 필수적인 요소이다. 물론 이것은 서양 수학의 발전에 영향을 미쳤지만, 수학은 예술, 건축, 측정 및 도표화 체계mapping scheme, 보고 묘사하는 방식, 심지어 미적 감각을 통해 그 중요성을 더욱 강화했다. 하늘을 올려다보며 특정 별을 발견하고, 그 별점을 직선으로 정신적으로 연결하고, 세대를 이어가며 볼 수 있는 별자리를 만드는 것보다 더 자연스러운 일이 어디 있을까? 안데스 원주민들은 그들의 공간 개념에 따라 하늘에서 더 어둡고 밝은 얼룩(성간 먼지 구름)으로 이루어진 훨씬 더 불규칙한 모양의 다른 별자리를 보았다.[50] 1930년대에 죽기 직전, 오글랄라 시옥스족Oglala Sioux의 블랙 엘크Black Elk는 그의 삶과 생각에 대해 이야기했다. 최근 두 명의 미국 수학 교수의 저서에서 호평을 받은 원에 대한 그의 진술(아래, 오른쪽)은 이와 대조적인 선에 대한 진술(아래, 왼쪽)에 나타난다. 기하학적 형태는 다르지만, 두 작가는 자신의 생각이 옳다는 확신을 공유하고 자연, 신, 목표 달성, 올바른 인간 발달을 통해 자신의 견해를 뒷받침한다. 그러나 블랙 엘크와 시옥스족은 자신들의 견해가 다른 문화권에서 공유되지 않는다는 것을 강제로 깨닫게 되었다.

… 우리가 앞으로 발견하게 될 모든 인류 문화에서, 물을 길어오거나 뿌리를 파기 위해 한 장소에서 다른 장소로 80을 이동하는 것이 중요했습니다. 따라서, 인간은 한 번이 아니라 반복을 통해 새로운 인간의 삶에서 직선의 개념, 즉 여기에서 저기로 가는 최단 경로, 무언가를 향해 직접 이동하는 활동을 발견해야 했습니다.

인간의 손길이 닿지 않은 원시 자연에서는 원시적인 형태의 직선을 볼 수 있습니다. 풀잎이나 옥수수 줄기는 똑바로 서 있고, 바위는 똑바로 떨어지며, 공통의 시선에 따라 물체는 직선으로 배치되어 있습니다. 하지만 우리 주변에서 볼 수 있는 거의 모든 직선은 인간의 노동에 의해 만들어진 인공물입니다. 천장과 벽은 직선으로 만나고, 문과 창문, 탁자 위는 모두 직선으로 경계가 정해져 있습니다. 창밖을 내다보면 박공과 모서리가 직선으로 만나고 지붕널이 일렬로 겹겹이 쌓여 있는 지붕이 모두 직선으로 보입니다.

세상은 가능한 한 빠르고 쉽게 이곳에서 저곳으로 이동하는 문제뿐만 아니라 다른 문제들도 우리의 활동을 최적화하기 위해 직선을 만들도록 우리를 강요한 것 같습니다. 예를 들어, 어도비 블록으로 집을 지을 때, 블록이 서로 잘 맞으려면 측면이 일직선이어야 한다는 사실을 금방 알 수 있습니다. 따라서 직선의 개념은 운동 감각과 시각적 상상력에 직관적으로 뿌리를 두고 있습니다. 우리는 목표를 향해 직진하는 것이 무엇인지 근육으로 느끼고 다른 사람이 직진하고 있는지 눈으로 볼 수

[다음 페이지에서 계속]

… 나는 지금 운디드니Wounded Knee 강과 그라스Grass 강 사이에 있습니다. 다른 사람들도 와서 지금 보이는 통나무로 작은 회색 집을 만들었는데 정사각형이었어요. 정사각형에는 힘이 있을 수 없으니 살기에 좋지 않은 방식이죠.

인디언이 하는 모든 일에는 원이 있는 것을 보셨을 것입니다. 그것은 세상의 힘이 항상 원으로 작동하고 모든 것이 둥글게 되려고 하기 때문입니다. 우리가 강하고 행복한 민족이었던 옛날에는 우리의 모든 힘이 국가의 신성한 고리에서 나왔고, 고리가 끊어지지 않는 한 민족은 번영했습니다. 꽃나무는 고리의 살아있는 중심이었고 사분면의 원은 그 꽃나무를 키웠습니다. 동쪽은 평화와 빛을, 남쪽은 따뜻함을, 서쪽은 비를, 차갑고 강한 바람을 가진 북쪽은 힘과 인내를 주었습니다. 이 지식은 종교와 함께 외부 세계로부터 우리에게 전해졌습니다. 세상의 힘이 하는 모든 일은 원입니다. 하늘은 둥글고 지구도 공처럼 둥글고 모든 별도 둥글다고 들었습니다. 바람은 가장 큰 힘으로 소용돌이칩니다. 새들은 둥지를 둥글게 만드는데, 그들의 종교는 우리와 같은 종교이기 때문입니다. 태양은 동그랗게 떠올랐다가 다시 동그랗게 내려앉습니다. 달도 마찬가지이고, 둘 다 동그랗습니다. 계절조차도 변화하는 과정에서 큰 원을 형성하고 항상 원래 있던 곳으로 다시 돌아옵니다. 사람의 삶은 유년기에서 유년기로 이어지는 원이며, 권력이 움직이는 모든 곳에서 그러합니다. 우리의 천막은 새의 둥지처럼 둥글었고, 이것은 항상 원, 즉 국가의 고리, 많은 둥지의 둥지, 위대한 정신

[다음 페이지에서 계속]

있습니다. 이 두 가지 감각의 직관이 상호작용하여 직선의 개념은 마치 손으로 만지는 실제 물리적 물체처럼 정신적으로 다룰 수 있는 견고함을 갖게 됩니다.

아이가 성장하여 철학자가 되었을 때, 직선의 개념은 그의 사고에서 매우 본질적이고 근본적인 부분이 되어, 태어나기 전부터 기억하는 영원한 형태, 천상의 이데아의 일부로 상상할 수 있습니다. 또는 플라톤이 아닌 아리스토텔레스라면 직선을 자연의 한 측면, 즉 물리적 사물의 세계에서 관찰한 공통된 특성을 추상화한 것이라고 상상할 수도 있습니다.[51]

국가의 고리, 많은 둥지의 둥지, 위대한 정신이 우리 아이들을 부화시키기 위한 의미였습니다.

하지만 와이추스(백인)가 우리를 이 네모난 상자 안에 가뒀어요. 우리의 힘은 사라지고 우리는 죽어가고 있습니다. 더 이상 힘이 우리 안에 있지 않기 때문입니다. 우리 아이들을 보면 우리가 어떤지 알 수 있습니다. 우리가 해야 할 방식으로 원의 힘으로 살았을 때 소년들은 열두 살 또는 열세 살의 남자였습니다. 하지만 이제는 성숙하는 데 훨씬 더 오래 걸립니다.

글쎄요, 그대로입니다. 우리는 여기서 기다리는 동안 전쟁 포로입니다. 하지만 다른 세상이 있습니다.[52]

미디어와 사고의 상호연결성에 특별한 관심을 가진 인류학자 에드먼드 카펜터Edmund Carpenter가 연구한 아빌릭(이누이트족)의 공간 개념은 이 두 가지 견해와 뚜렷한 대조를 이룬다.[53] 그는 공간과 시간을 분리하는 것이 아니라 공간 자체가 정적인 울타리가 아닌 '작동의 방향'이 되는 역동적인 과정으로 결합한다고 결론지었다. 그는 이를 영구적인 기준점이 거의 없는 광활한 환경과 연관시킨다. 아빌릭은 방향을 잡기 위해 바람의 방향과 변화하는 눈과 얼음의 형태와 관계에 의존한다. 이 기본 개념의 파급 효과는 그들의 예술과 보고 묘사하는 방식에서 볼 수 있다. 예를 들어 상아를 조각할 때는 표면의 한계에 도달할 때까지 그림을 스케치한 다음 뒤집어서 반대편에 그림을 완성한다. 각각의 독립적인 그림에는 고유한 수평선과 방향이 있다. 때로는 그림 그룹이 모두 같은 그림이지만 여러 가지 다른 관점에서 표시되거나 시간이 지나야 하는 사건을 묘사할 수도 있다. 또한, 아빌릭은 사물의 내부나 뒤에 무엇이 있는지 보여주고 싶을 때 사물을 투명한 것처럼 그린다. 카펜터는 이를 "엔진의 움직이는 부품을 엔지니어가 스케치할 때, 단일 시점 또는 한 순간에 관찰할 수 없음에도 불구하고 모든 관련 요소가 표시되는 것"에 비유한다.[54] 가장 중요한 특징은 그리거나 볼 때 하나의 방향을 가정하지 않는다는 것이다. 카펜터는 아이들이 그림을 보기 위해 표면을 돌리거나 고개를 돌리는 그의 이상한 행동에 대해 재미있어했다고 말했다. 일부 어린이는 학교에서 원근법 그리기 방식을 배울 때 평행선이 보는 사람에게 가까워질수록 수렴하도록 하여 공간을 닫는 대신 열어주는 역할을 하는 반면, 다른 어린이는 종이의 아래쪽을 가장 가까운 시각적 점으로 사용하고 더 먼 점은 더 높은 위치에 배치했다.

공간의 순서 지정과 표현에 이어서 공간 모델의 구성과 활용에 대해 살펴보자. 약 1,500마일에 이르는 캐롤라인 제도의 한 곳에서 다른 곳으로 이동하는 것이 목표인 적용 사례이다. 사용자들은 이 모델이 현실을 반영한다고 믿지 않는다. 대부분의 수학적 모델과 마찬가지로, 이미 수행된 여정만이 아니라 가능한 모든 여정을 다루기 위해 관계와 논리적 함의를 도출할 수 있는 물리적 현실의 추상화이다. 이 모델은 고정된 데이터를 정리하고, 현실적인 단서를 통합하고, 그에 따라 의사 결정을 내리는 데 사용된다.[55] 이 모델은 캐롤라인 제도 전역에서 표준화되어 있으며, 길고 집중적인 학습 기간이 필요하며, 대부분은 육지 강의에서 이루어진다. 강의는 모래 위에 스케치한 도표로 보강된다. 안내자의 지식에는 이 모델보다 훨씬 더 많은 것이 포함되어 있지만, 이 모델은 항해의 핵심이다. 섬을 떠나 올바른 방향으로 출발하고, 세 가지 파도 유형의 각도를 조합하여 직선 항로를 유지하고, 목적지로부터 약 20마일 이내에서 목적지에 도착하는 것도 중요하지만, 육지가 보이지 않을 때 현재 위치를 파악하는 데는 모델이 필수적이다.

이 모델은 우선 수평선 주위에 불규칙하게 배치된 32개의 점으로 이루어진 "나침반"으로 구성되어 있다. 이 점들은 서로 다른 별의 뜨고 지는 위치이며, 정신적 구조의 일부로서 여행 중 별의 가시성에 의존하지 않는다. 이 별과 다른 별, 그리고 알려진 모든 섬의 경로가 이 틀 안에 위치한다. 이 지역은 위도적으로 충분히 한정되어 있어 별이 뜨고 지는 지점이 전체적으로 동일하다. 각 쌍의 출발지와 목적지 섬에는 코스에서 잘 보이지 않는 세 번째 섬이 연결되어 있으며, 이 섬은 여행 중 기준점으로 사용된다. 배는 고정되어 있고 섬은 움직이는 것으로 생각된다. 항해의 직접 코스는 기준 섬이 연속적인 별 위치를 지나갈 때 정지한 보트를 통과한다([그림 2-2]).[56] 한편, 뱃머리 돌리기와 특정 상황에 대응하는 우회 항로는 직접 항로와 상관관계가 있어야 한다.[57] 이 모델을 사용하면 항해자

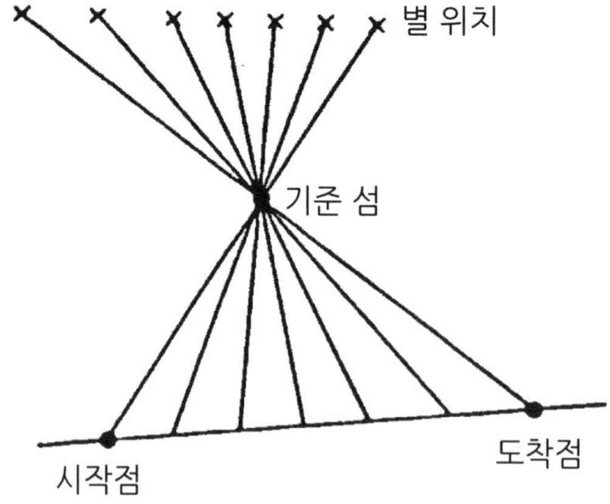

[그림 2-2] 항해

는 항해 중에 현재 위치를 파악하고 출발 지점에서 수백 마일 떨어진 육지 목표에 5°~7° 정도만 기울어져 있는 곳까지 성공적으로 도달할 수 있다.[58]

인간관계에 질서를 부여하는 것은 공간에 질서를 부여하는 것만큼이나 근본적인 일이다. 일부 문화권에서는 친족 관계의 논리적 구조화에 대한 관심이 미미하지만, 다른 문화권에서는 친족 관계가 일상생활에서 훨씬 더 정교하고 역동적인 요소로 작용한다. 물론 어떤 특정한 구조가 다른 어떤 구조보다 더 옳은 것은 없다. 각 시스템에는 일관성이 있어야 하고, 그 문화의 가치관과 세계관이 반영된 원하는 결과를 도출해야 하는 임의의 규칙이 포함되어 있다. 가장 중요한 것은 문화 구성원들이 이 모델을 공유하고, 이 모델을 통해 만나는 사람과의 관계와 그 사람에 대한 적절한 행동에 대해 끊임없이 추론한다는 것이다. 수학에서 관계의 논리는 아리스토텔레스의 계급과 명제의 논리보다 더 최근의 것이다. 친족 구조와 반드시 관련이 있는 것은 아니지만, 서양의 친족 용어가 예시로 사용되는 것을 어렵지 않게 볼 수 있다. 예를 들어, 배우자spouse of는 대칭 관계를, 어머니mother of는 비대칭 관계를, 아버지와 삼촌father of, uncle of은 교차하지 않는 관계(일부 종교 종파 제외)를, 할아버지grandfather of는 아버지와 어머니father of, mother of의 친척 관계의 산물을 설명하는 데 사용된다.[59] 명시적으로 언급되는 관계는 친족 관계의 정의에 암시적으로 포함되어 있다. 더 복잡한 친족 구조일수록 더 복잡한 논리적 관계가 내포되어 있다.

호주 아란다족의 친족 관계를 살펴보자. 각 사람은 8개의 결혼 계급 중 하나에 속한다. 각각은 특정 계급에 속한 사람과 결혼해야 하며, 자녀는 어머니의 계급에 따라 다른 계급에 속한다([그림 2-3]).

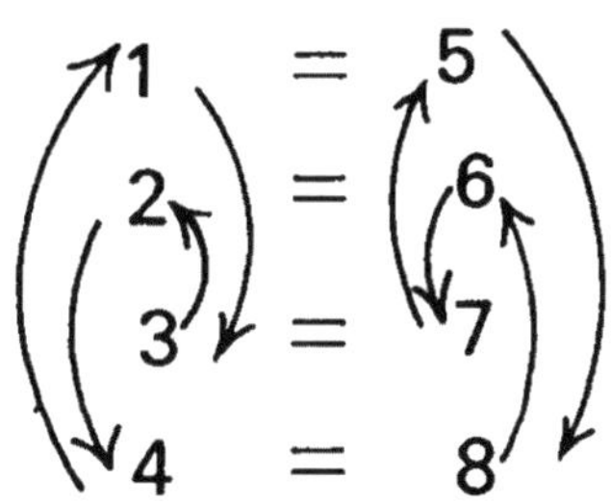

[그림 2-3] 아란다족 결혼 계급 1

등호는 결혼 파트너를 나타낸다. 화살표는 어머니의 계급에서 자녀의 계급을 가리킨다.

[그림 2-3]의 표현은 중요한 문제를 제기한다. 규칙은 전달하지만, 기본 논리 구조는 표시하지 않는다. 만들어진 각 설명적 조직은 우리가 중요하다고 생각하는 구조의 측면을 부각시킨다. 그러나 아란다족에게서 중요한 것을 놓치면서 자신의 견해를 덧붙일지도 모른다. 두 가지 추가 표현을 살펴보면, 시스템의 논리적 풍부함과 다른 사람에 의해 수집,

번역, 및 제시한 데이터를 사용했을 때의 효과를 확인할 수 있다.

[그림 2-4]는 길이가 각각 4인 두 개의 겹치지 않는 모계 순환과, 다소 덜 노골적이긴 하지만 길이가 각각 2인 네 개의 겹치지 않는 부계 순환이 존재함을 보여준다.[60]

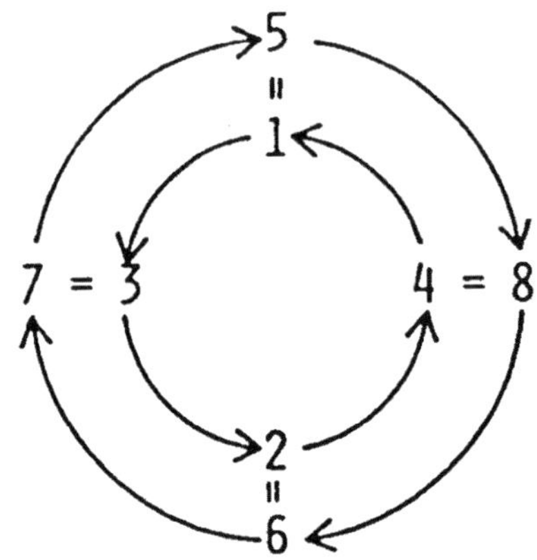

[그림 2-4] 아란다족 결혼 계급 2

등호는 결혼 파트너를 나타낸다. 화살표는 어머니의 계급에서 자녀의 계급을 가리킨다.

아란다족의 세계관과 일반적으로 호주 원주민 우주론의 중요한 특징을 반영하는 친족 구조의 주요 특징 중 하나는 이러한 순환에서 과거와 미래가 현재로 함께 그려진다는 것이다.[61] [그림 2-5]에서 훨씬 더 정교한 표현으로 저자는 오른쪽과 왼쪽은 연속되어야 하고 위쪽과 아래쪽은 연속되어야 한다고 강조한다.

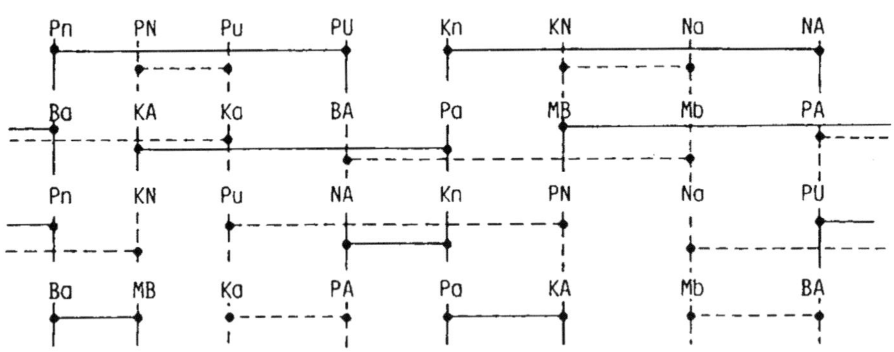

[그림 2-5] 아란다족 결혼 계급 3

대문자는 여성, 소문자는 남성을 의미한다. 가로 선분의 점은 결혼한 대상을 나타내고, 세로 선분의 점은 부모와 자녀를 의미한다

또한 다이어그램은 원환의 표면 위에 그려야 한다고 저자는 말한다.[62] 여기서 시간의 통일된 특성과 두 모계 순환이 모두 부계 순환이라는 것이 시각적으로 드러난다. 혈연관계의 통일된 특성도 나타나 있는데, 양쪽의 혈연관계가 덜한 쪽이 가장 가까운 혈연관계로 함께 그려져 있다. 이 규칙은 결혼할 사람의 계급을 명시하고 있지만, 암시적으로 결혼할 수 없는 사람에 대해서도 명시하고 있다. 예를 들어, 남자는 어머니, 이모, 누나, 1촌 또는 딸과 결혼할 수 없다.

물론 사람들이 규칙을 암기하고 시스템을 추상적으로 또는 전체적으로 생각하지 않을 수도 있다. 적어도 한 가지 사례에서는 그렇지 않다는 극단적인 증거가 있다. 인류학자들이 지금처럼 친족 관계 구조에 대해 정교하게 이해하기 훨씬 전인 1920년대에 젊은 인류학자 버나드 디콘A. Bernard Deacon은 뉴헤브리디스 암브림에서 결혼 풍습을 조사하고 있었다.[63] 해당 분야에 대해 기존 연구한 다른 학자들은 결론을 내리지 못한 채 "계급적 관계 체계는 거의 알려지지 않았다"라고 강조하였다. 그리고 그들은 학술 문헌에 있는 것은 너무 많은 세부 사항에 비해 너무 적은 그림이 간단한 주요 원칙을 가리고 있다고 지적했다.[64] 디콘이 발견한 사실의 드라마는 그가 그것을 알게 된 방식에 있었다. "… 노인들은 나에게 그 시스템을 완벽하고 명쾌하게 설명해 주었고, 나는 그 누구에게나 잘 설명할 수 있었다. 원주민들(지적인 사람들)은 시스템을 연결된 메커니즘으로 생각하고 있으며, [디콘을 위해 모래 위에 그려준] 그림으로 표현할 수 있다는 것이 분명하였다. 그들이 그림에서 관계에 대해 추론할 수 있는 방식은 강의실에서 훌륭한 과학 박람회와 같았다"[65] 디콘이 수집한 다른 자료에서도 알 수 있듯이 그는 다른 동료들보다 시야가 넓고 남들이 무시하는 정보에 관심이 많았다. 그의 스승에게 보낸 편지에서 "저도 말레쿨라에서 놀라운 수학적 능력을 가진 몇 가지 사례를 수집했습니다. 제가 자료를 모으면 원주민들이 고도의 추상적 사고를 할 수 있다는 것을 증명할 수 있을 것입니다"라고 적었다.[66] 그러나 안타깝게도 한 달도 채 지나지 않아 디콘은 흑열병에 걸려 사망했다. 그가 편집한 현장 노트는 사후에 출판되었다.

디콘에게 설명할 때,[67] 장로는 먼저 바퀴의 바큇살처럼 같은 간격으로 배열된 세 개의 긴 선을 그려서 각 세 집안의 남자를 나타냈다. 세 남자는 결혼했으며, 이는 각 긴 선에 짧은 선을 추가하여 표시했다. 각 부부에게는 아버지와 같은 집안에서의 아들과 딸이 있었지만 다른 "선"이 있었기 때문에 중앙에서 함께 모이는 더 긴 선이 추가되고 자녀가 그 반대편에 배치되었다. 장로가 그린 그림은 [그림 2-6]에 나와 있다.[68] 아내들은 다른 집안에서 왔고, 이를 표시하기 위해서 화살표로 나타냈다.

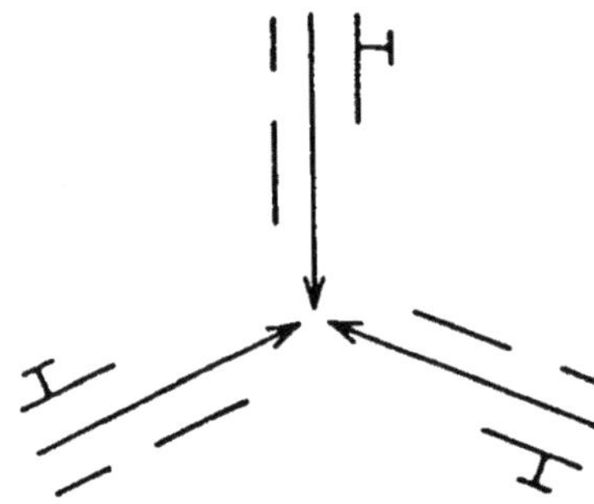

[그림 2-6] 암브림의 결혼 규칙 1

그러나 장로는 결혼은 양방향으로 움직인다고 강조했다. 따라서 그림에 있는 아직 아내가 없는 남성은 자매와 결혼한 남성의 자매와 결혼할 것이다. 이것은 세 개의 짧은 선과 화살표를 추가하여 표시했다. 최종 그림은 [그림 2-7]이다.[69] 이 다이어그램에서 특히 주목할 만한 두 가지 측면은 최소화와 각 집안의 첫 번째와 두 번째 "선"에서 남성과 여성 기호의 위치를 조기에 교환하는 것이다. 이를 통해, 교차하는 선이 없는 최종 그림을 만들었다. 그러나 수학적으로 더 중요한 것은 개념적 모델과 그 요소 간의 관계가 명시적이고 일관되며 효과적으로 평면적 모델로 변환되었다는 것이다. 시스템 자체에는 흥미로운 특징이 있다. 여성과 여성의 "선" 후손은 동일하게 유지되지만, 한 "선"의 주기가 다른 "선"의 주기의 순열인 길이 3의 주기를 형성한다. 한 남성과 그의 남성 후손은 동일하게 유지되지만, 그들의 "선"은 길이 2의 주기를 형성한다. 다시 말해, 이 시스템은 남성과 그의 어머니, 자매, 이모 또는 딸의 결혼을 허용하지 않는다.

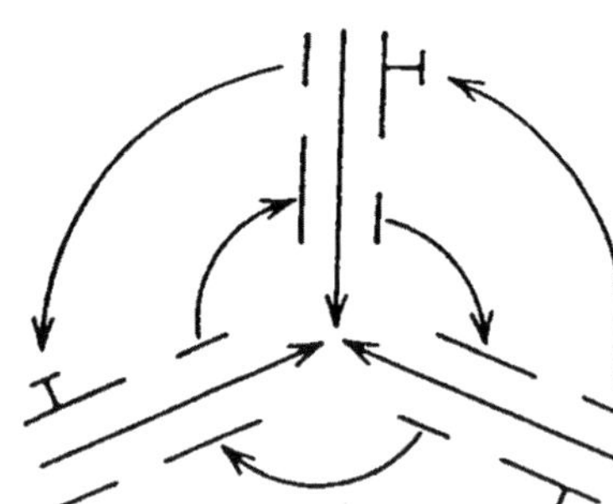

[그림 2-7] 암브림의 결혼 규칙 2

결혼 규칙에 대한 원래 혼란의 원인 중 하나는 암브림 사람들은 개인의 계급을 지칭하는 반면, 인류학자들은 개인을 구체적으로 의미하는 것으로 받아들였기 때문이다. 예를 들어, 설명에서 혈연 자매로 오인되는 단어는 실제로는 계급으로서의 자매를 의미하며, 이는 도표에서 기호와 배치에 의해 세심하게 만들어졌다. 이 모델에서 논리적 추론이 도출된다는 사실은 질문을 받기 전에 장로가 두세 개의 친족 단어가 오해의 소지가 있으며 모델을 정확히 반영하지 않는다고 설명함으로써 밝혀졌다. 예를 들어, 한 남성이 아내의 어머니와 아버지의 여동생을 같은 계급에 속하지 않음에도 불구하고 한 단어로 사용했다. 또 다른 장로는 모래 위에 다른 그림으로 모계 순환과 부계 순환을 명확하게 설명했다. 그는 "정삼각형의 점을 형성하기 위해" 세 개의 돌을 놓았는데,[70] 각각은 부계를 나타내며, 첫 번째 여자는 두 번째 남자와 결혼하고, 두 번째 여자의 딸은 세 번째 남자와 결혼하고, 딸의 딸은 첫 번째 여자의 아버지의 계보에 있는 첫 번째 남자와 다시 결혼한다고 말했다. 또 다른 명시적인 진술에서 어머니의 어머니의 어머니는 한 남자의 집안과 "선"으로 "돌아왔다"라고 설명되었다.

Ⅳ

개념 모델과 다이어그램, 다른 주기에 겹쳐진 주기, 규칙과 그 논리적 함의의 상호작용을 통해 논의를 마무리 하고자 한다. 수 체계, 공간 순서, 친족 관계 구조는 기본적이기 때문에 특히 흥미롭다. 다른 곳에서 손가락을 떼거나 선을 넘지 않고 정해진 도형을 추적하는 것에 대한 여러 문화의 관심을 간략하게 설명한 바 있다.[71] 죽음에 관한 신화의 일부인 어린이 퍼즐이든 쾨니히스베르크의 다리 위를 일요일에 산책할 수 있다는 추측이든, 많은 사람이 이러한 관심을 공유한다는 사실은 서구의 해법을 더욱 풍부하게 만들 수 있다. 민족수학은 서양 수학의 역사에서 일부가 아니지만 논의할 때 서양 용어를 사용할 필요가 있다. 서양인으로서 우리는 우리가 볼 수 있는 것과 표현할 수 있는 아이디어가 우리와 비슷한 방식으로 제한된다. 비서양인의 아이디어도 우리와 마찬가지로 수학의 전 세계적이고 지속적인 역사에 속하며, 수학에는 단일한 선형적 순서나 모든 사람이 따라야 하는 필수 경로가 없다는 점을 항상 염두에 두어야 한다. 적어도 민족수학은 다른 사람들의 지적 노력에 대한 감사로 이어질 수 있다.

수학과 문화와의 관계의 중요성에 대한 수학적 대변인 역할을 했던 고(故) 레이몬드 루이스 와일더Raymond L. Wilder는 자신의 이해를 바탕으로 서구의 수학 발전 과정을 설명했다.[72] 클로디아 자슬라브스키Claudia Zaslavsky는 아프리카의 수학 발전에 대한 민감도를 높여주었다.[73] 카이저Keyser, 클라인Kline, 슈펭글러Spengler, 그리고 비트겐슈타인Wittgenstein과 같은 다른 수학자와 철학자들도 수학에 문화적 맥락이 있다는 것을 깨달았지만 다른 문화를 탐구하는 데는 미치지 못했다.[74] 시간이 지나면서 우리의 문화와 세계관은 다양한 수학 철학을 낳았고, 지금은 그 어느 것도 만족스럽지 않은 것 같다.[75] 우리 시대와 우리 문화에 맞는 서양 수학 철학의 출현을 위해서는 보편적인 것과 그렇지 않은 것에 대한 이해, 비문해 민족의 수학적 사상에 대한 더 나은 이해, 그리고 그것이 우리의 초기 역사가 아니라는 사실에 대한 수용이 필수적이다.

미주

1. R. L. Carneiro, "Classical evolution," in *Main currents in cultural anthropology*, ed. by R. Naroll and F. Naroll (Englewood Cliffs, NJ: 1973), 57-121, p. 73; M. J. Herskovits, "A geneology of ethnological theory," in *Context and meaning in cultural anthropology*, ed., M. E. Spiro (New York: 1965), 403-15, p. 408.

2. P. Bagby, *Culture and history* (Berkeley: 1963), 18; R. L. Beals and H. Hoijer, *An introduction to anthropology* (New York: 1965), 711.

3. E. B. Tylor, *Primitive culture* (Boston: 1874), i, 240-72. 타일러는 손가락과 발가락을 이용한 제스처로 수세기를 시작했다고 한다. 그 단계에서 인간은 4까지만 셀 수 있었다. 나중에 손과 발에 대한 단어가 존재한다는 사실을 깨닫고 숫자를 나타내는 단어가 생겨났다. 그 후에도 오진법(한 손)는 부족하고 이십진법(손과 발가락)는 번거롭다는 것이 밝혀져, 10을 기본으로 하는 체계가 십진법이 채택되었습니다. Tylor는 호주 원주민과 아메리카 원주민, 폴리네시아인과 아프리카 원주민, 그리고 현재의 우리에 이르기까지 다양한 문화를 언급한다.

4. L. L. Conant, *The number concept: Its origin and development* (New York: 1896).

5. C. B. Boyer, *A history of mathematics* (New York: 1968); R. Dubisch, The nature of number (New York, 1952); H. W. Eves, *An introduction to the history of mathematics* (New York: 1st edn., 1953; 5th edn., 1982); G. Ifrah, *Histoire universelle des chiffres* (Paris: 1981).

6. 전통적인 진화에 대한 패러다임에 대한 예외는 다음과 같다. Seidenberg, "The diffusion of counting practices," *University of California publications in mathematics*, iii (Berkeley: 1960), 215-300; idem, "The ritual origin of counting," Archive for history of exact sciences ii (1962): 1-40. Seidenberg는 19세기와 20세기 초에 주요한 논쟁을 불러일으켰던 확산주의에 주목한다. 그에 따르면, 글을 읽지 못하는 민족은 수학적 사고의 다른 영역은 말할 것도 없고 수에 관한 한 아무것도 발명하지 못한다고 하였다.

7. 이러한 아이디어의 전체 또는 일부를 다음으로부터 참고할 수 있다: A. D. Aleksandrov, "A general view of mathematics," in *Mathematics: Its content, methods, and meaning*, edited by A. D. Aleksandrov, A. N. Kolmogorov, M. A. Lavrent'ev (Cambridge, MA: 2nd edn., 1969; original Russian edn., 1956), i, 1-64, pp. 7-10; P. Beckmann, *A history of π(pi)*, 2nd edn. (New York: 1971), 10-12; C. B. Boyer, op. cit. (ref. 5), 3-5; W. F. Brett, E. B. Feldman and M. Sentlowitz, *An introduction to the history of mathematics, number theory and operations research* (New York: 1974), 11-13; L. N. H. Bunt, P. S. Jones, and J. D. Bedient, *The historical roots of elementary mathematics* (Englewood Cliffs, NJ: 1976), 2-3; N. A. Court, *Mathematics in fun and* earnest (New York: 1961; original edn., 1935), 64-66; T. Dantzig, *Number* (New York: 4th edn., 1967; original edn., 1930), 1-21; M. de Villiers, *The numeral words: Their origin, meaning, history, and lesson* (Cape Town: 1923), 16, 46-49; R. Dubisch, *op. cit.* (ref. 5), 4-9; H. W. Eves, *op. cit.* (ref. 5, 1982), 2-5, 16; G. Flegg, *Numbers, their history and meaning* (New York: 1983), 8-46; G. Ifrah, op. cit. (ref. 5), 9-107; M. Kline, *Mathematics in Western culture* (New York: 1972; original edn., 1953), 13-14; E. E. Kramer, *The nature and growth of modern mathematics* (Princeton, NJ: 1982), 5; K. Menninger, *Number words and number symbols* (Cambridge, MA: 1969; original edn., 1957), 9-12, 33-40, 19-67, 223-56, 297; C. D. Miller and V. E. Heeren, *Mathematical ideas* (Glenview, IL: 2nd edn., 1973), 1-4; C. D. Miller and V. E. Heeren, *Mathematics an everyday experience* (Glenview, IL: 1976), 1; N. Myers, *The math book* (New York: 1975), 1-4; D. E. Smith, *History of mathematics* (New York: 1958; original edn., 1923), i, 6-14; D. J. Struik, *A concise history of mathematics* (New York: 2nd rev. edn., 1948), 2-5; B. L. van der Waerden and G. Flegg, *History of mathematics, counting* (Milton Keynes, England: Bucks, 1975), pt. 1, 12, 40; pt. 11, 42-45.

8. C. F. Hockett, *Man's place in nature* (New York: 1973), 138.

9. K. Hale, "Gaps in grammar and culture," in *Linguistics and anthropology: In honor of C. F. Voegelin*, edited by M. D. Kinkade, K. L. Hale, O. Werner (Lisse, The Netherlands: 1975), 295-316, Z. Salzmann, "A method for analyzing numerical systems," *Word*, v (1950): 78-83.

10. M. R. Crick, "Anthropology of knowledge," *Annual review of anthropology*, xi (1982): 287-313, pp. 288-98.

11. R. Dubisch, *op. cit.* (ref. 5).

12. R. Burling, "How to choose a Burmese number classifier," in *Context and meaning in cultural anthropology*, edited by M. E. Spiro (New York: 1965), 243-64.

13. A. Seidenberg, *op. cit.* (ref. 6, 1960), p. 275.

14. M. Ascher and R. Ascher, *Code of the Quipu: A study in media, mathematics, and culture* (Ann Arbor, MI: The University of Michigan Press, 1981).

15. L. L. Conant, *op. cit.* (ref. 4), p. 4; N. A. Court, op. cit. ref. 7), 65-66; M. de Villiers, *op. cit.* (ref. 7), 48-49; H. W. Eves, *In mathematical circles*, reprinted as part of *The other side of the equation* (Boston: 1973; original, 1969); 5; G. Flegg, *op. cit.* (ref. 7), p. 19; M. Kline, *op. cit.* (ref. 7), p. 14; K. Menninger, *op. cit.* (ref. 7), p. 34.

16. M. Kline, *Mathematics, a cultural approach* (Reading, PA.: 1962), 581; L. Wittgenstein, *Remarks on the foundations of mathematics*, edited by G. H. von Wright, R. Rhees, and G. E. M. Anscombe, translated by G. E. M. Anscombe (Oxford, England: 1956), 14e.

17. M. Wertheimer, "Numbers and numerical concepts in primitive peoples," in *A source book of gestalt psychology*, edited by W. E. Ellis (London: 1955), 265-73.

18. E. g., S. Restivo, "Mathematics and world view: Otto Spengler's analysis of numbers and culture" (Paper presented at International Society for the Comparative Study of Civilizations Conference, Bloomington, Indiana, May 1981).

19. For a somewhat different insight into the persistence of this story of the Demara, we go to its source, F. Galton, *The narrative of an explorer in tropical South Africa* (London: 1853). A cousin of Darwin and a peer and friend of E. B. Tylor, Galton was considered a genius by many because of the breadth and originality

of his thinking. He is included among the earliest of modem statisticians. *His great interest Demara*에 대한 이 이야기의 지속성에 대한 다른 통찰력을 얻으려면 그 출처인 F. Galton의 《열대 남아프리카의 탐험가 이야기》(London: 1853)를 참조하시오. Darwin의 사촌이자 E. B. Tylor의 동료이자 친구였던 Galton은 사고의 폭이 넓고 독창적이어서 많은 사람들에게 천재로 여겨졌다. 그는 초기 모뎀 통계학자 중 한 명으로 꼽힌다. 수에 대한 그의 큰 관심과 사람들의 정신적 차이를 측정하는 것은 그가 "우생학eugenics"이라는 이름을 붙인 아이디어와 관련이 있다. Galton에 대한 논의는 다음에서 찾을 수 있다: S. J. Gould, *The mismeasure of man* (New York: 1981), 75-77; and J. R. Newman, "Commentary on Sir Francis Galton," in *The world of mathematics*, edited by J. R. Newman (New York: 1956), 1167-72. Galton의 1853년 아프리카 여행기는 자신과 너무 다른 타인을 만났을 때 유럽인들의 반응을 흥미롭게 엿볼 수 있다. 125년이 지난 지금, 이러한 반응은 비문해 민족에 대한 과학적 증거로 거의 사용하지는 못한다.

20. A. D. Alexsandrov, *op. cit.*, (ref. 7), p. 7; L. Brunschvicg, *Les étapes de le philosophie mathématique* (Paris: 1972; original edn., 1912), 7; T. Dantzig, *op. cit.* (ref. 7), p. 4-6; M. de Villiers, *op. cit.* (ref. 7), 46-47; R. Dubish, *op. cit.* (ref. 7), 3-4, 7, 11; W. C. Eels, "Number systems of the North American Indians," *American mathematical monthly*, 20 (1913): 263-72, 293-9; H. W. Eves, *op. cit.* (ref. 15), 5-6; G. Ifrah, *op. cit.* (ref. 5), 11-12; C. J. Keyser, *Mathematics as a culture clue and other essays* (New York: 1947), 33-34; M. Kline, *op. cit.* (ref. 7), 13; R. W. Marks, "Introduction," in *The growth of mathematics*, edited by R. W. Marks (New York: 1964), 1-4, p. 1; K. Menninger, *op. cit.* (ref. 7), 9-10; D. E. Smith, *op. cit.* (ref. 7), 7; M. Wertheimer, *op. cit.* (ref. 17), p. 267; A. N. Whitehead, "Mathematics as an element in the history of thought," in *The growth of mathematics*, edited by R. W. Marks (New York: 1964), 7-24, pp. 7-8.

21. 심령 통합의 정확한 공식은 교재마다 다르지만 일반적으로 처음 10페이지 안에 전 세계 인류의 정신 능력은 동일하다는 취지의 문구가 있다. 예를 들어, L. H. Morgan, *Ancient society* (New York: 1877), 8, 1718와 E. B. Tylor, *op. cit.* (ref.3), p. 6, 33를 대조할 수 있다.

22. For a discussion of the influence of LévyBrühl, see J. Cazeneuve, *Lucien LévyBrühl* (New York: 1972).

23. L. LévyBrühl, *How natives think* (London, England: 1926; original French edn., 1910).

24. R. L. Carneiro, *op. cit*. (ref. 1), 90-93.

25. E. B. Tylor, *op. cit*. (ref. 3), 31, 246, 272; J. Lubbock, *Prehistoric times* (London, England: 1865), 569; and idem, *The origin of civilization and the primitive condition of man: Mental and social condition of savages* (New York: 1870), 4-5.

26. *LévyBrühl*레비브륄은 수년에 걸쳐 자신의 의견을 수정했지만, 사후에 출판된 그의 저작에 따르면 숫자에 대한 그의 입장은 변함이 없었다. L. LévyBrü, *The notebooks on primitive mentality* (New York: 1975), 143-4. 다른 사람들은 *LévyBrühl*이 자신의 아이디어에 새로운 포장한 것을 따랐다. 예를 들어, R. Hallpike는 원시적 사고의 기초에서 "불완전한 논리"를 "전논리"로, "어린아이 같은"을 "조작 전"으로 표현한다(Oxford, England: 1979).

27. See L. Brunschvicg, *op. cit*. (ref. 20).

28. K. Menninger, *Zahlwort and Ziffer* (Göttingen, Germany: 1957); idem, *op. cit*. (ref. 7), and others, e.g., Ifrah, *op. cit*. (ref. 5).

29. E. Durkheim, *The elementary forms of religious life* (New York: 1915), 270-1; C. LéviStrauss, *The savage mind* (Chicago: 1966).

30. L. LévyBrühl, *op. cit*. (ref. 23), p. 221.

31. R. H. Barnes, "Number and number use in Kédang, Indonesia, *Man*, xvii (1982): 1-22.

32. J. F. Hamill, "Transcultural logic: Testing hypotheses in three languages," in *Discourse and inference in cognitive anthropology*, edited by M. D. Loflin and J. Silverberg (The Hague: 1978), 19-43, p. 31; M. D. Loflin, "Discourse and inference in cognitive anthropology," ibid., 3-16, p. 4.

33. J. Silverberg, "The scientific discovery of logic: The anthropological significance of empirical research on psychic unity (inferencemaking)", ibid., 281-95.

34. S. B. Barnes, "Natural rationality: A neglected concept in the social sciences," *Philosophy of the social sciences*, vi (1976): 115-26.

35. E. Hutchins, "Reasoning in Triobriand discourse," *Quarterly newsletter of the Laboratory of Comparative Human Cognition*, 1(1979): 13-17.

36. D. E. Cooper, "Alternative logic in 'primitive thought,'" *Man*, 10 (1975):

238-56.

37. J. McCarthy, "Circumscription—a form of nonmonotonic reasoning," *Artificial intelligence*, xiii (1980): 27-39.

38. L. A. Zadeh, "Coping with the imprecision of the real world: An interview," *Communications of the Association for Computing Machinery*, 27 (1984): 304-11.

39. 1930년대 초, 중앙아시아 우즈베키스탄에서 비문해자들의 추론 능력을 조사하기 위해 삼단논법이 사용되었다. For a discussion of this see A. R. Luria, *Language and cognition*, edited by J. V. Wertsch (Washington, DC: 1981). Luria는 삼단논법이 "논리적 사고를 가능하게 하는 언어 기술의 모델이 될 수 있다"고 믿었다(p. 201). 응답자가 해당 주제에 대한 지식이 없는 경우 응답이 명시된 전제가 아닌 직접적인 개인적 경험에 근거한 답변이거나 답변을 거부하는 경우가 많았다. 이를 다른 응답과 비교한 결과, 논리적 사고는 보다 발전된 사회경제적 시스템의 수반이라는 결론을 내릴 수 있었다.

40. S. Scribner, "Modes of thinking and ways of speaking: Culture and logic reconsidered," in *Thinking-readings in cognitive science*, edited by P. N. Johnson Laird and P. C. Watson (New York: 1977), 483-500, p. 490.

41. Ibid., 487.

42. Ibid., 486.

43. M. Cole, "An ethnographic psychology of cognition," in P. N. Johnson Laird and P. C. Watson, *op. cit.* (ref. 40), 468-82; M. Cole, J. Gay, J. A. Glick and D. W. Sharp, *Cultural context of learning and thinking* (New York: 1971); M. Cole and P. Griffin, "Cultural amplifiers reconsidered," in *The social foundations of language and thought*, edited by D. R. Olsen (New York: 1980), 343-64; Laboratory of Comparative Human Cognition, "Cognition as a residual category in anthropology," *Annual review of anthropology*, vii (1978): 51-69.

44. P. N. JohnsonLaird and P. C. Watson, "A theoretical analysis of insight into a reasoning task", in P. N. JohnsonLaird and P. C. Watson, *op. cit.* (ref. 40), 143-58;J. Piaget, "Intellectual evolution from adolescence to adulthood", ibid., 158-65.

45. M. Cole, J. Gay, J. A. Glick, D. W. Sharp, *op. cit.* (ref. 43), 233. For a similar view stated in a different way, see C. LéviStrauss, "The structural study of myth," *Journal of American folklore*, lxviii (1955): 428-44, p. 444.

46. G. E. Marcus and D. Cushman, "Ethnographies as texts," *Annual review of anthropology*, xi (1982): 25-69, p. 42.

47. 민족학자들이 비문해 민족에게 던지는 질문은 본질적으로 동일했기 때문에 숫자에 대한 초점을 넓히기가 어려웠다. 예를 들어, 1951년판 영국과학진흥협회, 런던의 노트와 질문에는 1874년판의 산술 부분과 본질적으로 동일한 질문이 포함되어 있다. 이 책은 인류학 현장 조사에 대한 일반적인 안내서로 활용이 된다.

48. M. Ascher and R. Ascher, *Code of the Quipu databook* (Ann Arbor, MI: 1978); idem, *op. cit.* (ref. 14).

49. D. H. Kelley, *Deciphering the Maya script* (Austin, TX: 1976).

50. G. Urton, *At the crossroads of the earth and sky: An Andean cosmology* (Austin, TX: 1981).

51. P. J. Davis and R. Hersh, *The mathematical experience* (Boston: 1981), 158-9.

52. J. G. Neihardt, *Black Elk speaks* (Lincoln, NB: 1961), 198-200.

53. E. Carpenter, "Eskimo space concepts," *Explorations*, 5 (1955): 131-45.

54. Ibid., 143.

55. K. G. Oatley, "Mental maps for navigation," *New scientist*, lxiv (1974): 863-6; K. G. Oatley, "Inference, navigation, and cognitive maps," in P. N. JohnsonLaird and P. C. Watson, *op. cit.* (ref. 40), 537-47.

56. W. H. Goodenough, "Native astronomy in Micronesia: A rudimentary science," *The scientific monthly*, lxxiii (1951): 105-10; W. H. Alkire, "Systems of measurement on Woleai Atoll, Caroline Islands," *Anthropos*, lxv (1970): 1-71. Figure 2-2 follows the diagrams in ibid., 53 and in K. G. Oatley, *op. cit.* (ref. 55, 1974), p. 866.

57. 일반적으로 원하는 방향으로 항해하는 것은 어렵다. 예를 들어 바람을 정면으로 맞으며 항해하는 것은 불가능하다. 태킹Tacking은 바람의 각도에 따라 앞뒤로 항해하는 것이다. 바람을 가로질러 한 태킹에서 다른 태킹으로 변경하려면 배의 한쪽에서 다른 쪽으로 돛의 세팅을 변경해야 합니다. 돛이 달린 마스트 전체를 배의 반대편으로 옮겨야 하기 때문에 태평양 항해사들의 배에서는 이 작업이 더 어렵다. 따라서 태평양 항해사들은 때로 120마일에 달하는 항해를 하기도 합니다. 자세한 논의는 T. Gladwin의 Pulwat Atoll의 항해와 논리를 담은 동쪽은 큰 새(Cambridge, MA: 1970)를 참조할 수 있다.

58. K. G. Oatley, *op. cit.* (ref. 55).

59. C. J. Keyser, *op. cit.* (ref. 20), p. 223.

60. Barry Alpher, personal communication 1979.

61. W. E. H. Stanner, "The dreaming", in *Australian signposts*, edited by T. A. G. Hungerford (Melbourne, Australia: 1956), 51-65.

62. Figure adapted from T. G. H. Strehlow, *Aranda traditions* (Melbourne, Australia: 1947), 174.

63. P. Courrège, "Un modèle mathématique des structures élémentaries de parenté," in *Anthropologie et calcul*, ed. by P. Richard and R. Jaulin (Paris: 1971), 126-81.

64. J. Layard, *Stone men of Malekula: Vao* (London: 1942), 98.

65. A. B. Deacon, *Malekula, a vanishing people in the New Herbrides*, edited by C. H. Wedgewood (London: 1934), pp. xxii-iii.

66. Ibid., p. xxiii.

67. A. B. Deacon, "The regulation of marriage in Ambrym," *Journal of the Royal Anthropological Institute*, lvii (1927): 325-42.

68. Ibid., 331.

69. Ibid., 332.

70. Ibid., 329.

71. M. Ascher and R. Ascher, *op. cit.* (ref. 14), 160-4. We plan to discuss these figures at greater length in another paper.

72. R. L. Wilder, *Mathematics as a cultural system* (New York: 1981).

73. C. Zaslavsky, *Africa counts* (Westport, CT: 1979; original edn., 1973).

74. C. J. Keyser, *op. cit.* (ref. 20); M. Kline, *op. cit.* (ref. 16); M. Kline, *op. cit.* (ref. 7); O. Spengler, *The decline of the West* (New York: 1926), i; L. Wittgenstein, *op. cit.* (ref. 16).

75. S. MacLane, "Mathematical models: A sketch for the philosophy of mathematics," *American mathematical monthly*, lxxxviii (1981): 462-72.

제 2 부

왜곡되고 숨겨진 수학 지식의 역사 밝히기

UNCOVERING DISTORTED AND HIDDEN HISTORY OF MATHEMATICAL KNOWLEDGE

ETHNOMATHEMATICS

제 2 부

왜곡되고 숨겨진 수학 지식의 역사 밝히기

**아서 윌리엄 바덴 파웰(Arthur B. Powell)과
마릴린 프랑켄슈타인(Marilyn Frankenstein)**

프레이리Freire(1970, 1973)는 인간 해방을 향한 투쟁에서 '침묵의 문화'가 가장 큰 장애물이라고 주장한다. 이러한 메커니즘을 통해, 억압자의 견해를 내면화하고 그러한 억압적인 견해에 대해 말하지 않거나 행동하지 않음으로써 억압받는 사람들은 지배당하게 된다. 미국에서 수학적 지식을 둘러싼 이러한 침묵의 문화는 "적성"이라는 이데올로기, 즉 "인간 사이의 본질적 차이가 … 심리적, 정신적 현상의 다양성을 미리 결정한다"라는 뿌리 깊은 믿음에 의해 촉진된다(Bisseret, 1979, 2쪽). 특정 개인들과 다양한 공동체는 마치 비수학적인 마음을 가진 것처럼 믿고 말하고 행동한다. 여성의 경우, 연구자들은 남성이 여성에 비해 더 수학적 "적성"을 가지고 있다고 믿게 만드는 구조적, 정서적, 문화적으로 조건화된 인지적 요인을 탐구해 왔다. 토비아스Tobias(1978)와 다울링Dowling(1990)은 수학 교과서의 내용과 이미지에 성별, 인종, 계급에 대한 숨겨진 메시지에 대한 연구를 논의하고, 베크위드Beckwith(1983)는 남학생의 우수한 수학 능력에 관해 아동의 인식에 대한 미디어의 영향에 관한 문헌 연구를 하였다. 어니스트Ernest(1976)는 이러한 믿음이 '다양한 미묘한(동시에 그렇게 미묘하지 않은) 힘, 제한, 고정관념, 성 역할, 부모-교사-또래 집단의 태도 및 기타 문화적, 심리적 제약의 결과'라고 결론지었다(11쪽). 많은 여성과 유색인종이 수학에 대해 침묵하는 또 다른 중요한 이유는 서구의 수학 역사를 통해 널리 퍼져 있는 유럽 중심의 신화로 비롯되었다.

유럽 중심적이고 남성 중심의 잘못된 신화가 널리 퍼져 있고, 클라인Klein(1953)과 같은 많은 서양 수학자들은 다음을 신봉하고 있다.

> [수학]은 마침내 그리스의 천혜의 토양에서 확고하게 자리를 잡았고, 짧은 기간 동안 강력하게 번성했다. … 그리스 문명의 쇠퇴와 함께 수학은 천 년 동안 휴면 상태로 남아있었다. … 그리고 수학은 유럽으로 옮겨져 비옥한 토양에 다시 한번 묻혔다(10-11쪽).

이 신화와 다른 신화들은 수학의 역사에 깊숙이 스며들어 알렉산드리아에서 살면서 공부한 유클리드와 같이 교과서에 나오는 수학자들의 인물화에 대해서 "이집트 태양에 타지도 않은 그리스인으로 묘사하는 거짓된 초상화"로 나타날 정도이다. 유클리드의 실제 사진은 존재하지 않으며 그가 흑인 이집트인이 아니었다는 증거는 없다(Lumpkin, 1983, 본서의 제5장 98-99쪽에 있음). 조셉Joseph(1987, 본서의 제3장에 있음)은 알렉산드리아 사회는 국제적이고 인종적으로 다양하고 "아이디어와 다양한 전통의 만남의 장소로 … 지속적으로 서로 다른 수학적 전통, 특히 바빌로니아 및 이집트의 대수적, 경험적 전통이 고전 그리스의 기하학적, 반경험적 전통과 지속적으로 상호작용하는 곳"(18쪽)으로 기술하였다. 아프리카, 이집트, 알렉산드리아 사회는 유클리드, 아르키메데스, 아폴로니우스, 디오판토스, 프톨레마이오스, 헤론, 테온, 그리고 그의 딸 히파티아 등 일부 시민(그리고 아마도 수학자들의 제자들)이 수학 발전에 기여할 수 있는 환경을 조성했다.

인종차별, 성차별, 철학적 또는 이데올로기적 관점이 학술 연구, 수학의 역사학, 수학 자체의 근본적인 문제에 어떤 영향을 미쳤는지 살펴보면 왜 그러한 신화가 만들어지고 영속화되어 공동체와 문화의 역사를 부정하는지에 대한 더 깊은 통찰을 얻을 수 있다. 예를 들어, 유럽 학자들은 이집트 달력의 기원 연대를 임의로 그리고 의도적으로 기원전 4241년에서 기원전 2773년으로 변경하고, "신석기 시대에 나타난 민족에게 그런 정밀한 수학적, 천문학적 작업을 맡길 수 없다"라고 주장하였다(Struik, 1967, 24-25쪽, 룸킨Lumpkin, 1983, 100쪽 인용).[1] 또 다른 예로, 에펠탑과 같은 놀라운 공학적 건설을 가능하게 한 연구인 금속 탄성 이론의 핵심 연구자의 이름은 에펠탑에 이름이 새겨진 72명의 과학자 중 한 명도 포함되지 않았다. 에펠탑에 이름이 새겨진 이들은 모두 남성이며, 소피 제르맹Sophie Germain의 공로를 인정하지 않았다(Mozans, Osen, 1974, 42쪽 인용). 이러한 예는 성차별에도 불구하고 여성이 수학적 과학에 기여했다는 기록을 지워버린 오랜 역사 중에 사소한 예일 뿐이다.

수학의 역사학은 종종 철학적, 심지어 이데올로기적 편견을 드러내기도 한다. 그러나 전통적으로 "서구적" 개념으로 가르친 수학에 거의 독점적으로 특권을 부여하는 역사는 중요한 변이를 무시한다. 수학의 기초에 대한 "서구" 학파, 특히 미적분을 둘러싼 논쟁에서 역사가와 수학자들은 근본적으로 다른 철학적, 정치적 관점이 미적분의 본질에 대해 결정적으로 다른 생각을 낳는다는 사실을 “인식하지 못한다”. 전문 수학자 외에도 미적분과 그 철학적, 이론적 기초에 대해 진지하게 고민하고 글을 쓴 사람들이 있었다. 그러한 사상가 중 한 명인 카를 마르크스Karl Marx는 미적분학에 대한 철학적 아이디어와 대안적인 이론적 정립을 스크루크Struik(1948, 본서의 제8장에 있음)에 의해 영어로 처음 논의되었다.[2] 미적분학에 대한 간결한 구조와 생동감 있는 교수법을 만들고 개선하려는 현재 북미의 노력에도 불구하고, 미적분학에 관한 마르크스의 아이디어에 대한 설명은 여전히 찾아볼 수 없다.

유클리드는 당연하게도 “그리스인”으로 묘사되지만, 1543년경 코페르니쿠스의 이론으로 대체될 때까지 천문학을 지배한 프톨레마이오스(기원전 150년경)는 종종 “이집트인”으로 묘사된다는 점에 주목하면 유럽 중심적 신화의 복잡성에 대한 추가적인 통찰력을 얻을 수 있다. 프톨레마이오스의 보다 “실용적이고” 응용적인 작업은 유클리드의 보다 “이론적인” 공헌과 대조될 수 있다(Lumpkin, 1983, 105쪽). 고전적으로 지배 문화는 억압받는 사람들의 산물을 자신의 “이론적” 산물과 대조적으로 실용적인 것으로 평가하기 위해 추정되는 지적 위계를 사용한다. 해리스Harris(1987, 본서의 제10장에 있음)는 이러한 구분이 여성의 지식을 계속 폄하하고 있음을 보여준다. 디옵Diop(1991)은 유럽 학자들이 고대 이집트인들의 정교한 수학적 지식을 부정하기 위해 이러한 실용적인 이론적 위계를 사용한 여러 사례를 소개한다. 예를 들어, 구의 표면적에 대한 이집트 공식(모스크바의 파피루스 문제 10번에 나와 있는 $s=4^2$)을 논의할 때 디옵은 Peet(1931)가 이 수학적 업적을 이집트인에게 돌리지 않기 위해 “기발한 노력”을 통해 “상상력을 마음껏 발휘”하는 방법을 보여준다. 대신 Peet는 문제 10번이 이집트인들이 이해했다고 믿었던 다소 덜 정교한 수학인 반원기둥의 표면에 대한 공식을 나타낸다는 것을 증명하려고 하였다.

> 곡면의 넓이에 대한 개념은 원통의 넓이처럼 물체를 바닥을 따라 굴려서 평면으로 직접 변환할 수 있는 내용으로 매우 높은 수준의 수학적 사고를 필요로 하지는 않는다. (Gillings, 1972, 198쪽 인용)

파피루스에서 이 정보를 변환하기 위해 “어려움에 굴하지 않은” Peet는 문제 10번에서 원통의 지름과 높이가 같다는 하나의 자료[3]만 주어졌기 때문에 하나의 자료가 두 값을 모두 나타낸다고 설명하였다. 또한 Peet는 파피루스 사본을 담당한 필경사가 실수로 두 번째 누락된 자료에 대한 설명을 생략했을 것이라고 추정하였다(Diop, 253쪽). 또한 디옵은 고대 이집트인들의 정교한 수학적 지식을 강력하게 주장한 Gillings조차도 실용적-이론적 이분법에 갇혀있다고 비판하였다. 문제 10번의 해석을 반구의 곡면적을 구하는 공식으로 받아들인 Gillings는 아르키메데스보다 1500년 후에 이렇게 추측하였다.

> 필사가 운 좋게 근사치를 우연히 발견했는지, 아니면 그들의 방법이 수 세기에 걸친 실제 적용을 통해 고려한 추정의 결과인지는 물론 알 수 없다. 벽화와 다른 예술을 보면 바구니 제작자나 직공의 예술이 이집트의 경제에 어떤 결과를 가져온 것임에 틀림없다는 결론을 내릴 수 있다. 대략 반구형인 바구니를 짜는 경우 원형 평면 뚜껑에 필요한 재료의 양은 바구니 자체에 필요한 재료의 약 절반 정도이다. 원의 넓이를 계산하는 것은 필사들에게 흔한 연산이었기 때문에(린드 수학 파피루스 문제 50번), 오랜 세월이 흐르면서 반구형 바구니의 곡면적이 원형 뚜껑의 두 배라는 것은 똑같이 흔한 일이 되었을 것이다(200-201쪽).

디옵은 이론적 추론 없이 경험적 관찰만으로 이렇게 복잡한 수학적 지식을 얻을 수 있다고 생각하는 것이 얼마나 터무니없는 일인지에 대해 언급하였다. 마지막으로 디옵(1991)은 다음과 같이 언급하였다.

> [만약] 고대 이집트인들이 측정을 통해서만 도형의 성질을 규명하는 수준 낮은 경험론자에 불과했고, 그리스인들이 탈레스 이후 이집트인들로부터 '경험적 공식'을 체계화하여 엄격한 수학적 증명을 창시한 사람들이라고 한다면 그러한 업적을 자랑하지 않을 수 없었을 것이다(255쪽).

베르날Bernal(1992, 본서의 제4장에 있음)은 수학 및 과학 지식의 발전에서 고대 이집트인의 중심성을 부정하는 것에 대해 강력하게 반대한다. 예를 들어, 그는 "이집트인들이 메소포타미아인들보다 더 뛰어난 기하학자였다는 개념은 비교하기 어려운 건축적 업적과 그리스인들 사이에서 이집트인들이 기하학의 창시자이자 그 분야의 선생님이라는 명성에 모두 부합한다"는 연구를 인용하였다(605쪽). 또 다른 예로, 베르날은 현대 과학사학자들이 이집트의 수학과 천문학이 자신들보다 우월하다고 주장한 고대 그리스 작가들을 대하는 회의론에 반대하는 또 다른 학자 산틸라나de Santillana의 연구를 다음과 같이 인용하였다. "그렇다면 우리는 그리스 최고의 수학자인 에우독소스가 이집트어를 배우고, 자신이 시간을 낭비하고 있다는 사실을 깨닫지 못한 채 이집트에서 천문학 연구를 시도했다는 사실을 인정해야 한다"(606쪽).

또 다른 예로, 베르날(1987, 272-280쪽)은 피라미드 구조에 내재된 수학적 지식의 발견을 둘러싼 '긴장감'을 해소하기 위해 이 실용적-이론적 분리가 어떻게 사용되었는지를 지적 운동의 또 다른 업적으로 자세하게 설명하였다. 그리스인이 최초의 '진정한' 수학자라면, 피타고라스의 삼각형과 같은 중요한 관계로 이어지는 측정을 포함한 놀라운 수학적 정밀함이 고대 아프리카 이집트인(고전 그리스 학자 헤로도토스는 검은 피부와 털이 많은 머리로 묘사함)에 의해 피라미드에 내재한다는 점을 유럽 학자들은 어떻게 설명할 수 있었을까?[4] 베르날은 풍자를 통해 이 긴장감이 어떻게 만들어졌는지 다음과 같이 설명하였다.

> 그리스인들이 피라미드의 특별함에 대해 다양하게 들었고, 이집트인들이 최초의 수학자와 천문학자라고 믿었다는 사실 때문에 더욱 견딜 수 없게 만든다. 마지막으로, 그리스 수학자와 천문학자 중 상당수가 이집트에서 공부했다는 문제도 있다(277쪽).

베르날은 "그리스인들을 믿고 … 기원전 3000년경에 '축의 시대'가 있었고", 몇 세기 후 이집트인들이 간직하고 있는 피라미드에 내재된 정교한 수학 지식이 유학 온 그리스인들에게 전수되었다는 가장 단순한 사실조차 "제국주의가 한창일 때 기존 학자들에게는 제공되지 않았다"(278쪽)는 것을 보여준다고 하였다.

그리스인들이 기원전 4세기에 갑작스럽고 질적인 지적 성취를 달성했다는 대체 가설은 이를 뒷받침할 만한 근거가 없음에도 불구하고 간단한 사실조차 거부하고 "피라미드의 실제 업적과 우수한 이집트 수학의 일관된 고대 전통을 어림하였다"(278쪽). 대체 '그리스 가설'을 뒷받침하는 근거는 피라미드에 내재된 수학적 지식이 "건설자들이 예전부터 받아들인 우연한 특성이라는 주장이었다. 이는 이집트인들은 순전히 직관적이고 실용적인 경험주의의 결과"(Lauer, Bernal, 1987, 277-278쪽 인용)로 이론적이지 않고 실용적이라는 주장이었다.

위의 논의는 인종주의[5]와 성차별, 철학과 이데올로기, 지적 엘리트주의의 상호작용과 교차점에 대한 몇 가지 세부적인 예를 제공하며, 이는 부분적으로 실행적인 일과 이론적인 일에 부여되는 서로 다른 가치에 의해 촉진된다. 실행과 이론에 부여된 가치의 이분법은 Anderson(1990, 본서의 제14장에 있음)이 "사람들을 창조적 원천과 창의성으로부터 멀어지게 하고 … 자본이 인간의 노동으로부터 더 많은 잉여 가치를 추출하고 우리의 정신과 사회 정치적 활동을 더 많이 통제할 수 있게 하는"(352쪽) 자본주의 생산 방식에서 발생하는 소외의 핵심 요소로 이론화한 것이다. 대신, 수학의 창조와 발전을 사회의 물질적 발전과 불가분의 관계에 있는 것으로 이해한다면 수학의 숨겨진 역사를 바로잡고 밝혀낼 수 있다.

고대 농경 사회에서는 농작물을 심을 시기를 구분하는 숫자 정보를 기록할 필요가 있었기 때문에, 자이르 에드워드 호수의 낚시터에서 발견된 약 25,000년 전의 이샹고 뼈(Marshack, 1991)와 같은 달력이 개발되었다(Zaslavsky, 1983, 111-112쪽; De Heinzelin, 1962). 그리고 아프리카 여성은 대부분 최초의 농부였기 때문에[6] 자연을 관찰하고 이해하려는 노력에 가장 먼저 참여하여 수학 발전에 기여한 사람들일 것이다(Anderson, 1990, 354쪽). 그 후 사회가 발전함에 따라 무역과 상거래를 추적하는 데 필요한 더 복잡한 수학적 계산이 필요해지면서 바빌로니아 사람들(기원전 2000년경)이 자릿값 표기법을 개발하게 되었다(Joseph, 1987, 27쪽, 본서의 제3장에 있음). 이러한 현상은 군사적 필요와 자금 조달이 인공 지능 개발을 주도하는 오늘날까지도 계속되고 있다(Weizenbaum, 1985).

미주

1. Lumpkin은 새로운 발견이 스크루크를 다시 생각해보도록 하였다고 보고하였다. 그녀와의 개인적인 서신에서, "수학에 관한 스톤헨지 논의는 신석시 시대 사람들이 알고 있던 것에 대한 우리의 생각을 재고할 필요을 느끼게 하였다. Gillings(1972)는 고대 이집트인들이 가장 정교한 방식으로 분수를 다룰 수 있었음을 보여주었다"라고 하였다.

2. 1993년에 영어로 번역되어 출판된 마르크스의 《Mathematical Manuscripts》는 영국 런던에 있는 New Park Publication에서 출판하였다. 스크루크의 논문이 발표된 지 몇 년 후, Gerdes(1983/1985)는 마르크스 논문의 일부에 대해 최초로 대중적인 설명을 썼다.

3. 구의 표면에 대한 공식에는 지름이라는 하나의 자료만 필요하고, 원기둥의 표면에 대한 공식에는 지름과 높이가 모두 필요하다.

4. 고대 이집트인이 북쪽으로 이주한 남부 아프리카인의 후손이라는 논지를 뒷받침하는 고고학적 증거와 상형문자 분석은 디옵(1991, 103-108쪽)을 참고하시오.

5. 유럽 중심적 신화는 끈질기고, 해롭고, 침묵하며, 관점을 왜곡하고 근시안적 시각을 유도한다. 지배적인 문화의 이데올로기적 메시지는 억압받는 사람들에게 내면화된다. 예를 들어, 미국에서 대학 수학교육의 개혁을 위해 활동하는 미국수학협회의 권위 있는 간행물에서 아프리카계 미국인 최초로 수학 박사 학위를 취득한 저명한 수학자 중 한 명은 흑인 커뮤니티 내에서 "우리의 수학과 과학 연구의 전통이 결코 강한 적이 없다"고 말했다(Newman, 1989, 4쪽). 이러한 입장은 아프리카인과 아프리카계 미국인이 수학에 기여한 역사적 공헌이 무시되어 왔음을 대변하는 것이다. 또한, 그의 주장은 미국의 정치, 경제가 아프리카계 미국인의 수학적 발전에 미치는 구조적 역할을 무시하고 있음을 보여준다. 또한, Thomas Fuller, Benjamin Banneker, Elbert Frank Cox, Marjorie Lee Browne, Evelyn Boyd Granville 등 수백 명의 다른 수학자들과 함께 흑인 수학자는 사

회적, 제도적 인종 차별에도 불구하고 아프리카계 미국인 커뮤니티가 어떻게 수학 과학에 기여했는지를 보여주는 훌륭한 예가 된다.

Fuller에 대한 사회적 및 전기적 정보는 Fauvel과 Gerdes(1990)를, Banneker에 대해서는 Bedini(1972)를 참조하시오. Cox, Browne, Granville, Newman에 대한 정보는 Newman 또는 Newell, Gibson, Rich, Stuble(1980)을 참조하시오. Browne, Granville, Cox에 대한 스케치는 Giles-Giron(1991)을 참조하시오.

6. 최근의 고생물학적 및 유전적 증거를 요약하면서, Stringer(1990)는 "모계 인구 통계 패턴은 아마도 지난 10만 년 동안 아프리카에서 초기 현대 인류가 흩어졌기 때문에 시작되었다"라고 주장한다(101쪽).

참고문헌

Anderson, S. E. (1990). Worldmath curriculum: Fighting eurocentrism in mathematics. *Journal of Negro Education* 59(3): 348-359.

Beckwith, J. (1983). Gender and math performance: Does biology have implications for educational policy? *Journal of Education* 165: 159-173.

Bedini, S. A. (1972). *The life of Benjamin Banneker*. New York: Scribner.

Bernal, M. (1987). *Black Athena: The afroasiatic roots of classical civilization*. Vol. 1. London: Free Association.

______. (1992). Animadversions on the Origins of Western Science. *ISIS*, 83: 596-607.

Bisseret, N. (1979). *Education, class language and ideology*. London: Routledge and Kegan Paul.

De Heinzelin, J. (1962). Ishango. *Scientific American* 206(6): 105-116.

Diop, C. A. (1991). *Civilization or Barbarism: An authentic anthropology*. New York: Lawrence Hill Books.

Dowling, P. (1990). Some notes towards a theoretical model for reproduction, action, and critique. In R. Noss, A. Brown, P. Drake, P. Dowling, M. Harris, C. Hoyles, and S. Mellin Olsen. (Ed.), *Proceedings of the First International Conference: Political Dimensions of Mathematics Education: Action & Critique*. London:

Institute of Education: University of London.

Ernest, J. (1976). Mathematics and sex. *American Mathematical Monthly* 83: 595-614.

Fauvel, J., and Gerdes, P. (1990). "African slave and calculating prodigy: Bicentenary of the death of Thomas Fuller" *Historia Mathematica* 17: 141-151.

Freire, P. (1970). *Pedagogy of the oppressed.* New York. Seabury.

______. (1973). *Education for critical consciousness*. New York: Seabury.

Gerdes, P. (1985). *Marx demystifies calculus*. Trans. B. Lumpkin. Vol. 16. Minneapolis: Marxist Educational Press. (Original published in 1983 as *Karl Marx: Arrancar o véu misterioso à matemática*. Maputo: Universidade Eduardo Mondlane.)

Giles-Giron, J. Black pioneers in mathematics: Brown, Granville, Cox, Clayton, and Blackwell. *Focus: The newsletter of the Mathematical Association of America*, (Jan-Feb, 1991): p. 18, 21.

Gillings, R. J. (1972). *Mathematics in the time of the pharaohs*. Cambridge, MA: MIT Press.

Harris, M. (1987). "An example of traditional women's work as a mathematics resource" *For the Learning of Mathematics* 7(3): 26-28.

Joseph, G. G. (1987). Foundations of eurocentrism in mathematics. *Race & Class* 28(3): 13-28.

Kline, M. (1953). *Mathematics in western culture*. New York: Oxford.

Lumpkin, B. (1983). Africa in the mainstream of mathematics history. In I. V. Sertima (Ed.), *Blacks in science: Ancient and modern* (pp. 100-109). New Brunswick, NJ: Transaction.

Marshack, A. (1991). *The roots of civilization.* Revised Edition. Mount Kisco, NY: Moyer Bell.

Marx, K. (1983). *Mathematical manuscripts*. London: New Park.

Newell, V. K., Gipson, J. H, Rich, L. W., and B. Stubblefield. (Ed.). (1980). *Black mathematicians and their works*. Ardmore, PA: Dorrance.

Newman, R. (1989). Minorities and mathematics: A case for algebra. *UME Trends* (August): p. 4.

Osen, L. M. (1974). *Women in mathematics*. Cambridge, MA: MIT.

Stringer, C. B. (1990). The emergence of modern humans. *Scientific American* (December): 98-104.

Struik, D.]. (1948). Marx and mathematics. *Science and Society* 12(1): 181-196.

Weizenbaum, J. (1985). Computers in uniform: A good fit? *Science for People* 17(1 and 2), 26-29.

Zaslavsky, C. (1983). The Yoruba number system. In Ⅰ. V. Sertima (Ed.), *Blacks in science: Ancient and modern* (pp. 110-126). New Brunswick, NJ: Transaction.

제 3 장

수학에서 유럽 중심주의의 기초

조지 게베르게셰 조셉(George Gheverghese Joseph)

편집자 주: 수학 통계학자인 조지 게베르게셰 조셉George Gheverghese Joseph는 본 개요와 수학에서 지배적인 역사학에 대한 비판적 분석을 통해 유럽 중심주의에 대해 중요한 비판적 시각을 제공한다. 본 연구는 조셉Joseph가 영국에서 인종관계연구소에서 출간하는 Race and Class 저널의 28권 3호의 13-28쪽에 실은 동명의 원본 논문을 수정한 것이다. 그는 《The Crest of the Peacock: Non-European Roots of Mathematics》(London: Penguin Books, 1992)와 《Multicultural Mathematics》(London: Oxford University Press, 1993)에서 다양한 문화권의 수학에 대한 구체적인 예를 포함하여, 이 장에서 제기한 문제를 더 자세히 설명한다.

서론

과학 지식의 생산, 보급 및 평가에 있어 유럽 중심의 편견이 널리 퍼져 있다. 이는 부분적으로는 사람들이 오랜 세월에 걸쳐 과학의 발전을 인식하는 방식에서 비롯된 결과이다. 지난 2~3세기 동안 유럽의 지배에 의해 조장된 지적 의존의 늪에 빠져 있는 많은 제3세계 사회에서, 식민지 이전 시대에 혁신적이고 자급자족할 수 있었던 토착 과학 기반은 무시되거나, 가치 없는 경멸의 대상으로 취급되는 경우가 많다. 사회에서 식민지 이전 과학 기술의 역학 관계에 대한 이해는 오늘날 과학 및 기술 요구사항에 남아있는 토착 형태를 유의미하게 적응시키는 전략을 수립하는 데 필수적이다.

이제 인종주의를 반대하는 사람들의 주요한 관심사는 유럽 학계가 비백인 사회의 과거와 잠재력을 과학 기술 진흥의 업적과 역량과 관련하여 표현해 온 방식에 있다. 지난 400년 동안 유럽과 유럽의 문화적 종속성[1]의 발전은 많은 사람에게 그 기간의 과학 기술의 급속한 성장과 불가분의 관계, 심지어 인과관계에 있는 것으로 인식되고 있다. 일부 사람들은 사회적, 과학적 발전이 유럽의 사회 및 과학 발전 경로를 따라야만 다른 국가가 모방할 수 있는 유럽만의 고유한 현상이라고 생각한다.

유럽 문화권 밖의 사회에 대한 이러한 움직임은 간략하게나마 살펴볼 가치가 있는 여러 가지 문제를 제기한다. 첫째, 예를 들어 Dharampal(1971), Needham(1954), Van Sertima(1983)의 연구에 따르면, 인도, 중국, 아프리카 일부 지역에 대한 최근 연구들은 유럽이 이 지역을 침략하기 훨씬 전에 과학적 창의성과 기술적 성과가 존재했음을 시사한다. 그렇다면, 우리는 이들 사회와 다른 사회에서 식민지 이전 과학 기술의 역학을 이해하고, 이러한 발전을 만들어낸 물질적 조건을 파악할 필요가 있다.

둘째, 누가 과학과 기술을 '만드는가'라는 문제가 있다. 물질적이고 비엘리트주의적인 의미에서 보면, 각 사회는 환경의 압력과 요구에 따라 물질적 요구사항을 충족하기 위해 과학적 기반을 만들어야 할 필요성을 느꼈다. 한 사회의 특정 요구사항이 무엇인지에 대한 인식은 시대와 장소에 따라 달라질 수 있지만, 과학 기술을 '만드는' 능력이 한 문화권만의 특권이라고 주장하는 것은 잘못된 것이다.

셋째, 과학과 기술의 모든 중요한 역사적 발전을 유럽의 공으로 돌린다면, 나머지 세계는 유럽의 역동성과 창의성에 대비되는 변하지 않는 잔여 경험으로 또는 개발 연구, 인류학, 오리엔탈리즘, 중문학, 인도학과 같은 과목에 응집된 학문 분야의 생성 근거로서만 미미하게 영향을 미칠 수 있다. 이와 같은 과목들은 사회 발전과 역사에 대해 보다 정교한 유럽 중심적 이론이 개발되고 검증되는 토대가 된다.

최근 몇 년간 학술 연구의 가장 가슴 아픈 측면 중 하나는 이러한 '보조' 학문의 기반이 부실한 것이 학문의 '원자재(raw materials)'를 제공하는 국가들 출신의 학자들에 의해 점점 더 많이 노출되고 있다는 점이다. 최근 기고문에서 Edward Said(1985)는 기존의 유럽 중심적 패러다임 규범의 파괴를 목표로 하는 그의 중요한 반오리엔탈리즘 비판(1978)과 유사한 충동에서 영감을 받은 "전복적$_{\text{subversive}}$" 분석의 여러 사례를 제공하였다. 예를 들어, 서구 인류학의 식민지 경험에서 비롯된 특정 사상에 의문을 제기하고, 재정의하며, 필요하다면 거부하는 것을 주요 과제로 삼는 토착 인류학의 한 형태를 장려하는 움직임이 증가하고 있는 것은 Fahim(1982)에서 잘 살펴볼 수 있다. 비슷한 맥락에서, 본 연구는 비유럽 수학사에 대한 표준적 처치는 사실의 선택과 해석에 있어 뿌리 깊은 역사학적 편견을 드러내며, 그 결과 유럽 이외의 수학 활동이 무시되거나 평가절하되거나 왜곡되었음

을 보여줄 것을 제안하고자 한다.[2]

수학 지식의 역사적 발전

"고전적인" 유럽 중심적 궤적

19세기 후반 또는 20세기 초에 집필된 대부분의 수학사와 관련된 책들은 그 후의 연구에 큰 영향을 미쳤다. 이 기간 대서양 양쪽에서 출간된 책의 내용과 균형에 영향을 미친 두 가지 대조적인 발전이 일어났다. 이집트의 파피루스와 점토판에서 고대 수학이 발견되면서 수학 기록의 기원이 최소 1,500년 이상 뒤로 밀려났다. 그러나 그보다 훨씬 더 큰 악영향은 아프리카와 아시아의 광대한 지역에 대한 정치적 지배라는 형태로 유럽 지배의 정점을 찍은 것이었다. 이러한 지배에서 유럽 우월주의 이데올로기가 생겨나 광범위한 사회 및 경제 활동에 스며들었고, 과학의 역사에서 과학적 발견의 토양과 정신을 제공한 유럽의 독특한 역할을 강조한 흔적을 찾을 수 있다. 식민지 개척자들의 기존 공헌은 정복과 지배의 근거로 무시되거나 평가 절하되었다. 이집트와 메소포타미아에서 주목할 만한 그리스 시대 이전의 수학 발전도 비슷한 운명을 겪었으며, 이후 수학의 역사에서 중요하지 않은 것으로 무시되었다. 마틴 베르날Martin Bernal은 그의 저서 《Black Athena》(1987)에서 수학에 대한 존경심이 어떻게 고대 그리스와 18세기 이전 유럽이 공유했던 고대 이집트의 과학과 문명이 점차 침식되어 결국 그리스를 근원으로 하고 유럽을 그리스 유산의 계승자이자 수호자로 하는 유럽 중심적 모델로 이어지는지를 보여주었다.

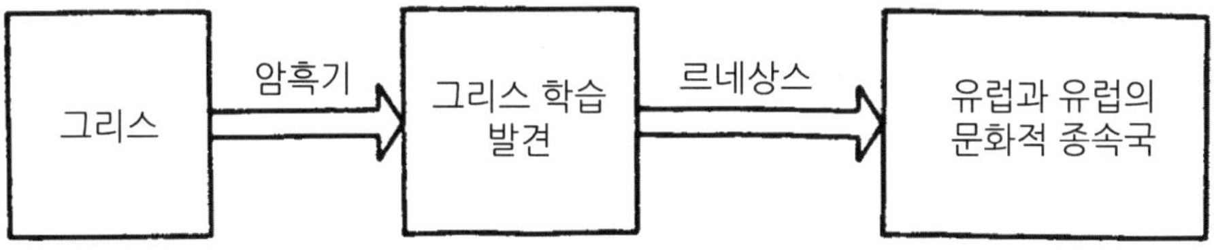

[그림 3-1]

[그림 3-1]은 수학이 시대에 따라 어떻게 발전해 왔는지에 대한 "고전적" 유럽 중심적 관점을 보여준다. 이러한 발전은 천 년 이상 지속된 침체기인 그리스(기원전 600년경부터 서기 300년경까지)와 16세기부터 현재까지의 르네상스 이후 유럽으로 구분하여 두 부분으로 나뉘어 진행되었다. 그 사이의 침체기를 '암흑기'라고 부르는데, 이는 르네상스 이후의 과거에 대한 편견과 2천 년 전 '그리스 기적'의 진정한 계승자라고 여겼던 사람들의

지적 자신감을 표현하는 편리한 명칭이다.

저명한 수학 역사가가 세기의 전환기에 쓴 글(첫번째 인용문)과 대서양 양쪽에서 여전히 널리 인용되는 현대 작가가 쓴 글(두번째 인용문)인 아래 두 인용문은 이러한 유럽 중심적 관점의 내구성과 새로운 증거와 출처에 대한 불투명함을 보여준다.

> 수학의 역사는 확실하게 이오니아 그리스 시대 이전의 어떤 학파나 시대로 거슬러 올라갈 수 없다(Rouse Ball, 1908, 1쪽). …
>
> [수학]은 마침내 그리스의 천혜의 토양에서 확고하게 자리를 잡았고 짧은 기간 동안 강력하게 번성했다. … 그리스 문명의 쇠퇴와 함께 수학은 천 년 동안 휴면 상태로 남아있다가, 유럽으로 옮겨져 비옥한 토양에 수학이 다시 한 번 묻혔다(Kline, 1953, 9-10쪽).

첫 번째 진술은 가장 오래된 그리스 수학만큼이나 오래된 것으로 알려진 기원전 800년에서 500년 사이에 쓰인 코드의 규칙$_{\text{Sulbasutras}}$에 포함되어 초기 인도 수학에 대한 무시를 제외하고는 당시 수학의 기원으로 널리 알려져 있고 받아들여진 것을 공정하게 요약한 것이다. 1875년경에 출판된 이 작품들에 대한 Thibaut의 번역본은 세기가 바뀔 무렵 수학 역사가들에게 알려졌다.

그러나 두 번째 진술은 메소포타미아, 이집트, 중국, 콜럼버스 이전 아메리카, 인도 및 아랍 세계에서 수학이 발전했음을 보여주는 상당한 연구 증거들을 무시하고 있다. 수학은 백인과 유럽 문명의 전유물로 인식되고 있다. 이것이 [그림 3-1]에서 설명된 유럽 중심적 궤적의 핵심 메시지이다.

그러나 유럽의 지배에 대한 이러한 근거는 여러 가지 이유로 인해 점점 더 견고해지지 않게 된다. 첫째, 고대 그리스인들이 이집트와 바빌로니아에 대한 지적 부채$_{\text{debt}}$에 대해 충분히 인정하고 있다는 점이다. 헤로도토스(기원전 450년경)부터 프로클루스(기원전 400년경)에 이르기까지 천문학, 수학, 측량 등의 분야에서 이집트인들로부터 얻은 지식에 대한 언급이 흩어져 있으며, 일부 주석가들은 멤피스의 사제들을 진정한 과학의 창시자로 간주하기도 했다.

아리스토텔레스(기원전 350년경)에게 이집트는 수학의 요람이었다. 그의 스승이자 당대의 저명한 수학자 중 한 명인 Eudoxus는 그리스에서 가르치기 전에 이집트에서 공부했다. 그보다 더 일찍 그리스 수학자 중 가장 위대한 수학자 중 한 명인 탈레스(기원전 546년 사망)는 이집트와 메소포타미아를 널리 여행하며 이 지역에서 수학의 많은 부분을 배웠다고 전해진다. 일부 자료에서는 피타고라스(기원전 500년경)가 지식을 찾아 인도까지 여행한 것으로 알려져 있으며, 이는 인도와 피타고라스 철학과 종교 사이의 유사점을 설명할 수 있다.[3]

[그림 3-1]에 설명된 궤적이 믿을 수 없다는 것으로 밝혀진 두 번째 이유는 기원전 2천년 초 메소포타미아와 이집트에서 높은 수준의 수학이 행해졌다는 증거를 발굴한 고고학자, 번역가, 통역사들의 공동 노력으로 그리스 시대에 대한 추가적인 기록을 확인하였기 때문이다. 특히, 바빌로니아 사람(고대 메소포타미아의 모든 주민을 지칭하는 일반적인 용어)은 자릿수 체계를 발명했고, 이차 방정식을 푸는 다양한 방법(서기 16세기까지 개선되지 않음)을 알고 있었으며, "피타고라스 정리"로 알려진 직각 삼각형의 변들 사이의 관계를 알고 있었다.[4]

유럽의 일반적인 지적 생활을 영위하고 특히 수학에 대해 아랍의 기여를 무시하는 것은 "고전적" 견해의 또 다른 심각한 단점이다. 유럽 문화사의 과정과 유럽 사상의 역사는 중세 아랍 학자들의 업적과 수학, 자연과학, 의학 및 철학에 대한 아랍인들의 중요한 공헌과 불가분의 관계에 있다. 특히, 수학 분야에서 아랍인들은 이집트와 바빌로니아의 뿌리에서 그리스와 알렉산드리아 사람들의 손에 의해 최종 형태로 발전한 측정 기술과 인도에서 시작된 놀라운 계산 도구(우리의 수 체계)를 결합하고, 이러한 흐름을 체계적이고 일관된 계산 언어로 보완하여 아랍어 이름인 "대수학algebra"으로 알려지게 된 것에 대해 빚을 지고 있다. 일부 책에서 이러한 빚을 인정하는 것은 과학에 대한 다른 아랍인의 공헌을 인정하지 않는 것과 극명한 대조를 이룬다.[5]

마지막으로 그리스의 기여를 논의할 때, 그리스 문명의 고전 시대(즉, 기원전 600년에서 300년)와 알렉산드리아 왕조 이후(즉, 기원전 3세기에서 서기 3세기) 사이의 차이를 인식할 필요가 있다. 초기 유럽 중심주의인 학계에서, 고대 세계의 그리스인들은 인종적으로 동질적이며 주로 오늘날 그리스의 지리적 경계 내에 있는 지역에서 유래한 것으로 인식되었다. 유럽 본토에서 사실상 무에서 유를 창조한, 고대의 모든 문명 중 가장 인상적인 문명을 창조한 집단이 등장했다는 것이 유럽 중심 신화의 일부였다. 그리고 그 문명에서 오늘날 서구 문화의 소중한 제도뿐만 아니라 모뎀 과학modem science의 모태도 생겨났다. 그러나 현실은 더 복잡하다.

"그리스"라는 용어는 알렉산더(기원전 356-323년)가 등장하기 이전의 시대에 적용될 때 실제로는 서로 전쟁을 치르기도 했지만, 민족적 또는 문화적 친밀도가 높고 무엇보다도 공통 언어를 사용했던 여러 독립 도시 국가를 의미한다. 알렉산더의 정복은 상황을 극적으로 변화시켰는데, 그가 죽었을 때 제국은 그의 장군들에게 분할되어 각기 다른 왕조를 세웠기 때문이다. 수학의 관점에서 주목할 만한 두 왕조는 이집트의 프톨레마이오스 왕조와 메소포타미아 문명의 초기 유적지를 포함하는 영토를 통치한 셀레우코스 왕조였다. 가장 유명한 학문과 무역의 중심지는 기원전 332년에 세워져 정복자의 이름을 딴 이집트의 알렉산드리아였다. 설립 당시부터 가장 두드러진 특징 중 하나는 이집트인, 그리스인, 유대인, 페르시아인, 페니키아인, 바빌로니아인이 자유롭게 섞인 국제주의였다. 멀리 인도에서 온 학자와 상인까지 끌어들였다. 셀레우코스 왕조와도 활발한 교류가 유지되었다. 따라서, 알렉산드리아는 아이디어와 다양한 전통의 만남의 장소가 되었다. 그리스 수학의 성격은 서로 다른 수학 전통, 특히 베이비이오니아 수학 및 이집트 수학의 대수적, 경험적 기초가 초기 그리스 수학의 기하학적, 반경험적 전통과 상호작용하는 등 다양한 수학 전통 간의 지속적인 교차 수정의 결과로 서서히 변화하기 시작했다. 그리고 이 혼합에서 고대 최고의 수학자, 특히 아르키메데스와 디오판투스가 탄생했다. 따라서, 알렉산드리아의 수학이 그리스의 지적, 문화적 전통의 주요 영감의 원천이 되었고, 그리스어가 알렉산드리아에서 교육과 글쓰기의 매체로 사용되었다는 점에서, 알렉산드리아의 수학을 그리스의 수학이라 부르는 것은 잘못이다. 그런 의미에서 "그리스어"라는 용어의 사용은 여러 민족과 종교 집단이 포함되어 있지만 모두 아랍 문화와 언어에 젖어 있던 문명을 설명하기 위해 "아랍어"라는 용어를 사용하는 것과 매우 유사하다.

수정된 유럽 중심 궤적

[그림 3-2]는 "고전적" 유럽 중심적 궤적에 대해 제기된 몇 가지 반론을 받아들인 것이다. 이 그림은 그리스 이전에도 수학이 존재했고, 특히 바빌로니아나 이집트의 수학 전통에 대한 빚이 있었다는 사실을 어느 정도 인정한다. 그러나 이러한 인식은 "위대한 문학과는 반대로 이제 막 글쓰기를 배우는 아이들의 낙서"(Kline, 1962, 14쪽)와 같이 그리스 수학에 비해 그 중요성에 대해 무시하는 태도로 변질될 가능성이 너무 높다.

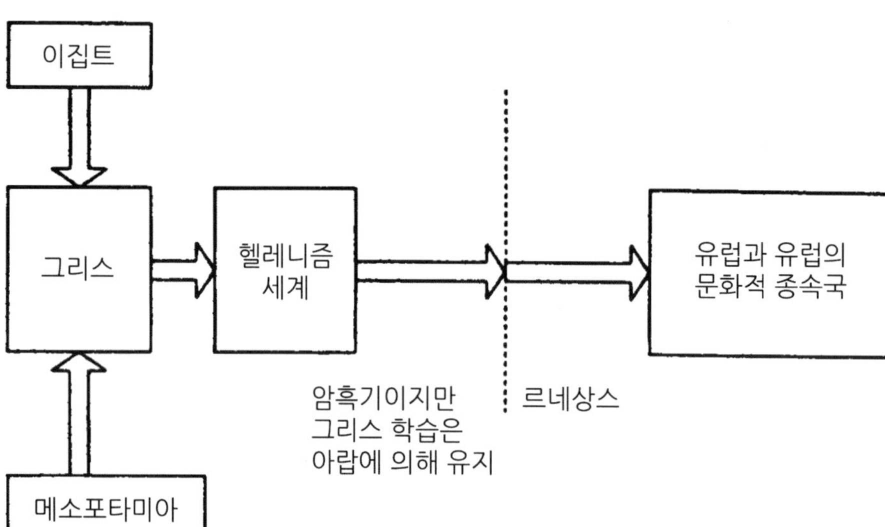

[그림 3-2]

[그림 3-2]에서는 그리스가 헬레니즘 세계(프톨레마이오스 왕조와 셀레우코스 왕조가 수학적 창조의 중요한 도구가 된)에서 분리되면서 알렉산더 이전과 이후의 그리스 공헌의 성격 차이가 어느 정도 인정되고 있다. 아랍인에 대한 일부 인정도 있지만, 주로 유럽의 암흑기 동안 그리스 학문의 관리자로서의 역할이 크다.[6] 지식의 전달자이자, 창조자로서의 역할은 무시되고 있다. 다른 문명, 특히 중국과 인도의 기여도 마찬가지이다. 이들은 그리스의 자료를 차용했거나 주류 수학 발전(즉, 모뎀 수학에서 정점을 이루는 발전)에 미미한 기여만 한 것으로 인식된다.[7]

최근에는 수학사에서 "동양" 수학 또는 "인도/중국" 수학이라는 제목으로 "나머지"를 모아두는 역할을 하는 별도의 장(章)을 구성하였는데 이러한 장들은 수학사 책들에서 추구하는 주류와는 관련이 미약하다. 비유럽 수학에 대한 이러한 소외는 후속 교재에서 이러한 주제를 다루는 학문의 성격에 반영되어 있다. 특히 인도와 중국 수학의 경우, 최근의 연구 결과에 대한 개방성이 안타깝게도 빠져 있다. 그 결과, 학문성이나 공정성에 심각한 의문이 제기된 이전 교재의 내용을 의역하거나 인용한 내용이 다음 세대의 교과서에서 그대로 재현되고 있다.[8]

따라서, [그림 3-2]는 수학이 어떻게 발전해 왔는지를 보여주는 결함이 있는 모형으로, 여러 가지 편견이 포함되어 있으며 새로운 증거와 주장에 상당히 취약하다. 최근 수학사에 관한 많은 책이 따르는 모델로 약간의 수정을 거쳐 남아있다. 예를 들어, 인류학과 사회지리학의 확산 이론은 '문명'이 중심부(즉, '더 위대한' 유럽)에서 주변부(즉, 나머지 세계)로 퍼져나간다고 보는데, 다른 학문 분야에서도 비슷한 유럽 중심적 편향이 존재한다는 점이 흥미롭다. 그리고 일부 마르크스주의 틀 안에서 발전된 근대화 또는 진화 이론도 비슷한 유형의 유럽 중심주의가 특징이다. 이러한 모든 개념 체계에서, 유럽의 발전은 [그림 3-1]과 [그림 3-2]에서 제공된 것과 다르지 않은 궤적을 따라 나머지 세계의 선례로 간주된다.

암흑기의 대안적 궤도

[그림 3-1]과 [그림 3-2]에 대한 편견이 없도록 대안을 만들려면, 역사적으로 서로 다른 시대의 서로 다른 문화가 세계의 수학적 지식 형성에 기여했다는 점을 인식하는 것이 기본 원칙이 되어야 한다. [그림 3-3]은 이러한 수학 발전의 궤적을 제시하지만, [그림 3-1]과 [그림 3-2]에서 화살표로 표시된 기간인 서기 5세기에서 15세기 사이의 기간, 즉 유럽의 "암흑기"로 한정하고 있다. 이 시기를 그림으로 선택한 것은 유럽이 깊은 잠에 빠져 있을 때 여러 문화권에서 다양한 수학 활동과 교류가 이루어졌음을 강조하기 위한 의도적인 선택이다.

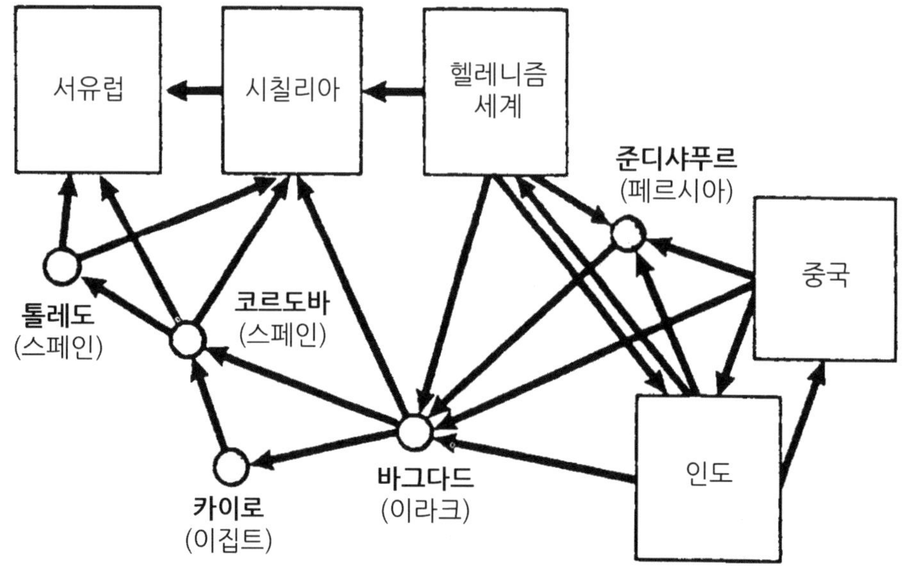

[그림 3-3]

아랍인의 역할은 [그림 3-3]에 나와 있다. 인도, 중국, 헬레니즘 세계에서 시작된 과학 지식은 아랍 학자들에 의해 여러 학문의 중심지에서 번역, 정제, 종합, 보강되어 이슬람에 전래되기 전인 6세기경 페르시아의 준디샤푸르를 시작으로, 바그다드, 카이로를 거쳐 스페인의 톨레도와 코르도바까지 전파되었고, 이 지식은 서유럽으로 퍼져나갔다. 압바스 칼리프(바그다드를 수도로 하는 동아랍 제국의 통치자)와 움마야드(다마스쿠스를 수도로 하고 나중에 코르도바를 수도로 하는 서아랍 제국의 통치자)의 자비로운 후원을 통해 학자들이 상당한 자원을 이용할 수 있었다.

압바스 칼리프의 역할은 수학의 미래 발전에 특히 중요했다. 특히 알만수르(754년-775년), 하룬 알라시드(786년-809년), 알마문(809년-833년) 등 칼리프들은 바그다드에서 천문학과 수학 연구를 장려하는 데 앞장섰다. 인도 과학자들이 바그다드로 초청되었다. 529년 플라톤 아카데미가 문을 닫았을 때, 일부 학자들은 한 세기 후 아랍 세계의 일부가 된 준디샤푸르에 피난처를 마련했다. 비잔틴 제국의 그리스어 사본, 안디옥과 다마스쿠스의 시리아 학파의 번역본, 에뎃사의 네스토리우스 기독교인들이 소장하고 있던 알렉산드리아 도서관의 유적은 모두 비잔틴 제국, 페르시아, 이집트, 시리아, 인도와 중국까지 동쪽 지역의 사람과 자료를 통제하거나 접근할 수 있는 통치자들의 도움과 지원을 받은 아랍 학자들이 열심히 찾아 헤맸던 것이다.

알만수르 칼리프는 바그다드에 다양한 출처에서 수집한 원고를 보관하는 대형 도서관인 '베이트 알 히크마(지혜의 집)'와 인도, 바빌로니아, 헬레니즘, 중국 천문학 전통의 만남의 장소가 된 천문대, 그리고 과학 연구가 활발히 진행된 대학을 세웠다. 이 기관의 저명한 구성원인 모하메드 이븐무사 알카와리즈미(서기 825년)는 향후 수학 발전에 결정적으로 중요한 두 권의 책을 저술했다. 이 책 중 하나는 아랍어 원문이 현존하는 책으로, 제목은 《히삽 알자브르 왈 무카발라》Hisab aldjabr waal muqabala이다(의역하면 복원 및 환원에 의한 계산으로 번역될 수 있음). 이 제목은 방정식을 푸는 두 가지 주요 연산을 나타낸다. 방정식의 한쪽에서 다른 쪽으로 음의 항을 옮기는 '복원'과 같은 쪽의 같은 항을 하나의 항으로 병합하는 '환원'이 그것이다. 12세기에 이 책은 라틴어로 《Liber Algebrae Et Almucabola》 '대수학 및 알무카볼라'라는 제목으로 번역되어 수학의 중요 영역이 되었다.

알카와리즈미는 인도의 숫자 체계를 설명한 두 번째 책인 《인도의 숫자 체계Algorithmi De Numero Indorum》를 저술했는데, 이 책은 라틴어 번역본만 남아있다. 알카와리즈미는 이 숫자 체계의 인도적 기원을 증명하는 데 어려움을 겪었지만, 그 후의 번역본은 책뿐만 아니라 숫자도 저자의 것으로 간주했다. 따라서, 유럽에서는 이 숫자를 사용하는 모든 체계를 알고리즘 또는 그 이후의 알고리즘(알카와리즈미의 이름을 변형한 것)으로, 숫자 자체를 아라비아 숫자로 알려지게 되었다.

[그림 3-3]은 서유럽으로 수학 지식이 전달되는 과정에서 남유럽의 두 지역이 얼마나 중요한 역할을 했는지 보여준다. 스페인과 시칠리아는 아랍 과학과 가장 가까운 접점이었고, 아랍의 패권 아래 있었으며, 코르도바는 9세기와 10세기 동안 카이로의 뒤를 이어 학문의 중심지로 부상했다. 서유럽 각지의 학자들이 고대와 현대의 지식을 찾기 위해 코르도바와 톨레도에 모였다. 크레모나의 게라르도(1114~1187년경)는 서기 2세기 알렉산드리아에서 제작된 중요한 천문학 저작물인 프톨레마이오스의 알마게스트를 찾기 위해 기독교인들이 톨레도를 탈환한 후 그곳에 갔다고 한다. 그는 그곳의 지적 활동에 매료되어 20년 이상 머물렀고, 그 기간 아랍 과학이나 그리스 고전의 사본 80권을 복사하거나 번역하여 나중에 서유럽 전역에 보급한 것으로 알려졌다. 게라르도는 티볼리의 플라톤, 바스의 아델라르, 체스터의 로버트 등 지식을 찾아 스페인으로 몰려든 수많은 유럽 학자 중 한 명에 불과했다.

[그림 3-3]의 주요 메시지는 수학적 발전을 유럽의 발전으로만 특징짓는 것은 위험하다는 것이다. 르네상스와 함께 불빛이 들어오기 전 천 년 동안 유럽을 뒤덮었던 어둠이 다른 곳의 수학적 활동을 방해하지는 않았다. 실제로 이 시기는 세계의 다른 지역에서도 큰 활동이 이루어졌으며, 이에 대한 논의는 조셉(1992)에서 찾아볼 수 있다.

[그림 3-3]에서 강조할 수 있는 수학적 지식의 두 가지 추가 특징이 있다. 첫째, 오늘날 학교 수학에서 가르치는 거의 모든 주제가 서기 15세기 이전의 서유럽 외부에서 시작된 수학에서 직접 파생되었다는 사실은 일반적으로 인식되지 않는다. 이 사실을 인식하지 못하는 것은 부분적으로는 학교 커리큘럼이 지나치게 유럽 중심적이기 때문이며, 부분적으

로는 일반적인 수학 교실에서 수학의 역사(특히 비유럽 중심의 역사)를 부당하게 소홀히 다루었기 때문이다. 둘째, [그림 3-3]은 15세기까지 서유럽으로 유입된 수학 지식의 단방향 흐름을 보여준다. 따라서 8세기에서 12세기 사이의 아랍 수학의 르네상스는 향후 500년 동안 수학의 발전 속도를 형성하고 결정했다.

유럽 중심적 편견에 대한 해부

수학의 유럽 중심적 역사학은 편향성을 설명할 수 있는 몇 가지 특징을 보여준다. 첫째, 수학을 유물론적 기반에 두고 수학의 발전을 경제, 정치, 문화적 변화와 연결시키려는 일반적인 성향이 있다. 둘째, 수학적 추구를 대다수 인류가 거부하는 필수적인 자질이나 재능을 가진 소수 엘리트에게만 국한된 것으로 인식하는 경향이 있다. 이러한 관점은 오늘날에도 교실에서 널리 퍼져 있으며, 따라서 무엇을 가르치고 누가 수학을 배움으로써 혜택을 받을 수 있는지를 결정한다. 셋째, 수학적 발견은 그리스 수학의 고유한 산물로 인식되는 연역적 공리 논리를 엄격하게 적용해야만 가능하다는 견해가 널리 받아들여지고 있다. 결과적으로 "직관적" 또는 경험적 방법은 수학에서 거의 관련성이 없는 것으로 무시된다. 마지막으로, 수학적 결과의 표현은 2,000년 전 그리스인들이 설정한 패턴에 따라 형식적이고 교훈적인 스타일을 따라야 한다. 결론적으로, 수학적 지식에 새롭게 추가된 지식의 검증은 학술지를 통해 그러한 지식의 습득과 보급을 통제하는 오늘날 매우 유럽 중심적인 성격을 지닌 소규모의 자체 선택적 집단côterie에 의해서만 수행될 수 있다.

위에 나열된 특징들이 어떻게 유럽 중심적 편견을 만들 수 있는지 설명하기 위해 마지막 단락에서 언급한 기준에 부합하지 않는 수학적 추구, 특히 그리스 수학이 등장하기 전 이집트와 메소포타미아에서 수학적 추구가 어떤 지위를 차지했는지 살펴보자.

일반적으로 그리스인 이전에는 오늘날 수학이라는 이름으로 불리는 특징적인 지적 활동의 의미에서 수학이 존재하지 않았다고 보는 견해가 있다. 그리스 이전의 수학에는 '증명'에 대한 정의된 개념이나 증명의 필요성에 대한 인식이 없었다는 주장이다. 이집트인이나 메소포타미아인이 '수학'이라고 할 수 있는 활동에 관여한 경우, 이러한 활동은 달력 제작, 토지 분할, 수확 관리, 공공사업(예: 관개 또는 홍수 조절) 또는 세금 징수와 같은 순전히 실용적인 것이었다. 이러한 활동을 수행하는 데 도움이 되는 경험적 규칙이 고안되었지만, 수학의 핵심을 이루는 추상화와 증명에 대한 명백한 관심의 증거는 없다. 어쨌든 이 두 문명의 수학의 가치를 평가할 수 있는 유일한 증명 방법은 오늘날의 학생들이 기대하는 특정 규칙이나 절차를 적용하는 '증명'이나 결과가 아니라는 주장이 계속되고 있다.

'증명'이라는 단어는 문맥과 주제의 발달 상태에 따라 다른 의미를 갖는다. 기존의 문서 증거에는 많은 모뎀 수학의 특징인 연역적, 공리적, 논리적 추론이 나타나지 않기 때문에 이러한 문화권에는 증명에 대한 개념이 없었다고 주장하는 것은 오해의 소지가 있다. 원의 넓이와 잘린 피라미드의 부피에 대한 일반화는 이집트 수학에서 찾아볼 수 있다. 검산식으로 나눗셈의 정확성을 확인하거나 치환의 방법으로 다른 유형의 방정식의 해를 확인하는 것은 바빌로니아 수학에서 발견된다. 약 100년 전까지 유럽에서 선형 방정식을 푸는데, 일반적으로 사용되던 방법은 "가정법$_{\text{false position}}$"으로 알려져 있다.[9] 이 방법은 이집트 및 바빌로니아 수학에서 맥주의 도수를 구하거나 소와 가금류를 위한 최적의 사료 혼합물을 구하는 것과 같은 실용적인 문제를 해결하는 데 일반적으로 사용되었다. Gillings(1972)가 주장했듯이 이집트의 '증명'은 상징적이지 않고 엄격하기 때문에 변수의 전형적인 값이 사용되며 다른 값으로 일반화가 즉각적으로 이루어진다. 또는, 이집트의 가장 중요한 수학 문서인 아흐메스 파피루스(기원전 1650년경)와 모스크바 파피루스(기원전 1850년경)에 수록된 문제를 푸는 데 사용된 방법의 일반화는 동일한 절차를 여러 예제에 차례로 적용하는 것을 포함한다. 노이그바우어(1935)가 번역하고 해석한 최초의 바빌로니아 함무라비 왕조 시대(기원전 1700년경)로 거슬러 올라가는 '수업 교재$_{\text{lesson texts}}$' 중 하나를 예로 들어 설명해 보자. 간결성을 위해 60진법(즉, 성진법)으로 표현된 수량을 10진법(즉, 십진법)으로 변환했다.

〈문제〉

가로(ush), 세로(sag). 가로와 세로를 곱하여 넓이(asha)을 얻었다. 그런 다음 세로에 대한 길이의 초과분을 넓이에 더했다. 183 (결과). 그런 다음 가로와 세로를 추가했다. 27. 구하기 위해서는 가로, 세로 및 넓이가 필요하다.

〈해답〉

주어진 값: 27과 183, 합계

결과: 가로 15, 세로 12, 넓이 180

〈방법〉

다음 방법을 따른다: [1단계] $27+183=210$; $2+27=29$

29의 절반을 제곱한다: [2단계] $(14.5)^2=210.25$

결과에서 210을 뺀다: [3단계] $210.25-210=0.25$

0.25의 제곱근을 구한다: [4단계] 0.25의 제곱근$=0.5$

그런 다음, 가로$=14.5+0.5=15$

세로$=(14.5-0.5)-2=12$

넓이$=15\times12=180$

〈현재 표기법을 사용한 해답〉

가로$=x$, 세로$=y$라고 가정한 다음 두 방정식을 평가하여 문제를 해결한다:

$$xy+x-y=183 \tag{1a}$$
$$x+y=27 \tag{1b}$$

이제 새 변수 y^*를 $y^*=y+2$로 정의한다.

그러면 (1a)와 (1b)는 다음과 같이 다시 작성할 수 있다:

$$xy^*=27+183=210 \tag{2a}$$
$$x+y^*=2+27=29 \tag{2b}$$

[참고: (1a) 및 (1b)를 (2a) 및 (2b)로 변환하는 방법은 1단계에 나와 있다.]

(2a)-(2b)가 특별한 경우인 일반적인 방정식 체계는 다음과 같다:

$$xy^*=\mathrm{p}$$
$$x+y^*=\mathrm{s}$$

해결책은 다음과 같다:

$$x=1/2\mathrm{s}+\mathrm{w} \tag{3a}$$
$$y^*=1/2\mathrm{s}-\mathrm{w} \tag{3b}$$

여기서 $\mathrm{w}=[(1/2\mathrm{s})^2-\mathrm{p}]$의 제곱근 $\mathrm{p}=210$, $\mathrm{s}=29$를 대입하면 $\mathrm{w}=0.5$가 되며, 이를 사용하여 $x=15$, $y=y^*-2=12$ 및 면적$=180$을 평가할 수 있다.

바빌로니아의 방법은 (3a)와 (3b)에 주어진 모뎀 대수 기호로 표현된 일반 공식을 숫자에 단계적으로 적용하는 것이었다. 가로와 세로를 나타내는 수메르의 기호 ush와 sag는 각각 우리의 대수 기호 x, y와 같은 용도로 사용된다. 바빌로니아 사람들은 이러한 유형의 문제를 풀기 위한 공식을 제공하는 대신 오늘날 초등학교 교과서에서와 같이 이 방법을 올바르게 적용할 수 있도록 예제를 하나씩 차례로 제시했다. 예제를 통한 연습은 이러한 성격의 문제에서 공식적인 '증명'만큼 효과적일 수 있다.

이 문제는 바빌로니아 수학이 도달한 정교함의 수준을 나타낸다. 그러한 작품을 "이제 막 글을 배우는 아이들의 낙서"(Kline, 1962)라고 일축하는 것은 그러한 수학의 실제 질에 대한 객관적인 평가라기보다는 저자의 편견을 반영한 것이다.

이집트와 바빌로니아 수학에 대한 또 다른 비판은 그들의 수학이 지적인 추구보다는 실용적인 도구에 가까웠다는 것이다. 이러한 비판은 실용주의적 성향이 결여된 수학이 어떤 의미에서는 더 훌륭하거나 더 나은 수학이라는 그리스인의 태도에서 비롯된 광범위한 태도의 징후이다.[10] 이러한 태도는 학교와 대학의 수학 커리큘럼에까지 스며들어 있다.[11] 그 결과, 수학을 공부하는 많은 사람들 사이에서는 수학에 대한 거리감과 무관심, 그리고 수학을 가르치는 사람들 사이에서는 엘리트주의가 뿌리 깊게 자리 잡고 있다. 이러한 엘리트주의는 교실 수준에서 '덧셈'이 아닌 실제 수학은 일부 소수에게만 적합한 활동이라는 암묵적이고 함구된 견해로 해석되며, 이는 수학이 유럽 문화의 독특한 산물이라는 더 광범위한 주장을 뒷받침하는 근거가 된다. 따라서 교실에서의 엘리트주의는 궁극적으로 유럽 중심주의라고 설명한 지적 인종주의의 한 형태와 관련이 있다.

교실 내 유럽 중심주의에 대응하기

앞서 살펴본 분석은 수학에서 유럽 중심주의에 맞서고 이에 대응해야 할 필요성을 보여준다. 우리나라[영국, 편집자 주]의 교육계가 갖고 있는 일반적인 견해는 역사에서 유럽 중심주의의 편견을 바로잡는 것은 가치 있는 일이지만 교실 내 수학적 활동과는 거의 관련이 없다는 것이다. 나는 왜 이것이 잘못된 견해라고 생각하는지, 편견 없는 역사적 관점이 교실에서 수학적 활동의 질을 높일 뿐만 아니라 반인종주의 교육 전반에 귀중한 정보를 제공할 수 있는지에 대해 다른 곳에서 언급하기도 했었다(Joseph, 1984; 1985; 1986; 1994; Nelson et al., 1993). 여기서 살펴본 주제의 맥락에서 이러한 주장을 다시 설명하는 것이 유용할 것이다.

첫째, 수학은 지리, 성별[12](Osen, 1974) 또는 인종에 구애받지 않고 다양한 수학 전통에 수렴하는 지점을 제공하는 내부 논리를 통해 전 세계적으로 번성해 온 것으로 나타났다. 그러나 이러한 통일성 안에는 재미와 교육을 동시에 제공할 수 있는 흥미로운 다양성이 존재한다. 전 세계에서 발견되는 계산 시스템의 언어와 구조의 차이를 학생들에게 알려주고, 서로 다른 달력과 시대가 어떻게 작동하는지 보여주거나, 또는 아프리카 전통 디자인, 인도의 랑골리 문양, 이슬람 예술 등에 담긴 다양한 공간 관계를 살펴보는 것은 응용 수학의 유용한 예가 될 뿐만 아니라 문화적 다양성에 대한 인식을 높이는 데도 도움이 될 수 있다.[13]

둘째, 역사적 접근은 신중하게 다루면 여러 사회의 공헌을 평가하는 데 유용한 유물론적 관점을 제공할 수 있다. 수학의 기원을 설명할 때 "그리스" 기적의 신화가 내포되어있는 것은 초기 수학적 업적의 본질에 대한 보다 균형 잡힌 평가를 가능하게 해 줄 것이다. 따라서 약 2만 년 전 자이르의 에드워드 호수 기슭 낚시터에서 발견된 이샹고$_{\text{Ishango}}$ 뼈는 미지의 물체에 대한 영구적인 숫자 기록으로 처음 생각되었다. 그러나 그 뼈의 홈을 자세히 연구한 결과, 달의 위상을 나타내는 6개월 달력일 수 있다는 사실이 밝혀졌다.[14] 마찬가지로, 페루에서 발견된 아메리칸 결승문자는 처음에는 복잡한 패턴의 매듭으로 이루어진 예술품으로 생각되었다. 그러나 나중에 이 유물에 다양한 크기의 매듭이 서로 다른 숫자를 나타내고 성별과 연령 등의 특성을 나타내는 데 사용되는 다양한 색상 코딩을 나타내는 전체 인구 총조사 기록이 포함되어 있다는 사실이 밝혀졌다. 주로 목축업이나 단순한 농업 경제에서 이러한 기발한 장치는 시간의 흐름을 추적하거나 씨앗을 심는 계절이나 비가 올 시기를 예측하는 데 필요한 정보를 기록하고 보존하는 등 주요 수학적 요구사항을 충족하기 위해 발명되었다. 그러나 사회가 발전함에 따라 수학적 요구는 더욱 다양하고 정교해져, 예를 들어 바빌로니아 사람들에 의해 더 복잡한 계산을 위한 자릿수 표기법(기원전 2000년경)이 발견되었고, 주판이나 막대 숫자 같은 기계적 장치로는 더 이상 충분하지 않았던 3,000년 후 무역과 상업에 서면 계산이 필수적이 되면서 인디언들이 개발한 숫자 체계(약 2,000년 전)가 마침내 채택되기까지 이르게 되었다. 바빌로니아의 발명품과 인도의 숫자는 당시에는 획기적인 발견이었지만 오늘날에는 당연한 것으로 받아들여지고 있다.

마지막으로, 교육은 어린이가 사는 사회적, 물리적 환경에 대한 경험에 맞춰져야 한다는 원칙을 받아들인다면 수학도 이러한 경험을 바탕으로 해야 하며, 현대 영국에는 고유한 수학적 유산을 가진 다양한 소수 민족이 존재한다. 이러한 집단의 수학적 전통을 바탕으로 이러한 문화가 인정되고 소중하다는 것을 보여주면 역사적으로 고착화된 평가 절하를 막는 데 도움이 될 것이다. 다시 말하지만, 이러한 접근법을 촉진하여 수학은 일반적으로 무시되어 온 예술과 디자인, 역사, 사회 등 다양한 학문과 접하게 된다. 이러한 총체적인 접근 방식은 어린이의 이해력과 상상력을 단편적으로 보지 않고 확장하는 데 도움이 된다.

미주

1. 여기서 '문화적 종속성'이라는 용어는 주로 유럽 출신이거나 유사한 역사적, 문화적 뿌리를 가진 인구가 거주하는 미국, 캐나다, 호주, 뉴질랜드 등의 국가를 설명하기 위해 사용된다. 간결성을 위해 이제부터는 이러한 지역을 포함하기 위해 "유럽"이라는 용어를 사용한다.

2. 수학에 대한 간결하고 의미 있는 정의는 사실상 불가능하다. 이 글에서는 수학의 다음과 같은 측면을 특히 강조하고자 한다. 수학은 특정한 종류의 논리적 구조를 가진 전세계적인 언어로 발전한 글로벌 활동이다. 수학에는 수와 공간에 관한 지식이 포함되어

있으며, 물리적 세계에 대한 결론에 도달하기 위한 일련의 방법을 규정하고 있다. 또한 결론에 도달하기 위해 직관과 상상력을 모두 필요로 하는 지적 활동이다. 종종 창작자에게 강한 미적 만족감을 선사하기도 한다.

3. 이러한 유사점에는 다음이 포함된다. (a) 영혼의 이동에 대한 믿음, (b) 물질을 구성하는 다섯 가지 원소 이론, (c) 콩을 먹지 않는 이유, (d) 불교 승가와 유사한 피타고라스 학파의 종교철학적 성격의 구조, (e) 우파니샤드와 매우 유사한 피타고라스 학파의 신비로운 추측의 내용 등이 있다. 그리스 전통에 따르면, 피타고라스, 탈레스, 엠페도클레스, 아낙사고라스, 데모크리토스 등은 철학과 과학을 공부하기 위해 동방으로 여행을 떠났다. 이들 모두가 인도에 도착했다고 가정하는 것은 무리가 있지만, 그들 중 일부는 페르시아를 통해 인도의 사상과 과학을 알게 되었을 가능성이 높다.

4. 소위 피타고라스의 정리에 대한 진술과 증명은 전 세계에서 다양하게 발견된다. 바빌로니아 사람들(기원전 1800-1600년)이 이 정리를 광범위하게 실제로 사용했다는 다양한 증거가 있다. 중국인들은 현존하는 가장 오래된 수학책인 《주비산경》(기원전 1000~800년경)에서 이 정리의 증명을 제시했다. 기하학에 관한 인도의 가장 오래된 저술인 《Sulbasutra》(술바수트라, 기원전 800-600년경)에는 이 정리에 대한 논의와 제단 건축에 대한 적용이 포함되어 있다. 또한 이 정리가 피타고라스의 이름과 보편적으로 연관되어 있지만, 피타고라스 정리를 언급하거나 증명했다. 학교 기하학 교과서에서 여전히 찾아볼 수 있는 최초의 그리스 증명은 유클리드(기원전 300년경)에 의해 제시되었다.

5. 여기에는 다음이 포함된다. (a) 혈액의 폐순환에 대한 이븐 알나피스의 초기 설명. 일반적으로 하비의 공헌으로 돌리지만 중국에서는 더 이른 설명에 대한 기록이 있다. (b) 빛의 굴절에 대한 이븐 알하얌의 최초의 알려진 진술. 일반적으로 뉴턴의 공헌으로 돌린다. (c) 중력에 대한 알카진의 최초의 과학적 논의. 다시 뉴턴의 공헌으로 돌린다. (d) 진화론에 대한 이븐 미스카야의 최초의 진술. 일반적으로 다윈의 공헌으로 돌린다. (e) 이븐 시나, 이븐 알하얌, 알비루니의 작품에서 발견되는 '과학적 방법'의 기초가 되는 근거에 대한 최초의 설명. 일반적으로 프랜시스 베이컨의 공로로 인정된다.

6. 니스벳(1973)은 리뷰 기사에서 12세기부터 유럽에서 지속적인 지적 발전이 이루어졌다는 압도적인 증거가 있음에도 불구하고 15~16세기 유럽에서 르네상스가 일어났다는 신화가 얼마나 지속되어 왔는지를 지적한 바 있다.

7. 중국, 일본, 마야의 수학은 유럽에서 수학이 발전하면서 정점에 달한 수학 발전의 주요 노선에서 벗어난다는 이유로 종종 무시된다. 다른 전통의 경우, 유럽 중심의 역사는 거의 침묵을 지키고 있다. 주목할 만한 예외는 Katz(1993)의 최근 저서이다. 이 책은 전

세계를 다루고 있으며, 비서양 수학 전통에 대한 매우 심도 있고 철저하게 조사하였다.

8. 역사가들이 인도 수학의 권위자로 자주 인용하는 인물 중 한 명은 세기가 바뀔 무렵 라지 왕국에 근무했던 G. R. Kaye이다. 그는 특정 수학 문서(특히 술바수트라나 바흐샬리 사본)의 연대를 다른 학자들보다 훨씬 늦게 잡는 경향이 있었는데, 이는 일반적으로 상당히 허술한 근거에 기반한 해석이었을 뿐만 아니라 인도 수학에서 중요한 것은 모두 그리스에서 유래한 것으로 간주하는 경향도 있었다. 고대 인도 수학의 저명한 학자들에 의해 비판을 받아왔지만(예를 들어, Datta와 Singh, 1935년과 1938년, Sarasvati Amma 1979년, Srinivasiengar, 1967년 참조), 유럽에서 수학의 역사를 계속 쓰고 있는 사람들과 문화적 의존성에 대해 별다른 인상을 남기지 못했다. 헬론 중심주의는 여전히 우세하다. 예를 들어, 핑그리(1981)는 인도 천문학의 연대기에서 인도의 존재가 전혀 없고 그리스의 영향이 항상 존재한다는 점을 주목할 만하게 정리했다.

9. 방정식 $x+x/5=24$를 풀기 위해, 가중분할(the method of false position) 이용하여 $x=5$일 때, $x+x/5=24$에서 좌변은 6이 된다. 따라서 필요한 24를 얻으려면 6에 4를 곱해야 한다. 또는 올바른 x 값은 20이다.

10. 그리스 사상을 관통하는 중요한 구분은 순수한 수의 성질을 연구하는 산술과 실제 응용에서 숫자를 사용하는 **로지스틱스**이다. 후자의 학문은 노예들에게 맡겨야 했다. 유클리드(기원전 300년경)가 기하학을 공부하면 무엇을 얻을 수 있느냐는 질문을 받았을 때, 노예에게 질문자에게 동전을 던지라고 했다는 전설이 전해진다.

11. 그러나 모뎀 교실에서 "실용적인" 수학을 향한 뚜렷한 움직임이 있다. 따라서 흐름이 바뀌고 있을지도 모른다.

12. 여성 수학자들의 공헌은 초기 수학의 표준 역사에서도 간혹 히파티아(기원전 415년)에 대한 언급을 제외하고는 무시되어 왔다. 기독교 폭도들의 손에 의해 잔인하게 죽은 그의 죽음은 알렉산드리아 수학의 종말을 상징하는 사건으로 받아들여지기도 한다.

13. 여기서 문화의 정확한 의미에 대한 논쟁에 참여하려는 의도는 없다. 문화를 소유한 사람들과 문화 자체 사이의 관계는 매우 복잡하고 논의 중인 요점과 매우 밀접한 관련이 있다. 여기서 '문화'라는 용어는 인류학적 의미에서 공통 언어, 지리적 인접성, 계급 등의 요인으로 서로 관련되어 있을 수 있는 한 집단이 보유한 관습, 의식, 신념, 도구, 도덕규범 등의 집합을 설명하기 위해 사용된다.

14. Marshack(1972)은 각 눈금의 숫자와 천문학적 음력 기간 사이에 관찰된 밀접한 일치에 근거하여 이샹고 뼈가 문신, 장식, 게임 또는 의식 축제와 같은 활동을 위해 음력 6개월을 기준으로 순차적 표기를 고안한 인류 최초의 지적 활동 중 하나에 대한 가능한

증거를 제공한다고 주장했다.

참고문헌

Ball, W. W. R. (1908). *A short account of the history of mathematics*. Reprint. New York: Dover, 1960.

Boyer, C. R. (1978). *A history of mathematics*. Princeton, NJ: Princeton University.

Datta, B. B. and Singh, A. N. (1962). *History of hindu mathematics*. 2 Vols. Bombay: Asia Publishing House.

Eves, H. (1983). *An introduction to the history of mathematics*. 5th ed. Philadelphia: Holt, Rinehart and Winston.

Fahim, H. (1982). *Indigenous anthropology in nonwestern countries*. Chapel Hill, NC: University of North Carolina Press.

Gillings, R. J. (1972). *Mathematics in the time of the pharaohs*. Cambridge, MA: MIT.

Joseph, G. G. (1984). "The multicultural dimension" *Times Educational Supplement, Mathematics Extra* (5 October).

______. (1985). A historical perspective. *Times Educational Supplement, Mathematics Extra* (11 October).

______. (1986). A non-Eurocentric approach to school mathematics. *Multicultural Teaching* 4 (2): 13-14.

______. (1987). Foundations of Eurocentrism in mathematics. *Race and Class* 28, (3): 13-28.

______. (1992) *The crest of the peacock: NonEuropean roots of mathematics*. London: Penguin.

______. (1994). The politics of antiracist mathematics. *European Education Journal*. Vol. 26: 67-74.

______. (1994). Different ways of knowing: Contrasting styles of argument in Indian and Greek mathematical traditions. In *Mathematics, Education and Philosophy: An International Perspective*. Edited by P. Ernest. London: Falmer, pp. 194-204.

______. (1995). Cognitive encounters in India during the age of imperialism. *Race and Class* 36 (3): pp. 39-56.

Katz, V. J. (1993). *A history of mathematics: An introduction*. New York: Harper Collins.

Kline, M. (1962). *Mathematics: A cultural approach*. Reading, MA: Addison Wesley.

______. (1953). *Mathematics in western culture*. New York: Oxford University.

Marshack, A. (1972). *The Roots of Civilisation*. London: Weidenfeld and Nicolson.

Needham, J. (1954). *Science and civilisation in China*. Vol. 1. Cambridge, England: Cambridge University.

Nelson, D. Joseph, G. G., Williams, J. (1993). *Multicultural mathematics*. Oxford, England: Oxford University.

Neugebauer, O. (1935). *Mathematics Keilschrift-text*. Vol. 2. Berlin: Springer Verlag.

Nisbet, R. (1973). 'The myth of the renaissance'. *Comparative Studies in Society and History* 15 (4 October).

Osen, L. M. (1974). *Women in mathematics*, Cambridge MA: MIT.

Pingree, D. (1981). History of mathematical astronomy in India. In *Dictionary of Scientific Biography*. Vol. 15 (Suppl.); C. C. Gillespie, ed. New York: Charles Scribner's Sons.

Said, E. (1985). Orientalism reconsidered. *Race and Class*. Vol. 26, No. 2.

______. (1978). *Orientalism*. New York and London: Vintage Books.

Sarasvati Amma, T. A. (1979). *Geometry in ancient and medieval india*. Delhi: Motilal Banarsidass.

Scott, J. E (1958). *A history of mathematics from antiquity to the beginning of the nineteenth century*. London: Taylor and Francis.

Srinivasiengar, C. N. (1967). *The history of ancient indian mathematics*. Calcutta: World Press.

Van Sertima, I. (1983). *Blacks in science*. New Brunswick, NJ: Transaction Books.

제4장

서양 과학의 기원에 관한 비판

마틴 베르날(Martin Bernal)*

편집자 주: 정치학과 중동 연구 교수인 마틴 베르날Martin Bernal은 그리스 과학의 독창성과 독특함을 주장하는 특정 주장들을 검토하고 이에 대한 도전적인 주장을 한다. 그는 그리스 과학의 많은 부분이 실제로 북아프리카의 이집트에서 차용되었으며, 그리스인들은 그들이 만들어 낸 것만큼 독창적이지 않았다고 주장한다. 마틴 베르날은 그의 책 《Black Athena: The Afroasiatic Roots of Classical Civilization(1987)》에서 유럽 중심적 이데올로기가 어떻게 과학과 수학적 지식의 발전에 대한 역사를 왜곡했는지에 대한 귀중한 설명을 제공한다. 이 책은 1987년 뉴저지주에서 출판되었다. 이 장의 내용은 1992년 ISIS, 83: 596-607에 실린 것이다.

나는 나의 아버지 존 데스몬드 베르날John Desmond Bernal의 그늘에서 벗어나기 위해 나의 인생의 첫 50년을 보냈다. 이러한 생각으로 인해 나는 과학과 과학의 역사에서 벗어나려고 노력했던 것 같다. 이로 인해 과학자도 과학사학자도 아닌 내가 ISIS에 글을 쓰는 데 따르는 두려움은 크게 증가되었다. 그럼에도 불구하고 나는 '서양 과학의 기원'에 대한 나의 견해를 제시해 달라는 초대에 감사의 인사를 드린다.

---

* 인내심을 지닌 Jamil Ragep의 수년간의 도움과 격려가 없었다면 이 논문을 시작하거나 완성할 수 없었을 것이다.

그런데 '서양 과학의 기원'이라는 질문에 대한 접근은 오래지 않아 '과학'의 정의가 무엇인가로 인해 좌초되고 말았다. 고대 사회는 현대의 '과학' 개념이나 이러한 단어를 가지고 있지 않았기 때문에 그것을 고대 메소포타미아, 고대 이집트, 고대 중국, 고대 인도, 고대 그리스와 같은 사회에 적용하는 것은 간단하지 않을 뿐 아니라 연구자에 의해 임의적인 부과가 존재할 수밖에 없다는 것이다.

이러한 '과학'이라는 용어 정의에 대한 명확성의 부족은 '과학'을 특정 사회 내에서 '기능하는 사고 체계'로 여기는 역사가들, 예컨대 데이비드 핑그리David Pingree와 같은 사람들과 '과학'을 '자연 현상의 질서적이고 체계적인 이해, 묘사 및(또는) 설명 게다가 특히 그러한 작업을 위해서 필요한 도구로 수학과 논리학이 필요하다'라고 보는 사람들 사이의 격차로 인해 더욱 더 어렵게 만들게 된다.[1] '자연 현상' 뒤에 '실제 또는 상상된'이라는 단어를 추가해야 한다고 나는 생각한다.

핑그리는 '과학'이 이전 문명에 거의 또는 전혀 빚을 지지 않고 독자적으로 고대 그리스인에 의해 발명되었고 '과학 혁명'의 서유럽의 창시자들에게 방해 없이 전달되었다는 '헬레노필리아Hellenophilia'라고 부르는 주장을 강하게 비판한다. 이상하게도 오토 노이게바우어의 연구와 그의 제자들(핑그리 포함)이 메소포타미아 천문학과 수학의 범위와 정교함과 고대 그리스 천문학의 메소포타미아 의존성, 그리고 웨스트M. L. West의 프리소크라테스 우주론에 대한 근동의 영향을 보여주는 연구는 놀랍게도 이러한 사고방식을 그대로 유지시키고 있다.[2]

여전히 '그리스인으로 인정되고 있는 탈레스는 최초의 철학자 과학자'라는 주장을 옹호하는 사람들이 있다. 여기서 '과학자'라는 단어는 포지티비스트positivist[a)]적인 의미로 사용되었다. 로이드G. E. R. Lloyd에 따르면, 고대 그리스인들은 '자연을 발견', '토론을 실천', 그리고 무리수 연구(특히 $\sqrt{2}$)와 천문학을 위한 기하학적 모델링과 같은 구체적인 것들을 도입한 최초의 사람들이다. 로이드는 '자연의 발견'을 '자연'과 '초자연'의 구별을 이해하는 것으로 보고 있다. 즉, 자연 현상은 무작위적이거나 임의적인 영향의 산물이 아니라 규칙적이고 결정할 수 있는 인과관계의 순서에 의해 지배된다고 인식하였다.[3] 그러나 메소포타미아 천문학과 이집트 의학이라는 두 가지 예를 들어 설명하면, 적어도 기원전 2천 년 이전까지는 비교적 초자연적인 요소가 거의 없이 규칙적이고, 가능한 경우 예측 가능한 현상에 관심을 가졌다는 것이 분명하다.[4]

이집트 의학에는 일부 종교와 마법이 포함되어 있다는 것은 사실이다. 심지어 '과학적인' 수술에 관한 에드윈 스미스 파피루스에서도 어느 시점에서 마법의 부적에 의존하고 있는 것도 사실이다. 그러나 도즈E. R. Dodds와 몇몇 학자들은 자연 철학자들의 비판이 마

---

a) 역자 주. 철학자 콩트에 의해 제창된 철학적 사고, 지식의 획득과 확립에 경험과 과학적 방법을 인정하는 입장

법의 효능에 대한 널리 퍼진 그리스인들의 믿음과 얼마나 단절되어 있는지를 보여주었다.[5] 일반적으로 매우 합리적이라고 여겨지는 히포크라테스 의학조차도 종교적 의식인 잠복을 강조하는 아스클레피오스와 그의 뱀들의 종교적 숭배에 제도적으로 중심을 두었다. 공교롭게도 이 숭배와 관행은 분명히 이집트에 그 뿌리를 가지고 있다.[6]

고대 그리스 '과학적' 논쟁의 독특성에 대한 질문에 대해 우리는 길가메시Gilgamesh에서 볼 수 있듯이 '논쟁'은 적어도 문학만큼이나 오래되었다. 일부는 이집트의 중왕국의 시대로 거슬러 올라가는 '사람과 그의 바ba[b] 사이의 논쟁'과 같이 상당히 심오한 철학을 담고 있다. 또한, 메소포타미아, 시리아, 이집트의 각 도시는 단순히 다른 신들뿐만 아니라 별개의 우주론을 가지고 있었다. 이 중 대부분은 다른 도시의 사제들이 알고 있는 숭배 없이 추상적인 요소나 힘을 포함하고 있다. 또한, 여기에는 시도되고 실제적인 종합화[c]가 있었는데, 이는 이들 사이의 논쟁과 토론이 있었다는 것을 시사한다.[7] 이러한 상황은 소크라테스 이전 시대의 우주론적 논쟁에 대해 합리적으로 재구성된 것과 매우 유사한 것이다.

후대 그리스 철학적, 과학적 논쟁은 법정에서의 분쟁과 밀접한 관련이 있는 그리스 전통인 '설득'에서 온 소피스트들에게 많은 빚을 지고 있다. 웅변, 설득, 정의justice는 거의 모든 문화에서 매우 중요하게 여겨지지만, 흥미롭게도 이집트에서 특히 강조되었다. 이집트의 상징에서 중심 장면은 죽은 사람 영혼의 법적 무게 측정이며, 호루스와 세트Horus and Seth의 법적 전투는 그 신화의 중심 에피소드이기도 하다. 가장 인기 있는 이집트 문헌 중 하나는 '명민한 농부The Eloquent Peasant'로, 영어로 가장 최근에 번역한《미리암 리히트하임(Miriam Lichtheim)》은 이를 '정의의 필요성에 대한 진지한 논문과 훌륭한 연설의 유용성에 대한 우화'로 묘사하고 있다.[8]

나는 다른 지면에서 미케네 시대와 철기 시대 그리스 모두에서 고대 이집트 시대에서 보이는 정의justice의 이미지가 중심이 되고 있다는 것에 대해 글을 썼고, 고대 시대와 헬레니즘 시대의 그리스인들에게 이집트 법은 그들 법의 근본으로 여겼을 것이라는 데는 의심의 여지가 전혀 없다. 아리스토텔레스는《정치학The Politics》의 마지막 부분에서 '이집트의 역사는 모든 정치 제도에 대한 고대성을 증명한다. 또한 이집트인들은 일반적으로 지구상에서 가장 오래된 민족으로 여겨지며, 그들은 항상 법과 정치 체계를 가지고 있었다. 우리는 이미 충분히 표현된 것을 가져와 사용하였고 이미 누락된 것을 발견하려는 시도에만 제한해야 한다'라는 글을 썼다.[9]

이집트에서 최초의 글로 기록된 성문법이 기원전 15세기 람세스 2세의 궁정 관리인 레크미레(Rekhmire)의 무덤에서 발견되었지만, 그보다 훨씬 더 오래전부터 존재했을 것으

b) 역자 주. 이집트 신화에 나오는 영혼의 일부분으로, 사람의 모습으로 묘사되며 죽은 자의 영혼이 지하세계로 여행할 때 따라다니는 것으로 믿어진 존재

c) 역자 주. 메소포타미아와 이집트 사이의 서로 다른 두 사상의 의도적 결합

로 추정되고 있다.[10] 어쨌든 이집트 신왕국은 그리스 기준으로 충분히 오래된 것이 분명하다. 이를 통해 볼 때, 아리스토텔레스가 《정치학》에서 권고한 것은 지금까지 수행되지 않았음이 분명해 보인다. 그럼에도 불구하고, 아리스토텔레스는 이집트와 그리스 법이 당시 매우 달랐지만, 그리스 법과 정의justice의 진정한 기반은 이집트에 있다고 믿는 것이 일반적이었다는 것이 분명해 보인다.

법에 대한 강조는 논증과 변증법을 촉진하고 자연에 대한 사회법의 투영과 규칙성의 확립이라는 두 가지 측면에서 매우 중요하다.[11] 이집트의 마아트(Maat, M3't: 진리, 정확성, 정의)는 그리스 모이라(Moira)와 마찬가지로 사회와 자연의 두 영역에서 핵심적인 역할을 했다는 데는 의심의 여지가 없다. 모이라는 분명히 이집트의 마아트에서 유래한 것이다. 마찬가지로, 이집트인들은 이집트 중왕국 시대에 최소한 사회와 법적 생활에 '정의'의 균형을 적용했다는 것이 분명하다.[12]

그리스 과학의 독창성에 대한 몇 가지 구체적인 주장으로 돌아가면, 바빌로니아 학자들이 큐빗에 관심이 있다는 것은 이제 의심의 여지가 없다.[13] 따라서, 무리수 중의 하나인 큐빗은 기원전 2천년 초부터 이집트에서 사용되었다. 그 무리수가 유클리드 방식으로 증명되었는지 여부와 관계없이 그 사용은 이집트의 서기관들이 측면과 대각선의 비례 불가능성을 알고 있었다는 정황 증거를 제공하고 있다.

현대 학자들은 이집트인들이 '피타고라스' 삼각형을 알고 있었다는 널리 알려진 고대 전통을 비웃고 있다. 그러나 매우 신중한 게이 로빈스Gay Robins와 찰스 셔트Charles Shute는 이집트 후기 구왕국 피라미드에서 7개의 팜[palm, 약 7.5cm]의 seked[d] 사용에 의해 그 지식이 입증된다고 주장하고 있다. 실제로 밑변과 높이의 비가 3:4이고, 이로부터 3:4:5의 직각삼각형을 모델링할 수 있었을 것이다.[14]

나는 그리스에서 일반적으로 생각되는 기하학이 이집트에서 왔다는 강력한 가능성에 대해 논의할 것이다. 그러나 이 시점에서, 기원전 4세기 후반 이전에는 그리스 '과학'의 어느 측면도 — 공리주의 수학을 제외하고 — 메소포타미아나 이집트보다 더 발전되었다고 주장하기는 어려울 것 같다.

니우게바우어는 고대 이집트의 과학적 전통을 무시한 것이 옳았을까?

이 절에서 나는 슈테우어(R. O. Steuer)와 세인더스(J. B. de C. M. Saunders), 그리고

---

d) 역자 주. 특정한 각의 탄젠트를 의미한다.

폴 갤리옹기(Paul Ghalioungui)가 이집트 의학이 그리스 의학의 출현 이전에 상당한 '과학적' 요건을 포함하고 있었을 뿐만 아니라, 이집트 의학이 그리스 의학의 발전에 중심적인 역할을 했다는 것을 확립하였음을 전제로 한다.[15]

마찬가지로, 니우게바우어와 그의 학파의 연구는 일부 메소포타미아 수학자와 천문학자들이 포지티비스트Positivist적인 의미에서 '과학적'이었다는 것을 부인할 수 없게 만들었고, 메소포타미아의 '과학'이 이 분야에서 그리스 수학과 천문학의 창조에 필수적이었다는 것을 보여주었다. 그러나 나는 이 학자들이 이집트 수학이 그리스 사상가들에게 중요한 영향을 미칠 수 있었다는 주장을 무시한 것에 대한 나의 의견을 여기서 제시하고자 한다.

비록 그는 이집트 고대 문명에 대한 열정을 가지고 있었고 이집트 천문학에 대한 많은 연구를 했지만, 그의 오랜 생애 동안 니우게바우어는 이집트인들이 독창적이거나 추상적인 아이디어가 없다고 주장했고, 수학과 과학적으로 그들은 메소포타미아인들만큼 수준이 높지 않다고 주장했다. 그는 이집트의 피라미드와 신전들의 정확한 천문학적 배치와 수학의 사용은 심오한 사고보다는 실용적인 기술의 결과로 설명될 수 있다고 주장했다. 이 접근 방식의 예는 다음과 같다. '모스크바 파피루스의 한 예에서 반구의 겉넓이가 정확하게 계산되었다고 주장되었지만, 제시된 원문들은 훨씬 더 원시적인 해석을 허용하고 있으며, 이것이 더 바람직하다'[16]

그의 《고대 과학》에서, 니우게바우어는 피라미드 학파와 논쟁하지 않았다. 그는 단지 그것을 비난하고, '피라미드와 관련된 매우 복잡한 역사적, 고고학적 문제'에 관심이 있는 사람들은 에드워드I. E. S. Edwards와 라우어J. E. Lauer의 책을 읽을 것을 권했다.[17]

에드워드는 피라미드 학파와 그들의 계산에 관여하지 않지만, 측량사와 고고학자 라우어는 이집트 학자들의 반대에도 불구하고 그렇게 했다. 이집트 학자들은 이집트 학계에서 결코 신용을 얻지 못한 이론에 대한 논의에 그렇게 많은 중요성을 부여해야 한다는 사실에 놀랐다. 그런데 라우어의 연구결과는 모순된 특성을 가지고 있었다. 그는 피라미드가 보여주는 측정값이 몇 가지 놀라운 특성을 가지고 있다는 것을 인정했다. 즉, 피타고라스의 삼각형과 같은 관계를 찾을 수 있으며, 이러한 사실은 일반적으로 헤로도토스Herodotus와 다른 고대 작가들이 주장한 내용을 뒷받침한다. 반면에, 그는 피라미드 학파의 '환상'을 비난하고 피라미드가 정렬된 방식과 그들이 보여준 놀라운 정확도는 순전히 '직관적이고 실용적인 경험주의'의 결과라고 주장했다.[18]

대Great피라미드의 놀라운 수학적 정확성을 받아들이는 것과 그리스인들이 최초의 '진정한' 수학자라는 '확신' 사이의 갈등이 라우어의 많은 저술에 걸쳐 이어진다. 일부 그리스인들이 이 피라미드의 놀라운 특징에 대해 알고 있었고, 그들은 이집트인들이 최초의 수학자와 천문학자라고 믿었다는 사실은 라우어에게 더욱 힘겨운 일이었다.

게다가, 많은 고대 그리스 수학자와 천문학자들이 고대 이집트에서 공부했다는 문제가 있었다. 이러한 어려움을 해결하기 위한 라우어의 정직한 시도는 다음과 같다.

> 비록 지금까지 이집트의 비밀스러운 수학 문서가 발견되지는 않았지만, 우리가 그리스인들을 믿을 수 있다면, 우리는 이집트의 사제들이 그들의 과학의 비밀을 매우 질투했고, 그들은 아리스토텔레스가 말했듯이 수학에 종사했다는 것을 알 수 있다. 따라서 그들은 피라미드의 건설, 약 기원전 2800년[e]에서 기원전 6세기의 그리스 수학적 사상의 전야에 이르기까지 이집트 피라미드 속에서 조금씩 세워진 비밀스러운 과학을 소유하고 있었던 것이 합리적으로 가능해 보인다. 기하학에 관해서는, 대피라미드와 같은 유명한 건물의 분석은 이 사제들의 연구에서 주목할 만한 자리를 차지할 것이다. 그리고 그들이 그것을 건설한 사람들에게 전혀 의심되지 않은 우연한 특성을 발견하는 데 성공했을 수도 있다는 것은 완벽하게 상상할 수 있다.[19]

이집트인들이 이 정교한 수학적 지식을 언제 개발했는지는 이 글의 주제와 직접적으로 관련이 없다. 그러나 이집트 구왕국 시대의 많은 건축물의 정밀함과 복잡함 외에도, 기원전 3천 년경 전반기에 상대적으로 '고급' 수학이 존재했다는 또 다른 증거들이 있다. 이는 두 개의 위대한 수학적 원전인 모스크바 파피루스와 린드 파피루스가 기원전 20세기와 19세기에 이집트 중왕국 시대의 것임에도 불구하고, 그 기록물 안에 제시된 일부 문제는 이집트 구왕국 시대에 속하는 측정값을 사용한다는 것이다. 이 측정값은 이집트 후기 시대에 폐기된 것이었다.[20]

이에 대한 라우어의 해결책은 여전히 일부 후기 이집트인들이 비교적 고급 사고를 할 수 있음을 허용한 것이었다. 그는 계속해서 말했다.

> 이집트는 그 역사의 3,000년 동안 조금씩 그리스 학자들을 위해 길을 준비했다. 탈레스, 피타고라스, 플라톤과 같은 학자들이 이집트에서 공부하고, 심지어 유클리드가 알렉산드리아 학교에서 가르치기도 했다. 그러나 기하학은 이집트의 기술적 실증주의가 축적한 보물에서 이끌어낼 수 있는 그들의 철학적 정신 속에서 진정한 과학의 단계에 이르렀다.[21]

심지어 이 정도의 인정도 니우게바우어에게는 너무 과도하게 많은 것이었다. 그는 한번 이렇게 말했다. '고대 과학은 소수의 사람들의 산물이며, 이 소수는 이집트인이 아니었다' 1981년, 그는 '피라미드의 방향에 관하여'라는 논문을 발표했는데, 이 논문에서 정교한 천문학 없이도 정확한 방향을 설정할 수 있음을 보여주었다. 단지 몇 주에 걸쳐 모형 피라미드 또는 상석의 그림자를 측정하고 돌리기만 하면 된다는 것이다. 어느 쪽이든

---

e) 나는 그것을 200년 앞당길 것이다

이 방법이 사용되었는지에 대한 증거는 없지만, 피라미드가 태양과 관련된 의식과 관련이 있는 것처럼 보이기 때문에 그럴듯해 보이기도 한다. 그럼에도 불구하고, 니우게바우어가 인정하는 '놀라운 정확성의 … 대피라미드의 방향'이라는 구조의 비범한 정교함은 매우 심각한 종교적, 이론적 관심을 나타내고 있다.[22] 따라서, 니우게바우어가 피라미드의 정렬을 설명하는 데 '원시적'이라는 단어를 선택한 것은 부적절해 보인다. 이러한 단어의 사용은 우리가 곧 보게 될, 그가 가지고 있던 고대 이집트인에 대한 일반적인 견해를 드러낸 것이었다.

이집트인들이 수학과 과학이 부족하다는 현대의 관점은 이집트의 지식과 플라톤의 지식에 깊이 뿌리 박혀 있는 신학과 형이상학에 대한 거부감과 더불어, 누구도 그렇게 초창기에 그렇게 현명하고 정교할 수는 없었을 것이라는 진보주의자progressivist의 견해에 의해 영향을 받은 것은 거의 의심의 여지가 없다. 또한, 19세기와 20세기 초에 거의 보편적이었던 가정, 즉 어떤 종류의 아프리카인들도 그러한 위대한 지적 업적을 달성할 수 없다는 가정에 의해 강화되었을 수 있다.

이러한 태도가 니우게바우어와 같은 위대한 자유주의의 챔피언이자 인종주의의 적에게도 영향을 미쳤을 수 있다는 암시는 그의 서지학적 각주 중 하나에서 찾을 수 있다. 그가 '이집트 산술의 성격을 결정한 배경을 더 깊이 이해하기 위해' 권장한 첫 번째 책은 루시앙 레비 브뤼흐Lucien Lévy-Brühl의 《하위 사회에서의 정신 기능》이었다. 레비 브뤼흐는 그가 살았던 당시에 비추어서는 최악은 아니었지만, 그럼에도 불구하고 그는 그 시대의 상황 속에 있었고, 그의 작품은 《원주민이 생각하는 방법》으로 출판하는 것이 더 적절했을 것이다.[23]

이렇게 말했지만, 니우게바우어가 자신의 주장을 뒷받침하기 위해 상당한 논거들을 가지고 있음에는 의심의 여지가 없다. 이 중에서 가장 강력한 주장은 그가 파라오 시대의 이집트 수학적 파피루스 중 어느 것도 그가 믿은 정교한 계산을 포함하지 않았으며, 이집트의 수와 분수 체계가 그들에게 귀속된 깊이 있는 수학적, 천문학적 사고에는 너무 미숙하다는 것이었다. 이러한 그의 입장에 대한 일곱 가지 주요 반론을 제시하겠다.

1. 니우게바우어의 반론을 감안하더라도, 남아있는 이집트 파피루스에는 '고급' 수학이 포함되어 있을 강력한 가능성이 있음.
2. 메소포타미아와 프톨레마이오스 시대의 이집트에서 나타난 유사점들은 파피루스 기록에만 의존하여 파라오 시대 이집트 '과학'의 전체 범위를 판단할 수 없음을 보여줌.
3. 이집트 기하학이 메소포타미아보다 우수하거나 동등하다는 일반적인 합의와 함께, 그리스인들이 메소포타미아 '산술'에 대한 주요 기여 중 하나로 기하학적 모델링을 가져온 것으로 알려진 것은 이 기하학적인 기여가 아마도 이집트에서 비롯된 것일

수도 있다는 관례적인 지혜를 제시함.

4. 이집트의 정교한 기하학과 계산의 조화가 탁월한 실용적 성취와 조화되고 있음.
5. 그리스인들이 수학과 의학을 메소포타미아가 아닌 이집트에서 배웠다고 주장한다는 사실.
6. 그리스인들이 메소포타미아가 아닌 이집트의 달력을 채택했다는 사실.
7. 헬레니즘기와 로마 시대의 과학적인 많은 활동이 그리스가 아닌 이집트에서 이루어진 사실, 그리고 그들이 그리스어로 쓰기는 했지만, 천문학자 프톨레마이오스를 비롯한 일부 연구자들은 이집트 출신이었던 사실.

첫 번째 주장은 우리가 이미 보았듯이 니우게바우어가 '더 원시적인 해석'을 선호했기 때문에 더 정교한 작업의 증거를 간과했을 수 있다는 사실에 의해 뒷받침된다. 따라서, 우리는 살아남은 원전이 그와 일부 다른 20세기 과학사학자들이 생각했던 것보다 더 정교한 요소를 포함하거나 참조할 가능성을 허용해야 한다. 위에서 언급한 무리수의 사용과 린드 파피루스 문제 40과 79에서 제시한 산술급수 및 기하급수의 사용에 대해서는 거의 의심의 여지가 없다.[24]

소련 학자 스트루베V. V. Struve는 모스크바 파피루스를 처음으로 연구한 사람으로, 니게바우어보다 훨씬 더 존중하는 태도를 보였다. 예를 들어 그는 다음과 같은 글을 썼다. '우리는 기계공학에 있어서 이집트인들이 우리가 믿고 싶었던 것보다 더 많은 지식을 가지고 있었다는 것을 인정해야 한다'. 그는 이 파피루스와 린드 파피루스에서 '잘린 피라미드 절두체'의 부피에 대한 이론적 지식을 보여준다고 확신했으며, 후대 학자들도 이 해석을 인정하고 따랐다. 이집트 고대 왕국과 중왕국 시대에 성공적으로 건설된 많은 피라미드를 고려할 때, 이것은 그 자체로 불가능해 보이지 않는다. 그러나 기원전 3세기에 아르키메데스는 피라미드의 부피가 100년 전에 쿼디스 출신 에우독소스Eudoxos에 의해 처음으로 측정되었다고 주장한다.[25]

여기서도 다른 몇몇 경우에서와 마찬가지로, 아르키메데스는 고의로든 무의식적으로든 잘못되었을 가능성이 있다. 그렇긴 해도, 에우독소스가 처음으로 그 공식들을 그리스로 전달했을 수도 있다. 에우독소스는 이집트에서 많은 시간을 보냈고, 이집트어를 배웠고, 그중 일부는 아마도 《사자의 서the Book of the Dead》에서 나온 것일 수도 있는 내용을 그리스어로 번역하기도 했다. 조르지오 데 산티아나Giorgio de Santillana가 지적했듯이, 에우독소스가 이 책들을 단지 오락을 위해 번역했을 가능성은 거의 없다. 그가 그것들이 난해한 천문학적 정보를 담고 있다고 믿었을 가능성이 훨씬 더 크다.[26] 이것은 이집트의 종교적, 신비주의적 저술과 그림이 난해한 수학적, 천문학적 지혜를 담고 있을 가능성이 있다는 중요한 제안을 제기할 수도 있다.

이제 돌아와서, 모스크바 파피루스에 있는 반원통 또는 반구의 겉넓이 측정의 특수한 경우를 살펴보자. 측정이 후자에 해당한다고 믿는 리처드 길링스(Richard Gillings)는 이집트의 연산 방식을 설명하고 다음과 같은 글을 남겼다.

> 만약 이러한 해석이 옳다면, 이 공식을 유도한 이집트 서기관은 아르키메데스보다 1,500년 앞선 것이 된다! 그러면 우리는 명백하게 말해야 한다. 이러한 경우 모두 이집트 서기관들에 의해 $A_{cylinder} = \pi rh + \pi r^2$ or $A_{hemisphere} = 2\pi r^2$이라고 제시된 것이 그리스인 디노스터라토스(Dinostratos)와 아르키메데스(Archimedes)의 명료한 증명과 어떤 면에서 비슷하게 증명되었다는 것은 전혀 입증되지 않았다. 우리가 할 수 있는 말은 기계적인 연산 작업들이 이러한 공식을 적용하는 사람에 의해 이루어질 것이라고 하더라도 순서와 표기법은 다를 수 있다.[27]

일반적으로, 특별한 수학 파피루스들은 정교한 연산의 징후를 강하게 보여준다. 스트루베Struve가 모스크바 파피루스 연구의 결론에서 다음과 같이 말했는 것을 참조한다.

> 이러한 새로운 사실들로 인해 에드윈 스미스(Edwin Smith)와 모스크바 파피루스는 우리의 지식을 풍부하게 한 것을 감안할 때, 우리는 지금까지 이루어져 온 이집트 '과학'에 대한 평가를 근본적으로 수정해야 할 필요가 있다. 뇌의 기능이나 구면의 겉넓이와 같은 문제들은 원시적인 문화의 실용적인 '과학적' 질문 범위에 속하지 않는 것들이다. 이것들은 순수하게 이론적인 문제들이다.

또는 그 이전에 했던 다음과 같은 언급을 참조한다.

> 모스크바 파피루스는 … 이집트 학자들의 수학적 지식을 두드러지게 확인하며, 이제 우리는 고대 그리스 저작자들이 말한 '이집트인들이 기하학에서 그리스인들의 스승이다'라는 주장을 거부할 이유가 더 이상 없다.[28]

니우게바우어와 다른 사람들의 스트루베의 반구에 대한 겉넓이에 대한 구체적 해석에 대한 이의는 이제 해결되었다고 본다.[29] 또한 위에서 언급한 것처럼, 피타고라스 삼각형의 사용과 잘려진 피라미드의 부피 측정에 대한 주장들도 이전의 회의론을 어느 정도는 견뎌내고 있다고 본다. 만약 스트루베의 일반적 주장의 기초가 여전히 유효하다면, 니우게바우어가 일축한 이집트 수학에 대한 주장을 받아들여야 하는가?

심지어 니우게바우어의 주장, 즉 이 파피루스에 포함된 수학은 단지 실용적이고 원시적이라는 주장을 받아들인다고 해도, 두 번째 주장은 여전히 유효하다. 즉, 더 정교한 작업이 보존되지 않은 다른 파피루스에 기록되었을 가능성이 높다는 것이다. 라우어는 이집트 사제들이 그들의 저술을 비밀스럽게 했다고 모든 역사적 자료가 가리키고 있으므로, 복사본이 거의 없었을 것이고 다른 자료가 남아있을 가능성은 희박했을 것이라는 점을 지적했다. 상대적으로 적은 수의 파피루스만이 현재 전해지고 있다는 점을 강조해야 한다. 이것은 메소포타미아와는 매우 다른 상황이다. 그곳에서 구운 점토판은 놀라울 정도로 내구성이 있으며 수십만 개가 발견되었다. 메소포타미아 원전의 문제는 그것들의 부족이 아니라 그것들을 읽고 출판하기 위해 그만큼의 수메르 학자를 찾는 것의 어려움이다. 그러나 존재하는 점토판에서도 빈틈들이 있다. 니우게바우어는 '대다수'의 수학적 점토판이 두 기간, 즉 기원전 2000년대 전반기의 구 바빌로니아 시대와 셀레우코스 시대에서 나왔다고 지적한다. 두 집단의 원문들 사이의 연속성은 12세기 또는 그 이상 동안 정교한 수학이 수행되었음을 분명히 보여준다. 그러나 남아있는 기록은 없다.[30]

이집트의 상황은 이보다 훨씬 더 나쁘다. 그리고 대부분의 파피루스와 현재 전해지는 모든 파피루스가 실용적인 회계에 유용한 기법을 가르치기 위해 사용된 글이었고, '최첨단' 고급 수학에는 아니었다.[31] 이집트의 프톨레마이오스 시대에 비슷한 예를 볼 수 있다. 이 몇 세기 동안 더 많은 수학 파피루스가 발견되었지만, 그 중 어느 것도 유클리드의 1권에 나오는 수학적 수준을 넘어서지 않았고, 우리가 원문의 전승을 통해 알고 있는 헬레니즘 시대 이집트에서 진행되었던 놀라운 정교함의 작업을 보여주는 흔적은 이집트 파피루스에서는 나타나지 않는다. 따라서 침묵의 주장은 항상 신중하게 적용되어야 하는데, 특히 고급 이집트 수학의 원전에 대한 증거의 부재를 평가할 때 특히 신중하게 사용되어야 한다.

이에 반대하여, 존재하는 몇 안 되는 원전들은 이집트인들이 정교한 수학을 생산할 수 없게 만드는 일관된 기술과 표기법을 가지고 있었다는 주장도 있다. 이것은 우리를 회의주의에 대한 세 번째 논증으로 이끈다: 이집트의 숫자 표기법은 메소포타미아의 것만큼 유연하고 도움이 되지는 않았을지 모르지만, 그리스인들이 그들의 정교한 공식을 썼던 것보다 더 좋았다. 이집트 수학이 매우 간단한 원칙에 기반을 두고 있다는 것은 의심의 여지가 없다. 반면에, 존재하는 파피루스는 그 위에 놀라울 정도로 정교한 수학적 구조가 세워졌음을 보여준다.

니우게바우어는 이집트인들이 바빌로니아인만큼 산술에 능숙하지는 않았지만 기하학은 그만큼 훌륭하다고 인정한다. 그리고 만약 우리가 다른 학자들의 모스크바 파피루스에 대한 해석을 믿는다면, 이집트인들은 메소포타미아인들의 것보다 더 복잡한 기하학 연산을 수행할 수 있었다. 이집트인들이 더 나은 기하학자라는 개념은 피라미드로 대표되는 독보적인 건축 업적과 더불어 그리스인들 사이에서 기하학의 창시자이자 그들의 스승으로서의 명성과 잘 어울린다.[32]

이러한 기하학적 관심을 고려할 때, 이집트인들이 건축 구조물을 위해 계획에 의존했다는 직접적이고 간접적인 증거들이 있다는 것은 놀라운 것은 아니다. 스트루베가 '이집트의 구조도는 현대 기술자들의 것과 같이 정확하다'라고 표현한 것은 다소 과장일 수 있다.[33] 그러나 이집트인들의 구조도가 그리스인들과 로마인들의 것보다 열등했다고 가정할 이유는 없다.

이집트인들에 따르면, 건축 계획을 만드는 전통은 기원전 3000년경의 제3왕조 초반인 임호텝Imhotep에게까지 거슬러 올라가지만, 대부분의 현대 학자들은 이 주장을 신화적인 상상을 신성화된 모든 건축가의 원형으로 해석한 것으로 이해했다. 그러나 이제 옛 왕국시대에 건축 계획이 사용되었고, 임호텝이 스텝 피라미드Step Pyramid와 그 주변의 복잡한 건물 집합을 설계했다는 것이 증명되었다. 게다가 스텝 피라미드에서 발견된 노스트라콘[f)]에는 아치에 대한 측정을 포함하고 있다.[34]

이러한 기하학과 계산의 조화가 건축과 결합되는 것은 이집트인들이 우수한 수학을 보유했다는 현대시대의 부인에 대한 네 번째 반증이 된다. 이러한 지식에 대한 원문적인 증거는 모호하게 해석될 수 있지만, 건축적 증거에 의하면 이에 대한 사례는 크게 강화된다. 피라미드뿐만 아니라 사원, 창고, 거대한 규모의 관개망 등이 있었으며, 이들은 그들의 계획과 사전 구조물을 기록이나 그림으로 시각화하는 능력이 필요했을 것이다.

이집트인들이 정교한 수학을 보유했을 가능성에 대한 다섯 번째 이유는 그리스인들이 그렇게 주장했기 때문이다. 이 주제에 대한 글쓴이들은 이집트의 수학과 천문학이 그들 자신의 것보다 우월하며, 메소포타미아에서는 그들의 수학을 공부한 그리스인 수학자가 2명뿐이지만, 그리스의 과학자, 천문학자, 수학자들의 대부분은 이집트에서 공부했거나 시간을 보냈다고 일관되게 기록되어 있다. 이러한 보고들은 현대 과학사 연구자들에 의해 회의적으로 다루어지는 것이 사실이다. 왜냐하면, 그들은 이집트의 과학이나 수학이 연구할 가치가 없다는 것을 이미 단정하고 있기 때문이다. 그러나 산탈라나de Santillana가 말한 바와 같이 에우독소스는 의심의 여지없이 이집트에서 공부하였다는 것이 사실이었음을 고려해보면 우리는 다음과 같은 생각을 해야만 한다; '그렇다면 우리는 고대 그리스 최고의 수학자가 이집트어를 배우고 이집트에서 천문학에 종사했지만 그가 자신의 시간을 낭비하고 있다는 것을 깨닫지 못했다고 인정해야 한다'[35]

아시리아와 페르시아 정복 이후, 이집트의 수학과 천문학은 이집트 고유의 자료와 메소포타미아의 자료 모두에서 영향을 받았다는 것은 의심의 여지가 없다. 그러나 그리스인들은 그것이 모두 이집트의 전통이라고 믿었던 것은 토착 요소가 중요했다는 주장을 더욱 뒷받침해준다.

---

f) 역자 주. 노스트라콘은 이집트의 고대 파피루스에 쓴 수학적 계산과 도형을 나타내는 용어

회의론자들에 대한 여섯 번째 주장은 그리스인들이 메소포타미아 달력 대신 이집트 달력을 채택했다는 사실이다. 이집트 달력의 더 큰 편리함 외에도 이 채택은 보다 먼 메소포타미아 대신 가까운 이집트로부터 영향을 받는 그리스인들의 경향을 나타낸다.

마지막 주장은 헬레니스즘 시대에 그리스인들의 철학적 연구의 중심이 여전히 아테네에 머무르지만, 거의 모든 '그리스' 과학이 이집트에서 이루어졌다는 것이다. 이것은 부분적으로 프톨레마이오스가 후원한 결과였지만, 우리가 그리스와 로마의 문헌에 대한 출처를 믿는다면, '과학자'들도 이집트의 지혜를 참고하고 활용했다는 것이다. 흥미롭게도, 유클리드는 프톨레마이오스 시대 초반에 이집트에서 연구를 하였으며, 바로 그 50년 전에 에우독소스는 수학과 천문학을 공부하기 위해 이집트어를 배워야 할 필요를 느꼈다는 점이다. 따라서 유클리드의 연구 업적을 그리스와 이집트 기하학의 종합적인 결합으로 보는 것이 그리스의 합리적 사고가 혼란스러운 동양적 사고에 강제로 부과된 것보다 더 정확할 것으로 보인다.

메소포타미아의 수학과 천문학이 세레우코스 제국Seleucid Empire 시대에 번창했음은 맞지만, 이미 언급했듯이 대부분의 위대한 '그리스' 과학자들은 그리스어로 썼지만 이집트에서 생활하였으며, 실제로 일부는 이집트 출신이었을 수도 있다. 예를 들어 발명가인 헤론, 디오판투스, 그리고 톨레미가 있다.[36]

일반적으로 그리스인들의 위대한 수학과 천문학에 대한 공헌은 기하학적 모델링을 도입한 것이었다는 것이다. 특히 메소포타미아의 산술 천문학 주기를 회전하는 구로 변환하는 것이었다.[37] 그러나 그리스인들은 기하학이 이집트에서 발전했다고 믿었다. 이는 이집트의 건축적 정교함과 수학 파피루스에 의해 뒷받침되는 일관된 견해이다. 또한, 하늘을 회전하는 구형체로 보는 그리스인의 견해를 가장 주도한 플라톤과 에우독소스는 이집트에 머물렀다고 알려져 있으며, 그들은 이집트의 지혜에 대한 깊은 존경심을 가진 것으로 알려져 있다.[38] 우리는 특히 에우독소스가 이집트의 사제들과의 관계가 매우 깊었음을 보았으며, 새로운 복잡한 중심 회전 구체 천문학을 만든 것은 정확히 에우독소스였다.

나는 지금까지의 일곱 가지 주장이 그리스 학자들이 이집트 학자들과 접촉할 때에 이미 이집트에는 풍부한 수학적, 특히 기하학적, 천문학적 전통이 있었음을 매우 강력하게 제시한다고 믿는다. 기원전 7세기에 이집트가 앗수리안에게 정복을 당한 이후, 이집트의 수학과 천문학은 상당히 메소포타미아의 '과학적' 사고에 영향을 받았고, 이 과정은 프톨레아이오스 시대와 로마 시대의 이집트에서도 지속되었다.[39] 이집트의 의학 전통은 메소포타미아의 영향을 덜 받은 것으로 보인다. 일반적으로 헬레니즘 시대 이집트의 '과학적' 승리는 이집트, 메소포타미아, 그리스라는 세 가지 '과학적' 전통의 만남과 우위에 있는 사회, 경제, 정치적 조건의 결과로 보인다. 그러나 두 전통은 그리스보다 훨씬 오래되었으며, 기원전 3천 년 이전으로 거슬러 올라가며, 더 광범위했다. 또한 그리스인들이 근동의

'과학'에 '연결'된 지점은 이집트였다. 이것이 그리스인들이 항상 이집트의 지혜의 깊이와 범위를 강조한 이유였다.

이 글의 시작 부분에서 고대 문명에 대한 '과학'이라는 단어 적용의 임의성이 언급되었다. 아마도 험프티-덤프티(Humpty-Dumpty)처럼 우리는 단어를 우리가 원하는 대로 사용할 수 있다. 그러나 그리스인들이 최초의 서양 과학자였다고 주장하는 유일한 방법은 '과학'을 '그리스 과학'으로 정의하는 것뿐이다. 덜 순환적인 정의를 사용하면 훨씬 더 이른 시기의 메소포타미아인과 이집트인들의 실천과 이론을 배제하는 것은 불가능하다.

미주

1. Pingree에 대해서는 1990년 11월 14일 하버드대학교 과학사 학과에서 처음 발표되었고, 현재 이 특별섹션에 게시된 'Hellenophilia versus the History of Science'를 참조한다. 인용은 다음과 같다. G. E. R. Lloyd, *Early Greek Science: Thales to Aristotle* (New York/London: Norton, 1970), p. 1, Marshall Clagett, *Greek Science in Antiquity: How Human Reason and Ingenuity First Ordered and Mastered the Experience of Natural Phenomena*, new corrected ed. (New York: Collier, Macmillan, 1962), p. 15.

2. Otto Neugebauer의 'The Exact Sciences in Antiquity (New York: Dover, 1969)' 및 M. L. West의 'Early Greek Philosophy and the Orient (Oxford: Clarendon, 1971)', John Vallance의 'On Marshall Clagett's Greek Science in Antiquity (1990, pp. 713-721)'을 참조한다. 또한 G. S. Kirk의 'Common-Seine in the Development of Greek Philosophy, (Journal of Hellenic Studies, 1961, pp. 105-117)'를 참조한다.

3. Lloyd의 'Early Greek Science(p. 8)'를 참조한다.

4. Neugebauer의 'Exact Sciences in Antiquity, (cit. n. 2), pp. 29-52', Paul Ghalioungui의 'The House on Life: Per Ankh Magic and Medical Science In Ancient Egypt, 2nd ed. (Amsterdam: H. M. Israel, 1973)' 및 Ghalioungui의 'The Physicians of Ancient Egypt (Cairo Al-Ahram Center for Scientific translation, 1983)'를 참조한다.

5. E. R. Dodds의 'The Greeks and the Irrational (Berkeley/Los Angeles: Univ. of California Press, 1951)', C. E. R. Lloyd의 'Magic, Reason, and Experience (Cambridge, England: Cambridge Univ. Press, 1979) pp. 10-58, 263-264' 및 Garth

Fowden의 'The Egyptian Hermes: A Historical Approach to the Later Pagan Mind (Cambridge, England: Cambridge Univ. Press, 1986), pp. 81-82'를 참조한다.

6. J. B. de C. M. Saunders의 'The Transition From Ancient Egypt to Greek Medicine (Kansas: Lawrence Univ. Kansas Press, 1963), p. 12'를 참조한다.

7. E. A. Wallis Budge의 'The Gods of the Egypts: Studies in Egyptian Mythology, vol. 1(London: Methuen, 1904), pp. 282-281' 및 Marshall Clagett의 'Ancient Egyptian Science, vol. 1: Knowledge and Order, 2 pts. (Philadelphia: American Philosophical I Society, 1989), pp. 263-372'를 참조한다. 'Dispute between a man and his Ba'의 주석 번역은 Miriam Lichtheim의 'Ancient Egyptian Literature, 3, vol. 1: The Old and Middle Kingdoms" (Berkeley/Los Angeles: Univ. of California Press, 1975), 163-169'를 참조한다.

8. Lichtheim의 'Ancient Egyptian Literature, vol. 1, p. 169'를 참조한다.

9. Aristotle의 'Politics'의 7.10장은 Ernest Barker가 'The Politics of Aristotle (Oxford: Oxford Univ. Press, 1958)'에서 번역한 304쪽을 참조한다. 또한 마틴 베르날의 〈Phoenician Politics and Egyptian Justice in Ancient Greece〉 (Kurt Raaflaub 편집, Anfänge politischen Denkens in den Antire, Historisches Kollegs, Kolloquien 24, Munich, 1993, 241-261쪽)를 참조한다.

10. A. Theodorides의 'The Concept of Law in Ancient Egypt, in The Legacy of Egypt, edited by J. R. Harris(Oxford: Clarendon Press, 1971), pp. 291-313'과 Anne Burton의 'Diodorus Siculus Book 1: A Commentary (Leiden: Brill 1972), pp. 219-225〉를 참조한다.

11. Joseph Needham의 〈Science and Civilization in China, vol. 2 (Cambridge: Cambridge Univ. Press, 1956), pp. 518-583'을 참조한다.

12. 베르날 'Phoenician Politics and Egyptian Justice'에서 Clagett이 'Knowledge and Order'라는 제목으로 번역한 고대 이집트 과학에 대해 언급한다(각주 7 참조, xi-xii쪽). 이러한 말들은 이집트어의 'rht'와 'M3't'의 번역어로, 그는 이를 이집트의 '초보적인' 과학으로 보았다. 'The Eloquent Peasant' 농민 이야기에서 정의의 상징으로 저울과 추를 끊임없이 언급하는 부분을 참조하면 된다. 이 이야기는 Lichtheim이 고대 이집트 문학(각주 7 참조, 1권, 170-182쪽)으로 번역했다.

13. 삼각수에 대한 목록은 Olaf Schmidt의 'On Plimton 322: Pythagorean Numbers in Babylonian Mathematics, Centaurus (1980) 4:4-13'에서 13쪽에 있는 참고문헌을 참

조한다. n에 대한 이집트인의 추정에 대해서는 Richard Gillings의 《Mathematics in the Time of the Pharaohs (New York: Dover, 1972), 142-143》과 Gay Robins와 Charles Shute의 'The Rhind Mathematical Papyrus: An Ancient Egyptian Text (London: British Museum Publications, 1987), 44-46'을 참조한다. 이중 'remen'에 대해서는 Gillings의 'Mathematics in the Time of the Pharaohs, p. 208'을 참조한다.

14. Gay Robins and Charles Shute의 'Mathematical Bases of Ancient Egyptian Architecture and Graphic Art," Historia Mathematica (1985) 12: 107-122, on p. 112'를 참조한다. 또한 Beatrice Lumpkin의 'The Egyptian and Pythagorean Triples" Ibid., (1980) 7: 186-187'과 Gillings의 'Mathematics in the Time of the Pharaohs, app. 5'를 참조한다.

15. Ghalioungui의 'House of Life Ghalioungui, Physicians of Ancient Egypt (cit. n. 4)'와 R. O. Steuer와 J. D. de C. M. Saunders의 'Ancient Egyptian and Cnidian Medicine: The Relationship of Their Aetiological Concepts of Disease (Berkeley/Los Angeles: Univ. of California Press, 1959)', Saunders의 'Transition from Ancient Egyptian to Greek Medicine (cit. n. 6)', Pace J. A. Wilson의 'Medicine in Ancient Egypt, Bulletin of Historical Medicine (1962) 36(2): 114-123', Wilson의 'Ancient Egyptian Medicine, editorial in Journal of the International College of Physicians, sect. I, (June 1964) 41(6): 665-673', 그리고, G. E. R. Lloyd의 'The Hippocratic Writings ed. G. E. R. Lloyd (London: Penguin, 1983), p. 13n'의 서문을 참조한다. 의심 많은 Heinrich von Staden조차도, 헬레니스틱 의학에 대한 이집트적 영향을 인정하기 꺼려하는데, 그의 연구 대상인 알렉산드리아의 헤로필루스가 유명했던 맥박 및 물시계를 사용한 시간 측정에 대한 연구는 아마도 이집트 전통에서 온 것으로 인정한다. von Staden, Herophilus의 'The Art of Medicine in Early Alexandria(Cambridge, England: Cambridge Univ. Press, 1989), p. 10'를 참조한다.

16. Neugebauer의 고대의 정확한 과학(인용: n.2), 78쪽 (강조 추가). 나는 이 해석에 대해 아래에서 이의를 제기할 것이다.

17. 앞의 p. 96을 참조한다.

18. J. F. Lauer의 'Observations sur les pyramides (Cairo: Institut Francais d'Archeologie Orientale, 1960), pp. 11, 10, 4-24'를 참조한다(여기서와 다른 곳에서도 표시되지 않은 경우, 나의 번역이다.).

19. 앞의 pp. 1-3을 참조한다. 이에 대한 더 회의적인 견해는 Robins와 Shute의

'Mathematical Bases(참조 14), p. 109'를 참조한다.

20. Robins and Shute의 'Rhind Mathematical Papyrus, (cit. n. 13), p. 58'을 참조한다.

21. Lauer의 'Observations sur les pyramides, (cit. n. 18), p. 10'을 참조한다.

22. Neugebauer의 'Exact Sciences in Antiquity, (cit. n. 2j. p. 91'과 Neugebauer의 'On the Orientation of Pyramids, Centaurus (1980) 24: 1-3'를 참조한다. James Williams 교수는 이에 대해 Neugebauer에 이의를 제기하며 자신의 저서 'Fundamentals of Applied Dynamics (New York: Wiley, 1996, pp. 43-44)'에서 논박을 제기한다.

23. Neugebauer의 'Exact Sciences in Antiquity, p. 92'과 Lucien Levy-Bruhl의 'How Natives Think (New York: Knopf, 1926)'를 참조한다.

24. Robins과 Shute의 'Rhind Mathematical Papyrus (cit. n. 13), pp. 42-43, 56'을 참조한다.

25. V. V. Struve의 'Mathematischer Papyrus des staatlischen Museums der schönen Kunste in Moskau, Quellen und Studien zur Geschichte der Mathematik (Pt. A) (1930) I: 184'와 Paul Ver Eecke의 'Les oeuvres completes d'Archimede (Paris: Blanchard, 1960), p. xxxi'를 참조한다. Struve의 견해를 지지하는 후기 학자로는 Gillings('Mathematics in the Time of the Pharaohs(1986), pp. 187-194')과 Robins과 Shute('Rhind Mathematical Papyrus, p. 48')가 있다.

26. Giorgio de Santillana의 'On Forgotten Sources in the History of Science," in Scientific Change: Historical Studies in the Intellectual, Social, and Technical Conditions for Scientific Discovery an Technical Invention, from Antiquity, to the Present, edited by A. C. Crombie (London: Heinemann, 1962), pp. 813-828, on p. 814'를 참조한다.

27. Gillings의 'Mathematics in the Time of the Pharaohs (cit. n. 13), p. 200'을 참조한다.

28. Struve의 'Mathematischer Papyrus, (cit. n. 25), pp. 183, 185'를 참조한다.

29. Gillings의 'Mathematics in the Time of the Pharaohs (cit. n, 13), pp. 194-201'을 참조한다.

30. Neugebauer의 'Exact Sciences In Antiquity (cit. n. 2), p. 29'를 참조한다.

31. Robins과 Shute의 'Rhind Mathematical Papyrus (cit. n. 13), p. 58'을 참조한다.

32. Herodotos의 '2:109', Diodoros Sikeliotes의 '1:69.5, 81:3, 94:3', Aristotle의 'Metaphysics 1:1. (981b)', Hero의 'Geometria 2', Strabo의 '16:2, 24, and 17:1, 3', 그리고 알렉산드리아 Clement의 'Stromateis 1:74.2'를 참조한다. 또한, Cheikh Anta Diop의 'Civilization or Barbarism: An Authentic Anthropology, translated by Yaa-Lengi Meema Ngemi (New York: Lawrence Hill, 1991), pp. 257-258'를 참조한다.

33. Struve의 'Mathematischer Papyrus" (cit. n. 25), pp. 16}165, on p. 165'를 참조한다.

34. Sergio Donadoni의 'Plan," in Lexikon der Agyptologie, edited by Wolfgang Helck and Eberhard vols. Vol. 4 (Wiesbaden: Harrassowitz, 1977-19U)cols. 1058-1060'를 참조한다. 내가 제시한 연대에 대해서는 'Martin Bernal, Black Athena: The Afroasiatic Roots of Classical Civilization, Vol. 2: The Archeological and Documentary Evidence (London: Free Association Books; New Brunswick, NJ: Rutgers University, 1991), pp. 206-216'를 참조한다.

35. De Santillana의 'Forgotten Sources" (cit. n. 26), p. 814'를 참조한다.

36. J. F. Weidler의 'Historia astronomiae (Wittenberg: Gottlieb, 1741), p. 177'을 참조한다.

37. Pingree의 'Hellenophilia versus the History of Science" (cit. n. 1)'를 참조한다.

38. Whitney Davis의 'Plato on Egyptian Art, Journal of Egyptian Archaeology (1979) 66: 121-127, p. 122, n. 3'의 참고문헌을 참조한다.

39. Neugebauer의 'A Babylonian Lunar Ephemeris from Roman Egypt" (E. Leichty 외 편, A Scientific Humanist: Studies in Memory of Abraham Sachs, Occasional Publications of the Samuel Noah Kramer Fund, 9 (Philadelphia: University Museum, Univ. Pennsylvania, 1988), 301-304)'에서 논의되는 단편에서 이를 명확하게 볼 수 있다.

제5장

수학사의 주류를 담당한 아프리카

베아트리스 룸킨(Beatrice Lumpkin)

편집자 주: 수학교육학자인 베아트리스 룸킨Beatrice Lumpkin은 구체적인 예들을 보여주면서 수학 지식의 발달에 아프리카 사람들이 기여한 것들의 중요성을 설명한다. 이 장은 I. Van Sertima가 편집한 《Blacks in science: Ancient and modern(New Brunswick, NJ: Transation, 1983)》의 100-109쪽에 처음 실려있었다. 이 책을 위해 작성한 후기에서 저자는 자신의 원고가 처음으로 출판된 이후 만들어진 비평들도 다루고 최근의 연구들을 논의하면서 간단한 최신 정보를 포함시켰다. Dorothy Stong과 함께 다른 책 《Multicultural Science and Math Connections: Middle School Projects and Activities (Portland, ME: Walch, 1992)》에서 저자는 수학 지도에 이것들과 다른 예들을 적용하였다.

요약: 수천 년 동안 아프리카는 수학사의 주류였다. 수학사는 고대 이집트에서 최초로 문자화된 수들로 시작했다. 고고학 분야에서 가장 최근의 발견물들은 이 수들의 기원이 아프리카 문화임을 재확인해 주었다. 세계의 어느 다른 지역보다 더 오랜 기간에 걸쳐 과학적 업적으로, 수학에서 발달은 3번의 주요 시기, 즉 고대 이집트 시기, 헬레니즘 시기, 그리고 이슬람 시기 동안 아프리카 대륙에서 계속되었다. 언어는 이집트어에서 그리스어로 아라비아어로 바뀌었다. 그러나 언어의 변화에도 불구하고, 아프리카 과학의 전통은 계속되었다. 북아프리카의 무어족이 스페인과 이탈리아에 과학과 수학을 제공해 주었고, 이 과학과 수학이 유럽에서 르네상스를 촉발했다. 모든 민족과 대륙들이 수학의 역사에서 중요한 역할을 했을지라도, 유럽인과 북미 역사학자들은 아프리카의 공헌을 인정하지 않고 있다.

기록의 가장 초기의 예 중 하나는 상이집트와 하이집트를 통일한 이집트의 1대 왕인 메네스의 이름을 딴 나르메르 팔레트[a]에 위에 쓰여진 신성문자[b]이었다. 이 팔레트에 사용된 수들은 수천 마리의 소와 수천 명의 포로를 언급하고 있었다. 이것은 이들 수와 신성문자가 이집트에서 오랜 역사를 지녔음을 의미한다.[1] 아스완 댐이 누비안 지역을 수몰시키기 전에 메네스 왕 이전의 고대 인공 유물과 건조물들을 구조하는 국제 누비아 유적 구조 운동을 통한 발견물로부터 알게 된 것은 파라호들과 신성문자 기록들이 이 댐의 제1관문의 남쪽에 있다는 것이었다.

이 유물들은 이 위대한 이집트 문명의 기원이 아프리카임을 재확인시켜주었다. 아프리카 내륙의 이 지역으로부터 가장 초기의 곡물 재배의 증거가 나왔다.[2] 이 새로운 증거로, 이집트 역사의 기원 또한 재고려되어야 한다. 유럽의 학자들이 처음에 이것을 분석하였을 때 원래 기원전 4241년까지 거슬러 올라가는 것으로 생각되었지만, 이것의 적절한 기원은 기원전 2773년으로 변경되었다. 사람들은 "그런 정확한 수학적 그리고 천문학적 업적들이 진정으로 신석기 시대 상황에서 서서히 출현하는 사람들의 것이라고 할 수 없다"라는 주장을 한다.[3]

이 내적 증거는 약 1,468년을 주기로 하는 천랑성을 토대로 했을 때 둘 중의 하나와 일치한다.[4] 스크루크Struik 자신은 새로이 발견된 유물들에 의해 영향을 받을 수 있다고 생각한 듯하다. 저자[5]와 주고받은 서신에서, 저자(길링스Gillings)는 "수학에 관한 한, 스톤헨지 논쟁은 신석기 시대 사람들이 알고 있던 것에 대한 우리들의 생각을 재고할 필요가 있게 해 준다. 길링스는 고대 이집트 사람들은 가장 복잡한 방식으로 그들의 분수 계산을 할 수 있었음을 보여주었다"라고 적었다.

고대 이집트에서 대수와 기하의 초기 시작은 많은 역사서에서 간략하게 다룬다. 하지만, 고대 이집트 수학의 전 영역을 깊이있게 다루지는 않는다. 그 이유는 파피루스를 번역한 유럽의 번역자들의 초기 판단은 이 수학을 "원시적인 단계"로 일축해 버렸기 때문

a) 역자 주. 이것의 높이는 64cm이고, 점판암(粘板岩)으로 만들어져 있다. 카이로박물관 소장. 앞면에 상(上)이집트의 백관(白冠)을 쓴 나르메르 왕이 하(下)이집트의 파필스를 정복하는 모습이, 뒷면에는 하이집트의 홍관(紅冠)을 쓴 나르메르 왕이 전과(戰果)를 점검하는 모습이 부조(浮彫)되어 있다. 뒷면 중앙에 있는 긴 목의 동물은 그 시기의 메소포타미아 유물에서 많이 볼 수 있는 것으로, 두 지역의 관계를 나타낸 것으로 해석된다. 상이집트 왕이 하이집트를 정복해서 처음으로 이집트 통일국가를 이룩한 역사적 사건을 상징적으로 나타낸 것으로 풀이되어, 제1왕조 창시기(創始期)의 중요자료이다[출처: [네이버 지식백과] 나르메르 팔레트[Narmer Palette] (두산백과 두피디아, 두산백과)].

b) 역자 주. 신성문자(神聖文字, Hieroglyph)는 고대 이집트의 돌이나 나무에 새긴 상형 문자를 지칭하는 낱말이다. 이집트 신화에 의하면 신성문자는 서기의 신인 토트가 발명하여 인류에게 준 선물이라 전해진다 (출처: 위키피디아).

이다.[6] 이 이집트 전체 수학이 발표된 것은 고작 10년이 안 된다. 아프리카 사람들의 공헌이 고대 이집트인에서 끝난 것이 아니라 헬레니즘 왕조와 이슬람 왕조까지 계속되었다는 것은 거의 알려지지 않았다. 실제로, 아프리카는 계속해서 수천 년 동안 유럽의 르네상스 직전까지 수학의 중심부에 있었다.

편견 없는 세계사는 모든 대륙에 있는 많은 서로 다른 민족과 종족이 위대한 수학적 발견을 해냈음을 인정한다. 중앙아메리카의 마야인들[7]은 서기 876년[8] 전에 수백 년 동안 0을 사용하였다. 0을 가장 먼저 사용한 것은 인도이다. 그리고 고대 중국인들은 거의 2,000년 전에 현재의 행렬의 기본 변환과 유사한 방법으로 연립방정식를 해결하였다.[9] 과학, 수학, 그리고 전체 동양의 지식이 유럽에 도착한 것은 아프리카를 거쳐서였다. 이것은 고대 그리스 시대에도 그랬고, 이슬람 학자들이 유럽, 아프리카, 서아시아와 중앙아시아의 지적 삶을 지배했을 때인 중세시대까지 쭉 계속되었다.

대부분의 북미 대학들에서 현재 가르치고 있는 역사이론은 위에서 언급한 것들과는 매우 다르다. 다수의 교사와 강사들은 "사실"로 인정하고 있다. 이들은 수학의 순수한 유럽 기원설을 가르친다. 이 관점의 역사에 따르면, 수학은 기원전 5세기에 그리스에서 시작했다. 그리스 제국의 몰락과 함께 수학의 진정한 발상지인 유럽이 르네상스 동안 다시 발전할 때까지 더 이상의 발달은 없었다.[10] 그리스 이전의 수학은 "진정한" 수학이라고 할 수 없기에 그리스 수학 이전의 모든 수학을 무시하려는 클라인Kline과 같은 사람들에게 과학 분야의 백과사전 작가인 조지 사튼George Sarton은 "과학이 그리스에서 시작했다고 가정하는 것은 유치한 것이다. '그리스의 기적'은 이집트, 메소포타미아, 그리고 아마 다른 지역들에서 수천 년의 활동에 의해서 준비된 것이었다. 그리스의 과학은 창조라기보다는 부흥이었다"[11]고 대꾸하였다.

아프리카 수학의 세 가지 위대한 시기는 이 원고에서 짧게 다루어질 것이다. 이 위대한 세 시기는 피라미드, 오벨리스크, 그리고 대신전에 나타난 고대 이집트인의 수학,[12] 헬레니즘 시기에 아프리카 사람들의 참여, 그리고 이슬람 수학에 아프리카 사람들의 참여이다. 앞으로의 연구가 아프리카 대륙에서 수학의 다른 장소와 시기들이 수학사에서 중요한 역할을 했음을 잘 보여줄 수 있을는지 모르겠지만, 이들 시기와 장소들에 대해서 여기서는 기술하지 않는다. 여기서 다루지 않는 이 방대한 주제는 아프리카에 너무나 널리 퍼져 있는 수학 게임들,[13] 아프리카 밀림 왕국African forest kingdoms에서 사용한 측정 시스템, 그리고 짐바브웨의 거대 석조 단지the great stone complexes를 짓는 데 사용한 수학을 포함한다. 아마 짐바브웨는 독자적인 정부를 가지고 있기 때문에, 좀 더 많은 정보를 이용할 수 있게 될 것이고, 수학사에서 새로운 장들이 쓰이게 될 것이다.

피라미드들의 치수의 완벽한 정확성[14]은 경탄을 자아낸다. 땅을 측정한다는 말인 기하학은 이론적 수학 외에도 고도의 공학을 필요로 한다. 데모크리투스는 자신을 "밧줄 측량사rope stretchers"에 비교하기도 했는데, 이 유명한 "밧줄 측량사"들은 높은 안정성과 일정한 길이를 보장하기 위해서 많은 질 좋은 가닥들로 꼬은 특수한 밧줄을 사용했다. 이집트인들이 구한 π(임의의 원의 지름에 대한 원주의 비율) 값의 정확성은 아마도 "원적 문제squaring a circle"[15]의 이론적 분석, 실험의 확증, 그리고 정확한 측정의 결과였다. π에 대한 이집트의 값은 3.16이었고, 이것은 성서에 나온 값인 3.0보다 현대의 3.14에 훨씬 가깝다.

고대 이집트인들은 어떤 일반적인 원리도 이끌어내지 못했고, 원리들 대신에 예로 한정시켰다는 보고서들과는 대조적으로, 수학 내용을 담고 있는 파피루스들에 있는 많은 문제는 일반적인 진술들로 끝난다. 예를 들어, 아모스라는 서기가 쓴 파피루스에 다음과 같은 해결 방법이 적혀있다. "보라! 발생할 수 있는 모든 홀수 분수들에 대해서 한 가지가 일어날 것이다" 길링스는 이 파피루스에 있는 그러한 진술을 10개 이상 목록화하였다.[16]

길링스는 자신의 저서 《Mathematics in the time of the Pharaohs》에서 고대 이집트 서기들이 자신들의 놀라운 결과를 도출하기 위해서 사용한 방법들을 발견하려는 시도를 하였다. 편견 없이 그런 생각을 가지며, 수학 탐정의 날카로움을 갖고 접근하면서, 길링스는 서기들이 남긴 간결한 단서들을 조사했고 몇 가지 의심의 여지가 없는 성과를 얻었다. 이들 성과 중 일부는 산술과 기하급수의 합 그리고 곡면의 넓이의 측정을 위한 공식들을 포함한다. 고대 이집트인들의 효과적인 관개 기술, 효과적인 중앙 통치, 그리고 농부들의 경작 기술은 수학자들, 교사들, 그리고 다른 지식인들을 충분히 지원할 만큼 충분한 잉여 식량을 산출할 수 있게 해 주었다. 교대로, 이들 고대 아프리카 수학자들은 사각형, 삼각형, 원의 넓이, 그리고 심지어 곡면으로 된 돔의 넓이를 위한 공식을 통해서 토지를 측정하는 방법을 개발함으로써 생산에 기여했다. 닮은 삼각형들의 성질도 알고 있었고, 몇 가지 삼각법(우리가 말하는 코탄젠트의 동치)은 피라미드 표면들의 일정한 기울기를 확정하는 데 도움이 되었다. 이들의 측정 체계system of measurement는 "피타고라스"의 삼원쌍의 지식을 보여준다.

큐빗(cubit)[c]으로 측정된 넓이는 모양이 유사하게 남아있고 길이의 단위를 큐빗에서 double remen[d]으로 바꾸면 두 배로 한다.[17] 고대인들 중 유일하게 이집트 사람들만이 단절각뿔의 부피를 구하는 정확한 공식을 알았다. 현대의 전문가들은 "그들이 어떻게 이것을 알았지?" 하면서 의아해하며 당황해한다. 일차 방정식과 이차 방정식은 오류 가설 풀이법false position으로 해결했다. 이 방법은 현재까지도 계속해서 사용하고 있다. 현대인들이 이집트 사람들의 업적을 생각하게 하는 것은 바로 그들이 등차수열과 기하수열의 사용에 있다. 실제로 등차수열의 n번째 항까지의 합을 구하는 데 사용한 공식은 우리가 오늘날

c) 역자 주. 1큐빗은 팔꿈치로부터 가운뎃손가락 끝까지의 팔길이를 기본 길이로 한다.
d) 역자 주. Double Remen은 한 변의 길이가 1큐빗인 정사각형의 대각선의 길이를 의미한다.

사용하고 있는 공식인 $s = \frac{n}{2}(2a + (n-1)d)$와 같다.

종종 이들 고대 문제들은 순수한 수학적 재미를 주었다. 실제적 의미가 있을 수 있는 것으로, 아모스 파피루스에 있는 79번 문제이다. 이 문제는 3,500년 후의 엄마 거위Mother Goose 동요를 예상한 듯하다.

> "내가 아이브스 성에 갔을 때,
> 나는 7명의 부인을 둔 남자를 만났다.
> 각 부인은 각각 7개의 자루를,
> 각 자루는 7마리의 고양이를 …"

다음과 비교해 보자.

> 7채의 집
> 49마리의 고양이
> 343마리의 쥐
> 2401곡식의 이삭(spelt)
> 16,807톨의 곡식(hekat)[18]

아마도 이집트의 분수는 이 당시 수학의 가장 중요한 응용 분야였을 것이다. 왜냐하면, 분수가 피라미드 건설과 같은 거대한 공공 작업을 위해 필요한 대규모의 부기(簿記)에 사용되었기 때문이다. 고대 이집트 분수는 분자에 1을 쓰는 단위 분수였다. 예를 들어, 2/5 대신에, 이집트 사람들은 1/3+1/15을 썼다. 이 분수는 무어가 도입한 소수에 의해 대체될 때까지 꽤 최근까지도 유럽에서 사용된 흔적이 있다. 이 단위분수들로 이집트 사람들은 덧셈, 뺄셈, 곱셈, 나눗셈을 할 수 있었고, 제곱근도 구했다.

알렉산더 시대의 수학

마케도니아의 알렉산더 대왕이 이집트를 정복했을지라도, 이집트 사람들의 과학과 수학에 대한 공헌은 끝나지 않았다. 이집트의 막대한 부와 학문에 매료된 알렉산더 대왕은 기원전 332년에 알렉산드리아 도시를 건설할 것을 명령하였다. 이 알렉산드리아 도시는 그리스어권 지식인들의 중심지가 되었다. 알렉산드리아 도시에서 북아프리카의 도시국가들, 소아시아, 그리스, 인디아, 그리고 중국의 생산물들과 사상들이 섞였고, 아프리카 땅에 확고히 뿌리내렸다. 거대한 박물관 겸 도서관인 알렉산드리아 도서관은 최고의 학자들을 매료시켰고, 많은 이집트의 학생 세대를 교육했다.

기원전 4세기가 되어서야 그리스 수학자들이 연역법과 공리법을 발달시켰고, 이 발달이 논리적 토대를 형성하게 해 주었으며, 그 위에 오늘날 수학이 자부심을 갖게 해 주었다.[19] 스크루크는 "이것은 다시 수학이 노예제도를 토대로 하고, 창조 활동과는 무관하고, 사색에 관심을 둔 유한계급leisure class의 취미 활동이 되었다는 사실과 관련되어 있을 수 있다"라고 썼다.[20]

물론, 그리스 시대의 성취가 노예제도에 경제적 기반을 두었다는 이유로 현대 학자 중 누구도 그리스 시대의 성취를 얕보려고 시도하지 않는다. 이집트의 경우와는 대조적으로, 노예들은 훨씬 적은 역할을 했다. 하지만 할리우드 영화와 인기 있는 소설들은 노예 인력을 사용하였기 때문에 피라미드 시기의 위대함이 경감된다고 주장한다.

노이게바워Neugebauer에 따르면, 기원전 4세기경까지 그리스 수학은 이집트와 바빌로니아의 수학과 유사하고 의심의 여지 없이 그것의 부산물이었다. 그는 "만약 현대의 학자들이 플라톤과 그의 추종자들에게 관심을 보이는 것만큼 갈레노스Galen이나 프톨레마이오스Ptolemy에게 관심을 갖는다면, 그들은 '실험이나 경험적 검증 없이 과학적 이론들을 발달시키기 위해 소위 그리스 정신이라 불리는 놀랄만한 양질의 결과물을 창안하지 못했을 수도 있을 것이다'라는 아주 다른 결과를 얻을 것이다"라고 경고했다.[21]

헬레니즘 시대의 수학이 절정기에 다다른 것은 바로 이집트에서였다. 스크루크는 수학의 이런 풍성한 성취를 이집트가 프톨레마이오스 시대 동안 지중해 지역의 경제적 그리고 지적 중심으로 차지하고 있는 중요한 위치 탓으로 돌린다.[22] 알렉산드리아 사람들은 누구인가? 그들은 그리스, 서아시아, 아프리카의 인근 국가들에서 온 소수의 이주민들과 이집트의 아프리카 사람들이었다. 사튼은 "그리스 이민자들은 기독교 시대 이전에는 극소수였고, 동방의 정신에 영향을 주고 변화를 준 과학이나 학문에 거의 관심을 갖지 않았다"라는 점을 우리에게 상기시켜준다.[23] 마케도니아 사람인 알렉산더 대왕은 자신의 신하들에게 지역민들과 결혼하고 함께 살라고 명령하였기 때문에 지배 계층은 알렉산드리아의 초기시대부터 섞여 있었다.

그럼에도 불구하고, 비록 알렉산드리아의 위대한 남녀 중 누구라도 그들의 그림이 우리에게 전해지지 않았지만, 이집트의 태양에 의해 검은 피부를 갖지 않은 아름다운 그리스 사람들의 얼굴을 가진 가짜 초상화들이 출판되었다. 조지 사튼은 "도상학의 정직성Iconographic Honesty"이란 한 기사문에서 이 오도된 관행을 부정했다. 이 기사문에서 사튼(과학사학과의 학과장)은 "나는 우리가 확실한 지식을 갖고 그 사람의 외모를 알고 있는 고대 과학자가 단 한 명도 있다고 믿지 않는다. 따라서 이들에 내한 너 많은 정보를 얻을 때까지, 히포크라테스, 아리스토텔레스, 또는 유클리드의 초상화를 출판하는 것은 어리석

고 사악한 짓이다"라고 선언하였다.[24]

알렉산드리아의 수학자들 중에서 잘 알려진 수학자인 유클리드의 경우에 그가 이집트인이 아닐 것이라는 어떠한 증거도 없다. 유클리드의 명성은 그가 집필한 13권의 중요 저서인《The Elements》에 기반을 둔다. 이 책은 자명하게 받아들여지는 정의와 공리들로부터 정리들을 엄격하게 논리적으로 이끌어내는 연역법을 사용하고 있다. 2,000년이 넘는 동안 이들 책은 수학의 교수에서 수학자들에게는 환희를, 그리고 학생들에게는 당황함으로 지배하였다. 비슷한 방법으로, 또 다른 이집트 사람인 클라우디우스 프톨레미가 서기 150년 즈음 쓴《The Almagest》는 천문학을 다루고 있는데, 이 이론은 코페르니쿠스가 약 1543년에 지동설을 발표할 때까지 천문학 분야를 지배했다.

아랍어로 "최고의 책"을 뜻하는《The Almagest》는 13권으로 되어있고, 구면 삼각법의 기초, 1,028개의 항성의 목록, 그리고 지구 중심의 천문학(천동설)의 주전원(epicycle) 체계를 포함한다. 몇 가지 특이한 인종적 추론에 의해, 즉 그의 업적이 실용적이고, 자연을 응용하였는데, 이런 점이 유클리드의 엄격하게 이론적인 업적과 다르다고 하면서 프톨레미는 종종 이집트인으로 묘사된다. 진실은 두 사람 모두 알렉산드리아인이었고, 그러므로 그들이 모두 아프리카 사람이었을 가능성은 매우 크다. 프톨레미 시대에 알렉산드리아 도시는 거의 400년이 되었고, 대부분 이집트의 일부였다.

기하 측정에 관한 책인《Metrica》를 쓰고, 기계에 관한 책인《Pneumatica》를 쓴 헤론에 대해, Howard Eves는 "그리스에서 공부한 이집트인이었음을 지지해 줄 수 있는 증거들이 있다"라고 말한다.[25] 알렉산드리아 도시 수립 후 3세기 무렵인 이 시기에 또 다른 위대한 수학자인 디오판토스는 이집트의 대수 전통을 계승하였다. 수론에 관한 책인 디오판투스의《Arithmetica》는 디오판토스를 이 분야에서 천재로 만들어주고,[26] 그 당시에 길고 장황한 공식들 (수사적 대수) 대신에 대수적 표현을 간결하게 하기 위해서 간단한 기호들을 도입하였다.

이들 알렉산드리아의 수학자 모두는 자신들의 책을 그리스어로 집필했다. 오늘날 나이지리아 사람들이 영어를 쓴다고 해서 그 국적이 변하지 않듯이 이들이 그리스어를 사용하는 것이 그들의 국적을 바꿔 주지는 않는다. 알렉산드리아에서 활동한 이집트 수학자들에 대한 이러한 매우 불완전한 목록에 테온과 그의 딸 히파티아도 추가되어야만 한다. 히파티야의 기록에 의하면, 그녀는 여성들이 수학자가 되도록 영감을 주었다.

이슬람 제국 시기의 아프리카 수학

그리스와 로마 제국의 쇠퇴부터 르네상스 직전 사이의 약 천 년간의 긴 기간 동안 유럽은 수학사의 중심으로부터 사라졌다. 즉, 4,000년 역사의 아프리카-아시아 수학을 가지고 북아프리카로부터 건너온 스페인과 이탈리아의 무어인Moorish 수학자들을 제외하면 말이다. 스페인 중 무어 사람들의 정착지인 "코르드바는 10세기에 세계의 학문의 중심지였다. 코르도바에서 사람들은 공중 램프들의 빛을 받으며 몇 마일을 직선으로 걸을 수 있었다"[27] 일련의 새로운 발명품들(강철, 비단, 자기(磁器), 종이)이 이 시기에 이용 가능해졌다. 아프리카의 파피루스 종이는 여전히 사용되었고, 좋은 질로 인정을 받았다. 하지만, 중국의 펄프 종이가 점점 더 폭넓게 사용되기 시작하였다.[28]

러시아어로 번역된 이슬람 시기의 수학자들의 저서들(유감스럽게도 이 저서들 중 대부분이 아직도 영어로 이용 가능하지 않다.)을 읽은 스크루크는 아랍의 통치 속에 그들의 문화의 연속성을 강조했다. "고대 토착 문명은 그리스인들, 즉 이방인들의 통치 시기보다 아랍의 통치 시기에서 살아남을 더 좋은 기회를 가졌었다"[29]

북아프리카에서 자신들보다 전에 있던 그리스인들처럼 아랍인들은 이들 국가의 아프리카 사람들과 결혼을 하였고, 이집트의 문화와 학문을 빠르게 흡수하였다. 이슬람 제국의 빠른 물리적 팽창은 이집트, 페르시아, 인도, 그리고 중국 간 지식의 교환 또한 활발하게 해 주었다.

8세기부터 15세기까지 수학과 과학의 언어는 아랍어였다. 약 773년경에 알 파라지(Al-Fazari)가 《(Brahmagupta) Siddhanta(우주의 시작)[e]》를 아랍어로 번역했고, 그 결과로 힌두의 10진법 체계가 널리 퍼지게 했다. 0의 사용은 이후인 듯하다. 타비트 이븐 쿠라(Thabit ibn Qurra, 826-901)와 그의 학파는 유클리드, 아폴로니우스, 프톨레미, 그리고 테오도시우스(Theodosius)의 저서들에 대한 뛰어난 아랍어 번역물을 제작하였고, 그들 자신의 중요한 연구 결과물들을 발표하였다. 오늘날, 대부분의 이 고전들은 그리스어로 된 원래 버전을 잃어버린 채 아랍어로 번역된 번역물들을 통해서 우리에게 전해졌다. 하지만, 다른 어떤 책보다도 한 권의 책이 유럽에 이슬람의 대수와 힌두-아라비아 수와 산술을 소개하는 매개체였다. 이 책의 이름은 al-Khwarizmi가 집필한 《Al-jabr wa'l muqabalah》이다. 이 저자의 이름으로부터 우리는 흔한 수학 용어인 "알고리즘(algorithm)"을 얻는다. 이 책의 제목(al-jabr)으로부터 우리는 현대어인 "대수(algebra)"를 얻는다.

이 시기의 가장 위대한 학자 중 일부는 이집트에 와서 활동하였다. 이들은 이곳에서 자신들의 연구의 충분한 범위를 위한 지원을 받았다. 이들 중에 뛰어난 수학자이자 물리학자인 이븐 알 하이삼(Ibn al-Haytham(Alhazen))이 있었다. 바르사에서 태어났지만, 그의 생산적 삶의 대부분은 이집트에서 보냈으며, 그는 광학과 기하학을 개척하였다.[30] 이븐 알 하이삼은 비유클리드 기하학의 문을 연 세 명의 이슬람 수학자 중의 첫 번째 수학자이

e) 역자 주. 이 책이 중요한 것은 현존하는 책 중 수학적 연산의 대상으로 0을 최초로 취급했다는 점 때문이다. (출처: https://blog.naver.com/goodchoy/222958386945)

다. 그의 연구와 그의 후계자인 Umar al-Khayyami와 Nasir al-Din al-Tui의 업적을 통해서 수백 년 후에 유럽의 수학자들은 새로운 기하의 창조에 영감을 받았다.

이슬람 수학이 유럽에 도착하다

이슬람 학문 전수transmission의 주요한 통로는 북아프리카로부터 스페인, 또한 시실리와 서부 이탈리아로였다. 이들 지역은 무어인들이 장기간에 걸쳐서 여러 세대 동안 통치했던 곳들이다. 이 시기에 수학사에 나타나는 유럽인들은 이슬람 학자들과 함께 연구했다. 카르타고 출신의 상인인 콘스탄티누수 아프리카우스(Constantine the African, ?-1087)는 진귀한 원고들로 가득 채운 적하(積荷)를 사레노Salerno로 가져왔다. 사레노에는 아랍의 연구물들을 번역하고 연구하기 위한 학교가 하나 세워져 있었다. Bath(영국의 남서부에 위치한 서머셋 주의 온천 도시)의 애덜라드(Adelard, 1116-1142)는 아랍의 여러 나라를 오랫동안 여행하였고, 아랍의 고전들을 라틴어로 번역했다. 피보나치(Leonardo Pisano, 1170-1240)는 아버지가 상인으로 일하던 북아프리카의 해안 도시에서 장기간 머물면서 수학 연구를 시작했다.[31]

간단히 말해서, 하스킨스가 요약한 바와 같이, "아랍인들이 동양으로부터 그리고 그들 자신의 관찰로부터 얻은 것에 의해 보충된 이 고대 학문의 완전한 회복은 중세의 과학적 르네상스를 구성한다"[32]

중단된 발전

유럽의 르네상스 이후에 우리를 근대로 넘어가게 한 시기는 유럽의 식민 정책에 의해 아프리카, 아시아, 아메리카의 약탈을 보았다. 노예제도로 아프리카의 인구가 감소하였고, 극적으로 아프리카의 발전은 중단되었다. 아프리카가 수천 년 역사 동안 수학에 기여한 것을 편견 없이 재구성하는 것은 단순한 학문적 활동이 아니다. 예전에 식민지배를 받던 민족들이 다시 한 번 더 수학과 과학의 주류에 그들의 자리를 잡을 때, 세계 과학은 훨씬 더 풍부해질 것이다.

미주

1. Sir Alan Gardiner, *Egytian grammar* (Griffith Institute: Oxford, 1927, 1978), 5.

2. Wendorf, Schild, El Hadidi, Close, Kobusiewicz, Wieckowska, Issawi, Haas, "Use of barley in the Egyptian late paleolithic," *Science* 28, no. 4413(Sept. 79), V. 205: 1341-47. (Paper has been withdrawn by the authors. See update below.)

3. Dirk J. Struik, *A concise history of mathematics* (New York: Dover, 1967), 24-5.

4. Carl B. Boyer, *A history of mathematics* (New York: Wiley), 1968, 12. Also see Richard A. Parker, "Egyptian astronomy, astrology, and calendrical reckoning" in *Dictionary of Scientific Biography*. New York: Scribners, vol. XV), 708

5. Letter dated April 4, 1978. Gillings is the author of *Mathematics in the time of the pharaohs*, cited in ref. 15 below.

6. Morris Kline, *Mathematics, a cultural approach* (Reading, MA: Addison Wesley, 1962), 14.

7. J. Eric, S. Thompson, *The rise and fall of Maya civilization* (Norman, OK: Univ. of Oklahoma Press, 1954), p. 158. For possible African influence in Olmec and Maya civilizations, see Ivan VanSertima, *They came before Columbus* (New York: Random house, 1976).

8. Boyer, *A history of mathematics*, p. 235.

9. Ibid., p. 219.

10. Morris Kline, *Mathematics in western culture* (New York: Oxford Press, 1953), 23.

11. George Sarton, *A history of science* (Cambridge, MA: Harvard Univ. Press, 1959), ix.

12. Beatrice Lumpkin, "The pyramids, ancient showcase of African science and technology," in *Journal of African Civilizations*, vol. 2, mos. 1 and 2: 10-26.

13. Claudia Zaslavsky, *Africa counts: number and pattern in African culture* (New York: Lawrence Hill Books, 1979), section 4.

14. I. E. S. Edwards, *The pyramids of Egypt* (Middlesex, Eng.: Penguin, 1961), 118.

15. Richard J. Gillings, *Mathematics in the time of the pharaohs* (Cambridge, MA: MIT Press, 1975), 141-5.

16. Ibid., p. 233.

17. Ibid., p. 208.

18. Chace, Arnold B. *The Rhind mathematical papyrus*, reprinted by the National Council of Teachers of Mathematics, Reston, VA: 1979, and again in 1986.

19. Otto Neugebauer, *The exact sciences in antiquity* (N.Y.: Dover, 1957, 1969), 148.

20. Dirk J. Struik, *A concise history of mathematics*, pp. 48, 49.

21. Otto Neugebauer, *Exact sciences*, p. 152.

22. Dirk J. Struik, *A concise history of mathematics*, pp. 49, 50.

23. George Sarton, *A history of science*, p. 4.

24. George Sarton, "Iconographic honesty," *Isis* 30 (1939): 226.

25. Howard Eves, *An introduction to the history of mathematics* (New York: Holt, Rinehart and Winston, 1964, 1969), 159.

26. Ibid., p. 159.

27. Henry James J. Winter, *Eastern science*, (London: John Murray, 1952), 62.

28. John D. Bernal, *Science in history*, (New York: Cameron, 1954), 195.

29. Dirk J. Struik, *A concise history of mathematics*, p. 69.

30. Aldo Mieli, *La science arabe*, (Leiden: E.J. Brill, 1938), 105.

31. Aldo Mieli, *La science arabe*, p. 243.

32. Charles Homer Haskins, *Studies in the history of medieval science* (Cambridge, MA: Harvard U., 1927), 3.

후기

이 원고가 처음으로 1980년 9월에 출간되었을 때, 역사에서 아프리카를 올바른 위치로 회복시키기를 원했던 많은 사람으로부터 이 원고는 호의적인 반응을 얻었다. 1980년 이후로, 아프리카가 수학과 과학에 한 기여에 대해 이해하는 사람들이 많아지고 있다.

이 책에 있는 몇몇 원고들은 많은 사람의 이해에 기여하였다. 하지만, 또한, 이 원고의 중심 주제인 '아프리카가 수학사의 주류에 있었다' 그리고 '학교 수학은 고대 아프리카 수학자들의 덕분이다'라는 것에 대해 매우 심각한 비판들도 있었다. 이 개념은 "수학은 그리스에서 시작했다"라는 유럽 중심주의 접근에 머물러 있기를 고집하는 사람들의 신경을 건드린 듯싶다.

최근의 학문의 관점에서, 이 원고에 대한 약간의 추가와 수정이 현 시점에서 적절하다. 이 원고는 아프리카에서 수학의 역사는 "고대 이집트에서 최초로 문자화된 수로" 시작하면서 진술하고 있을지라도, 아프리카에서 수학은 훨씬 이전에 시작했다. 역사는 문자 역사라는 좁은 관점에서 취해지지만, 수는 이집트 수보다 훨씬 이전에 아프리카에서 기록되었다. 남아프리카와 나미비아 사이에 있는 국경 동굴Border Cave에서 발견된 화석화된 개코원숭이 뼈에 새겨진 탤리 표식의 발견은 수를 기록한 연대를 최소한 기원전 35,000년 전까지 거슬러 올라가게 한다.[1] 이집트 수의 가장 초기라고 알려진 대략적인 연대인 기원전 3,100년[2]보다 훨씬 이전에, 중앙아프리카에 있는 에드워드 호숫가에서 발견된 이샹고 뼈에도 탤리 표시가 새겨져 있었다. 최근의 연구는 이샹고 뼈의 연대를 기원전 23,000-18,000년으로 추정하고 있다. 이 뼈에 새겨진 탤리 표시들은 값들의 복잡한 배열을 보여준다.[3]

남부 이집트에서 "가장 최초의 곡물 경작"에 관한 논문을 게재한 Wendorf와 Schild 등은 자신들의 논문을 철회하였다. 그들은 자신들이 발견한 경작된 보리는 14,000년 된 장소에 이후에 유입된 것으로 지금은 믿고 있다. 하지만, 이 보리가 아마도 야생이었다 하더라도, 그들의 논문에서 보고된 수확용 농기구들의 연대는 변하지 않은 채로 남아있다. 더욱이 같은 장소에서 다른 연구자들은 19,000년 전에, 아마도 젖을 떼기 위해서, 이 곡물이 유아들을 위해서 으깬 증거를 발견했다.[4]

이 원고가 출판된 이후로, 알렉산드리아 도시의 인구 대부분이 이집트 출신이라는 사튼의 입장을 반박하고자 하는 많은 시도가 있었다. 이들은 초기 알렉산드리아는 그리스 내의 고립영토enclave였다고 주장해 오고 있다. 이들은 "왜 지중해 세계의 과학의 중심지가 그리스가 아닌 이집트에서 형성되었는가?"라는 질문을 제기하지는 않고 있다. 사튼의 의견은 새로운 알렉산드리아 과학의 종합은 문화의 종합이었고, 그리고 알렉산드리아에 거주하는 사람들의 유전적 기원은 이 주제와 무관하다는 것이다. 고대 이집트 문화가 그리스 학자들에게 미치는 영향은 지금까지도 쭉 잘 확립되어 있다.

이 후기를 위한 원고는 초고에 포함하지 않았던 몇 가지 복잡한 수학적 성과를 인용할 것이다. 이들 개념은 "수학적 파피루스"에서가 아니라, 건축 계획과 부기(簿記) 적용의 맥락에서 발생한다. 이 수학은 공식적인 학교 상황을 벗어나서 실행되었다는 점에서 "민족수학"이라고 불릴 수 있다. 아마도 이것이 아래에 기술한 내용이 "수학의 역사" 교재들에서 나타나지 않는 이유일 것이다. 그러나 사람들은 어떤 인종적 편견이 이런 내용이 교재들에 반영되지 않는 데 어떤 역할을 했는지 궁금해할 수밖에 없을 것이다. 다음의 예는 Petrie, Gardiner, Reisner, Borchardt, 그리고 Scharff와 같은 이집트학의 창시자들에게 잘 알려져 있다.

1. 약 기원전 2700년경의 직각 좌표

사카라 피라미드 복합체에서 발견된 석회암 돌 조각 위에 있는 한 건축가가 그린 설계도의 연대는 기원전 2700년까지 거슬러 올라간다. 이 인공물은 한 건축가가 한 사원의 지붕의 곡선으로 된 부분을 그린 그림을 보여준다. 이 그림은 수평 좌표들이 1큐빗씩 떨어져 있음을 보여준다. 이들 수평 좌표들에 대해 높이들은 한 곡선을 정의한 점들로 주어졌다. 이 그림에 있는 곡선은 이 석회암 돌 조각이 발견된 지점 가까이에 있는 사원 지붕의 곡선과 정확하게 맞닿는다. 수직 좌표는 읽기 쉬운 이집트 수로 주어졌다. 좌상단에서부터 시작한다. 쭉 뻗은 팔 아래에, 큐빗을 나타내는 상형문자(3)이 ❙❙❙으로 보인다. 이 3 아래에, 3개의 손바닥과 2개의 손가락이 보인다. 7개의 손바닥/큐빗과 4개의 손가락/손바닥이 있으므로, 이 좌표는 98개의 손가락과 같다.

이 건축가의 설계는 직각 좌표를 가장 처음으로 사용한 것으로 보인다. 이것으로부터 가능한 해석은 "좌표란 개념은 이집트 사람들이 정사각형 격자를 정사각형들로 구성된 조형물들을 복사하거나 확대하기 위해서 활용한 것으로부터 생겨났다"이다. 좌표 개념은 좌표에 의한 점의 위치들로 정사각형 격자들을 사용한 것으로부터 단 한 번의 짧지만 중요한 단계가 필요할 뿐이다. Clark와 Engelbach는 이 건축가의 설계를 "매우 중요한 것"으로 인식하였다.[5] 그러나 어떠한 역사 교과서도 이것을 "중요한" 예로 선정하지 않았다.

2. 이집트의 0 기호, 그리고 두 가지 응용

이집트의 신성문자 또는 신관문자 수들은 자릿값을 가지고 있지 않았기 때문에 이집트 수에서 0의 자리지기는 사용되지 않았고, 필요하지도 않았다는 것은 사실이다. 그러나 0

[그림 5-1] 곡선에 대한 좌표를 주는 한 건축가의 그림, 기원전 약 2700년, 사카라, du Service XXV. Clark와 Engelbach, 1930, 이집트 고대 유물 관리국 연보 XXV.

의 개념은 다른 많은 곳에 응용된다. Boyer[6]와 길링스Gillings 같은 소수의 역사학자만이 고대 이집트에서 0 개념의 사용을 보고해 왔다. 하지만 길링스는 "물론, 아직 발명되지 않은 0을 서기나 점원들이 쓰지는 않았다. 파피루스에서 빈 공간은 0을 가리킨다.[7]"라고 추가했다. 이 진술에서 길링스는 통념을 반복했다. 그는 이집트 사람들이 사실상 0 기호를 발명했다는 것을 알지 못했다. 고대 이집트의 0 기호는 인간의 호흡 기관인 심장과 폐의 추상인 미(美)에 대한 신성문자와 같았다. 이 기호에 대한 자음은 nfr였고, 모음은 모른다.

수평 측량선들은 피라미드와 다른 큰 건축물의 건설을 안내하는 데 사용되었다. 이들 거대한 석조물들은 깊은 기초 공사와 석축 중 섬세한 측량선을 필요로 했다. 이들 측량선

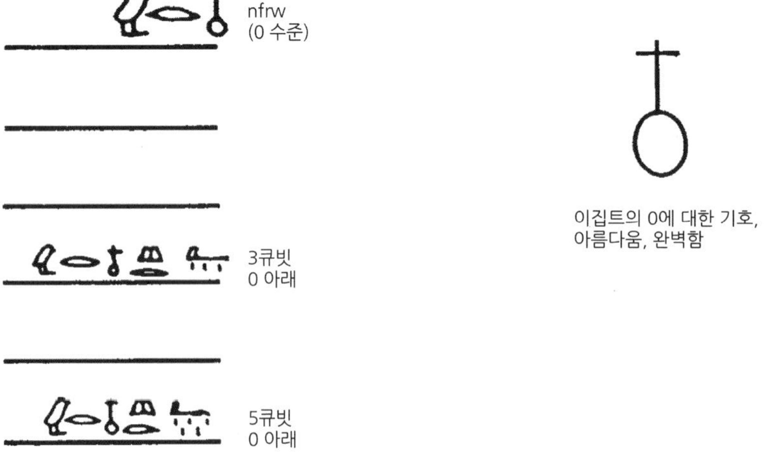

[그림 5-2] 메이둠 피라미드에 있는 측량선들의 그림

중 하나는 때때로 포장선, 다른 측량선을 위한 참조물로 사용되었고 "nfr"이라고, 즉 "0"이라고 이름 붙였다. 다른 측량선들은 1큐빗 간격을 두었고, "nfr 위의 1큐빗", "nfr 위의 2큐빗", 혹은 nfr 아래 "1큐빗, 2큐빗, 3큐빗" 등으로 이름 붙였다. 여기서 0은 제시된 수들의 체계에 대한 참조물로 사용되었다.[8]

이들 측량선의 수많은 예가 피라미드와 무덤들에서 아직도 볼 수 있다. 1931년, George Reisner는 기원전 2600년경에 지워진 기자에 있는 멘카우라 왕의 피라미드에서 측량선을 위한 참조물로서의 0을 기술했다. 그는 Borchardt와 Petrie가 자신들의 이집트 고왕국 시대의 피라미드를 연구한 것으로부터 일찍이 수집해 두었던 목록을 제시했다.[9]

nfrw	0 (문법적인 문제로 nfr에 접미사 w가 추가되었다.)
m tp n nfrw	0 선
hr nfrw	0 위
md hr n nfrw	0 아래

장부상 잔고 제로

같은 nfr 기호는 기원전 약 1770년경 중왕국시대부터 월별 회계 장부에 잔고가 0임을 표현하기 위해서 또한 사용되었다. 이 장부 기록은 상품들의 유형에 따라 분리된 행을 가지고 있는 이중 입력 장부처럼 보인다. 월말에 회계는 균형을 맞추었다. 각 항목에 대해 수입이 더해진 후 지출 내역이 표시되었다. 마지막으로, 각 행에 대한 총수입에서 각 행에 대한 지출 총합을 뺐다. 여러 행이 잔고가 0으로 표시되었고, 즉 nfr 기호들이 있었다.[10] 이집트 사람들이 0의 개념의 두 개의 서로 다른 응용을 위해 같은 기호를 사용한 것은 0에 대한 일시적인 관심이 아님을 보여준다. 또한, 이집트 사람들이 표를 만들고 자료를 조직하는 경향이 있는데, 이것 또한 주목할 가치가 있다.

3. 이집트 사람들의 숫자의 자릿수화

Carl Boyer는 이집트 사람들이 신관 숫자들을 창제할 때 자릿수화란 아이디어를 도입했다고 보고 이 도입에 대한 공을 이집트 사람들에게 돌렸다. 일반적으로 말해서, 신관문자는 신성문자의 필기체였다. 그러나 신관 숫자는 신성 숫자들과 달랐다. Boyer가 "10의 정수 제곱들의 처음 9개의 정수 배수들의 각각에 대해"라고 썼듯이, 신관 숫자는 자릿수를 사용하였다. 그는 신관 숫자 체계를 구형 금전 등록기를 언급하면서 "십진 현금 등록기식 자릿수화"라고 불렀다. 이 구형 등록기는 각 십진 자리를 위해 하나의 깃발을 올려준다. Boyer는 “이집트 사람들이 자릿수화란 개념을 도입한 것은 명수체계의 발달에 결정적인 진보를 제공한다”고 덧붙였다.[11]

예를 들어, 신성문자로 쓰인 19,607과 같은 수는 23개의 기호가 필요하지만, 신관문자에서는 단 4개의 수만 필요하다. 4개의 신관 자릿수는 10,000, 9,000, 600, 7과 같다([그림 5-3]에서 마지막 줄 참고). 신성문자와 신관문자의 숫자 체계는 모두 위치적 기수법을 사용하지 않았고, 자리지기로서 0도 필요하지 않았다. Boyer가 보여주었듯이 이 아오니아 시대의 숫자는 “십진 금전 등록기식 자릿수화”를 보여준다. 하지만, 이것은 이집트의 수학이 그리스 수학에 영향을 미친 또 다른 예이다.

7

94 (read as 49)

343

1042 (read as 2,401)

70861 (read as 16,807)

70691 (read as 19,607)

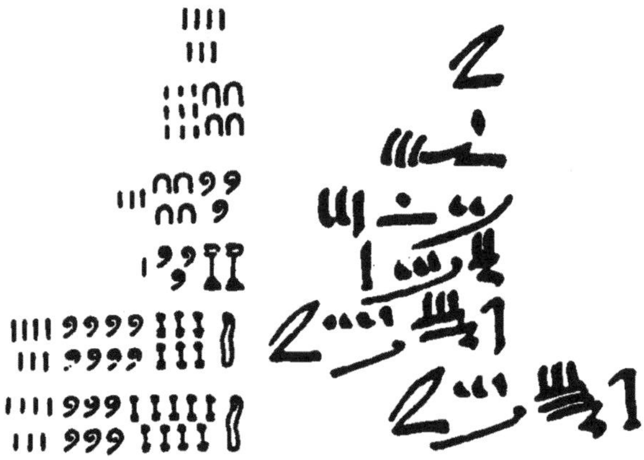

[그림 5-3] 중앙: 신성 숫자. 오른쪽: 신관 숫자.
이집트의 숫자들은 오른쪽에서 왼쪽으로 읽는다.

아놀드 범 체이스Arnold Buffum Chace가 집필한 《The Rhind mathematical papyrus》(Reston, VA: NCTM, 1937) 137쪽.

미주

1. J. Bogashi, K. Naidoo, and J. Webb. “The oldest mathematical artefact,” in *Mathematical Gazette* 71: 294.

2. Bruce Williams and Thomas J. Logan. “The Metropolitan Museum Knife Handle and aspects of pharaonic imagery before Narmer,” *Journal of Near Eastern*

Studies, vol. 46, no. 4 (1987): 245-48.

3. Claudia, Zaslavsky, *Africa counts* (Westport, CT: Lawrence Hill, 1979), 19. Her discussion of the Ishango bone is based on: De Heinzelin, Jean. "Ishango," in *Scientific American*, vol. 206 (June 1962): 105-114; and, Alexander Marshack, *The Roots of Civilization*, (Mt. Kisco, NT: Mayer, Bell, 1991).

4. Gordon C. Hillman, "Late Palaeolithic plant foods from Wadi Kubbaniya in Upper Egypt: dietary diversity, infant weaning and seasonality in a riverine environment," in *Foraging and farming, the Evolution of Plant Exploitation*, edited by David C. Harris and Gordon C. Hillman (London: Unwin Hyman, 1989), 230.

5. Somers Clarke, and R. Engelbach, *Ancient Egyptian Construction and Architecture* (New York: Publisher, 1990, orig. 1930), 52-3.

6. Carl B. Boyer, *A history of mathematics* (New York: Wiley, 1968), 18.

7. Gillings, *Mathematics in the time of the pharaohs*, p. 228.

8. Dieter Arnold, *Building in Egypt* (New York: Oxford University, 1991), 17.

9. George A. Reisner, *Mycerinus, the temples of the third pyramid at Giza*, (Cambridge, MA: Harvard University, 1931), 76-77.

10. Alexander Scharff, "Ein Rechnungsbuch des Königlichen Hofes aus der 13. Dynastie (Papyrus Boulaq Nr. 18)," *Zeitschrift für Ägyptische Sprache und Altertumskunde* 57 (1922): 58-9, 5**, 8**, 12**.

11. Carl B. Boyer, "Fundamental Steps in the Development of Numeration," in *Isis* 35 (1944): 153-68. All quotations in this paragraph are from pages 157-58.

제 3 부

문화와 수학적 지식 사이의 상호작용 고려하기

CONSIDERING INTERACTIONS BETWEEN CULTURE AND MATHEMATICAL KNOWLEDGE

제3부

문화와 수학적 지식 사이의 상호작용 고려하기

아서 윌리엄 바덴 파웰(Arthur B. Powell)과
마릴린 프랑켄슈타인(Marilyn Frankenstein)

프레이리는 누가 문화를 창조하는지를 먼저 고려함으로써 수업을 시작한다. 인문학적인 접근을 통해 문화의 정의를 설명함으로써, 이는 문맹이든 아니든, 모든 사람이 문화적 행위자라는 점을 명확히 하기 위한 것이다. 아래의 인용문에서 그는 문화에 대한 정의의 이정표를 제시한다.

> 자연의 세계와 문화의 세계 사이의 구분, 현실 속에서 그리고 현실과 함께 하는 남성[과 여성]의 적극적인 역할, 남성[과 여성] 간의 관계와 의사소통에서 자연이 하는 매개 역할, 남성[과 여성]이 만들지 않은 세상에 남성[과 여성]이 추가한 것으로서의 문화, 남성[과 여성]의 노동의 결과로서의 문화, 창조하고 재창조하려는 노력의 결과로서의 문화, 인간관계의 초월적 의미, 문화의 인본주의적 차원, 인간 경험의 체계적인 습득으로서의 문화(그러나 정보 저장이 아닌 창조적 동화로서의 문화), 문화의 민주화, 서면 의사소통 세계의 열쇠로서의 읽기와 쓰기의 학습. 요컨대, 세상에서 그리고 세상과의 주체로서의 남성[과 여성]의 역할(1973, 46쪽).

이 논의의 핵심은 문화적 산물은 인간의 창조물이며 자연의 변화는 모든 사람이 만들어낸다는 점이다. 수학은 문화적 산물이며, 따라서 서로 연결된 문화 속에서 인간에 의해 만들어진다.[1] 상호작용은 변증법적이다. 사람들의 일상적인 관행, 언어 및 이데올로기가 수학적 지식에 영향을 미치고, 또한 이것들은 수학적 지식에 의해 영향을 받는다. Bishop(1990)과 다른 수학교육자들은 인류학 연구를 검토하고 다른 문화권의 수학적 활동을 조사하면서 수학을 "다양한 [통합된] 환경 활동에 참여함으로써 개발된 상징적 기술 … 팬문화적pan-cultural 현상"으로 간주한다. 그리고 이런 수학은 다음과 같이 분류할 수 있다.

- 세기: 개별적인 사물을 비교하고 순서를 정하기 위해 체계적인 방법을 사용하는 것
- 위치 찾기: 모델, 지도, 그림 및 기타 장치를 사용하여 공간 환경을 탐색하고 해당 환경을 개념화하고 상징화하는 것
- 측정하기: 사물을 비교하고 순서를 정하기 위해 길이, 무게와 같은 특성을 정량화하기
- 디자인하기: 사물 또는 공간 환경의 일부에 대한 모양이나 디자인(도안, 설계)을 만들기
- 놀이하기: 모든 놀이자가 준수해야 하는 다소 공식화된 규칙이 있는 게임과 오락을 고안하고 참여하기
- 설명하기: 현상 간의 관계를 표현하는 방법을 찾기(59-60쪽)

또한 가테뇨Gattegno(1970, 1988)는 언어를 배우는 데 필요한 정신적 기능 또는 구조가 수학을 할 때 사용되는 것과 유사하다고 주장한다. 그가 도출한 시사점은 언어 학습에 성공한 사람은 이미 자신의 언어 영역을 수학화했기 때문에 다른 영역도 수학화할 수 있다는 것이다. 그는 수학은 타고나는 것일 뿐만 아니라 수학적 구조는 언어 학습이라는 특정한 문화적 활동을 통해 발달한다고 가정한다.

덜 보편적인 문화적 배경을 가진 관찰자들도 사람들이 "학교 교육 밖에서" 수학에 대한 지식을 어떻게 습득하는지를 설명한다. 상당수 연구에 따르면 학교에 다니지 않은 사람들이 일상생활에서 암산을 수행하기 위한 정확한 전략을 개발한다는 사실이 밝혀졌다. 예를 들어, 코트디부아르의 이슬람 민족인 디울라족은 전통적으로 상업 활동에 종사해 왔다. 긴즈버그Ginsburg, 포스너Posner, 그리고 러셀Russell(1981)은 학교에 다니지 않은 디울라족 아동이 학교에 다닌 아동과 비슷한 덧셈 암산 능력을 발달시킨다는 사실을 발견하였다. 이 연구자들은 이것이 적어도 부분적으로는 시장에서 일하는 아이들의 일상적인 경험의 결과라는 가설을 세웠다. 또한 부모가 시장에서 일하는 브라질 아동을 대상으로 연구한 캐러허Carraher, 캐러허Carraher와 슐리만Schliemann(1985)은 "실생활 맥락에 포함된 수학적 문제에 대한 성취가 학교 유형의 단어 문제와 동일한 수와 연산을 포함하는 맥락 없는 계산 문제에 대한 성취보다 우수했다"라고 결론지었다(21쪽). 이 연구자들은 아동과의 인터뷰를 통해 시장에서는 아동이 암산을 통해 추론하는 반면, 공식적인 시험에서는 일반적으로 종이와 연필, 학교에서 배운 알고리즘에 의존한다는 사실을 알게 되었다.

> 알고리즘을 혼동하여 실수가 종종 발생한다. 또한 숫자를 적고 나면 아이가 답이 맞는지 알기 위해 풀이 결과를 문제와 연결하려고 한다는 증거가 없다. … [이 연구의] 결과는 … 일상적인 인간의 감각으로 유지되는 사고가 동일한 주제 및 맥락에서 벗어난 사고보다 더 높은 수준에 있을 수 있다는 주장을 뒷받침한다(27쪽).

우리는 이 연구가 이 아동이 학교 수학을 할 수 없다는 것을 시사하는 것으로 해석하지 않는다. 캐러허, 캐러허와 슐리만(1985)은 학교 수학교육과정은 아동이 이미 가지고 있는 수학적 지식에서 시작해야 한다고 결론을 내린다(28쪽). 더 나아가 긴즈버그(1982)는 이 문제를 문화적으로 접근한다.

> 문화가 인지 유형의 특정 측면(예: 언어 사용의 특정 방식)에 분명히 영향을 미치지만, 다른 인지 체계는 환경이나 문화의 다양성에도 불구하고 균일하고 견고한 방식으로 발달하는 것으로 보인다. 흑인과 백인 등 다양한 사회 계층의 어린이들은 수학적 사고의 기본 측면을 포함하여 비슷한 인지 능력을 발달시킨다(207-208쪽).

같은 연구에서 긴즈버그는 또한 "학교에 입학하면 거의 모든 아이가 교육이 만들어주는 많은 지적인 강점을 가지고 있다고 결론내렸다. … 초등교육은 아이들의 이미 존재하는 인지적 강점을 기반으로 하는 방식으로 조직되어야 한다" 그는 또한 가난한 아이들이 학교에서 "잘"하지 못하는 이유는 다음과 같다고 주장한다.

> 제한된 경제적 기회로 인한 기대, 부적절한 교육 관행, 교사의 편견과 관련된 동기 부여 요인이 포함될 수 있다. [따라서] 개혁 노력은 가난한 아동의 심리적 치료에만 국한되어서는 안 되고, 교수 관행, 교사, 경제적 지원 체제에도 초점을 맞춰야 한다(208-209쪽).

레이브Lave(1988)는 문화와 인지 간의 상호작용에 관한 연구와 슈퍼마켓 및 체중 측정 활동에 참여하는 미국 성인의 민족지학적ethnographic 데이터를 분석하여 수학적 지식과 맥락을 분리하여 고려하는 것을 반대한다. 오히려 그녀는 "맥락 속 활동은 개인행동 전반에 걸쳐 매끄럽게 뻗어 있으며", 맥락은 종종 수학적 활동을 형성하여 단순히 수학적 계산이 적용되는 장소가 아니라 계산 장치가 된다고 이론화한다(154쪽). 스크리브너Scribner(1984)는 유제품 작업자가 작업 현장에서 제품 조립 문제를 해결하기 위해 자신만의 단위(전체나 부분 케이스)를 발명할 때 이러한 현상이 발생한다는 것을 발견했다. 또 다른 예로, 레이브(1988)는 물건을 담아 놓은 상자에서 놀랍도록 비싼 치즈 패키지를 발견한 쇼핑객이 비슷한 크기의 패키지를 뒤지고 가격 차이가 있는지 확인하여 오류를 조사하는 방법을 설명한다(154쪽). 만약 이 문제를 상황에 따른 계산이 아닌 교과서적인 문제로 풀었다면,

쇼핑객은 무게를 가격으로 나누고 그 비율을 라벨에 인쇄된 파운드당 가격과 비교했을 것이다. 레이브는 두 가지 의미 모두에서 "문제를 푼다"라는 용어를 사용하여 실제 일어나는 일을 논의한다. 수학 문제는 "해결되는 것"이 아니라 지속적인 활동을 통해 해법 속으로 사라진다. "이러한 변화는 수학 문제 해결이 그 자체로 목적이 되는 한정된 성격에 관한 학문적 가정에 도전을 제기한다"(120쪽).

그런 다음 레이브는 많은 쇼핑객이 산수에 집중하는 사회적 이유에 대해 이론화한다. 그녀는 학교 수학이 쇼핑의 응용으로 가득 차 있어서 돈이 중립적인 학교 산술의 한 형태로 가치와는 상관없는 '자연스러운' 용어가 되었다고 주장한다. 성인이 쇼핑할 때 선택은 먼저 질적으로 이루어진다. 즉, 수학적으로는 가장 좋은 상품일지라도 포장이 너무 커서 식료품 저장실 선반에 넣을 수 없다는 이유로 사지 않는 경우가 있을 수 있다. 그러나 다른 선택 기준이 없을 때는 산술적 계산에 의존한다. 이는 자신의 결정이 합리적이고 객관적이라고 믿을 수 있는 근거를 제공한다. 따라서 레이브는 "가격 계산은 선호 구조의 도구적 정교함보다는 '합리성'의 불변성을 구성하는 데 더 많은 기여를 한다"라고 주장한다(158쪽).[2]

워커다인Walkerdine(1988)은 이러한 수학적 합리성의 언어적 구성에 초점을 맞추어 "수학적으로 정확한" 실증주의적 합리성이 구성되는 핵심적인 방식은 다양한 관행 속 어휘 용어의 다양한 의미를 억제하는 것이라고 주장한다. 하나의 의미 집합, 하나의 인지발달 경로가 "정상"으로서 참으로 선택된다. 그녀는 크기 관계와 같은 기본 수학 개념을 사용하고 배우는 아이들의 전사 자료를 분석하여, 이러한 수학 용어의 의미가 해당 단어가 사용되는 관행을 구성하는 사회적 관계에 의해 어떻게 형성되는지 보여준다. 그녀는 학교가 이러한 다양한 의미를 무시하고 특정 행동을 보이는 아이들의 개념 발달에 대한 판단을 내리고 이를 지적 발달의 합리적인 경로로 간주한다고 주장한다. 예를 들어, 아이들에게 "아빠, 엄마, 아기곰"의 크기를 비교하는 질문을 할 때 교사는 가족 내 권력 관계가 "크다, 더 크다, 가장 크다"라는 용어에 또 다른 의미를 부여하는 방식을 무시하는 경향이 있다. 예를 들어, 아이의 삶에서 아빠는 신체적으로 가장 클 수 있지만, 엄마는 가장 큰 권력자일 수 있다. 아이들은 교육과정의 크기 개념을 배울 준비가 "되어있지 않아서"가 아니라 "곰 이야기"의 맥락이 가족생활에서 크기의 의미와 혼동되어 학교 수학 문제에서 잘못된 답을 할 수 있다. 공식적인 학문으로서 수학은 "여러 의미의 모든 측면을 억압하는 방식으로 관행이 작용하고 있는 경계가 있는 담론 위에 정확하게 구축되어 있다. 형식은 의미가 박탈되고 수학적 기표는 공허해진다"(97쪽). 워커다인은 학교 수학을 배우기 위해서는 아이들이 모든 응용과 모든 실천을 가치를 배제하고 중립적이며 합리적인 경험의 구분되지 않은 측면으로 취급하는 법을 배워야 한다고 제안한다.

가치 중립적인 것으로 여겨지는 다른 수학적 개념들도 특정한 철학적, 이념적 지향에 의해 형성된다. 예를 들어, Martin(1988/본서에서 제7장으로 재출판됨)은 제1차 세계대전 이후 독일 바이마르 공화국에 존재했던 "합리성"에 대한 격렬한 반감이 어떻게 수학적 구성에 대한 특정한 해석을 낳았는지 분석한 Forman의 말을 인용한다.

> Forman은 이러한 압력으로 인해 양자 물리학자들이 비인과적으로 해석될 수 있는 수학적 형식주의를 찾게 되었다고 제안한다. 조잡한 용어로, 비인과적인 코펜하겐 해석과 그와 관련된 수학적 틀이 대중적으로 좋아 보였기 때문에 채택되었다. … 정통적 또는 코펜하겐 해석이 확립된 이후 수십 년 동안 여러 가지 대안적 해석이 제시되었다. 이들 중 일부는 동일한 수학적 공식을 사용하지만, 물리적 의미를 다르게 해석하는 반면, 다른 수학적 공식을 사용하여 동일하거나 다른 결과를 얻는 경우도 있다. … [따라서] 양자 이론의 방정식을 불확정성을 지지하는 것으로 해석하는 것은 방정식 자체에서 요구되는 것은 아니다. 더욱이, 양자 이론의 많은 업적은 비결정론적으로 해석하기 어려운 다소 다른 수학적 공식을 사용하여 달성되었을 가능성이 있다(210-211쪽).

다른 경우에는 철학과 이데올로기가 기본적인 수학적 개념과 기법에 대한 다양한 해석을 불러일으키기도 했다. 예를 들어, 칼 마르크스의 변증법과 역사적 유물론은 1873년에서 1881년 사이에 정치경제학의 원리를 정교화하려는 그의 프로젝트와 함께 미분학을 연구하고 비판하며 대안적인 이론적 기반을 개발하도록 이끌었다(Marx, 1983). 마르크스가 이러한 수학적 투쟁을 벌였다는 사실을 영어권 세계에 최초로 밝힌 것은 스크루크Struik (1948/ 본서에서 제8장으로 재출판됨)이다. 함수의 미분을 도출하는 일반적인 방법에 대한 마르크스의 비판은 (1) 함수의 미분은 실제 미분이 발생하기 전에 항상 존재한다는 점과 (2) 어떤 방법도 미분 과정에서 함수가 받는 운동과 변화의 변증법적 본질을 설명하지 못한다는 점(Powell, 1986, 120쪽), 이 두 가지였다. 수학자들과 접촉하지 않았고 미적분과 극한에 관한 Cauchy의 연구를 알지 못했던 마르크스는 미적분학의 이론적 토대에 대한 비판을 극복하기 위해 Newton과 Leibniz의 방법의 이면에 있는 성가신 문제인 운동과 변화를 상징적으로 포착하는 개념적 공식과 미분 기법을 모두 개발했다. 실제로, 그의 철학적, 이념적 틀에서 자극을 받은 그의 발견은 재발견을 의미했으며, 경우에 따라서는 미래의 개념적, 철학적 발전을 예견하기도 했다(Gerdes, 1985; Powell, 1986).

역학에 대한 개념적 수학적 설명이라는 문화적 실천에 기반을 둔 마르크스는 미적분학을 문화적 구성 요소인 변증법이라는 식별 가능한 문화 집단의 철학적, 이념적 관점의 일부로 이해하려고 시도했다. 미분과 같은 특정 수학적 아이디어는 고립되어 있거나 그 기원과 거리가 먼 역사적 순간에 특정 문화적 해석이나 적용과 분리된 것처럼 보일 수 있으므로 수학적 지식은 문화적 맥락과 무관한 것처럼 보일 수 있다. 그러나 아이디어는 사회적 맥락과 무관하게 존재하지 않는다. 게다가 일부 비판적인 이론가와 현실주의 철학자들이 상기시켜 주듯이 우리의 범주, 개념 및 기타 아이디어는 본질적으로 객관적인 현실 또는 자연에 의존한다. 반현실주의 인식론을 비판하며 Johnson(1991)은 다음과 같이 올바르게 주장한다.

> … 이 모든 (사회적) 것들은 본질적으로 정신과 무관한 것, 즉 자연 세계 안에서 구체화되고 그것에 의존한다. [예를 들어] 세상을 망치와 의자로 "절단"하는 인간의 활동은 도구로 만들 수 있는 나무와 철광석과 같은 자연적으로 존재하는 것들의 세계를 전제로 한다. 다시 말해, 본질적 독립성은 한 방향으로 진행된다. 자연은 본질적으로 정신과 독립적이지만 정신(및 그 모든 산물)은 본질적으로 자연과 독립적이지 않다(1991, 25쪽).

개인들의 사회적 및 지적 관계는 자연이나 세계와의 관계, 생산적인 힘과 같은 정신에 의존하는 문화적 대상들에 영향을 미치며, 수학적 아이디어로 분류되는 정신의 생성물에 영향을 미친다. 또한 수학의 기초에 대한 철학적 다양성이 인정되고 있지만, 수학의 비이념적 특성은 대안적인 개념을 "비수학적"으로 분류해 온 역사에 의해 강화된다(Bloor, 1976: Martin, 1988, 210쪽에서 인용).

미주

1. Rotman(1988)는 Hegel과 마르크스$_{Marx}$를 언급하며 행성과 그 궤도가 발견되듯이(29쪽) 수학자와 대중문화 모두 수학적 대상과 '수학적 설득의 기호학적 기초'(29쪽)를 "발명되거나 구성되거나 인간의 인식에 의해 어떻게든 존재하게 되는 것이 아니라, '저 밖에', 수학자와 무관하게 기다리고 있으며 발견되는 것"(29쪽)으로 생각하는 이유를 설명한다. 그는 Hegel이 다음과 같이 정교한 설명을 한다고 주장한다.

> 인간의 산물은 종종 이것을 만든 이에게 이상하고 낯설고 놀라운 것으로 보이며, 창조된 것은 인간(사회적, 문화적, 역사적, 심리적) 주체의 명백하거나 투명한 표식을 지니지 않아도 되며, 오히려 그 반대로 창조자보다 이질적인 것으로 나타날 수 있고, 대부분의 경우 그렇게 나타난다.
>
> 경제적 창작 활동과 상품 생산에 관심을 가졌던 마르크스는 이러한 주체성의 은폐에서 사회적 소외의 근본적인 원인을 보았는데, 상품이 창조자와 분리되고 마법적인 대상, 즉 숭배의 대상으로 나타난다. 상품을 사고팔기 위해서는 상품이 숭배의 대상이 되어야 하며, 이것이 자본주의 내에서 상품의 존재와 교환 가능성의 조건이라고 이해했다. 자본

주의와 수학은 밀접한 관련이 있다. 수학은 모든 형태의 자본주의가 의존하고 시작한 기술과학 담론의 문법으로 기능한다. 따라서 수학적 플라톤주의의 광범위한 수용을 이러한 친밀성의 효과 측면에서 읽고, 수학적 언어 내에서 의미의 교환을 상품 교환과 연관시키고, "시대를 초월하고 영원하며 변하지 않는" 대상의 개념에서 순수한 숭배화된 의미의 존재를 볼 수 있다. 다시 말해서, 즉 수학에 대한 현실주의적 설명에서 20세기 자본주의 내에서 특정 (기술과학적) 목적을 위해 역할을 하는 이념적 형성을 볼 수 있다.
… 현실주의를 자본주의의 수학적 부속물로 보든, 영원에 대한 유신론적 소망으로 보든, 기호학적 요점은 동일하다. 현재의 수학자들이 자신이 하고 있다고 생각하는 일, 즉 수학적 언어를 기호 전이적 현실의 세계를 설명하는 투명한 매개체로 사용하는 것은 현재의 설명에 따르면 그들이 하는 일과 분리된다는 것을 의미한다. 다시 말해서, 현실을 설명한다고 주장하는 바로 그 언어를 통해 현실을 창조하는 일이다(30쪽).

2. 보르바Borba(1991)는 "학문적" 수학에 내재된 정치성에 관한 논문에서 일상생활에서 수학을 사용하면 우리의 선택이 더 "합리적으로" 보일 뿐만 아니라 토론을 끝내는 역할도 한다고 주장한다. 수학을 사용하여 결정을 정당화하면 그 누구도 그 논의에 의문을 제기할 수 없으며, 결국 그 결정은 "과학적으로 증명된 것"이 된다. Frankenstein(1987)은 또한 학교 수학교육과정의 쇼핑 응용이 우리의 사회 및 경제 구조가 조직되는 방식에 "자연스러움"을 부여하는 데 기여한다고 주장한다. 예를 들어, 그녀의 성인 학생들은 음식이 공짜였던 사회, 즉 식사가 유료 상품이 아닌 시민의 권리였던 사회를 재구성하는 것에 대해 종종 어리석게 여긴다.

참고문헌

Bishop, A. J. (1990). Western mathematics: The secret weapon of cultural imperialism. *Race and Class* 32(2): 51-65.

Bloor, D. (1976). *Knowledge and social ideology*. London: Routledge and Kegan Paul.

Borba, M. C. (1990). Ethnomathematics and education. *For the Learning of Mathematics* 10(1): 39-43.

Carraher, T. N., Carraher, D. W., and Schliemann, A. D. (1985). Mathematics in the streets and in schools. *British Journal of Developmental Psychology* 3: 21-29.

Frankenstein, M. (1987). Critical mathematics education: An application of Paulo Freire's epistemology. In I. Shor (ed.). *Freire for the classroom* (pp. 180-210).

Portsmouth, NH: Boynton/Cook.

Freire, P. (1973). *Education for critical consciousness*. New York: Seabury.

Gattegno, C. (1970). *What we owe children: The subordination of teaching to learning*. New York: Avon.

______. (1988). *The science of education: Part 2B: The awareness of mathematization*. New York: Educational Solutions.

Gerdes, P. (1985). *Marx demystifies calculus*. (Translated by B. Lumpkin). Vol. 16. Minneapolis: Marxist Educational Press. (Original published in 1983 as *Karl Marx: Arrancar a véu misterioso à matemática*. Maputo: Universidade Eduardo Mondlane.)

Ginsburg, H. P., Posner, J. K., and Russell, R. L. (1981). The development of knowledge concerning written arithmetic: A cross-cultural study. *International Journal of Psychology* 16: 13-34.

Ginsburg, H. P. (1982). The development of addition in the context of culture, social class, and race. In T. P. Carpenter, J. M. Moser, and T. A. Romberg (Ed.) *Addition and subtraction: A cognitive perspective* (pp. 191-210). Hillsdale, New Jersey: Lawrence Erlbaum.

Johnson, D. K. (1991). A pragmatic realist foundation for critical thinking. *Inquiry: Critical thinking across the disciplines* 7(3): 23-27

Lave, J. (1988). *Cognition in practice*. Cambridge, England: Cambridge.

Martin, B. (1988). Mathematics and social interests. *Search* 19(4): 209-214.

Marx, K. (1983). *Mathematical manuscripts*. London: New Park.

Powell, A. B. (1986). Marx and mathematics in Mozambique. *Science and Nature* (7/8): 119-123.

Rotman, B. (1988). Toward a semiotics of mathematics. *Semiotica* 72(1,2): 1-35.

Scribner, S. (1984). Studying working intelligence. In B. Rogoff and J. Lave (ed.). *Everyday cognition: Its development in social context* (pp. 9-40). Cambridge, MA: Harvard.

Struik, D. J. (1948). Marx and mathematics. *Science and Society* 12(1): 181-196.

Walkerdine, V. (1988). *The mastery of reason*. London: Routledge and Kegan Paul.

제6장

소외된 아동에 대한 사회적 통념: 가난한 아동에 대한 새로운 사고

허버트 긴즈버그(Herbert P. Ginsburg)

편집자 주: 인지심리학자이자 수학교육연구자인 허버트 P. 긴즈버그Herbert P. Ginsburg는 대략 1970년대부터 1985년 사이에 가난한 아동들을 대상으로 수행한 심리 연구를 평가한다. 긴즈버그는 다양한 문화적 배경을 가진 사람들, 특히 다양한 사회경제적 계층들에 속하는 사람들이 학교에 입학하기 전부터 수학을 하는 데 필요한 필수적인 인지 구조들을 발달시키고 있음을 잘 문서화하고 있다. 이 장의 글은 《The school achievement of minority children: New perspectives(V. Neisser(ed.), 169-189쪽), Hillsade, NJ: Lawrence Erlbaum, 1986》에 실렸었다. 본서에 실은 내용은 마지막 부분에 앞의 책의 내용에 후기를 간단하게 추가하였다.

도입

이 장의 목적은 지난 10년 또는 15년 동안 수행된 가난한 아동들을 대상으로 한 지능 발달 및 교육에 관한 심리 연구를 평가하는 데 있다. 비록 이 연구 분야에서 수행된 많은 초창기 연구들은 적합하지 않은 방식으로 수행되었지만, 가난한 아동들의 지적 기능에 대한 몇 가지 통찰을 얻을 수는 있었다. 일반적으로 연구 결과에 따르면, 집단으로서 가난한 아동들은 광범위한 지적 능력의 결핍을 겪고 있지 않다. 이들의 학교 실패는, 적어도 학교에 입학한 후 처음 몇 년간의 실패는 이들이 학교에서 배우는 내용을 이해하는 데 필요한 인지적 능력을 발달시키지 못했기 때문은 아니라는 것이다. 그러므로, 가난한 아동들에 관한 연구와 그들을 대상으로 한 교육은 새로운 방향을 모색해야만 한다. 이 장의 두 번째 부분에서 나는 우리가 취해야만 할 여러 유형의 연구들에 대한 나의 견해를 밝히고자 한다.

소외된 아동에 대한 사회적 통념

가난한 아동들에 관한 선행 연구를 평가할 때, 엄청난 사회적 혼란과 갈등의 기간인 1960년대 말에서 1970년대 초의 정치 및 사회적 분위기에 대한 설명으로 시작하는 것이 유익하다. 이 시기의 주요 이론 중 하나는 일종의 자유주의적 환경론liberal environmentalism이었다. 1964년에 Lyndon Johnson은 가난과의 전쟁을 선포하였다. 교육이 중산층의 번영을 이끄는 수단이라는 전제하에 가난과의 전쟁의 중요한 여러 가지 캠페인 중 하나는 가난한 아동들, 특히 흑인 아동들에 대한 교육에 있었다. 이 당시 정부의 과제는 교육을 받지 못하는 아동들에게 적절한 교육을 제공하는 것이었다. 이것을 행하는 것은 정치적 그리고 심리학적 해결 방안들을 모두 필요로 하였다. 인종 차별 폐지를 위한 다양한 법적 다툼을 하였고, 가끔 승리하였다. 그러나 자유주의자들은 애초에 인종 차별 폐지만으로는 충분하지 못하다고 결정하였다. 가난한 아동들, 특히 흑인 아동들은 초, 중, 고 공립학교에서 적절하게 학업을 수행하지 못했다. 심지어, 인종 차별이 더 이상 없는 학교들에서도 이들의 학업 수행은 낮았다. 이런 상황을 개선하기 위해서 Johnson[a] 행정부는 사회과학자들의 조언에 크게 기대었다. 이들은, 많은 다른 것도 조언했지만, 특히 Head Start 프로그램의 설립과 심리학 및 교육학 연구를 위한 기금 조성을 권고하였다. Johnson 정부는 Project Literacy와 같은 교육에 초점을 둔 연구들도 포함하여 일반적으로 사회과학 연구에 꽤 많은 지원을 제공하였고, 특히 가난한 아동들에 관한 연구에 열중하였다. 이 연구(Project Literacy)의 총체적인 목표는 가난한 아동들이 갖는 다양한 문제들을 이해하고, 이 이해를 토대로 적절한 개선 방안들을 개발하는 것이었다. 이 연구의 결과는 두 유형이었다. 한 유형은 가난한 아동들의 인식 작용cognitive functioning에 관한 일단의 연구이고, 다른 한 유형은 취학 전 아동들의 지적 결손을 주로 개선하고 이들을 학교교육을 준비시키기 위해 설계된 프로그램인 "보상 교육compensation education"을 다양하게 시도하는 것이었다.

---

a) 역자 주. 케네디 대통령이 피살되자 대통령직을 승계하고, 1964년 선거에서 당선 된 36대 대통령.

분명히 자유주의적 환경론자의 접근은 잘 의도된 것이었다. 그리고 1980년대의 정치적 상황에서 이 접근은 찬사를 받았다. 그러나 다수는 자유주의적 환경론자의 입장에 만족하지 못하였다. 1970년대 초, 나는 《The Myth of the Deprived Child》(Ginsburg, 1972)라는 책을 집필하였다. 내가 이 책을 쓴 목적은 가난한 아동들의 지력intellect과 교육에 관한 기존의 연구물들에 대한 비판과 분석을 제공하는 데 있었다. 나는 이 책에서 많은 주장을 제안했다. 이 주장 중에서 나는 현재 이와 관련된 상황을 분석하기 위한 징검다리로 사용하기에 유용한 몇 가지 중요한 주장을 선택했다.

이 책은 명백한 것, "가난한 아동들은 집단으로 초·중·고등학교에서 잘하지 못하고 이런 결과를 도출하는 교육 제도educational system는 과감한 개선이 필요하다"로부터 시작한다. 그렇다면, "우리가 가난한 아동들의 지적 역량intellectual capacities에 대해서 알고 있는 것은 무엇인가? 그리고 이 지식은 교육을 개선하는 데 어떻게 활용될 수 있는가?"란 질문이 따른다. 내가 집필한 책의 대부분은 가난한 아동들의 지력과 관련된 심리학적 지식을 분석하는 데 초점을 두고 있다. 자유주의적 환경론자들의 논지는 대충 다음과 같다. 자유주의적 환경론자들은 (예를 들어, Hunt, 1969) 가난한 아동들은 자신들의 지적 성장을 방해하는 빈곤한 환경에서 성장한다고 믿는다. 이런 환경은 충분한 자극을 제공하지 못하거나 잘못된 종류의 자극을 제공한다. 결과적으로 가난한 아동들은 인지적 결손을 겪는다. 생득론Nativist theory[b)]도 인지적 결손을 상정하지만, 이 인지적 결손의 기원에 대해서는 다른 설명을 제공한다. Jensen(1969)은 빈민 계급의 아동들, 특히 흑인 아동들은 특유한 인지적 결손, 즉 "개념 학습"에 참여하는 데 필요한 능력의 부족 때문에 어려움을 겪고 있으며, 이런 어려움은 유전 형질(genetic inheritance)의 결과라고 주장한다. 환경주의자와 생득론자 모두에 따르면, 지적 결손은 (그것의 기원이 무엇이든지 간에) 가난한 아동들이 학교에서 배우는 개념적 자료들의 학습을 방해한다.

나는 이들 두 관점과 이들 두 관점에 뿌리를 둔 상당히 많은 연구는 잘못됐다고 주장하면서 대안적 관점으로 "인지적 차이cognitive difference"를 제안했다. 이런 주장을 하게 된 근거는 다음과 같다.

첫째, 인지적 결손 관점을 지지하는 많은 경험적 증거는 연구 방법론을 근거로 판단해 볼 때 신뢰할 수 없다. 그때 당시에 Labov(1972)가 지적하였듯이 Bereiter과 Englemann (1966), Deutsch(1967)의 연구들을 포함한 많은 이런 부류의 연구는 엄밀한 방법론을 사용하였지만, 일반적으로는 어린이들의 이해, 특수하게는 가난한 어린이들의 이해를 토대로 하지 않았다. 가난한 어린이들이 몇몇의 표준화된 시험에서 좋지 않은 결과를 얻는다는 것은 쉽다. 하지만, 가난한 어린이들의 진짜 능력에 민감한 연구 방법을 이용하는 것

b) 역자 주. 촘스키 등의 생득론자들은 언어 습득 과정에서 인간은 모두 선천적인 능력을 가지고 있음을 강조한다.

은 훨씬 어렵다. 실제로 가난한 어린이들과 접촉해 본 사람이라면 누구나 대부분의 심리학적 연구는 둔감하고, 편협하고, 잘못됐음을 깨달을 것이라고 나는 생각한다.

둘째, 인지적 결손 연구는 중요한 인지적 보편성을 무시하는 듯했다. 1960년대에 인지 이론은 잘 이해되지도 인정되지도 않았다. 피아제의 인지발달 이론이 주는 중요한 시사점은 가난한 어린이들이 중산층의 어린이들보다 Peabody 시험에서 더 적은 정답들을 산출했다는 데 있는 것이 아니라 가난한 어린이들이건 중산층의 어린이들이건 상관없이 모든 어린이가 구체적 조작 그리고 심지어 형식적 조작도 할 수 있었다는 것이라고 나는 생각한다. 이 문제의 핵심은 정신 기능mental functioning의 기본적인 측면에서 공통성commonalities에 있지 개인차에 있지 않다. 이 당시에 흑인의 영어에 관한 Labov(1972)의 연구물을 제외하면 이 입장을 경험적으로 지지하는 연구물은 거의 없었다. 주요한 이론적 토대는 피아제의 이론과 Lenneberg(1967)의 이론이었다.

셋째, 세 번째 논점은 존재할 수밖에 없는 문화적 차이를 강조하였다. 일반적인 관점은 가난한 어린이들은 결손이 있는 것이 아니라 차별받고 있다는 것이다. 아마도 이들이 처한 차별적인 환경 속에서 독특한 요구들에 대해 반응하여 이들은 특별한 종류의 적응력을 발달시킨다. 중산층의 어린이들은 이런 적응력을 보이지 않는다. 다시 이런 직관을 지지해 줄 증거는 거의 없다. Labov가 수행한 흑인의 영어에 관한 연구물은 또한 흑인 밀집 지역인 할렘 내 불법 도박numbers-running[c]에서 표현된 흑인 어린이들이 가지고 있는 산술 관련한 지식에 관해서도 인용된다.

네 번째, 또 다른 주제는 가난한 어린이들은 기본적인 지적 기능들을 배우질 못했다는 것이었다. 그들은 자력으로 매우 잘 학습할 수 있었다. 많은 발달은 자연적이고 자생적으로 발생한다. 이 입장은 부분적으로 행동주의자들의 학습 이론, 특히 Hess와 Shipman(1967)의 연구처럼 이 당시에 진지하게 수용되고 있던 인지적 사회화 연구에 반대하는 대응이었다. 이들 연구자들이 본질적으로 주장하고 싶었던 것은 “(a) 가난한 어머니들은 자신들의 자녀들에게 기초적인 인지 기능들을 훈련시키는 방법을 몰랐고, (b) 결국, 인지적 기능을 훈련받지 못했다면, 가난한 어린이들은 인지적 기능을 발달시키지 못했을 것이다”는 점이었다. 이에 반대하는 논점들도 있다. 즉, 많은 피아제주의 형태의 기능들은 자력으로 독립적으로 발달하며, 부모들은 그러한 기능들이 존재하는지조차 모르거니와 가르치려는 시도조차 하지 않는다. 그러므로, 나는 자기주도적 학습을 강조했으며, 이 입장은 가난한 사람들의 교육을 위한 해결책을 제공하는 것으로 여겨지는 “열린 학교open schools”의 운영

---

c) 역자 주. “Numbers-running”은 미국의 가난하고 노동 계층이 많이 사는 지역, 특히 흑인 커뮤니티에서 흔히 볼 수 있는 불법 도박 또는 불법 복권 방식을 의미한다. 이 게임은 ‘numbers game’ 또는 ‘policy’라고도 알려져 있으며, 베팅하는 사람들이 다음 날 무작위로 추첨될 세 자리의 숫자를 맞히는 것이다. ‘running numbers’라는 표현은 이 복권 방식의 베팅과 결과를 관리하는 활동을 가리킨다.

과 관련한 몇 가지 권고를 이끌어냈다.

다섯째, 마지막으로, 나는 "학교에서 성공"이 무엇을 의미하는지를 연구할 필요가 있다고 주장했다. 일반적으로, 학교에서 성공은 표준화된 학업성취도 시험의 성적으로 정의된다. 이 표준화된 시험은 제한적인, 종종 시시한 방식으로 학문적 지식을 개념화한다. 표준화된 시험과 이 표준화된 시험을 이용하는 많은 교육학자와 심리학자는 학문적 지식을 정확한 반응, 양적인 특성(예를 들어, 언어 능력), 암기된 지식prepacked knowledge의 토해냄으로 이해하고 있다. 하지만, 우리는 인지 이론으로부터 지식은 매우 복잡한 것이고, 지식은 구성하는 것이고, 지식은 과정과 전략으로 개념화되어야만 한다는 것이고, 가장 관심을 가지지 않는 것이 바로 피상적인 반응으로 알고 있다. 따라서, 학교에서 성공에 대한 관습적인 개념은 피상적이다. 즉 이 개념은 이 문제의 핵심이라고 할 수 있는 특정한 학문적 과제 영역에서 어린이들의 개념과 전략에 대한 인지적 분석을 놓치고 있다. 그러한 인지적 분석 없이 가난한 어린이든 아니든 간에 어린이들이 학교 맥락에서 알고 있는 것 또는 모르고 있는 것 또는 알 필요가 있는 것을 지적으로 논의하는 것은 가능하지 않다.

1970년대 초의 상황에 대한 나의 평가가 핵심에서 크게 벗어나지 않았다고 나는 믿는다. 실제로, 환경론자들과 생득론자들의 경험적 연구는 감응을 주지 못할 뿐만 아니라 납득하기 어렵다. 환경론자 이론이나 생득론자 이론은 모두 기본적으로 잘못된 것이다. "인지적 차이"란 관점은 몇 가지 유용한 통찰을 제공한다. 추후 10년 혹은 15년 동안 이들 문제들과 관련해서 어떤 사건들이 있었는지 알아보자.

첫째, 사회적 맥락을 고려해 보자. 지난 15년 혹은 20년에 걸쳐서 정치적 상황은 급격한 변화를 거쳤다. 빈곤 문제에 대한 연방 정부의 고민은 점진적으로 감소하였으며, 그래서 빈곤과의 전쟁은 끝난 듯하였다. 실제로 1980년대 로널드 행정부는 빈곤과의 전쟁을 치르기 보다는 가난과의 전쟁을 치르고 있어 보였고, 사람들은 자유주의자들의 오류 있는 사업들을 매우 긍정적으로 동경한다. 정치적 상황에 대한 이런 견해는 본 주제에서 벗어난 것이 아니다. 심리학적 연구는 정치적 분위기에 심각하게 영향을 받고 있다. 빈곤과 관련한 특정한 관심사에 대한 정치적 조치의 결과는 관련된 주제에 대한 심리학적 연구의 감소이다. 몇 가지 주목할 만한 예외적인 연구들이 있기는 하지만, 최근 몇 년간은 가난한 어린이들의 지능과 교육에 관한 연구는 거의 발주되지 않았다. 예상치 못한 이점은 우리가 많은 잘못된 연구와 논쟁할 필요가 없다는 것이지만 일반적인 결과는 빈곤의 심리학적 문제가 덮어지고 있다는 것이다. 몇 가지 주목할만한 예외적인 연구들, 예를 들어, Yando, Seitz, Zigler(1979), Ogbu(1978), Feagans와 Farran(1982)의 연구들을 제외하면, 가난한 어린이들에 관한 연구는 더 이상 발달심리학에서 인기 있는 연구 주제는 아니다.

같은 시기에 몇몇 최근의 연구는 인지적 차이 관점의 주요한 측면들을 명료하게 하고, 추후 연구와 이론을 위한 중요한 문제들을 제기하였다. 이들 연구 중 일부는 가난한 어린이들을 직접 연구 대상으로 삼았지만, 대부분의 연구는 관련된 분야에서 연구를 하였다.

1. 방법론

1970년대 초에 가난한 어린이들의 인지적 결핍을 증명하는 많은 자료가 쉽게 믿을 수 없다는 것은 명확해 보인다. 사용된 연구 기법들은 가난한 어린이들이 갖고 있는 역량의 진상을 밝혀낼 수 있을 만큼 섬세하지 못했다. 이 시기 이후로 몇 가지 발달된 연구 기법들이 기본적인 관점을 강화시켰다. 많은 비교 문화 연구자들은 표준적인 연구 방법들에 만족하지 못했다. 전통적인 비교 문화 연구는 "원주민"들의 인지적 능력을 조사하기 위해서 표준화된 서구적 검사지를 번역해서 사용하였다. 일반적이고, 아마도 예측할 수 있는 발견은 다음과 같다. 비서구인들은 어떠한 인지적 기능들을 조사하더라도 그들의 인지 기능은 결핍되어 있다. 콜Cole와 스크리브너Scribner(1974)는 이러한 접근을 강력하게 비판하면서 표준화되고, 전통적인 기법은 종종 전통적인 사람들의 역량과 관련해서 불합리한 결과를 자주 도출한다는 사실을 설명하였다. 서구식 과제는 의도한 방식으로 해석을 할 수 없을 수도 있다. 이런 과제는 표준화가 종종 타당성을 배제하기 때문에 잘못 이해될 수도 있다. 한 가지 대안은 현지 문화의 맥락에서 개인들에게 적절한 과제들을 발견하는 데 필요한 모든 노력을 하는 것이다. 하나의 과제는 한 문화 내에서 역량을 타진하는 데 적절할 수 있다. 반면에 객관적인 명확한 과제는 같은 기능을 다른 문화에서 측정하는 데 적합할 수 있다. 이 과제들은 객관적으로 다를 수 있을지라도(유사하지 않은 검사 절차, 재료들 등등), 이들은 같은 인지적 과정들을 타진하는 데 주관적으로 동등할 수 있다. 반대로, 동일한 과제라 하더라도 서로 다른 문화에서 주관적으로 동등하지 않을 수 있다. 역량을 측정하는 데 있어서 핵심은 객관적 동일함이 아니라 주관적 동등함이다.

방법론을 위한 시사점은 매우 많다. 표준화는 종종 납득할 수 없고 결과적으로 표준화를 한 목적에 부합하지 않는다. 이 논쟁을 확대하면, 우리는 어린이들을 문화에 비유할 수 있다. 개별 어린이는 또는 적어도 각자의 발달 수준에서 자신의 고유한 관점(문화)을 가지고 있다. 주관적인 동등함이 인정되기 위해서 객관적인 동등함identity은 포기되어야 하고, 과제들은 각 관점(문화)에 맞게 조절되어야 한다.

여기까지 비교 문화적 연구가 개별 문화 또는 개인들의 문화에 대한 민감성을 제시한다면, 인지 연구 분야에서의 최근의 발달은 연구 방법에 있어서 융통성을 암시한다. 성인들이 하는 복잡한 문제해결에 관해 연구한 Newell과 Simon(1972)의 다수의 연구물은 사고구술법talking aloud method이란 연구 방법을 사용하였다. 사고구술법이란, 성인이 어려운 문제를 해결하는 중에 "그들의 머리 속에 떠오르는 모든 것"을 말하는 것이다. 실험자는 가끔 질문을 던지지만, 대개 자료는 본질적으로 내성introspection이다. 이들 연구자는 몇몇 고려점들 때문에 실험실에서 일반적으로 얻을 수 있는 것과 같은 단순한 양적인 측정값들을 얻으려 들지 않았다. 한 가지는 이들 연구자는 종종 간단한 방법으로 표현될 수 없는 복잡한 지적 활동들에 관심이 있다는 것이다. 또 다른 것은 내성이 적어도 인지 연구의 몇몇 측면에서 실제로 가치 있을 수 있다는 것이다. 어느 경우든, 사고구술법의 활용은 진지한 심리학자들이 여러 인지 과정을 연구할 때 융통성 있으면서 비전통적인 연구 방법을 찾아내고 있음을 보여준다(이점에 대한 좀 더 깊은 논의는 Ginsburg, Kossan, Schwartz, Swanson, 1983을 참고하기 바란다).

세 번째 예는 가난한 어린이들의 문제에 훨씬 더 직접적으로 적합하다. 지난 10여 년에 걸쳐 임상 면담 기법이 수학적 사고에 관한 연구에서 중요한 역할을 해 왔다. 대부분 연구자는 지적 기능에 대해 역량과 수행 간의 구분을 상식에 맞게 하였다. 종종 어린이들은 자신들이 수행한 것에 대해 자신들이 얼마나 알고 있는지를 설명하지 못하는데, 그것은 그럴 수 있는 것이다. 특히 어린 어린이들은 그들이 설명하는 것보다 훨씬 더 많은 것을 알고 있다. 종종 표준화된 검사는 표피적인 수행 이상의 것을 타진하지 못한다. 결과적으로, 요즘 연구자들은 어린이들의 역량을 평가하기 위해서 임상 면담 기법을 이용하는 것이 유용하다는 것을 알고 있다. 이것과 관련해서, 이들은 피아제의 덕택이다. 피아제는 일찍이 1929년에 진정한 역량의 평가는 융통성 있는 질문하기를 요구한다는 것을 알았다. 여기서 융통성 있는 질문하기란 어린이들의 반응을 토대로 하는 질문하기, 역제안하기와 같은 기법을 이용하면서 질문하기, 의도적으로 의미에 맞게 분절시켜서 질문하기, 면담 중인 어린이가 의도한 방식으로 주어진 문제를 인식할 수 있는 방법을 발견하도록 질문하기 등을 하는 것을 의미한다. 임상 면담은 의도적으로 비표준화되었다. 임상 면담의 비표준화가 역량을 평가하는 데 있어서 장점이 된다(Ginsburg, Kossan, Schwartz와 Swanson, 1983).

아래에 있는 것은 임상 면담 기법이 한 어린이가 형편없이 산술 문제를 수행하면서 예상치 못한 역량을 표출하게 하는 데 활용될 수 있음을 보이는 예이다. Butch는 뉴욕주 북부에 위치한 한 초등학교의 3학년 학생이다. 그의 선생님은 그가 초등학교 수준의 산술을 학습하는 데 있어서 심각한 문제를 갖고 있음을 확인했다. 산수뿐만 아니라 다른 교과목들에 대해서도 그의 평점뿐만 아니라 점수 모두 낮았다. 그는 3학년을 재이수해야 할 대상이었다.[d] 그는 지능 발달이 더딘 학생은 아니었고, 심각하게 정서적으로 불안한 학생도 아니었다. 그의 일상 행동은 적어도 평균적인 지능을 갖고 있어 보였다. 하지만, 교실에서

d) 역자 주. 제7차 교육과정의 별칭은 "수준별 단계형 교육과정"이었다. 단계형 교육과정이란 이처럼 유급을 하거나 월반(越班)하는 것이다. 실질적인 유급이나 월반은 거의 없었고, 2007 개정 교육과정으로 개정되면서 수준별 교육과정만 남았다. 그나마, 2022 개정 교육과정에서는 "수준별"이란 용어가 사라지고 "맞춤형"이란 용어가 그 자리를 대체하고 있다.

그는 조용하였고, 산수를 학습하는 데 심각한 문제가 있어 보였다. 왜 Butch가 산수에 문제를 안고 있는지 알아보기 위해서 선생님은 진단 검사를 실시했다. 선생님은 이 진단 검사가 Butch가 알고 있는 것을 산출하고 그가 학습에 실패하는 실질적인 요소들을 확인할 수 있기를 원했다.

한 임상 면담에서 다음의 대화가 있었다. Butch가 학교에서 하는 것에 대해 질문을 받았을 때, 그는 분수를 공부하고 있다고 대답했다.

면담자: 분수? 분수를 가지고 무엇을 하는지 나에게 설명할 수 있어요?

Butch가 $8\overline{)16}$이라고 썼다.

면담자: 좋아. 그게 무슨 뜻이에요?

Butch: 8, 16.

면담자: 이걸로 무엇을 해요?

Butch: 두 수를 더해서 위에 적어요.

면담자: 좋아요. 위에 적을 수는 뭐에요?

Butch가 $8\overset{23}{\overline{)16}}$이라고 썼다.

이 면담 중 몇 가지 특징은 주목할만하다. 첫째, 면담자가 Butch가 면담할 내용을 정하도록 한다. 그래서 면담자는 Butch가 관심을 갖고 있는 주제들을 탐구할 수 있다. 이 임상 면담의 목적은 피면담자(Butch)가 면담할 내용을 정하도록 하는 데 있지, 피면담자에게 사전에 계획된 면담 질문들을 던지는 데 있지 않다. 둘째, 면담자는 Butch가 자신이 하고 있는 것을 자신의 말로 설명하도록 시도하였다. 질문들은 "이걸로 무엇을 해요?"처럼 열린 발문 형식으로 설계되었다. 그래서 Butch가 이 질문들에 자신의 사고 과정을 들어낼 수 있게 대답할 수 있었다. 요약하면, 이 면담은 Butch의 접근(그가 관심 갖고 있는 것과 이것을 어떻게 연산하는가?)을 발견하는 데 목적을 두고 있다. 임상 면담의 이런 중요한 특징들은 임상 면담과 표준화된 검사를 확실하게 구분해 준다.

이런 점에서 앞의 면담은 Butch가 이상한 것을 하고 있음을 보여준다. 그는 나눗셈과 분수를 혼동하고 있으며 간단한 나눗셈을 계산할 수 없다. 그는 산술에 대한 이해가 부족해 보이며 매우 비정상적인 절차를 사용한다. 다음 전사자료는 이런 문제들 중 몇 가지를 명확히 해 주고 임상 면담의 힘을 입증해 준다.

면담자: 어떻게 그렇게 한 것에요?

Butch: 16, 17, 18, 19, 20, 21, 22, 23 이렇게 했어요. 16부터 더했어요.

이 Butch의 대답은 그가 면담 중 "두 수를 더해서"라고 한 말이 어떻게 해서 23이란 답을 얻은 것인지를 명확하게 보여준다. 이 면담은 또한 Butch가 두 수를 더할 때 큰 수부터 세기 시작하면서 더하기를 하고 있음을 보여준다. 따라서 이 짧은 전사자료에서 면담자는 "Butch가 '분수'라는 단어를 사용했지만, 나눗셈 문제를 적었고, 자신이 적은 나눗셈 문제를 덧셈을 이용해서 풀었고, 세기를 해서 덧셈을 했음!"을 알게 되었다. 이 임상 면담은 Butch가 멍청하거나 형편없는 개념적 능력을 갖고 있기 때문에 잘못하고 있는 것은 아니라는 것을 보여주었다. 대신에, 그의 실수에는 분명한 이유가 있었다. 그는 암산에서 놀라운 기능(큰 수부터 세기)을 소유하고 있었다. 더욱이, 이 정보는 Butch 자신이 제공한 것이었다. 면담자는 Butch를 임상 면담 기법으로 자극했을 뿐이다.

우리는 모두 임상 면담 기법이 앞으로 계속 사용해야 할 기법임을 알고 있다. 콧대 높은 실험연구자들도 임상 면담 기법을 이용한다. 실험을 시작하기 전에 연구자들은 종종 실험에서 해야 할 것을 찾기 위해서 임상 면담 방법을 이용한다(이들은 이것을 예비 작업이라고 부른다.). 실험이 작동하지 않는다면, 실험연구자들은 임상 면담 방법을 이용해서 무엇이 잘못된 것인지를 찾는다. 실제 실험은 다소간 격식을 차린 것이라고 할 수 있다. 물론, 대학교수들도 임상 면담 기법을 이용한다. 대학교수들은 다수의 1학년 학생들의 수행을 평가하기 위해서 선다형 시험과 같은 표준화된 방법을 이용하는 것이 편리하다는 것을 알고 있다. 하지만, 이들은 중요한 박사과정 신입생을 면접하면서 임상 면담 기법과 유사한 방법을 이용한다. 어떤 교수가 선다형 시험 방식으로 박사과정 신입생 시험을 치를까? 아무튼, 임상 면담 기법은 수학적 사고에 관한 연구에서 점점 더 보편화되어 가고 있으며, 학교 산수에서 형편없이 수행하는 어린이들이 가지고 있는 놀라운 역량을 드러나게 해 주고 있다.

이들 최근의 방법론적인 발달은 가난한 어린이들의 인지적 결핍에 관한 많은 연구가 사실은 인지적 결핍과 관련 없다는 초기의 논쟁을 강화해준다. 왜냐하면, 많은 연구는 제한적인 민감성을 가지는 표준화된 시험들에 의존하였기 때문이다. 더욱이, 이들 방법론적인 발달은 적어도 가난한 어린이들의 지적 기능을 연구한 두 가지 최근의 연구에 영향을 미쳤다. 러셀Russell과 내가 유아원과 유치원 학생들을 대상으로 그들의 수학적 사고를 연구한 우리의 연구처럼(Ginsburg와 Russell, 1981), R. Yando, V. Seitz, 그리고 E. Zigler (1979)는 자신들의 연구에서 융통성 있는 방법들을 이용하려는 진지한 노력을 하였다. 우리 연구에서 우리는 어린이들이 너무 어려서 광범위한 임상 면담을 할 수 없었다. 결과적으로 우리는 실험 과제를 설계하고 수정하느라고 많은 시간을 썼다. 그래서 어린이들은 이 과제를 이해할 수 있었다. 종종 문장 진술이나 절차에서 몇 가지 작은 변화를 주는 것만으로도 상당한 차이를 만들어 낼 수 있다. 하지만, 일반적으로 이 작은 변형을 발견하는 데 많은 시간이 걸린다. 예를 들어, 우리는 우리가 생각하기에 두 가지 시각적 대상들의 합을 결정하는 어린이들의 능력을 측정하기 위해 설계한 쉬운 과제로 시작했다. 우리는 어린이들에게 움직이지 않는 사물들의 이루어진 두 묶음의 합을 알아보라고 요청하는 이야기를 하나 제공했다. 이 이야기는 다음과 같다.

> 거북이가 땅콩을 세 개 갖고 있고, 올빼미는 땅콩을 두 개 갖고 있어요. 세 개와 두 개가 있어요. 이들이 가진 것은 전부 몇 개인가요?

이 과제가 이런 방식으로 제공되었을 때, 도심 지역에 있는 어린이들은 평균적으로 잘 수행하지 못했다. 우리는 이 과제를 "두 묶음을 합치는 활동을 강조하는 문제"로 수정했다. 그래서 다음과 같은 이야기로 바꾸었다.

> 인형이 2페니를 가지고 있어요. 그는 가게에서 1페니를 사용했어요. 그는 모두 몇 페니를 가지고 있을까요?

문제의 의미에서 이런 겉보기에 사소한 변화를 주었는데, 도심 지역에 있는 어린이들의 수행 수준은 향상되었고, 계층 및 인종 차이에 따른 통계적으로 유의미한 차이가 없었다. 요약하면, 융통성 있는 방법론은 지적 역량에 관한 연구의 핵심이다. 많은 인지적 결핍 연구는 이런 종류의 방법론을 사용하고 있지 않았고, 그러므로 관련 없는 것을 측정하고 있었다. 융통성 있는 방법론을 이용하는 최근 연구는 가난한 어린이들이 어떤 영역에서 중요한 역량을 갖고 있는지를 보여준다. 우리가 아래에서 다룰 내용이 이들 역량 중 몇 가지이다.

2. 보편성

10년 전에 가난한 어린이들이 피아제의 구체적 조작이나 기본적 구문처리와 같은 "인지적 보편성"으로 특징 지어짐을 제시하는 몇 가지 증거가 있었다. 최근에 하는 대부분의 연구는 비교문화 전통에서 진행되는데, 이런 관점의 기초적인 타당성을 입증해 준다. 예를 들어, 피아제의 관점을 비교문화 측면에서 연구한 연구들에 대한 최근의 한 검토(Dasen과 Heron, 1981)는 연구된 모든 문화가 구체적 조작기에 걸맞은 사고에 맞는 역량을 보이지만, 형식적 조작과 관련한 증거는 결코 명확하지 않았음을 제시한다. 이와 유사하게 콜과 스크리브너(1974)와 이들의 공동 연구자들의 연구는 문맹인 서아프리카인들도 읽기, 기억 등과 같은 기초적인 역량을 보임을 일반적으로 설명해 준다. 물론 이들 역량이 전형적인 서구적 방식으로 표현될 수는 없을 듯하지만 말이다. Flavell(1977)이 인용한 Kalahari의 부시맨들(Tulkin과 Konnor)도 그들이 동물들을 추적할 때 과학적 사고 역량을 보여준다. 동시에 연구자들은 이들이 화학물질들을 결합하는 것과 같은 피아제의 형식적 조작 과제들을 다루는 것은 가능하지 않다는 것을 알았다.

나와 공동 연구자들이 한 연구(Ginsburg, Posner, Russell, 1981a, 1981b, 1981c)는 서로 다른 두 문화에 있는 학교 교육을 받지 않은 서아프리카 사람들과 학교 교육을 받은 서아프리카 사람들의 수학적 사고의 발달을 조사한다. Ivory Coast[e]에 사는 이 두 집단 중 한 집단인 바울레(Baoulé)족은 물활론[f]을 믿으며, 농업 집단에 속하여 수학에 대한 특별히 강조해서 설명할 것은 없다. 우리 연구는 바울레족 어린이들 중 일부는 학교를 다니고 다른 어린이들은 학교를 다니지 않는 지역에서 수행되었다. 두 번째 집단인 디올라(Dioula)족은 전통적으로 상업활동에 참여하는 무슬림로서 서아프리카 곳곳에 흩어져 살고 있다. 디올라족은 종종 문맹자들이기는 하지만 상행위를 하는 과정에서 계산 과정을 이용할 필요가 있다. 바울레족과 마찬가지로, 일부 디올라족은 학교 다니기를 거부하지만 또 다른 일부는 학교에 다닌다. 이 두 아프리카 집단은 수학적 아이디어와 절차에 대한 수용에 있어서 현저한 차이를 보였다. 우리는 이들 두 집단을 이용해서 학교 교육과 문화가 비형식적 수학적 기능들의 발달에 미치는 영향을 조사하였다.

한 가지 중요한 발견은 두 집단으로부터 모두 학교를 안 다니는 어린이들이 '보다 많은', '같음', '더하기'와 같은 수학의 근원적인 비형식적 개념을 갖고 있었다는 점이다. 포스너Posner(1980)는 4세에서 5세부터 9세 또는 10세의 바울레족 및 디올라족 어린이들이 '보다 많다'라는 기초 개념에 대해서 미국의 어린이들만큼 알고 있음을 발견하였다. 이 두 아프리카 문화에 있는 어린 어린이들은 "같지 않음"이란 기초 개념을 갖고 있다. 학교 교육을 받았는가 또는 어떤 인종인가와 상관없이 9세에서 10세 즈음의 어린이들은 상당히 높은 수준의 정확성을 보여준다. 더욱이 어떤 묶음이 더 많은지를 결정하는 이들의 방법은 미국의 어린이들의 방법과 유사하다. 즉, 이것은 역량의 보편성을 설명해 준다(Posner, 1982). 비록 이 아프리카 어린이들이 미국의 어린이들에 비해서 조금 늦은 나이에 이 개념을 획득했을 수 있겠지만, 아프리카 어린이들은 미국의 학교 교육을 받은 것도 아니고 중산층 문화를 경험한 것도 아니면서도 이 개념을 획득하고 있다. 포스너는 또한 이 두 집단의 초등 덧셈을 연구했다. 이들은 학교 교육을 받은 디올라족 사람들과 학교 교육을 받지 않은 디올라족 사람들은 초등 덧셈에서 매우 능숙하였고, 학교 교육을 받은 바울레족 사람들도 덧셈을 잘하고 있음을 발견하였다. 학교 교육을 받지 않은 채 농업 사회의 구성원으로 살고 있는 바울레족 사람들만이 상대적으로 덧셈을 잘하지 못했다. 아마도 이들의 농경 사회의 문화가 셈을 거의 강조하지 않기 때문일 것이다. 아무튼, 중요한

e) 역자 주. 현재는 코트디부아르로 국가명을 수정하였다.
f) 역자 주. 모든 물질이 생명이나 혼을 가지고 있다고 믿는 사람.

발견은 학교 교육을 받지 않은 디올라족 어린이들이 세기와 다른 효과적인 전략들을 이용하면서 초등 덧셈에 능숙하다는 것과 학교 교육을 받지 않은 바울라족 어린이들도 덧셈에서 어느 정도 성공적이라는 것이다.

긴즈버그, 포스너, 러셀(1981a)은 학교 교육을 받은, 그리고 학교 교육을 받지 않은 디올라족 어린이들과 성인들 그리고 미국에 있는 어린이들과 성인을 대상으로 덧셈의 좀 더 복잡한 형태를 연구하였다. 일반적으로, 학교 교육을 받지 않은 디올라족 어린이들은 구두로 제시한 덧셈 문제들에 대한 그들의 풀이를 보면 높은 수준의 역량을 보였다. 이 어린 디올라족 어린이들은 기초적인 세기 절차로 시작하지만, 나이가 있는 어린이들은 십진법에 따라 수들을 분할하는 방법(예를 들어, 23+42=20+40+3+2)을 이용하는 것으로 방법을 바꾸었다. 이 분할 방법은 큰 수들로 덧셈을 할 때 좀 더 효과적이다. 처음에 디올라족 어린이들은 매우 정확하게 이들 전략을 이용하지 못하지만, 나이를 먹어가면서 서로 다른 유형의 문제들을 구별하는 것을 배우고 서로 다른 전략들이 어디서 적절한지를 배워가면서 점차적으로 이들을 사용하는 데 능숙해졌다. 더욱이, 디올라족 어린이들이 사용한 전략들은 미국 어린이들에게서 관찰되는 전략들과 본질에서 같았다. 학교 교육과 미국 문화는 덧셈의 암산 전략의 발달에 꼭 필요한 것은 아니다. Saxe(Saxe와 Posner, 1983)와 같은 다른 비교문화 연구자들은 비슷한 결과들을 얻었다. 분명히, 전통문화권의 절망적인 가난을 고려할 때 그런 환경에서 자란 문맹아들도 약간의 인지적 개념과 기술을 나름대로 개발한다.

우리 문화권 내의 가난한 아이들도 비슷한 기술들을 개발한다. 이것은 10년 전에는 하나의 가설이었지만, 오늘날 이것은 훨씬 더 합리적이다. 기초적인 인지 기술은 학교 교육을 받지 않은 아프리카 사람들 또는 중류층 미국인들보다 미국 하류층에서 덜 퍼져있음에 틀림없다. 미국 워싱턴시의 소수 민족이 모여 사는 빈민가에서 내가 한 연구(Ginsburg와 Russell, 1981)는 유아원과 유치원 수준에서 백인과 흑인이 모두 포함된 하류층과 중류층을 대상으로 비형식적 수학 개념의 발달을 조사하기 위해서 설계되었다. 우리는 각 어린이를 개별적으로 만났고, 이들은 많은 수학적 사고 과제(모두 17개)를 받았다. 이들 중 많은 과제는 우리가 아프리카에서 한 연구와 Gelman과 같은 연구자들의 연구에서 인용하였다. 이들 과제는 '~ 보다 많은'의 인식, 덧셈 연산의 이해, 단순한 수 세기$_{\text{enumeration}}$ 뿐만 아니라 수의 표현과 쓰기와 같이 학교에서 배우는 개념들도 포함한다.

일반적으로 우리는 사회적 계층 간 차를 발견할 수 없었으며, 특히 중류층 어린이들이 하류층 어린이들에 비해서 뛰어나다는 통계적으로 유의미한 차이를 발견하지 못했다. 대단히 많은 경우 이 두 사회 계층의 어린이들은 다양한 과제들을 해결할 수 있는 역량을 입증하였으며, 이들 과제를 해결하는 데 유사한 전략들을 사용했다. 이런 역량들과 전략들이 유아원 수준에서 명백하지 않을 수 있다 해도, 이들 역량과 전략은 유치원의 모든 집단에서 나타날 것이다. 예를 들어, 중류층 어린이들과 하류층 어린이들은 세기 전략을 효과적으로 사용해서 구체물을 포함한 덧셈 계산 문제들을 해결했다. 일반적으로, 유일한 큰 차이는 나이였다. 유아원에서 유치원으로의 발달적 변화가 이 영역에서 사회적 계층 간 차를 훨씬 뛰어넘었다. 더욱이 이 연구에 따르면, 인종 간 차이는 사회적 계층 간 차이보다 적었다. 인종은 매우 어린 시기의 인지적 기능과 사소한 관련이 있을 뿐이다. 하류층과 흑인 어린이들은 추상적 사고에 취약하다는 Jensen(1969)의 주장은 적어도 어린 시기의 수학적 인지와 관련해서 틀렸다. 우리 연구에서 사용한 많은 과제는 추상적 사고에 대한 매우 좋은 예들(예를 들어, 덧셈 연산의 이해)이지만, 인종 및 사회적 계층 간 차와는 관련이 없었다. 우리의 종합적인 결론은 적어도 4~5세 시기의 가난한 어린이들(백인이든 흑인이든 상관없이)은 초기 수학적 사고를 위한 근원적인 역량을 소유하고 있다. 일반적으로 알려진바, 즉 인지적 결손에 대한 어떠한 증거도 없다.

3. 인지적 차

10년 전 많은 연구자는 가난한 어린이들은 결핍$_{\text{deficits}}$이 아니라 인지적 차이로 특징지을 수 있다는 가설을 세웠다(예를 들어, Cole와 Bruner, 1971). 이에 대한 주요한 증거는 Labov의 연구였다. 그의 연구는 흑인 영어가 표면적으로 다르지만 표준 영어와 같은 기본 구문을 사용한다는 점을 보였다. 이 주장의 요지는 "인지적 차는 독특한 환경에 대한 적응의 표현이다"였다.

이 주장은 주로 추측이었던 반면에, 인지적 차란 무엇인가란 질문에 대해 설득력 있는 설명을 제공하는 몇 가지 최근의 비교 문화적 증거가 있다. 우리는 일반적으로 각 문화는 독특한 문제들을 다루기 위해서 독특한 기법들을 개발한다고 알고 있다. Puluwat섬 사람들은 특별한 도구 없이 항해하는 기발한 방법들을 개발한다(Gladwin, 1970). Ivory Coast(현재, 코트디부아르)에서 우리가 한 연구는 서로 매우 다른 두 문화권, 한 문화권은 이슬람교도이면서 상인인 문화권과 다른 하나는 물활론자이면서 농부인 문화권에 사는 사람들의 수학적 사고의 발달을 조사했다. 디올라족은 전통적으로 상업에 종사하였고, 화폐 경제를 다루는 경험이 풍부하다. 반대로, 바울라족은 대개 그렇지 않다. 우리는 복잡한 형식의 암산을 사용할 뿐만 아니라 일상생활에서 발생하는 상황에서 기초적인 수학적 원리들을 이해하고 있는 디올라족 성인들을 만났다(Petitto와 Ginsburg, 1982). 앞서 언급한 연구들에 따르면, 서로 다른 문화권은 때때로 지역의 환경적 필요에 대응해서 독특한 인지 패턴을 개발한다. 불행하게도 우리가 아는 것은 이것이 전부이다. 우리는 우리 자신의 문화 내에서 서로 다른 집단들의 독특한 인지적 활동들과 관련한 실질적으로 확실한 정보가 없다. 이와 관련한 상세한 것은 아래에서 다룬다.

4. 인지의 사회화

내가 앞서 한 비평은 자연적인 발달을 강조했고, 인지의 사회화의 역할을 격하시켰다. 나는 가난한 아이들도 중류층이 만들어 놓은 인지의 사회화가 훗날 학교 학습을 위한 토대를 형성하게 될 기본적인 지적 기능skills이 아니라는 점을 그들 나름대로의 방식으로 알게 될 것이라는 점을 주장했다. 이 비평은 어떤 면에서는 정확하지만, 어떤 면에서는 틀렸다. 가난한 아이들의 학습을 포함해서 아이들의 학습은 종종 자연적이고 반드시 성인의 지도에 의존하지 않는다는 점을 지적한 것은 옳았다. 인지의 어떤 측면은 부모의 개입 없이 자기 주도적 방식으로 발달한다. 유아들은 부모의 도움이나 지식에 의존하지 않으면서 대상 영속성, 활동 인지 구조schemes, 감각적인 기능들을 그들 나름대로 발달시킨다. 미취학 아이들은 덧셈하는 방법과 동치 개념을 명시적 지도 없이 그들 나름대로 이해한다. 물론, 부모나 아이가 속한 문화의 어떤 대리인이 직접적으로 또는 간접적으로 수를 세는 기본적인 방법을 알려 주기는 할 것이다. 우리는 아이들이 기본적인 개념, 기능, 현명한 세계관을 자연적으로 발달시킬 수 있는 정도를 과소평가하고 있다.

내가 한 비평은 또한 대부분의 초기에 이루어진 인지의 사회화 연구가 좋지 않은 의도로 실행되었다고 지적했다는 점에서도 정확하였다. 예를 들어, Hess와 Shipman(1967)의 영향력 있는 연구는 인지의 사회화란 관점을 지나치게 단순화시켰고, 이것을 서툴게 연구했다. 이들은 인지의 사회화를 부모가 자녀들의 지적 발달에 영향을 미치는 일방적인 과정으로 이해했다. 이런 이론화는 인지발달의 자기 주도적 측면과 부모와 자녀 사이의 복잡한 상호작용을 정당화시킬 수 없다. 또한, Hess와 Shipman은 실험실 상황에서 하층민 가정의 부모와 자녀 간의 상호작용을 조사했다. 이때 부모는 인위적인 과제로 아이들을 가르쳐야 했다. 이런 상황은 중류층 부모와 아이들에게는 편안했을 수 있었을 것이다. 이런 상황에서 하층민 아이들은 흥미가 생기지 않았을 것이고, 심지어는 위협을 받는다거나 초라해지는 느낌이었을 것이다. 이 아이들에게 실험실 과제는 문화적으로 편견이 있는 것이고, 생태학적 타당도[g]가 부족해 보인다.

동시에 나의 비평이 비록 합리적일지라도, 나는 인지의 사회화가 기본적인 지적 기능의 발달을 위해 중요하고 필요하다는 점을 과소평가했다. 아마도 나는 피아제의 학설에 천착(穿鑿)되어 있는지 모르겠다. 피아제는 사회문화적 환경의 역할을 결코 정말로 이해하지 못했다. 그러나 비고츠키는 이를 이해했다. 비고츠키 전통에서 최근 연구(예를 들어, Greenfield, 1984; Rogoff Gardner, 1984)는 부모와 자녀의 상호작용이 초기 인지발달을 만드는 데 있어서 감지하기 어렵지만 중요한 방식임을 설명한다. 아이들은 모든 것을 그

g) 역자 주. 어떤 하나의 연구(특히 실험)를 통해 얻은 지식이나 이해, 사실에 대하여 그 연구에서 관찰하지 않았던 대상에게까지 확대하여 적용할 수 있는 정도.

들만의 방식으로 배우지는 못한다. 부모가 자녀들이 자신들의 인지발달에 있어 중요한 핵심 요소들을 발달시켜가는 데 있어서 중요한 역할을 하는 듯싶다.

이것이 가난한 아이들을 이해하는 데 있어서 의미하는 것은 무엇일까? 아마도 가난한 아이들이 그들만의 방식으로 — 자기 주도적 방식으로 — 어떤 지적 기능들을 배운다는 것은 여전히 옳은 주장인 것 같다. 이러한 경우들에서 인지의 사회화는 그 요지를 벗어나게 된다. 동시에 인지의 사회화는 훗날 학교에서 수업을 받을 때 중요한 역할을 할 수도 있을 어떤 지적 기능과 다른 기능들의 발달에 중요할 수도 있을 것이다. 그러므로, 우리는 민감한 방법과 정교한 이론들을 사용해서 일반적인 인지의 사회화 그리고 특히 가난한 아이들의 인지의 사회화에 대해 좀 더 배울 필요가 있다.

5. 학교 지식

우리가 학교에서 가난한 아이들의 수행에 대해 민감한 무엇인가에 대해 말하고자 하였을지라도, 10년 또는 15년 전에 우리는 학교 지식에 대해 아무것도 모르고 있었고, 더 많은 것을 알 필요가 있었다. 그때부터 교육받은 인지$_{\text{schooled cognition}}$에 대한 우리의 이해는 괄목할만한 발전을 해왔다. 현재 우리는 성취도 검사 점수가 전모(全貌)를 밝혀주지 못한다는 우리의 초기의 직관을 훨씬 넘어설 수 있다. 현재 우리는 읽기(해독과 이해 모두), 쓰기$_{\text{expository writing}}$, 그리고 수학적 사고와 같은 중요한 주제들에 관해 연구를 10년 이상 수행해왔다. 최근에 그 주제 중의 한 주제에 대한 편저 작업을 하면서(Ginsburg, 1983), 나는 수학적 사고에 관한 최근의 연구에 대해 잘 알게 되었다. 우리는 지금 어린아이들의 사물을 세는 활동들과 이 활동들이 계산에 작용하는 역할(Fuson Hall, 1983), 정신 수선$_{\text{mental numberline}}$과 기본 수 이후의 개념들(Resnick, 1983), 계산 중 발생하는 오류들에 대한 체계적인 전략들의 역할(Vanlehn, 1983), 문장제 문제해결에 대한 의미론과 구문론(Riley, Greeno, Heller, 1983), 그리고 대수적 문제해결에 대한 기본 전략(Davis, 1983)에 대해 많이 알고 있다. 학교 수학에 대한 아이들의 지식은 복잡한 인지 활동을 포함하고 있다. 우리는 이제 막 이것의 본질을 어느 정도 이해하기 시작하였다.

학교 지식과 관련한 이 연구물들의 한 장점은 우리가 이제 민감하면서도 풍부한 정보를 제공하는 연구를 "매우 잘" 수행하는 위치에 있다는 점이다(Edmonds, 1986). 우리가 성취도 시험만을 종속 측정값으로 의존했을 때, 이것은 가능하지 않았다. 학교 지식에 대한 적절한 이론이 부재한 상태에서 실제로 아이들이 실제로 학교에서 무엇을 배우는지를 확실하게 이해하는 것은 불가능하였다. 하지만 우리는 이제 이들 문제에 대한 이해를 시작할 수 있었고, 이것이 가난한 아이들의 교육을 다루는 데 있어서 큰 도움이 될 것이다.

특히, 우리는 학교 지식의 이론에 대한 이 새로운 연구 결과물들을 통해서 학교 실패에 대한 이해를 넓히는 서막을 맞이하게 되었다. 학교 실패를 개선하고자 하는 열망은 가난한 아이들의 지력을 연구한 초기 연구들의 이면에 있는 원동력이었다. 현재 우리는 학교 실패의 본질과 결과적으로 많은 가난한 아이들의 학교 수행을 밝혀주는 많은 연구를 하고 있다. 러셀과 긴즈버그(1984)는 학교 수학에서 낮은 성취도의 원인이 되는 인지적 요인을 연구했다. 이 연구는 3학년과 4학년에 재학 중인 중산층과 하류층 아이들을 포함했다. (시사점으로, 가난한 아이들이 학교 실패의 반열에 불균형적으로 나타나기 때문에 이 연구는 가난한 아이들의 이해와 특히 관련 있다.) 우리의 포괄적인 목적은 표준 수학 학업성취도 시험들에서 적어도 평균 학력보다 1년 이상 낮은 성적을 받은 4학년 아이들이 여러 수학적 인지 중 몇 개의 다른 영역에서 특이한 사고 패턴을 표출하는지를 결정하는 데 있었다. 우리는 낮은 성취도를 보인 아이들이 (a) 비형식적 수학적 사고, (b) 추상적 사고, (c) 사칙연산의 계산 측면, 그리고 (d) 십진법과 같은 기초 개념들에서 약점을 표출하는지를 알고 싶었다. 우리는 임상 면담 방법과 수년에 걸쳐 개발된 많은 과제를 이용해서 각 아이를 개별적으로 검사했다. 몇 가지 결과는 우리의 관심사와 관련 있다. 아이들이 갖고 있는 수학 장애Mathematics difficulty는 정신 수선mental numberline과 같은 근본적인 비형식적 개념들과 정신 덧셈과 어림mental addition and estimation과 같은 근본적인 비형식적 절차들에 기인한다. 아이들은 활자화된 수written numbers에 적용이 가능한 기본적인 정교한 수 세기 기능들, 그리고 심지어 자릿값 개념을 갖고 있다. 이들은 몇몇 구조화된 과제들을 수행하는 통찰을 보이고, 기본적인 문장제 문제를 해결할 수 있다. 이들은 학술적 정의에 따르면 일반적인 아이들보다 더 많은 오류를 범하지만, 이들 오류는 보통의 버그common bugs(Brown & Burton, 1978)이거나 오류 전략들의 결과들이다. 수학 장애 아이들도 평범한 성취를 보이는 아이들이 범하는 오류를 같은 이유로 범한다. 우리 연구의 포괄적인 결론은 수학 장애 아이들은 기본적인 수학적 사고와 관련해서 본질적으로 정상이라는 것이다. 이 아이들은 추상적 사고를 할 수 있지만, 특이한 성격의 인지 과정을 표출하지는 못한다.

물론, 이 연구와 관련해서 제기될 수 있는 많은 유의점이 있다. 첫 번째, 우리는 모든 인지 과정들을 연구하지 않았기 때문에 우리가 얻은 결론은 필연적으로 사용된 측정 영역들로 국한되어야 한다. 두 번째, 우리는 수학 장애 아이들이 기본 구구(10 이하 수들로만 된 덧셈 및 뺄셈)를 어려워하는 것과 같은 설명하기 어려워하는 이상한 결과를 얻었다. 이들은 $2+2=4$임을 기억하는 것을 더 어려워한 반면 이보다 더 복잡한 정신 전략을 수행해냈다. 이 결과는 아마도 Jensen이 기대한 것과는 반대의 결과이다. Jensen의 관점에서, 가난한 아이들은 기계적 암기에 특별한 재능을 가지고 있지만, 개념적 과제들을 다룰 수 없다. 이 결과는 Jensen의 관점과는 모순되지만, 나는 그것을 설명할만한 쉬운 방법을 알지 못한다.

현 시점에서 우리의 결과들이 결정적이지는 못하다는 점에서 상당한 연구가 진행될 필요가 있다. 학교에서 실패하는 아이들과 한 임상 면담 경험을 토대로, 나는 이들 연구 결과가 낮은 성취도를 보이는 아이들 집단이 추상적 대상들을 이해할 수 없는 무능력과 같은 심각한 인지적 결손cognitive deficiencies으로부터 고생하는 것이 아니라는 관점을 지지해 줄 것이라고 예상한다. 더욱이, 적어도 1학년부터 몇 개 학년에서 낮은 성취도를 보이는 아이들은 학교 인지의 특별한 패턴을 보여주는 것 같지도 않다. 이들은 많은 오답을 얻을는지 모르겠지만, 학교와 관련된 활동들에 대한 이들의 기본적인 이해는 평범한 성취를 보이는 아이들의 그것과 비교해서 질적으로 다르지 않다. 동시에, 이들 아이가 점점 더 뒤처지게 하는 누적 결손들이 결과적으로 있을 수 있다. 따라서 간단한 덧셈과 뺄셈을 배우는 데 실패한 아이들은 산술에서 좀 더 복잡한 주제들(예를 들어, 장제식 나눗셈)을 배우는 데 있어 불리할 것이다. 이에 따라 학교에서 실패하는 아이들은 “학교를 벗어나는” 지점에 이르게 될 것이고, 이들의 학교 인지는 결과적으로 결손된 상태가 될 것이다. 하지만, 이것이 기초적인 인지적 장애cognitive difficulties를 반영하는 것은 아니다.

학교 실패가 본질적으로 인지의 결손으로부터 발생하는 것(하지만 결과적으로 결손된 인지를 유발시키는)이 아니라는 이 가설이 기본적으로 옳다면, 아이들이 처음부터 학교 실패를 하는 이유는 무엇일까? 이 질문은 우리로 하여금 교육, 동기, 양식style과 같은 영역에 관심을 갖게 한다. 교육과 관련해서 많은 학교가 잘못되게 가르치고 있음은 상당히 명백하다. 그리고 이것이 아이들의 학교 실패의 주요한 원인이다. 가난한 아이들이 격려하는 조건하에서 잘 배우지 못한다는 증거는 없다. 다른 요인은 동기이다. 학교 실패를 하기 쉬운 아이들은 어떤 형태가 되었든 자신들의 역량을 표출하거나 자신들의 잠재력을 깨달을 수 있게 하는 것을 방해하는 고충을 경험했을 수 있다. 물론, 이들 아이가 한 번 뒤처지면, 그 예언은 저절로 이루어지게 된다. 마지막으로, 양식이라는 요소가 있다. 일부 아이들의 학습 양식 또는 인지 양식은 각급 학교의 교수 환경과 효과적으로 어울리지 않을 수 있다.

요약하면, 최근 몇 해에 걸쳐 우리는 적절한 방법론에 대한 이해, 기본적이면서 아마도 보편적인 인지 과정들에 대한 이해, 독특한 환경에 반응하는 특유한 인지적 적응에 대한 이해, 그리고 학교 지식에 대한 개념화에서 중요한 진전을 이루었다. 이들 진전의 대부분은 가난한 아이들에 대한 이해와 간접적으로 관련되어 있지만, 그럼에도 불구하고 중요하게 관련되어 있다. 일반적으로 이 연구 결과들은 가난한 아이들이 강력한 인지적 결함으로부터 어려워하지 않는다는 가설을 지지한다. 지력의 빈곤은 학교에서 이들의 실패를 설명하지 못한다.

필요한 연구

인지발달심리학은 가난한 아이들의 연구에 대한 지식을 제공할 수 있는 새로운 방향으로 이동해 가고 있다. 연구자들은 지력 발달이란 주제에 대한 새로운 관점들을 제기하기 위해서 "순수한 인지를 초월하여"(Schoenfeld, 1983) 연구를 시작해 가고 있다. 마음mind을 보는 이 새로운 관점 중 일부는 가난한 아이들의 지적 성장 및 교육에 대한 통찰을 제공할 수 있을 것이다.

1. 학습의 잠재성

보통 인지심리학자들은 개인의 연구 시점의 인지 구조와 같은 정신 활동이라는 옹색한 측면에 주목해 오고 있었다. 전통적인 연구는 X 나이 대(vs) Y 나이에 있는 구체적 조작들의 본질 그리고 어린아이들의 수 세기 전략들의 본질과 같은 주제들에 초점을 두어왔다. 소위 발달 연구들은 X, Y, Z의 나이대에 있는 서로 다른 집단의 어린이들에게서 한 과정 A(예를 들어, 자기중심적 의사소통)을 전형적으로 조사했다. 다른 나이대에 있는 같은 아이들을 실험대상자로 이용한 소수의 연구들조차 정적인 유형으로 기존의 인지 구조들을 연구하지, 발달 과정 그 자체에 대해서는 초점을 두지 않는다. 물론, 내가 방금 설명한 이 상황에 대한 예외들이 있다. 일부 발달론자들은 발달과 학습에 초점을 두어왔다. 예를 들어, 피아제 학파가 여러 해 동안 인지 구조(구체적 조작과 형식적 조작 등)를 탐구한 후에 피아제 학파는 평형화란 주제를 탐구하는 것(Inhelder, Sinclair, Bovet의 연구 참고, 1974)으로 1970년대에 돌아섰다. 하지만 대부분의 인지발달심리학은 인지발달 과정과는 직접적으로 관련이 없고, 다양한 연령대에서 연구 시점에서의 구조들에서의 드러나는 차이들의 특성과 관련이 있다.

가난한 아이 또는 그 밖의 다른 누군가의 교육이건 간에, 교육을 위해 이런 유형의 발달심리학의 관점은 가치가 있지만, 동시에 단점을 갖고 있다. 내가 앞서 주장했던 것처럼, 학교 지식의 구조를 이해하는 것 그리고 학교 지식의 개념과 과정을 분석하는 것이 중요하다. 예를 들어, 미취학 아이들 수준에서 가난한 아이들이 어떤 비형식적 덧셈 개념과 절차를 알고 있는지(Ginsburg & Russell, 1981)를 결정하고, 학생들이 저지르는 수학적 오류들이 공통적인 오류 전략common error strategies에 의해 발생한다는 것을 이해하는 것이 중요하다(Ginsburg, 1981). 하지만, 교육을 위해 사람들이 어떻게 비형식적 지식을 형성하고 버그bugs를 제거하는지를 아는 것이 훨씬 더 중요하다. 학습 잠재성과 발달은 이 문제의 핵심이지만, 연구 시점의 인지 구조는 이 문제의 핵심이 아니다. 즉 초점은 현재의 상태가 아니라 변하는 중에 있는 것에 두어야 한다. 실제로, Papert(1980)는 심지어 현 시점의 인지 구조에 초점을 두는 것은 역효과를 낳을 수도 있음을 제안한다.

> 자동차와 비행기의 발명이 말이 끄는 여러 형태의 마차들과 같은 이전의 운송 수단들이 어떻게 작동하고 작동하지 않는지에 대한 자세한 연구로부터 비롯된 것은 아니다. 하지만, 이것은 동시대의 교육 연구를 위한 모델이다. … 학생들이 오늘날의 학교 수업으로부터 얻는 수학 및 과학에 대한 볼품없는 성과와 관련한 많은 연구가 있다. "훌륭한" 교수법은 이것의 출발점으로서 이 볼품없는 성과를 받아들여야 한다는 "인간주의적" 주장이 널리 퍼져 있다. …
>
> 그럼에도 불구하고, 나는 이 전략은 전통적인 체제를 보존하기 위한 약속을 의미한다고 생각한다. 이것은 말수레의 축을 개선하는 것과 유사하다. 그러나 우리가 할 수 있는 진짜 질문은 우리가 "교육적 자동차"를 발명할 수 있는가이다(44쪽).

Papert의 관점을 가난한 아이들의 경우에 적용하면, 우리는 가난한 아이들이 좀 더 이상적인 환경하에서 할 수 있는 것을 발견하는 것보다 이들이 4세에 어떤 비형식적 지식을 소유하고 있는지를 아는 것 또는 현재 학교에 재학 중인 3학년 학생들이 왜 덧셈 오류들을 만드는 이유를 아는 것은 덜 중요하다고 주장할 수 있을 것이다. 현재의 인지 구조는 전형적인 학교 환경에 의해 형성되기 때문에 현재의 인지 구조는 좀 더 활기를 주는 환경에서 학습하는 문제들과는 거의 관련이 없을 수 있다. 가난한 아이가 4세에 셀 수 있는지 또는 없는지, 또는 어떤 오류 전략을 이용할 수 있는지는 그가 전형적이지 않은 교실에서 성취할 수 있는 것과 크게 관련이 없을 것이다.

급진적 교육 개혁에 대한 많은 문헌은 이러한 점을 지지한다. 여러 해 전에, Kohl (1967)과 같은 교육학자들은 전형적이지 않은 교실들이 가난한 아이들에게 이례적으로 좋은 학습 결과를 산출함을 보였다. 좀 더 최근에, Papert(1980)와 동료 연구자들은 LOGO 컴퓨터 환경이 육체적으로 결함이 있는 아이들에게 매우 뛰어난 학습 결과를 산출할 수 있음을 보였다. 심지어 이 아이들 중 일부는 일반 학급에서 학습부진아로 판단된 아이들이었다. Edmonds(1986)는 읽기 장애는 학습 장애를 가진 아이들에게서조차 개선될 수 있음을 보인다. 이 존재 정리[h]는 명확하게 증명되었음이 확실하다. 여러 가지 장애를 가진 아이들도 포함해서 가난한 아이들은 전형적이지 않은 조건하에서 학습할 수 있다. 이 효과적인 교육 환경이 드물다고 하지만, 이 가능성은 존재한다. 학습 장애를 다루는 심리학 이론들은 대단히 회의적으로 다루어져야만 한다. 이 이론들은 현재 조건들에서 존재하는 것만을 기술할 뿐이지 발생할 수 있는 것이 무엇인지를 기술하지는 못한다.

심리학자들은 학습 잠재성 문제에 좀 더 초점을 두어야 하고 정지 상태의 시각에 인지

---

h) 역자 주. 문제의 풀이가 존재하기 위한 조건들을 밝혀 증명된 명제.

되는 인지 구조에 대한 기술에 대해서 초점을 덜 두어야 한다. 여러 해 동안 학습 심리학 연구는 예리하지 못했고 관련성도 없었다. 아마도 이것들이 학습 심리학 연구를 포기하게 하는 좋은 이유였다. 하지만, Brown과 French(1979)가 제안하였듯이 오래되었지만 여전히 중요한 주제인 이 학습 심리학 연구로 돌아갈 시점인 듯하다.

2. 비인지 요인들

동기는 교육에서 근본적인 역할을 한다. 아이들이 몰입할 때, 즉 새로운 것을 배우는 데 흥미를 보이고 열정을 갖고 있을 때, 그런 아이들은 큰 지적 발전을 보인다. 이런 유형에 대한 최근의 문화적 현상은 컴퓨터에 푹 빠져있는 아이들이다. 형식적인 수업의 혜택을 받지 않음에도 불구하고, 이들은 컴퓨터를 전문가처럼 사용한다. 우리는 또한 새로운 것을 배우는 데 겁먹은 아이들에 익숙하다. 예를 들어, 수학 배우기를 두려워하는 아이들, 수학 배우기를 손 놓은 아이들, 지적 관심을 갖고 있다는 표시를 내기를 두려워하는 아이들 말이다. Ogbu(1986)가 한 분석은 인도의 카스트 제도하에서 얻은 동기, 신념, 기대에 초점을 두고 있다. 일부 아이들은 학교에서 배우지 않는다. 왜냐하면, 이들은 학교에서 배우는 것으로부터 어떠한 사회적 또는 경제적 혜택을 받지 않는다고 인식하고 있기 때문이다. 임상의사들은 새로운 것을 배우는 데 실패하는 아이들은 신경증적 성격 구조neurotic character structure에 그 원인이 있음을 잘 알고 있다. 예를 들어, 교사의 불만은 부모들의 불만과 연결되어 있을 수 있고, 사칙연산 중 뺄셈은 부모의 사랑이 "없는 상태"로 보일 수 있다. 그러한 착오는 우리가 생각하는 것 이상으로 만연되어 있다.

피아제도 말했듯이, 인지 구조가 아이들 동기의 원천("기능적 동화")이라고 말하는 것으로 충분하지 못하다. 분명히 "내재적 동기"라고 하는 것이 있고, 있을 수 있고, 있어야 한다. 하지만, 동기와 관련한 많은 다른 요인들이 또한 교육에서 중요하다. 실제로 나는 두 가지 요인을 고찰하였다. 한 가지는 학교에서 다양한 학습 문제 또는 낮은 성취도의 대부분의 사례들은 기본적인 인지적 결점보다는 주로 동기부여 문제로 설명될 수 있다. 학교에서 실패하는 대부분의 아이들은 그들이 우둔하기 (인지적으로 결핍되어 있다거나, "형식적 조작"을 못한다거나 등등) 때문이 아니라 그들이 두려워하고 흥미를 잃었기 때문이다. 나는 학교 심리학자들이 현실과 동떨어져 있다고 생각한다. 그들은 학교 실패에서 기본적인 인지적 요소들(즉, 지능, 개념적 사고, 피아제의 조작)의 역할을 지나치게 고려하고 있다. 물론, 동기와 성격 관련 변인들보다 인지적 변인들을 측정하는 것이 쉽다.

두 번째 요소는 동기를 이해하는 것이 적어도 인지 구조 또는 과정에 대한 지식만큼 학습 부진에 대한 교정을 위해 유용하다는 것이다. 틀림없이, Brown, Palinesar, Purcell (1986)이 보여주었듯이, 과정에서 나타나는 여러 혼란에 대한 인지적 분석(진단)을 토대로 한 집중적인 개입이 성공적인 교정을 제공할 수 있다. 하지만, 성취도가 낮은 아이들의 인지적 과정들에 크게 주목하지 않으면서 새로운 방법으로 그들을 동기부여 시키는 것이 그들의 학습을 극적으로 개선할 수 있을는지 모른다. 이 진술을 위한 증거는 주로 일화이다. 이들은 잘 읽지 못하던 아이들이었지만, 어떤 이유에서지 모르게 이들이 읽기로 "마음을 먹고" 그 결과로 심오한 인지 분석에 기초한 개인 교습의 도움 없이 그들은 매우 빠르게 배울 수 있었다.

동기는 인지와 마찬가지로 학습에 중요하다. 어느 것이 더 중용한 것인지를 논쟁하는 것은 어리석은 일이다. 둘 다 중요하다. 하지만, 발달과 교육 연구자들은 동기부여와 관련된 요소들을 경시하는 경향이 있었다.

3. 인지 양식

내가 앞서서 설명하려고 노력했던 것처럼, 가난한 아이들은 아마도 근원적인 인지적 결함으로 어려움을 겪지는 않는다. 대신에, 보편적인 기본적 인지 과정이 존재한다는 증거는 있다. 동시에, 가난한 아이들도 — 또는 어떠한 아이들도 — 자신들의 환경이 요구하는 특수성에 맞게 독특한 지적 적응력을 발달시킨다. 이것이 일반적으로 결함 이론의 반대쪽에 있는 인지 차 관점이다.

추후 연구를 위해 중요한 연구 문제는 교육에서 그런 인지 차와 이 인지 차의 역할의 본질과 정도와 관련이 있다. 이 인지 차를 개념화하는 한 가지 방법은 인지 양식 측면일 것이다. 이 인지 양식이란 개념은 정신분석학에서 생겼고 오랜 그리고 파란만장한 역사를 지녔지만, 결국에는 심리측정학의 실제에 매몰되어 있다. 인지 양식의 기본 아이디어는 심리적 기능의 다른 측면들처럼 지능도 개성personality, 즉 양식을 갖는 것 같다. 우리가 하는 사회적 행위들이 그러하듯이, 지능 또한 충동적이거나, 방어적이거나, 활발하거나, 예리하지 못할 수 있다. 나는 추천서에 대한 비형식적 연구에서 전문적인 심리학자들이 자신들의 학생들과 동료들을 평가하면서 양식 개념에 상당히 의존한다는 사실을 발견했다. 어느 누구도 *g*를 말하지 않았지만, 많은 심리학자들이 "마음의 독립independence of mind"을 기술했다.

한 연구 주제는 가난한 아이들이 표출하는 학교 공부를 방해하는 독특한 인지 양식들이었다. Boykin(1979)는 흑인들이 중류층의 학교에 갖는 기대치들과 충돌할 수도 있는 지능의 "활력"을 표출하는 것을 제안했다. 이와 관련한 좀 더 최근의 연구 결과는 Shade (1982)를 참고하기 바란다. 지능의 개성은 인지 기능에 기본인 듯하다. 따라서, 가난한 아이들의 지능과 교육에서 인지 양식의 역할에 대해서 훨씬 많은 것을 알 필요가 있다.

4. 사회 체제에서 개인

지능과 개성은 사회생활에 녹아 있다. 따라서 지능과 개성은 사회생활과 분리해서 생각하면 온전히 이해할 수 없다. 우리는 보다 넓은 사회-정치 체제 맥락에서 행위와 인지를 해석하는 진짜 생태심리학을 필요로 한다. Johnny는 그가 멍청하기 때문에 학교에서 실패한 것이 아니라, 자신이 속한 계층 그리고 카스트 제도에서 자신의 위치와 관련한 자신의 암묵적 신념들과 연관된 동기, 교사들이(이들은 계층 체제와 성 역할에 대한 사회적 기대치에 의해 영향을 받아 그들의 직업을 선택하였다.) 그들을 지도하는 방식, 그리고 물질적 자원이 거의 없는 실직 가정에서 자신의 통제 범위를 벗어난 정치-경제적 요인들 때문이다. 교육은 심리학적 현상이기도 하면서 사회-정치적 현상이다. 궁색한 심리적 관점에 대한 옹호는 순진하다. 지난 몇 년간 심리학자들은 생태심리학의 필요성을 점차 깨달았음에도 불구하고(Bronfenbrenner, 1979; Neisser, 1976; Ogbu, 1986), 이 생태심리학을 실현하기 위해서 많은 이론적 연구가 행해질 필요가 있다.

결론

우리는 가난한 아이들의 지능과 교육에 대한 이해를 발전시켜왔다. 인지 결함 이론의 낡은 사회적 통념은 현재는 이전보다 훨씬 덜 신뢰하게 되었다. 동시에, 우리는 학습 잠재성, 동기, 인지 양식, 그리고 사회-정치적 요소들의 역할에 대한 많은 연구와 사색을 필요로 한다. 발전하기 위해서 우리는 참된 심리학적 그리고 생태학적 고려점들로 우리의 인지적 관념들을 보충 또는 전환할 필요가 있다. 이것이 가난한 아이들에 대한 이해를 증진시켜 줄 것이고, 교육 체제를 개혁시켜 줄 것이고, 그리고 일반 심리학의 발전을 이끌 것이다.

후기

1996년의 시점에서, 내가 10년 전에 작성한 오래된 원고는 어떤 측면에서 시대에 뒤진 것 같지 않다. 이 원고는 가난한 아이들의 지능 발달을 조사하기 위해는 좀 더 유연한 방법들을 사용할 필요성이 있음, 인지 또는 문화의 "결여" 또는 "결함"의 반대되는 것으로서 문화 차이와 특수성, 학교 지식과 동기를 깊이 있게 연구할 것, 있는 그대로의 교육 현상보다는 학습 잠재성, 즉 가능한 것에 초점을 맞출 것, 보다 참된 생태학적 발전 이론

ecological theories of development을 발달시키는 것을 말하고 있다. 지난 약 10여 년에 걸쳐, 연구자들은 사실상 이들 관점에서 연구를 실행해 오고 있었고(예를 들어, Brown Campion, 1994; McLloyd, 1990; Moll, Amanti, Neff, Gonzalez, 1992; Natriello, McDill, Pallas, 1990), 그런 연구를 통해서 우리의 지식이 크게 늘었다.

그러나 다른 측면에서 나의 원고는 오늘날의 발달된 세계보다는 좀 더 순수한 세계에서 작성된 듯하다. 빈곤에 대한 현재 상황은 우리의 상상을 초월하는 수준에서 어려움을 겪고 있는 극빈층을 포함할 뿐만 아니라 미국에서 살 집을 구하기 위해서 고군분투하고 있는 충격적인 모습의 소수 민족 사람들을 모두 포함한다. 극빈층의 아이들은 단순히 가난한 것이 아니다. 이들은 폭력, 마약, 그리고 사회적 지원의 부족이라는 극복하기 힘겨운 상황을 견디고 있다. 소수 민족의 아이들은 교육 제도에서의 많은 차이로 인해 어리둥절하게 된다. 라틴 아메리카 사람들이 미국에서 가장 큰 소수 민족 중 하나가 되어가고 있음에도 불구하고, 미국의 학교 제도는 이들을 충분하게 이해하지 못하고 있다. 언급해야 할 다른 소수 민족이 많지만, 베트남 사람들, 러시아 사람들, 카리브해 사람들 등은 자신들의 양식과 가치를 이해할 준비가 안 된 학교에 자신들의 양식과 가치를 가져온다. 오늘날 연구자들과 교육자들에게 그리고 정치가들에게 도전은 10년 또는 25년 전에 그들이 직면한 도전보다 더 어렵다.

참고문헌

Bereiter, C., and Englemann, S. (1966). *Teaching disadvantaged children in the preschool*. Englewood Cliffs, NJ: Prentice-Hall.

Boykin, A. W. (1979). “Psychological/behavioral verve” In A. W. Boykin, A. J. Franklin, and I. F. Yates (eds.). *Research directions of black psychologists*. New York: Russell Sage Foundation.

Bronfenbrenner, U. (1979). *The ecology of human development*. Cambridge, MA: Harvard University Press.

Brown. A. J., and French, L. A. (1979). The zone of potential development: Implications for intelligence testing in the year 2000. 1n R. J. Sternberg and D. K. Detterman (eds.). *Human intelligence perspectives on theory and measurement*. Norwood, NJ: Ablex.

Brown, A. L., and Campione, J. C. (1994). Guided discovery in a community of learners. In K. McGilly (ed.). *Classroom lessons: Integrating cognitive theory and classroom practice* (pp. 229-270). Cambridge, MA: MIT Press/Bradford Books.

Brown, A. L., Palinesar, A. S., and Purcell, L. (1986). Poor readers: Teach, don't label. In U. Neisser (ed.). *The school achievement of minority children* (pp. 105-143). Hillsdale, NJ: Lawrence Erlbaum Associates, Publishers.

Brown, J. S., and Burton, R. B. (1978). Diagnostic models for procedural bugs in basic mathematical skills. *Cognitive Science* 2: 155-192.

Cole, M., and Bruner, J. S. (1971). Cultural differences and inferences about psychological processes. *American Psychologist* 26: 866-76.

Cole, M., and Scribner, S. (1974). *Culture and thought*. New York: Wiley.

Dasen, P. R., and Heron, A. (1981). Cross-cultural tests of Piaget's theory. In H. C. Triandis and H. Heron (eds.). *Handbook of cross-cultural psychology*. Vol. 4. Boston: Allyn and Bacon.

Davis, R. B. (1983). Complex mathematical cognition. 1n H. P. Ginsburg (ed.). *The development of mathematical thinking*. New York: Academic Press.

Deutsch, M. (1967). (Ed.). *The disadvantaged child*. New York: Basic Books.

Edmonds, R. (1986). Characteristics of effective schools. In U. Neisser (ed.). *The school achievement of minority children* (pp. 93-104). Hillsdale, NJ: Lawrence Erlbaum Associates, Publishers.

Feagans, L., and Farran, D. C. (1982). (Eds.). *The language of children reared in poverty*. New York: Academic Press.

Flavell, J. H. (1977). *Cognitive development*. Englewood Cliffs, NJ; Prentice-Hall.

Fuson, K. C., and Hall, J. W. (1983). The acquisition of early number word meanings: a conceptual analysis and review. In H. P. Ginsburg (ed.). *The development of mathematical thinking*. New York: Academic Press.

Ginsburg, H. P. (1983). (Ed.). *The development of mathematical thinking*. New York: Academic Press.

______. (1972). *The myth of the deprived child: Poor children's intellect and education*. Englewood Cliffs, NJ: Prentice-Hall.

Ginsburg, H. P., Kossan, N. E., Schwartz, R., and Swanson, D. (1983). Protocol methods in research on mathematical thinking. In H. P. Ginsburg (ed.). *The development of mathematical thinking*. New York: Academic Press.

Ginsburg, H. P., Posner, J. K., and Russell, R. L. (1981a). The development of knowledge concerning written arithmetic: A cross-cultural study. *International Journal of Psychology* 16: 13-34.

______. (1981b). The development of mental addition as a function of schooling and culture. *Journal of Cross-cultural Psychology* 12: 163-179.

______. (1981c). Mathematics learning difficulties in African children: A clinical interview study. *The quarterly newsletter of the laboratory of comparative human development* 3: 8-11.

Ginsburg, H. P. and Russell, R. L. (1981). Social class and racial influences on early mathematical thinking. *Monographs of the society for research in child development* 46, serial no. 193.

Gladwin, T. (1970). *East is a big bird.* Cambridge, MA: Harvard University Press.

Greenfield, P. M. (1984). The role of scaffolded interaction in the development of everyday cognitive skills. In B. Rogoff and J. Lave (eds.). *Everyday cognition; Its development in social context*. Cambridge, MA: Harvard University Press.

Hess, R. D., and Shipman, V. (1967). Cognitive elements in maternal behavior. In J. P. Hill (ed.). *Minnesota Symposia on Child Psychology*. Vol. 1. Minneapolis: University of Minnesota Press, 57-81.

Hunt, J. McV. (1969). *The challenge of incompetence and poverty*. Urbana, IL: University of Illinois Press.

Inhelder, B., Sinclair, H., and Bovet, M. (1974). *Learning and the development of cognition*. Cambridge, MA: Harvard University Press.

Jensen, A. R. (1969). How much can we boost I.Q. and scholastic achievement? *Harvard Educational Review* 39: 1-123.

Kohl, H. (1967). *36 children*. New York: New American Library.

Labov, W. (1972). *Language in the inner city*. Philadelphia: University of Pennsylvania Press.

Lennenberg, E. H. (1967). *Biological foundations of language*. New York: Wiley.

McLloyd, V. (1990). The impact of economic hardship on Black families and children: Psychological distress, parenting, and socioemotional development. *Child Development* 61: 311-346.

Moll, L. C., Amanti, C., Neff, D., and Gonzalez, N. (1992). Funds of knowledge for teaching: Using a qualitative approach to connect homes and classrooms. *Theory into Practice* 31: 132-141.

Natriello, G., McDill, E. L., and Pallas, A. M. (1990). *Schooling disadvantaged children: Racing against catastrophe.* New York: Teachers College Press.

Neisser, U. (1976). *Cognition and reality*. San Francisco: W.H. Freeman.

Newell, A. and Simon, H. (1972). *Human problem solving*. Englewood Cliffs, NJ: Prentice-Hall.

Ogbu, J. (1986). The consequences of the American caste system. In U. Neisser (ed.). *The school achievement of minority children* (pp. 19-56). Hillsdale, NJ: Lawrence Erlbaum Associates, Publishers.

Ogbu, J. U. (1978). *Minority education and caste*. New York: Academic Press.

Papert, S. (1980). *Mindstorms: Children, computers, and powerful ideas*. New York: Basic Books.

Petitto, A. L., and Ginsburg, H. P. (1982). Mental arithmetic in Africa and America: Strategies, principles, and explanations. *International Journal of Psychology* 17: 81-102.

Piaget, J. (1929). *The child's conception of the world*. New York: Harcourt, Brace, and World.

Posner, J. K. (1982). The development of mathematical knowledge in two West African societies. *Child Development* 53: 200-208.

Resnick, L. B. (1983). A developmental theory of number understanding. In Ginsburg, H. P. (ed.). *The development of mathematical thinking*. New York: Academic Press.

Riley, M. S., Greeno, J. G., and Heller, J. 1. (1983). Development of children's problem-solving ability in arithmetic. In Ginsburg, H. P. (ed.). *The development of mathematical thinking*. New York: Academic Press.

Rogoff, B. and Gardner, W. (1984). Developing cognitive skills in social interactions. In B. Rogoff and J. Lave (eds.). *Everyday cognition: Its development in social context*. Cambridge, MA: Harvard University Press.

Russell, R. L. and Ginsburg, H. P. (1984). Cognitive analysis of children's mathematics difficulties. *Cognition and instruction* 1: 217-244.

Saxe, G. and Posner, J. K. (1983). The development of numerical cognition: cross-cultural perspective. In H. P. Ginsburg (ed.). *The development of mathematical thinking*. New York: Academic Press.

Schoenfeld, A. H. (1983). Beyond the purely cognitive: metacognition and social cognition as driving forces in intellectual performance. *Cognitive Science* 7:

329-363.

Shade, B. J. (1982). Afro-American cognitive style. A variable in school success? *Review of Educational Research* 52: 219-244.

VanLehn, L. (1983). On the representation of procedures in repair theory. In Ginsburg, H. P. (ed.). *The development of mathematical thinking*. New York: Academic Press.

Yando, R., Seitz, V., and Zigler, E. (1979). *Intellectual and personality characteristics of children: Social class and ethnic group differences*. Hilldale, NJ: Lawrence Erlbaum Associates, Publishers.

제 7 장

수학과 사회적 관심사

브라이언 마틴(Brian Martin)

편집자 주: 원래 이론 물리학자였지만 현재는 과학 기술 연구 분야에서 활동하는 브라이언 마틴Brian Martin은 수학적 지식이 중립적이지 않다는 개관을 제시하고 문화적 영향에 의해 수학적 지식이 형성되는 방법에 대해 논의한다. 이 장은 《Search》(1988), 19(4), 209-214에 처음 게재되었다.

수학은 사회적 산물이며, 특정 집단의 관심사를 반영하고 충족시킨다. 수학적 지식의 사회적 구성 과정을 살펴보고 수학이 생성되고 활용되는 사회 시스템을 살펴보면 수학과 관심 집단의 관계를 알 수 있다.

과학자들은 오랫동안 과학적 지식은 객관적인 실재objective reality에 대한 지식이라고 믿어 왔다. 그들은 일반적으로 과학적 진리를 편견 없는 공정한 것으로 간주하면서, 종교적 또는 정치적 신념 체계와 구별한다. 이러한 신념 체계는 핵무기와 같은 과학의 응용 분야에서는 항상 어려움을 겪어 왔다. 과학의 순수성에 대한 믿음을 유지하는 일반적인 방법은 과학 지식과 그 응용을 구분하는 것이다. 과학적 지식은 순수하지만, 그 응용은 선의로 사용될 수도 있고 악의적으로 사용될 수도 있다. 이를 사용/남용 모형이라고 한다.

1960년대 말과 1970년대 초에 이런 표준적 관점은 공격을 받았다. 급진적인 비평가들은 과학은 필연적으로 사회적 맥락에 의해 형성된다고 주장했다. 예를 들어, 화학 업계의 살충제 연구비 지원은 어떤 연구 주제가 중요하게 취급되는지 뿐만 아니라 농업 시스템을 이해하는 데 적합한 것으로 간주되는 생태 모형의 유형에도 영향을 미친다. 많은 비평가는 과학의 이면에 있는 중요 동기가 이윤과 사회적 통제에 있다고 주장한다(Rose & Rose, 1976a, b; Arditti et al., 1980).

과학의 정치적 비평가들은 과학의 역사, 철학, 사회학 연구에 극적인 변화를 불러일으켰다. 토머스 쿤Thomas Kuhn(1970)은 대부분의 과학 연구가 진행되는 표준적인 아이디어와 관행의 틀인 패러다임이라는 개념으로 그 문을 열었다. 과학 혁명 과정에서 패러다임이 전복될 때, 과학적 지식을 개발하고 평가하는 기준이 바뀐다. 이는 과학 지식이 어느 정도는 역사와 문화의 변덕스러움에 따라 달라진다는 것을 의미하며, 무엇이 유효한 지식인지 결정하는 가장 중요한 합리적 방법은 존재하지 않는다는 것을 시사한다.

과학 지식을 연구하는 사회학자들이 이러한 이미지를 발전시키고 완성했다. 이들은 과학 발전에 대한 대규모의 정치적, 경제적 영향뿐만 아니라 과학자들이 과학 지식이 무엇인지 '협상'하는 미시적 과정도 조사했다(Barnes, 1974, 1977, 1982; Bloor, 1976; Latour과 Woolgar, 1979; Mulkay, 1979; Knorr et al., 1980).

대부분의 이런 분석은 전문 학술지에서 사회과학 분야의 전문 용어를 사용하여 전달되었으며, 실천 과학자들practicing scientists에게는 상대적으로 적은 영향을 미쳤다. 많은 과학자가 주목한 과학 철학자는 Karl Popper뿐이며, 그의 아이디어조차도 방법론적 보조 수단이라기보다는 지식에 대한 논쟁에서 '자원'으로 더 많이 사용된다(Mulkay & Gilbert 1981). 수학에서 이것은 이론(異論)의 여지가 없는 사실이다.

수학과 사회적 관심사 사이의 관계에 관해 이야기한다는 것은 무엇을 의미할까? 이는 연구할 분야의 선택, 증명 방법의 정립, 공리의 선택 등 수학 지식의 내용과 형식에 대한 사회적 요인들(예: 자금 출처, 가능한 응용 분야 또는 사회의 통념)의 영향을 의미할 수 있다. 또는 이것은 보험회사의 계리사 업무에서 산업 공학에 이르기까지 응용 분야에서 수학의 역할을 나타낼 수도 있다. 마지막으로 이것은 수학자 양성, 수학 작업의 의사소통 패턴과 권위, 전문화, 전문화 및 권력 관계 등 수학 생산의 사회적 조직을 의미할 수 있다.

여기서 "관심사interest"는 특정 유형의 행동이나 사회적 합의에 대한 개인 또는 한 사회 집단의 이해관계를 의미한다. 이해관계는 수학자가 종신 재직권을 얻기 위해 논문을 발표하여 얻는 개인적인 이익과 같이 소규모일 수도 있고, 군대가 미사일 추적 알고리즘을 사용하여 얻는 전략적 이익과 같이 대규모일 수도 있다. "사회적 관심사Social interests"는 사회 계층, 대규모 조직, 직업 또는 인종별 집단과 같은 주요 사회 집단과 관련된 것이다.

여기서 필자의 목표는 수학과 사회적 관심사에 관한 몇 가지 아이디어를 조사하는 것이다. 필자는 이 문제를 두 가지 방법으로 접근하고자 한다. 첫 번째는 지식 사회학을 통해서이다. 사회학적 고찰이 수학 지식의 생성과 정교화에 적용될 수 있을까? 수학의 사회적 형성에 관해 이야기한다는 것은 무엇을 의미할까? 이 분야에 대한 몇 가지 도발적인 연구가 있지만, 필자의 견해로는 이러한 연구 자체만으로는 현대 사회에서 수학 작업의 역할을 평가할 수 있는 포괄적인 그림을 제시하지 않는다. 두 번째 경로는 수학적 지식의 생산과 응용 체계, 특히 현대 사회에서 전문 지식의 활용 및 수학 이론과 적용의 관계를 살펴보는 것이다.

경로 1: 지식 사회학

지식 사회학은 자연과 사회의 다른 현상에 적용되는 동일한 종류의 분석 기법을 사용해서 지식의 기원과 진화를 설명하려고 시도한다. 지식의 역동성은 사회, 경제, 정치, 종교, 생물학 및 기타 모든 종류의 요인이 관여되어 있다. 지식의 내용과 구조가 논리나 실재reality의 본질에 의해 '주어진다'고 가정하는 지식의 초월적 설명 대신 지식 사회학은 보다 일상적인 설명을 찾는다.

David Bloor(1976)는 사회학적 방법을 사용하여 모든 지식을 조사하는 것을 목표로 하는 "과학 사회학의 강한 프로그램strong program in the sociology of science"을 지지하는 대표적인 학자이다. Bloor에 따르면 강한 프로그램의 주요 특징은 지식을 일상적인 용어로 설명하고, 이 설명은 설명되고 있는 신념의 진실 또는 거짓에 의해 공정 또는 조화를 이루고, 이 이론은 자기 자신에게 적용된다는 점이다.

Bloor는 모든 수학이 궁극적으로 자연수를 이용한 산술의 동기로 볼 수 있는 조약돌의 조작과 같은 물리적 모형과 인간의 경험에 기초한다는 John Stuart Mill의 견해를 개선하여 자신의 수학에 대한 접근 방식을 채택한다(Bloor, 1976, 제5장). Mill의 견해에 대한 전통적인 걸림돌은 F. L. G. Frege가 지적한 것처럼 수학이 "객관적"인 것처럼 보인다는 것이다. 수학적 추론은 종종 물리적 모델과의 연결로 설명되기 어려운 강박성을 가지고 있다. Mill의 이론을 확장하기 위해 Bloor는 Frege의 객관성에 대한 정의는 사회적 통념, 즉 수학자들이 자신들이 연구하는 기호들을 처리하는 방법에 대한 일련의 신념을 제도화한 것과 동일함을 관찰한다. 이러한 제도화된 신념은 게임의 규칙과 같아서 반드시 지켜야 한다. Mill의 관점을 확장한 Bloor의 관점에서 물리적 상황이 수학적 추론의 특정 단계(일반적으로 더 기본적인 기능)에 대한 모형을 제공하는 반면, 수학적 관습은 이러한 단계와 그 확장에 의무적인 측면을 부여한다. 따라서 수학은 물리적 실재가 아니라 사회적 창조물과 관습을 다루는 것이다.

Mill의 입장에 대한 Bloor의 재구성은 수학에 대한 사회학적 조사에 강력한 기반을 제공한다. 수학적 추론의 '법칙 같은' 특징은 관습에 기반하기 때문에 이러한 관습이 어떻게 만들어지고 유지되며 전복되는지 조사하는 것은 당연한 일이다.

Bloor는 1이 수인지, 디오판토스 방정식, 피타고라스 수와 플라톤 수와 같은 주제들을 다루면서 수학사를 조사하여 수학의 대안적 개념들에 어떤 일이 일어났는지 검토한다(Bloor, 1976, 제6장). 그의 결론은 대안적 개념이 존재했지만, 역사가들이 이를 "비수학"이라는 역사 쓰레기통으로 던져 폄하한 것이다. 이런 식으로 "진정한 수학"만이 수학 역사의 일부로 남아 있으며, 따라서 수학의 역사는 누적되어왔고 눈에 띄는 편차나 대안이 없는 것처럼 보인다.

또한 Bloor는 수학적 추론이 사회적으로 "협상"되는 방식, 즉 수학자들이 비판, 논쟁, 재분류 및 합의를 포함하여 거래의 상징과 도구를 사용하고 해석하는 합의된 방법을 개발하는 관행을 검토한다(Bloor, 1976, 제7장). Bloor는 다면체$_{\text{polygonal solid}}$의 가장자리, 꼭짓점, 면의 수와 관련된 공식 E+2=V+F의 증명에 대해 수년에 걸쳐 협상한 사례를 예로 들었다.

Bloor의 프로그램은 강력한 것이다. 왜냐하면 Bloor의 프로그램은 수학적 추론의 '객관성'을 본질적으로 사회적인 것으로 인정함으로써 수학의 기초에 대한 사회학적 고찰을 가능하게 해 주었기 때문이다. 그러나 Bloor는 수학과 사회적 관심사 사이의 관계를 다루기 위해 자신의 분석을 확장하지는 않는다. E+2=V+F 공식이 다면체의 본질(또는 다면체의 수학적 개념)에 내재된 것이 아니라 수학자들 사이의 다소 자의적인 합의에 의존한다는 점을 인정하더라도, 이 공식의 사회적 협상이 사회의 특정 집단의 노력이라거나 특별한 집단에 어떤 이점을 제공하는지에 대한 통찰력을 제공하지는 않는다.

이 단계에서 수학의 형식과 내용이 사회에 의해 형성될 수 있는 다양한 채널을 설명하는 것이 가치가 있다. 사회적 관심사는 구할 수학 분야의 선택, 수학의 해석, 수학적 틀의 개발과 연결될 수 있다.

연구할 수학 영역의 선택

연구 지원금의 차등 또는 지원 가능 여부는 학문 분야의 개설과 다른 과목의 명성에 영향을 미칠 수 있다. 예를 들어, 작전 연구 분야는 제2차 세계 대전 중 수학의 군사적 응용에서 성장했으며, 군사적 관심이 지속되면서 이 분야의 강세가 유지되고 있다.

Luke Hodgkin(1976)은 수치해석과 컴퓨터 과학의 일부를 포괄하는 '계산 수학'의 급격한 발전이 현대 자본주의의 요구와 컴퓨팅에 적합한 기술(트랜지스터와 현재의 칩 등)의 개발과 관련이 있다고 주장한다. 그는 계산 수학이 단순한 마르크스주의적 설명처럼 경제 체제를 단순히 '반영'하는 것이 아니라고 지적한다. 대신, 경제 생산 시스템의 영향은 계산 수학이 크게 성장하기 이전에 조직된 과학의 사회적 제도를 통해 매개된다.

수학 연구의 선택은 세부적인 응용 수준에서도 이루어진다. 편미분 방정식은 많은 문제에 적용될 수 있으며, 공식을 만들고 해를 구하기 위해 선택되는 특정 방정식 집합은 응용 분야에 따라 영향을 받을 수 있으며, 이는 다시 사회적 관심사와 연결된다.

수학의 해석

많은 경우, 특히 응용 수학에서 수학적 구성construction들은 바람직한 물리적 또는 사회적 해석이 있기 때문에 이들은 선택된다. 예를 들어, 바이마르 문화가 양자 이론의 발전에 미친 영향에 대한 Paul Forman(1971)의 연구가 있다. 양자 이론의 가장 중요한 발전은 제1차 세계 대전 이후 10년 동안 독일에서 일어났다. Forman은 당시 바이마르 공화국에서 만연했던 합리성에 대한 격렬한 반감을 기록했다. 인과관계가 합리성과 동일시되면서 물리학자들은 인과관계에 대한 전통적인 충성을 포기해야 한다는 압박을 받게 되었다. Forman은 이러한 압력으로 인해 양자 물리학자들이 비인과적인 것으로 해석될 수 있는 수학적 형식주의를 찾거나 적어도 그것에 집착하게 되었다고 말한다. 거칠게 말하면, 비인과적 코펜하겐 해석과 그와 관련된 수학적 틀이 대중적으로 좋아 보였기 때문에 채택된 것이다.

이론 물리학은 수학의 가장 중요한 응용 분야이기 때문에 Forman의 연구는 수학과 매우 관련이 있다. 양자 이론의 사례는 정설 또는 코펜하겐 해석이 정립된 이후 수십 년 동안 여러 가지 대안적인 해석이 제시되어 왔기 때문에 흥미롭다. 이들 중 일부는 동일한 수학적 공식을 사용하지만, 물리적 의미를 다르게 해석하는 반면, 다른 수학적 공식을 사용하여 동일한 결과를 얻는 경우도 있었다.

> 아인슈타인이 선호한 통계적 해석은 동일한 수학을 사용한다(Ballentine, 1970). …
>
> 결정론적 접근 방식인 숨겨진 변수 해석은 방정식을 다소 다르게 만들어내며, 선택적으로 매개 변수를 추가하여 정통 이론과 다른 결과를 얻을 수 있다(Bohm, 1952; Cushing, 1994). …
>
> 분할 우주 해석은 동일한 수학에 대한 다른 해석이다(DeWitt, 1970). …
>
> 양자 이론에서 불확정성 요소를 완전히 제거하는 "현실주의" 해석은 동일한 기본 결과 중 일부를 얻기 위해 다른 수학적 접근 방식을 사용한다(Lande, 1965). …

양자 이론에 대한 이러한 해석 또는 재구성이 존재한다는 것은 Forman의 분석을 뒷받침한다. 적어도 양자 이론의 방정식을 불확정성을 지지하는 것으로 해석하는 것은 방정식 자체에서 요구되지 않았다. 또한, 양자 이론의 많은 업적은 불확정론적으로 해석하기 어려운 다소 다른 수학적 공식을 사용하여 달성되었을 가능성도 있다.

물리학자들은 1930년대에 숨겨진 변수 이론을 구성할 수 없다는 폰 노이만(John von Neumann)의 증명을 의심 없이 받아들일 정도로 불확정성에 대한 확고한 신념을 가지고 있었다. 비록 Bohm이 1952년에 이러한 이론을 입증했지만, 폰 노이만의 증명에 결함이 드러난 것은 1960년대에 이르러서였다(Pinch, 1977).

필자의 경험상 대부분의 물리학자들은 양자 이론의 '의미'에 대해 크게 걱정하지 않고 수학을 실용적인 방식으로 사용할 뿐이다. 실제로 물리학도들이 흔히 경험하는 '위기 순간' 중 하나는 이론이 실제로 무엇을 의미하는지 이해하려는 불편한 시도를 포기하고 그냥 받아들이는 것인데, 대개는 의심을 무시해 버린다. 대부분의 역사가와 교과서 저자들은 수학 역사에 대해 Bloor가 주장한 것처럼 대안적인 해석을 실패했거나, 관련성이 없거나, 존재하지 않는 것으로 몰아냄으로써 이 과정을 수용해 왔다.

수학적 틀의 발전

공리의 선택, 정리의 유형, 증명 방식 및 수학의 다양한 측면은 사회적 현실의 본질에 대한 견해와 같은 요소들에 의해 형성될 수 있다.

여기에 예로 들 수 있는 것은 게임 이론으로 원래 경제 시스템을 모델링하기 위해 개발된 갈등 상황을 다루는 수학적 이론이다(Martin 1978). 이 이론의 주요 개념에는 게임의 "플레이어"가 포함되며, 각 플레이어는 "보상"이 뒤따르는 여러 가지 "선택"을 한다. 게임의 수학적 이론은 선택을 위한 최적의 전략을 결정하는 것을 중심으로 구축된다. 플레이어, 선택, 보상은 일반적으로 고정된 것으로 가정하고, 경쟁이 내재되어 있으며, 보상은 정량화하는 경향이 있다. 따라서 게임 이론은 개인주의와 경쟁을 가정하고 강화하는 응용 분야에 특히 적합하다.

게임 이론은 국제 관계와 같은 다양한 분야에 적용되어왔다. 모델러$_{\text{the modelers}}$의 가치가 게임 이론 공식에 통합되어 동일한 가치를 정당화하는 결과를 게임이 제공하도록 보장하는 것이 실제로 일어난다. 이러한 상황에서 게임 이론은 '신비화 필터'를 제공한다. 표면적으로는 가치가 없는 수학적 틀에 가치가 내장되어 원하는 결정에 대한 '과학적' 정당성을 제공한다. 게임 이론이 인기를 끌게 된 것은 수학적 틀이 이러한 방식으로 사용되기 쉽기 때문일 것이다.

위에서 언급한 연구와 다른 연구들(Thomas, 1972; Ogura, 1974; Bos & Mehrtens, 1977; MacKenzie, 1978; Mehrtens, 1987; 포괄적인 조사 및 분석은 Restivo, 1983 참조)

은 경제 또는 신념 체계와 같은 사회적 맥락이 어떻게 수학의 영역에 개방되고 유행하게 되는지, 개발되는 이론의 유형, 만들어지고 사용되는 특정 수학적 형식주의에 영향을 미칠 수 있는지를 보여준다. 이는 사회적 요인이 수학 지식에 미치는 영향을 보여주는 예시이지만, 모든 수학이 이러한 방식으로 영향을 받는다는 것을 입증하기는 어렵다. 이를 입증하려면 수학 지식의 명백한 자율성 영역을 축소하려는 Bloor의 강한 프로그램에 따라 많은 연구가 필요하다. 사회학적 연구의 범위가 매우 광범위해야만 수학에 이러한 형성적 영향이 없는 영역이 있다고 주장하는 사람들에게 입증의 부담을 지울 수 있다.

강한 프로그램이 그렇게 발전할 수 있다고 해도 수학과 사회적 이익에 대해 무엇을 말할 수 있을까? 수학적 지식의 창조와 채택에 영향을 미치는 요소가 존재한다고 해서 그 지식이 사회의 특정 집단에 우선적으로 도움이 된다는 것을 자동으로 의미하지는 않는다.

지식 사회학 연구는 수학적 지식이 항상 논리의 본질, 물리적 현실 또는 수학자의 머리에서 완전히 독립적으로 발생한다는 견해를 반박함으로써 수학이 사회적 이익과 연관되어 있다 주장하기 시작한다. 수학에 대한 사회학적 고찰의 한계는 아직 검증되지 않았다. Bloor(1981)와 같은 일부 연구자들은 전망이 좋다고 생각하는 반면, 다른 연구자들은 다른 의견을 가지고 있다(Laudan, 1981). 어쨌든 대부분의 지식 사회학 연구는 이전 시대의 수학 지식의 기원과 발전에 미친 영향을 다루기 때문에 현재 수학의 사용에 대한 우려는 부분적으로만 다루고 있다. 이 문제를 더 탐구하기 위해 나는 두 번째 경로로 전환하고자 한다.

두 번째 경로: 수학-사회 시스템

이 수학을 바라보는 접근 방식은 수학적 지식의 수준이 아니라, 해당 지식이 창출되고 적용되는 사회 시스템의 수준에서 시작한다. 과학의 사회 시스템은 고용, 자금 지원, 의사소통, 교육, 권위, 의사 결정 등의 패턴을 나타낸다. 이 글의 목표는 수학의 생산 및 응용 시스템이 사회적 관심사와 어떻게 관련되어 있는지 살펴보는 것이다. 이를 위해 나는 수학적 전문성과 관련된 사회 시스템의 몇 가지 두드러진 특징을 선별하였다.

후원의 출처

수학 연구에 필요한 대부분의 자금(주로 급여뿐만 아니라 사무실, 도서관, 컴퓨팅, 출장비 등)은 정부와 대기업에서 지원된다. 연구비의 출처는 연구하는 수학 분야와 수학적 응용의 유형에 영향을 미칠 수밖에 없다. Hodgkin(1976)이 주장한 것처럼, 계산 수학 연구에 대한 자극의 대부분은 실제 또는 잠재적인 군사 응용 프로그램에서 비롯된다.

세부적인 적용 수준에서 수학적 문제의 생성은 자금과 응용 기회에 의해 크게 영향을 받는다. 제조 산업에서 수학적 문제는 비용 절감, 기술 개선, 노동력 관리의 필요성에서 비롯된다. 금속 막대를 균열 없이 빠르게 냉각하는 수학적 모델은 당면한 문제와 관련이 있다. 광섬유의 광 투과에 대한 수학은 통신 분야에서의 응용에 관한 관심에 의해 주도된다. 그 예는 무궁무진하다.

대기 오염 확산이나 미사일의 궤적 모델링과 같은 실용적인 문제가 수치해석이나 미분방정식의 더 난해한 수학적 프로젝트로 이어지는 경우가 많다. 이러한 경우, 응용 프로그램과 그에 따른 금전적 지원은 "흥미롭다고" 생각되고 연구되는 수학 문제의 유형에 간접적인 영향을 미친다. 포물선 편미분 방정식의 특정 유형이 그 자체로 전체 연구 분야가 되는 것은 단순히 방정식의 추상적인 수학적 중요성 때문이 아니라, 몇몇 단계를 제거하더라도 실제 응용 분야에서 방정식이 갖는 중요성 때문이기도 하다.

전문화

오늘날 대부분의 수학자(수학자를 높은 수준의 수학적 지식을 창조하거나 응용하는 사람으로 정의)는 대학, 기업 또는 정부에서 근무하는 상근 전문가이다. 아마추어 수학자는 거의 없으며, 노동조합, 농부, 교회 또는 프리랜서로 일하는 수학자도 많지 않다. 수학은 다른 과학과 마찬가지로 전문화되고 관료화되었다. 수학의 사회적 조직은 야심 찬 수학자들이 명성과 부를 추구하는 방식에 영향을 미친다(Collins & Restivo, 1983).

수학자들은 급여, 직업 조건, 직업적 지위, 전문가로서의 자아상 등에 다양한 관심이 있다. 수학의 유형과 스타일에 대한 선호도는 이러한 요소에 영향을 받는다.

Judith Grabiner(1974)는 "수학적 진리의 본질과 증명할 수 있거나 증명해야 하는 것에 대한 수학자들의 견해를 바꾼 사고의 혁명"이 있었다고 주장한다. Grabiner는 수학자들의 주된 목표가 결과를 얻는 것이었던 1700년대에서 수학적 엄밀성이 매우 중요해진 1800년대로의 전환이라는 한 가지 특별한 혁명을 살펴보았다. Grabiner가 설명하는 여러 가지 이유 중 한 가지를 주목할 필요가 있다. 1800년대 초부터 대부분의 수학자들은 가르치는 일을 생업으로 삼았다. 교사는 단순히 지원서에 필요한 수학적 결과를 얻거나 후원자에게 깊은 인상을 주기 위해서가 아니라, 수학이라는 과목에 대한 체계적인 근거를 제공하여 학생들을 도울 뿐만 아니라 직업을 구분하고 독학으로 배운 경쟁자를 직업에서 배제할 수 있는 적절한 토대를 마련해야 했다. 이것은 수학이라는 직업의 사회적 조직이 수학적 진리의 본질에 대한 견해에 어떤 영향을 미칠 수 있는지를 보여주는 예이다.

Gert Schubring(1981)은 1800년대 초 프로이센에서 수학이 전문화되는 과정에서 순수

수학에 대한 '메타개념'이 중요한 역할을 했다고 주장했다. "수학"을 외부적으로 정의된 목표와 분리하여 정의함으로써 수학자들은 자체적으로 통제할 수 있는 내부적 가치에 집중하여 이 분야를 지향했다. 이를 위해서는 먼저 국가의 지원이 뒷받침되어야 했다. 국가가 학문적 지위에 대한 후원을 제공하면, 수학자들은 학생들을 이 새로운 전문직 방향으로 이끄는 교육을 확립하고, 독학으로 이 분야에서 일자리를 얻는 수학자의 수를 줄이며, 학생들을 순수 수학의 메타개념으로 사회화함으로써 학문을 정립할 수 있었다. 이 이야기는 Grabiner의 이야기와 잘 맞닿아 있다.

이 과정은 오늘날에도 계속되고 있다. 특히 순수 수학의 본거지인 대학에서 수학자들은 전문가로서 수학 연구를 판단할 수 있는 배타적 권리를 근거로 자율성과 자원에 대한 권리를 주장한다. 이는 다른 많은 학문 및 전문직의 주장과 다를 바 없다(Larson, 1977). 요점은 수학자들이 응용을 주요 가치로 강조한다면, 그들의 지위와 사회적 자원에 대한 주장은 응용의 가치에 의존해야 한다는 것이다. "순수한" 수학이라는 개념은 학문에 대한 배타적인 통제권을 주장할 수 있게 해 준다.

Herbert Mehrtens(1987, 160쪽)는 "과학 분야는 물질적 자원과 사회적 정당성을 대가로 지식 산물과 정치적 충성심을 교환한다"라는 논지를 전개한다. 그는 1930년대 독일의 수학자들이 나치의 요구를 수용할 수 있었던 이유를 보여주었는데, 그중에서도 국가에 유용한 도구를 제공함으로써 가능했다. 독일 수학계의 적응력은 교육, 순수 연구, 응용 연구의 다른 기능에 기초한 사회적 차별성에서 유래되었다. Mehrtens의 연구는 후원의 요소와 직업 구조의 상호작용 역동성을 분석하는 데에 훌륭한 모델을 제공한다.

남성 주도

대부분의 수학자는 남성이며, 다른 자연과학과 마찬가지로 수학은 이성적이고 감정적으로 분리되어 있으며 도구적이고 경쟁적인 사람들이 하는 과목으로 여겨진다. 특히 수학자는 수학에 대한 타고난 소질이 있다고 생각하는 것이 일반적이며, 남성이 여성보다 생물학적으로 수학적 사고 능력이 뛰어나다는 주장도 계속 제기되고 있다. 순수 수학을 인간의 관심사와 분리된 개념과 기법으로 가르치고, 대부분의 수학 연구 그룹이 남성 중심적인 분위기를 조성하기 때문에, 특히 여성들을 비롯한 당면한 인간 문제에 더 관심을 가진 사람들에게 수학 분야에서의 경력은 매력적이지 않다.

수학의 남성 주도는 국가와 기업의 자금 지원, 그리고 전문적이고 개인적인 연락을 통한 전문적 수학 업무와 관련 있는 주된 사회 제도, 특히 국가 및 경제 시스템에 대한 남성의 지배와 관련이 있다(Bowling & Martin, 1985).

학문으로서 수학의 높은 위상은 부분적으로는 수학이 남성적인 영역이라는 이미지에 기인할 수 있다. 수학적 모형은 주관적이고 가치판단적인 현실 모형과 달리 남성성과 연관된 특징인 합리적이고 객관적인 수학의 이미지를 통해 더욱 신뢰성을 얻는다.

특수화

수학자가 다른 사회 집단에 대한 그들의 관심사를 증진하기 위해 전문 지식을 형성하고 사용하는 방법에는 여러 가지가 있다. 수학 지식이 비수학자나 다른 수학자 모두 이해하기 너무 쉽다면 수학자들의 사회적 자원과 특권에 관한 주장은 더 이상 유지되기 어려울 것이다. 특수화는 전문 지식의 고립된 영역을 확립하여 외부에서의 검토를 방지한다. 응용 작업에서 특수화는 특정 그룹에만 서비스를 제공하도록 보장한다. 모든 경우에 특수화와 전문 용어와 같은 장치는 다른 전문가가 아닌 다른 사람의 감독을 방지한다. 전문 지식을 이해할 수 있는 전문가를 고용하는 것은 정부와 대기업만이 대규모로 감당할 수 있어서 특수화는 예를 들어 장애인이나 실업자보다 그들의 이익에 더 부합한다.

이러한 요인의 역할은 수학적 모델링에서 특히 분명히 나타난다. 수학적 모델은 현실의 특정 측면과 일치하는 것으로 생각되는 방정식의 집합일 수 있다. 예를 들어, 발사체나 용수철에 대한 기초 이론과 같은 대부분의 이론 물리학은 수학적 모델로 구성된 것으로 간주할 수 있다. 물리학의 대부분 영역에서 모델은 잘 정립된 것으로 간주되며 물리학자들은 기존의 모델을 조작하거나 적용하는 방식으로 작업한다. 그러나 다른 분야에서는 모델 선택이 열려 있다. 현실의 다양한 부분이 중요한 것으로 선택될 수 있으며, 모델링 과정에서 다양한 수학적 도구가 활용될 수 있다.

수학적 모델링에 관여해 본 사람이라면 모델러의 가치를 모델에 반영하는 것이 얼마나 큰 기회인지 잘 알고 있을 것이다. 나는 수학적 생태학, 게임 이론, 대기권 화학과 역학, 투표 이론, 풍력 발전, 계량경제학 등 다양한 분야에서 이 과정이 작동하는 것을 보았다.

1970년대 초에 “성장의 한계”를 결정하기 위해 사용된 연립 미분 방정식이 좋은 예이다. 방정식과 매개변수의 선택은 어느 정도 전 지구적인 불안정성을 초래할 것임을 보장했다(Cole et al., 1973). 서로 다른 가정을 사용하는 모델러들은 서로 다른 결과를 얻었는데, 예를 들어, 전 세계적 사회평등을 촉진한다면 전역적인 붕괴를 방지할 수 있다는 결과가 얻어졌으며, 이는 모델러의 가치와 완벽하게 일치한다. 또 다른 예로는 국제 응용 시스템 분석 연구소International Institute for Applied Systems Analysis에서 개발한 세계 에너지 전망에 내포된 가치를 들 수 있다(Keepin & Wynne, 1984).

수학적 모델은 수학의 실용적 응용과 정책 또는 관행의 정당화라는 두 가지 주요한 측면에서 사회적으로 중요하다. 대부분 모델은 산업과 같은 실제 응용 분야와 밀접하게 연관되어 있다. 모델링과 관련된 전문성이 좁기 때문에 응용을 개발하거나 자금을 지원하는 사람들 외에는 모델에 관심을 갖거나 사용할 수 있는 사람이 거의 없다. 이러한 응용 수학은 특정 응용과 관련된 사회적 이익과 밀접하게 연관되어 있다. 응용 프로그램이 통신위성, 대인 무기 또는 태양열 주택이든 상관없이 해당 응용 프로그램을 판단하는 데 사용된 것과 동일한 기준으로 수학을 판단할 수 있다. 이러한 종류의 응용에서 수학적 "무기"는 특히 그 일에 맞게 조정되어 있기 때문에 살인자는 유죄이고 살인 무기는 무죄라고 말하는 것은 적절하지 않다. 물론 응용 수학자는 자신의 수학적 구성을 언급하든 자신을 언급하든 "중립적 도구"를 언급함으로써 자신의 작업에 대한 책임을 피할 수 없다.

정당화 역할을 하는 모델은 더 복잡한 역학 관계에 얽혀 있다. 한계성장 연구와 같은 많은 경우, 모델은 모델 없이도 명백한 결론을 수학적으로 설명하는 것 이상의 역할을 하지 않는다. 그러나 모델이 수학적이기 때문에 중요하게 여겨지고, 이는 수학의 객관성 이미지를 활용한다. 수학에 기반한 주장은 전문가의 작업이라는 장점도 있다. 누구나 주장을 할 수 있지만, 과학자가 객관적이라고 알려진 수학의 도구에 의존하여 주장한다면 훨씬 더 영향력이 있다. 수학적 모델링의 연습은 종종 편견으로 가득 차 있지만, 대중의 소비를 위해 종종 간과된다. 모델러는 순수 수학자의 더 난해한 연구에 의해 유지되는 객관성의 아우라에 의존한다.

그렇다면 순수 수학은 어떨까? 순수 수학이 사회적 관심사와 연결되는 방법은 크게 두 가지가 있다. 첫 번째는 잠재적 응용 분야이다. 항상 평가하기 쉬운 것은 아니지만, 동일하거나 관련된 전문 분야의 실제 응용 사례를 살펴보면 좋은 추측을 할 수 있다. 새로운 응용이 등장하면 같은 분야와 같은 집단에서 사용할 가능성이 크다.

수학을 응용 분야와 별개로 평가해야 하는지는 논쟁의 여지가 있다. 자연에 관한 연구는 수학의 발전과 중요성에 대한 주요 동기이며, 순수 수학의 "정확성"은 물리적 세계에 대한 궁극적인 적용 가능성으로 판단해야 한다는 주장이 있다(Kline, 1959, 1980). 순수 수학, 즉 응용과 분리된 수학의 지위가 오른 이유는 현대 과학의 사회 체계 때문이다.

연구비 지원, 전문화, 남성 주도, 특수화를 포함하며, 지식 영역에 대한 독점적 권위를 주장하며 자원을 요구하는 이 시스템은 순수 수학이 사회적 이익과 연결되는 두 번째 방식이다. 순수 수학 연구의 일부가 응용성이 없는 것으로 판명되더라도, 대부분 남성이고 자신과 같은 소수의 사람만 관심을 갖는 지적 결과를 산출하는 전문직 종사자를 지원하기 위해 사회적 자원이 소비되는 경우가 많다. 또한 순수 수학자의 연구, 그리고 실제로 그들의 존재 자체가 수학의 객관성 주장을 정당화하는 데 도움이 된다.

결론

“수학과 사회적 관심사 사이의 연관성은 무엇인가?”라는 질문은 일반적으로 수학이 실제로 무엇인지에 대한 가정을 통해 미리 답을 구할 수 있다. 수학이 인간의 이익을 초월하거나 벗어난 수학적 지식의 집합으로 여겨진다면, 정의상 사회적 관심사는 수학이 아니라 수학의 실천에만 관여할 수 있다. 이러한 플라톤적인 개념은 수학을 가치 중립적인 것으로 보지만, 그 자체로 가치가 내재된 개념이다. 이러한 관점은 수학과 사회 간의 다양한 연결을 간과하도록 하는 역할을 한다.

대부분 사람들은 핵무기가 모든 사람에게 평등하게 사용되도록 만들어진 것이 아니며, 핵무기 실험과 배치 설계에는 특정 사회적 관심사가 얽혀 있다는 사실에 동의할 것이다. 하지만 핵무기에 포함된 우라늄, 플루토늄, 철 및 기타 원자는 어떤가? 이러한 원자들은 “가치가 내재된” 것일까? 내 견해로 합리적인 입장은 원자 자체는 인간이 제조한 플루토늄 원자를 제외하고는 특정 그룹과 연결되어 있지 않지만, 인간이 만든 원자의 구성을 통해 연결이 이루어진다는 것이다. 고립된 채로 가치 중립적인 원자의 개념은 좋은데, 인간의 구성물은 그렇지 않다.

모든 수학적 개념은 인간이 만들었다는 점을 제외하면 수학적 지식의 요소는 원자에 비유할 수 있다. 적분이나 체라는 수학적 개념만 놓고 보면 사회에서 특정 집단의 관심사와 관련이 없는 것처럼 보인다. 그러나 수학적 개념은 고립되어 존재하지 않는다. 그것들은 특정 목적을 위해 함께 구성되며, 매우 좁게는 세부적인 응용을 위해, 더 일반적으로는 교육을 위해 구성된다. 보다 특화되고 진보된 아이디어는 대부분 전문성에 기초하여 사회적 자원과 지위를 주장하는 인구의 작은 부분에 제한된다.

수학이 사회와 무관한 진리라는 믿음은 교육과 연구에 깊이 뿌리내리고 있다. 이러한 상황은 수학의 사회적 역할을 객관성이라는 가림막 뒤에 숨겨 현재의 수학 사회 체계에서 우선적으로 혜택을 받는 집단에 도움이 된다. 수학과 사회적 관심사 사이의 연관성을 폭로하는 것은 ‘수학’에 대한 위협이 아니라, 소위 가치 중립적인 수학으로부터 가장 큰 물질적, 이념적 혜택을 무비판적으로 누리는 집단에 대한 위협으로 간주되어야 한다.

참고문헌

Arditti, R, Brennan, P., and Cavrak, S. (Eds.). (1980). *Science and liberation*. Boston: South End Press.

Ballentine, L. E. (1970). The statistical interpretation of quantum mechanics. *Review of Modern Physics* 42: 358-381.

Barnes, B. (1974). *Scientific knowledge and sociological theory*. London: Routledge and Kegan Paul.

______. (1977). *Interests and the Growth of Knowledge*. London: Routledge and Kegan Paul.

______. (1982). *T. S. Kuhn and Social Science*. London: Macmillan.

Bloor, D. (1976). *Knowledge and Social Imagery*. London: Routledge and Kegan Paul.

______. (1981). The strengths of the strong programme. *Philosophy of the Social Sciences* 11: 199-213.

Bohm, D. (1952). A suggested interpretation of quantum theory in terms of "hidden" variables. *Physical Review* 85: 166-193.

Bos, H. J. M., and Mehrtens, H. (1977). The interactions of mathematics and society in history: some exploratory remarks. *Historia Mathematica* 4: 7-30.

Bowling, J., and Martin, B. (1985). Science: a masculine disorder? *Science and Public Policy* 12: 308-316.

Cole, H. S. D. et al. (1973). *Thinking about the Future*. London: Chatto and Windus.

Collins, R, and Restivo, S. (1983). Robber barons and politicians in mathematics: a conflict model of science. *Canadian Journal of Sociology* 8: 199-227.

Cushing, J. T. (1994). *Quantum mechanics: Historical contingency and the Copenhagen hegemony*. Chicago: The University of Chicago Press.

DeWitt, B. S. (1970). Quantum mechanics and reality. *Physics Today* 23: 30-35.

Forman, P. (1971). Weimar culture, casualty, and quantum theory, 1918-1927: adaptation of German physicists and mathematicians to a hostile intellectual environment. *Historical Studies in the Physical Sciences* 3: 1-115.

Grabiner, J. V. (1974). Is mathematical truth time-dependent? *American Mathematical Monthly* 81: 354-365.

Hodgkin, L. (1976). Politics and physical sciences. *Radical Science Journal* 4: 29-60.

Keepin, B., and Wynne, B. (1984). Technical analysis of IIASA energy scenarios. *Nature* 312: 691-695.

Kline, M. (1959). *Mathematics and the Physical World*. New York: Crowell.

______. (1980). *Mathematics: The Loss of Certainty*. New York: Oxford University Press.

Knorr, K. D., Krohn, R., and Whitley, R. (Eds). (1980). *The Social Process of Scientific Investigation*. Dordrecht: D. Reidel.

Kuhn, T. S. (1970). *The Structure of Scientific Revolutions*. Chicago: The University of Chicago Press.

Landé, A. (1965). *New Foundations of Quantum Mechanics*. Cambridge, MA: Cambridge University Press.

Larson, M. S. (1977). *The Rise of Professionalism: A Sociological Analysis*. Berkeley: University of California Press.

Latour, B., and Woolgar, S. (1979). *Laboratory Life: The Social Construction of Scientific Facts*. London: Sage.

Laudan, L. (1981). The pseudo-science of science? *Philosophy of the Social Sciences* 11: 173-198.

MacKenzie, D. (1978). Statistical theory and social interests. *Social Studies of Science* 8: 35-83.

Martin, B. (1978). The selective usefulness of game theory. *Social Studies of Science* 8: 85-110.

Mehrtens, H. (1987). The social system of mathematics and National Socialism: a survey. *Sociological Inquiry* 57: 159-182.

Mulkay, M. (1979). *Science and the Sociology of Knowledge*. London: Allen and Unwin.

Mulkay, M., and Gilbert, N. (1981). Putting philosophy to work: Karl Popper's influence on scientific practice. *Philosophy of the Social Sciences* 11: 389-407.

Ogura, K. (1974). Arithmetic in a class society: notes on arithmetic in the European Renaissance. In *Science and Society in Modern Japan: Selected Historical Sources* (pp. 19-23). Edited by S. Nakayama, D. L. Swain, and E. Yagi. Tokyo: University of Tokyo Press.

Pinch, T. J. (1977). What does a proof do if it does not prove? In *The Social Production of Scientific Knowledge* (pp. 171-215). Edited by E. Mendelsohn, P. Weingart, and R. Whitley. Dordrecht: D. Reidel.

Restivo, S. (1983). *The Social Relations of Physics, Mysticism, and Mathematics*. Dordrecht: D. Reidel.

Rose, H., and Rose, S. (Eds.). (1976a). *The Political Economy of Science*. London: Macmillan.

______. (Eds.). (1976b). *The Radicalisation of Science*. London: Macmillan.

Schubring, G. (1981). The conception of pure mathematics as an instrument in the professionalization of mathematics. In *Social History of Nineteenth Century Mathematics* (pp. 111-134). Edited by H. Mehrtens, H. Bos, and I. Schneider. Boston: Birkhauser.

Thomas, M. (1972). The faith of the mathematician. In *Counter Course: A Handbook for Course Criticism*. Edited by T. Pateman. Harmondsworth: Penguin. pp. 187-201.

제8장

마르크스(Marx)와 수학

더크 얀 스크루크(Dirk J. Struik)

편집자 주: 우리의 민족수학의 개념에서 '민족'은 특정 민족, 국가, 인종, 성별, 심지어 직업군을 지칭할 뿐만 아니라 철학적, 이념적 관점에 의해 정의되는 문화 집단을 의미하기도 한다. 자연이나 세계, 그리고 생산력과 같은 정신적, 문화적 대상에 대한 개인의 사회적, 지적 관계는 수학적 아이디어로 분류되는 정신의 산물에 영향을 미친다. 이 장에서는 저명한 수학자이자 수학사학자인 더크 얀 스크루크Dirk J. Struik이 변증법적 유물론이라는 특정 관점이 미적분학의 기초에 대한 마르크스의 이론적 사상에 어떻게 결정적인 영향을 미쳤는지를 설명한다. 이 장은 1948년 《Science and Society》 12(1), 181-196에 처음 게재되었다. 저자는 이 원고의 말미에 추신을 추가하였고, 이것이 제8장이다.

마르크스Marx는 자신이 태어난 라인란트주의 도시 트리어(트레베스)의 김나지움[a)]에서 수학에 대한 초기 교육을 받았다. 1835년 졸업 당시 그의 수학 지식은 충분한 것으로 보였다. 즉, 그는 초등 산술, 대수부터 이차 방정식, 평면 및 입체 기하학에 대한 지식을 어느 정도 갖춘 상태에서 사회생활을 시작했음을 의미한다. 또한, 삼각함수, 조금 더 높은 수준의 대수학, 해석 기하학, 미적분학도 알고 있었을 수도 있었다.

마르크스가 엥겔스Engels와 함께 세계관을 발전시킨 1848년 전후의 격동기에 수학에 관

a) 역자 주. 독일의 중등 교육 기관. 수업 연한은 9년으로 대학 준비 교육을 목적으로 함.

심을 보였다는 흔적은 없다. 마르크스가 수학 공부로 돌아왔다는 첫 번째 증거는 그가 런던에 정착하여 위대한 과학 프로젝트를 진행하던 시기부터이다. 1858년 1월 11일 엥겔스에게 보낸 편지에서 그는 이렇게 썼다.[1]

> 경제 원리를 정교화하는 동안 저는 계산 오류로 인해 엄청난 지체를 겪어서 절망 속에서 다시 대수학을 빠르게 훑어보기 시작했습니다. 산술은 항상 저에게 낯설었습니다. 하지만 대수적 우회로를 통해 빠르게 따라잡을 수 있었습니다.

이 시기부터 1883년 사망할 때까지 마르크스는 수학 연구에 지속적인 관심을 보였으며, 투병 중에도 종종 수학에 몰두했다. 대수학에 이어 해석 기하학과 미적분학을 공부했다. 1863년 7월 6일 엥겔스에게 보낸 편지에서 그는 진척 상황을 이야기하고 있다.

> 여가 시간에는 미분과 적분을 공부하고 있습니다. 미분적분학에 관한 책이 많으니 그 분야를 공부하고 싶으시다면 한 권 보내드릴게요. 미적분학은 군사 연구에 거의 필수적이라고 생각합니다. 또한 수학에서 (순수하게 기술적인 측면에 관한 한) 대수학의 고등 부분보다 훨씬 쉬운 부분이기도 합니다. 일반적인 대수학 및 삼각법에 대한 지식을 제외하고는 이차곡선에 대한 일반적인 지식만 필요합니다.[2]

따라서 마르크스는 산수보다는 대수학을, 대수학보다는 미적분을 더 쉽게 생각했던 것 같다. 그러나 그는 미적분학 기법에는 그다지 관심이 없었다. 그는 미적분학의 기초에 대한 오래된 질문에 거부할 수 없이 끌렸는데, 이 주제에 관해 참고한 책들에서 미적분학이 대단히 불만족스럽고 때로는 논란의 여지가 있는 방식으로 다루어졌기 때문에 더욱 그러했다. 마르크스는 그 전후의 많은 변증법적 사상가들과 마찬가지로 도함수와 미분의 서로 다른 정의에 끝없는 매력을 느꼈으며, 이는 그의 논문에서 발견된 많은 양의 원고 자료에서 알 수 있다.

1870년 이후 몇 년 동안 마르크스는 자신의 견해를 발전시키려고 노력하기도 했다. 엥겔스는 《자본》 제2권 서문에서 이 시기에 관해 다음과 같이 이야기한다.

> 1870년 이후에는 주로 질병으로 인해 다시 휴식기가 찾아왔다. 이 시기의 초록이 담긴 많은 노트의 내용은 농학, 미국과 특히 러시아의 농경 관계, 화폐, 시장 및 은행 시스템, 마지막으로 자연과학, 지질학 및 생리학, 특히 독립적인 수학 논문으로 구성되어 있다.[3]

마르크스는 말년에 미분학에 관한 자신의 사색 중 일부를 읽기 쉬운 형태로 정리하여 엥겔스에게 원고를 보냈다. 1881년 8월 18일자 편지를 보면 엥겔스가 이를 연구했음을 알 수 있다.

> 어제 마침내 교과서를 참조하지 않고도 수학 원고를 공부할 용기를 얻었고, 교과서가 필요하지 않다는 것을 알게 되어 기뻤습니다. 나는 당신의 작업에 대해 당신을 칭찬합니다. 그 문제는 너무나 명확해서 우리가 수학자들이 어떻게 그것을 신비롭게 만들려고 노력하는지 알면 우리는 매우 놀랄 수밖에 없어요.[4]

엥겔스는 계속해서 마르크스의 관점을 자신의 말로 제시하고, 자신과 마르크스 모두 잘 알고 있던 헤겔(Hegel)의 견해와 비교한다. 그는 다음과 같은 말로 마무리한다.

> 나는 이 문제에 완전히 사로잡혔습니다. 종일 내 머릿속을 맴돌 뿐만 아니라 지난주 꿈에서 동료에게 내 셔츠 단추를 미분하라고 주었는데, 그 동료가 단추를 가지고 도망갔습니다.[5]

당시 아내의 병환(같은 해 12월 사망)으로 정신이 없던 마르크스는 이후 서신에서 이 주제에 대해 다시 언급하지 않은 것으로 보인다. 그러나 엥겔스가 1882년 11월 21일 마르크스의 수학 이론에 관해 친구 Sam Moore와 주고받은 편지를 마르크스에게 이야기했을 때, 마르크스는 다음 날 바로 답장을 보냈다. 이 글의 뒷부분에서 이 서신에 대해 다시 설명하겠다.

마르크스는 자신의 사상에 더 많은 것을 추가하기 전에 세상을 떠났다. 엥겔스는 나중에 마르크스의 수학 원고와 자신의 자연변증법에 관한 원고를 함께 출판할 생각을 했다. 《안티뒤링Anti-Dühring》(1885) 제2판 서문에서 그는 수학과 자연과학에 관한 자신의 연구를 언급하며 마르크스가 사망한 후 중단할 수밖에 없었다고 덧붙인다. 그는 이렇게 결론을 내린다.

> 얻은 결과물과 함께 마르크스의 사후 작업 중 매우 중요한 마르크스의 원고를 수집하고 출판할 기회가 아마도 나중에 있을 것이다.[6]

엥겔스는 이 작업을 수행할 시간을 내지 못했지만, 정밀과학을 다룬 마르크스와 엥겔스의 논문은 기록으로 남아 있었다. 마르크스와 엥겔스의 논문을 물려받은 독일 사회민주주의자들은 수학, 물리학, 화학의 변증법을 이해할 수 없었다. 러시아인들이 마르크스와 엥겔스의 철학적 업적의 근본적인 중요성을 깨닫기 시작하면서 사람들은 그의 변증법을 비로소 이해하기 시작했다. 레닌(Lenin)의 《유물론과 경험론》(1908)은 선구적인 책이었지만, 1917년 혁명이 일어난 지 한참 후에 독일어로 출판될 때까지 러시아권 밖에서는 알려지지 않았다. 이후 러시아인들은 엥겔스의 《자연변증법》을 처음에는 러시아어로, 그리고 독일어 원서(1927년)로 출판했다.

현재 레닌과 엥겔스의 책은 모두 영어로 번역되어 있으며, 레닌의 책은 1927년, 엥겔스의 책은 1940년 번역본이 출간되었다.

이후에도 마르크스 수학 원고의 가장 특징적인 일부가 출판되었지만, 러시아어 번역본으로만 출판되었다.[7] 본 연구는 러시아에서 출판된 논문을 기반으로 한다. 그의 모든 수학 노트가 결국 러시아어뿐만 아니라 독일어 원문으로도 출판되기를 바란다.

마르크스가 수학에 얼마나 관심을 가졌는지는 모스크바의 마르크스-엥겔스-레닌 연구소가 1925년부터 약 900페이지에 달하는 마르크스의 수학 원고를 사진으로 복사해 모두 해독하고 정리했다는 사실에서 알 수 있다.[8] 이 원고는 기본적으로 마르크스가 연구한 교과서의 초록과 몇몇 메모, 특정 주제에 대한 포괄적인 설명, 독립적인 연구로 구성되어 있으며 예비 스케치부터 엥겔스에게 도움을 주기 위해 준비한 완성된 원고까지 마르크스 연구의 여러 단계를 보여준다. 계산 작업에는 24페이지에 불과한 몇 페이지만이 할애되어 있다.

이 원고 중 가장 방대한 분량의 원고는 대수학에 관한 것으로, 마르크스는 Lacroix의 교과서, Maclaurin의 교과서, 그리고 아마도 다른 교과서들을 가지고 대수를 공부했을 수 있다. 이 대수학의 대부분은 고차 방정식의 해를 다루고 있지만, 마르크스는 급수, 특히 발산 급수에 대해서도 관심을 보였다. 또한 Hymers의 책으로부터 해석 기하학에 관한 개략적인 내용도 있다.

다른 원고에는 미분학에 대한 마르크스의 성찰이 포함되어 있다. 19세기 초 수십 년 동안 인기 있었던 학교 교과서인 Lacroix, Boucharlat, Hind의 교과서를 바탕으로 Hall과 Hemming의 교과서를 보완한 초록과 포괄적인 설명이 많다. 이 원고는 주로 함수와 급수의 개념, 극한과 미분, 테일러와 매클로린의 급수, 최댓값과 최솟값의 결정 등을 다루고 있다. 마르크스는 미적분학의 '대수적' 기초를 위해 라그랑주가 테일러 급수를 사용한 유명한 사례에 특히 관심을 보였고, 다양한 글에서 미분과 도함수에 대한 서로 다른 정의를 비교했다. 마르크스는 자신의 노트 중 하나에서 테일러의 정리에서 이항정리의 도출을 재현하고 "라그랑주는 반대로 이항정리에서 테일러의 정리를 도출했다"라고 언급했는데, 이 사실은 그가 자주 반복해서 언급하며 생각에 잠기곤 했다. 그의 원고 중 하나는 "라그랑주에 따른 순수 대수적 기초에 대한 테일러 정리의 다소 수정된 발전"[9]이라는 제목이 붙어 있으며, 다른 논문에는 "이항정리의 대수적 언어에서 미분 표현 방식으로의 변환에 기초한 테일러의 정리", "매클로린의 정리 역시 이항정리의 대수적 언어에서 미분 언어로의 변환에 불과하다"와 같은 중요한 제목이 붙어 있다. 마르크스 생애 후반에 작성된 것으로 추정되는 두 개의 노트에는 마르크스가 최종적으로 선호한 미분법의 예와 미분에 관한 논문, 그리고 뉴턴, 라이프니츠, 달랑베르, 라그랑주가 사용한 미분법의 역사적 스케치가 담겨 있다. 이 노트는 마르크스가 엥겔스보다 앞서 있었다는 것을 보여준다. 또한 적분학에 관한 장문의 논문이 포함되어 있는데, 여기에는 뉴턴의 "무한 항을 이용한 방정식 분석"에 대한 비판적 분석이 포함되어 있다. 이 글의 주제는 이 논문에서 발표된 내용이다.

마르크스는 17세기 후반과 18세기의 위대한 수학자, 특히 뉴턴, 라이프니츠, 오일러, 달랑베르, 라그랑주 등의 직접적인 영향을 받아 집필된 교과서로 미적분을 공부했다. 그는 미분과 적분의 기법보다는 미적분을 구성하는 기본 원리, 즉 미분과 미분의 개념이 도입되는 방식에 더 관심이 많았다. 그는 곧 이러한 기본 원리에 대해 주요 저자들 사이에 상당한 의견 차이가 존재한다는 사실을 알게 되었고, 이러한 의견 차이는 종종 혼란을 수반했다. 이러한 혼란은 크게 유명하지 않은 저자가 쓴 학교 교과서에서 더욱 심했다.[10] 도함수가 미분에 기초한 것인지 아니면 그 반대인지, 미분이 작고 일정한지, 작고 0에 가까워지는지, 아니면 절대적으로 0에 가까워지는지 등의 질문에 대해 서로 다른 답이 제시되었다. 마르크스는 과거 가장 예리한 지성들을 끌어들인 이 문제에서 도전을 느꼈고 이 문제는 변증법적 과정의 핵심인 변화의 본질을 다루는 것이었다. 책에서 만족스러운 해답을 찾지 못한 그는 자신만의 전형적인 방식, 즉 출처를 찾아 결과를 비교하고 이를 넘어 새로운 영역으로 나아가는 방식으로 스스로 해답에 도달하려고 노력했다. 적어도 공개된 자료로 판단할 수 있는 한 마르크스가 연구한 자료 중 오귀스탱 코시(Augustin Cauchy)에 대한 언급이 없는 것 같다는 점이 독자들에게 의아하게 느껴질 수도 있다. 오늘날 교과서에서 미적분학의 기초를 구성하는 코시의 연구는 마르크스도 이용할 수 있었을 것이다.[11] 마르크스가 코시를 주목하지 않은 이유는 코시의 아이디어가 교과서에 서서히 침투했기 때문에 전문 수학자들 사이에서 움직이지 않았던 마르크스를 피해갔을 수도 있다.[12] 더 가능성이 높은 이유는 코시가 미분을 정의하는 방식이 본질적으로 달랑베르의 방법이었기 때문에 마르크스가 그의 방법을 새로운 것으로 간주하지 않았기 때문이다.

마르크스가 코시의 연구를 무시한 이유가 무엇이든 간에 미적분학이 도입된 방식에 대한 불만은 당대 최고의 젊은 전문 수학자 중 일부와 공유되었다. 마르크스가 수학 공부를 다시 시작한 같은 해(1858년)에 취리히의 Richard Dedekind도 미적분학을 가르치면서 비슷한 불만을 느꼈다. 그는 자신의 수업에서 극한 개념을 설명하기 위해 기하학적 증거에 의존해야 한다고 처음 언급한 후 1872년에 그는 다음과 같이 썼다.

> 그러나 미분학에 대한 이러한 형태의 도입이 과학적이라고 주장할 수 없다는 사실을 아무도 부인하지 않을 것이다. 나 자신에게는 이러한 불만족스러운 느낌이 너무 압도적이

어서 무한소 미적분의 원리에 대해 순수하게 산술적이고 완벽하게 엄격한 기초를 찾을 때까지 이 문제에 대해 계속 숙고하기로 굳게 결심했다.[13]

이를 통해 Dedekind는 연속체와 무리수의 개념에 대한 새로운 공리적 접근법을 개발했는데, 이는 우리가 "수학의 산술화"라고 부르는 위대한 선구자적 노력 중 하나였다. 몇 년 후 수학의 새로운 엄밀성 방법의 또 다른 선구자 중 한 명인 Paul Du Bois Reymond는 다음과 같이 외쳤다.

어떤 수학자가 특히 출판된 형태에서 극한 개념과 그와 가장 관련된 무한, 무한대와 무한소, 무리수 등의 개념이 여전히 엄밀성을 가지지 못한다고 부인할 수 있을까? 교사는 글과 말로 이 의문의 진입부를 빠르게 거쳐 미적분학의 잘 포장된 도로에서 더 편안하게 돌아다니기 위해 서둘러서 가르치곤 한다.[14]

19세기 말이 되어서야 Dedekind, Du Bois Reymond, Weierstrass 및 Cantor의 영향을 받아 미적분학의 원리에 대한 철저한 점검이 이루어졌고, 이는 현대적 방법의 기초가 되며, 코시의 접근법이 완전한 엄밀성으로 이어질 수 있음을 보여주었다. 그러나 이 일들은 마르크스와 엥겔스에게 영향을 미치기에는 너무 늦게 나왔다.[15]

결과적으로, 미적분의 기초에 대한 마르크스의 사고는 18세기 방법들을 비판하는 것으로 이해되어야 한다. 그러나 19세기 후반의 주요 수학자들과 동시대적으로, 그러나 독립적으로 발전한 그의 작업은 지금도 미적분학의 의미를 이해하는 데 기여하고 있다고 생각한다.

물론 엥겔스가 아이디어를 가지고 놀았던 것처럼 보이지만 마르크스는 자신의 자료를 출판하지 않았으며 출판을 의도조차 하지 않았다는 사실을 잊지 말아야 한다. 마르크스는 여가 시간이나 휴식을 위해, 종종 몸이 아플 때 서재에서 미분의 원리를 불만족스러운 방식으로 소개한 Boucharlat의 책 등 몇 권의 책을 참고하여 수학을 공부했다. 그는 Boucharlat와 비슷한 책에 인용된 출처에서 해명을 찾았고, 그 결과 뉴턴, 라이프니츠, 달랑베르, 라그랑주에게로 공부가 이어졌다. 그의 노트는 애초에 종종 모호한 글을 이해하기 위해, 그런 고전을 읽은 후 스스로 이해하기 위한 것이었다. 이 책들에서 불만족스러운 공식에 충격을 받은 그는 특유의 방식으로 어려움을 스스로 해결하려고 노력했다.

우리의 형식적 장치가 더 정교하고 실질적으로 완벽해졌음에도 불구하고 마르크스가 극복하고자 했던 어려움은 현재에도 여전히 실재한다. 이러한 어려움은 'Zeno of Elea'만큼이나 오래되었고, 어떻게 정지된 상태가 운동으로 넘어갈 수 있는지, 어떻게 운동이 정지된 상태로 이어질 수 있는지 이해하려는 최신 철학적 또는 생리학적 시도만큼이나 젊다. 이것이 바로 마르크스가 함수의 미분 개념과 미분과 관련된 개념을 주의 깊게 연구한 이유이다. 그는 이러한 개념이 발전하는 데에는 세 가지 주요 방법이 있다는 것을 발견했다. 마르크스는 이를 신비적, 합리적, 대수적 방법(각각 뉴턴-라이프니츠, 달랑베르, 라그랑주라는 이름과 연결됨)으로 분류한 다음 미분, 도함수, 미적분학 전반에 대한 자신의 이해에 이들을 대비시켰다. 마르크스가 비판한 여러 가지 방법으로 $y=x^3$ 함수를 미분하여 이 어려움을 설명해 보겠다.

(1) 뉴턴-라이프니츠(Newton-Leibnitz). ("신비적 미분학")[16] — x는 뉴턴에서 $x+\dot{x}t$로, 라이프니츠에서 $x+dx$로 변한다. 여기서 라이프니츠를 따르자. 그러면 y는 $y+dy$로 변화하고 $y=y+dy=(x+dx)^3=x^3+3x^2dx+3x(dx)^2+(dx)^3$가 된다. 여기서 $(dx)^2$와 $(dx)^3$는 $3x^2dx$와 비교해 무한소이므로 제외할 수 있으며, 정확한 공식인

$$dy = 3x^2dx$$

를 얻게 된다.

이것은 매우 신비로운데, 마르크스가 지적한 대로 이 신비로움은 dy를 dx로 나누고

$$\frac{dy}{dx} = 3x^2 = 3xdx + (dx)^2$$

를 구한 다음, $h=dx$가 0이 되도록 한다. 그럼 우리는 맞는 공식을 얻게 된다.

$$\frac{0}{0} = \frac{dy}{dx} = 3x^2$$

하지만 마르크스의 말처럼

> 나눗셈에 의해 인자 h로부터 해방되기 전에는 h의 무효화가 허용되지 않으므로 첫 번째 유도 함수(여기서는 $3x^2$)는 $(y_1-y)/h=3x^2+3xh+h^2$이다. 그래야만 유한차분을 무효화aufheben할 수 있다. 따라서 원래 미분 $dy=3x^2dx$를 구하기 전에 미분 계수 $dy/dx=3x^2$는 개발되어야 한다.

즉, 답이 무엇이어야 하는지 미리 알고 있었고 그 답을 그럴듯하게 만들기 위해 몇 가지 추론을 쌓아 올리는 것이다. 뉴턴과 라이프니츠가 미적분을 발견한 이 느슨한 방식은 Bishop Berkeley가 1734년 《분석가》에서 유명한 비판을 하게 된 계기가 되었다. 여기서 그는 dx가 0인지 아닌지를 묻고, 이를 "사라진 양의 유령들"이라고 부르며, 이러한 부조

리를 믿는 수학자라면 종교의 기적적인 교리에 합리적으로 반대할 수 없다고 결론지었다. 과학의 기초적인 어려움이 이상주의적이고 모호한 이유로 악용된 사례는 이 사건뿐만이 아니다.

수학자들은 이러한 어려움을 느끼고 더 정확한 미적분학 정립 방법을 제안함으로써 이 문제를 해결하려고 노력했다.[17] 달랑베르와 라그랑주의 기여가 가장 중요한 것이었다.

(2) 달랑베르("합리적 미분학").[18] 마르크스의 말을 빌리자면 달랑베르는 뉴턴과 라이프니츠의 출발점에서 바로 시작한다.

$$x_1 = x + dx$$

그러나 그는 바로 근본적으로 $x_1 = x + \Delta x$으로 수정한다. 여기서 Δx는 결정되지 않았지만, 원초적으로 유한한 증분이 되는데, 그는 이를 h라고 부른다. 이 h나 Δs을 dx로 변환하는 것(그는 모든 프랑스인처럼 라이프니츠 표기법을 사용했다)은 개발의 마지막 결과 또는 적어도 마감 직전에만 발견되며(knapp vor Torschluss), 신비주의자 및 미적분의 창시자에게 시작점이 된다.

$$\frac{f(x+h)-f(x)}{h} = \frac{y_1 \times y}{x_1 \times x}\frac{x_1^3 - x^3}{h} = \frac{(x+h)^3 - x^3}{h} = 3x^2 + 3xh + h^2$$

이제 $h=0$을 대입하면 $[f(x+h)-f(x)]/h$가 $\frac{dy}{dx}$로 바뀌고

$$\frac{0}{0} = \frac{dy}{dx} = 3x^2 = f'(x)$$

가 된다.

달랑베르의 미분하는 방식은 코시의 방식과 매우 유사하다. 현재 코시의 표기법으로 쓰면

$$\frac{dy}{dx} = \lim_{h \to 0}\frac{f(x+h)-f(x)}{h}$$

이다.

형식적으로 맞더라도 이 방법에 대한 마르크스의 반대는 도함수 $f'(x)$가 미분하기 전인 $3x^2 + 3xh + h^2$에 이미 존재한다는 것이다. 이는 단순히 $3x^2 + 2xh + h^2$라는 합의 첫 번째 항에 불과하며, 달랑베르의 방법은 합에서 $3x$ 다음에 오는 항을 제거하는 방법을 고안한 것에 불과하다. 마르크스는 이를 "분리$_{\text{Loswicklung}}$"라고 부르며, 올바른 방법은 "개발$_{\text{Entwicklung}}$"이 되어야 한다고 주장한다.

따라서 도함수는 라이프니츠와 뉴턴의 도함수와 동일하지만, 미리 만들어져있는ready-made 도함수는 엄격하게 대수적인 방법으로 그와 관련된 다른 내용으로부터 분리되었다.[19] 여기서 개발이 아니라 $f(x)$로부터 (여기서는 $3x^2$) 그것의 인자 h와 다른 항들을 일렬로 따라 나오게끔 분리하는 것이다.[20] 진정으로 개발된 것은 왼쪽에 있는 상징적인 변수들, 즉 dx, dy 그리고 그들의 비율, 즉 상징적 미분계수 dy/dx 또는 $0/0$ (다른 방법으로는 $0/0 = dy/dx$)이다. 이러한 기호가 수학적으로 유도되었음에도 불구하고, 이로 인해 형이상학적인 전율metaphysical shudders을 불러일으켰다. 달랑베르는 미적분을 신비주의의 옷을 벗겨내고 엄청난 진전을 이루었다.

달랑베르의 연구에 대한 마르크스의 "엄청난 진전"이라는 평가는 여전히 유효하다. 모더니즘 수학사학자들도 이 점을 간과할 수 없다는 점에서 이것은 더욱 놀랍다. 마르크스는 다음으로 라그랑주에게로 넘어간다.

(3) 라그랑주("순수 대수적 미분학")

$$y = f(x) = x^3$$
$$y_1 = (x+h)^3 = x^3 + 3x^2h + 3xh^2 + h^3$$

라그랑주는 단순히 h 계수를 미분으로 정의하거나 더 일반적인 $f(x)$에 대한 테일러의 정리를 가지고 정의한다.

$$y_1 = f(x+h) = y(\text{or}\, fx) + \frac{dy}{dx}h + \frac{d^2y}{dx^2}\frac{h^2}{2} + \cdots$$

마르크스는 그 후 라그랑주의 방법을 다음과 같이 풀어서 설명한다. 첫 번째 방법 (1)과 합리적인 방법 (2) 모두에서 필요한 실수 계수는 이항정리에 의해 미리 제작되며 급조되었으며, 이미 급수 확장의 두 번째 항으로, 즉 반드시 h^1을 포함하는 항에서 찾을 수 있다. 따라서 (1)처럼 할지, (2)처럼 할지와 상관없이, 모든 추가적인 미분 과정은 사치이다. 따라서 불필요한 무게를 버리도록 하자. 우리는 이항 전개로부터 첫 번째 실수 계수가 h의 계수이고, 두 번째 실수 계수는 h^2의 계수임을 잘 알고 있다. 이러한 실수 미분계수는 x에서 원래 함수의 파생 함수가 연속해서 이항식으로 확장된 것일 뿐이다. … 그 결과, 모든 종류의 실수 문제는 모든 종류의 $x+h$ 함수를 h의 적분 오름차순 거듭제곱으로 확장하는 방법(대수적인 방법)을 찾는 문제로 축소되었으며, 이를 수행하는 것은 많은 경우에 연산의 큰 복잡성 없이는 이루어질 수 없다.[21] 지금까지 라그랑주에는 별 것 없고 달랑베르의 방법에서 직접 찾을 수 있는 내용이다(여기에는 신비주의의 전체 개발도 포함되기 때문이다).

마르크스가 고전학자들에 제기한 이의는 이 네 사람 모두가 미분의 과정이 실제로 시작되기 전에 이미 도함수가 준비되어 있다는 것이다. 마르크스는 실제로 변수의 변화 과정을 실제로 따르는 방법을 원했다. 이 과정 자체에서 도함수를 0/0으로 정의하고 이렇게 하면 새로운 기호 dy/dx를 부여할 수 있을 것이다. 마르크스는 도함수가 미분 과정을 통해서 유도되어야 하며, 이항정리로부터 처음부터 생성되어서는 안 된다고 주장했다.

> $x+dx$에서 잘못 시작하든 $x+h$에서 올바르게 시작하든, 이 결정되지 않은 이항식을 주어진 대수적인 함수 x에 대입하면 x^3 대신 $(x+h)^2$와 같이 특정 차수의 이항식으로 변경된다. 그리고 이 이항식에서 한 경우에는 dx, 다른 경우에는 h가 마지막 항으로 나타난다. 따라서 확장에서도 이 요소는 단순히 인자로서 나타나며, 이항식에서 유도된 함수들에 영향을 미치게 된다.[22]

마르크스가 제안하는 방법에서는 내적 발전의 부족을 피할 수 있다. 예를 들어, $y=x^3$의 경우를 살펴보자.

$$y=f(x)=x^3$$
$$f(x_1)-f(x)=y_1-y=x_1^3-x^3=(x_1-x)(x_1^2+xx_1+x^2)$$
$$\frac{f(x_1)-f(x)}{x_1-x}=\frac{y_1-y}{x_1-x}=x_1^2+xx_1+x^2$$

$x=x_1$ 또는 $x-x_1=0$이면 다음의 결과를 얻는다

$$\frac{0}{0}=\frac{dy}{dx}=x^2+xx+x^2=3x^2$$

마르크스에 따르면 이 방법에서는 먼저 예비 도함수 $x_1^2+xx_1+x^2$을 얻고, 이는 $x=x_1$을 통해 명확한 도함수로 전환된다. 이렇게 x_1에서 x로 전환하는 것은 임의의 "무한소" 근삿값도 없애고, 실제로 도함수가 실제로 0/0이며, $x-x_1$이 실제로 0일 때 얻어진다는 것을 보여준다.

이렇게 우리는 다음과 같이 눈에 띄는 형태를 볼 수 있다.

> 첫째, 도함수를 얻기 위해 우리는 $x=x_1$으로 놓아야 한다. 따라서 엄밀한 수학적 의미에서 $x-x_1=0$이 되어야 하며, 어떠한 무한소 근삿값의 흔적도 없어야 한다. 둘째, x_1이 x으로 두었다는 사실로 인해 $x-x_1=0$이 되었더라도, "도함수"에는 어떤 상징

적인 내용도 들어가지 않는다. 원래 x의 변화로 소개된 양 x_1은 사라지지 않으며, 그것은 단지 최소한의 경계인 x로 축소된다. 이것은 원래 함수에 새로 도입된 요소로, 그것은 부분적으로 자기 자신과 원래 함수의 x와의 조합을 통해 최종적으로 "도함수"를 생성한다. 즉, 예비 "도함수"가 최소한의 값으로 축소된다. … 초월적이거나 상징적인 우연 $(0/0 = dy/dx = 3x^2)$은 좌변에만 발생하지만, 더는 공포스럽지 않다. 왜냐하면 이제 그것은 방정식의 우변에서 이미 실제 내용을 보여주는 과정의 표현이기 때문이다.[23]

$x = x_1$이 되는 순간에 분모 $\Delta y/\Delta x$는 $0/0$이 된다. 이 식에서 $0/0$은 그 기원과 의미의 흔적이 모두 사라졌기 때문에 그 대신 기호 dy/dx로 대체된다. 이 기호에서 유한한 차이인 Δy와 Δx는 기호의 형태로서 청산aufgehobene된 또는 소멸된verschwundene 차이로 나타난다. 이 순간에 대수는 사라지고, 기호 dy/dx를 사용하는 미분학이 시작된다.

마르크스의 의도를 더 잘 이해하기 위해 엥겔스가 마르크스의 원고를 읽은 후 1881년 8월 18일에 마르크스에게 보낸 편지 일부를 번역해 소개하고자 한다.

우리가 $y = f(x)$에서 x와 y가 변수라고 말할 때, 이는 우리가 더 이상 진행하지 않는 한 어떠한 추가적인 결과 없이 단순한 주장일 뿐이며, 사실 x와 y는 임시로 상수이다. 그들이 실제로 변할 때, 즉 함수 내부에서 변할 때, 그들은 실제로 변수가 된다. 그 경우에만 원래 등식에 숨겨져 있던 양들의 관계, 즉 그들의 가변성의 관계가 드러날 수 있다. 첫 번째 도함수 $\Delta y/\Delta x$는 실제 변화 과정에서 발생하는 이 관계를 모든 주어진 변화에서 보여주며, 최종 도함수 dy/dx는 이 관계를 일반적이고 순수한 상태로 보여주기에 우리는 이 $\Delta y/\Delta x$ 자체가 특수한 경우에만 적용되는 동안 모든 $\Delta y/\Delta x$에 대해 dy/dx의 형태를 취할 수 있다. 하지만, 특수한 경우에서 일반적인 관계로 넘어가려면, 특수한 경우를 그 자체로 청산해야 한다als solcher aufgehoben werden. 그러므로, 함수가 x에서 x'로 모든 결과와 함께 과정을 거친 후, x'는 다시 조용히 x가 될 수 있고, 더 이상 이름만 변수였던 이전의 x_1이 아니라, 실제 변화를 거쳤다. 그 변화의 결과는 그 자체를 다시 청산하더라도 그대로 남아 있다auch wenn wir sie selbst wieder aufheben.

많은 수학자들이 오랫동안 합리적인 근거를 제시하지 못한 채 도함수가 근원이고, 미분 dx와 dy가 파생된다고 주장해 온 것을 마침내 명확하게 확인할 수 있다.

마르크스의 방법과 달랑베르의 방법(그리고 코시의 방법) 간의 차이는 하찮거나 중요하지 않다는 식으로 오해되어서는 안 되며 거부되어서도 안 된다($x - x' = h$ vs. $x' = x + h$). 내 생각에 마르크스는 달랑베르의 방법이 형식적으로는 옳다고 생각했다. 그러나 마르크스는 미분 과정 자체의 이해에 다다르고 싶었다. 도함수는 x (그리고 y)를 일련의 상숫값에 통과시켜 미분을 구할 수 있는가, 아니면 x (그리고 y)가 실제로 변화해야 하는 것인가? 이렇게 이해하면, 우리는 Zeno의 오래된 "역설"이 드러나는 것을 볼 수 있다. 한 점의 움직임은 그 점이 정지한 일련의 위치를 따라가며 얻어질 수 있는가? Zeno는 그러한 일련의 위치들이 결코 움직임을 만들지 않음을 보여주었고 비슷한 논리로 아킬레스가 거북이를 결코 따라잡을 수 없음도 보였다. 마르크스는 달랑베르의 방법이 함수가 미분될 때 일어나는 실제 사건을 제대로 설명하지 못하는 사고방식을 나타낸다고 주장했다. 실제 변화가 일어나며, 이는 $\Delta y/\Delta x$을 x와 완전히 새로운 x'의 함수로 작성한 다음 $x=x'$로 두면 더 잘 이해할 수 있다. 더욱이, $h=x'-x$는 단지 0에 근접하는 것이 아니라, h가 실제로 0이 된다. δy와 δx가 모두 0일 때만 도함수가 나타난다는 사실이 강조된다. 이 점은 라이프니츠-뉴턴의 "신비주의자"들에서는 분명하지 않았고, 달랑베르-라그랑에서는 우연히 발생한 일로 보였다.[24] Hogben의 《만인을 위한 수학Mathematics for the Million》과 같은 일부 유명한 교과서에서는 미분 과정이 대략적으로만 참이라는 인상을 줄 정도로 이해도가 낮다. 그러나 현대 교과서에서도 형식적으로는 틀림없는 도구를 사용하면서도 그 도구 뒤에 있는 사고 일부는 온전히 명확하지 않다.

살아있는 가장 위대한 수학자 중 한 명인 G. H. Hardy의 교과서 《순수수학Pure Mathematics》을 예로 들어보자. 미분은 코시-달랑베르 방식으로 설명된다.

$$\phi'(x)=\lim_{h\to 0}\frac{\phi(x+h)-\phi(x)}{h}$$

즉, $\{\phi(x+h)-\phi(x)\}/h$는 h가 0이 될 때 극한에 도달하는 경향이 있다. 이것은 무엇을 의미하는가? 아무리 작은 양의 숫자가 주어졌을 때 $y_0(\delta)$을 $0<y\le y_0(\delta)$일 때 $|\phi(y)-l|$이 되도록 선택하면 y가 0으로 향할 때 $\phi(y)$는 극한 l로 향한다고 말한다.[25]

이 정의는 우리가 어떤 극한을 검사하는 정확하고 예리한 기준을 가진다는 의미에서 정확하다. 그러나 y가 "0으로 수렴"한다고 말하기 때문에 $\phi(y)$는 항상 극한 근처를 맴돈다. 마찬가지로 $\phi'(x)$는 "0으로 수렴"하는 h를 통해 정의된다. 문제는 $h=0$에 도달한 적이 있는가이다. 마르크스는 이를 단언뿐만 아니라 강조한다. 이 정의는 극한이 나타날 때 이를 인식할 수 있는 실용적인 기준을 충족하기 때문에 일반적인 현대 교과서의 정의는 이 질문을 심각하게 다루지 않는다.[26]

그 결과 미적분학의 원리에 대한 많은 수업(또는 강의)이 다음과 같이 진행되며, 나의 강의도 그러함을 고백한다. 먼저, 극한에 원하는 만큼 가까이 다가갈 수 있지만, 결코 도달할 수 없다는 것을 보여준다. 그런 다음, 이 극한 개념의 도움으로 도함수를 정의한다. 그러고 나서 갑자기 우리는 (이전에 증명했듯이) 결코 도달할 수 없는 이 도함수를 마치 실제로 도달한 것처럼 작업하기 시작한다. $h=0$, $x'=x$인 경우는 형식적인 장치에 존재하지만, 추론 과정에서 어떤 식으로든 희미해진다. 예외는 Moritz Pasch의 연구에서 발견되는데, 그는 도함수에 대한 매우 신중한 분석에서 $h=0$인 경우에 대한 충분한 여지가 있는 형식적인 장치를 개발했다.[27]

따라서 마르크스는 형식적 장치를 해석할 때, 극도의 명료성을 요구하는 사상가 학파에 속한다. 마르크스의 입장은 형식적 장치만 중요한 것이라고 믿는 수학자나 수리 물리학자들의 입장과 극명하게 대조된다. 마르크스의 입장은 유물론자의 입장이었는데, 유물론은 의미 있는 수학은 반드시 현실 세계의 작동을 반영해야 한다고 주장했다.

흥미로운 점은 더 복잡한 함수를 고려할 때 마르크스와 달랑베르의 형식적인 장치 간의 차이가 줄어든다는 것이다. $y=\sin x$의 경우, 달랑베르의 미분 방법에서 도함수는 여전히 분리$_{\text{Loeswicklung}}$를 통해 얻어진다. 그러나 $y=\log x$의 경우, 도함수는 h를 실제로 변화시키는 과정을 통해서만 얻어질 수 있다.

실제 변화의 결과로 dy/dx가 성립하자마자 그 자체로 미적분학의 주제, 즉 미분학이 된다. 마르크스는 미분의 의미에 관한 원고에서 이 미적분학의 첫 번째 공식 중 하나로서 u와 z가 x의 함수인 경우, $y=uz$의 도함수를

$$\frac{dy}{dx}=z\frac{du}{dx}+u\frac{dz}{dx}$$

로 유도하였다. $uz=f(x)$일 때 dy/dx는 $f'(x)$로 쓸 수 있으며 "$f'(x)$는 그 자체의 상징적 표현으로서 이중 또는 상징적 등가물로 대립된다"

> 상징적 미분계수는 독립적인 시작점이 되었으며, 그의 실제 등가물을 먼저 찾아야 한다. 주도권은 오른쪽 극에 있던 대수적인 극($dy/dx=f'(x)$ 안)에서 왼쪽 극인 상징적인 극으로 옮겨졌다. 그러나 이로 인해 미분학은 또한 이미 고유한 영역에서 독립적으로 작동하는 특정 종류의 계산으로 나타난다. 시작점인 du/dx, dz/dx는 이 미적분학에만 속하는 수학적인 양이며 미적분학을 특징지어 준다. 그리고 여기서 나온 이 방법의 반전$_{\text{Umschlag}}$은 uz의 대수적 미분에서 나왔다. 대수적 방법은 그 반대인 미분적인 방법으로 자동 변화한다.

이제 방정식 (a) $\frac{dy}{dx}=z\frac{du}{dx}+u\frac{dz}{dx}$에서 공통분모인 dx를 제거하면 (b) $d(uz)=dy=udz+zdu$를 구할 수 있으며, 여기서 (a)에서 유래한 모든 흔적이 제거된다.

> 따라서 (b)는 u와 z가 x에 따라 종속되는 경우뿐만 아니라 x와 상관없이 서로에게만 종속되는 경우에도 유효하다. 이것은 처음부터 상징적인 등식이며, 처음부터 상징적인 연산 등식으로 사용될 수 있다.

따라서 미분은 연산적 형태라고 말할 수 있는 상징적 형태이다. $dy = f'(x)dx$는 $dy/dx = f'(x)$의 또 다른 형태로 나타나며 항상 미분 형태로 변환할 수 있다. 현대 수학자들은 이 방법에 아무런 이의를 제기하지 않을 것이며, V. Glivenko[28]는 특히 프랑스 수학자인 Hadamard의 미분이 가진 연산적 특성을 강조한 것을 보여주었다. 그러나 마르크스는 dy가 $dx = \Delta x$를 임의로 배치하여 얻은 $f'(x)\Delta x$가 되어야 한다는 현재 일반적인 해석에 대해서는 언급하지 않았다. 코시까지 거슬러 올라가는 이 dy 표현 방식은 마르크스를 피해갔을 수도 있다(그는 Boucharlat의 미분도임을 비판하지만, Boucharlat은 구식이다). 그러나 우리는 마르크스가 어떤 경우에라도 완전히 다른 연산 의미를 가진 두 개념 사이의 동일성을 확립하는 $dx = \Delta x$에 이의를 제기했을 것이라고 믿는다. 모든 교과서에서 찾을 수 있는 코시에 의한 dy의 해석은 기계적이며, 상수 x를 똑같이 상수인 $x + \Delta x$로의 특정 변화에 대한 근사로 $dy = f'(x)dx$ 공식을 사용함으로써만 정당화될 수 있다.[29] 그리고 dx와 Δx, dy와 Δy 사이의 이 차이를 깔끔하게 표현할 수 있다는 사실은 미적분학 기호와 실제 변화 과정의 산술대수적 관계에 관심이 많았던 마르크스와 엥겔스에게 깊은 인상을 남기지 못했을 것이다. 이는 Sam Moore가 마르크스의 원고 자료에 대한 의견을 쓴 후 마르크스와 엥겔스가 주고받은 다음 서신을 보면 알 수 있습니다.

> 먼저 무어의 수학적 시도를 같이 첨부한다. "대수적 방법은 위장된 미분 방법일 뿐"이라는 결과는 단지 그만의 기하학적 구성 방법을 의미하며 그 결과는 상대적으로 정확하다. 나는 당신이 기하학적 구성에서 문제를 어떻게 표현하는지에 관심이 없으며 곡선의 방정식에 대한 적용은 실제로 충분하다고reiche ja hin 그에게 썼다. 더욱이, 당신과 이전 방법의 근본적인 차이점은 x를 x'로 변경하여 실제로 변화시키는 반면, 다른 하나는 항상 두 양의 합일 뿐이지 결코 양의 변화가 아닌 $x + h$에서 출발한다는 것이다. 따라서 x'를 통과하여 다시 x가 되었을 때도 당신의 x는 이전과 또 다른 x가 되지만, x에 h를 처음 더하고 나중에 다시 빼는 기간에는 x는 일정하게 유지된다. 그러나 변동의 모든 그래프 표현은 필연적으로 과거의 과정, 결과, 따라서 일정한 양, 즉 직선 x의 표현이며, 그 보완은 직선을 이루는 두 선분인 $x + h$로 표시된다. 이로부터 x가 x'가 되고 x'가 다시 x가 되는 과정을 그래프로 표현하는 것은 불가능하다는 것을 이미 알 수 있다. (1882년 11월 21일, 엥겔스가 마르크스에게)[30]

다음 날 마르크스의 답변이 이어졌다.

> 당신이 바로 알아차렸듯이, Sam은 내가 사용한 분석 방법을 단순히 옆에 밀어 두고 비판하며 그 자신은 내가 한 마디도 할애하지 않은 기하학적 응용으로 바쁘게 지내고 있다.

> 나는 동일한 방식으로 뉴턴과 라이프니츠의 신비주의적 방법으로 시작하여, 다음에는 달랑베르와 오일러의 합리주의적 방법으로 이어지고, 라그랑주의 엄격한 대수적 방법(그러나 항상 뉴턴-라이프니츠와 동일한 원래 원리에서 시작)으로 마무리하는 적절한 소위 미분 방법의 발전을 지워 버릴 수 있었다$_{\text{knte damit abspeisen}}$. 나는 미분학의 기하학적 응용, 즉 기하학적 표현$_{\text{Versinnlichung}}$에서 실제로 본질적으로 아무것도 바뀌지 않았다고 말함으로써 이 분석의 모든 역사적 발전을 지워 버릴 수 있었다.[31]

마르크스의 이 마지막 발언은 미분의 기하학적 표현과는 독립적으로 미적분을 구축하려고 노력했던 데카르트의 발언과 유사하다. 이것은 마르크스 분석의 특징 중 하나로, 현대적인 접근과 일치한다고 볼 수 있다. 또 다른 중요한 특징은 그의 미분의 연산적 성질에 대한 강조이며, 대수의 기반으로부터 미분학이 새로운 교리$_{\text{doctrine}}$로 발생하는 정확한 순간을 찾으려는 그의 노력이다. "무한소"는 마르크스의 저작에 전혀 나타나지 않는다. 변수의 실제 변화에서 미분의 기원을 주장하는 데 있어 그는 현실 세계의 모순을 부정하지 않고 모순들이 공존할 수 있는 최선의 방식을 확립하는 것이 과학자의 임무임을 강조함으로써 Zeno의 오래된 역설을 극복하는 데 결정적인 한 걸음을 내딛는다.[32] 여기서 마르크스의 입장은 증분 dx, dy는 정지 상태, 불변하는 것으로 간주해야 한다고 생각한 Du Bois Reymond[33]나 가변량의 존재 자체를 부정하는 모더니즘 수학자 Tarski의 입장과 정반대이다.[34] 이러한 마르크스의 입장은 대부분의 수학자들이 인정할 것이다.

우리는 마르크스의 미분학의 기원에 대한 견해를 다룬 이 논고가 그의 다른 수학 원고의 게재도 바람직하다는 것을 보여준다고 생각한다.

추신

이 논문이 1948년에 출판된 후 마르크스의 수학 저작을 모아 러시아어 번역 및 소개와 함께 독일어 원문이 모스크바에서 출판되었다. 《K. Marks, Matemati ceskie rukopisi》(1968, 640쪽). 이 중 일부만 번역한 영어판도 있다. 《The mathematical manuscripts of Karl Marx》(London, New Park, 1983). D. J. Struik(1976)의 《Archives Internationales d'histoire des sciences》, 97, 343에서의 서평, H. Kennedy(1977)의 "Karl Marx and the foundations of differential calculus," 《Historia Mathemtica》, 4, 303-318, 그리고 E. Gerdes(1983)의 《Marx demystifies calculus》(번역: Beatrice Lumpkin, MEP Publications, 미니애폴리스)도 참고하길 바란다. 이들은 광범위한 참고문헌을 포함하고 있다.

1. Marx-Engels, *Gesamtausgabe* (Berlin: 1930), Abt. III, Bd. II, p. 273.

2. Ibid., III, p. 149.

3. Marx, Karl, *Capital* (Chicago: 1919), II, p. 10.

4. *Marx-Engels Gesamtausgabe*, Abt. III, Bd. IV, p. 513.

5. Ibid., p. 514.

6. Engels, Friedrich, *Anti-Dühring* (New York: 1939), p. 17.

7. Marx, Karl, *Marksizm i Estestvoznanie* (Moscow: Partisdat, 1933).이 원고의 러시아어 번역본은 5쪽부터 61쪽을 차지하고 있으며, 그 뒤에는 E. Kolman, S. Ianovskaia, D. J. Struik, H. J. Muller 등의 논문이 실려 있다. 원고의 독일어 원문은 내가 아는 한 계획이 있었던 것으로 보이지만 출판되지 않았다(참조: *Unter dem Banner des Marxismus* (1935), no. 9, p. 104, n. 1.). 나는 1935년 모스크바의 마르크스-엥겔스 연구소에서 출판된 수학 원고의 원문 사본을 받았으며, 본 글의 인용문은 이 원고를 번역한 것이다.

8. 900페이지에 달하는 마르크스 수학 원고의 일반적인 성격에 관한 정보는 S. Ianovskaia의 "O Matematicheskich Rukopisiakh K. Marksa," 136쪽부터 180쪽에서 발췌한 것이다. 다음도 참조하시오. E. Colman의 *Science at the Cross Roads* (London: 1931), p. 233-235.

9. "Nach Lagrange somewhat modified Entwicklung des Taylorschen Theorems auf bloss algebräischer Grundlage"

10. 다양한 이론에 대한 좋은 설문은 E Cajori의 "Grafting of the Theory of Limits on the Calculus of Leibniz," *Am. Math. Monthly* 30 (1923): p. 223-34에 제시되어 있다.

11. A. Cauchy, *Résumé des leçons données a l'Ecole Royale Polytechnique sur le calcul infinitésimal* (Paris: 1823).

12. 마르크스가 참고한 Boucharlat의 책 6판(1856년)의 서문은 뉴턴, 라이프니츠, 달랑베르, 라그랑주의 연구에 대해 자세히 언급하고 있지만 코시에 대해서는 침묵하고 있다. 코시의 방법을 명시적으로 사용한 최초의 널리 사용된 교과서 중 하나는 1882년에 출간된 C. Jordan의 〈분석학〉(*Cours d'analyse*)이다.

13. R. Dedekind, *Stetigkeit und Irrationalzahlen* (1872). Translated in "Essays on

the Theory of numbers" (Chicago: 1901), p. 1 f.

14. E Du Bois Reymond, *Die allgemeine Funktionentheorie*, I (1882), p. 2. 저자는 불가지론의 슬로건 "Ignorabimus"을 구성한 생리학자 Emil의 형제였다.

15. 19세기 후반 독일의 위대한 수학자들의 연구에 대한 관련 정보가 마르크스와 엥겔스에게 전달되었는지조차 의심스럽다. 당시 영국은 자본주의는 물론 물리학, 화학, 생물학을 공부하기에 훌륭한 곳이었지만 기하학과 대수학의 일부 전문 분야를 제외하고는 수학에서는 후진적이었다.

16. 라이프니츠는 1684년, 뉴턴은 1693년에 미적분학에 관한 첫 번째 논문을 발표했다.

17. 다음 예를 참조하시오. F. Cajori, *A History of the Conceptions of Limit and Fluxion in Great Britain from Newton to Woodhouse* (Chicago, and London: 1919).

18. D′ Alembert on "Différentiel" in Diderot's *Encyclopédie* (1754).

19. "losgewickelt von ihrem sonstigen Zusammenhang"

20. "Es ist keine *Entwicklung*, sondern cine *Loswicklung des* $f(x)$"

21. 우리는 종종 그것이 전혀 불가능하다는 것을 알고 있지만, 이를 위해서는 라그랑주의 지평을 넘어서는 함수적 개념의 확장이 필요하다.

22. "*nur als Faktor, womit die durch das Binom abgeleiteten Funktionen äusserlich behaftet sind*"

23. "*Das transzendentale oder symbolische Unglück ereignet sich nur auf der linken Seite, hat aber seine Schrecken bereits verloren, da es nun als Ausdruck eines Prozesses erscheint, der seinen wirklichen Gehalt bereits suf der rechten Seite der Gleichung bewährt hat*"

24. 더 많은 정보는 F. Cajori, "The History of Zeno's Arguments on Motion," vi, *Am. Math. Monthly* 22 (1915): p. 143-149에 있다.

25. G. H. Hardy, *Pure Mathematics* (Cambridge, England: Cambridge University Press, 6th ed., 1933), esp. p. 116, 198. 이 극한의 정의는 y가 양수 값으로 0이 되는 경향이 있을 때 유효하다. 비슷한 방식으로, y가 음수 값으로 0이 되는 경향이 있을 때 극한의 정의에 도달할 수 있다.

26. 한계에 도달하는 변수에 관한 내용은 다음을 참조하시오. E Cajori, *Am. Math. Monthly*, 22 (1915), p. 149,: "모뎀 이론에서 이것은 특별히 논증의 문제가 아니라 오히

려 가정에 관한 문제이다. 변수는 우리가 원한다면 그 한계에 도달하고, 우리가 원하지 않는다면 그 한계에 도달하지 않는다" 이러한 추론은 아킬레스가 거북이에 도달할지, 도달하지 않을지는 우리의 의지에 달려 있다는 결론에 도달하는 것처럼 보인다.

27. M. Pasch, "Der Begriff des Differentials," in *Mathematik am Ursprung* (Leipzig: 1927), p. 46-73, esp. 61, 68.

28. V. Glivenko, "Der Differentialbegriff bei Marx und Hadamard," *Unter dem Banner des Marxismus* (1935) no. 9, p. 102110; 러시아어 본문 *Pod Znamenem Marksizma* (1934) no. 5. 다음을 참조하시오. J. Hadamard, Cours d'analyse, I (Paris: 1927), p. 2 and 6.

29. C. De la Vallée Poussin, *Cours d'analyse infinitésimale*, I (Paris: Louvain, 1923), p. 52을 비교하시오. "방정식 $df(x) = f'(x)$에서 x에 대한 dx의 치환에 대하여, 필요성은 없지만 관습에 의해 신성시되고 있으며 이 관습은 정당하다"

30. 따옴표 사이의 단어는 영어로 표기되어 있다. 다음을 참조하시오. *Marx-Engels Gesamtausgabe*, Abt. III, Bd. II, p. 571.

31. *Marx-Engels Gesamtausgabe*, Abt. III, Bd. IV, p. 572. 다음과 비교하시오. Marx, Capital, Part I, ch. 3, Section 2: "The Metamorphosis of Commodities," (Engl. translation, ed. 1889, p. 76).

32. *Marx-Engels Gesamtausgabe*, Abt. III, Bd. IV, p. 572. 다음과 비교하시오. Marx, Capital, Part I, ch. 3, Section 2: "The Metamorphosis of Commodities," (Engl. translation, ed. 1889, p. 76).

33. Du Bois Reymond, Die allgemeine Funktionentheorie, I, (1882), p. 141. 저자는 공식을 볼 때만 움직이기 시작하는 양을 인정하지 않기(geht mir entschieden wider den Mann) 때문에 "é évanouissante"로서 dx 개념에 대한 그의 혐오감을 나타낸다: "책이 닫혀있는 한 심오한 휴식이 선행된다. 내가 그것을 열자마자, d와 함께 제공되는 모든 양의 0을 향한 경쟁이 시작한다" 마르크스는 Du Bois Reymond의 결론에 도달하지 않고도 종이 위의 변화뿐만 아니라 현실의 변화를 표현하고 싶었기 때문에 그의 비판을 공유했을 것이다.

34. A. Tarski, *Introduction to Logic* (New York: 1941), p. 4.

제 4 부

수학 지식이 무엇인지 다시 생각하기

RECONSIDERING WHAT COUNTS AS MATHEMATICAL KNOWLEDGE

ETHNOMATHEMATICS

제 4 부

수학 지식이 무엇인지 다시 생각하기

아서 윌리엄 바텐 파웰(Arthur B. Powell)과
마릴린 프랑켄슈타인(Marilyn Frankenstein)

프랑스의 수학교육 연구에서 나타난 사례를 살펴보자. 7살 아이에게 "너는 왼쪽 주머니에 빨간 연필이 10개 있고, 오른쪽 주머니에 파란 연필이 10개 있단다. 그럼 너는 몇 살일까?"라고 물었다. 그 아이는 "20살이에요"라고 대답한다. 이 아이는 자신이 실제로 7살이라는 것을 몰랐기 때문이 아니고, 또한 수를 전혀 이해하지 못했기 때문도 아니다. Pulchalska와 Semadein(1987)은 "수학 문제를 풀 때 이야기에 주어져 있는 수를 사용한다"는 수학을 배우는 학생과 교사 사이에 비문서화된 '사회적 계약social contract' 때문이라고 결론을 내린다. "이 학생들이 관련 없는 질문이나 자료로 제시된 문제에 비논리적으로 답하는 가장 큰 이유는 수학을 말도 안되는 것으로 믿고 있다는 것이다"(15쪽)

Pulchalska와 Semadein가 밝힌 위의 상황과 같이, 많은 여러 가지 맥락에서 '일상' 수학과 '학교' 수학 사이의 괴리를 찾을 수 있다. 담브로시오D'Ambrosio(1985, 이 책의 제1장)는 이집트와 그리스 사회의 사회적 계층에 따라 이러한 괴리의 역사적 변화를 추적하였다. Frankenstein(1989)은 현대 미국 노동 계층의 성인 학습자들이 소수점은 금액을 표기할 때 사용되는 점과 같다고 배울때 종종 놀란다고 밝혔다. 마찬가지로 Spradbery(1976)는 영국에서 16세 학생들을 연구했다.

> 이 학생들은 학교 수학의 가장 초보적인 측면 이외의 어떤 것도 습득하지 못하였다.

> …… 상당한 '보충' 교육을 받았지만 도움이 되지 않았고, 결국은 "수학 시간에 일어나는 모든 것을 혐오하면서" 학교를 떠났다. 그러나 이 학생들은 여유 시간에 비둘기를 키우고 경주에 내 보기도 했다. …… 무게 재기, 측정하기, 시간 재기, 지도의 축척을 사용하기, 물건 사기, 물건 팔기, 일정표 해석하기, 일정 계획하기, 확률과 평균을 계산하기 등은 그들에게 자연스러운 상식의 일부였다" (237쪽)

해리스$_{\text{Harris}}$(1987, 이 책의 제10장)는 사회적 계층적 구분 이외에 성차별 또한 '학교' 수학과 상식적 지식 사이의 분리를 가중시켜 수학 지식의 의미를 왜곡한다고 밝힌다. 예를 들어, 부적절하게 주름이 잡히거나 잡아당기는 것을 방지하려고 직원기둥의 파이프를 피복재로 싸는 문제는 공학이라고 부르고 '수학'이라고 여긴다. 반면에, 이와같이 양말 뒤축을 디자인하는 가사 문제는 '뜨개질'이라고 부르며 수학 내용이 없다고 생각한다. 그러나 우리는 공학 문제와 가사 문제 양자 모두를 민족수학의 예라고 생각한다. 또한 Gerdes(1988, 이 책의 제11장)와 그의 학생들은 제국주의가 모잠비크 전통의 직조 문화에 내재한 다양한 '추상' 기하 및 대수 아이디어의 발달을 억제해 왔다고 그 책임에 문제를 제기한다.

성인이 돈을 다루는 활동, 학생이 비둘기 경주를 시키는 활동, 여성이 양말을 짜는 활동 등에 내재한 수학 지식은 이들 각 활동의 지식과 분리되지 않는다. 오히려 수학 지식은 실천$_{\text{praxis}}$에서 생성되고 재생성된다. 그러나 '실천적' 수학 지식과 '추상적' 수학 지식 사이의 구별을 학문적으로 강화하면 학생들은 어떤 수학도 이해하지 못하고 알지 못한다고 느끼게 만든다. 조셉$_{\text{Joseph}}$(1987, 이 책의 제10장)는 이런 구별은 수학적 발견이 오로지 "연역적인 공리 논리의 형식을 엄밀하게 적용해야만" 이루어진다고 생각하는 지적 엘리트주의를 더욱 부채질한다고 말한다. 게다가 이 엘리트주의가 인종주의와 결합되어, 비직관적이고 비경험적인 논리를 유럽 그리스 수학의 독특한 산물이라고 생각한다. 이러한 유럽 중심주의는 이집트와 메소포타미아 수학을 단지 "보편적으로 적용되는 결과의 '증명'이 [아니라] …… 어떤 규칙이나 절차를 적용"한 것(22-23쪽)이라고 폄하하기도 한다. 조셉는 증명에 대한 이 편향된 정의에 이의를 제기하면서 다음과 같이 주장한다.

> '증명'이라는 말은 증명의 맥락에 따라 또는 주제가 전개되는 상태에 따라 여러 가지 의미를 갖는다. …… 현존하는 문서 자료가 현대 수학 대부분이 갖는 연역적 공리적 논리적 추론의 특징을 드러내지 않는다는 이유로, 그 문화에 증명 개념이 없었다고 주장하는 것은 잘못된 것이다. 이집트 수학에서 원의 넓이와 절두체의 부피에 대한 일반화를 찾을 수 있다. …… 길링스$_{\text{Gillings}}$(1972, 145-146쪽)에 따르면, "이집트의 증명은 기호가 없이도 엄밀하고 따라서 전형적인 값의 변수를 사용하고 어떤 다른 값으로 일반화해도 즉각적이다" (23-24쪽)

헨더슨Henderson(1990)의 주장에 따르면, 형식적이고 학문적인 수학이 마치 실재 수학인 듯이 '가장masquerades'한다. "어떠한 형식적 정의도 [수학적 실체entity에 대한] 우리 경험의 모든 측면을 포착할 수 없고", 더군다나 보다 더 '실재real'적인 증명 개념이 "타당한 회의론자를 설득하기에 충분한 어떤 것"(3쪽)이라고 생각한다. 헨더슨(1996)은 기하학을 배우는 그의 학생들에게 "우리가 일반적으로 생각하는 증명은 수학의 목표가 아니라 하나의 도구이고, 목적에 이르는 수단이다. 목표는 이해이다. 이해가 없다면 우리는 결코 만족할 수 없을 것이다. 이해를 통하여 우리는 그 이해를 확장하고 다른 사람과 의사소통하려고 한다"라고 알려준다. 또한 Hersh(1991)는 비록 '엄밀한' 증명은 **원칙적으로** 전혀 오류 불가능할지라도 그 증명 대부분이 **실제적으로** 오류 가능하다고 주장한다.

> 몇 줄의 계산이라면 그 차이는 무시할 수 있을 것이다. 그러나 수십 쪽의 계산이라면 그 차이는 무시할 수 없을 것이다. 실제로 간단한 확률적 논의를 살펴보자. 만약 각 줄에서 오차 확률이 '엡실론epsilon'이라면, 충분하게 많은 줄에서 오차 확률은 '1 빼기 엡실론'이 된다. 다시 말하자면, 충분하게 긴 계산이라면 실제로 오류를 분명히 갖게 된다. (25-26쪽)

그는 이어서 다음과 같이 말한다. "예와 특수 사례, 알려진 결과에 따른 유비, 예상한 대칭이나 예상치 않은 우아함 등과 같이 우리의 결론을 확신시키는 추가적 근거들은" 우리의 결론이 "틀림없이 참"이라고 설득한다(26쪽).

위상수학의 유명한 4색 문제에 대한 컴퓨터 시연은 Handerson과 Hersh가 주장하는 바를 보여주고, 학문 수학 내에서 "그리스의 연역적인" 증명 모델에 도전하는 사례이다. Gardner(1980)는 "컴퓨터 계산으로 1,200시간이 걸려서 나온 출력물에 묻혀있는" 이 증명 방식은 증명의 의미를 재고하게 하고 또한 경험 과학과 이론 수학을 우리가 어떻게 구별하는지 논의한다. 그는 요약하면서, Tymoczko(1979)는 이 컴퓨터 증명은 "컴퓨터상에서 실행된 하나의 '실험' 결과일 뿐만 아니라 컴퓨터로 [4색] 문제를 해결하기 위한 하나의 프로그램으로 …… 수학과 자연과학의 구분을 [흐리게 하고], Hilary Putnam과 같은 현대 과학철학자들이 수학을 '준경험적' 행위로 보는 의견에 신뢰성을 [더해준다]"(14쪽)고 말한다.

이집트 수학의 엄밀성을 부정하는 유럽 중심주의적 편견에서, 전통적인 비문자 문화의 수학 지식을 "유아적"이고 "원시적"이라고 여긴다. Ascher와 Ascher(1986)는 "면밀한 조사를 통하여 유아적이고 원시적이라는 이 신화를 입증하는 연구나 재연구 사례는 없다"(131쪽)고 주장한다. 이들은 입증 사례를 제공하면서 동시에 무엇을 수학 지식으로 생각하는가에서 타인의 수학 지식에 대한 잘못된 가정이나 타인의 논리에 대한 존중의 결핍이 인종주의와 어떻게 만나고 있는지를 보여준다. 예를 들어, 잘 알려진 일화로 아프리카 양치기와 탐험가 사이의 거래를 논한다. 양치기는 양 한 마리를 주고 담배 두 개피를 받는 것에 동의하지만, 양 두 마리를 주고 담배 네 개피를 받았을 때 혼란스럽고 당황해 한다. 이 이야기는 그 양치기가 2+2=4를 이해하지 못한다고 가정한다.[1] 그러나 이 양치기의 수학 지식을 존중하여 대안적으로 해석한다면, "수학 개념과 그 개념의 활용 사이의 차이에 대한 쟁점을 제기한다. …… 양은 표준화된 단위가 아니다" 따라서 두 번째 그 동물은 담배 두 개와 같은 값이 아니라고 하는 것이 논리적이다. "심지어 가장 간단한 수학적 모델의 적용도 문화적 범주화의 문제가 된다"(128쪽) 또 다른 예로, Ascher와 Ascher는 인류학자 레비 브뤼흐$_{\text{Lévy-Brühl}}$를 인용하면서 베다 종교, 의식, 전설 등에서 가끔 3, 7, 9를 치환하는 것이 "논리적 사고에서 보면 불합리하지만, …… 논리 이전의 정신성$_{\text{prelogical mentality}}$에서는 매우 자연스럽다고 말한다. 논리 이전의 정신성의 경우 신비적 참여에 몰두하며, 다른 수와의 추상적 관계 또는 이 수가 생겨난 산술 법칙과 관련하여 이러한 수를 보지 않는다"(1910, 211쪽)고 지적한다. Ascher와 Ascher는 이러한 종류의 수 치환을 사용하는 Kédang의 최근 체(field) 연구를 통하여 레비 브뤼흐의 결론을 반박한다.

> 상징적 맥락에서 사용할 때, 홀수는 삶으로 짝수는 죽음으로 연관된다. 이들 집합 내의 치환은 상황이 허락한다면 가능하다. 예를 들어, 만약 의식(儀式) 기간이 4일 동안으로 정해져 있을 때, 4일을 맞출 수 없다면 이틀은 괜찮지만 사흘은 죽음의 상황에서 불가한 수이다. …… 이 동치 집합의 형성은 수에 대한 추상적 아이디어를 나타낸다고 볼 수 있다.(130쪽)

Glick(Rose, 1988, 291쪽에서 재인용)은 구체적 사고와 추상적 사고라는 이분법적 관념을 버리고, "추상적" 범주가 주관적이고 문화적으로 결정되는 속성이 있음을 보여준다. Glick은 "학문적인 인류학자"가 "원시적"이라고 칭하는 집단과 연구하면서 겪는 실패를 자세히 열거한다. 이 연구자들은 음식, 옷, 도구, 요리 기구 등 네 범주에 각각 5개씩, 모두 물건 20개를 가지고 있었다. 이 물건들을 분류해보라고 했을 때, 대부분 사람은 물건 간의 실제적 관련성을 근거로 분류함으로써(예를 들어, 칼은 오렌지를 자르므로 칼과 오렌지를 짝짓는 것과 같이), 둘씩 그룹 10개를 만들어냈다.

> [그들은] 종종 "현명한 사람은 이 방식으로 분류할 거예요"라고 먼저 말했다. 마침내 당황한 실험자는 "바보는 어떻게 분류할까요?"라고 물었더니, 처음에 기대했던 그 유형, 즉 한 편에는 음식으로 다른 한편에는 도구로 네 묶음을 만든다고 답하였다.

워커다인$_{\text{Walkerdine}}$(1990, 이 책의 제9장)은 "추상적" 범주와 "구체적" 범주를 보여주는 우연한 사건을 언급한다. 워커다인은 관찰 두 가지를 기술한다. 하나는 어머니와 아들이 살 수 없는 음료를 사려고 논쟁한다. 또 하나는 아버지와 아들이 잔돈을 계산하는 게임("만약 내가 …… 을 산다면?")이다. 어머니와 아들의 대화에서 구체물의 필요와 아버지와 아들의 대화에서 가상의 구성을 대조하여 말한다. 워커다인은 이들의 교환에 흥미로운 질문을 던진다.

> 내가 제시한 바와 같은, "추상"과 "구체"로 제시되는 문제에서 실제적인 물질적 필요와 "상징적 통제"에서 상대적 빈부의 영향은 어떤 것인가? 고전적인 구체와 추상의 구분에 어떤 관계가 있고, 생존을 위해 필수품을 계산하는 경우와 계산이 비교적 이론적 활동이 되는 경우 사이에는 어떤 관계가 있는가? 이론적 활동으로서 계산은 자본 축적을 위하여 새로 발견한 식민지를 착취한 제국주의 강국 사이의 추론 형식의 기초가 되었을까? 이론적 개념이 부를 따라다니는 것인가 또한 만약 그렇다면 이론적 개념이 개발 및 미개발의 경제적 심리적 이론에 의미하는 바는 무엇인가?(52쪽)

워커다인은 아버지와 아들 간의 상호작용을 일상적 실천으로부터 "추상화"된 것이라고 서술한다면 오도하는 것이라고 말한다. 가상의 계산은 "새로운 일련의 실천, 즉 학교 수학의 실천에서 그 자신의 통제와 종속의 양식을 가지며, 그 실천 속에서 담론적 관계로 존재"하기 때문이다(54쪽). 워커다인은 구체와 추상으로 이분하기보다는 서로 다른 대화를 "하나의 담론적 실천에서 또 다른 담론적 실천으로" 이행하는 것으로 보아야 한다고 주장한다.

지식을 "실천적" 지식과 "추상적" 지식으로 나누려는 단선적 사고는 일상 생활뿐만 아니라 학문적 상황에서도 수학 아이디어가 무엇인가의 개념화를 제한하고 있다. 예를 들어, Bigum(1990)은 뉴턴의 결정론을 기반으로 한 "이성적 사고"의 유럽 중심적 개념화를 학문 수학 지식의 심오한 기초로 여기는 단선적 문해를 가져왔다고 말한다. 이것은 수학적 응용의 개념을 "단선적 예측 가능성 및 통제 즉, 이성적 수학의 범위로 제한한다. 우리의 이성적 구성에서 뉴턴의 세계관은 오랫동안 잊혀져 왔고, 남은 것은 세상을 통제하고 이해하고 접근하고 있다는 환상이다. 말하자면, 역사는 전복된다"(4-5쪽) 디옵$_{\text{Diop}}$(1991)은 이 발견과 현대 물리학의 개념화는 "이성"의 개념을 변화시키고 있으며, 과학 역사상 처음으로 논리적 진릿값의 수준에서 "회의", "불확실성"을 제기하는 새로운 논리-수학적 형식주의를 탄생시켰다"(363쪽)라고 주장한다. Bigum(1990)은 포스트모던을 이해하는 데 활용할 수 있는 학문 수학에 관한 보다 적절한 기초로서 양자(quantum)의 존재를 제안한다. 카오스적 비선형 수학이 갖는 예측 불가능성에 뿌리를 두고 "심지어 단순한 질문도 너무나 복잡한 답을 가지고 있으며 인간의 총체적인 논리 체계보다 더 많은 정보를 담고 있다는 것을 입증해 온 것"이다(Ford, Bigum 7쪽에서 재인용). 더군다나 보다 적합한 토대로 Kurt Gödel의 불완전성 정리의 자기 참조적 논리(self-referential logic)를 근거로 한다. 불완전성 정리는 주어진 체계 내에서 모든 질문의 참과 거짓을 완전하게 기술하거나 결정하는 것이 불가능함을 주장하고, "수학 논리의 미완결적 성격을 반영하고 있다"(Diop, 1991, 365쪽).

미주

1. Zaslavsky(1973)는 이 이야기가 Frances Galton이 아프리카를 방문한 후에 처음으로 말한 것이라고 관련짓는다(289쪽). Galton은 1883년 "우생학"이라는 신조어를 만들어 냈으며 측정을 "과학적 연구의 주요한 준거"라고 생각하였다. 기본적으로 기도, 아름다움, 권태 등을 포함하여 측정 가능하다고 여겼던 모든 것을 "표준화"하려고 하였다. 예를 들어 권태는 "안절부절 못하는 횟수를 세어서" 표준화하려고 한다. 더 나아가 측정할 수 있는 거의 모든 것은 유전된다고 믿었다. 그의 사촌 Charles Darwin은 "인간은 지적으로 큰 차이가 있는 것이 아니라 단지 열정이나 근면성에서 다를 뿐이다"라고 주장하였지만 Galton은 "일에 대한 성향도 다른 특성과 마찬가지로 유전될 수 있다"라고 반박하였다. 따라서 Galton이 양치기의 당황에 대한 보다 복잡한 이유를 찾지 않았던 것은 당연해 보인다. 더군다나 지식의 정치학이라는 면에서 주목해야 할 것은, Galton이 당 시대의 주도적 지성으로 여겨졌고 그의 "학풍"이 IQ 검사와 같은 정신 발달의 측정에 상당한 영향을 끼쳤다는 점이다(Gould, 1981, 75-77쪽).

참고문헌

Ascher, M., and Ascher, R. (1986). Ethnomathematics. *History of Science* 24, 125-144.

Bigum, C. (1990). Postmodern curriculum: The mathematical basis; or, who was Kurt Gödel anyway? In R. Noss, A. Brown, E. Drake, P. Dowling, M. Harris, C., Hoyles, and S. Mellin-Olsen (Eds.), *Proceedings of the First International Conference: Political Dimensions of Mathematics Education: Action & Critique.* Institute of Education: University of London.

D'Ambrosio, U. (1985). Ethnomathematics and its place in the history and pedagogy of mathematics. *For the Learning of Mathematics* 5(1), 44-48.

Diop, C. A. (1991). *Civilization or Barbarism: An authentic anthropology*. New York: Lawrence Hill.

Gardner, M. (1980). The coloring of unusual maps leads into uncharted territory. *Scientific American* (February), 14-21.

Gillings, R. J. (1972). *Mathematics in the time of the pharaohs*. Cambridge, MA: MIT Press.

Gould, S. J. (1981). *The Mismeasure of Man*. New York: W. W. Norton & Co.

Harris, M. (1987). An example of traditional women's work as a mathematics resource. *For the Learning of Mathematics,* 7(3), 26-28.

Henderson, D. W. (1990). The masquerade of formal mathematics and how it damages the human spirit. In R. Noss, A. Brown, P. Drake, P. Dowling, M. Harris, C. Hoyles, and S. Mellin-Olsen (Eds.), *Proceedings of the First International Conference: Political Dimensions of Mathematics Education: Action & Critique*. (pp. 115-118) Institute of Education: University of London.

Henderson, D. W. (1996). *Experiencing geometry on plane and sphere*. Upper Saddle River, NJ: Prentice Hall.

Hersh, R. (1991). *What proof?* Unpublished manuscript.

Joseph, G. G. (1987). Foundations of eurocentrism in mathematics. *Race & Class,* 28(3), 13-28.

Pulchaska, E., and Semadini, Z. (1987). Children's reaction to verbal arithmetic problems with missing, surplus or contradictory data. *For the Learning of Mathematics,* 7(3), 9-16.

Rose, M. (1988). Narrowing the mind and page: Remedial writers and cognitive reductionism. *College Composition and Communication,* 39(3), 267-302.

Spradbery, J. (1976). "Conservative pupils? Pupil resistance to curriculum innovation in mathematics" In G. Whitty and M. Young (Eds.), *Explorations in the Politics of School Knowledge* (pp. 236-243). Driffield: Nafferton.

Tymoczko, T. (1979). The Four-Color problem and it's philosophical significance. *The Journal of Philosophy,* 76(2), 57-83.

Walkerdine, V. (1990). Difference, cognition, and mathematics education. *For the Learning of Mathematics,*10(3), 51-56.

Zaslavsky, C. (1973). *Africa counts: Number and patterns in African culture*. Boston: Prindle, Weber and Schmidt.

제 9 장

차이, 인지, 수학교육*

발레리 워커다인(Valerie Walkerdine)

편집자 주: 발레리 워커다인Valerie Walkerdine은 인지심리학자이면서 수학교육연구가이다. 그녀는 전-사회적 인지 모델(pre-social models of cognition)을 비판하면서 수학 학습에서 실천적 지식과 이론적 지식으로 구분하는 것에 대하여 이의를 제기한다. 이 연구는 수학 지식이 무엇인가를 재고하는 토대를 마련해준다. 이 장은 1990년 《For the Learning of Mathematics》 10(3), 51-56에 처음으로 실렸다.

우리 학회는 유럽 제국주의의 오랜 강국들과 새로운 북미 강국들의 학계가 참여하고 있으며 제3세계라고 할 수 있는 이곳에서 열리고 있다. 이는 차이의 이해가 인지와 수학교육의 분석에 어떻게 영향을 주는가를 논의하기에 적합해 보인다. 이 쟁점을 탐구하고자 인지발달, 계층, 성에 관한 나의 연구가 갖는 함의를 논의하고, 담론적 실천으로서 수학교육을 분석하며, 형식적 상황과 비형식적 상황에서 수학적 실천에 대한 접근을 예를 들어 레이브Lave(1988), 스크리브너Scribner(1984), 캐러허Carraher(1988) 등의 연구를 살펴보고자 한다.

제기된 쟁점들을 어떤 방식으로 어떻게 그리고 왜 특징짓는가에 관하여 기본 질문을 검토함으로써 논의를 열어가고자 한다. 《이성의 습득The Mastery of Reason》(1988)에서 나는

* 이글은 수학교육 심리학(PME) 국제회의 1990년 7월 멕시코시티에서 초청 연설로 발표한 것이다.

포스트 구조주의 이론이 맥락과 전이의 쟁점을 이해하는 데 도움이 된다고 생각하는 몇 가지 방식을 설정했다. 맥락을 단일한 인지발달 모형에 접목할 수 있다는 견해에 근거하여 맥락과 전이를 이론화하는 방식은 심각한 문제가 있다고 주장했다. 이 문제는 이론 그 자체 내에 놓여있으며 단순히 맥락에 덧붙이는 것으로 충분하지 않다고 주장하고 실천 이론을 제안하였다. 인간 주체가 갖는 기능에 관한 단일하고 고정된 모델이 아니라 대신에 학습과 전이 모델과 관련된 맥락 속에서 개인이 각 실천 속에 "예속된" 담론적이고 기호적인 방법을 재고함으로써 주관성 그 자체가 실천 속에 놓인 것으로 이해한다. 사회적이고 역사적인 설명을 타당하게 이론적으로 해석하고자 맥락과 전이를 다르게 접근할 수 있다고 제안하고 이 분석을 근거로 삼고자 한다. 이를 위하여 생득적으로 기능을 갖춘 주체라는 개념과 전-사회적 인간 인지 모델을 모두 폐기해야 한다. 물론 이 견해가 새로운 것이 아니지만 이 노력에 레이브는 이론 방향을 제안하고자 한다.

제1세계(First World) 이론에서 아동기에 관한 가정을 살펴보자. 멕시코시티의 현대풍 Coyoacan 지역에 있는 카페 밖에 앉아서 레이브의 책에 관한 논평을 쓰려고 하던 때가 생생하게 기억난다. 무언가를 파는 어린아이들이 이곳저곳에 있었다. 이쪽에서 공예품을, 저쪽에서 껌을 팔고 제3세계의 어느 곳에서는 아이들이 상거래를 하고 있었다. 이 어린아이들의 발달된 셈 기능을 조사하고 그 결과를 학교의 수행과 비교하는 연구 프로젝트를 생각하기 쉬웠을 것이다. 하지만 그 연구가 어떤 의미가 있고 무엇을 위해 그 연구를 하는가? 또한 기억나는 것은 장난감을 팔고 있는 남자아이를 지켜보고 있을 때 완전히 다른 계층에 속해 보이는 비슷한 나이의 어린 남자아이가 세발자전거를 타고 어머니와 함께 지나가고 있었다. "아이"에 대한 고전적 부르주아 개념을 구현하고 있는 것이 바로 이 아이였다. 물론 혹자는 이 두 아이의 차이를 오히려 문화적 차이와 강점으로서, 한 아이는 비공식적 수학에서 강세를 나타내고 다른 아이는 형식적 수학에서 강세를 나타낸다고 주장할 수 있다. 그러나 이 방식으로 차이의 문제를 접근하는 것은 "평등하지 않은 다른" 어린 두 남자아이에 대해 사회적이고 정치적인 문제일 것이다. 또한 그들의 착취와 억압의 유형 및 정도도 다르다. 이 글에서 말하고자 하는 것은 어떻게 차이가 지속되는가를 심리학적이고 사회적으로 이해하고자 출발하는 것이다. 단지 우리가 수행의 인지적 측면만 초점을 두게 되면 억압이 경험되는 주요한 방식에 관여할 수 없게 된다. 앞에서 본 예와 같이 길거리에서 물건을 파는 아이는 가족 생계의 주요한 버팀목이 되는 돈을 벌고 있다. 마치 (영어 구절을 사용하면) "그의 삶이 여기에 달려 있다"라는 듯이 그는 계산할 줄 알아야 한다. 반면 중산층 남자아이가 아마도 수행할 수 있는 소위 "고급한 추론"에 비한다면, 이 계산은 "낮은 수준"이라고 말할 수도 있을 것이다(여학생과 수학에 관한 연구에서 매우 흔하게 나타나는 지적이다. 예를 들어 Walkerdein 외(1989)를 참조). 첫 번째 아이는 문화적으로 박탈당했고, 이는 고급 과제에 대한 낮은 성취를 설명해 준다고 덧붙일 수 있다. 그러나 내가 여기서 말하려는 것은 이 일련의 논증에 의문을 제기하는 것이다. 무엇이 높은 수준인가 또한 수학 및 수학교육 자체의 본성을 역사적 사회적 질문을 제외하고 어떻게 이 같은 논증을 이해할 수 있는가? 이 질문을 다루려면 완전히 다른 방식으로 심리학적 논증의 틀을 정해야 할 것이다.

또 다른 예를 살펴보기로 하자. 바닷가 카페에 앉아서 음료수를 살 것인지 말 것인지 이야기하는 어머니와 아들을 보았던 적이 있다. 아들은 콜라를 원했지만 어머니는 너무 비싸다고 "따뜻한 차 한 잔"을 먹어야 한다고 말했다. 이와 대조적으로 영국 중심부 공원에 있는 카페에서 아버지와 아들이 잔돈 계산 게임을 하는 것을 보았다. 예를 들어 "내가 …… 을 산다면 어떻게 될까?" 여기에 경제적 궁핍은 문제가 되지 않았다. 얼핏 보기에 이 두 사례가 유사하게 보이겠지만 여기에 중요한 차이점이 있다고 주장하고자 한다. 엄마가 아들이 비싼 물건을 사려는 것을 통제하면서 직면하는 물질적인 문제와 반대로 아빠와 아들이 공원에서 가상의 문제는 무엇을 의미하는가? 이 문제가 "추상" 대 "구체"로 구분하는 방식에 대해 나의 표현대로라면 실제적인 물질적 궁핍 대 "상징적 통제"에 대하여 상대적인 빈부는 어떤 영향을 미치는가? 고전적인 구체/추상 구분과 생존을 위해 물질적으로 계산할 필요가 있는 삶과 일반적인 이론적 활동으로 계산하는 삶 사이의 구분은 어떤 관련이 있는가? 이론적 활동으로서의 계산은 그들의 자본 축적을 위하여 새로 발견한 식민지를 착취한 제국주의 강국 사이의 추론 형식의 기초가 되었을까? 이론적 개념이 부(富)에 당연히 따라다니는 것이라면, 개발 및 미개발이 경제적이고 심리적 이론에 대하여 의미하는 바는 무엇인가?

"실재 수학$_{\text{real mathematics}}$"과 수학적 "진리$_{\text{truth}}$"에 대한 우리의 관념은 사회적인 것을 통제하는 데 사용하는 인간 주체에 관한 "진리"와 어떻게 통합될 수 있는가? 수학의 언어로 쓰인 책으로서 세상에 관한 이성의 "진리"는 역사적인 구체적 진리 체제에서 중요한 측면이 된다. 캐러허(1989)가 이 쟁점을 논의하지만, 수학적 "진리"와 주체를 규제할 목적으로 지배와 통제 형식을 띤 "진리"와 연결할 수 있으므로 Foucault의 "진리" 관념이 유용하다. 예를 들면 캐러허가 브라질 거리의 아이들이 일대일 대응 문제를 풀지 못한다고 할 때, 우리는 그들을 병리적으로 취급할 수밖에 없다. 어떤 다른 (사회적이고 역사적으로 구체적인) 이론을 가지고 있지 않기 때문이다.

예를 들어 역사적으로 유럽의 회계 관행은 복식 부기를 도입하면서 복잡하게 변하였다. 화폐 경제는 상업자본주의와 관련하여 양의 정수와 음의 정수 체계를 도입하였다. "금"이 상품으로 변형되기까지 동일한 기표 "금"이 수많은 의미화$_{\text{signification}}$의 변형을 통하여 다른 기호가 되었다(Walkerdein, 1986, 1988). 많은 사람은 심리학과 수학 내의 변화는 사회적이고 정치적인 사건이나 실천과 관련되어 있다는 사실을 구체적으로 보여준다. 다른 계층과 집단이 서로에 대해 갖는 환상 속에서 이 쟁점을 어떻게 찾을 수 있을까? 영국 중산층의 네 살 된 백인 아이 사만다는 창문 닦는 사람이 왜 자기 집의 창문을 닦고 돈을 받는지 어머니에게 묻는다. 그 아이는 노동, 화폐, 재화 간의 교환 관계를 혼동하고 있다. Tizard와 Hughes(1984)는 이 사례를 네 살짜리의 "혼동된 마음의 힘"을 보여주는 것이라 언급한다. 이들은 포괄적인 개념을 사용했으나, 이들 연구에서 노동 계급의 네 살짜리 많은 아이들은 교환 관계에 대하여 당황하지 않는다고 지적한다. 이 아이들에게 마음 아픈 일이지만 이 사실은 명백하였다. 이 아이들은 돈이 없으면 물건을 살 수 없으며 노동을 통해서 돈을 번다는 이야기를 종종 들어왔다. Tizard와 Hughes는 왜 명백히 빈부와 관련된 구체적 쟁점이 "일반적인 마음의 상태"를 반영한다고 생각하는가? 도대체 일반적인 마음의 상태가 있다는 것인가?

가난한 아이들은 종종 부를 꿈꾸고, 어떤 보육원 아이는 가정 놀이에서 "닭, 베이컨, 스테이크"를 넣고 풍족함을 꿈꾸면서 공상한다. 《이성의 습득The Mastery of Reason》에서 언급했던 7살 아이와 같이, 이들은 시장놀이를 가장 즐거운 놀이라고 생각할지도 모른다. 잔돈을 세거나 10펜스에서 작은 양의 돈을 빼기로 가정한다면, 이들은 가격과 상품 간의 불일치에 (예를 들어, 요트 하나에 2펜스라고) 실제로 아랑곳하지 않을 것이며, 부유한 쇼핑객인 척하고 중산층 악센트를 쓰며 대체로 좋은 시간을 보낸다. 그러나 이들은 수학에서 더 잘 해낼 수 없다. 빈곤의 환상은 부유(富有)이며, Brian Rotman(1980)에 의하면 수학자의 환상은 질서 잡힌 세계이다. 그는 수학을 "이성의 꿈"이라고 말한다. "한 번 증명된 것은 영원히 증명된 것으로 남는다"라는 꿈, 시공간의 제약 바깥에서 질서의 꿈이다. 그러면 발달심리학자의 꿈은 무엇인가? 내가 논의해 갈 발달심리학과 교육을 구체적으로 밝히기 위하여 분명한 것은, 교실 문밖에 남겨진 고통과 억압이 있는 자연환경으로서 교실의 꿈이 있다는 것이다.

수학과 담론적 실천

인지발달 이론들은 적어도 피아제 연구에서 파생된 이론들은 진화론에 뿌리를 둔다. 이 이론들은 객관적 세계와 상호작용하는 "종의 존재" 발달에 관한 포괄적 이론으로 개체 발생은 계통 발생을 반복한다고 말한다. 실제로 어머니와 함께 가정에서 이루어지는 인간종의 발달은 종종 진화 수준의 가장 최고점에 있는 것으로 간주한다. 이 관점에서 고정된 계열에 따라 발달을 통제하거나 여기에 접목되는 사회적인 것을 제외한다면 역사나 사회에 대한 여지는 거의 없다. 이 고정된 계열은 논리 이전 단계에서 논리-수학적인 추론으로 즉 처음은 구체에서 그다음 추상으로 옮겨간다. 추상적 추론의 가정된 정점에 대하여 의문을 제기하는 경우는 매우 드물다. 바로 이 정점은 여학생, 노동 계층의 아이, 흑인,

제3세계의 아이 등 여러 집단이 도달할 수 없다고 틀에 박힌 책망을 받는 곳이다. 이 단순한 계열 그 자체는 식민지화와 타자에 대한 지배를 기반으로 유럽 자본주의가 발달했던 과정에서 유럽인들의 마음에 관한 모델로부터 생산된 세계관의 역사적 산물이라고 나는 주장을 시작한다. 이 생활 양식 속에 발견되는 합리성의 모델은 바로 유럽 귀족이고 부르주아 남자였다. 이 생활 양식 속에서 경제적 빈곤은 문제가 되지 않으며 타자에 대한 지배는 차이를 열등이라고 읽고 부분적으로 정당화되었다. 이같은 타자들, 노동 계층, 식민화된 민족 등의 입장은 억압과 착취, 빈곤, 소름 끼치는 작업 환경 등에 의해 만들어졌고, 지배 집단의 구성원이 유럽과 식민지 통치를 수행하도록 이들을 교육에 늦추어 입문시킨다는 것은 발달 심리적 측면에서 거의 명백하게 나타나는 특징이다.

여기에서 식민화된 민족이나 유럽 노동 계층 구성원이 중산층으로 진입하기 위해서 "교육받는" 방식을 논의하고자 한다. 그러나 이는 사실상 억압받는 사람이 자신 집단 속에서 덜 교육받은 구성원을 규제하도록 배우기 때문에 식민지 개척자나 상류층과 중산층이 규제자를 활용할 필요가 없다는 것을 뜻한다. 이는 모든 것을 더 복잡하게 만들었고, "정상적인 것"은 그 사람이 열망하는 것이며 그들 자신은 그렇지 않다는 생각을 남겨두었다. 이런 정상성과 병리성은 사람들이 스스로를 받아들이는 인정과 자기 규제의 중심이 되었다.

이를 이해하는 방식을 제시하고자 영국 수학교육에서 인지발달론의 위치를 간단히 살펴보고, 《이성의 습득》에서 제시했던 담론적 실천의 측면에서 수학교육을 이해할 수 있다는 아이디어를 논의하기로 한다. 유아교육의 주요 토대인 아동의 발달 개념은 대체로 유럽, 특히 영국에서는 오랜 역사를 지니고 있다. 특히 본성에 따라 교육하자는 관념과 연결되어 자연 상태로서의 아동기에 대한 논쟁과 관련되어 있다. 추론이 자연적인 현상이라는 생각은 새로운 "과학적 교육학"의 중심이 되었다. "과학적 교육학"은 19세기 말부터 성장한 심리학을 활용한 것이다(Walkerdein, 1984). 추론을 증진시키는 것은 Foucault (1980)가 새로운 지배 양식이라 기술했던 것의 일부로서 이해할 수 있으며, 이때 새로운 지배 양식이란 도시의 프롤레타리아 계급에 특히 초점을 두면서 과학 지식의 생성이 필수적이라는 것을 기반으로 한다. 세기의 전환기 영국에서 아동 연구 학회들이 발족했고, 많은 사람은 자신의 유아기 자녀들의 발달을 모니터링하는 다윈의 예를 따랐다. 발달을 도식화한다는 생각은 교육을 발달 단계라는 아이디어를 따라 과학적으로 통제될 수 있다는 의미로 받아들여졌다. 인구의 규제를 통하여 규준과 정상 상태라는 개념을 강력하게 강조하였다(Rose, 1985). 20세기 초 프랑스의 Itard와 Seguin이 아비뇽의 야생 소년 Victor를 연구하여 인간성을 가르칠 수 있다고 시사하였고, Maria Montessori는 이 방법을 이탈리아 빈민가 아이들의 교육에 적용하였다. 바로 이것은 야생아에서 타자(노동 계층, 식민지)의 아동에 이르는 것은 매우 가깝다는 생각을 형성하기 시작한다. 정상적인 발달을 지켜볼 수 있고 인간성은 훈련될 수 있다. 그 타자를 정상적으로 만들려고 시도함으로써 또는 발달의 병리를 점검하여 교정하려 함으로써 이들을 통제할 수 있다. 발달이라는 개념이 "본성"인 것처럼 제시되었지만 이 본성은 매우 특수적이다. 많은 연구자는 정상적 추론의 모델을 백인, 부르주아, 남자의 추론이라고 지적했다(예를 들면, Sayers, 1982; Le Doeff, 1979). 따라서 정상적 발달이라는 개념은 자연적인 것에 대한 억압적 모델을 수반하며, 이 모델 속에서 정상적 발달 과정이라는 관념은 통제 장치로써 사용된다. 이 관념은 20세기 초 몇십 년 동안 교수 실험에 통합되었고 반면에 이 관념이 실제로 국가 교육에 역량을 발휘하기 시작한 것은 세계대전 시기에 이르러서이다. 이 풍토는 1930년에 마련되었지만 전쟁으로 인하여 진행이 어려웠다. 잘 알려진 바와 같이, "아동중심"이 폭넓게 교육과정 개발에 통합된 것은 1960년대 개방의 시기에 이르러서였으며, 수학교육은 다른 교육과정 영역보다는 이 개념을 받아들이는데 뒤늦었다. 반면에 1950년대와 1960년대에 수학 협회(Mathematical Association, 1956)와 "새로운 교육학"을 지지했던 학교 협회(Schools Council, 1965)에서 각각 하나씩 두 개의 보고서가 나왔다. 이와 함께 수학을 이성으로서 보는 기본 관념이 교육과정 내에서 신성시되었다. 이 사실은 논리-수학적 원리가 모든 활동을 코드화하는 데에 사용될 수 있다는 의미로 폭넓게 해석되었다. 일종의 상식적 이해로 변형되고 모든 것은 잠재적으로 수학이 되기 시작했다. 아이들은 수학이 어디에나 있다고 인식하지 못한다고 가정하므로 필연적으로 혼동이 있다. 이 분석에서 표현은 문제없는 행동의 토대로 접목되어 있다. 《이성의 습득》에서 이 기본 관념을 반박하면서 "수학적" 기호는 구체적 실천 내에서 생산되고 이 실천은 항상 담론적이라고 논의하였다.

몇 가지 예를 살펴보기로 한다. 네 살 된 아이와 그들의 어머니 30명을 대상으로 가정 상황에서 "더 많은" 그리고 "더 적은"과 같은 수학적 기표가 생산되는 방식을 분석하였다(Tizard와 Hughes, 1984; Walkerdein과 Lucey, 1989). 유아교육에서 "더 적다"가 "더 많다"보다 복잡하며, 이 둘은 반대되는 쌍으로 양을 비교하는 것이라고 통상적으로 생각되었다. 그러나 어머니와 딸의 대화를 분석한 바에 따르면, 양을 비교하는 사례는 많이 있지만 "더 많은/더 적은" 짝을 사용하여 기술하지 않았다. "더 적은"은 전혀 사용되지 않았지만 반면에 "더 많은"은 빈번하게 사용되었다. "더 적은"은 어머니가 딸의 상품 소비를 규제하는 맥락에서 나타났다. 어머니는 딸에게 특히 비싼 상품을 너무 많이 갖지 않아야 한다고 말하거나, 딸이 그릇에 있는 것을 모두 먹을 때까지 음식을 더 가져가지 말라고 말한다. 이곳에서 대립 쌍은 "더 많은/더 적은"이 아니라 "더 많은/더 많지 않은"이라고 할 수 있다. 이 용어는 노동 계층 가정의 어머니가 빈번하게 사용하였으므로, 이 어린 딸은 어머니를 보다 통제적이라고 이해하며 "더 많은"이란 용어와 매우 강력하게 부정적 관계를 갖게 된다는 사실은 그리 놀라운 것은 아니다. [Walkerdein(1990)에서 나 자신의 사례를 들었다. 나의 어머니는 "많이 가진 자가 더 많이 원한다(much wants more)"라는 구절을 사용하였다.]

초기 수학에서 아이들은 양을 비교할 때 "더 많은"이란 용어를 어떻게 생각하게 될 것인가? 이 용어가 가정에서의 관행과 똑같은 기표일 수도 있으나 그것은 똑같은 기호는 아니다. 이 차이는 중요하고 기존의 관행에서 제안했던 것보다 복잡한 쟁점을 드러낸다. 더 나아가 이 기표$_{\text{signifier}}$가 어떤 실천의 기의$_{\text{signified}}$와 결합하면서 기호화되고, 이 관행으로부터 기표는 의미가 있다. 이 관행은 참여자를 특정 방식으로 배치하여 담론적으로 통제된다. 관행에서 수학 기호가 만들어진다는 아이디어는 수학 기호를 사회적으로 역사적으로 구체화하고, Lacan(1977)이 프로이트의 무의식적 연쇄를 기표의 연쇄로 변형한 것을 활용하여 수학 기호를 비합리적이고 비인지적인 측면과 연결한다.

더 나아가 가정의 관행이 학교 수학의 관행과 어떻게 담론적으로 다르거나 유사한지 분석하였다. "수학은 어느 곳에나 있다"는 분석은 두 관행 간의 유사성을 강조하지만 이 분석은 중요한 차이점을 두드러지게 하지 못한다. 이 담론은 전이 개념을 강조하고 모든 경험을 논리-수학적으로 분석할 수 있다는 인식을 강조한다. 하지만 나는 관행이 왜 또는 어떻게 기호화되는지 강조하며, 가정과 학교의 관행 간의 관계는 수학적 예를 유사한 맥락에서 수행한다는 관점보다 훨씬 더 복잡하다고 주장한다. 함께 요리하는 어머니와 딸을 조사하여 요리가 언제 어떻게 수학이 될 수 있는지 물었다. 요리가 수학이 되기 시작하면서 매우 구체적인 담론 변형이 일어났다. 담론은 대부분의 경우에 과제의 생산물, 즉 요리되는 것으로부터 언어 형식을 지닌 수식(예를 들면 수식 $2+3=5$)으로 옮겨졌다. 모든 외적 참조물은 수식 자체에서 사라졌다. 이 변형이 일어나기 전까지 요리를 수학이라고 말할 수 없으며 단지 수학을 위한 대조물로 작용할 뿐이다. 어떤 산물에서 벗어나 수식 자체에 집중하는 것은 초기 수학에서 관찰했던 수학적 과제의 전형이다. 앞에서 언급했던 시장놀이에 대한 분석에서 실제로 7세 어린이 집단의 문제 논리는 시장보기를 재현하고 있지만 놀이 규칙이 시장 관행과 명백하게 매우 차이가 있다. 각 아이는 살 물건의 항목이 적힌 카드와 10펜스 이하의 돈을 선택해야 한다. 플라스틱 동전으로 품목을 샀을 때 가지고 있던 돈에서 얼마나 남는지 계산하고 이 계산을 종이 위에 적어야 한다. 앞에서 말한 바와 같이 이 집단은 유머와 환상을 기초로 놀이 가격과 "실제" 가격 사이의 불일치를 만들었다. 실제 시장을 볼 때처럼 자신들의 돈을 줄이지 않으려고 매번 새로운 10펜스를 가졌고 최종 산물은 구입한 물건의 수가 아니라 계산이 적힌 종이 한 장이었다. 말하자면 전혀 거래가 없었다는 것이다. 이제 바로 이것이 서두에서 언급한 그 쟁점이다. 일상적인 관행에 있었던 계산은 추상화되어 버렸고 추상화된 용어를 사용하는 것은 오해의 소지가 있다. 새로운 관행, 즉 나름의 규제와 종속 양식을 지닌 학교 수학적 관행 속의 담론 관계로 새로운 계산이 존재하기 때문이다. 학생들은 상점 주인의 위치에서 학생의 위치로 옮겨진다. 내가 주장하는 이러한 이행은 구체에서 추상으로의 이행이라기보다는 한 담론 관행에서 다른 담론 관행으로의 이행이라고 해야 할 것이다. 둘째로 인위적으로 고급 수준의 행위라고 지정된 것은 생존하기 위한 계산이 필요 없는 부르주아 주체가 규준을 찾는 사회질서 속에서 이성을 통해 규제하고 통제하는 모든 시도와 분명하게 관련되어 있다는 것이다. 셋째로 새로운 학교 수학의 담론 실천은 나름의 규제와 종속 양식을 갖는다. 각 아이는 하나의 주체로서 새로운 방식으로 자리매김한다는 것을 말한다. 이 방식은 다른 관행의 주관화 유형과 같을 수도 있고 다를 수도 있지만, 이 유형이 억압받는 집단과는 실질적으로 다르다는 증거를 보여준다. 이것은 중요한 정서적 결과를 갖게 될 것이다. 이 모든 것은 아이와 성인은 다른 맥락에서 다른 기능을 갖는다는 새로운 해석을 시사한다. 예를 들면, 스크리브너와 캐러허의 연구대상자는 부르주아가 아니다. 억압받고 착취당한 집단의 미국 노동자 계층 사람이고 브라질 프롤레타리아의 아이이다.

끝으로 억압받는 주체가 여러 관행의 다른 입장에서 살아가는 방식을 보이고자 한다. 이는 발달심리학의 "정상아natural child", 즉 합리적 단일 주체(Henriques 등, 1984)를 비판하고, 시공간에 따라 특수적이라고 설명하며 이성의 꿈을 단지 식민지적 공상만이 아니라고 밝힐 것이다.

차이를 분열하기

아이들은 하나의 관행에서 다른 관행으로 어떻게 이행하는가? 학교에서 아이들이 성공하도록 준비시키는 것이 좋은 양육이라고 주장하는 것은 특히 1960년대와 1970년대 심리학적 주장에서 흔하지만 (재검토는 Walkerdein & Lucey, 1989 참조), 이 설명은 억압받는 집단의 아이들이 겪는 문제를 부적절한 양육의 결과라고 암시한다는 점에서 문제가 있다. 이 설명은 한 관행에 종속되어 있다가 완전히 다른 규칙과 기대를 갖춘 것처럼 보이는 다른 관행으로 이동하는 고통의 복잡성을 부정한다. 억압받는 집단의 아이들은 이 고통에 어떻게 대면하고 방어하는가? Althusser(1971)는 그의 유명한 글 "이데올로기적 국가 기관Ideological State Apparatuses"에서 Lacan의 거울 단계 이론을 사용하여 학교가 학생에게 가상의 정체성을 만들어 주체로서 설명을 요구한다고 말한다. 라깡은 거울이라는 개념을 사용하여 어린아이가 자신을 총체적이고 단일한 것으로 보는 첫 번째 경험이 첫 번째 이데올로기 환영이라고 주장하였다. 이제 학교에서 만들어진 정체성은 하나의 허구라고 할 수 있는 반면에 이 정체성은 강력한 효과를 지닌다. 라깡이 정합적 정체성은 환영적 성격이 있다고 주장한 것은 타당하지만 억압받는 집단의 주체가 분열에 대한 무력감을 더욱 예민하게 경험한다는 것도 분명하다(Mama, 1987).

이 절의 제목은 정신분석 용어인 "분열"이며, 이 용어는 극도의 불안에 대한 방어기제 중의 하나이다. Freud(1951)와 멜라니 클라인Melanie Klein(1975)은 이 용어를 다소 다른 방식으로 사용하지만 모두 무의식이 자신을 방어하는 방식으로 언급한다. (심화된 논의는 Walkerdein, 1985; Hollway, 1984; Urwin, 1987 참조). 어떤 아이는 표면상 초연하게 하나의 관행에서 또 다른 관행으로 이행하는 것처럼 보이지만, 심리 분석의 설명에 따르면 이러한 초연함이 심각한 고통의 핵심이라고 해설한다. 초-합리성super-rationality은 극도의 불안에 대한 하나의 방어일 것이다. 내가 수행했던 연구에서 6살 여자아이가 교실에서 극도로 부진해 보였다. 간단한 수업도 따라 하지 못했고 과도하게 멍하게 있었다. 그 아이가 멍하니 있는 것은 최선의 방어였고 어머니가 아버지에게 지속적으로 신체적 학대를 당한다는 사실을 일상에서 잊어버리는 방식이었다고 이후에 밝혀졌다. 그 아이는 웬디 하우스에 있는 인형 머리를 부셨고 이 사건에서 그 아이의 폭력적 정서가 나타났다.

Tizard와 Hughes(1984)의 연구에서 Patsy는 노동 계층 4살 여자아이였고, 우리(Walkerdein & Lucey, 1989)는 그 여자아이를 10살 때 보았다. 그 여자아이는 4살 때 그 연구의 많은 다른 소녀들과 마찬가지로 "훌륭한 여자아이"가 되기에 어려움이 있었다. 하지만 그 여자아이의 어머니가 그 여자아이를 "총명한 여자아이"로 여겼을때에 특정 과제를 능숙하게 수행할 수 있었다. 어머니가 총명한 여자아이로 여기는 것은 중요한 것이었고, IQ 검사에서도 높은 점수를 얻었다. 그러나 이 아이가 10살 때 이 아이의 교사는 이 아이를 "총명"하지 않다고 여겼다. 오히려 교사는 (학급의) 다른 아이들 정도의 총명함은 하나도 없다고 평가하였다. 교사는 Patsy가 유치한 행동을 하며 겸손이라는 미덕을 기본적으로 갖추지 않았다고 말하였다. 어떻게 "총명한" 어린 여자아이가 10살이 되어 우둔하고 유치해졌는가?

그 조사에서 다른 세 명의 노동 계층 여자아이들도 네 살 때 IQ 검사에서 높은 점수를 얻었지만 10살 때에는 우둔한 것으로 평가되었고, Patsy처럼 그들 모두 자신을 희생자라고 주장한 것은 충격적이다. 많은 여학생이 다른 사람들, 특히 남학생들의 폭력을 언급하고 이 여학생들은 자신을 그 폭력의 표적이라 보았다. 내가 말한 심리 분석적 담론을 사용한다면 참을 수 없는 고통에 대한 방어적 반응으로 볼 수 있다. Patsy와 다른 여학생들은 그들이 이해할 수 없고 그들을 이해하지 않는 낯선 세계에서 공포를 느끼고 있는 것이라면 어떤가? 이들은 "총명"하다고 말하는 사람에 분노하면서 자신의 안전과 안락을 찾을 것이다. 정신과 의사 Framz Fanon(1967)이 알제리 전쟁을 이야기하면서 말한 것처럼, 폭력적 정서를 남에게 투사하고 자신을 피해자로 제시하는 것은 식민지 사람이 표출한 몇몇 징후에서 볼 수 있다. 때때로 분열하기를 학습하는 것은 거부되기 쉬운 낯선 세계에서 사랑받기를 갈망하면서 생존하는 것을 배우는 것이다. 또 다른 방어는 우선 거부되는 것을 행하고 실패의 고통을 더욱더 참을 수 있도록 만드는 것이다. 사회학자들은 이 전략을 반-학교 저항anti-school resistance이라고 부르기도 한다(예를 들면 Willis, 1977).

이 모든 아이에게 하나의 관행에서 다른 관행으로 경계를 가로지르는 것은 쉽지 않을 것이다. Walkerdein 외(1989)는 어떤 여학생도 의존에서 자율로 쉽게 이행하지 않듯이 가정에서 학교로 가로지르지 않는다고 지적했다. 여학생들이 학교에 들어가면 이들은 분류되고 범주화된다. 이들의 행동과 수행에 관한 판단은 매우 성-특수적gender-specific이다. 우리는 여학생들은 남학생이 인정된 특성을 보일 때조차도 이들을 성공한 것으로 간주하지 않는다는 견해를 보이는 광범위한 증거를 제시하였다. 이 여학생들을 때때로 인정한 특성은 여성스러움과 관련해 바라봄으로써 이들을 병리적으로 만들었다. 낮은 성취를 보인 남학생들이 성취가 높다는 증거가 나타나지 않음에도 불구하고 "발전 기대됨"으로 평가하고 반면에 높은 수행을 보인 여학생들은 "단지 열심히 함"으로 평가하는 방식을 살펴보아야 한다. 이 연구에서 낮은 성취를 보인 여학생들은 매우 간단히 "발전이 전혀 기대되지 않는다"고 단정하였다(Walkerdein 등, 1989, 102쪽 참조).

말하자면 여학생에 관하여 판단하는 주관화 체제를 보여주었다. 이 주관적 평가가 여학생의 수행과 관련하여 경험적 근거가 거의 없다는 점은 재입증해야 할 허구를 만들고 있다는 것을 강조하고 있다. 타자는 계속해서 지배 집단을 위협하고 끝없는 공상과 허구는 억압된 주체를 타자로서 병리적이라고 여기게 한다. 지성이란 "남성"의 소유물이라고 여기고 타자성을 "결핍된" 것으로 보게 한다고 논의하였다. 여기에서 문제가 되는 것은 바로 지배자의 망상증, 즉 자신의 지배적 지위를 빼앗길 수 있다는 두려움이다. 억압받는 집단을 타자로 위치 짓고 이들을 병적으로 취급하는 사회적이고 심리적인 수많은 전략에 의하여 이 지배를 보장해 왔다는 것이다.

이 쟁점은 다시 우리를 차이의 병리화로 되돌아오게 한다. 내가 주장하는 것은 차이와 수학적 수행에 관한 심리적 접근은 앞서 제기한 복잡한 심리적 쟁점을 다루어야만 한다는 것이다. 식민지 개척자의 환상은 식민지 주민의 규정에 새겨있고(Bhaha, 1984), 이 환상은 발달과 수행을 이해하는 "진리"가 된다. 이 환상과 규정의 시도는 수학교육에 추론 이론이나 이성을 집어넣으려는 그 역사 속에 새겨져 있고, 노동 계층, 농부, 흑인, 여자아이 등의 타자를 발견하는 어느 곳에든지 비정상이나 비합리성이라고 판명하는 주장을 발견하게 된다. 끝으로 내가 주장하는 것은 이 쟁점을 온전하게 다루려면 제1세계 발달 모델을 극적 효과에서 진전시켰던 것으로부터 발달을 사회적이고 역사적인 환경에서 특수적으로 이해하도록 이동하여 설명할 필요가 있다는 것이다. 그래야만 억압을 개인적 병리가 아닌 다른 것으로서 논의할 수 있다.

참고문헌

Althusser, L. (1971). *Lenin and philosophy, and other essays*. Monthly Review Press.

Bhabha, H. (1984). The other question: The stereotype and colonial discourse. *Screen.*

Carraher, T. N. (1988). Street mathematics and school mathematics. *Proceedings of the Twelfth International Conference on the Psychology of Mathematics Education*. Hungary.

Foucault, M. (1980). *Discipline and punish*. Harmondsworth: Penguin Books.

Freud, S. (1951). The splitting of the ego in the process of defence. *The Complete Psychological Works of Sigmund Freud.* Vol 23. London: Hogarth Press.

Hollway, W. (1984). Gender identity in adult social relations. In J. Henriques, et al., *Changing the subject*. London: Methuen.

Lacan, J. (1977). *Ecrits: A selection*. London: Tavistock.

Lave, J. (1988). *Cognition in practice*. Cambridge, MA: The University Press.

Le Doeff, M. (1978). Operative philosophy. Ideology and Consciousness.

Klein, M. (1975). *Love, guilt and reparation, and other works*. London: The Hogarth Press.

Mama, A. (1987). Subjectivity, race and gender. Ph. D. diss. University of London, Birkbeck College.

Mathematical Association. (1956). *The teaching of mathematics in primary schools*. London: G. Bell and Sons.

Rose, N. (1985). *The psychological complex*. London: Methuen.

Rotman, S. (1980). *Mathematics: An essay in semiotics*. Bristol, Eng.: University of Bristol, mimeo.

Sayers, J. (1982). *Biological politics*. London: Methuen.

Scribner, S. (1984). Studying working intelligence. In B. Rogoff and J. Lave (Eds.), *Everyday cognition: Its developmental and social context.* Cambridge, MA: Harvard University Press.

Schools Council. (1965). *Mathematics in primary schools*.

Tizard, B. and Hughes, M. (1984). *Young children learning*. London: Fontana Books.

Urwin, C. (1987). Splitting the difference. Paper presented to the British Psychological Society Developmental Section.

Walkerdine, V. (1984). Developmental psychology and the child-centred pedagogy. In J. Henriques, et al., *Changing the Subject*.

Walkerdine, V. (1985). On the regulation of speaking and silence. In Steedman, Urwin, and Walkerdine (Eds.), *Language, gender and childhood*. London: Routledge and Kegan Paul.

Walkerdine, V. (1988). *The mastery of reason*. London: Routledge.

Walkerdine, V. et al (1989). *Counting girls out.* London: Virago Press.

Walkerdine, V. and Lucey, H. (1989). *Democracy in the kitchen*. London: Virago Press.

Walkerdine, V. (1990). Post-structuralism and mathematics education. In R. Noss (Ed.), *Political dimensions of mathematics education*. London: University of London, Institute of Education.

제10장

수학 자원으로서 여성의 전통 작품 사례

메리 해리스(Mary Harris)

편집자 주: 메리 해리스$_{\text{Mary Harris}}$는 일반적으로 여성의 작품이라고 여겨지던 특정 문화 활동을 소개하고 이 작품을 수학적 활동으로 재검토한다. 이 장은 1987년에 《For the Learning of Mathematics》 7(3), 26-28쪽에 처음 실렸다.

Pliny의 "Ex Africa semper aliquid novi"는 "아프리카에는 항상 새로운 것이 있다"라는 뜻이다.

Paulus Gerdes가 모잠비크에서 했던 연구(Gerdes, 1986a)에서 놀랍게도 모잠비크의 문맹인 장인 대부분은 쉽게 해결했지만 국제 수학교육계 구성원들은 (처음에) 해결하지 못하는 "비전형적$_{\text{non-standard}}$ 문제"를 제공한다. 그들은 각 90도, 60도, 45도나 정육각형을 종이에 작도하기는 어렵지만, 지적이고 실용적인 직조 기술이 삶의 일부인 이 사람들에게 이 비전형적인 문제는 전혀 어려운 것이 아니다.

자신이나 자신 가족의 옷을 만들도록 배워 온 여성들이 쉽게 해결할 수 있는 몇 가지

"비전형적 문제"를 경력 교사들과 예비 교사들에게 제시하였다. 남성 교사 대부분은 자신 옷의 구성이나 심지어 모양과 크기에도 익숙하지 않아서, 스웨터를 만드는 데 (기술과 도구를 제외하고) 비에 대한 이해가 필요하고 셔츠를 만드는 데 직각과 평행선에 관한 이해, 넓이, 대칭, 최적화 등의 관념, 2차원 평면에서 3차원 입체로 다루는 능력이 필요하다는 것을 인식할 수 없었다.

문제가 비전형적이 되도록 만드는 것은 그 규준을 설정하는 사람들의 관점에 달려있다. Gerdes의 연구나 민족수학 분야의 다른 연구들은 전통적인 규준 설정에 대하여 다소 위협적으로 반박하고 있다. Gerdes는 그의 나라에서 최근 교육의 결정이나 이전에 부족하다고 결정하는 수 많은 요인에 대하여 반대한다. 그의 연구에서 신선한 것은 모잠비크 문화에 이미 존재하는 수학을 해설하는 방법과 그것을 "해동하는defrosting" 방법에 있다.

Gerdes의 분석과 그의 열의와 헌신을 살펴보고 전 세계에서 또는 여성 문화의 다른 맥락에서 이를 적용하는 것은 흥미로울 것이다. "여성"은 단일 문화라기 보다는 매우 광범위한 용어라고 주장하는 사람들이 있겠지만 "가사 일로 직조를 만들고 사용하는 여성의 환경"은 와일더(1981)의 책《문화적 체제로서 수학Mathematics as a Cultural System》에서 사용했던 문화의 정의와 어울려 보인다.

여성은 수학 활동에서 두 가지 방식으로 제외되어 왔다. 대부분의 수학사에서 여성 수학자들은 매우 최근까지 거의 언급되지 않았다. Alic(1986)이 보여주듯이 서구 역사에서 여성 수학자나 여성 과학자의 연구는 "무시되었고, 공로를 인정받지 못하였고, 잊혀졌다" 그들은 집에서 무해하고 실용적이며 지성적이지 않은 활동인 바느질 일을 하는 게 더 좋은 것이었다. 많은 여성이 공장에서 바느질한다. 실제로 직조 공장에서 많은 여성이 "최전선"에 있다(Chapkis와 Enloe, 1983). 이곳의 모든 일상적 이야기는 그들의 낮은 지위를 합리화하고 있다. 그들은 "참을성 있고, 단조로움을 잘 견디고, 손놀림이 민첩하고, 세부적인 것에 주의를 기울이고, 신체적 힘이 약하며, 기계를 다루는 소질이 없다고 들어왔다" 여성의 지적 연구를 진지하게 받아들이려는 경향이 거의 없는 세상에서 가정이나 공장의 실용적 작업에 관한 여성의 사고에 대해 공로를 인정할 가능성은 거의 없다.

장인 계층에 적합하다고 여기는 실용 수학과 엘리트 중심의 이론 수학을 사회적으로 구별해 온 것은 플라톤 시대보다도 더 오래된 것이다(담브로시오D'Ambrosio, 1985). 그러나 "실제적이고, 과학적이고, 미적이고, 철학적인 흥미들이 모두 수학을 형성해 왔다"(Kline, 1953). 오늘날 실용 수학은 학교라는 형식적 맥락에서 배우는 이론 수학의 적용이라고 대부분 여겨왔다. 이 실용 수학은 성취도가 낮은 사람들에게 특히 적절하다는 오명을 종종 동반한다. 실용 수학을 행하는 여성은 실제로 이 무리에서 가장 아래에 있다.

사실 본질적으로 하나의 활동은 특정 사례에 이론을 적용하는 것보다 더 많은 수학을 생성할 수 있다. 수학 교사 약 240명이 참여한 학회에서 예를 찾을 수 있다. 교사들은 수학 활동으로서가 아니라 고가의 디자인 회사의 관리자가 요구한 시각화 팀으로 보내는 내부 메모 형식의 활동을 부여받았다. 이 활동은 스포츠 공 하나를 포장하기 위해 일상적인 평범한 디자인이 아니라 기발한 것을 요구하였고 회사를 위하여 깊은 인상을 주고자 하였다. 교사들은 집단별로 작업하고 인상적인 일련의 포장과 함께 수학 목록을 찾아냈고, 이는 3쪽에 달했다. 이때 가장 중요한 것은 집단의 행동이었다. 이 문제를 단지 수학적 활동으로 인식하여 이론적으로만 시도하는 교사들은 자신이 선택했던 매우 제한된 범위의 수학에 갇혀있었다. 그러나 실용적인 방식으로 과제를 시작하는 교사들은 구성과 디자인 모두에서 심화된 문제를 제기했고 더 많은 문제와 더 많은 수학을 다시 생성했다. 간단히 말한다면 "이론과 적용"이라는 접근으로 그 자신을 제한한 것은 바로 이론가였다. 실천가는 더 폭넓은 수학뿐만 아니라 과제 자체에서 출현하는 더 깊은 수학에 참여한다는 것을 발견하였다. 물론 실천가는 수학 교사였으므로 무엇을 찾아야 할지 알고 있었고 스스로를 놀라와 했다는 것은 분명하다.

아마도 이 상황에서 학교 수학 교사의 역할은 어떤 이론을 가르친 이후 적용을 찾는 것이 아니라, 학생들의 활동에서 성장하는 수학을 분석하고 밝혀내는 것이다. Gerdes는 문화 유산에 잠재된 수학을 "동결된$_{frozen}$"이라는 용어를 사용하고, 이것은 좋은 용어이지만 동결된 것이라는 선입견이 해동된$_{defrosting}$ 것을 제한할 수 있다는 위험이 있다. 해동만이 아니라 정의되지 않은 잠재성을 부화 또는 발아를 의미하는 용어가 필요하다. 유산에 동결된 수많은 수학적 사고는 북미 교과서나 표준화된 서구 수학교육에서 그 태도나 선입견으로 양육되지 않은 누군가가 부여해 왔기 때문이다. 북미와 서구의 전통적인 수학은 지금까지 이를 무시해왔으나(이슬람 수학은 항상 이를 즐겨왔고), 직조를 짜는 사람들은 직조를 짜는 것이 지적 활동임을 항상 알고 있었다. 전통 직조의 일부를 얼핏 보아도 주의 깊은 사람에게 거대한 범위의 기하학이 확연하게 드러난다. 수학적 사고가 없이 어떻게 그것이 가능할 수 있었을까? 사람들이 왜 그것을 주목하지 않는 것일까?

서양의 학교에서 대칭을 공부하는 학생은 이등변 삼각형에서 시작하여 변환과 회전을 포함하는 탐구를 하고 이후에 [그림 10-1]의 디자인을 만들고 자신의 교사에게 칭찬받게 될 것이다. 이 교사는 나머지 다른 학생들이 이 패턴에 주의를 기울이고 처음 삼각형에서 어떻게 변환되었는지 함께 분석해 보도록 학급에 제안할 것이다. 따라서 종합과 분석이 하나의 활동에 걸쳐서 이루어질 수 있고 한 학생의 사고를 다른 학생들에게 드러내어 더 심오한 사고로 발전시킬 수 있다.

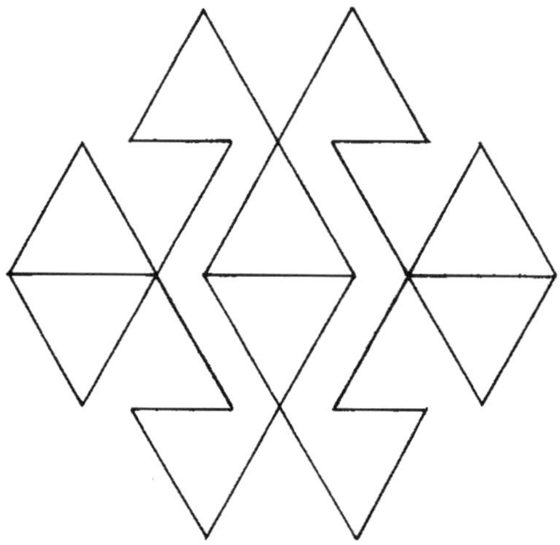

[그림 10-1]

[그림 10-2]는 저자가 소장하고 있는 것으로 평평하게 짜인 터키식 깔개인 킬림에 있는 기본형을 스케치한 것이다. 기본형은 깔개 위의 많은 것 중 하나이고 배경 격자의 선은 일반적으로 날실과 씨실을 나타내는 방법으로 스케치 되어있다. [그림 10-1]과 같이 학생은 모눈종이 위에 삼각형으로 "덮고" 그것에서 바깥쪽으로 작업하지만, 이와 달리 방직공은 디자인과 구성이라는 두 가지 제한 내에서 작업해야 한다. 기본형은 다른 기본형과 맞추고 깔개의 대칭적인 테두리와 넓은 테두리 안에서 대칭적인 중앙 장식을 연결하여 정확하게 놓아야 하고 결국에는 깔개 전체 자체가 대칭된다. 구성의 제한이란 방직공이 날실의 수에 따라 이미 정의되고 제한된 격자 위를 오른쪽에서 왼쪽으로 왼쪽에서 오른쪽으로 작업한다는 것을 말한다. 깔개의 길이는 디자인에 따라 결정되므로, 직조를 짜는 사

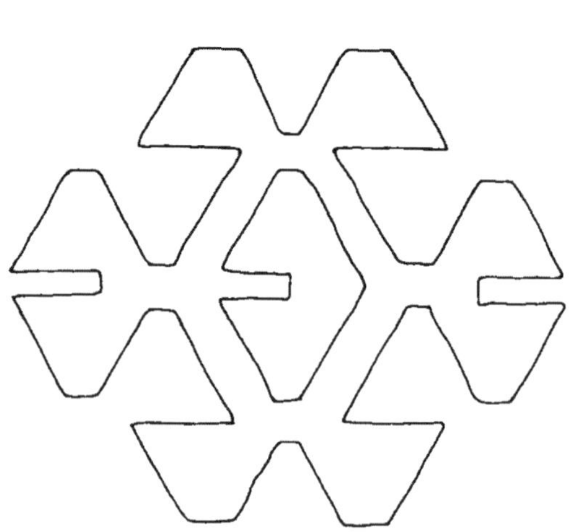

[그림 10-2]

람은 깔개 전체가 대칭되면 마무리한다.

깊이 검토해야 하는 이유에 따라 [그림 10-1]은 수학으로서 중요해 보이지만 반면에 [그림 10-2]는 수학으로서 중요해 보이지 않는다. 지금까지 저자가 제안한 이유 대부분은 충분히 조사되지 않았다. 요약한다면 방직공은 학교 교육을 받지 못했고 문맹이라는 이유로, 또한 그녀가 여자라는 이유로 [그림 10-2]는 단지 수학으로서 진지하게 다루어지지 않았다. 심지어 수학교육자 중에도 방직공은 "수학적으로 사고하는 것은 아니다"라고 말하는 사람이 있다. 이들에게 즉각적으로 물어야 한다. "당신은 어떻게 아는가? 또는 그녀의 사고가 무엇인지 그녀에게 물어본 적이 있는가?" [그림 10-1]과 [그림 10-2]은 모두 수학적인가 또는 수학적이지 않은가의 총체적 질문은 태도 이상의 많은 것을 제한한다. 방직공은 수학적으로 사고할 수 없다고 쉽게 가정한다.

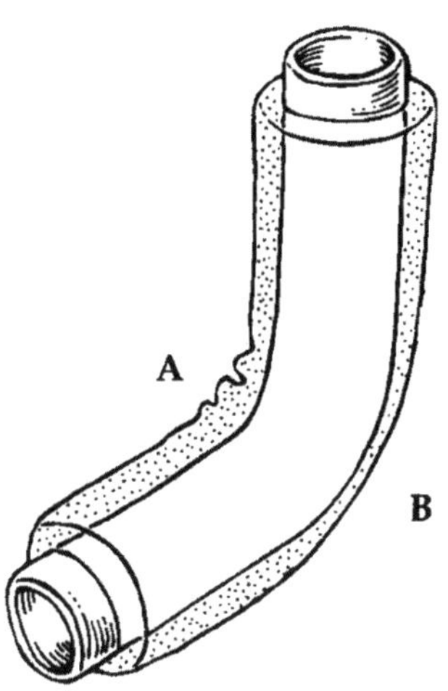

[그림 10-3]

이제 공업에서 또 다른 예를 살펴보자. 공장에서 직각으로 꺾인 원통형 파이프에 피복재를 씌우는 문제이다([그림 10-3]). 이 문제는 피복재를 씌울 때 A쪽의 각 내부는 모이면서 열점hot spot을 만들지 않고 B쪽은 당겨서 차가운 냉점cold spot을 만들지 않도록 하는 것이다. 공장은 화학적으로 작업하는 곳이고 때때로 그 직각이 거의 180도까지 벌려야 하므로 피복재 문제는 복잡해진다. 결정적인 곳에서 비효율적일 뿐만 아니라 피복재는 곧 닳아 없어진다. 이것은 공업에서 수학적 사고를 제기하는 문제이다.

이 공업 문제는 본질적으로 수학이라고 간주하지만 반면에 그와 유사한 양말 뒤꿈치 디자인이라는 가사 문제는 수학이 아니라고 간주하는 이유는 무엇일까? 그 이유는 양말은 전통적으로 할머니가 뜨개질한 것이고 그 누구도 할머니가 수학적이라고 기대하지 않기 때문이라고 추측할 수 있다. 뭐라고, 나이 든 할머니가 수학을 한다고?

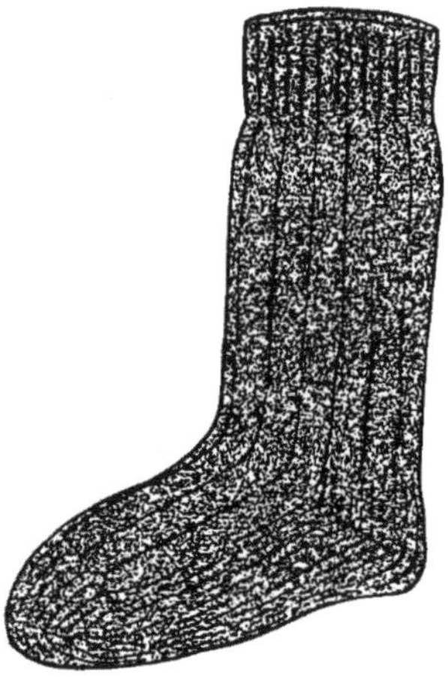

아래와 같이 발꿈치를 굴려준다
첫째 줄－K.12 [14, 16], sl.1, K.1, psso., K.1, turn.
둘째 줄－P.6 [6, 8], P.2 tog., P.l, turn.
셋째 줄－K. to last 6 [8, 8] sts., sl.1, K.1, psso, K.1, turn.
넷째 줄－P. to last 6 [8, 8] sts., P.2 tog., P.l, turn.
다섯째 줄－K. to last 4 [6, 6] sts., sl.1, K.1, psso, K.1, turn.
여섯째 줄－P. to last 4 [6, 6] sts., P.2 tog., P.1, turn.

[그림 10-4]

아니라면 일반해를 가질 수 없는 문제와 같이 어떤 수학적 이유가 진실로 있을까? 그러나 능숙하게 뜨개질하는 사람이 실제로 작업하는 방식은 일종의 일반해에 관한 것이다. [그림 10-4]와 같이 양말을 뜨개질하는 방법은 한 줄 한 줄씩 장황하게 쓰여 있지만 능숙한 작업자든지 미숙한 작업자든지 대부분이 이를 실제로 활용할 것이다. 능숙한 사람의 일반적인 절차를 본다면 모양을 만들어가는 방식을 파악할 필요가 있을 때만 그 패턴을 따른다. 자녀의 양말을 뜨개질하는 여성들은 종종 그들 자신의 일반해(몇 가지 방법이 있음)로 작업하고, 성장한 특정한 아이의 것은 수정해 간다.

아이들에게 수학을 이끌어내도록 환경을 관찰하라고 할 때 왜 항상 남성이 만들어 놓은 환경, 즉 기중기, 다리, 포장 슬라브, 벽돌 모양 등을 보여주는가? 우리는 왜 우리가 가지고 다니는 것들을 살펴보라고 더 가까운 환경을 선택하지 않는가? 넥타이를 매고 있는 사람 중에서 문자 그대로 자신의 코 밑에서 만들어지는 흥미로운 기하학을 몇 명이나 인식하고 있을까?

그렇다면 도대체 왜 양말 문제를 진지하게 받아들이지 않을 것이라고 확신하는가? 이것은 왜 비전형적인가? 단지 이것은 수학 전문용어로 다루기에 정상적이지 않다는 것인가? 이제 형식화하여 말한다면 “양말 뒤꿈치에 대한 일반식을 구하시오”

아직도 이것이 수학인지 수학이 아닌지를 의심하고 있다면 Gerdes의 말을 다시 인용해

본다. “스스로 답을 구해보시오”

참고문헌

Alic, Margaret. (1986). *Hypatia's heritage: A history of women in science from antiquity to the late nineteenth century*. London: The Women's Press.

Chapkis, Wendy and Enloe, Cynthia. (1983). *Of common cloth: Women in the global textiles industry.* Amsterdam and Washington DC: Transnational Institute.

D'Ambrosio, Ubiritan. (1985). Ethnomathematics and its place in the history and pedagogy of mathematics. *For the Learning of Mathematics* 5, no. 1 (February).

Gerdes, Paulus. (1986a). How to recognise hidden geometrical thinking: A contribution to the development of anthropological mathematics. *For the Learning of Mathematics* 6, no. 2 (June).

Gerdes, Paulus. (1986b). On culture: Mathematics and curriculum development in Mozambique. In Marit Johnsen Hoines and Stieg Mellin-Olsen (Eds.), *Mathematics and culture*. Report of a seminar held at Bergen College of Education, 26-28 September 1985. Rådal, Norway: Caspar Forlag.

Kline, Morris. (1953). *Mathematics in western culture*. Oxford: Oxford University Press.

Wilder, R. (1981). *Mathematics as a cultural system*. Oxford: Pergamon Press.

제11장

문화, 기하적 사고, 수학교육*

파울루스 게르데스(Paulus Gerdes)

편집자 주: 파울루스 게르데스Paulus Gerdes는 모잠비크의 수학자이자 수학교육자로서, 아프리카의 문화적 실천과 유물에 내재한 수학적 아이디어를 밝히고 이 발견을 수학 공동체에 소개하는 데에 선도하고 있는 연구자다. 이 장은 전통적인 모잠비크 문화에 내재한 수학을 재고함으로써 "유클리드" 기하의 아이디어에 대하여 대안적 구성을 보여준다. 결과적으로 이러한 기하 아이디어의 기원에 관한 의문을 제기한다. 끝으로, 모잠비크의 물질 문화에 대한 민족수학의 연구가 모잠비크 학생에게 권한을 강화하는 교육과정을 어떻게 만들 수 있는가를 보여준다. 이 장은 1998년 〈*Educational Studies in Mathematics* 19(3)〉, 137-162쪽에 소개되었다. 또한 Bishop, A. (Ed.)의 《수학교육과 문화Mathematics education and culture》(Dordrecht: Kluwer, 1988, 137-162쪽)와 Gerdes, P.의 《민족수학과 아프리카 교육Ethnomathematics and education in Africa》(Stockholm: University of Stockholm Institute of International Education, 1995, 30-52쪽)에 출간되었다.

"식민지화는 인류가 알고 있는 것 중에 문화를 가장 강력하게 파괴하였다. …… 오랫동안 억압되었던 문화적 표현들은 그 자신의 자리를 되찾아야 한다" – Samora Machel, 1978.

"교육은 우리에게 모잠비크의 성격을 그 어떤 굴종이 없이 우리의 현실에 스며있는 것으로 제공해야 한다. 이것은 외부 세계와 접촉할 때 다른 민족의 아이디어와 경험을 비판적으로 동화하고 또한 그들에게 우리의 사고와 실천의 결실을 전달할 수 있을 것이다"
– Samora Machel, 1970.

* 고인이 된 Samora Machel 모잠비크 대통령에게 이 글을 바친다. 그는 1986년 10월 19일에 사망하였고 나는 그날 이 글을 끝냈다.

제3세계 국가의 수학교육에서 사회 문화적 측면

대부분의 이전 식민지 국가를 본다면 독립 이후의 교육이 그 나라 국민 대중의 지식에 대한 갈망을 충족하지 못했다.

지난 25년 동안 아프리카 여러 나라의 학생 수가 놀라울 정도로 폭발적으로 증가했지만 1980년에 아프리카 문맹률의 평균은 여전히 66%였다. 과밀한 교실, 자격 교사의 부족, 수업 자료의 부족 등은 낮은 성취 수준으로 연결되었다. 수학교육의 경우를 살펴보면 이 경향은 성급하게 교육과정을 고도로 산업화한 선진국에서 제3세계 국가로 이전하려고 하면서 더욱 악화되어왔다.[1] 교육과정을 이전하려고 시도하면서 그들의 관점도 모방하게 되었다. "초등수학은 단지 중등수학으로 가는 디딤돌로서 여겨졌고 이는 다시 대학교육을 위한 준비로 여겨졌다"[2] 결국 수학교육이 사회 엘리트의 관심사로 구성되었다. 수학은 대부분 아이에게 거의 쓸모없어 보인다. 수학 불안maths anxiety은 만연해지고 있으며 특히 농부와 노동자의 자녀들이 수학을 좋아하지 않는다. 수학교육은 엘리트를 선발하는 데 기여하고 있다. El Tom이 강조한 바와 같이, "수학은 가장 효과적인 교육 필터라고 널리 알려지고 있다"[3] 미주 수학교육위원회Interamerican Committee on Mathematics Education 의장인 우비라탕 담브로시오Ubiratan D'Ambrosio는 다음과 같이 동의한다. "…… 수학은 (제3세계)사회에 만연한 권력 구조를 강화함으로써, 사회적 접근 기회의 장벽barrier to social access으로써 이용되어 왔다. 학교에서 어떤 과목도 수학만큼 권력 구조의 강화라는 목적을 잘 수행하는 과목은 없었다. 수학교육의 이러한 부정적인 측면을 실행하는 주요 도구는 평가이다"[4]

게이Gay와 콜Cole(1967)은 라이베리아에 거주하는 크펠르족Kpelle의 수학 학습에서 겪는 어려움에 관한 연구에서 그 부족이 근본적으로 학습의 어려움이 존재하는 것은 아니라고 결론지었다. 예를 들어 교실에서 일어나는 일들이 그 내용적으로 크펠르족 문화의 관점에서 이해하기 어려운 것이었다. 게다가 사용된 교육 방법은 기계적인 암기와 엄격한 훈련에 기반하고 있었다.[5] 실험에 의하면 문맹인 크펠르족 성인이 그들의 "전통 수학indigenous mathematics"에 속하는 방식으로 용기에 담긴 쌀의 컵의 수를 어림하는 문제를 해결할 때, 북미 성인보다 더 잘 수행하였다.[6] 남미 연구자들은 학교 수학을 가르치는 효과에 대해 심각하게 의구심을 제기하였다. 도미니카 공화국의 에두아르도 루나Eduardo Luna(1983)는 그럼직한 이 문제 즉, 아이들이 학교 밖에서 습득한 실천적 수학 지식이 학교에서 "억압"되고 "혼동"된다는 것에 관심을 가졌다.[7] 이것은 가능할 뿐만 아니라 실제로 종종 발생하고 있으며 브라질의 캐러허Carraher와 슐리만Schliemann(1982)의 연구에서 보여주고 있다. 아이들은 학교에 가기 전에 시장과 같은 일상에서 접한 산술 문제를 창의적으로 해결했지만, 나중에 학교에 오면 같은 문제를 해결할 수 없었다. 말하자면 산술 수업에서 배우는 방법으로 그 문제를 해결할 수 없었다.[8] 담브로시오는 " '학습된' 수학적 소양이 '자발적인' 수학적 소양이라고 불리는 것을 제거하고 있다"라고 결론짓는다.[9] 말하자면, "수, 연산, 기하, 관념 등을 능숙하게 잘 다루는 개인이 사실과 필요가 유사하지만 완전히 새로운 형식적 접근에 직면할 때, 수와 기하의 사고에 관한 다른 양식의 장벽, 즉 심리적 장벽을 만든다"[10] 학교에서 일어나는 것은 "자발적 능력을 격하하고, 억압하고, 잊어버리고 반면에, 학습된 능력을 학습 차단하거나 조기 탈락하는 결과를 가져온다"[11] 이 이유로 "수학교육의 초기 단계는 아이들에게 실패감이나 의존성을 심게 하는 매우 심각한 방식을 (제공한다)"[12] 이러한 심리적 장벽을 어떻게 피할 수 있을까?

"오해를 낳고 사회문화적 심리적 소외를 초래하는 매우 부적절한 교육"[13]을 어떻게 피할 수 있는가? 자발적이고, 자연스럽고, 비형식적이고, 전통적이며, 민속적이고, 암묵적이고, 비표준적이고, 잠재적인 (민족)수학이 "밀어내고" "쓸어버리는" 것을 어떻게 피할 수 있을까?[14]

게이와 콜(1967)은 이 "전통 수학"과 새로운 학교 수학을 효과적으로 연결하려면 우선 "전통 수학"을 탐구할 필요가 있다고 확신하였다. "교사는 전통문화의 자료에서 시작하여 아이들이 창의적인 방식으로 그 자료를 사용하도록 이끌어야 하고,"[15] 그곳에서 새로운 학교 수학으로 나아가야 한다. 탄자니아 교육과정 전문가인 Mmari는 다음과 같이 강조한다. "탄자니아에서 여전히 사용하고 있는 전통적인 수학 방법이 있다. …… 우수한 교사는 이 상황을 수학 개념의 보편적 진리를 강조하는 데에 활용할 수 있다"[16] 우수한 교사가 이것을 어떻게 성취할 수 있었을까? Jacobson은 다음과 같이 답한다. "집을 짓고 있는 (아프리카) 사람은 수학을 사용하는 것이 아니라 관습적으로 수학을 행한다. …… 왜 그렇게 행해졌는지의 과학적 구조를 이끌어낼 수 있다면 그 방식으로 과학을 가르칠 수 있다"[17] 담브로시오(1984)에 따르면, "현재 알려진 대중적인 실천을 교육과정에 통합하고 조화하는 방법, 즉 수학의 경우에 민족수학을 교육과정으로 인식하고 통합하는 방식을 만들어야 할"[18] 필요가 있다. "이것은 수학과 관련지어 매우 어려운 인류학적 연구 방법의 개발이 필요하다. …… 인류학적 수학$_{\text{anthropological Mathematics}}$은 우리가 교육과정을 연계하는 방식을 개발하는 기본 근거로서 제3세계 국가의 필수적인 연구 주제이다"[19]

문화·수학적 재검토를 향하여

담브로시오는 심리적 장벽을 극복하기 위하여 민족수학을 교육과정에 통합할 필요가 있다고 강조했다. 모잠비크와 같이 예전에 식민지화되었던 국가는 제거해야 할 문화적 장벽이 존재한다. "모잠비크의 초대 대통령인 Samora Machel에 따르면, 식민지화는 인류가 알고 있는 것 중 문화를 가장 강력하게 파괴하였다. …… 아프리카 사회와 그 문화는 파괴되었고, 살아남은 것은 흡수되어 더욱더 수월하게 그 내용이 비워지게 되었다. 두 가지 명백한 방식으로 이루어졌다. 하나는 식민지 수탈을 지원하고자 제도를 활용하는 것이었다. …… 또 다른 하나는 문화의 '민속화folklorizing'로서 약간은 아름답게 그려진 습관과 관습으로 축소하고 식민지화의 입장에서 식민지의 가치를 부여한다" "식민지 교육은 이 맥락에서 국가의 성격을 부정하는 과정으로서 나타난다. 모잠비크인을 자신의 나라와 기원으로부터 소외시키고 해외 의존을 더욱 심화시키면서 자신의 국민과 문화를 부끄러워하도록 만드는 것이다"[20] 수학의 사례를 본다면 수학은 전적으로 백인 남성의 개발과 능력으로 표현되었다. 식민지 지배 하의 사람들에 대하여 수학적 능력은 부정되거나 기계적인 암기라고 축소하였다. 아프리카와 미국 원주민의 수학적 전통은 무시되거나 외면당하였다.

Samora Machel(1978)이 강조하듯이, 문화의 부활은 필수적이다. "오랜동안 억압되었던 문화적 표현은 그 자신의 자리를 되찾아야 한다"[21] 문화·수학적 재검토는 이러한 문화의 부활에서, 즉 인종적이고 식민지적인 편견과의 투쟁에서 역할을 할 것이다. 제3세계 사람들이 과거에 수학을 발전시켜왔다는 생각을 갖고 문화적 자부심을 회복할 필요가 있다.[22] 예를 들어 그들이 필요한 수학을 동화시키고 개발할 수 있고, 수학은 아프리카, 아시아, 미국 원주민 문화권 내부에서 유래한다는 것이다.

수학의 전통을 교육과정과 통합하는 것은 개인적이고 사회심리적 장벽을 제거하는 것뿐만 아니라 관련된 문화적 장벽을 제거하는 데에도 도움이 될 것이다. 이는 이제 중요한 문제를 제기한다. 어떤 수학적 전통인가? 대중적인 (수학적) 실천을 통합하기 위하여 무엇보다도 그들의 수학적 성격을 인식하는 것이 필요하다. 담브로시오(1985)는 이 의도에서 수학이 무엇인가에 관한 이해를 확장할 필요가 있다고 말한다.[23] Ascher와 Ascher(1981)는 이와 관련하여 다음과 같이 말한다. "전문 수학자의 편협한 관점에서는 수학적 정의 대부분은 함축이나 비형식을 배제하거나 최소화한다. …… 수, 공간 구성, 논리 등의 개념들, 즉 함축적이거나 명시적인 수학을 모두 포함하는 것이 범인류적panhuman이다.[24]

수학이 무엇인가에 대한 이해를 확장하는 것은 필수적이지만 확장만으로 충분하지 않다. 관련된 문제는 수학적 전통을 어떻게 재구성하는가이다. 아마도 그중 대부분은 예속과 식민지화의 결과로 지워져 버렸다. (모잠비크의 경우를 본다면) 참고할 수 있는 문서 자료는 약간 있거나 거의 없다. 수 체계와 기하적 사고에 대한 구술 역사가 하나의 대안이 될 것이다. 다른 어떤 자원이 활용될 수 있을까? 어떤 방법론이 활용될 수 있을까?

우리는 전통적인 물질 문화에서 기하적 사고의 숨겨진 순간을 찾을 수 있는 보완적인 방법론을 개발했다. 다음과 같이 특징지을 수 있다. 바구니, 매트, 항아리, 집, 어망 등과 같은 전통 물건에서 기하적 형태와 규칙성을 살펴보고 다음 질문을 설정하였다. 이 생산품은 왜 이 형태를 갖게 되었는가? 이 질문에 답하고자 우리는 일상적인 생산 기술을 배우고 그 형태를 다양하게 바꾸려고 시도하였다. 물건의 형태는 거의 임의적이지 않고 일반적으로 많은 실용적 장점이 있었고, 대부분 유일하게 가능한 해이거나 최적의 해라는 것이 밝혀졌다. 전통 물건은 축적된 경험과 지혜를 반영하고 있다. 사용하는 재료에 관한 생물학적 지식과 물리적 지식뿐만 아니라 수학 지식, 즉 원, 각, 직사각형, 정사각형, 정오각형, 육각형, 원뿔, 사각뿔, 원기둥 등의 특성과 관계에 관한 지식을 구성한다.

이 방법론을 적용하면서 무척 많은 '숨겨진hidden' 또는 '냉동된frozen' 수학을 발견했다.[25] 알려진 생산 기술을 모방하는 장인을 보면 일반적으로 어떤 수학을 행하고 있다. 그러나 그 기술을 개발했던 장인은 많은 수학을 행하고 발명하며 수학적으로 사고하였다. 학생에게 그 생산 기술을 재발명하도록 자극하였을 때 수학을 행하고 배우도록 격려할 수 있을 것이다. 여기에서 교사 자신이 숨겨진 수학을 의식하고, 숨겨진 수학을 재발견하고 탐구하는 것에 대한 문화적, 교육적, 과학적 가치를 확신하며, 이 '냉동된 수학frozen mathematics'을 '해동하기unfreesing'의 잠재력을 인식해야만 학생들이 자극받을 수 있다. 이제 우리는 예비 수학교사에게 필수적인 '문화적 의식화cultural conscientialization'에 관한 우리의 경험 몇 가지를 제시할 것이다.

예비 수학교사의 '문화적 의식화' 사례

교사교육에서 유클리드 기하에 관한 대안적 공리 구성 연구

유클리드 기하에 관하여 많은 대안적 공리 구성이 고안되어 왔다. Alexandrov의 구성에서[26] 유클리드의 유명한 다섯 번째 공준이 '직사각형 공리rectangle, axiom'로 대체되었다.

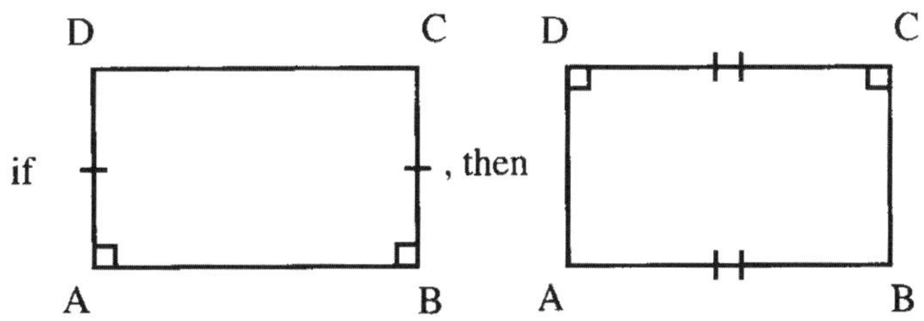

만약 AD=BC이고 각 A와 각 B가 직각이면, AB=DC이고 각 C와 각 D도 직각이다. 기하학 입문 과정 수업에서 (대부분 농부의 아들이거나 딸인) 예비 수학교사에게 도전적인 질문을 제시했다. "모잠비크 농부는 일상에서 어떤 '직사각형 공리'를 사용합니까?"

학생들의 첫 반응은 "글쎄요. 그들은 기하학에 관해 아무것도 모릅니다"와 같은 의미로 다소 회의적이었다. "농부들이 일상에서 직사각형을 사용합니까?", "그들이 직사각형을 만듭니까?"와 같이 반문이 이어졌다. 전국 각지에서 온 예비교사들에게 자신의 부모가 집의 직사각형 기반을 어떻게 만드는지 동료들에게 설명하라고 질문하였다. 기본적으로 두 가지 구성 기법은 공통적이었다.

(a) 첫 번째 경우, 길이가 같은 긴 대나무 막대 두 개를 바닥에 놓는 것으로 시작한다.

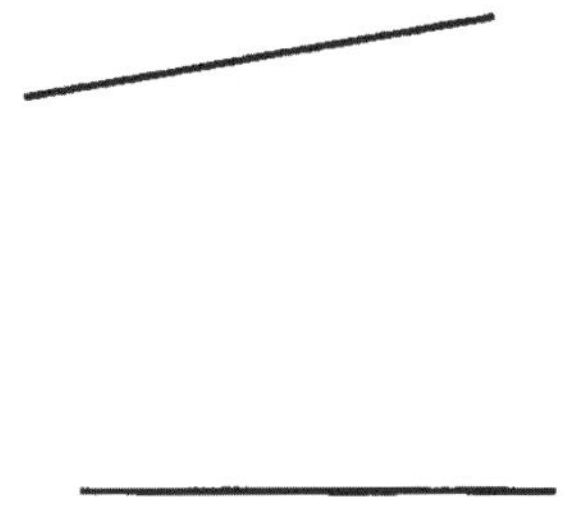

우선 처음의 막대 두 개를 길이가 같은 다른 막대 두 개와 결합하고, 이때 다른 막대 두 개는 보통 처음의 막대보다 짧다.

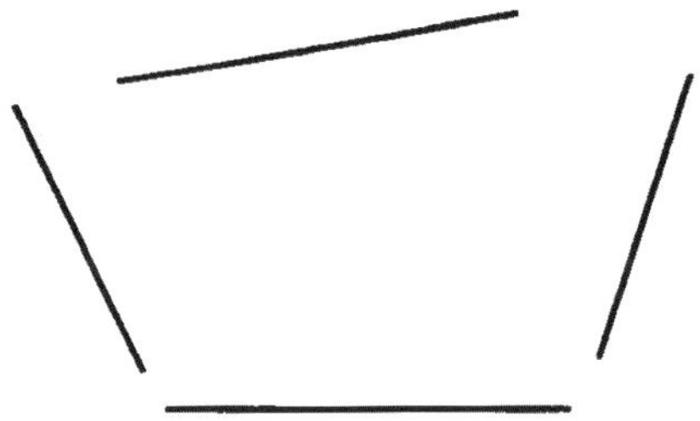

이제 막대를 이동하여 닫힌 사각형을 만든다.

대각선의 길이를 밧줄로 측정하여 같게 될 때까지 모양을 조정한다. 이제 막대가 바닥에 놓인 곳에 선을 그리고 집짓기를 시작할 수 있다.

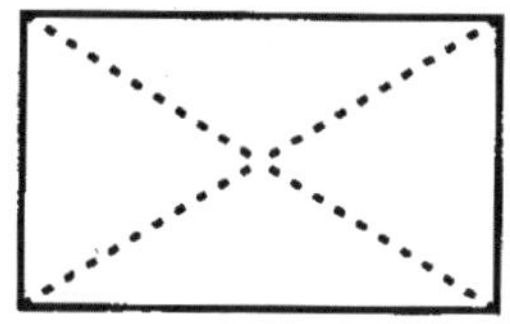

(b) 두 번째 경우, 길이가 같은 두 개의 밧줄을 그 중점에 묶어서 시작한다.

만들어 갈 집의 폭과 길이가 같게 대나무 막대 한 개를 바닥에 놓고, 그 양쪽 끝점에 핀을 땅에 박는다. 각 밧줄의 끝점에 핀을 묶는다.

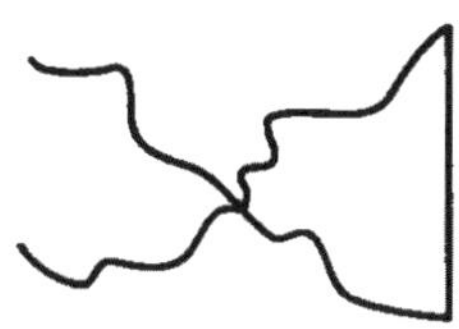

밧줄을 잡아당기고 그 밧줄의 나머지 두 끝점의 새로운 핀을 땅에 박는다. 네 개의 핀은 만들어 갈 집의 네 꼭짓점을 결정한다.

"이 건축 기법에 내포된 기하적 지식을 공리의 형식으로 공식화하는 것은 가능한가?", "어떤 '직사각형 공리'를 제안하는가?" 이제 학생들은 다음 '직사각형 공리'의 두 가지 대안에 도달한다.

(a)

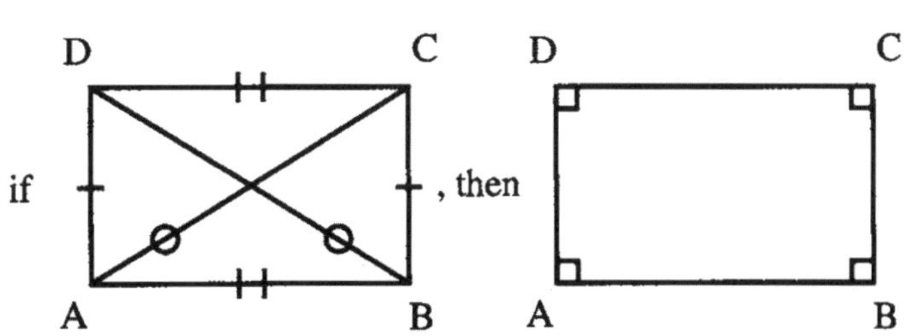

만약 $AB = DC$, $AD = BC$, $AC = BD$이면, 각 A, B, C, D는 직각이다. 즉, 대각선의 길이가 같은 평행사변형은 직사각형이다.

(b)

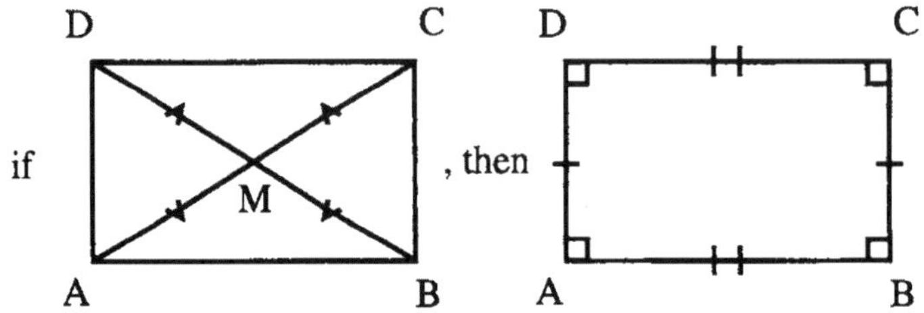

만약 M = AC ∩ BD, AM = BM = CM = DM이면, 각 A, B, C, D는 직각이고, AD = BC, AB = DC이다. 즉, 대각선의 반의 길이가 모두 같은 사각형은 직사각형이다. "사실상 우리 농부들이 기하학에 관해 무언가를 알고 있습니다"라고 한 학생이 말한다. 다른 학생은 다소 의심스러운 듯이 말한다. "그러나 이 공리들이 정리입니다. 그렇지 않습니까?" 이 수업은 대안적 공리 구성의 첫 단계에서 경험 사이의 관계, 가능한 공리의 선택, 공리와 정리 사이의 관계에 관하여 더욱더 깊은 이해를 이끌어낸다. 예비교사들이 문화적 맥락에서 가장 적절해 보이는 기하 교수법에 관하여 그들의 연구후반부에서 논의할 수 있게 준비해 준다. 이것은 문화·수학적 자부심에 기여한다.

정다각형에 관한 대안적 구성

모잠비크 북부 지방에 사는 장인들은 다음의 방식으로 깔때기를 만든다. 정사각형 매트 ABCD를 만드는 데에서 시작하지만 이때 이것으로 끝이 아니다. 하나의 방향에 있는 (그림에서 수평으로 된) 가닥을 가지고 가운데까지 만들어간다.

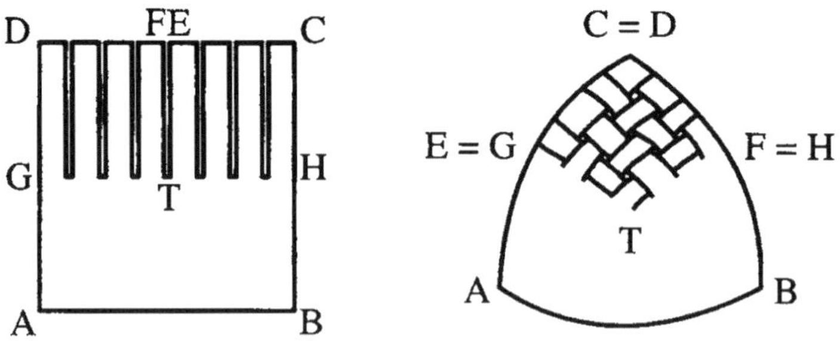

그다음 더 많은 수평 방향의 가닥을 엮지 않고, 오른쪽(C와 E 사이)에 있는 수직의 가

닥을 왼쪽(F와 D 사이)에 있는 것과 섞어서 엮는다. 이 방법으로 매트는 팽팽하게 되지 않고 '바구니'로 변형된다. 중심 T는 아래로 내려가면서 깔때기의 꼭짓점이 된다. 안정적인 테두리를 만들기 위해 가장자리 AB, BC, AC는 가지가 거의 없게 수정된다. 최종적으로 깔때기는 삼각뿔의 형태가 된다. 지금까지 전통 생산 기법에 관한 것이었다.[27]

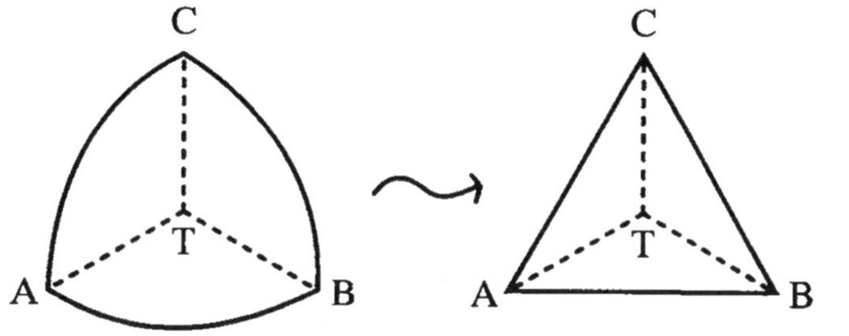

학생들에게 다음 질문을 제시했다. "이 생산 기법에서 우리는 무엇을 배울 수 있습니까?", "정사각형 ABCD는 정삼각형의 밑면 ABC를 가진 삼각뿔 ABC.T로 변환되었습니다. 이것은 어쩌면 정삼각형을 만드는 방법일까요?" …… 몇몇 학생이 회의적으로 반응했다. "그렇게 하는 것은 매우 서툰 방법입니다" 다음과 같은 반박이 이어졌다. "성급한 결론은 피합시다. 장인들의 목적은 무엇입니까? 우리의 목적은 무엇입니까? 만약 우리가 단지 정삼각형을 구성하려고 한다면 장인의 방법을 단순화할 수 있습니까? 정사각형의 판지로 이 정삼각형을 어떻게 만들 수 있습니까?" 이 질문에 대한 답은 아래의 그림에 있다.

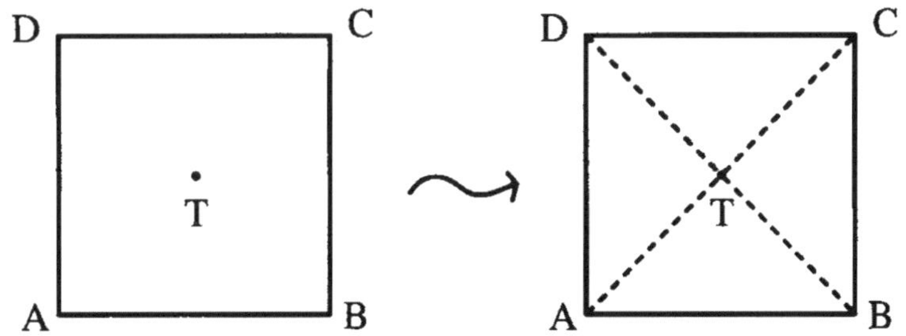

대각선 접기

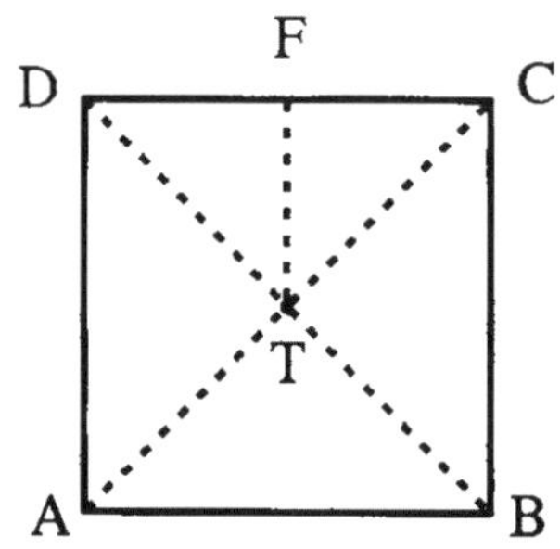

FT를 접기

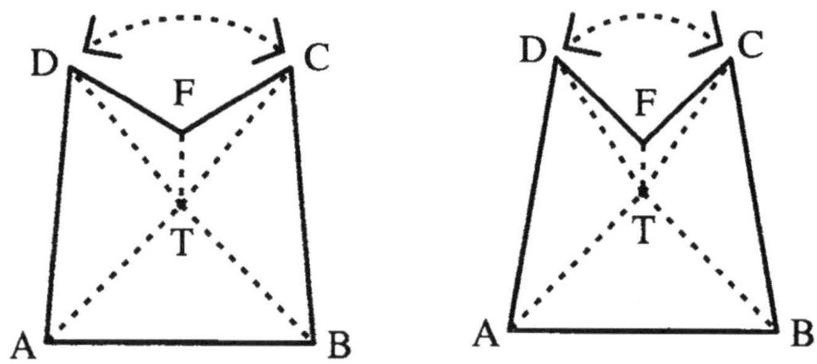

C와 D가 겹칠 때까지 삼각형 DFT와 삼각형 CFT를 붙이기
F는 위로 올라가고, T는 아래로 내려간다.

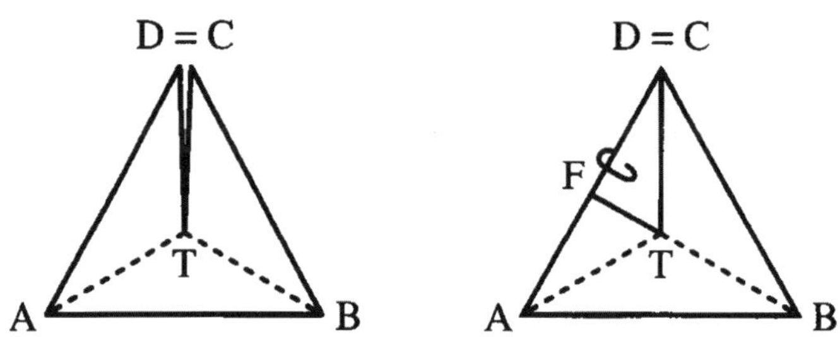

'두 겹의 삼각형' DFT를 클립으로 면 ATC에 고정하기

"이 방법은 일반화할 수 있습니까?", "정팔각형에서 시작하여 정칠각뿔을 어떻게 만들 수 있습니까?", "정팔각형을 어떻게 접을 수 있습니까?"

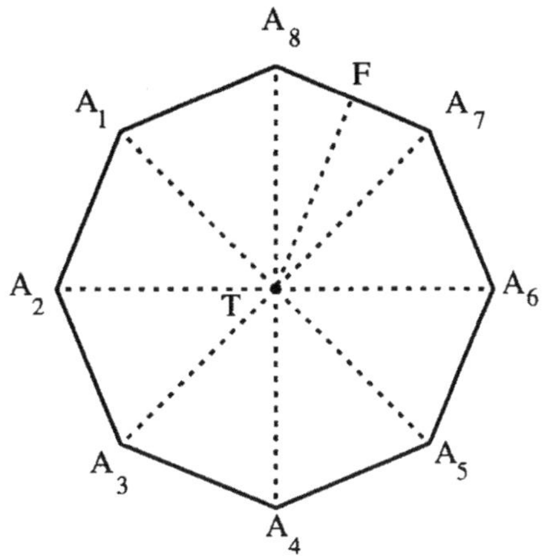

대각선과 FT 접기

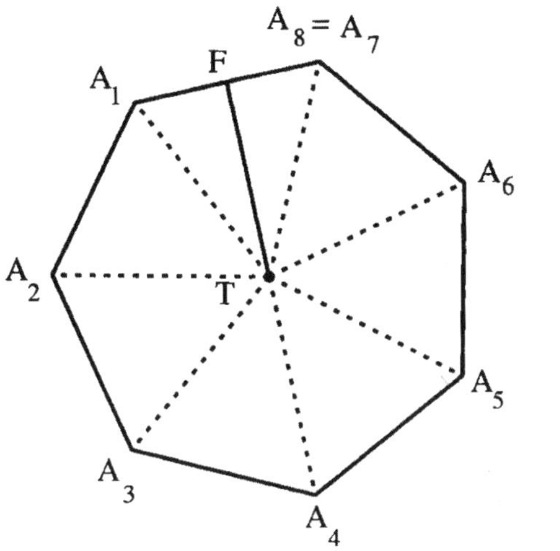

F는 위로 올라가고, T는 아래로 내려간다. A_7과 A_8은 겹칠 때까지 접근시킨다.

"정칠각뿔을 정육각뿔로 어떻게 변환할 수 있습니까?" 2^n각형을 쉽게 접고 (정사각형에서 시작할 때 중심 대각선을 겹쳐서) '깔때기 방법'이 적용될 때마다 각각 정다각형의 (또는 각뿔에서 밑면 정다각형의) 변의 수가 1씩 줄어들면서 모든 정다각형은 이 방식으로 구성된다고 할 수 있다.[28] 이 결론에 도달하면 다시 되돌아가서 다음 질문을 할 수 있다. "우리는 깔때기를 만드는 장인들로부터 무엇을 배웠습니까?", "자와 컴퍼스만을 이용하여 정칠각형을 작도하는 것은 가능합니까?", "왜 가능하지 않습니까?", "우리의 방법으로는 가능합니까?"

"자와 컴퍼스만을 이용하는 표준화된 유클리드 방법과 관련된 일반적인 방법은 어떤 장점이 있습니까?", "그 방법의 단점은 무엇입니까?", "우리 초등학교에서 어떤 방법을 더 선호해야 합니까?", "그 이유는 무엇입니까?"

엮어서 만든 단추에서 '피타고라스 정리'까지[29]

정사각형 모양으로 엮은 단추 둘레에 밧줄lasso을 약간 당기면 바구니의 윗부분을 고정할 수 있다. 이 방법은 모잠비크의 남부에서 흔히 볼 수 있다. 두 개의 끈으로 엮어서 만든 정사각형 단추는 놀라운 기하적이고 물리적인 이해를 담고 있다. 이 오래된 기법에 관한 관심은 명확하게 함으로써 이미 다시 살아나고 있다. 그러나 이제 다음에서 더 많은 것을 만들 수 있다.

위에서 말한 엮어서 만든 정사각형 단추를 살펴보면 규칙성 (a)나 규칙성 (b)를 찾을 수 있다. 규칙성 (b)는 약간 굽은 선을 수정하고 숨겨진 선을 보이게 한 것이다.

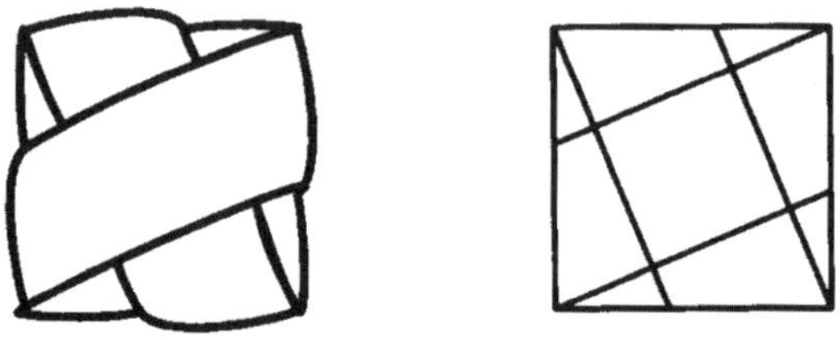

(a) (b)

그 가운데에 두 번째 정사각형이 있다. 엮어서 만든 정사각형 단추들을 서로 연결한다면 어떤 다른 정사각형을 관찰할 수 있는가? (위 그림의) 정사각형 단추와 넓이가 같은 다른 도형을 찾을 수 있는가?

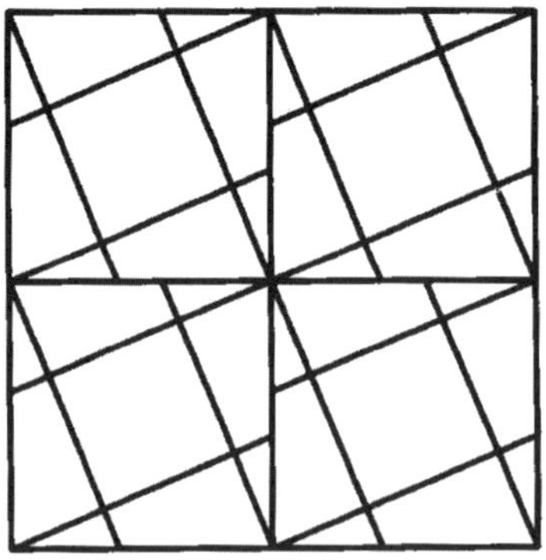

물론 그 도형을 찾을 수 있다. 만약 원한다면 몇몇 선분을 연장하거나 몇몇 선분은 지울 수도 있을 것이다.

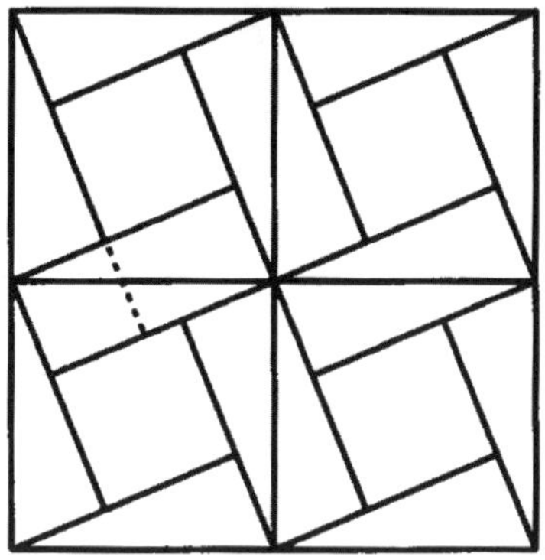

당신은 무엇을 관찰하고 있는가? 넓이가 같다는 것인가?

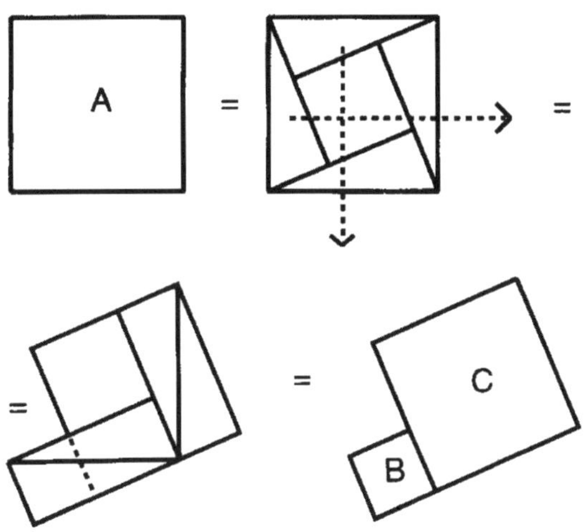

따라서 A=B+C.

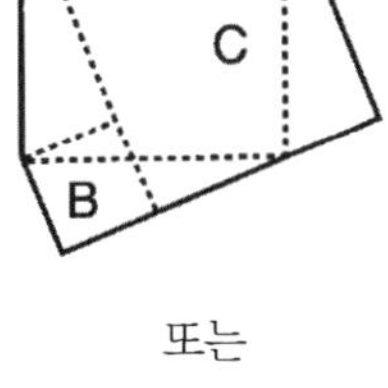

또는

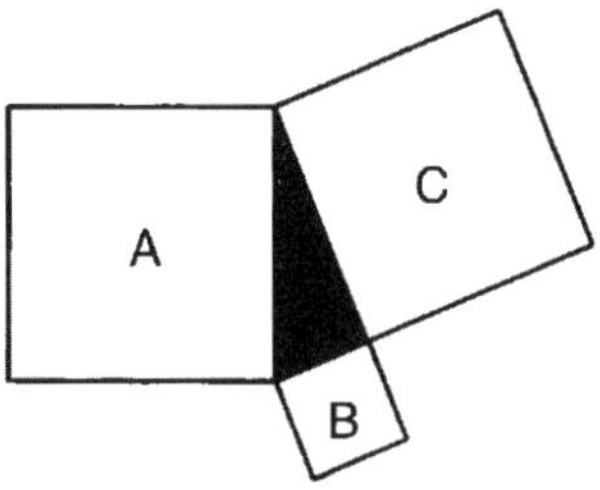

이제 '피타고라스의 정리'라고 불리는 것에 도달한다.

교사와 학생은 스스로 이 중요한 정리를 재발견하고 이를 증명하는 데 성공한다. 그들 중 한 명이 다음과 같이 말한다. "피타고라스가 (또는 그 이전의 다른 누군가가) 이 정리를 발견하지 못했다면 우리가 그 정리를 발견했을 거예요" …… 바로 이것이다. 엮어서 만든 정사각형 단추에서 "문화적으로 냉동된" 기하적 사고를 명백하게 드러낼 뿐만 아니라, 이를 탐구하고 그 잠재력을 최대한 드러냄으로써 앞서 언급했던 필수적인 문화·수학적 자부심을 개발하도록 자극한다. "피타고라스가 발견하지 못했다면 우리가 그것을 발견했을 거예요" 논쟁이 시작된다. "우리 조상들은 '피타고라스의 정리'를 발견할 수 있었을까요?", "발견했을까요?", …… "우리는 왜 알지 못합니까?", …… "노예, 식민주의, ……", '냉동된 수학적 사고를 해동함'으로써, 수학교육의 역사적 정치적 차원에서 식민지화의 영향을 성찰하게 한다.

전통 어망에서 대안적 삼각함수, 축구공, (준)정다면체의 생성까지

모잠비크의 농부들은 가벼운 운반 바구니 '리텡가Litenga'를 엮고 어부들은 어망 '레마Lema'를 엮는다. 이것들은 모두 정육각형 구멍을 규칙성으로 갖는다. 이 규칙성을 발견하는 한 가지 방식은 다음과 같다. 바구니의 테두리와 옆면을 모두 같은 재료로 만들 때 바구니의 옆면을 테두리와 어떻게 고정할 것인가? 옆면을 엮는 끈을 테두리 끈에 어떻게 감아야 할 것인가?

옆면 끈에 (가로로) 힘을 가하면 무슨 일이 생길 것인가? 테두리 끈과 옆면 끈 사이 최적의 초기 각도는 몇 도인가?

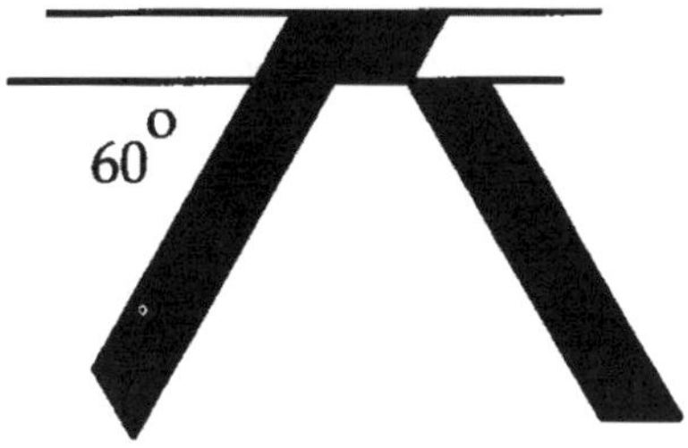

두 끈이 폭이 같은 경우에 최적의 초기 각이 60°라는 것을 발견한다. 이와 같은 방법으로 바구니 옆면 끈을 더 많이 연결함으로써 정육각형 구멍으로 된 '리텡가'의 규칙을 얻게 된다.

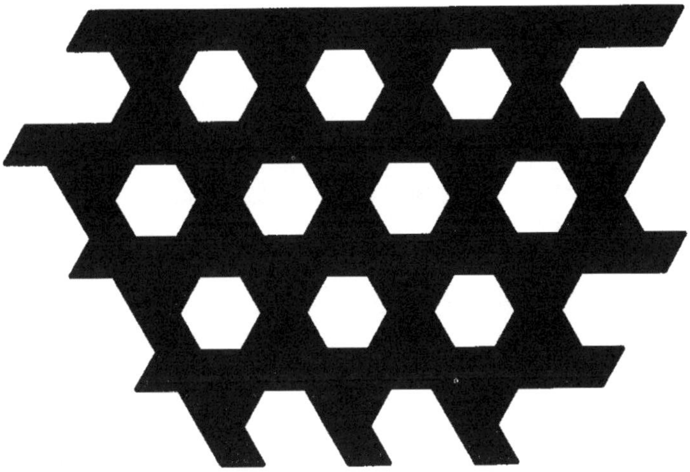

바구니와 어망이나 다른 전통 생산 기법에 숨겨진 수학적 사고를 재발견하는 과정을 통하여 예비교사가 그들의 문화적 유산의 가치를 재고하게 되었다고 스스로 느낀다. 사실상 기하적 사고는 그들의 문화와 이질적이지 않았고 지금도 이질적이지 않다. 그러나 그 이상의 것이 있다. 이러한 '문화적으로 냉동된 수학을 해동하기'는 다른 흥미로운 수학을 행하고 정교화하는 데에 여러 가지 측면에서 영감의 출발점과 자원이 된다. 엮어서 만든 정육각형 규칙의 구체적인 사례에서 다음의 기하적인 아이디어를 개발할 수 있다.

A. 바닥 깔기의 규칙과 추측의 공식화

학생들은 바닥 깔기의 규칙에서 정육각형이나 그 밖의 도형을 발견할 수 있다.

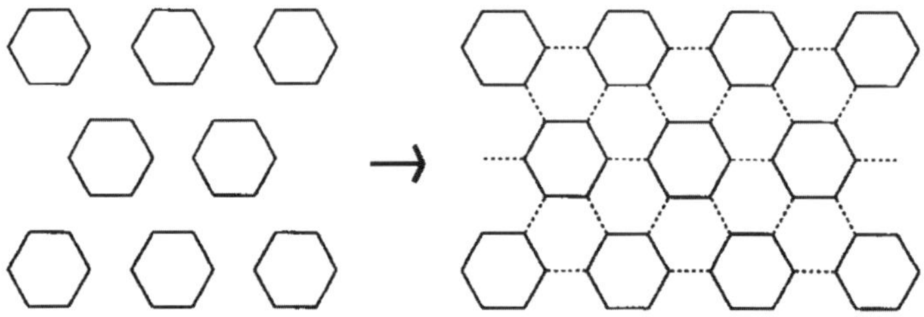

육각형

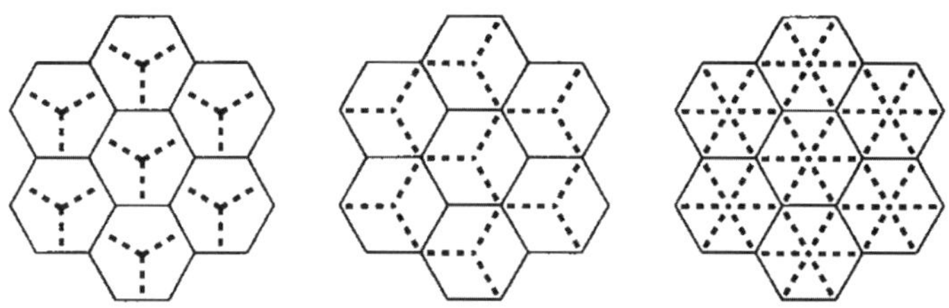

오각형 마름모 삼각형

정삼각형을 찾을 수 있다면 다른 많은 다각형을 만들 수 있다. 이 그림을 살펴보면서 일반적인 추측을 공식화할 수 있다. 예를 들면 다음과 같다.

* n각형의 내각의 크기의 합은 $3(n-2)60°$이다.

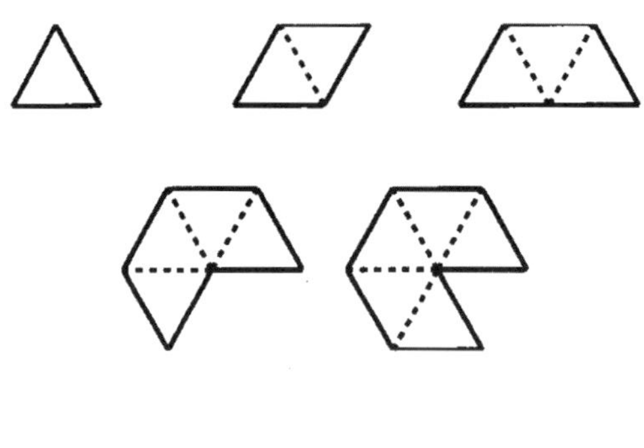

* 닮은 도형의 넓이는 자신의 변의 길이의 제곱에 비례한다.

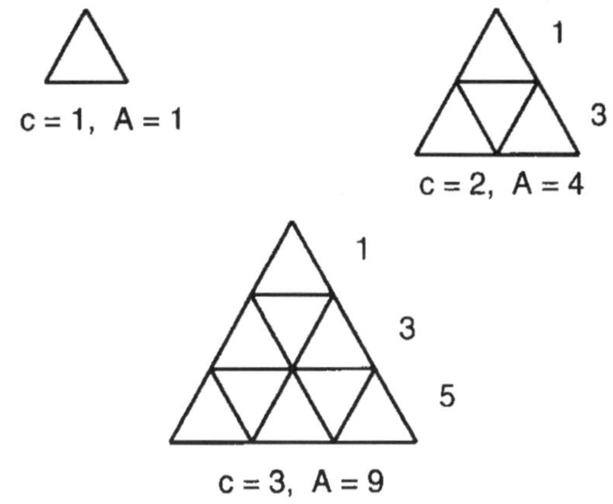

변 = 1, 넓이 = 1 = 1^2　　　변 = 2, 넓이 = 4 = 2^2　　　변 = 3, 넓이 = 9 = 3^2

* 1부터 n번째 홀수까지의 합은 n^2이다.

이 일반적인 정리를 추측하면 그다음은 정당화 즉 어떻게 이를 증명하느냐의 문제가 제기된다.

B. 삼각함수

'리텡가'를 엮는 것으로 다시 돌아가 보자. '가로' 끈과 '세로' 끈이 서로 폭이 다르다면, 예를 들어 1(측정단위)과 a라고 한다면 무슨 일이 일어나는가?

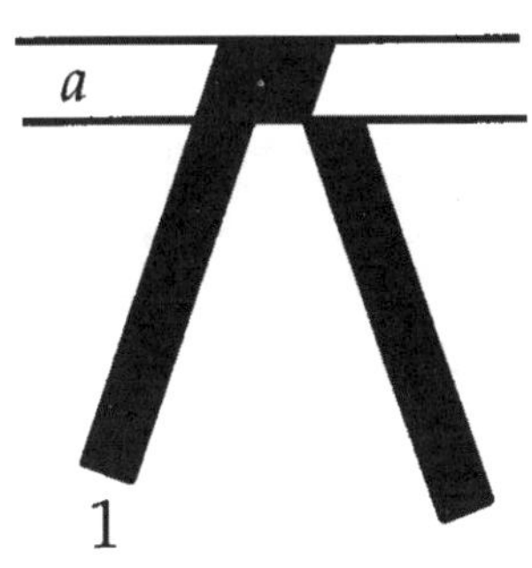

준-정육각형semi-regular hexagonal의 규칙을 발견할 수 있다. 최적의 각 α는 길이 a에 어떻게 의존하는가?

$$\alpha = \text{hex}(a)$$

각 α는 어떻게 변하는가? 각 α와 길이 a는 모두 측정할 수 있다. 다음과 같이 나타낼 수 있다.

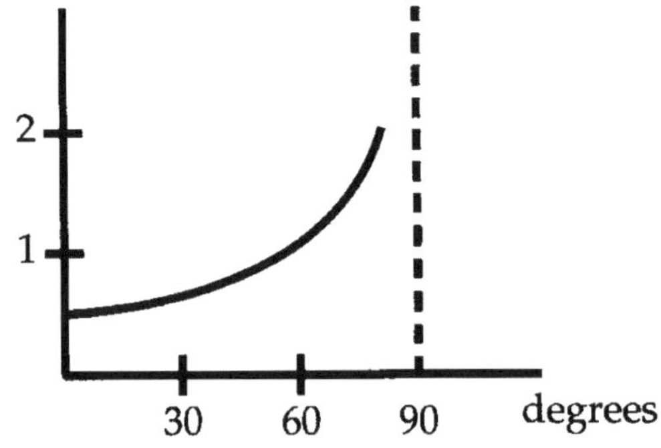

여기에서 우리는 문화적으로 통합한 방식으로 삼각함수를 도입한다. '정규' 삼각함수를 공부한 이후에 이 관계가 쉽게 나타난다. 예를 들면 다음과 같다.

$$a = \text{hex}^{-1}(\alpha) = \frac{1}{2\cos\alpha}$$

C. 축구공과 다면체

어망 '레마'의 면과 모서리는 정육각형의 구멍 규칙을 보여준다. 꼭짓점에서 그 상황이 달라진다. 장인은 어망을 만들 때 그 꼭짓점에서 면을 '구부리기', 예를 들어, 꼭짓점 A, B, C에서 끈의 수를 줄여야 한다고 발견했다. 이 점에서 육각형을 '둘러싸는' 끈이 여섯 개에서 다섯 개로 줄어져야 한다. 바로 이것이 이 꼭짓점에서 작은 오각형 구멍을 보게 되는 이유이다.

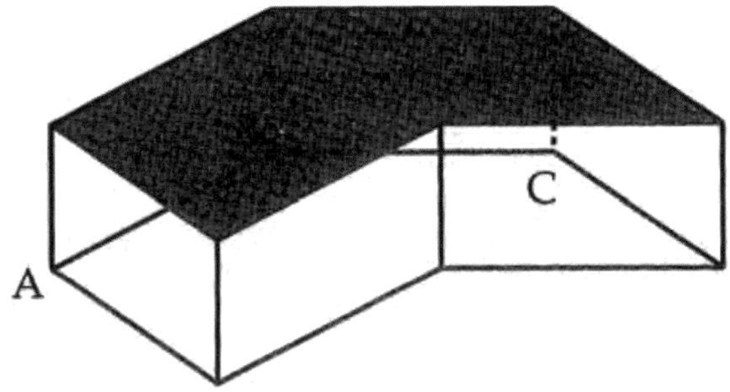

이 암묵적인 지식으로부터 무엇을 배울 수 있는가? 모든 꼭짓점에서 오각형 구멍이 나타나려면 어떤 종류의 바구니가 엮여질 것인가?

여섯 개의 끈으로 만들어진 가장 작은 '바구니'는 오각형과 육각형의 가죽끈으로 만든 잘 알려진 최신의 축구공과 유사하다는 것이 밝혀졌다.

엮어서 만든 공

축구공

이 공을 '깎는다'면 정육각형 20개와 정오각형 12개로 이루어진 절단된 정이십면체를 얻는다. 육각형 20개를 확장해가면 정이십면체가 생성된다. 반면에 오각형 12개를 확장하면 정십이면체가 만들어진다.

만약 '곡률'을 증가시키면 어떤 종류의 '바구니'가 만들어질 것인가? 오각형으로 엮인 '꼭짓점' 대신에 정사각형 구멍의 꼭짓점이 만들어진다. 가능한 가장 작은 '공'을 깎아간다면 정사각형 6개와 정육각형 8개로 이루어진 절단된 팔면체를 얻게 된다. 여기에서 다시 면을 확장함으로써 새로운 정다면체가 만들어지고 이 경우에 정육면체와 정팔면체가 된다. '공'의 곡률을 보다 더 증가시키면 꼭짓점에 삼각형 구멍이 나타나고, 그 '공'을 '깎음'으로써 정육각형 4개와 정삼각형 4개로 이루어진 절단된 사면체를 얻게 된다. 그 육각형과 삼각형의 면을 확장한다면 정사면체가 된다.

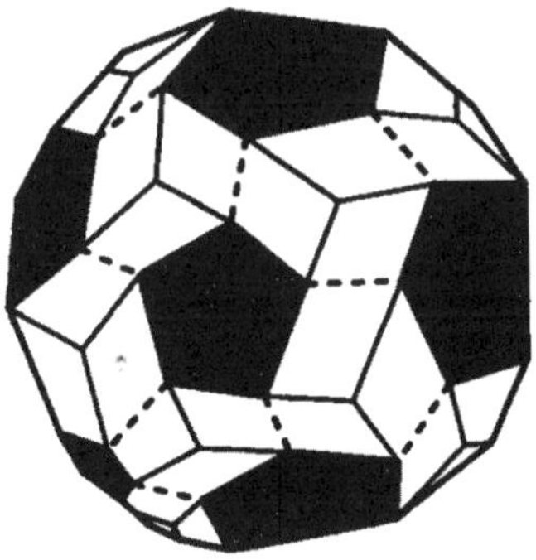

엮어서 만든 절단된 이십면체

절단된 이십면체

예비교사들에게 흥미로운 많은 질문이 제시될 수 있다. 예를 들면 다음과 같다.

* 그 밖의 준-정다면체를 '엮는' 것은 가능한가? 어떤 점에서 준-정다면체인가?

* 우리는 모든 정다면체를 생성하였는가? 그 이유는 무엇인가?
* 만약 바구니의 꼭짓점에서 재료를 줄여가지 않고 대신에 늘려간다면 어떤 일이 일어날 것인가?

결론

문화·수학적 재검토는 '수학적 미개성'에 대한 반대나 인종적이고 신-식민지적인 편견에 대한 투쟁의 일부분이다. 예비 수학교사의 '문화적 의식화'는 우리가 앞서 서술한 바와 같이 필수적이라고 보인다.

과거 식민지화되었고 (그 결과로) 후진국인 곳에서 수학교육을 해방하기 위한 조건과 전략을 다른 연구들도 제안하고 있다.[30]

감사의 말

이 글을 쓸 수 있게 초대해 주신 Dr. A. J. Bishop(Cambridge)과 이 글을 교정해 주신 Dr. W. Humbane(Maputo)에게 감사드립니다.

미주

1. 예를 들면, Eshiwani(1979), Nebres(1983), El Tom(1984) 등을 참조
2. Broomes와 Kuperes(1983, p. 709)
3. El Tom, 1984, p. 3
4. D'Ambrosio(1983, p. 363)
5. Gay와 Cole(1967, p. 6)
6. Gay와 Cole(1967, p. 66)
7. Luna(1983, p. 4)

8. Carraher 외(1982)

9. D'Ambrosio(1984, p. 6). D'Ambrosio (1985b)를 참조

10. D'Ambrosio(1984, p. 6)

11. D'Ambrosio(1984, p. 8)

12. D'Ambrosio(1984, p. 7)

13. Pinxen(1983, p. 173)

14. 이 용어들은 다른 여러 저자들이 사용하였고 예를 들면 다음과 같다. D'Ambrosio: 자발적(spontaneous), Carraher, D., Carraher, T., Schliemann, A.: 자연적(natural), Posner, Ascher: 비형식적(informal), Gay and Cole: 전통의(indigenous), Mellin-Olsen: 민속(folk), Ascher and Ascher: 암묵적(implicit), Carraher, D., Carraher, T., Schlieman: 비표준화된(nonstandard), Gerdes: 잠재적(hidden), "냉동된(frozen)", D'Ambrosio: 민족(ethno-).

15. Gay와 Cole(1967, p. 94)

16. Mmari(1987, p. 313)

17. Nebres(1984, p. 4)에서 인용됨.

18. D'Ambrosio(1984, p. 10)

19. D'Ambrosio(1985a, p. 47)

20. Machel(1978, p. 401)

21. Machel(1978, p. 402)

22. Gerdes(1982, 1985a) 참조

23. D'Ambrosio(1985, p. 45)

24. Ascher와 Ascher(1981, p. 159), Gerdes(1985b, §2) 참조

25. Gerdes(1985b)에 첫 번째 결과가 요약되어 있다. Gerdes(1986a, f) 참조하시오. 바구니 공예품과 같이 매우 오래된 생산 기법에 숨겨진 기하적 사고를 표면에 드러냄으로써 고대 이집트인과 메소포타미아인이 원의 넓이를 구하는 공식[Gerdes(1985b, c, 1986d) 참조]과 절두체의 부피를 구하는 공식[Gerdes(1985b) 참조]을 어떻게 발견할 수 있는지 새로운 가설을 만드는 데에 성공했다. 이른바 피타고라스의 정리가 어떻게 발견될 수 있는지

새로운 가설을 공식화하는 것이 가능하다고 입증되었다[Gerdes(1985b, 1986c, e) 참조].

26. A. Álexandrov가 책임을 맡은 팀에서 USSR(1981)의 중등학교를 위한 실험적인 교육과정을 개발하였다.

27. Gerdes(1985b)는 이것이 드러내는 암묵적인 기하적 지식을 분석하였다.

28. 자세한 내용은 Gerdes(1986b)를 참조

29. '피타고라스의 정리'에 관하여 '문화적으로 통합된' 그 밖의 도입은 Gerdes (1986c, g)에 제시되어 있다.

30. 예를 들면 Gerdes (1985a, 1986a), D'Ambrosio (1985b), Mellin-Olsen (1986)을 참조

참고문헌

D'Ambrosio, U. (1983). Successes and failures of mathematics curricula in the past two decades: A developing society viewpoint in a holistic flame work. In: *Proceedings of the Fourth International Congress of Mathematical Education* (pp. 362-364). Boston: Birkhäuser.

______. (1984). T*he intercultural transmission of mathematical knowledge: Effects on mathematical education.* Campinas: UNICAMP.

______. (1985a). and its place in the history and pedagogy of mathematics. In *For the Learning of Mathematics*. Vol., no. 1, p. 5: 44-48.

______. (1985b). *Socio-cultural Bases for Mathematics Education*. Campinas: UNICAMP.

Ascher, M., and R. Ascher. (1981). *Code of the Quipu: A Study in Media, Mathematics, and Culture*. Ann Arbor: University of Michigan Press, Ann Arbor.

Broomes, D. and E Kuperes. (1983). Problems of defining the mathematics curriculum in rural communities. In *Proceedings of the Fourth International Congress of Mathematical Education*, Boston: 708-711.

Carraher, T., D. Carraher and A. Schliemann. (1982). Na vida, dez, na escola, zero: os contextos culturais da aprendizagem de matematica. In *Cadernos de pesquisa,*

Vol. 42: 79-86.

El Tom, M. (1984). *The role of Third World University mathematics institutions in promoting mathematics*. Adelaide, Australia.

Eshiwani, G. (1979). The goals of mathematics teaching in Africa: A need for re-examination. In *Prospects,* Vol. 9, no. 3: pp. 346-352.

Gay, J. and M. Cole. (1967) *The new mathematics and an old culture: A study of learning among the kpelle of Liberia*. New York: Holt, Rinehart and Winston.

Gerdes, P. (1982). *Mathematics for the benefit of the people*. Paramaribo: CARIMATHS.

______. (1985a). Conditions and strategies for emancipatory mathematics education in underdeveloped countries. In *For the Learning of Mathematics*, Vol. 5, no. 1: 15-20.

______. (1985b). *Zum erwachenden geometrischen Denken*. Maputo: Eduardo Mondlane University.

______. (1985c). Three alternate methods of obtaining the ancient Egyptian formula for the area of a circle. In *Historia Mathematica*, Vol. 12, 261-268.

______. (1986a). On culture, mathematics, and curriculum development in Mozambique. In *place*: Mellin-Olsen & Johnsen Hoines, 15-42.

______. (1986b). *Um método geral para construir polígonos regulares, inspirado numa técnica mocambicana de entrelaçamento*. Maputo: TLANU-booklet, no. 4.

______. (1986c). A widespread decorative motif and the Pythagorean theorem. In *For the Learning of Mathematics*, Vol.8, no.1 (1988): 35-39.

______. (1986d). *Hypothesen zur Entdeckung des alt-mesopotamischen Nãherungswertes* $\pi = 3\frac{1}{8}$ Maputo: TLANU-preprint, no. 1986-4.

______. (1986e). *Did ancient Egyptian artisans know how to find a square equal in area to two given squares?* Maputo: TLANU-preprint, no. 1986-5.

______. (1986f). How to recognize hidden geometrical thinking? A contribution to the development of anthropological mathematics. In *For the Learning of Mathematics*, Vol. 6, no. 2: 10-12, 17.

Gerdes, P and H. Meyer (1986g). Pythagoras, einmal anders. In *Alpha*, Vol. 24, no.6 (1990): 128-129

Luna, E. (1983). *Análisis curricular y contexto sociocultural*. Santiago.

Machel, S. (1970). Educate man to win the war, create a new society and develop our country. In *Mozambique, Sowing the Seeds of Revolution*, Harare: Zimbabwe Publishing House, 1981, 33-41.

Machel, S. (1978). Knowledge and science should be for the total liberation of man. In *Race and Class*. Vol. 19, no. 4: 399-404.

Mellin-Olsen, S. and M. J. Hoines (1986). *Mathematics and Culture. A Seminar Report*. Radal: Caspar Forlag.

Mmari, G. (1978). The United Republic of Tanzania: Mathematics for social transformation. In *Socialist Mathematics in Education*. F. Swetz (Ed.), Southampton: Burgundy Press.

Nebres, B. (1983). *Problems of mathematical education in and for changing societies: Problems in Southeast Asian countries*. Tokyo.

Nebres, B. (1984). *The problem of universal mathematics education in developing countries*. Adelaide, Australia.

Pinxten, P, I. van Dooren and E Harvey. (1983). *The anthropology of space: Explorations into the natural philosophy and semantics of the Navajo*. Philadelphia: University of Pennsylvania Press.

제 5 부

교육과정에서 민족수학적 실천

ETHNOMATHEMATICAL PRAXIS IN THE CURRICULUM

ETHNOMATHEMATICS

제 5 부

교육과정에서 민족수학적 실천

아서 윌리엄 바덴 파웰(Arthur B. Powell)과
마릴린 프랑켄슈타인(Marilyn Frankenstein)

민족수학의 교육과정 실천praxis은 교육과정을 설계하기 위하여 한 문화권 내의 사람들과 함께 그 문화의 민족수학을 조사하고, 다른 문화의 민족수학을 탐구함으로써 발전될 수 있다. 이를 통해 사람들의 수학적 지식을 향상시킬 수 있을 것이다.

학생들이 자신의 민족수학이나 수학 및 문제해결 방법을 성찰하고, 교실 토론이나 쓰기 및 학생과 교사간의 면담을 통해 성찰한 것을 제시하고 교류할 때, 교수자들은 학생들이 이해한 수학적 구조를 개발하고 확장할 수 있는 중요한 출발점을 얻을 수 있다. 파세fasheh(1982/이 책의 제13장)는 수학 교사와 학습자의 경험과 문화의 중요성을 다음과 같이 강조하고 있다. "수학이 절대적이고 추상적이며 보편적이라고 주장하면서, 문화적 맥락 없이 수학을 가르치는 것이야말로 수학에서 대다수의 학생들이 멀어지고 실패하는 주요 이유라고 나는 믿는다(8쪽)". 국제민족수학연구회 회장인 Gilmer는 학생들이 "그 학문의 산출물에서 [그들의] 힘과 주도권을 느낄 때(1990, 4쪽)" 수학의 가치를 인식한다고 주장한다. 더 나아가 학생들은 그들의 수학적 지식을 깊이 있게 생각하고 재인식하는 동안 그들이 전통적인 평가에서 나타냈던 것보다 더 많은 수학을 알고 있다는 사실을 발견하고 더 잘 배울 수 있다는 자신감을 획득한다. 민족수학이 학생들 자신을 위해 그들이 가지고 있는 존중과 확신을 증가시킬 수 있는 것처럼, 민족수학은 또한 학생들이 문제를 보다 효과적으로 해결하도록 도울 수 있다. 보르바Borba(1990/이 책의 제12장)는 교과서에 제시된 인위적인 유형의 문제와 반대되는 실제 문제real problem를 "삶의 과정에서 교착 상태에 빠지고 그 사람의 존재에 중요한 영향을 미치는 상황(40쪽)"으로 정의한다. 그는 사람 집단의 민족수학이 그들의 문화에 뿌리를 두기 때문에 실제 문제를 해결하는 데 더 효과적이라고 주장한다. 더욱이 담브로시오D'Ambrosio(1987)는 다음과 같은 의견을 제시하고 있다.

> 한 사람의 창의성은 그 자신이 속한 민족수학의 영역 안에서 그 자체로 분명하게 나타난다. 진정한 수학적, 과학적 창의성의 원천은 형식화된 수학과 과학에 있는 것이 아니라, 창의적 과정 자체로 주어지는, 만들어져 가고 있는 수학과 과학에 있다.

덧붙여서 Winter(1991)는 "만들어 가는" 수학을 무시하고 너무 일찍 형식화를 강요하는 것이 아이들이 겪는 수학 "불안"의 원인이라고 주장한다. 그는 많은 사람이 수학을 배울 때 경험하는 어려움은 수학 자체의 추상화에 의한 것이 아니라, 형식화된 수학 교과서의 설명과 같은 "문화적 형태로서 수학 문제(82쪽)"에 있다고 느낀다. 그는 "경험과 분석적 사고 사이의 관계는 사실에서 개념으로, 구체에서 추상으로, 단순함에서 복잡함으로 진행하는 것으로 생각될 수도 있다(82쪽)"는 당연하게 여겨지는 교육과정 논리에 도전하는 아이들과의 활동 예시를 제시하였다. 그의 예시는 5살 아이들이 교과에 대한 형식적인 수업이 없이도 수 세기와 같이 더 낮은 수준의 기능을 완전히 익히기 전에 다양한 비율의 확률적 의미와 같은 "추상적인" 수학 개념을 이해할 수 있다는 것을 보여준다. 그래서 우리 학생들의 지식으로부터 교육과정이 출발하고 그들의 이해 방법을 존중할 때, 우리는 가르칠 수학을 훨씬 더 창의적으로 선택할 수 있다.

교사들은 학생들의 민족수학에 대한 학습에서 학생들이 가지고 있는 수학적 아이디어의 유형에 대한 존경과 이해를 얻게 된다. 그렇지만 교육과정이 그러한 생각으로만 구성되어야 한다고 제안하지는 않는다. 프레이리Freire가 주장하듯이, 대화식 교육은 교사들이 단지 지배를 피하기 위해 "수동적이고 우연한 존재"가 되는 것을 의미하지 않는다. 프레이리(1981)는 다음과 같이 지적한다.

> 조작의 반대는 실체가 없는 중립도 자발성도 아니다. 지시적인 것의 반대는 비지시적인 것이 아니며, 실체가 없는 것이다. 조작과 자발성의 반대는 주체가 되는 앎의 행위에서 학습자의 비판적이고 민주적인 참여이다(28쪽).

교사들은 주제를 찾기 위해 학생의 말을 듣고, 학생들의 이전의 인식에 도전하고 확장시키기 위해 관련된 문제를 제시한다. 또한 교사들은 그들이 생각하기에 중요하다고 생각되는 새로운 주제를 제시할 수 있고, 권위적이지 않고서도 학습 환경을 제약하고 통제할 수 있는 강한 영향력을 보일 수 있다.

학생들의 수학에 대해 배울 때, 특정 언어의 의미론적이고 구문론적 구조가 어떻게 수학 학습을 촉진할 수 있는지 탐구하는 것은 교사들에게 또한 중요하다. 예를 들어, Miura(1987)는 중국어, 일본어, 한국어의 특징이 산술에서 특정 개념과 어떻게 어울리는지를 논의하였다. 다른 한편으로, 한 환경에서 다른 환경으로 독특하면서도 동 떨어진 문화적이고 언어적인 관습의 무비판적인 수용이나 무분별한 강요에 의해 존중이 거부될 때, 학생들은 수학을 배우는 데 어려움을 겪을 수 있다. 예를 들어, 중국에서 중학교 3학년 졸업생조차 7,612,439와 같은 수에서 백만 자리의 '7'과 나머지 숫자를 어떻게 읽는가를 알기 전에 각 자리의 자릿값을 오른쪽 자리에서 왼쪽 자리로 가리키면서 이름을 명명하지 않는다면 큰 자리의 숫자를 읽는 데 어려움을 겪는다. 이 문제에 대한 조사를 통하여 Powell(1986)은 수업에서 중국어로 수를 명명하는 언어적 규칙성에 주의를 거의 기울이지 않는다는 것을 발견했다. 게다가 Powell은 이 상황이 많은 자리 숫자에서 자릿수를 제한하지 않는 외국 관습의 수용과 부담이 혼합되어 있기 때문임을 발견했는데, 이것은 중국 명수법의 언어적 구조와는 차이가 있기 때문이다. 세 자리마다 경계 기호로 쉼표, 간격 또는 점을 놓는 서양의 로마어나 독일어와 같지 않게, 한자 명수법의 언어적 구조가 네 자리씩 읽는 만진법에 기초하고 있다. Powell은 근본적으로 4자리보다 긴 숫자를 읽는 데 중국 학생들이 가지는 문제는 "개발도상국보다 발달한 소위 선진국의 과학 규범에 대한 문화적, 정치적 지배의 결과를 가리킨다(20쪽)"라는 것을 제안했다.

중국 학생들이 수학을 배우면서 경험하는 이러한 특별한 어려움은 언어와 수학의 상호작용에서 발생하는 일반적인 문제의 일부이다. 교육과정이 개발된 환경과 동떨어진 문화적이고 언어적인 환경에서 사용하기 위해 교육과정을 채택할 때 수학 학습 어려움의 본질과 원인은 분명해진다는 연구가 있다(예: Philp, 1973; Berry, 1985; Orr, 1987). Berry(1985)는 보츠와에서 제2외국어의 수학 학습의 문제에 대한 분석에서 두 가지 범주로 구성된 언어와 관련된 학습 문제의 유형에 대한 일반 이론을 제안한다. 여기서 흥미로운 것은 Berry의 두 번째 범주인데, 그것은 "학생에게 자연스러운 인지 구조와 그의 모국어와 문화, 교사(또는 교육과정이나 교수전략의 설계자)가 가정한 것 사이의 '거리$_{\text{distance}}$'에서 비롯된다(20쪽)"라는 것이다. Berry가 "거리"라는 용어로 정의한 의미론적이고 문화적인 차이의 개념을 덧붙여, Powell의 예는 우리가 구문론적 차이의 개념도 포함하고 있음을 제안한다.

의미론적, 구문론적, 문화적 차이가 문화적 또는 언어적 집단의 영향력을 빼앗기 위해 어떻게 사용될 수 있는지에 대한 예는 Twice as Less: Black English and the Performance of Black Students in Mathematics and Science(Orr, 1987)에서 찾을 수 있다. Orr는 도심에 있는 워싱턴 DC의 백인 중산층 사립 고등학교에서 가르쳤는데, 이 학교는 여러 해 동안 아프리카계 미국인인 학생들을 시범 과정으로 입학을 허가하였다. 이 학생들이 수학과 과학에서 성적이 좋지 않았기 때문에 그녀는 왜 그런지 의문이 들었고, 학교 수업과 가정에서 이루어지는 활동의 언어적 특징에 초점을 맞추었다. 그녀와 그녀의 동료들은 아프리카계 미국인 "학생들이 한 종류의 기능어인 전치사를 다른 학생들과 다른 방식으로 사용하고 있었고, 그들이 잘못 사용하는 것은 심지어 [그들에게] 익숙한 전치사의 잘못된 사용과도 달랐다(21쪽)"라는 "명백한 증거"를 발견했다. 즉, 흑인 영어 사투리(BEV; Black English Vernacular)로 말하는 학생들이 사용하는 표준적인 미국 영어(SAE; Standard American English)와 유사한 단어를 의미론적, 구문록적으로 사용하는 것은 힘 있는 문화에 속한 학생들이 사용하는 단어와 다르다는 것이다. Orr는 이러한 언어적 차이가 학생들의 성적이 부진한 이유이며, "BEV가 모국어인 학생들에게 언어는 수학과 과학에서 성공하는 데 장애가 될 수 있다고 결론지었다(9쪽)"[1]

이 관점은 개념적 이해와 의미론적, 구문론적 차이 사이의 연결을 왜곡한다. Labov (1972)가 그랬듯이, 언어학에서는 BEV와 SAE 모두 화자의 문화에 의해 다루어지는 개념에 대한 수준을 생성할 수 있다는 것을 증명했다. Orr의 접근법의 결과는 대상이 아닐지라도 지배적인 힘을 가진 문화와 언어(SAE)에 특권을 부여하게 된다는 것이며, 따라서 다른 문화적으로 생성된 언어(BEV)와 인지 경험에 대한 정당성을 거부한다는 것이다. 그녀의 정확하지 않은 언어적 분석 뿐만 아니라, Orr는 그녀의 학생들에 대한 사회-정치적 구조의 영향을 적절하게 규명하지 않았다. 그 상황에서 그들 스스로 이루어졌을 권력 관계의 맥락에서 학생들의 언어 관련 수학적 능력을 판단함으로써, 그녀는 학생들에게 수학을 가르칠 기회를 놓치게 되었다.

대신, 민족수학적 접근은 학생들의 잘못된 이해를 벗어나 초점을 바꿀 수 있다. 그것은 그녀의 학생들이 수학적 지식을 가지고 있다는 가정에서 출발하여 그 지식에 대해 어떻게 배우고 어떻게 강화해 가는가에 초점을 둔다.[2] Orr 접근법 대신에 교사들은 사회 수학적이고 정치적 관점에 따라 자신의 언어와 지배적인 문화의 언어를 모두 비판적으로 분석하는 데 학생들을 참여시킬 수 있다. 그렇다면 대체 코드를 무비판적으로 채택하는 것과 반대로, 학생의 언어가 검증된다. 그들의 분석을 통해 학생들은 자신과 지배적인 코드의 가치와 사용을 이해하게 되고, 각각의 수학 문제의 다양한 공식을 탐색하고, 지배적인 문화에서 언어 능력을 습득하는 데 필요한 권력 관계를 깨닫는다.[3] 그렇지만 Delpit(1988)은 "당신이 이미 권력 문화의 참여자가 아니라면, 그 문화의 규칙을 확실하게 들음으로써 권력을 더 쉽게 얻을 수 있게 만든다(282쪽)"라고 진술하고 있다. 그렇지 않으면 Orr가 하는 것처럼, 권력 문화의 피해자인 사람들을 희생시키는 것이다. 그녀는 학생들의 언어와 관련 있는 수학적인 능력을 권력 문화에 비추어 판단하였다.

민족지학 연구가 영향력 있는 교육과정을 어떻게 이끌어 낼 수 있는지에 대한 예는 Gerdes와 모잠비크의 Universidade Pedagógica의 Ethnomathematics 프로젝트 구성원의 작업에서 찾을 수 있다. 그들은 민족지학 연구로부터 "기하학적 사고의 숨겨진 순간(1988, 140쪽 제11장에 제시됨)"을 드러내는 전통적인 모잠비크 문화 자료의 다양한 측면으로 나아가는 교육과정을 개발하고 있다. 그들은 특정 모잠비크 바구니와 어망 뒤에 있는 기하학을 인식하고 연구하는 것이 "기하학적 사고는 우리 문화와 멀리 있지 않았었고 멀리 있지 않다"라는 문화유산의 가치를 재고하도록 학생들을 어떻게 자극할 수 있는가를 예시하고 있다. 마찬가지로 테셀레이션, 삼각법 및 다면체와 같은 "재미있는 수학을 행하고 정교화하기 위한 영감의 시작점이면서 자료(153-160쪽)"로서 어떻게 제공될 수 있는가를 예시하고 있다. 또 다른 예시로 그의 모잠비크 학생들은 모잠비크 남부 지역에서 바구니의 상단을 고정하기 위해 일반적으로 사용되는 직조 단추의 구조를 분석할 때 피타고라스 정리를 발견했다. 그리고 그들은 다음을 깨달았다.

> 피타고라스 또는 그 이전의 다른 사람이 이 정리를 발견하지 않았다면 우리는 피타고라스 정리를 발견했을 것이다! 정사각형 모양의 직조 버튼에서 '문화적으로 얼어붙은' 기하학적 사고를 명시적으로 일깨울 뿐만 아니라, 모든 잠재력을 드러냄으로써 문화-수학적 (자기) 자신감의 개발을 자극한다. … 이 논쟁은 시작되었다. "우리의 조상들은 '피타고라스의 정리'를 발견했을까?", "그들도 그랬을까?", … "왜 우리는 그것을 모르는가?", … "노예 제도, 식민주의 …". "얼어붙은 수학적 사고를 녹이는 것"은 수학[교육]의 역사적, 정치적 차원과 식민주의의 영향을 성찰하도록 자극한다(151-152쪽).[4]

또 다른 실천 범주는 학생들에게 다른 문화의 민족수학을 알려주기 위한 교육과정을 개발하는 것이었다. 가장 주목할 만한 것은 이러한 교육과정 실험들이 서구 사회에서 형성되었고, 때로는 서구가 아닌 사람들의 실재하지 않는 기여에 대한 신화와 유럽 중심의 견해에 맞서기 위한 시도였다는 것이다. 똑같이 많은 중요한 이유 중에서 우리는 다음 것들이 중요하다고 생각한다. 첫째, 서양인이 아닌 사람들의 수학을 고려함으로써 얻은 추가적인 예시들은 수학 개념과 정리를 설명하고 적용할 수 있는 풍부한 자료를 제공한다.

둘째, 수학의 역사와 그 지식에 대한 전 세계 사람들의 기여에 대한 더 정확한 설명을 제공한다. 셋째, 더 많은 수학의 배움을 통하여 학생들과 교사들은 풍부하고 강력한 수학적 통찰력을 얻는다. 마지막으로, 인종과 문화적으로 다양한 배경을 가진 학생들은 수학의 역사에 대한 그들의 공동체와 다른 사람들의 기여에 대한 감사함을 느끼며 문화적으로 긍정적이 된다(Frankenstein과 Powell 1989, 110쪽).

인종주의, 성차별주의, 제국주의에 의해 야기된 수학적 발달 저하에 대해 대항하는 데 있어서 문화적 확인이 핵심 요소라는 Gerdes(1985)의 의견에 우리는 동의한다. "해방되는 수학을 위해서 모든 사람과 모든 사람의 창조적 힘에 대한 자신감, 그리고 수학을 이해하고, 개발시키고, 사용하기 위하여 그들의 배려에서 자신감을 자극할 필요가 있고(17쪽)", 자신감은 문화적 확인을 통해 크게 발전한다. 그러나 우리는 또한 우리가 "실제" 수학 수업에 일종의 "민족학적으로" 5분 정도 소개하는 것처럼 간단한 방법으로 다른 사람들의 민족수학적 지식을 교육과정에 이용하는 것을 옹호하는 것이 아니라는 것을 강조한다. 그렇게 하는 것은 "그러한 문화가 개인의 삶에 결정적이고 유기적인 틀로서 역할 하는 것이 아니라, 고고학적으로 중요한 정적이고 예시적인 틀로서의 역할로 평가받는다"는 것을 암시한다(Mellin-Olsen and Holnes, 1985, 106쪽).[5] 수학은 인간 사회의 발전과 그것의 연관성을 밝히는 방법으로 연구되어야 하며, "그것이 속한 특정 사회에 대한 주어진 계산이나 측정 또는 패턴의 필요성을 보여주는 것이어야 한다(Singh, 1991, 21쪽)" 마지막으로, 제국이 파괴된 후에 억압되거나 도난당한 민족수학적인 지식을 개발하는 광범위한 역사적 맥락이 교육과정에 포함될 필요가 있음을 우리는 역시 강조한다.

1973년에 미국에서 자슬라브스키Zaslavsky의 《아프리카 수학Africa Counts》이란 책은 자유로운 예술 수학 과정에 수많은 영감을 주었다. 자슬라브스키는 그녀의 연구로부터 다양한 문화의 수학으로 관련짓는 수많은 교육과정을 창안하고 응용하였다(1985, 1991a, 1991b/이 책의 제15장, 1993, 1996에 게재됨). Ascher(1984)는 다른 문화로부터의 수학적 생각이 "신기하거나", "우리 수학 자체의 역사적으로 초기 산물의 일부"일 뿐이라는 유럽 중심적 편견에 대항하여 대학 교육과정을 개발하였다. Ascher의 교육과정은 정교한 수학적 생각들이 학문적인 수학 교과서에 표현되어 존재할 뿐만 아니라, 일상적인 문화적 활동에 포함될 수 있음을 보여준다. Anderson(1990/이 책의 제14장에 게재됨)의 교육과정은 유럽인들에 의해 독자적으로 개발한 "학문적 수학"이라고 불리는 모든 수학을 나타내는 유럽 중심주의의 또 다른 신화에 대응한다. 그는 모든 사람이 어떻게 수학적 지식에 기여했는지 보여주면서 "자연을 이해하기 위한 인류의 지속적인 투쟁이 있는 수학의 발전과 자연을 통제하고 지배하려는 자본주의의 시도(354쪽)"를 연결시킨다. Frankenstein(1991)은 학생들이 다른 사람들의 수학적 기여와 논리 체제를 이해하기 위해 민족수학적 연구를 성찰하게 함으로써, 그녀의 수업에 다른 문화의 민족수학적 연구를 통합시켰다. 그들은 그들 스스로 수학 학습을 도울 수 있는 자신감과 통찰력을 개발할 수 있도록 이러한 이해와 지식을 이용할 수 있다.

미주

1. 더욱이 그녀는 BEV의 문법과는 달리, "표준 영어[SAE]의 문법이 수학적으로 참인 것에 의해 구체화 된다(158쪽)"라는 근거 없는 주장을 제시하였다. 그녀는 민족 중심적이고 엘리트주의적인 주장을 사용하여 권력 문화의 언어가 본질적으로 우월하다고 주장한다.

2. 언어와 수학을 연결하는 민족수학적 접근은 미국 기반 프로젝트인 대수학 프로젝트 교육과정의 핵심이었는데, Robert Moses는 중학교 모든 아이가 대수학을 공부할 수 있도록 보장하기 위해 이 프로젝트를 고안하였다. Moses는 학생들이 초등학교에서 경험한 내용과 어려움을 모두 분석했다. 예를 들어, 학생들은 양(얼마나 많이?)의 의미에서 수의 산술적 의미를 이해하고 방향(어느 방식)을 이해했지만, 방향에 대한 지식과 수에 대한 지식을 연결시키지 못한다는 것을 발견했다. 이런 점과 기초대수 개념을 가르치기 위하여, 그는 5단계의 활동-아이들이 경험할 수 있는 물리적 행위인 활동, 이 행위를 그릴 수 있는 그림이나 다이어그램, 이 행위의 직관적 언어적 설명, 이 행위에 대한 좀 더 엄격한 언어적 설명, 처음에는 학생들이 발견한 기호를 통하여 마지막에는 표준화된 수학적 기호로 가는 이 행위의 기호적 표현-을 고안하였다. Moses는 대수 기호로의 이동을 촉진시키는 좀 더 구조화된 언어(BEV도 SAE도 아닌 언어)로 나아가기 전에 표현될 필요가 있는 다양한 관용적인 언어적 표현이 있을 것이라고 인식한다.

3. 알래스카 원주민에게 미국 영어의 지배적인 다양성을 가르치는 이러한 접근의 예는 Depit(1988, 293쪽)을 참조하라.

언어적 특수성으로 표현된 집단의 민족수학의 침해에 초점을 둔 이 특별한 문제 외에도, Orr의 연구에 대한 다른 비판들이 있다. 비평에 대한 더 많은 것은 O'Neil(1990)과 Baugh(1988)를 보아라.

4. 민족지학적 연구에서 특정 공동체의 수학으로 수학교육과정을 발전시킨 또 다른

흥미로운 예로 MALI의 Bamako에 있는 DNALFA_{Direction Nationale de l'Alphabetization}의 연구를 들 수 있다. 그들은 농부들과 축산업자들이 매일 숫자와 계산에 몰두함에도 불구하고, 전통적인 교육과정에서 다루는 곱셈과 나눗셈 같은 연산을 배우는 데 어려움을 겪는 이유를 조사하였다. 그들은 형식적인 성인 수업에서 가르치는 산술 과정은 학생들이 일상의 시장 경험에서 비형식적으로 이미 획득한 과정과 크게 다르다는 것을 발견했다. 간단히 말해서, “암산에 경험이 있는 학생들에게 고전적이고 외국어로 쓰인 필산을 강요하려는 시도는 그들 사이에서 가장 하기 쉬운 것조차도 혼란스럽게 했다. 그것은 그들의 열등한 친구들의 주의를 빼앗게 해서 글쓰기와 계산 기술 습득에 심각한 장애가 되었고, 젊은 성인들은 그들의 교육적 경험에 따라 그들의 역량이 증가하기는커녕 감소했다는 것을 알게 되었다(Clarke, 1989, 3쪽)”

Sierra Leone에서 Bockaire(1988)는 “Mende 문화에 존재했던 수학, 그러한 수학의 강점과 한계, 아마도 공식적인 학교 교육이 Mende에 도입되기 훨씬 전에 존재했을 수학을 조사하기 위한(1쪽)” 프로젝트를 개발했다. Bockaire는 비록 “서양” 수학과 동일한 성문화된 형태는 아니지만, “마을 수준에서, 농장에서, 강에서, 그리고 그들의 일터로 가는 길에서” 전통적인 활동에 참여하고 반성한 결과로 사람들은 수학적 이해를 발전시킨다는 것을 깨달았다. 식민주의자들에게 영감을 받은 학교 시스템의 심각한 한계를 인식한 Bockaire와 그 팀의 민족수학 연구의 목적은 문맹자와 수학을 모르는 분야의 사람들을 교육하기 위한 문화적으로 적절한 교육과정을 만드는 것이었다. 왜냐하면, “[Sierra Leone]의 공식 학교 시스템의 수학 과정이 문화 안에서 풍부한 수학적 활동의 인식이나 탐구 없이 구성되어 있기” 때문이었다.

문맹 농부들의 교육에 기여하는 것 외에도, 조사자들은 Njala University College에서 2학년 수준의 과정에서 추상대수학의 동형사상과 같은 개념을 가르치기 위하여 두 가지 목표를 추가한 Mende의 접근법을 사용하였고, 이해와 흥미 면에서 두드러진 향상이 있음을 확인하였다(63쪽).

5. 저자 중 한 명과의 최근 대화에서 Brandeis 대학의 물리학 교수인 Bob Lange는 우리가 다른 문화를 보는 특정 관점을 인식하는 것이 얼마나 중요한지를 강조하는 경험을 공유했다. 그 관점을 존중받을 때도, 그것은 정적이고 거짓일 수 있다. Zanzibar의 학생들과 교육자들에게 수학적 지식을 기반으로 컴퓨터를 이용하는 경험을 주기 위하여 Lange는 oware나 bao ki swahile 게임을 하는 컴퓨터 프로그램을 설계했다. 그는 아름다운 보드의 미학이나 매끄러우면서도 둥근 씨앗을 실제로 제거해 보는 촉감의 즐거움을 침해받고 싶지 않았기 때문에 그 프로그램을 도입하는 것에 대해 불안을 느꼈다. 그는 보드와 씨앗의 실제 존재에 대한 단순한 보조 장치 역할로서 컴퓨터를 서비스하는 방법을

계획하는 데 많은 시간을 보냈다. 여전히 그는 플레이어들이 부적절하거나 막무가내로 컴퓨터를 찾지 않을지 염려했다. 대신에, 그들이 만든 첫 번째 활동에서부터 학생들은 보드와 씨앗을 완전히 무시했다. 학생들은 고대 아프리카의 oware 게임은 주로 미학에 관한 것이 아니라, 추상적인 전략에 관한 것이라는 것을 Lange에게 알려주었다. 첨단 기술의 맥락에서 학생들은 컴퓨터가 그들의 추론 경쟁을 매력적이고 적절하게 표현한다는 것을 발견했다. Lange와 Nairobi의 'Children's Literacy in Science and Technology'를 위한 아프리카 포럼에서 Michael Savage는 이것과 함께 이러한 예상하지 못한 적절한 기술의 사용에서 발생한 또 다른 관찰에 대해 논의할 기사를 쓰고 있다.

참고문헌

Anderson, S. E. (1990). Worldmath curriculum: Fighting eurocentrism in mathematics. *Journal of Negro Education*, 59(3), 348-359.

Ascher, M. (1984). Mathematical ideas in non-western cultures. *Historia Mathematica*, 11, 76-80.

Baugh, J. (1988). Review of Twice as less: Black English and the performance of Black stdents in mathematics and science. *Harvard Educational Review*, 58(3), 395-404.

Berry, J. W. (1985). Learning mathematics in a second language: Some cross-cultural issues. *For the Learning of Mathematics*, 5(2), 18-23.

Bockaire, A. (1988). *Mathematics used and needed by Mende farmers of Moyamba and Kilahun districts in Sierra Leone*. Dakar, Sénégal: International Development Research Centre.

Borba, M. C. (1990). Ethnomathematics and education. *For the Learning of Mathematics*, 10(1), 39-43.

Clarke, H. (1989). *Project completion report: Teaching arithmetic to illiterates*, No. 3-P-80-0034. Dakar, Sénégal: International Development Research Centre.

D'Ambrosio, U. (1987). Reflections on ethnomathematics. *International Study Group on Ethnomathematics Newsletter*, 3(1), 3-5.

Delpit, L. D. (1988). The silenced dialogue: Power and pedagogy in educating other people's children. *Harvard Educational Review*, 58(3), 280-298.

Fasheh, M. (1982). Mathematics, culture, and authority. *For the Learning of Mathematics*, 3(2), 2-8.

Frankenstein, M. (1991). Breaking down the dichotomy between learning and teaching mathematics. In unpublished manuscript.

Frankenstein, M., and Powell, A. B. (1989). Empowering non-traditional college students: On social ideology and mathematics education. *Science and Nature*, 9/10, 100-112.

Freire, P. (1981). The people speak their word: Learning to read and write in São Tom é and Principe. *Harvard Educational Review*, 51, 27-30.

Gerdes, E (1985). Conditions and strategies for emancipatory mathematics education in underdeveloped countries. *For the Learning of Mathematics*, 5(1), 15-20.

______. (1988). On some possible uses of traditional Angolan sand drawing in the mathematics classroom. *Journal of the Mathematical Association of Nigeria*, 18(1), 107-125.

Gilmer, G. (1990). An ethnomathematical approach to curriculum development. *International Study Group on Ethnomathematics Newsletter*, 5(1), 4-6.

Labov,W. (1972). The logic of nonstandard English. In L. Kampf and P. Lauter (Eds.), *The politics of literature: Dissenting essays in the teaching of English* (pp. 194-244). New York: Pantheon.

Mellin-Olsen, S., and Holnes, M. J. (Ed.). (1985). *Mathematics and culture: A seminar report*. Raidal, Norway: Caspar Forlag.

Miura, I. T. (1987). Mathematics achievement as a function of language. *Journal of Educational Psychology*, 79(1), 79-82.

O'Neil, W. (1990). Dealing with bad ideas: Twice is less. *English Journal*, 79(4), 80-88.

Orr, E. W. (1987). *Twice as less: Black English and the performance of Black students in mathematics and science*. New York: W. W. Norton.

Philip, H. (1973). Mathematics education in developing countries: Some problems of teaching and learning. In A. G. Howson (Ed.), *Developments in mathematics education* (pp. 154-180). New York: Cambridge.

Powell, A. (1986). Economizing learning: The teaching of numeration in Chinese. *For the Learning of Mathematics*, 6(3), 20-23.

Singh, E. (1991). Classroom practice: Anti-racist mathematics. Unpublished manuscript.

Winter, R. (1991). "Mathophobia," Pythagoras and roller-skating. *Science and Culture*, 10, 82-102.

Zaslavsky, C. (1973). *Africa counts: Number and patterns in African culture*. Boston: Prindle, Weber & Schmidt.

______. (1985). Bringing the world into math class. *Curriculum Review*, 24(3), 62-65.

______. (1991a). Multicultural mathematics education for the middle grades. *Arithmetic Teacher*, 38(6), 8-13.

______. (1991b). World cultures in the mathematics class. *For the Learning of Mathematics*, 11(2), 32-36.

______. (1993). *Multicultural mathematics: Interdisciplinary cooperative-learning activities*. Portland, ME: Walch.

______. (1996). *The Multicultural math classroom: Bringing in the World*. Portsmouth, NH: Heinemann.

제12장

민족수학과 교육

마르셀로 C. 보르바(Marcelo C. Borba)

편집자 주: 수학교육자인 마르셀로 C. 보르바Marcelo C. Borba는 민족수학과 학문적 수학 사이의 관계에 대해 논의한다. 그는 맥락 면에서 민족수학적 방법이 학문적 수학보다 더 효율적일 것이라고 주장한다. 더 나아가, 그는 학문적 수학을 배우는 학생들을 위한 접근 방법을 제공하는 데 있어서 민족수학의 효율성을 주장한다. 이 장은 1990년에 《For the Learning of Mathematics》, 10(1), 39-43에 처음 게재되었다.

도입

본 논문에서는 인식론적 접근법으로 수학을 볼 수 있는 민족수학의 개념을 논의하고, 민족수학과 교육을 관련지어 볼 것이다. 이러한 논의를 통해 수학이 학교 교육과정에 어떻게 통합되어야 하는지에 대한 관점과 수학이 교수학적으로 어떻게 실천되어야 하는지에 대한 제안을 이끌 수 있을 것이다.

1. 민족수학의 철학적 배경

이 절에서 나는 민족수학의 아이디어를 기반으로 하는 인간에 대한 관점, 사람들이 다른 사람들이나 그들의 세계와 어떻게 관계를 맺는지에 대한 관점을 요약할 것이다. 그러고 나서 나는 "대화dialogue"와 "문제problem"라는 두 가지 특별히 중요한 아이디어에 초점을 맞출 것이다. 마지막으로 나는 민족수학의 아이디어와 인간에 대한 이러한 아이디어 사이의 관계를 정립할 것이다.

1.1 인간과 그들의 대화적 관계

인간에 대한 이 관점은 사람을 '다른 사람과 세계에 함께 있는 존재'로 보는 현상학적 접근 방식을 기반으로 한다.[1] 그녀/그가 '존재'하는 것은 그녀/그의 본질이 세계에 존재하는 일상적인 방식 안에서 분명하기 때문이다. 그녀/그는 '세계 속에' 있는데, 이는 유리잔 안에 있는 물의 의미가 아니라, 차원이 없이 공간을 채우도록 확장되는 세계와 관계에 있다는 의미이다. 이 관계는 세계와의 관계에 대한 새로운 의미를 이해함에 따라 세계로 더 확장된다. 그녀/그는 항상 무언가를 가지고 작업하고/하거나, 누군가(심지어는 자신과)와 대화하기 때문에 "다른 사람과 함께" 있는 것이다.

인간에 대한 이 현상학적 관점에서 인간은 세계와 연결되어 있을 때만 보인다. 그녀/그는 세계 없이는 보일 수 없다. 세계도 그/그녀 없이는 보일 수 없다. 더욱이 '인간'과 '세계'라는 개념 자체는 두 용어 모두 인간에 의해 구성된 의미를 반영하기 때문에 본질적으로 연결되어 있다. 개개의 인간은 기존의 의미를 이해하고 새로운 의미를 만드는 이해에 기반을 두고 다른 인간과 관계를 맺는다. 또한 개개의 인간은 항상 세계의 어느 한 **곳**(place)에 존재하며, 역사적인 **순간**에 살고 있다.

그녀/그의 존재 속에서 사람은 그녀/그가 관련되어 있는 사건들을 경험한다. 이러한 경험은 강과 같이 연속적이면서 불가분의 흐름 속에 존재하는 '의식의 고리'로 볼 수 있으며, 여기에서 생각은 변할 수 있고 끊임없이 흐르고 있다. 그렇지만 경험은 '공식적인' 연대기적 시간과는 다르게 그 자체의 시간에 살고 있다. 경험에 대한 성찰은 더 이상 원래 경험의 흐름에 있지 않지만, 진행 중인 흐름의 새로운 부분에 있으며, 이전의 시간을 되돌아본다. 따라서 의식은 광범위한 의미에서 반성하고, 알고, 생각하는 것을 구체화하는 끝없이 반복되는 과정이다.

파울루 프레이리Paulo Freire(1981)가 사용하는 용어에서, 의식은 '자동적intransitive' 또는 '타동적transitive'일 수 있다. 자동적 의식을 가진 사람은 그녀/그의 경험을 함께 연결 짓지 않으며, 항상 현재 순간에 살고 있으므로 중요한 연결을 만들 수 없다. 그녀/그는 예를 들어 유행에 따라 단지 피상적으로만 변할 가능성이 있다. 타동적 의식을 가진 사람은 그녀/그의 다양한 경험 사이의 연결을 만들고, 이러한 경험에 대한 반응으로 중요한 변화를 만들게 함으로써 보다 반성적인 관점을 개발한다. '결정적인 타동성critical transitivity'에 도달하는 것은 필연적으로 능동적이고 대화적인(즉, 다른 사람과의 대화에서) 과정이라고 프레이리는 주장한다. 따라서 타동적인 의식과 대화는 모두 개인과 교육적 성장의 과정에 기초가 된다.

1.2 대화

대화는 둘 또는 그 이상의 사람 사이의 수평적 관계로 볼 수 있으며, 각 사람의 '존재'는 진정한 방식으로 상대방에게 그녀/그 스스로를 개방하는 것이다. 대화는 인간이 서로를 알고 서로에게 진정한 자신을 드러내려고 하는 상호주관적 관계이다(Bicudo, 1979). 대화에 참여한 주체들은 의도적인 기호(예: 단어)뿐만 아니라, 일시 중지, 걷거나 호흡하는 방식, 몸짓 등과 같은 무의식적 기호를 사용하여 의사소통한다. 이러한 맥락에서 단어의 의미는 사전에 저장된 단어로 제한될 수 없다. 그렇지만 단지 사물에 이름을 붙이는 것만으로도 주어진 문화에서 이것이 갖는 중요성을 보여준다. Alfred Schutz(in Wagner, 1979)에 따르면, 단어는 누군가의 말의 과거와 미래 요소로 묶여 있다. 즉, 단어는 또한 명백하지 않은 감정적이고 비합리적인 가치를 가진다. 기호의 의미는 각 그룹이 그들의 맥락에서 단어의 의미를 "특징짓기" 때문에 하나의 문화적[2] 그룹에서 다른 그룹으로 또한 변화한다. 마지막으로, 대화에 참여한 사람의 관심 영역이 교차하지 않는 경우라면 대화가 이루어질 수 없다는 사실에 주목하는 것이 중요하다. 다른 말로 표현하면 그들과 관련된 문제가 완전히 다른 경우라면 대화는 발생할 수 없다.

'문제'라는 단어는 대부분의 수학교육 문헌과는 매우 다른 방식으로 바로 위에서 사용되었다. 다음 절에서는 '문제'라는 핵심 아이디어에 초점을 맞출 것이다.

1.3 문제

문제란 무엇인가?[3] 내 앞에 서 있는 어른에게 "내가 입고 있는 바지 색깔이 무엇입니까?"라고 묻는다면 그것은 문제인가? 교육에서는 숙고할 필요 없이 답을 알 수 있는 단순한 질문과 문제를 구별하는 것이 중요하다. 문제라는 용어의 또 다른 일반적인 오용은 단순히 '알지 못함'과 관련짓는 것이다.

내가 누군가에게 미국에 몇 개의 대학이 있냐고 물었는데, 그녀/그가 답을 모른다면 그 사람에게 그것은 문제가 되는가? 이것은 그녀/그가 그 질문에 관심 없기 때문에 그녀/그에게 아마도 문제가 되지 않는다. 답이 이미 알려져 있든 없든, 답을 쉽게 얻을 수 있든 없든, 그녀/그가 답에 관심이 없다면 그녀/그에게는 문제가 아니다. 이 접근 방식에서 누군가에게 관심 있는 것은 '문제'라는 아이디어에 중요하다. 누군가의 존재 과정에서 장애가 발생하고, 그리고 그녀/그가 장애를 극복하는 방법을 모른다면, 그녀/그는 문제를 가지는 것이다.

문제는 진짜 문제일 수도 있고 부과된 문제$_{\text{imposed}}$일 수도 있다. 부과된 장애 또는 수수께끼는 수학 교수에서 자주 발생하는 상황이며, 인위적인 문제$_{\text{pseudo-problem}}$이다. 학생들은 개인적으로 그들에게 문제가 아닌 문제를 해결하라는 요청을 자주 받는다. 그들은 좋은 성적을 받기 위해 이러한 인위적인 문제를 해결하려고 시도할 뿐이다.

지금까지의 논의에서 내가 전개해 온 문제의 정의가 너무 주관적이라고 의미할 수 있지만, Demerval Saviani(1985)이 다음과 같이 주장하기에 더욱 명백해진다.

> 인간 경험의 다른 측면과 마찬가지로, 문제는 변증법적 통합으로 밀접하게 연결된 주관적인 측면과 객관적인 측면을 가지고 있다. [중략] 문제라는 개념은 필요라는 상황에 대한 의식(주관적 측면)과 그의 의식을 당황케 만드는 상황에 대한 의식(객관적 측면)을 의미한다(Saviani, 1985, 21쪽, 저자 번역).

문제 정의의 객관적이고 주관적 측면은 누군가에게 관심이 있는 것, 즉 주관적인 측면이 그 사람의 문화적 전통에 부분적으로 의존하기 때문에 둘 다 문화적으로 묶여 있다. 장애(객관적 측면) 역시 특정 문화에서 장애가 되는 것이 다른 문화에서는 아닐 수 있기 때문에 문화적으로 묶여 있다.

그러면 문제는 삶의 흐름에 교착 상태를 수반하면서 그 사람의 존재에 중요한 상황으로 볼 수 있다. 문제가 수학적 처치로 귀결될 때, 이 상황에 당황했었던 사람(들)은 수학을 만들 수 있다.

2. 민족수학[4]

마지막 절에서 사람은 사회문화적 집단의 언어와 추론적인 코드 내에서 기능하는 인지적 존재임을 확인했다. 언어는 공통된 과거 경험에 참여한 사람들만 이해할 수 있는 코드이다. 각 언어는 인간 집단이 개발한 앎의 방식을 나타낸다.

앎의 한 가지 방법은 수학이다. 주어진 특정 사회문화적 집단의 언어 코드로 표현된 수학적 지식을 '민족수학'이라고 부른다. 이 맥락에서 'ethno'와 'mathematics'는 광범위한 의미로 다루어져야 한다. 'Ethno'는 문화적 집단을 가리키는 것으로 이해되어야 하며, 인종의 시대착오적 개념은 아니다. 'mathematics'는 암호화, 측정, 분류, 순서 짓기, 추론, 모델링과 같은 활동의 모임으로 보아야 한다. 우비라탕 담브로시오Ubiratan D'Ambrosio(1985)에 의해 정의된 바와 같이, "민족수학은 국가적인 종족 사회, 노동자 집단, 어떤 나이대의 아이들, 전문적 계층 등과 같이 식별 가능한 문화적 집단 사이의 실천적인 수학이다(우비라탕 담브로시오, 1985, 45쪽)". 전문 수학자에 의해 생산된 수학조차도 있는데, 그 이유는 식별 가능한 문화 집단에 의해 생산되었고, 생산된 유일한 수학이 아니기 때문이다.

전문적인 수학에 대한 이 견해는 많은 학자들의 유럽 중심적 편견 때문에 "유럽 전통 밖 사회의 역사와 문화에 대한 잘못된 표현"이 존재한다는 Jeorge Joseph의 주장과 일치한다. 그렇지만 "수학은 논리적 구조의 특별한 유형을 갖는 국제적인 언어로 간주될 수 있다"라는 Joseph의 진술은 전문적인 수학에 대한 민족수학적 관점과 일치하지 않는다(Joseph, 1987, 14쪽). Joseph은 각각의 수학이 논리적 구조의 특별한 유형을 가지고 있음을 인식했지만, 수학은 국제적이라고 말했다. 그렇게 함으로써 Joseph은 수학이 조직되는 방식과 표현되는 방식이 문화적으로 얽힌 전문 수학자의 코드와 이해를 나타내기 때문에 사회적으로 문화적으로 묶인 역사적 구성물이라고 하기보다는, 수학이 문화와 독립적이라고 가정한다. 따라서 '학문적인 수학'은 '결승문자Quipu 수학' 또는 '목수carpenter 수학' 또는 '판자촌Shantytown 수학'보다 더 (문화와 독립적이라는 의미에서) 보편적이지 않고,[5] Esperanto가 모든 사람이 공통으로 사용하는 언어가 되려고 했던 것처럼 국제적이지도 않다. 학문적인 수학은 현재 세계 여러 곳에서 사용되고 있다는 점에서 국제적일 수 있지만, 세계 인구의 소수 비율만이 학문적인 수학을 사용할 가능성이 있다는 점에서 국제적이지 않다.

그렇지만 수학은 Alan Bishop이 이 용어를 사용하는 방식에서 보편적인 것으로 간주될 수 있다. Bishop은 다른 문화에 대한 분석을 토대로 세기, 위치 찾기, 측정하기, 그리기, 놀이하기, 설명하기와 같은 활동이 지금까지 연구된 모든 문화 집단에 의해 수행되는 것으로 보인다는 점과 수학적 지식의 개발을 위해 필요하고 충분하다는 점에서 보편적이라고 주장한다(Bishop, 1988, 182쪽). Bishop은 또한 "수학은 문화사를 가지고 있을 뿐만 아니라 서로 다른 수학으로만 설명될 수 있는 것은 서로 다른 문화적 역사에서 비롯된 것임(1988, 180쪽)"을 믿었다.

Bishop은 민족수학이라는 용어를 사용하지 않지만, 수학이 그 문화에 고유한 방식으로 표현된다고 할지라도, 모든 문화가 수학을 한다는 것을 주장하면서 이 논문에서 택하고 있는 접근법을 취하고 있다. 따라서 "민족수학은 문화 집단과 그 집단의 관심이 본질적으로 연결된 지식 분야로 볼 수 있는데, 이러한 방식으로 존재하는 것은 과학으로 간주되는 수학에서 이용되는 것과는 다르게 실재[6]와 다른 언어에 의해 표현된 것이 밀접하게 연결되어 있기 때문이다. 이 언어는 그 문화, 민족과 탯줄처럼 연결되어 있다(Borba, 1987, 38쪽)"

2.1 민족수학의 효율성

특정 집단에 의해 개발된 민족수학은(아마도 문제가 학교 맥락에 있지 않는 한) 학문적인 수학보다 문화와 관련된 문제를 해결하는 데 더 효율적일 것 같다. 왜냐하면 특정 문화 집단에서 개발된 민족수학은 이 집단에서 나타나는 장애와 관련 있기 때문이다. 장애와 이를 극복해야 할 필요성은 이 책에서 논의된 문제로 기술될 수 있는 상황에 대한 사람들의 관심을 이끌어낸다. 이 문제의 해가 수학적 처치를 수반할 때, 해는 이 문화에서 민족수학의 발전에 기여한다. 시간이 지남에 따라 이러한 민족수학은 문제가 생성되는 문화와 연결되어 있기 때문에 특정 문화 집단이 접근할 수 없는 코드로 작성되고 교과서에 저장된 모델보다 더 효율적일 것이다. 따라서 민족수학은 '저속한' 또는 '2급' 수학으로 오해되어서는 안 되며, 수학적 아이디어의 다른 문화적 표현으로 이해되어야 한다.

3. 민족수학, 교육, 그리고 이데올로기

민족수학의 개념은 교육을 위해 명확한 의미를 가지고 있다. 사람마다 다른 유형의 수학을 생산한다면, 서로 다른 집단에 대해 동일한 방식으로 개발된 획일적인 과정으로 교육을 생각하는 것은 불가능하다. 대신에 수학교육은 시작점이 특정 집단의 민족수학이어야 하고, 목표는 학생이 수학에 대한 다문화적 접근 방식을 개발하는 과정으로 생각되어야 한다.

민족수학에 기반을 둔 교육적 접근법을 개발하려는 교육자에게 위에서 논의한 문제 개념을 고려하는 것은 중요하다. 민족수학에 기반한 문제를 발견하고 개발할 수 있으므로 인위적인 문제의 사용을 피할 수 있다. 프레이리가 "비판적 의식을 위한 교육 내용은 그들의 삶에 의미를 주는 경험을 위해 학생들과 함께 찾는 것으로 개발되어야만 한다(Freire, 1970, 28쪽)"라고 제안한 대로, 학생들은 교수학적 프로그램의 설계에 적극적으로 참여해야 한다. 따라서 해결해야 할 문제는 비판적 의식을 촉진하는 대화 관계에서 학생과 교사 모두에 의해 선택될 것이다(1.1에서 논의함). 지식은 이 대화 관계의 산물로 볼 수 있다. 각각의 상대는 변증법적인 방식으로 상대방으로부터 배우게 될 것이다.

대화식 교육적 과정에 대한 기계적 관점은 피해야만 한다. 11세 소년이나 소녀가 정치-경제 체제의 모순에 대한 복잡한 이해력을 개발할 것이라고 기대해서는 안 되기 때문이다. 아이들은 게임의 규칙에서, 이 게임의 파트너 간의 우정에서, 심지어 이 게임의 수학적 관계에서 그들이 놀이하는 방식에 대해 숙고하는 것으로부터 그들 세계에서 관계에 대한 의식을 개발한다.

교사와 파트너로서 학생과 함께 하는 교수학은 교육적 과정이 가치가 없다는 것을 의미하지 않는다. 수학교육에 사회문화적 측면의 통합과 이를 수행하는 대화 방식에는 각각 역할이 있다. 교사가 (주로 대학에서 개발된) 그녀/그의 민족수학으로 말하고, 학생들이 그들의 민족수학과 이야기하는 대화는 중립적이지 않다. 그러한 대화는 교육적 과정에서 그들의 (민족) 지식이 합법화(가치 있는 것으로 인식)되기 때문에 학생들이 그들 자신의 사회문화적 뿌리를 강화할 수 있게 한다. 이 교수학은 또한 수학이 하나의 고유한 표현이 아니며, '직선'으로 볼 수 없다는 점을 강조할 수 있다. 각각의 나무는 사회문화적으로 생산된 민족수학의 다른 표현으로 간주되며, 숲은 전체 민족수학 집합의 더 나은 이미지일 수 있다.

수직적 또는 위계적 관계가 아닌 수평적 관계로 보아야 하는 대화는 교사가 수행하는 역할이 학생이 수행하는 역할과 동일하다는 것을 의미하지 않는다. 동등한 관계는 획일적인 관계를 의미하지 않는다. 교사가 학생과 다른 이유는 무엇보다도 교육하려는 명시적인 의도를 가지고 있기 때문이다. 그녀/그는 교육자로서 다양한 목표를 위해 노력하고 연구했으며, 그 중 하나는 학생들의 비판적 의식 개발을 촉진할 수 있는 교사와 학생 간의 민주적이고 교육적 관계를 개발하는 것이다. 이러한 발전을 촉진하기 위해 그러한 교사는 그녀/그가 교육적 과정에서 학생들과 힘을 공유해야 한다고 믿는다.

3.1 민족수학과 교육: 그들은 진정으로 병행될 수 있는가?

이 교육적 제안에서 인정되는 수학은 학생이 개발한 것부터 교사가 수용/개발/의도한 것까지 다양하다. 교실 대화에서 학생들이 교사의 학문적 민족수학으로부터 배울 수 있는 것처럼, 교사는 학생들에 의해 "말해지는" 민족수학으로부터 배울 수 있다. 이 대화식 과정은 교육과 연구, 교사와 연구자 사이의 이분법이 아니다. 교육하는 사람은 학생이 개발한 민족수학을 연구하는 사람이기도 하다. 따라서 연구는 교육적 실천에 영향을 미치고, 그 반대도 마찬가지이다.

한 문화 집단의 민족수학은 그 집단의 삶의 일부이다. 수학은 '탯줄' 방식으로 문화에 의해 생성되었다. 민족수학은 문제 상황에서 문화 집단의 관심에 의해 발전하며, 이는 그들의 민족수학에 대한 집단의 관심을 더욱 발전시킨다. 민족수학에 대한 이러한 관심은 문화 집단의 구성원이 자신의 상황에 대응하여 생성했기 때문에 자연스러운 것이다. 그렇지만 민족수학에 대한 이러한 관심은 학문적 수학과 같이 다른 민족수학의 학습과 개발에 대한 관심으로 자동적으로 전이되지 않는다. 학생들은 민족수학의 기초가 되는 개념을 깊이 탐구하는 데 많은 관심을 갖지 않을 수 있다. 교사가 학생들에게 문제를 해결하도록 강요한다면, 심지어 학생 자신의 민족수학의 기본적인 아이디어에 기반한 문제라고 할지라도, 문제들은 학문적 수학과 함께 보통의 학교에서 자주 발생하는 것처럼 인위적인 문제가 될 것이다.

이 논쟁은 교실에서 인위적인 문제 이용의 딜레마에서 벗어날 방법이 없다는 믿음으로 이어질 수 있다. 그렇지만 진정한 형식의 대화는 상호 말하기 및 듣기를 의미하기 때문에 이전에 논의된 대화의 아이디어는 잠재적인 해결책을 제공한다. 희망적으로는 대화에 참여하는 사람들이 각자의 의미 영역에서 수렴점과 교차점을 찾을 수 있다. 교사/연구자는 자신의 의미 영역과 교사의 의미 영역 사이의 교차점을 찾도록 학생들을 돕는 특별한 능력과 책임이 있다.

4. 마지막 논평: 현재의 학교 상황에서 민족수학

이와 동일한 틀을 이용하여 보르바, Frankenstein, Gerdes 및 Skovmose[7]와 같은 교육학자들은 이 글에서 지지하는 노선에 따라 교수학적 제안을 개발해 왔다. 그렇지만 이러한 교수학들의 대부분은 '비공식적인non-formal' 학교나 성인 교육에서 적용되어 고무적인 결과를 가져왔다. 따라서 이러한 종류의 제안이 현재의 일반 학교 상황에서 의미가 있는지에 대한 질문은 여전히 남아 있다. 일반 교실을 위한 교수학을 개발하는 데는 아직 갈 길이 멀지만, 그러한 틀을 학교 상황에서 시도할 수 있고 초기 해답을 찾을 수 있다고 주장할 수 있다.

이 글에서 개발된 아이디어는 교육과정이 일부 내용을 다른 내용으로 대체하는 것만으로는 쉽게 변경될 수 없음을 나타낸다. 좀 더 근본적인 변화를 고려하는 것이 필요하다. 전통적인 교육과정에서는 학생이 1학기 내내 교사가 개발해 가야 할 주제를 선택하는 데 참여하지 않기 때문에 인위적인 문제의 사용을 피할 수 없다.

Skovsmose의 용어(1985)를 이용하는 "주제화thematization" 및 "프로젝트 구성"은 많은 저자가 전통적인 교육과정의 원자화를 깨트리고, 수학에 대한 새로운 관점을 구축하는 것을 찾는 방법이다. 이 접근 방식에서 개발될 주제 및/또는 프로젝트는 학생과 교사 모두에 의해 결정된다. 주제는 반드시 '수학', '생물학적' 또는 '예술적'일 필요는 없으며, 학생들과 공동으로 개발한 주제는 아마도 학문적인 교과와 밀접하게 일치하지 않을 것이다. 그것들은 집단에 의해 수행될 연구일 뿐이며, 여기서 교사의 역할은 학생들이 세계에 대한 비판적 견해, 즉 프레이리의 말(1981)에서 "타동적 의식transitive consciousness"을 개발하도록 돕는 것이다.

이 교육적 제안에서 다양한 학생 집단에 의해 실행되는 민족수학, 민족생물학, 민족화학 등은 교수학적 과정의 출발점이 될 것이다. 학생 집단이 개발한 이 '민족지식'은 학문적 지식이 문화적으로 묶인 것으로 볼 수 있는 방식으로 학문적 교과에서 개발될 (민족) 지식과 비교되어야 한다. 학생과 교사는 서로 다른 맥락에서 서로 다른 종류의 지식의 효율성과 관련성에 대해 논의해야 한다. 이러한 접근을 통해 과학에 대한 신비화mystification를 피할 수 있으며 수학은 더 이상 억압적이고 전능한 지식의 영역으로 보이지 않게 될 것이다.

감사의 글

이 글의 내용에 대해 책임을 갖지는 않지만, 이 글에 의견을 제시해 준 마샤 아셔Marcia Ascher, 마리아 비쿠도Maria Bicudo, 우비라탕 담브로시오Ubiratan D'Ambrosio, 데이비드 헨더슨David Henderson, 앤 케플Anne Kepple, Margaret McCasland, Jan Rizzuti, John Volmink에게 감사를 표하고 싶습니다.

미주

1. 이 견해는 Heidegger (1981), Schutz (in Wagner, 1979) 그리고 Borba (1987a, b)에 기반을 두고 있다.

2. 문화는 이 글에서 인간에 의해 세계에 더해지는 것(인간의 작업, 인간들의 창조적이고 재창조적인 투쟁의 결과)으로, 그리고 문화 집단에 의해 공유되는 의미로 이해되어야 한다.

3. 문제에 대한 이 견해는 Saviani(1985)와 Borba(1987 a, b)에 기반을 두고 있다.

4. "구두의", "비형식적인", "비표준적인", "문화적인", "자연적인", "일상생활" 등의 용어 대신에 "민족수학"이라는 용어를 사용하는 이유에 대한 토론은 Borba(1988a)와 Borba(1988b)에서 찾을 수 있다.

5. 결승문자Quipu에 대한 것은 Ascher(1986), 목수carpenter에 대한 것은 Schliemann(1986), 판자촌Shantytown에 대한 것은 Borba(1987b)를 참고한다.

6. 이 글에서 실재는 환경의 자연적인 요소들과 인간에 의해 정교화되는 이러한 것들이 현재가 되는 세계에 대한 인간 차원으로 이해되어야 한다. 따라서 실재는 경험적 자료로 끝나지 않는다.

7. Borba(1987a, 1987b), Frankenstein(1983), Gerdes(1985)와 Skovsmose(1985)를 예시로 참고하여라.

참고문헌

Apple, M. (1979). *Ideology and curriculum*. Boston: Routledge and Kegan Paul.

Ascher, M. and R. Ascher. (1986). Ethnomathematics. *History of Science* 24.

Bicudo, M. A. V. (1979). Intersubjetividade e educaçao, *Revista Didatica* 15.

______. (org) (1987). *Educaçao matematica*. São Paulo: Editora Moraes.

Bishop, A. J. (1988). Mathematics education in its cultural context. *Educational Studies in Mathematics* 19.

Borba, M. C. (1987a). Um estudo de etnomatematematica: sua incorporaçao na elaboraçao de uma proposta pedagogica para o "Nucleo-Escola" da vila nogueira-sao quirino. Master's thesis. Rio Claro, São Paulo, Brasil: UNESR

______. (1987b). Etnomatematica: a matematica da favela em uma proposta pedagogica. In E Freire, A. Nogueira, and D. Mazza. *Na Escola que fazemos: umareflexao interdisciplinar em educaçao popular*. Brasil: R. J. Petropolis, Editora Vozes.

______. (1988a). Etnomatematica: Uma discussao teorica sobre esta noçao. *Proceedings of the II National Brazilian Meeting of Mathematics Education*. Maringa, Parana, Brasil: Sociedade Brasileira de Educaçao Matematica.

______. (1988b). Etnomatematica: o homem tambem conhece o mundo de um ponto de vista matematico. BOLEMA — *Boletim de Educacao Matematica* 3, No. 5: pp19-34. Rio Claro, S. E, Brasil: Universidade Estadual Paulista (UNESP).

D'Ambrosio, U. (1984). Culture, cognition, and science learning. *Proceedings of Science Education in the Americas*. Panama: NSTA-OAS.

______. (1985). Ethnomathematics and its place in the history of pedagogy of mathematics. *For the Learning of Mathematics: an International Journal of Mathematics Education*.

______. (1986). *Da realidade a açao: Reflexoes sobre educaçao e matematica*. Campinas, S.P, Brasil: Summus and Campinas, Editora da UNICAMP.

Davis, P. J., and Hersh (1981). *The mathematical experience*. Boston: Birkhaauser.

Frankenstein, M. (1983). Critical mathematics education: An application of Paulo Freire's epistemology. *Journal of Education* 165, no. 4.

Freire, P (1970). *Pedagogy of the oppressed*. New York: Seabury.

______. (1981) *Educação como pratica da liberdade*. Rio de Janeiro: Editora Paz e Terra.

Gerdes, P. (1985). Conditions and strategies for emancipatory mathematics education in underdeveloped countries. *For the Learning of Mathematics: an International Journal of Mathematics Education*.

______. (1981). "Sobre o despertar do pensamento geometrico" Maputo, Mozambique: Universidade Eduardo Mondlane.

Heidegger, M. (1981). *Todos nos … ninguem —um enfoque fenomenologico do social*. São Paulo, Brasil: Editora Moraes.

Joseph, G. G. (1987). Foundations of eurocentrism in mathematics. *Race and Class* 28.

Martins, J., and M. A. V. Bicudo. (1989). *A pesquisa qualitativa em psicologia: fundamentos e recursos basicos*. São Paulo, Brasil: Editora Moraes and EDUC.

Pavao, A.M. B. (1981). *O pricipio de autodeterminaçãao no serviço social: Visão fenomenologica*. 2nd ediçao. São Paulo, Brasil: Cortez Editora.

Saviani, D. (1985). *Do senso comum a consciencia filosofica*. São Paulo, Brasil: Cortez Editora.

Schliemann, A. D. (1986). Escolarização formal versus experiência pratica na resolução de problemas: um estudo com marceneiros e aprendizes de marcenaria. *Psicologia: Teoria e Pesquisa* 3 (3): set/dez.

Skovsmose, O. (1985). Mathematical education versus critical education. *Educational Studies in Mathematics* 16.

Wagner, H. R. (1979). *Fenomenologia e relações sociais: Textos escolhidos de alfred schutz*. Rio de Janeiro, Brasil: Zahar Editores.

Wilder, R. (1981). *Mathematics as a cultural system*. New York: Pergamon Press.

제13장

수학, 문화, 권위

무니르 파셰(Munir Fasheh)*

편집자 주: 수학교육자 무니르 파셰는 팔레스타인에서 그의 경험을 바탕으로 문화를 이용하는 것의 중요성을 강조하였는데, 수학 학습을 좀 더 효과적이고 의미 있게 만들기 위해 개인적 경험뿐만 아니라 사회적 경험을 광범위하게 고찰하였다. 그는 또한 교육적 권위로부터 이러한 접근 방식에 대한 저항에 대해 논의한다. 이 장은 1982년 《For the Learning of Mathematics》, 3(2), 2-8에 처음 게재되었다.

이 논문은 특히 제3세계 나라의 수학 지도와 기존의 신념, 사고 및 행동의 문화적 패턴 간의 상호작용을 다룬다. 이 논문은 사람들이 사물을 보고 개념을 이해하는 방식에 영향을 끼치는 문화의 중요성을 지적한다. 또 수학이 자신의 문화와 사회에 있는 몇몇 결점을 다루기 위해 이용될 수 있는 방법뿐만 아니라, 보다 효과적이고 의미 있게 수학을 가르치도록 하는 데 문화 및 사회적 자원과 개인적 경험을 사용하는 것의 중요성을 지적한다. 또한 이 논문은 수학을 가르치는 것이 비판적 사고, 자기표현self-expression, 문화 및 사회적 인식을 강화하는 방식으로 교육될 때 기존 권위와 수학 교수 사이에 주로 발생하는 갈등을 지적한다. 고려 대상이 되는 지역은 내 학창시절과 15년 동안 수학 교사 및 교육자로서 내가 머물렀던 요르단 강 서안(팔레스타인 동부)이다.

---

* 이 논문은 1980년 8월에 California, Berkeley에서 실시된 제4회 ICME의 short communication의 수정본이다.

몇 가지 질문

수학이 기존의 신념과 행동 패턴, 그리고 지적 구조를 가진 문화와는 독립된 중립적 교과라는 것이 사실인가?

수학을 가르치는 것은 역사를 가르치는 것과 다른가?

수학은 추상적이고 분리된 방식으로 가르쳐져야 하는가? 아니면 더 주관적이고 개인적이며 의미가 풍부한 방식으로 가르쳐져야 하는가?

수학을 효과적으로 가르치는 것이 가능한가? 즉 교육적, 과학적, 정치적, 종교적 또는 다른 어떤 형태로든 상관없이 기존의 권위에 공격받지 않으면서, 자신이 속한 사회에 대한 비판적 태도와 문화를 강화하기 위하여 수학을 가르치고, 태도, 신념, 관점을 바꾸는 도구가 되기 위하여 수학을 가르치며, 관련 있는 공동체의 사건을 해석하는 학생들의 능력을 향상시키기 위하여 수학을 가르치고, 공동체의 요구에 더 잘 부응하도록 수학을 가르치는 것이 가능한가?

수학이 전혀 또는 최소한 드물게라도 제3세계 국가에서 유용하게 가르쳐지지 않는 이유는 무엇인가?

왜 이러한 국가에서 수학을 전공하는 대부분 학생이 사회적 시각과 행동에서 보통 '보수적'이고, 사고와 분석에서 '소심'한가?

제3세계 국가에서 수학을 가르치는 목적은 무엇이어야 하고, 이를 달성하기 위해 무엇을 할 수 있는가?

이 글에서는 내가 하나의 작은 지역에서 경험한 맥락을 토대로 위 질문 중 일부에 대한 답변을 논의할 것이다.

배경

이 내용은 15년 이상 다양한 수준에서 수학을 가르친 개인적인 경험의 결과이지만, 주로 5년(1973년에서 1978년 사이) 동안 서안(West Bank)에서 수학교육의 수석 교사로 있었던 경험에서 나온 것이다. 내가 맡은 일은 주로 그 지역의 매우 독특한 상황에서 수학의 새로운 교육과정을 도입하고 구현하는 것이었다. 이 지역에는 800개 이상의 학교와 1,600명 이상의 수학 교사가 있었다. 인구는 약 75만 명의 팔레스타인 아랍인으로 구성되어 있다. 이 지역은 1948년 이전에는 영국의 통치를, 1967년까지는 요르단의 통치를, 1967년 이후에는 이스라엘의 통치를 받았다. 정치와 정치적 문제는 삶의 방식이며, 사고와 행동의 사회적 패턴은 대체로 전통적이고 보수적이다. 이로 인해 내가 맡은 일은 매우 어려웠지만, 매우 흥미로웠고 문제와 어려움이 없지는 않았다. 예를 들어, 교육자는 일반적으로 하나의 권위를 다루어야 한다. 서안에서 나는 4개의 "권위"를 다루어야 했는데, 그것은 이스라엘 군사 식민 통치, 요르단 정부(교수 요목, 일반 시험 및 사람들은 요르단 여권을 소지한다는 사실), 전통적이고 보수적 제도 및 인구 분파, 이 지역 사람들의 국가적 열망과 요구였다.

실행될 새로운 강의 계획서의 첫 번째 부분은 서방 국가의 새 수학$_{\text{New Math}}$ 자료의 "맹목적인" 모방이었다. 그것은 (UNESCO의 새로운 계획을 통해) 아랍 국가에서 10, 11, 12학년을 위해 작성되었는데, 대부분 해당 지역이 낯설고 지역 문화에 대해 전혀 모르는 사람들에 의해 집필되었다. 나는 서안의 학교에서 새로운 강의 계획서를 구현하는 일을 담당했다. 6명의 지역 수학 장학사와 관심이 많고 열정적인 교사들이 새로운 강의 계획서를 구현하는 데 적극적으로 도움을 주었다. 교사 교육의 첫 번째 과정(200명 이상의 교사를 포함)은 1972년 여름에 Birzeit 대학에서 시작하여 운영되었다. 나중에 Ramallah의 기술 교육 사무소를 통해 저학년 교사를 위한 유사한 과정이 운영되었다.

제3세계 국가에서 수학을 가르치는 목적

제3세계 국가(적어도 내 나라)에서 수학은 학생들이 암기해야 하는 일련의 규칙 및 공식과 해결해야 하는 일련의 문제(일반적으로 학생들에게 무의미한 문제)로 보통 가르쳐진다.[1] 대부분 학생이 수학을 공부하는 유일한 이유는 시험에 합격하기 위해서이다. 인용된 수학교육의 목적은 특정 수학적 사실을 아는 것과 다른 목표 중에서 "올바르게, 논리적으로, 과학적으로 생각하게" 할 수 있는 것이라고 주로 주장하지만, 나는 개발도상국에서 수학(또는 다른 과목)을 가르치는 주요 목적은 의심하고, 탐구하고, 발견하고, 대안을 찾고, 무엇보다도 중요한 것은 새로운 관점과 확신을 구축하는 것이라고 믿게 되었다. 수학을 가르치는 주요 목적 중 하나는 다양한 관점이 있다는 것을 깨닫고, 그/그녀 자신의 관점을 선택하기 위한 투쟁을 존중해야 한다는 것이다. 다시 말해, 수학은 편협함으로 가득 찬 시대에서 관용을 가르치기 위해 사용되어야 한다. 수학을 가르치는 목적은 자신, 사회, 문화에 대한 새로운 '사실'을 발견하고, 더 나은 판단과 결정을 내릴 수 있고, 수학적 개념과 구체적인 상황 및 개인적인 경험 사이의 연결 고리를 다시 구축하는 것이다. 내 생각에는 이러한 모든 것들이 어느 나라나 사회의 균형있는 발전을 위해 필요하다.

행동으로 가르치는 수학

이 절에서는 앞 절에서 인용된 목적의 본질을 보여주는 내 경험의 몇 가지 예를 언급할 것이다.

1. 한 1학년 교사는 교실 구석에 날짜와 각 날짜 옆에 정사각형들이 표시된 도표를 두었다. 매일 그는 결석한 학생 수 만큼 그 날짜 옆의 정사각형에 곱표를 그었다. 한 달 정도 후에 6~7세 학생들은 토요일에 결석생이 가장 많다는 사실을 알아차렸다. 교사는 그 "이유"에 대해 물었다. 흥미롭고 열띤 토론이 이어졌다. 한 학생은 "토요일이 금요일 다음에 오기 때문에"라고 말했다(금요일은 공식 주간 휴일이다). 또 다른 학생은 "아이들은 아버지가 집에 있기 때문에 토요일을 집에서 보내는 것을 좋아한다"라고 말했다(그 마을의 일부 남자들은 이스라엘에서 일하며, 토요일은 쉬는 날이다). 세 번째 학생은 "일부 근로자들이 그날 일하러 가지 않는다는 사실 때문에 토요일에 교통이 불편하다"라는 이유를 제시하였다.

그렇다면 이러한 예는 정형화되고 따분한 연습문제집 한 권보다 더 가치가 있을까?

첫째, 이러한 예는 학생들이 그곳에 살고 있다는 단순한 이유로 학생들에게 친숙하고 흥미로운 문제를 다룬다.

둘째, 문제는 교사를 포함하여 그들 모두에게 새로운 것이다. 이러한 경험은 교사와 학생 둘 다 모르는 것을 다루고 있기 때문에 학생들은 자신과 교사가 "동등"하다고 느끼게 한다.

셋째, 그것은 우리 사회에 매우 강력하게 존재하는 특정 문화적 신념을 깨뜨린다. 그 신념은 모든 질문 또는 문제에 단지 하나의 "옳은" 답이 있다는 것과 그 답은 권위(이 경우 교사)에 의해 주어진다는 것이다. 학생들이 해야 하는 일은 적어도 시험이 있는 날까지 이러한 답을 기억하는 것이다. 이 신념이나 패턴에 따르면, 대화가 없고 다른 대안이나 관점도 없다. "결석자 수가 가장 많은" 문제와 같은 예를 통해 학생들은 교육의 과정에서 단순히 아이디어와 의견을 주고받기만 하는 것이 아니라, 실제적으로 공유한다.

넷째, 학생들은 이러한 예를 통해 자료를 수집하고 순서대로 정리하는 것의 중요성과 유용성을 어린 나이에 깨닫는다. 이것은 실험과 정보를 수집하는 것을 지식의 수단으로 믿지 않는 공동체에 특히 중요하다. 그들은 결과를 얻고 결론에 도달하기를 원한다면 인내심을 가져야 한다는 것을 배운다. 이러한 경험은 수학이 공동체에 대한 "사실"을 발견하고 판단을 내리는 데 사용될 수 있음을 확신시킨다.

다섯째, 아이들은 "사실"과 그 해석 사이에 큰 차이가 있음을 그들 삶에서 일찍 깨닫는다. "토요일에 결석이 가장 많이 발생한다"라는 것은 "사실"이다. 그러나 아이들의 답이 그 자체로 보여지듯이, 사실은 많은 해석과 설명을 가지고 있다.

여섯째, 이러한 경험은 일반적으로 지식과 학습, 특별하게는 수학에 대한 학생들의 태도를 바꾸는 데 도움이 된다. 그것은 권위주의적이거나 편협하지 않고 오히려 역동적이고 상호작용적인 학생과 교사 사이의 건전한 관계를 형성하는 데 도움이 되며, 학생에게 자신감과 자존감을 심어줄 수 있다.

2. 문맹 성인을 위한 수학의 두 가지 예[2]

(a) 여성으로만 구성된 수업은 각 여성이 요리, 청소, 세탁, 자녀 돌보기 등에 할애한 시간을 최소 한 달 동안 매일 기록하도록 (과정 초기에) 요청받았다. 여성들은 그러한 경험에서 무엇을 배울까?

첫째, 그들은 정보를 표 형식으로 작성하는 방법을 배운다. 그들은 특정 결론에 도달하기 위하여 덧셈과 곱셈을 사용한다. 요약하자면, 그들은 실재적인 환경에서 수학의 몇몇 주제를 배우고 사용한다.

둘째, 여성은 자신, 자신의 삶, 자신의 역할, 그리고 주부라는 의미에 대해 훨씬 더 명확한 관념을 가지고 있다. 하루를 마칠 때 남편이 아내에게 "하루 종일 뭐 했어?"라고 묻는다면, 그녀는 여성이 집에서 매일, 일주일 내내, 일 년 내내, 평생동안, 그리고 거의 모든 문화권에서 일반적으로 가졌던 많은 직업에 대한 세부 정보를 그에게 보여줄 수 있다.

(b) 1979년 여름에 나는 Birzeit 대학의 문맹 노동자들로 구성된 반에서 수학을 가르쳤다. 그들에게 아랍어 수업은 있었지만, 수학 수업은 없었다. 첫 수업 시간에 나는 몇 가지 일반적인 질문을 하는 것으로 시작했다. 한 가지 질문은 "친구가 여기로 여러분을 방문하고 싶어하지만 장소를 모른다고 가정해 보겠습니다. 그가 알고 있는 것이라곤 우체국이 어디에 위치해 있는가입니다. 그에게 우체국에서 이 건물까지의 길을 보여주는 지도를 그려보세요" 이때 일어난 일은 여전히 나를 설레게 했다. 위에서 언급한 질문에 대한 응답으로 각 노동자들은 우체국에서 교실까지 가는 지도를 그렸다. 지도는 모두 서로 달랐다(그림 13-1에 4가지 지도가 제시되어 있다).

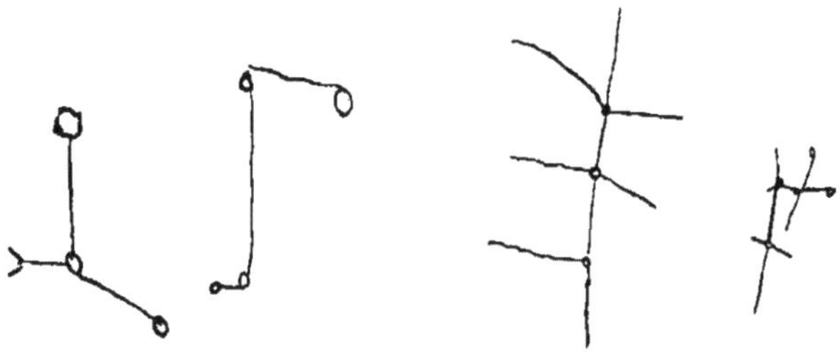

[그림 13-1]

노동자 중 한 명은 "모두가 같은 길을 그렸는데 왜 모두 다르지!"라고 말했다. 다른 노동자가 "그러나 우리 각자는 자신의 지도를 이해하고 있어요"라고 대답했다. 세 번째 노동자는 오른쪽 아래 지도를 그린 사람에게 "길이 직선은 아닌데도 왜 직선으로 그렸나요?"라고 말했다. 다른 노동자가 "우체국에서 우리가 있는 곳으로 걸어갈 때 여기까지 똑바로 걸어갑니다!"라고 대답했다. 그 첫 수업 시간에 진행된 토론은 내가 처음 그 질문을 할 때 생각하거나 깨닫지 못한 것을 지적했다. 우리는 서로 이해하고 소통하는 데 있어 관습의 의미와 중요성에 대해 이야기했다. 우리는 아랍어에서 "직선으로"라는 단어의 다양한 의미와 용도에 대해 이야기했다(이것은 영어에서 이 단어의 다양한 사용에 관해서 역시 사실이며, 다른 많은 언어에서도 마찬가지라고 생각한다). 우리는 지도를 사용할 수 있는 것의 중요성 등을 이야기했다. 그날 이후에 나는 그 수업이 아마도 내 인생에서 그리고 아마도 문맹자들에게 내가 준 가장 알찬 수업이라고 느꼈다! 가르치려고 노력하는 과정에서 나는 배우고 반응하느라 바빴다. 나는 완전히 몰두되어 있었다. 나는 그 어느 때 보다 학생들이 (아이들이든 어른이든) 우리의 지혜와 지식으로 채워질 빈 껍데기가 아니라 경험과 생각으로 가득 차 있고, 사물을 바라보는 자신만의 개인적인 방식이 있다는 것을 확신했다. 교사로서 우리는 이러한 경험과 개인적인 관점으로 가르치는 것을 시작해야 한다. 내가 그 그림을 보았을 때 내가 가졌던 첫 번째 반응은 "그들은 틀렸다"라고 말해야 하는 것이었다. 내가 그러지 않아서 다행이다.

3. 처음으로 7학년 교실에서 가르치다.

나는 상단을 따라 일렬로 5개의 구멍이 뚫린 카드를 가져왔다. 각 구멍은 내가 칠판에 쓴 다섯 가지 질문 중 하나와 일치한다. 각 질문에 대한 대답은 '예' 또는 '아니오'였다. 대답이 '예'인 경우, 각 소녀는 해당 질문에 해당하는 카드의 구멍을 원래대로 유지하도록 지시받았다. 대답이 '아니요'인 경우에는 카드의 해당 구멍 위에 표시를 했다. 예를 들자면, 질문 중 하나는 '당신은 공공 도서관의 회원입니까?'였다.

첫날 그 수업에 참여한 32명의 소녀들은 서로에 대해 많은 것을 배웠다. 예를 들어, 그들은 6명의 소녀만이 마을 공공 도서관의 회원이라는 것을 배웠다. 회원 수가 적은 이유에 대한 흥미로운 토론이 이어졌다. 그들은 작은 "공동체"에 대해 얻은 정보 외에도 회사, 기업 등에서 이러한 "컴퓨터" 카드가 어떻게 사용되는지에 대해서도 배웠다. (이 수업이 1970년대에 한 것임을 상기하기 바란다.) 또한, 소녀들은 집합에 대한 몇 가지 수학적 개념을 소개받았다. 예를 들어, '도심 밖에 거주하는 소녀 중 도서관 회원은 몇 명입니까?'라는 질문을 통해 교집합이 도입되었다. 그리고 "반에 새로 온 여학생 중 도서관 회원은 몇 명입니까?"라는 질문을 통해 공집합이 논의되었다. 그리고 그 외의 것들도 도입되었다.

4. 역사적으로 연역적 사고[3]는 "절대적 진리"에 대한 믿음과 각 문제에 대한 하나의 "올바른" 답의 존재를 뒷받침하는 데 도움이 되었다. 예를 들어 기하학의 공리는 본질적이고 자연스럽게 그리고 선험적으로 참이라고 오랫동안 여겨져 왔다. 공리들은 모든 생각하는 창조물에게 친숙하고, 가능한 모든 세계에서 참된 것으로 간주되었으므로, 불가능하지는 않지만 대안을 찾을 가능성은 매우 어려웠다. 비록 수학과 대부분의 수학자들이 "오만하고 고지식한" 관점에서 멀어졌지만, 여전히 수학은 마치 그 진술이 절대적이고 영원한 것으로 가르쳐지고 있다. 불행히도 이 같은 태도는 사회적, 종교적, 정치적 영역과 같은 수학 이외의 영역에도 존재한다. 따라서 전통적으로 연역적 사고의 가르침은 교육에서 '독단적인' 차원을 지지하였다.

그렇지만 학교와 Birzeit 대학에서 경험을 통해 나는 연역적 사고가 일반적으로는 지식에 대한, 그리고 특별하게는 수학에 대한 새로운 태도와 인식을 창안하는 데 매우 효과적으로 사용될 수 있다고 믿게 되었다. 인식과 태도는 우리 사회와 문화에서, 그리고 내가 상상하기에 제3세계 국가의 다른 사회에서도 많이 필요하다.[4] 첫째, 학생들은 수학이 인간에 의해 만들어졌다는 것을 배운다. 그들은 공리가 신이 주거나, 또는 자연이 준 것이 아니라, 시간이 지남에 따라 길고 힘든 과정을 통해 진화한 진술이라는 것을 배운다. 그들은 기초적인 진술이 진화할 뿐만 아니라 단어와 개념(예: 공리)의 의미가 어떻게 진화하는지를 배운다. 둘째, 학생들은 언뜻 보기에는 비슷해 보이지 않는 것들 사이의 유사점을 보는 법을 배운다. 예를 들어 그림 13-2의 두 다이어그램이 하나의 동일한 추상적인 체계 모델(체계 공리에서 '선'과 '점'의 의미를 서로 바꿈으로써)로 고려될 수 있다는 사실을 깨닫는 것은 학생들에게 항상 충격적이며 흥미로웠고, 보통 몇 차례 지속되는 진지하고 깊이 있게 관계된 토론의 원천이었다. 내 경험으로 볼 때, 이런 종류의 상호작용은 많은 편견과 경직된 사고방식을 깨뜨렸다. 셋째, 학생들은 우리 문화에는 없는 지적 모델

[그림 13-2]

또는 구조인 공리적 모델을 배운다. 넷째, 학생들이 대안과 "상대적인 참"의 의미를 볼 수 있도록 도와준다. 그들은 공리가 새로운 체계 및 모델을 생성하기 위하여 완전히 또는 부분적으로 변경될 수 있음을 배운다. 다섯째, 실제 세계에서 가능한 많은 추상 모델로 특정 사건이나 현상을 연관시키도록 학생들을 도울 수 있다. 그 반대의 경우도 마찬가지이다. 하나의 추상적인 체계는 실제 세계에서 20개의 "구체적인" 모델이나 응용을 가질 수 있다. 여섯째(내가 가장 중요한 점이라고 생각하는) 교사와 학생 측면에서 모든 사람은 아니지만, 대부분 사람이 논리적이라는 인식을 높인다. 사람마다 차이점은 그들의 기본 가정이나 그들이 사용하는 '논리'에, 또는 둘 다에 있다. 학생이 비논리적이라고 비난하는 것은 그 학생이 무가치하다는 느낌이 들게 하고, 교사가 그 학생을 이해하고, 또한 자신(즉, 교사)의 정신적 상과 구조의 "보물"을 확장할 기회를 놓치게 만든다.

이를 염두에 둔다면, 질문은 특정 사람이 논리적인지 아닌지가 아니라, 그 사람이 사용하고 있는 가정과 논리의 유형이 무엇인지가 된다. 질문은 또한 그 사람이 어떤 유형을 사용하고 있는가뿐만 아니라, 그 사람이 어떻게(예를 들면 강제력, 관습, 비판적 성찰 등에 의해) 그 논리를 받아들이거나 채택하게 되었는지가 된다. 그렇다고 해서 모든 논리와 모든 가정이 특정한 상황에서 특별한 문제를 이해하고 다루는 데 똑같이 효과적이라는 것을 의미하지 않는다. 그것이 의미하는 것은 단지 다른 가정과 다른 논리가 시간과 상황에 따라 필요하다는 것이다. 모든 시간과 모든 상황에 적합한 완벽한 논리는 없다. 그러므로, 우리는 학생들을 가르칠 때 학생들이 서로 다른 유형의 논리와 그들이 적절하다고 느끼는 것을 선택할 수 있는 자신감으로 무장할 수 있도록 노력해야 한다.

문화, 개별학생, 수학을 가르치기

수학을 가르치는 것에 대한 일반적인 오해는 수학을 문화나 개별 학생과 관련짓지 않으면서 효과적이고 의미 있게 가르칠 수 있다는 믿음이었고 지금도 여전히 그렇다. 내가 생각하기에 수학이 무의미하고 이해할 수 없으며 대다수 학생에게 인기 있는 교과가 아니게 된 주된 이유는 교과의 어려움 때문이 아니라, 이런 오해 때문이었고 여전히 그렇다. 이 절에서 나는 문화와 학습자, 그리고 수학을 가르치는 것 사이의 상호작용에 대해 더 자세히 논의할 것이다.

수학을 가르치는 것은 역사, 사회학 또는 정치과학을 가르치는 것과 다르다는 것이 일반적인 믿음이다. 그러한 믿음은 앞서 말한 교과에는 다른 관점이 있는 반면, 수학에서는 "사실"이 문화, 개인 또는 시간에 관계없이 사실이라고 주장한다. 나는 이것이 수학을 가르치는 것에 부정적인 영향을 주는 오도된 믿음이라고 믿게 되었다. "제1차 세계대전은 1914년에서 1918년 사이에 일어났다"라는 것이 역사적 사실이지만, 그 설명과 해석은 사람마다, 국가마다 다르다. 유사하게, 나는 "1은 1과 같다"라는 것이 수학적 사실이라고 믿지만, 그 설명과 해석 및 적용은 상황마다 그리고 문화마다 다르다고 믿는다. 신선하고 맛있는 사과는 썩은 사과와 같지 않다. 어떤 의자는 아무리 똑같게 보인다 해도 모든 세부 사항에서 다른 의자와 같지 않다(나는 10살인 아들에게 두 개의 비슷한 의자에 대해 질문했습니다. "어떤 면에서 그들은 같은가?" 약간의 토론 후에 아들은 "그들은 이름이 같다". 즉 그들은 "의자"라고 불리는 면에서 같다고 대답했다.). 어떤 사람도 다음날 자신과 같지 않다. 1970년 1달러는 1980년 1달러와 같지 않다. 엄밀히 말하자면, "1과 1은 같다"라는 것은 실세계에서 실제 사례와 응용할 것이 없다.

문제의 진실은 학교와 우리의 모든 가르침에서 우리는 ("응용"이라고 오도하는 주제 아래 교과서에 흩어져 있는 몇몇 사소한 그리고 무관한 예들을 제외하고) 추상의 세계로부터 실제 세계를 분리해 둔다는 것이다. 추상의 세계에서 우리는 보통 "사실"에 대해 동의한다. 그렇지만 실세계에서 우리는 이러한 사실들에서 많은 해석과 의미, 그리고 바라보는 방법과 직면한다. 그래서 우리는 논쟁하고 싸운다. 예를 들어, 사람들은 추상적으로 1은 1과 같다는 것에 동의하지만, 예를 들어 우리가 "여성은 남성과 같다"라고 말할 때나 "UN에서 요르단(200만 인구)에 대한 한 표는 미국(2억 인구)에 대한 한 표와 같다"라고 말할 때 적대적인 감정이나 다른 의견이 나타난다. 의미를 가지고 추상적인 세계와 실세계를 연관시키는 가르침은 수학을 더 적절하고 더 유용하게 만든다. 게다가, 아인슈타인이 자주 인용하는 "수학 법칙이 현실을 설명하기엔 확실치 않고, 확실한 수학 법칙은 현실과 관련이 없다"라는 말을 학생들이 이해하게 하는 데 도움을 준다.

문화는 사람들이 사물을 보고 개념을 이해하는 방식에 영향을 미친다. 예를 들어, 아랍어에서는 "낙타"를 나타내는 100개 이상의 이름이 있다(각각의 이름은 각기 다른 입장이나 분위기에서 낙타를 나타낸다). 영어에서는 낙타를 나타내는 단어는 하나뿐이다. 반면에, 영어에서 꽃을 나타내는 단어는 수백 개이지만(각각의 단어는 특정 꽃의 종류를 나타낸다), 아랍어에서 꽃을 나타내는 단어는 단지 두, 세 단어이다. 유사하게 에스키모어에는 얼음을 나타내는 단어가 많이 있고(각각의 단어는 다른 형태와 이용, 환경에서 얼음을 나타낸다), 영어나 아랍어에는 얼음을 나타내는 단어가 한, 두 개만 있고, 일부 열대어$_{\text{tropical languages}}$에는 얼음을 나타내는 단어가 없다. 아랍어의 낙타 개념은 다른 언어보다 훨씬 더 풍부하고, 영국의 꽃 개념은 다른 언어들보다 훨씬 더 풍부하며, 에스키모의 얼음 개념은 다른 언어들보다 훨씬 더 풍부하다.

나는 사람들이 노란색과 녹색을 구별하지 않는 장소에 대해 읽은 적이 있다. 그들은 "두 가지" 색깔을 묘사하는 단어를 하나만 가지고 있다. 나는 놀랐다. "그들은 그 차이를 볼 수 없을까?" 그러던 어느 날 나는 한 프랑스인에게 차의 색깔을 녹색으로 설명하였다. 그는 "그러나 그것은 청록색이다!"라고 말했다. 그에게는 두 가지 다른 이름을 가진 두 가지 색이 있는 것이다. 나에겐 하나의 이름을 가진 하나의 색만이 있을 뿐이다.

또 다른 예로, Birzeit 대학에서 우리들 중 몇몇은 "사생활$_{\text{privacy}}$"이라는 단어와 같은 의미를 갖는 단어를 찾으려고 노력했다. 5명은 한 용어에 동의했고, 나머지 3명은 엄격하게 말하면 "사생활"은 동등하지 않다는 견해를 가졌다. 우리는 그 문제에 대해 오랫동안 논의했다. 나중에 우리는 아랍어에서 "사생활"과 동일한 단어를 찾는 데 어려움을 겪은 3명은 미국에서 한동안 살았었고 미국 맥락에서 이해한 대로 "사생활"의 "경험적" 의미를 가지고 있었다. 반면에 만족스러운 단어를 발견한 다른 5명(서양에서는 산 적이 없는)은 사전에서 얻거나 학교에서 그것을 배웠다. 이 두 단어는 서양에 살았던 적이 없는 사람들의 마음속에 같은 의미와 이미지, 그리고 경험을 불러일으켰고, 두 문화권에 살았던 세 사람의 마음속에는 다른 의미를 불러일으켰다. 미국에서 행해지는 방식의 "사생활"은 근본적으로 "공동의" 생활 형태인 아랍 사회에서는 결코 경험되지 않는다.

한 가지 더 예를 들면, 영어로 "숫자$_{\text{numeral}}$"와 "자릿수$_{\text{digit}}$"라는 두 단어에 대해 아랍어에는 한 단어$_{\text{raquam}}$만 있다. 이것은 내가 서안에서 함께 일했던 대부분 교사와 학생들의 마음속에서 두 개념 사이에 혼란을 일으켰고, 이 두 개념과 관련하여 표현한 진술에 반영되었다.

반면에 아랍어는 학생들이 비판적이고 맥락 안에서 생각하는 것을 돕는 데 매우 효과적으로 사용될 수 있다. 아랍 사상가의 말을 빌리자면, "일반적으로 다른 언어에서는 당신이 이해하기 위해 읽는다, 아랍어에서는 그것을 올바르게 읽기 위해서 당신이 읽는 것을 이해해야 한다" 아랍어의 많은 단어들은 맥락에 따라 8가지 혹은 10가지의 다른 방식으로 읽히거나 발음될 수 있다. 따라서 그것을 정확하게 읽기 위해서는 그 단어의 의미를 이해해야 한다. 그렇지만 아랍어가 수백 번, 수천 번 반복되는 이미 만들어진 일련의 진술로 학교에서 가르쳐지는 것은 불행한 일이다. 그러한 상황에서 학생들의 귀, 그리고 기껏해야 그들의 혀는 작동하지만, 그들의 마음은 사고와 떨어져 "안전"하게 유지되고 있다.

만약 우리가 낙타를 보는 방식과 존재하는 색깔의 수를 문화가 결정하고, 어떤 개념에 대한 우리의 인식이 얼마나 정확한지를 문화가 결정한다면, 문화는 또한 우리가 생각하는 방식, 사물을 증명하는 방식, 모순의 의미, 그리고 우리가 사용하는 논리를 결정하지 않을까?

다른 개개인이나 다른 나라에서 낙타를 나타내는 데 단지 같은 단어나 기호가 사용된다고 해서 그들이 정확히 같은 개념을 가지고 있다고 단정할 수 없다. 그리고 단지 우리가 같은 교실이나 다른 교실에서 숫자 "1"에 대해 같은 기호를 사용한다고 해서 그것이 같은 이미지로 아이들의 마음에 떠오른다는 것을 의미하지 않는다. 우리는 기호를 통일한다. 그러나 의미와 이미지도 통일되었다고 잘못 결론짓는다. 이 사실은 수학 교사들과 교육자들에 의해 종종 무시된다. "영역", "증명" 또는 "공리"와 같은 단어가 수학 수업에서 사용될 때, 교사들은 학생들의 마음속에 만들어진 의미와 이미지가 무엇인지를 알기 위해 질문을 하지 않는다. 수학 교사들은 학생들이 순수하게 기계적인 방법으로 그런 단어들을 "옳게" 사용한다면 보통 만족하게 된다.

세계는 문화적 변화와 문화적 인식의 정점으로 향하고 있다. 수학은 그 특별하고 아름다운 특성을 가지고 그 자신의 문화를 강조하는 데 사용될 수 있다. 동시에 수학은 그 자신의 문화에서 단점을 인식하고 그것을 극복하기 위해 사용될 수 있다. 다시 말해서, 수학은 자기 문화의 강점과 약점을 지적하는 데 사용될 수 있고, 사용되어야 한다. (예를 들어, 나는 항상 아랍인들과 이슬람교도들이 수학과 과학에 많은 기여를 했다고 읽었는데, 그들의 기여 중 하나는 일반적인 3차 방정식의 해결책이었다. 그렇지만 교육과정은 그들이 그것을 어떻게 했는지 보여주지 않았고, 서양 역사학자들은 일반적으로 이슬람교도들의 이러한 기여를 부인했다.[5]) 문화적 측면으로부터 분리된 방식으로, 그리고 순수하게 추상적이고 기호적이고 무의미한 방식으로 수학을 가르치는 것은 쓸모가 없을 뿐만 아니라, 학생과 사회, 수학 자체, 그리고 미래 세대에 매우 해롭다.

수학이 다른 문화와 분리된 채 한 문화 안에서만 가르쳐져야 하거나 가르쳐질 수 있다는 것은 위의 글로부터 이해하지 말아야 한다. 한 문화 안 사고의 진보는 다른 문화에 의해 이해되고 환영되어야 한다. 그러나 이러한 진보는 "빌려오는" 문화에 맞게 "번역되어야" 한다.[6] 즉, 아이디어를 가져오는 것은 받아들일 수 있고 권장되어야 하지만, 이러한 아이디어의 의미와 함의는 "현지에서 만들어져야" 한다. 예를 들어, 프랑스에서 우리나라로 냉장고를 수입했을 때 냉장고를 가지고 우리가 해야 하는 것은 프랑스 음식이 아니라, 아랍 음식으로 그것을 채우는 것이다.

지역적이고 문화적인 의미뿐만 아니라 개인적 감정과 해석을 장려해야 하는 데, 그것은 특히 어린아이들에게 중요하다. 우리는 아이들에게 수학적 표현과 개념을 객관적으로 이해하는 방법뿐만 아니라 "주관적" 방식으로 보는 방법을 장려해야 한다. 우리는 한 가지를 강조해서는 안 되고 다른 한 가지도 잊어서는 안 된다. 내가 들어본 점$_{point}$의 가장 아름답고 명쾌한 정의 중 하나는 여섯 살짜리 소녀에게서 나왔다. 그 아이에게 어떻게 점을 보았는지 물었을 때, 그것은 구멍이 없는 원이라고 소녀는 말했다. 그 정의는 수학에서 극한의 개념을 포함한다. 그 아이의 상상력을 알지 못하는 교사는 그녀가 무슨 말을 하고 있는지 이해할 수 없을지도 모른다.

우리는 아이들에게 단지 "우리가 의미하는 것"이 아니라, "그들이 의미하는 것을 보도록" 격려해야만 한다. 우리가 아이들에게 사용하는 숫자와 기호, 단어들은 그들에게 결코 무의미한 것이 아니며, 이러한 기호들은 우리가 기호들을 언급하거나 사용할 때 우리가 의미하는 것만 의미하는 것이 아니다. 아이들은 기호에 대해 개인적으로 좋아하고 싫어한다. 이러한 좋아하고 싫어함은 어떤 경우에는 강한 감정과 신념이 된다. 이러한 것들은 보통 수학 교사들과 교육자들에 의해 무시된다. 우리는 산술 수업에서 어린아이들에게 예를 들면, "5나 2 중 어느 것이 더 큰가, 왜 그런가?"와 같은 질문만이 아니라, "너는 5나 2 중 어느 것을 더 좋아하고, 왜 그런가?"라는 질문을 해야 한다.

제3세계 국가에서 우리는 객관적인 지식을 순수하게 추상적이고 절대적이며 분리된 것으로 해석하는 서양의 방식을 따르지 않도록 주의해야 한다. 수학적 개념이나 "사실"을 가르칠 때, 우리는 그 개념이나 사실이 어디에 적용할 수 있는지 또는 참인지 또는 그 반대인 예를 요구해야 한다. 우리는 개념이나 사실의 사용, 오용, 악용에 대해 물어봐야 한다. 그리고 우리는 학생들에게 그것을 외우거나 그것에 관한 정형화된 문제들을 풀도록 요구하는 것보다 그 개념이나 사실의 개인적이고 문화적인 의미를 물어야 한다. 수학은 학생들이 관련짓고, 조직하고, 대안을 보고, 더 나은 결정을 내리도록 돕기 위해 사용될 수 있다. 우리는 수학 교사이자 교육자로서 그것을 성취하는 방법을 찾아야 한다.

권위 그리고 수학을 가르치기: 갈등과 곤란함

모든 문화의 한 가지 매우 중요한 측면은 무엇이 그 문화에서 권위를 구성하는가와 사람들이 비판적인 방법으로 또는 "올바른" 경로에서 벗어나는 방법으로 생각할 때 그 권위가 사람들에게 어떻게 반응하고 다루어지는가이다. 내 자신의 경험과 내가 알고 있거나 읽었던 많은 다른 사람들의 경험은 나를 점점 더 다음 사실을 믿게 만든다는 것이다. 즉, 교육 기관과 이러한 기관을 통제하는 권위가 자유롭고 비판적인 사고를 장려한다는 주장에도 불구하고, 그러한 교육 기관은 특히 사회의 "중요한" 문제를 다룰 때 비판적이고 독창적이며 자유로운 사고와 표현을 단념시킨다. 직접 관련 있는 공동체에서 중요한 사건들에 대해 관련된 질문을 하고, 새로운 대안을 보고, 존재하는 것에 대한 새로운 해석을 찾는 학생들은 매우 "위험스러운" 존재로 보통 여겨진다. 질문하고, 의심하고, 논쟁하고 실험하고 비판적이 되도록 사람들을 가르치고, 학생들의 인식을 높이는 가르침은 내 생각으로 볼 때 어디에서나 모든 종류의 기존 및 확립된 기관, 신념, 권위에 대한 진정한 위협이 된다.

이런 방법으로 가르치는 일에 종사하는 사람들은 법과 질서를 어지럽히는 것에서부터 부패하고 부도덕한 생각을 가르치는 것, 국가 안보에 위협이 되는 것에 이르기까지 익숙한 모든 종류의 고소 대상이 되고, 결국 그들은 가르치는 것을 멈출 수밖에 없다. 소크라테스는 고대 시대인 "민주적인" 아테네에서 이것 때문에 고소를 당했다. Oppenheimer와 Eldridge는 현대 시대에서 "민주적인" 미국에서도 비슷한 고소를 당했다. 이것은 사회주의 국가들과 제3세계 국가들에서도 마찬가지이다. 그러한 반응의 근원적인 규칙은 만약 교육에서 의문을 제기하는 태도가 길러진다면, 이것은 권위와 그 사회의 기반이 되는 가정과 구조를 포함하여 사회의 다른 것들에 대한 의문으로 이어질 수 있다는 것으로 보여진다.

이런 경험을 해 본 적이 없고 의심을 가진 사람은 자신의 가르침을 다시 보고, 그것이 중요한 주제들과 얼마나 많은 관련이 있는지 알아내려고 노력해야 한다. 내가 말하는 "중요한"이란 무엇이 됐든 그것은 그 사회에서 가장 중요한 것으로 여겨지는 것들인 경제, 기술, 정치, 종교, 윤리, 정보의 흐름, 특정한 집단의 억압을 조절하는 문제와 관련된 것을 의미한다. 나는 이런 종류의 경험을 여러 번 접했다. 한가지 상황은 서안의 고등학교에서 수학과 과학 클럽을 구성하는 데 발생했다. 학생들은 수행해야 할 어떤 실험이나 토론에 관한, 토론을 위해 정보를 수집하기 위한 어떤 주제를 선택하는 것이 자유로웠다. 그 클럽들은 거의 2년 동안 많은 학교에서 아름답고 성공적으로 지속되었다. 그러나 남학교보다 여학교에서 훨씬 더 성공적이었다. 여학생들은 일반적으로 남학생들보다 새로운 생각에 더 수용적이었고, 호기심이 많고, 성실하고, 독립적이고, 끈질기고, 흥미 있고, 독창적이었다. 대부분의 관리자들과 교사들은 클럽이 몇 달 안에 사라지거나 중단될 것이라 장담했다. 남학교에 관한 한 그들은 옳았다. 6개월 이내에 남학교의 모든 클럽은 중단되었지만, 몇몇 여학교에서는 약 2년 동안 계속 역동적으로 지속되었다. 그들은 양방향으로 계속되는 공격, 괴롭힘, 적대적 태도 때문에 존재를 중단시켰다. 이스라엘 당국과 지역 아랍인들 사이에서 광신적인 개인들이 각자의 이유와 방식으로 이 클럽들의 존재에 반대하며 맞서 싸웠다.[7]

요약하자면, 나는 수학을 가르치는 것이 학교에서 다른 과목을 가르치는 것과 마찬가지로 "정치적" 활동이라고 믿게 되었다. 그것은 학생들이 성장하고, 발전하고, 비판적이고, 더 잘 인식하도록 그들의 편에서 도와줄 태도와 지적 모델을 만드는 데 도움이 되며, 따라서 더 자신감 있게 기존의 구조를 뛰어넘을 수 있을 것이다. 아니면, 그것은 수동적이고, 경직되고, 소심하고, 소외된 학생들을 만들어 낼 것이다. 둘 사이에 중립적인 지점은 없는 것 같다.

현재 구조와 형태에서 제3세계 국가들의 학교들(최소한 내 학교에서는)은 위에서 언급된 두 번째 유형의 학생들을 양성하는 데 도움을 준다. 교실은 매우 조직적이다. 교수 요목은 경직되어 있다. 그리고 교과서는 고정되어 있다. 수학은 실수를 하지 않는 과학으로 간주된다. 그리고 수학의 진실은 영원하고 절대적인 것으로 간주된다. 모든 질문에 대해 하나의 정답과 모든 단어에 대한 하나의 의미가 있으며, 그 의미는 모든 사람과 모든 시간에 고정되어 있다. "잘못된" 대답은 용납되지 않는다. 학생들은 보통 그들이 "실수"를 하면(한 가지 방법이나 다른 방법으로) 엄한 처벌을 받는다. 선생님들 또한, 일정한 엄격한 기대에 따라 행동할 것으로 기대되고, 그렇지 않으면 처벌을 받는다. 예를 들어, 한 2학년 수학 교사는 처벌을 피하기 위해 감독자의 질문에 답하지 못하는 학생들을 지적 장애자라고 교실 앞에 명시해 놓음으로써 몇몇 학생들의 무능력을 설명했다. 감독관이 받아들이지 않자, 7살짜리 아이들은 그들 중 누군가가 실수를 했을 때 서로를 지적 장애자라고 자진해서 비난했다.

학교는 여러 가지 아이디어와 진술들 사이에서 새로운 질서와 새로운 관계를 볼 수 있도록 일관된 방식으로 아이디어와 진술들을 조직하는 것을 강력히 권장하지 않는다. 인과관계적 진술과 연관성을 표현하는 진술들은 대개 암기되지만, 결코 논의되거나 질문되어서는 안 된다. 몇 개의 예로는 "비가 충분히 오지 않으면, 몇몇 소녀들이 민소매 드레스를 입기 때문이다", "(1967년에) 전쟁에서 진다는 것은 신이 우리에게 주는 교훈이다(사실 그것은 이집트의 Nasser가 전쟁 후에 말한 것이다)"이다. 학생들은 정사각형, 직사각형, 마름모꼴에 대해 정확한 정의를 내리지만, 그들 사이의 관계는 거의 논의되거나 묻는 것 같지 않다. 내 아들이 8살 때, 어느 날 나는 아들에게 학교에서 무엇을 배웠는지 물었다. 아들이 언급한 것 중 하나는 "아프지 않으려면 밥을 먹기 전에 손을 씻어야 한다"였다. 잠시 후에 아들은 손을 씻지 않고 먹기 시작했다. 내가 아들에게 방금 한 말을 상기시키자, 아들은 시험을 위해 그 사실을 단지 외운 것이라고 말했다.

이러한 모든 조건 아래에서, 적어도 내가 잘 아는 나라들에서 수학과 과학에 매력을 느끼는 대부분의 교사들과 학생들이 그들의 관점에서 "보수적"이고, 그들의 행동에서 전통적이며, 그들의 사고에서 소심한 이유를 아는 것은 어렵지 않다. 수학이 왜 거의 항상 분리되고 무의미한 방식으로 가르쳐지는지도 같은 맥락에서 설명할 수 있다.

요약과 제안

1. 수학 교사, 학습자, 그들의 경험과 문화는 수학을 가르치고 그것을 더 의미 있고 더 관련성 있게 만드는 데 있어서 매우 중요한 요소이다. 수학이 절대적이고 추상적이며 보편적이라고 주장함으로써 문화적 맥락 없이 수학을 가르치는 것은 그 과목에서 대다수의 학생들이 소외되고 실패하는 주된 이유라고 나는 믿는다.

   또한, 문화적 관련성과 개인적 경험을 통해 수학을 가르치는 것은 학습자들이 실재 문화, 사회, 그리고 자신에 대해 더 많이 알 수 있도록 도와준다. 그것은 결과적으로 그들이 점차 더 잘 알고, 더 비판적이고, 더 감사하고, 더 자신감 있게 되도록 도울 것이다. 그것은 그들이 새로운 관점과 통합체를 만들게 하고, 새로운 대안을 찾는 데 도움을 줄 것이며, 바라건대, 그들이 기존의 구조와 관계를 변화시키는 데 도움이 될 것이다.

2. 교사 교육을 위한 과목과 프로그램은 위에서 언급한 방향으로 나아가기 위한 좋은 출발점을 형성한다. 수학에서 새로운 주제나 그것들을 가르치는 새로운 방법을 배우는 것만으로는 교수 전문성에서 가장 귀중한 두 가지 자격인 통찰력과 관련성을 얻기 위해 충분하지 않다. 교사 교육을 위한 과목과 프로그램에는 문화, 사회, 언어와 생각의 관계, 그리고 다른 것 중에서 수학적 개념의 진화의 역사에 관한 것을 포함

해야 한다고 나는 믿는다. 수학교육과정의 어떠한 변화도 교사들이 교육과정의 모든 관점에서의 변화를 이해하지 않는 한 효과적이지 않다.

우리는 표면적인 변화와 진정한 변화 사이의, 즉 새로운 계획, 프로그램, 교육과정의 표면적이거나 형식적인 성공과 진정한 성공을 구별해야 한다. 1970년대 아랍 국가들에 의해 채택된 수학의 새로운 강의 요목은 "성공적"이었다. 여러분은 새로운 책, 새로운 주제, 새로운 기호, 새로운 용어, 그리고 많은 교육 과목training course에서 변화를 볼 수 있다. 그러나 그것은 내 생각으로는 표면적인 변화이다. 태도, 가치, 가정, 관계, 구조의 변화를 의미하는 진정한 변화는 완전히 사라졌다.

3. 그러나 태도, 가치관, 기본적인 가정과 관계의 변화는 교사에게 매우 부담이 된다. 수학을 사회와 문화의 다른 관점과 관련짓는 방식으로 수학을 가르치기 위해서는 비용이 따르는데, 이는 학습자의 "비판적 의식"을 높일 수 있다. 그리고 교사가 보통 지불하는 비용은 권위의 힘이나(그 권위가 미묘한 방식이거나 직접적인 방식에서 권력을 행사하는 것과 상관없이) 교사의 효율성 면에서 직접적으로 다양하다. 내 생각으로 볼 때 대가를 지불하는 것에 대한 두려움은 "자연적인" 과정으로부터 교육을 우회시키고, 분리되고 무의미한 형태를 취하도록 강요하는 한 가지 주요 요인이다.

4. 위에 언급된 목표 중 몇 개를 달성하기 위해 나는 하나의 가능성으로 다음을 제안하고 싶다. 그 제안은 UNESCO나 수학교육에 관한 국제회의(ICME)와 같이 수학의 새로운 프로그램을 개발하는 것에 관심이 있는 모든 세계 기구를 대상으로 한다. 수학의 가르침을 문화적인 측면과 연관시키는 것의 중요성을 확신하는 다른 문화권에서 온 20~30명의 교육자들은 이 관계에 기반을 두고 교수 요목을 개발하는 일을 시작할 수 있다. 몇몇 문화권에서 수학의 강점, 약점, 오용, 남용이 교수 요목에 포함되어야 한다. 다른 문화권에서 특정 개념에 대한 다른 해석, 관점, 예시도 논의되어야 한다. 그러한 교수 요목을 경험한 학생들은 스스로를 이해할 수 있을 것이고, 그들 자신과 그들의 믿음, 그리고 그들의 문화를 더 잘 이해할 수 있을 것이라고 나는 믿는다. 게다가, 그러한 교수 요목이 사회에서 과학 기술과 다른 사회적, 문화적 측면 사이의 격차를 메우는 것을 도와줌으로써 수학을 "인간화" 하는 데 도움을 줄 것이라고 나는 믿는다. 가장 중요한 것은, 이것이 우리 시대의 가장 큰 세 가지 악인 절대주의, 편협함, 무지와의 싸움을 도울 것이라고 나는 희망한다.

미주

1. 이것은 기술적으로 선진국인 나라에서 수학이 반드시 훨씬 더 나은 방식으로 가르쳐진다는 것을 의미하지는 않는다. 예를 들어, 내가 미국의 초등학교 수업에서 사용한 많은 수학책들은 실제 학습에서 일어나는 경로도 없이 아이들에게 "빈칸을 채우도록" 요구한다.

2. 1976년 이래로 나는 또한 문맹 성인들에게 수학을 가르치는 것에 관여하고 있다.

3. 여러 가지 이유로 많은 아랍 국가에서는 공리 연역적 사고에 관한 단원(새로운 교수 요목에서)이 빠지게 되었다.

4. 이런저런 경험들의 결과로, 나는 우리 학교와 우리 문화에서 결함들을 다루는 과정을 고안했다. 이 과정은 공리적, 연역적, 귀납적 사고방식을 학생들이 그들의 일상생활이나 지적 질문에서 마주치는 경험들과 관련지으려고 시도한다. 이 과정은 1978년 Birzeit 대학의 과학 신입생들에게 처음 가르쳐졌다. (아랍에서) 이 과정을 위한 교과서는 1981년 Birzeit 대학에 의해 출판되었다.

5. 1980/81년 두 번째 학기 동안 Birzeit 대학의 방문 교수였던 Cornell 대학의 데이비드 헨더슨David Henderson에게 감사의 말을 전하고 싶다. 그는 나에게 처음으로 3차 방정식의 일반적인 해를 발견한 사람은 이탈리아 수학자가 아니라, Omar Khayyam이라고 알려주었다. 사실 헨더슨 박사는 주석 4에서 언급된 과정에 포함된 일반 3차 방정식의 Khayyam의 기하학적 해법의 상세한 설명을 썼다.

6. 그러나 역사상 (특히 몇몇 관습과 관련하여) 맹목적인 모방이 더 낫다는 것이 증명된 사례가 있다. 아라비아 숫자가 그러한 경우이다. 그것들은 동양에서 유래되었고, 오른쪽에서 왼쪽으로 기록된다. (자연수를 표현할 때, 우리는 맨 오른쪽의 단위 위치에서 시작하여 왼쪽으로 이동한다.) 그리고 그것이 현재 존재하는 거의 모든 문화에 있는 방식이다. 그것은 다른 사람들이 "수치적으로" 의사소통하는 것을 쉽게 만들어 준다. 만약 유럽인들이 자신들의 문화와 일치하는 방식으로 가장 왼쪽에서 단위를 시작하는 것으로 자연수를 표현하기로 결정했다면 무슨 일이 일어났을지 상상할 수 있는가? 한편, 서양에서 유래된 왼쪽에서 오른쪽으로 "커지는" 수직선은 모든 사회에서 그렇게 되어 다른 문화권의 사람들이 "그래프로" 의사소통하는 것을 훨씬 더 쉽게 만든다.

7. 나는 남학교가 아닌 여학교에서 클럽이 성공하는 데 중요하다고 믿는 한 가지 이유를 언급하고 싶다. 일반적으로, 소녀들은 사회의 주류 밖에 있기 때문에(대부분의 사회

에서 사실이다) 소년들보다 클럽 활동과 같은 교육에서 “비정통적”인 방식으로 더 많은 의미와 관계를 발견했다.

제14장

세계수학교육과정: 수학에서 유럽 중심주의와 겨루기

S. E. 앤더슨(S. E. Anderson)

편집자 주: 수학교육자인 S. E. 앤더슨S. E. Anderson은 아프리카, 아시아, 그리고 라틴 아메리카 출신 사람들의 수학적 공헌에 대한 역사적 정보가 미국의 유색인종 학생과 노동자 계급 학생들의 자신감을 어떻게 키워주고, 수학에 대한 이전의 소외감을 수학이 지적으로 자극제라는 태도로 바꾸도록 이끌 수 있는지를 보여준다. 이 장은 1990년 《Negro Education》, 59(3), 348-359에 처음 게재되었다.

몇 개의 암울한 통계

유럽 중심주의의 인종차별적이고 성차별적인 편견이 없이 수학을 어떻게 가르칠 수 있는지에 대한 요점(기초)으로 나아가기 전에, 우리는 교육과정이 고군분투하는 사회정치적 인구통계학적 측면에 대해 분명히 할 필요가 있다. 과학 기술 전문가 위원회(Commission on Professionals in Science and Technology)의 보고서인 1,987 and Beyond: Today's Budget-Tomorrow's Work Force(10-17쪽)에 따르면, 다음과 같은 내용이 제시되어 있다.

- 불과 20년 후인 2010년에는 미국의 18세 중 적어도 $\frac{1}{3}$은 흑인, 또는 라틴계가 될 것이다.

- 10년 후인 2000년까지 미국의 새로운 노동력 구성원의 85%가 흑인, 라틴계, 백인 여성이 될 것이다. 단지 신규 노동자의 15%만이 백인 남성일 것이다.

- 2000년까지, 미국에서 제조된 모든 상품의 75%가 자동화에 의해 생산될 것이다. 이용할 수 있을 더 적은 수(절대적인 수에서)의 일자리들은 기술이 필요 없거나, 맥도날드 유형의 단순 직업이거나, 하이-테크 기술의 직업일 것이다.

- 1978년에 수학에서 미국 시민 619명이 박사학위를 받았지만, 1988년에는 341명으로 줄었다. 이 박사들의 절반은 외국인이었다. 반면, 라틴계 미국인은 3명, 원주민 미국인은 2명, 아프리카계 미국인은 1명이었다.

- 지난 11년간, 단지 78명의 아프리카계 미국인들만이 물리학, 또는 천문학에서 박사학위를 받았고, 97명의 라틴계 미국인들과 11명의 원주민 미국인만이 박사학위를 받았다.

- 흑인, 라틴계, 원주민 미국인인 고등학교 졸업생들의 평균 수학 수준은 6학년 미만 수준이다. 즉, 이 졸업생들의 대다수는 기초 대수학에 대한 지식이 없거나 최소한의 지식만 가진 것이다.

수학에서 유럽 중심주의의 기초

우리는 암울한 통계를 계속 제시할 수도 있지만, 위에 제시된 것들은 자본주의 교육의 전반적인 위기를 전달하기에는 충분하다고 본다. 그 위기는 엘리트주의, 인종차별주의, 성차별주의적 본질 때문에 현재 붕괴 직전에 있다. 미국 과학진흥협회(American Association for the Advancement of Science(AAAS)(1989))의 과학, 수학, 기술에 대한 문맹률 목표에 대한 보고서는 다음과 같다.

> 인구통계학적 현실, 국가적 필요, 그리고 민주주의적 가치를 고려할 때, 국가는 더 이상

> 어느 학생들의 과학 교육을 무시할 수 없다는 것이 분명해진다. 인종, 언어, 성별, 또는 경제적인 상황들은 과학, 수학, 그리고 기술에서 누가 좋은 교육을 받을지, 받지 않을지를 결정하는 요소들이 되어서는 안 된다. (백인 소녀들과 소수자 학생들에게 너무 자주 일어난 것처럼) 누군가의 과학 교육을 소홀히 하는 것은 그들에게서 기초 교육을 빼앗는 것이고, 그들의 삶을 불리하게 만들며, 재능 있는 노동자와 정보에 정통한 시민을 빼앗는 것이다. 이것은 국가가 감당할 수 없는 손실이다(156-157쪽).

그러나 Alkalimat(1990)은 다음과 같이 분명하게 말했다.

> … 현대 사회에서 전략적 관심들은 선진 자본주의에서 끊임없이 변화하는 기술 분야 노동을 위해 숙련된 정신 노동자들을 훈련시키기 위한 사회적 힘의 수단으로 대학을 구조화했다. 게다가, 대학은 세계의 영원한 유럽 중심적 지배의 형이상학적 신화를 가지고 있는 엘리트를 세뇌하는 목적으로 이용되고 있다. 첫 번째 요점은 계급 지배를 위한 것이고, 후자는 인종 지배를 위한 것이다(2쪽).

진보교육자들의 과제는 교육의 자본주의적 체제를 고치거나 지지하려는 것이 아니다. 우리의 의무는 누구나 무엇이든 배울 수 있다는 것과 자연을 통제하고 더럽히는 것이 아니라 그 복잡성, 아름다움, 산물을 사랑하고 감사하기 위해 자연을 공부한다는 가정에 기반을 두고 보다 평등주의적인 교육 체제를 위한 씨앗을 뿌리는 것이다. 수학의 진정한 아름다움은 자연의 복잡성을 설명하는 데 도움이 되는 다양한 논리적 체계에 주관적이고 객관적인 요소를 엮어내는 오랜 시간의 우리 능력에서 비롯된다. 우리는 이 기준점으로부터 대안적인 수학교육과정과 여기에 제시될 구체적인 사례를 검토해야 한다.

Joseph(1987, 22-26쪽)에 따르면, 수학교육과 연구의 현재 구조는 모든 수준에서 유럽 중심주의의 사상누각과 같은 다음 네 개의 역사학적 원칙에 기반을 두고 있다.

1. 수학을 물질주의적 기반에 위치시켜 수학적 발달을 경제적, 정치적, 문화적 변화와 연결시키려는 것에 대한 일반적 거부감이 있다.
2. 필수적인 자질이나 재능을 지닌 것으로 여겨지는 소수 엘리트만이 수학적 추구를 할 수 있고, 대부분의 사람들은 이것을 하기에 적합하지 않다.
3. 수학적 발견은 오직 그리스 수학의 독특한 산물로 받아들여지는 연역적 공리적 논리 형식의 엄격한 적용으로부터만 뒤따를 수 있다는 견해가 널리 받아들여지고 있다. 따라서 직관적이거나 경험적인 방법은 수학적 관련성이 거의 없는 것으로 치부된다.
4. 수학적 결과의 제시는 2,000년 이상 전에 그리스인들에 의해 고안된 형식적이고 교

> 수학적인 양상과 일치해야 한다. 따라서 수학적 지식에 대한 새로운 추가의 타당성은 그러한 지식의 획득과 보급에 대한 통제력이 유럽 중심적인 특성을 가진 소규모의 자체 선택적인 파벌에 의해서만 단지 수행될 수 있다는 신념이 있다.

제도화된 유럽 중심의 교육과정은 유색인종과 여성들 사이의 인종적, 성적 열등감을 지속적으로 강화한다. 오늘날 미국 전역에서 사용되는 지배적인 교육과정은 수학이 그리스 남자들 사이에서 유래되었고, 유럽 남자들과 그들의 북미 후손들에 의해 더 발전되었다고 주장하는 것을 명백하게 한다. Ball(1922)에 따르면, 수학의 역사는 "이오니아 그리스 이전의 어떤 학파나 시기로 확실히 거슬러 올라갈 수 없다(1쪽)". 1953년 클라인Klein은 다음과 같이 쓰고 주장했다.

> 수학은 마침내 그리스의 비옥한 토양에서 생명에 대한 확고한 장악력을 확보했고, 짧은 기간 동안 강력하게 번성하였다. 그리스 문명의 쇠퇴와 함께, 식물은 천 년 동안 휴면 상태로 남아 있었다. 식물이 유럽으로 제대로 운반되어 다시 한번 비옥한 토양에 묻히게 되었다(10쪽).

수 세기 동안의 세대를 거치면서 유럽 중심적인 이런 유형의 "학문"은 인종주의와 제국주의 통치를 정당화하는 객관적이고 주관적인 추구로 재생산되었다. 수학 교과서에 아프리카, 인도, 중국, 마야의 기여에 대해 언급이 있으면, 그 언급은 지나가는 문장이거나 단락, 드문 경우에는 불합리한 추론의 장으로 강등된다.

체계적으로, 대학과 고등학교의 수학교육과정의 대다수는 일반적으로 수학과 과학 분야에서 직업을 찾는 젊은 세대들을 "거부"하고 있으며, 그 과정에서 유색인종에 대한 인종주의적 가정을 강화하고 있다(Steen, 1987, 51쪽). 우리의 젊은이들과 노동자들 사이에서 진정한 수학적, 과학적 지식이 번성하는 것을 보고 싶은 사람들은 유럽 중심의 관점에서 벗어나, 세계 수학과 과학적 지식의 풍부하고 복잡한 구조를 재구성하기 시작해야 한다. 오늘날 존재하는 대부분의 교수학적이고 교육과정적 전통과 단절해야 한다. 위험이 있지만, 누군가 백인으로서 전통을 깨트린다면, 그는 보수적인 인종주의자 동료들로부터 자살 임무를 수행하는 자유로운 "괴짜"로 간주될 위험이 있다. 백인이 아니라면 상아탑을 검은색으로 칠하고 "엄격함"과 "증명"의 아이콘을 파괴하며, 그것들을 "간단함"과 "재미"로 대체하는 데 열중하는 먼 세대의 투사로 비칠 위험이 있다.

수학교육의 여섯 가지 교수학적 재앙

급진적인 교수학으로 가르치는 내 자신의 실제적인 경험을 보기 전에, 나는 수학교육에서 6개의 주요 교수학적 재앙을 개략적으로 설명할 것이다. 대중적인 믿음과 실천은 사람이 수학을 배우기 전에 다음과 같은 것을 해야 한다고 강요한다.

1. 대수로부터 산술을 분리하라.
2. 역사적인 참고 자료 없이 수학을 가르쳐라.
3. 엘리트적이고 수수께끼 같은 교과서를 사용하라.
4. 소모둠으로 작업하고 테스트를 받는 것이 아니라, 개인으로서 작업하고 테스트를 받아라.
5. 수학은 순수한 추상이며, 따라서 자신의 문화와 작업 환경과 상반된다는 신화를 받아들여라.
6. 외우고, 또 외우고, 외워라.

대수로부터 산술을 분리하라.

우리 교사들은 변증법적 방법을 사용하지 않고 교수학을 실행해 가기 때문에 지식의 상호연관성을 보여주기보다는 지식을 구획화하는 경향이 있다. 결과적으로, 우리는 "가르칠" 준비가 되기 전에 '작은 수에서 큰 수를 빼는 것과 같은 대수 과정'을 가르치려 하는 사람들을 비난하며 산술 기술을 아주 어린아이들에게 가르치는 데 몇 년의 시간을 쏟아붓는다. 게다가 대부분의 초등과 중등학교 교사들은 수학을 이해하지 못한다. 그들은 젊은 사람들에게 수학적인 비전과 관점을 개발하려는 예리한 교사들과는 반대로, 장님을 인도하는 외눈박이 남자(또는 여자)와 다를 게 없다. 그렇게 많은 새롭고 도전적인 삶의 변화가 일어나는 극적인 사춘기 기간의 젊은이들에게 대수학을 강요하면, 대수는 진부해진 산술적 계산 기술에 개량부품을 짜넣게 된다. 따라서 대수는 일상적인 경험과 사람들의 역사적 발전으로부터 소독된 제한된 산술적 세계를 포교하는 데 걸린 지난 6~7년 동안 접목한 구성된 세계에서 떨어지는 충격적인 찢김이 된다.

중학교에 진학하는 우리 젊은이들의 압도적 대다수는 수학 교사들이 그들의 적이고, 더 나쁘게도 교사들이 수학을 그들에게 강요하는 일종의 독약이나 마음을 다스리는 약이라고 확신한다. 중학교에서 수학을 가르치는 우리 중 일부는 "어쨌든 좋아, 수학은 선택된 소수, 즉 영재를 위한 것이다"라고 말하면서 우리 자신을 강화시킨다. 대부분의 전형적인 대학 신입생들이 대학 수학 수업에 들어갈 때, 그들은 두려움, 걱정, 그리고 수학에 대한 잘못된 정보로 가득 차 있다. 급한 마음에 그들은 남은 대학 경험을 위해 수학이나 수학과 관련된 과목들을 수강하지 않는다. 그들이 이렇게 행동하게 하는 것은 자신의 수업 앞에 거만하게 서서 학생들은 단지 자료나 검토할 뿐이고, 또는 앞에 학생이 아예 없는 것처럼 간주하고 수학을 가르치고 있는 "학식 있는" 남자 교수이다!

반역사적인 발달로 수학을 가르쳐라.

수학과 자연과학은 역사적인 문화나 정치적 언급이 거의 없거나 전혀 없이 제시되는 유일한 연구 분야이다. 이 반역사적 접근은 "영원한 유럽 중심의 세계 지배라는 형이상학적 신화를 가진 엘리트를 세뇌(2쪽)"하는 과정이라고 Alkalimat(1990)이 밝힌 것의 본질이다. 이 교수학적 접근은 유럽 중심주의, 계급 엘리트주의, 성차별의 제도화를 강화한다. 피타고라스, 유클리드, 코쉬-리만, 푸리에, 뉴튼과 같은 유럽의 이름들은 육체, 뼈, 성격도 없이 마치 원래부터 항상 존재했던 것처럼 추상화의 다양한 수준에 부탁되었다.

엘리트주의자와 비밀 교과서

우리 모두는 수업에서 다루는 개념에 대한 설명이 너무 엉망이고 난해하며 엘리트주의적이어서 책 펴기가 두려운 수학 교과서를 적어도 한 번은 경험했다. 난해한 수학 교과서는 미국 교육의 모든 수준에서 규범이다. 자본주의적 또는 인종차별주의 교육은 이러한 위협적이고 이해할 수 없는 수학 교과서를 대량으로 생산할 뿐만 아니라, 그것들의 사용을 요구한다. 그러한 교과서들은 Alkalimat가 기술한 계급 지배를 보장한다. 다시 말해서, 교육적 과정의 모든 측면과 산업 및 기술 활동의 모든 측면은 대다수 사람들-특히 유색인종-이 생물학적으로 그리고/또는 심리적으로 수학을 이해할 수 없다는 것을 확신시켜야 한다.

개별적인 Uber Alles

일반적인 중등학교나 대학 수학 수업은 개인들이 "지식"을 위해 서로 무자비하게 경쟁해야 하는 구조이다. 대부분 과정이 시작될 때, 대부분 학생들이 가장 엄격한 과목의 요구에 실패할 것이라고 가정하는 교사들은 과목을 지정하면 실패의 매개변수를 제시한다. 이것은 학생들이 보통 그들 자신이나 다른 학생들이 그 과목과/또는 교사와 함께 이전에 비참한 만남을 통해 이러한 매개변수를 이미 알고 있다고 할지라도 그렇다. 그러한 환경에서 소수 학생들 사이의 협력은 과정, 교재, 또는 교사와 유기적인 발전의 결과로 진화하지 않고, 절박함에서 비롯된다. 개인주의는 수학 수업에서 강화되고, 그것과 사회 전반에서 계급, 인종, 성적인 분열을 더욱 강화하고 합법화한다. 학생들의 고독 증후군은 대부분 사람들이 역사적으로 그리고 현재 문제를 해결한 방식과 모순되지만, 그것은 자본주의의 전체주의적 규칙의 토대를 재확인한다.

"추상적이지 않으면 진짜 수학이 아니다"

유치원에서 대학에 이르기까지, 사립학교에서 공립학교에 이르기까지, 그리고 해안에서 해안까지 수학은 체계적으로 실제 세계와 거의 또는 전혀 관계가 없는 추상으로, 주관성과 분리된 것처럼, 순수하고, 눈이 부시도록 하얗게, 따라서 사인곡선의 단조로움 속에서 아름답게 제시된다. 순수하고 아름다운 이 비밀스러운 사회에 들어가기 위한 "열쇠"가 선택된 몇몇 소수에게만 주어진다. 그 소수는 그들의 계급/인종 지위와 순수한 확률에 기초하여 선택된다. (왜냐하면 수학에 접근할 수 있는 모든 특권을 가진 사람들은 그것을 추구하지 않을 것이기 때문이다.)

유럽 중심적 수학과 과학의 초석인 박식함, 추상화, 구획화는 세계와 사람들, 그리고 그들의 활동을 (즉, 그들의 창의적인 자원과 창의성으로부터 사람을 소외시키고 거리를 두기 위하여) 더 세분화하려는 자본주의의 요구의 산물이다. 이 과정은 자본이 인간의 노동으로부터 더 많은 잉여 가치를 추출하고 사람들의 마음과 사회 정치적 활동에 더 많은 통제력을 얻는 것을 허용한다. (또한 수학자, 엔지니어, 과학자들이 사회과학이나 인문학적인 상대들보다 더 정치적으로 보수적인 경향을 가지는 몇 가지 이유 중 하나이다). 따라서, 우리 학생들은 수학을 결코 내면화하거나 인간의 자연스러운 노력으로 여기지 않는 "신비 수학"으로 여기며 몇 년 동안 고통받는다.

기계적인 암기는 막다른 길이다.

우리는 모두 기계학습의 비참한 현실의 목격자이다. 혼자서 기계적인 암기를 하고, 일련의 수학 과정을 수강했고 통과했지만, 기본적인 수학 기술조차 부족한 학생들을 우리 중에 얼마나 많은 사람이 보았는가? 우리는 학생들이 침묵이나 멍한 표정으로 반응을 나타나게 하는 암기한 주제에서 약간 벗어난 질문을 몇 번이나 했는가? 왜 그럴까?

우리 교사들과 교수들은 수학 문제의 해결과 시험을 정의, 공식, 정리 등을 암기하는 것으로 축소시켰다. 그리하여 가장 많이 외울 수 있고 가장 많은 참고 자료와/또는 문제 해결 기술에 접근할 수 있는 학생이 가장 잘하게 될 것이다. 이런 종류의 학습은 오직 즉각적인 회상을 위한 것이다. 수학의 다음 단계를 배우는 데 사용하기 위해 내면화되거나 유지하는 것은 거의 없다.

대안적인 교육과정과 교수학

수학교육에서 개혁은 그들의 개혁주의적 본질 때문에 내재된 문제를 정확하게 해결하지 못해왔다. 개혁은 단지 같은 내용을 "새롭고 개선된" 형식으로 재정렬할 뿐이다. 그러나 수학교육 분야에는 전통을 깨고 우리의 교육학, 사람들이 어떻게 그리고 왜 배우는지에 대한 우리의 가정, 우리 문자와 우리 자신에 관해 의문을 제기한 소수 사람들이 있다. 예를 들어, Bob Moses가 수행한 초등학교를 위한 대수학 프로젝트가 있다. 이 프로젝트에서 어린아이들은 지하철을 타는 것에서 대수학을 배운다. 미국 뉴저지 주의 Newark에 위치한 Rutgers대학의 Arthur Powell(1986)이 수행한 수학 프로젝트에서 쓰기가 있고, Massachusetts대학의 Marilyn Frankenstein이 수행한 "radical math" 개념(Frankenstein & Powell, 1989)[1]이 있다. 이들과 다른 진보적 교육자들은 매우 광범위하지만 여전히 파괴적인 산술-대수학-기초미적분-미적분의 "학습" 계열로 이어지는 요점(기초) 접근법인 대안을 제안하고 이용하였다.

수학에 대한 학생들의 지식과 인식을 실제적이고 실행가능한 것으로서 양적으로나 질적으로 향상시키기 위해 취할 수 있는 "급진적인" 행동들이 있다. 초등학교 수준에서 Bab Moses가 했던 것이 확장되어야 한다. 예를 들어, 학생들은 욕조의 난기류나 수도꼭지에서 떨어지는 혼란스러운 상태를 포함하는 문제를 협력하여 해결하도록 해야 한다. 그들의 탐구는 학기나 학년 전체에 걸쳐 확장될 수 있고, 그래서 그들은 문제를 해결하기 위해 수학적 규칙, 정의, 전략을 연구하고 개발할 것이다. 대학 수학의 첫 2년을 전면적으로 개편하는 대신에, 수학과 실세계 문제의 상호연관성을 보여주는 것으로 대학 수준의 과목들을 개발해야 한다. 이러한 과정들은 또한 역사를 통해 사람들이 문제를 해결하기 위해 어떻게 수학적 전략을 만들어 냈는지 보여주어야 한다.

내가 가르치는 방법과 내용

다음 논의는 내가 지난 20년 동안 대학생들과 함께 광범위하게 해오고 발전시켜 온 것에 대한 것이다. 그들은 수학으로부터 소외되었고 수학에 대한 두려움이 있는 주로 노동자 계층의 흑인과 라틴계 성인들(젊은이와 노인)이었다. 이러한 학생들은 지적으로 도전적이거나 자극을 받는 경우가 드물지만, 한번 그들이 도전적이고 자극받게 되며, 그들이 이해할 수 있다는 것을 교사들이 이해한다면, 그들의 지식 추구는 멈출 줄 모른다는 것을 나는 알았다.

나의 교수학적 활동의 대부분은 평범한 사람들이 수학적인 아이디어를 창안하고 수학을 "행하는" 것을 강조함으로써 심리적인 향상을 목표로 한다. 나는 기초 수학 과정(미적분과 그 선수 과목)에서 확신을 세워주는 역할을 맡는다. "너희들은 모두 'A'로 시작하지만, 너희들은 그것을 계속 받기 위해 고군분투해야 한다"고 학생들에게 말한다. 나는 그들 모두가 그 교재를 이해할 수 있는 지적 능력을 가지고 있다고 생각하고, 만약 그들이 그렇지 않다면 그것은 내 자신의 문제이거나 교과서가 명확하게 의사소통을 하지 못한 탓으로 돌린다는 것을 그들이 알게 한다. 내 견해로 수학 지식의 질이 핵심이고 양적인 측면은 부차적이다. 그러므로, 나는 한 학기에 6단원씩 가르치기로 설정했더라도 그것을 성취하기 위해 내 학생들을 희생시키지 않을 것이다. 그들이 만약 3-4단원만 마치고 그것들을 잘 배운다고 한다면, 그들이 나머지 것들도 충분히 따라잡을 것이라고 확신한다.

전형적인 대수학 수업

나는 유한 수학 수업이나 "인간의 노력으로서의 수학" 수업에서 사용하는 접근법과 구조를 초급, 중급, 예비 대수 수업에서 사용한다. 첫 두 기간은 수학의 역사, 문화, 그리고 철학적 의미에 대해 강의와 토론 수업을 한다. 이 기간에 나는 수학적 사상과 기술의 발전, 자연을 이해하기 위한 인류의 지속적인 노력 및 자연을 통제하고 지배하려는 자본주의의 시도 사이의 상호관계를 개괄적으로 설명한다.

나는 처음부터 최초의 수학적/과학적 사상가들과 혁신가들의 몇몇은 아프리카 여성들이었다는 것을 강조한다. 인류는 아프리카에서 시작되었고, 대부분 경우에 여성들이 최초의 농부들이었다. 논리와 과학적 증거들은 수학과 과학적 탐구와 경험의 기초적인 발전이 그들과 함께 시작되었다는 주장을 뒷받침한다. 여성들, 그리고 나중에는 남성들이 식량재배를 발전시킴으로써 그들 스스로 더 많은 여가와 생각의 시간을 만들었다. 따라서, 소수의 남성들과 여성들은 질적이고 양적인 방식으로 자연을 연구하기 시작했다. 그러나 시간이 지남에 따라, 식량 재배는 또한 남녀를 나누는 데 직접적인 역할을 했으며, 사회적 계급과 그에 따른 수학 지식의 차이를 낳게 되었다.

내 강의는 고대인들의 과학적 관찰, 탐구, 실험의 초보적인 방법과 그들의 상호 보완적인 수학적 성과에 관한 토론을 포함한다. 나는 초기의 수학과 과학이 어떻게 유럽 문명이 있기 수천 년 전부터 천문학의 발전, 철 제련과 금속 도금 기술, 수술 기술 등뿐만 아니라 피라미드, 중국의 만리장성, 그리고 카트만두의 길을 건설하도록 이끌었는지를 보여준다. 또한 인류의 수학적 아이디어와 기술이 자연을 이해하고, 다양한 사회적 상호작용의 결과를 세우고 길들이며, 소통하고 기록하려는 사람들의 필요에서 어떻게 성장해 왔는가를 나는 또한 보여준다.

나는 학생들에게 이집트인, 중국인, 인도인들이 대수적인 문제해결에서 다른 유형의 수학적 일반화를 사용했다는 점을 지적해 준다. 가장 중요한 이집트 수학 문서인 Ahmes Papyrus(기원전 1650년경)와 Moscow Papyrus(기원전 1850년경)에서 볼 수 있듯이, 그리스 이전의 대수적 증명들은 연역적으로 자명하지 않지만, 타당한 증명이었고 지금도 여전히 그렇다. Josph(1987)가 언급한 바와 같이, “이집트의 증명은 기호 없이 엄밀하고, 따라서 특유의 변숫값이 사용되고 다른 값으로의 일반화가 즉각적이었다(24쪽)”.

이 기간 동안, 이집트인들이 수천 년 동안 지속된 엄청난 문명을 창조했다는 것을 강조한다. 또한 이집트가 아프리카에 속해 있었고 이집트에 거주하는 사람들이 아프리카인이라는 것을 강조한다. 이집트 문명은 복잡한 기술 혁신과 통신 형태를 생산하였고, 이집트인들이 그리스 문명을 일으키는 것을 돕기 전인 수천 년 전에 다른 사람들과 함께 상품과 아이디어를 광범위하게 교환하는 데 관여했다는 것을 지적한다. 그리스 언어의 적어도 절반 이상이 아프리카어에서 유래했으며, 그리스 조선, 건축, 수학과 마찬가지로 그리스의 우주론적이고 신화적 건축물이 이집트 건축물에 기초를 두고 있다는 것에 주목한다. 소위 “평면 기하학의 아버지”라고 불리는 유클리드가 이집트에서 수학 소논문을 연구하고 번역하는 데 21년을 보냈다는 것을 설명한다. 또한 피타고라스는 철학과 과학을 공부하는 데 이집트에서 수년을 보냈으며, 인도와/또는 페르시아의 동쪽으로 여행했는데 수학 문서의 모음인 인도의 Sulbasutras에서 소위 피타고라스 정리를 “발견한” 곳이 바로 그곳일 가능성이 있다(기원전 800년경~500년경). 피타고라스가 태어나기 1,000년 전의 바빌로니아 문서에 기록된 증명의 정리가 어떻게 피타고라스에게 기여했을지를 학생들에게 묻는다.

이 첫 번째 기간의 의도는 수학이 "백인 남성의 것"이었거나 "백인 남성의 것"이라는 통념을 깨뜨리고, 학생들에게 모든 문명은 서로 다른 속도로 다르게 발전하고 있지만, 항상 서로 불가분의 관계로 묶여 있다는 것을 보여주는 것이다. 학생들은 유럽이 야생과 혼돈에 둘러싸인 세계의 "문명의 중심"이 지금도 아니고, 과거에도 아니었다는 것을 아는 것이 중요하다. 이 유럽 중심적인 가정을 더 되돌리기 위해 초기 그리스인들로부터 중세와 르네상스 시기를 거쳐 자본주의의 부상에 이르기까지 유럽으로 끊임없이 유입되는 아이디어와 기술의 중요성에 대해 논의한다(Midonick, 1965를 참조). 유럽 수학의 특정 측면들은 유럽인들이 더 진보된 사회와 무역을 하지 않았다면 발전할 수 없었을 것이라는 것을 보여준다. 이것의 가장 눈에 띄는 예 중 하나는 유럽에서 일반적으로 사용할 수 있도록 힌두-아라비아 수 체계를 통합한 150년간의 정치적 투쟁의 사례이다. 중세 시대의 1세기 반(특히 1200년경~1350년경) 동안, 우세한 로마 가톨릭 교회에 맞서 떠오르는 경쟁 계층에 대한 두려움과 더불어 유럽의 인종주의와 외국인 혐오가 결합하여 유럽 전역에 수학적 지식이 확산하는 것을 방해했다. 교황청은 유럽 상인들과 장인들이 교회로부터 훨씬 더 독립적이 될 수 있는 수단으로 계산하기 쉬운 방법을 폭넓게 사용하는 것을 경험했기 때문에 힌두-아라비아 숫자를 "악마의 작품"이라고 비난했다.

이러한 예시는 '암흑 시대' 신화에 대한 논의로 이끌어지는데, 중세 시대 동안 유럽의 봉건적인 엘리트들 사이에서 발생한 일반적인 퇴보 때문에 세계 어느 곳에서도 지적으로 일어난 일이 없었기 때문이라고 주장한다. 반대로, 그 기간 동안 유럽의 안팎에서 수학, 과학, 철학에서 아이디어는 번성하였다. 위대한 아프리카인과 중동의 아라비아 학자들은 시칠리(Sicily)뿐만 아니라 스페인의 톨레도(Toledo)와 코로도바(Cordoba) 같은 곳에서 살고 공부했다. 팀북투(Timbuktu), 카이로(Cairo), 바그다드(Baghdad), 준디샤프로(Jundishapur) 또한 학문적인 배움과 연구의 중심지였다. 이 시기에 남부 유럽, 아프리카의 대부분, 중동 그리고 인도와 중국의 일부를 지배한 풍부하고 복합적인 아랍 문화는 바그다드에서 Caliph al-Mansur의 지혜의 집$_{\text{Bait al-Hikma}}$과 같은 지적인 중심지를 탄생시켰다. 거기에는 문서, 학자, 연구자들이 인도, 중국, 그리스, 바빌로니아 학자들의 위대한 천문학 연구를 통합하였다.

Bait al-Hikma 역시 알콰르즈미(Mohammed ibn-Musa al-Khwarizmi; A.D. 825-?)와 같이 주요 수학자를 탄생시킨 연구 대학이었다. 내 강의실 발표는 알콰르즈미(al-Khwarizmi)에 대한 토론을 포함한다. 왜냐하면 그는 두 개의 기초 수학 교과서를 저술했기 때문이다. 첫 번째는 유럽에 대수의 첫 번째 체계적인 접근법을 주었을 뿐만이 아니라, 과목 관련 이름의 근원(al-djabr 또는 "대수")이 되게 한 《Hisab al-djabr wa-al Muqabala(방정식의 과학 또는 환원과 소거의 과학)》이다. 그의 두 번째 저서(현재는 라틴어 원본에서만 발견됨)인 《Algorithmid de Numero Indorum》에서는 인도의 숫자 체계를 설명하고 있다. 알콰르즈미는 숫자 체계의 인도 기원을 강조했지만, 이 책의 후속 유럽 번역본들은 알콰르즈미에게 이 체계에 대한 기여를 돌렸고, 따라서 이 숫자들을 사용한 체계들은 "알고리즘"('al-Khwarizmi'의 이름의 변조)으로, 숫자들은 "아라비아 숫자"로 알려지게 되었다 (Joseph, 1987, 21쪽).

또한 나는 서양에서 오로지 쾌락주의 시인으로 알려진 대수학자 오마르 카이얌(Omar Khayyam; A.D. 1050-1122)과 나시르 에딘 알 투시(Nasir Eddin al-Tusi; A.D. 1201-1274)와 같은 중요한 아라비아 수학자들을 언급한다. 평평하지 않은 표면의 기하학에 대한 알 투시(al-Tusi)의 기하학에 관한 연구가 유럽에 알려지는 데 500여 년이 걸렸는데, 18세기 이탈리아의 기하학자 사케리(Saccheri)는 우리가 "비유클리드 기하학"이라고 부르는 것의 기초를 창안해 낸 알 투시(al-Tusi)의 연구를 이용하였다.

그러고 나서 학생들에게 수학적 추상화나 개념이 사회정치적 발전에 얼마나 밀접해 있는 지에 대한 아이디어를 주면서 진행한다. 유럽, 아프리카, 아시아, 미국이 아이디어와 문화의 풍부한 교류에 참여했던 8세기부터 15세기까지의 기간을 토론한다. 이러한 교류가 신흥 유럽 상인 계급의 지적이고 과학적인 요구를 육성하는 데 어떻게 도움이 되었는지를 보여준다. 예를 들어, 1600년대에 유럽 상인들은 더 많은 아프리카 노예, 원자재, 완제품들을 더 빠른 속도로 운반하기 위해 조선업자들에게 더 큰 배를 요구하기 시작했다. 아이러니하게도, 매우 큰 배를 만드는 데 필요한 기술을 향상시키기 위한 그들의 연구에서 유럽의 조선업자들은 감비아(서아프리카), 중국, 인도 선원들의 지혜를 이용하였다. 그리하여 학생들은 유럽 부르주아 계급의 끊임없는 이익 추구와 최초의 유대인 대학살의 공포인 노예무역에 기여한 유체역학(및 그 부수적인 수학)의 발전에 내재된 모순을 이해하게 된다.

더 나아가 미적분학이 영국과 독일에 의해 행해진 탄도학과 토지 통합 전쟁의 연구를 용이하게 하기 위해 만들어졌다는 것을 지적한다. 또한 더 효율적인 무기와 방어 메커니즘을 위한 현대 자본주의 사회에서 군대의 필요가 어떻게 많은 수학자와 과학자들에게 전쟁 물자를 추진하도록 영감을 주고, 또한 계속해서 영감을 주었는지를 보여준다. 새로운 수학적, 과학적 발견은 자본의 이익을 가져왔다.

요약하면, 이러한 강의와 토론은 학생들이 다음을 이해하는 데 도움이 된다.

(a) 유색인종은 수학과 과학의 최초의 개발자이자 혁신가였다.
(b) 유럽은 제3세계(사실상 제1세계)의 수학적, 과학적 성과와 분리되어 있지 않았다.
(c) 유럽 자본주의는 유럽이 제1세계의 수학적, 과학적 아이디어와 기술을 자본주의 상부구조에 통합했기 때문에 발전했다.
(d) 유럽은 아프리카, 아시아, 아메리카를 지배하고, 노예화하고, 식민지화했으며, 제1세계의 지적, 수학적, 과학적, 기술적 활동의 형태를 전부는 아니지만, 대부분 정지시키고 혹은 역전시켰다.

이 간단한 역사적 조사를 통해 나는 인간의 맥락 안에 수학을 넣으려고 노력한다. 비록 나는 학기 말 보고서를 미적분과 "인간의 노력으로서의 수학" 수업으로 제한하지만, 많은 학생은 수학의 역사적 발전에 매우 관심을 갖게 되었다. 그들은 다른 수업을 위해서도 수학과 과학의 역사 분야에서 더 많은 읽기와 쓰기를 학기 과제로 하게 된다.

구조화된 수업에 관한 몇 마디

수업이 시작된 지 약 2주 후에 나는 학생들이 선택할 수 있는 서너 명 이하의 소집단을 만들도록 도왔다. 이 모둠들은 집단 학습(흔히 대부분 학생에게 설명되어야 하는 개념)과 교실 모둠 학습을 할 수 있다. 소집단은 한두 개의 "진도 보고서"를 제출해야 한다(다른 사람들은 "테스트" 또는 "시험"이라고 부를 수 있다. 그러나 나는 학생들의 수학적 자신감을 키우는 것으로 성취와 관심에 대해 낙관적이라는 메시지를 전달하기를 원하기 때문에 이 진행 보고서라는 용어를 선호한다).

나는 내 학생들이 실제로 수학을 하고 실제로 결과를 얻는 실제 사람들에 대해 보고, 말하고, 읽기를 원한다. 그러므로 나는 또한 수학과 사회과학과 자연과학, 기술의 발달, 노동 시장의 기술 사이의 직·간접적인 관계를 강조하기 위해 매주 뉴욕타임즈의 "과학시대Science Times" 기사에 대해 15분~20분의 수업 토론을 진행한다. 이러한 읽기나 토론은 과학과 수학의 "신비화를 제거"하는 데 도움이 되며, 학생들의 기술적이고 형식적인 어휘를 구축하는 데에도 도움이 된다.

학생들은 중요한 모든 수학적 정의, 정리, 공식을 노트 카드에 기록하도록 한다. 그들은 참고 자료로 사용하기 위해 진도 보고서 시간을 포함하여 항상 이 노트 카드들을 수업에 가져와야 한다. 그러나, 처음부터 학생들에게 내 수업(그리고 수학 자체)이 암기를 잘 하는 학생을 보는 것에 관한 것이 아니라는 것과 학생들이 수학을 이해하고 사용하게 되는 사람을 얻는 것이라는 것을 알게 한다. 직장이나 공동체 작업에서 사용할 수 있는 참고 자료가 있는 것처럼, 우리는 수학과 과학 문제에 대한 해결책을 추구할 때 노트 카드를 이용해야 한다.

나는 내 수업에서 과학용 계산기의 사용을 권장한다. 만약 시간과 컴퓨터가 이용 가능하다면, 학생들이 이용할 수 있는 효과적인 상호작용 소프트웨어를 사용하도록 권장한다. 그럼에도 불구하고, 컴퓨터를 학생들과의 직접적인 상호작용을 위한 보조수단으로 생각하는 것이지, 결코 대안으로 보지는 않는다.

결론

우선, 20년간 수학을 가르치는 것에 대한 비유럽 중심적인 접근법을 발전시킨 내 결과는 학생들이 수학을 성공적으로 하는 것에 대해 더 긍정적이고 자신감 있는 태도를 갖는 것을 숙고하도록 한다. 예를 들어, the State University of New York-Old Westbury (1971-1977)와 Rutgers University in Newark(1986-1989)에서 내 대수학 수업을 들었던 수백 명의 학생 중에서 85%가 이 과정을 통과했다. 약 60%는 처음에 피하려고 계획했던 수학 과목을 적어도 한 과목 더 이수했다. 그 10년 동안 더 많은 아프리카계 미국인 학생들이 기초미적분 과정을 수강하고 통과하기 시작했는데, 두 지역, Old Westbury에서 25-28%와 Rutgers-Newark에서 19-21%가 증가하였다. 반면에 Old Westbury의 전통적인 대수 강의와 시험 형식에 등록한 학생들 사이에서는 1978년부터 1988년까지 중퇴율과 낙제율이 증가하였다. Rutgers-Newark의 기초대수 수업에서는 낙제율과 중퇴율은 지난 17년 동안 약 50%를 유지하고 있다!

수학 전공자를 양성하는 면에서 내 성공은 미미했는데, 내가 아는 바로는 내 학생들 중 단지 7~8명만이 수학을 전공하기로 결정했거나 성공적으로 전공했다. 그러므로, 이 특별한 비유럽 중심적 접근법은 유색인종 학생들이 수학을 경험하는 데 필요한 기본적인 자신감을 만들어 내고, 수학 비전공자들의 요구사항을 만족시킨다고 말할 수 있다. 더 많은 수학 전공자들을 배출하기 위해서는 몇 개의 수업이 아닌, 전체 수학교육과정과 교수진을 관리할 필요가 있다.

어떤 교과에서든 유럽 중심의 교육과정에 맞서서 투쟁할 때, 우리 교사들은 지식을 억압하거나 왜곡시킨 동일한 방법을 사용하는 것으로는 문제를 바로잡을 수 없다. 또한 우리는 단지 무계획적으로 기존 질서에 유색인종의 특정한 속성과 업적에 대한 토론을 이식시킬 수도 없다. 그렇게 하는 것은 단지 계급, 인종, 그리고/또는 성별에 기반한 편견에 광기만 더 심화시킬 뿐이다. 이집트의 정치경제학자 아민$_{\text{Amin}}$(1989)이 주장한 바와 같이, 그러한 편협한 민족주의는 개인주의를 발생시킬 수 있고 실제로도 그렇다.

> 모든 경우에, 민족주의적 문화주의자들의 후퇴는 같은 방법인 유럽 중심주의의 방법으로부터 계속되고 있다. 그 방법은 역사의 과정, 좀 더 정확하게는 개인적이고 차이가 심한 역사를 결정하는 환원 불가능한 "독특한 특성"을 긍정하는 것이다.(77쪽)

취업 시장을 위해 학생들을 훈련하기보다는 자유를 위해 학생들을 교육하는 것에 진정으로 관심이 있는 사람들은 유럽 중심의 교육 구조를 공격하고 비판하고 해체해야만 한다. 동시에 자연적이고, 대중적이며, 평등주의 형태의 학습을 위해 좀 더 포괄적인 씨앗을 심어야 한다. 우리는 더 이상 기다릴 수 없다. 내가 이 기사의 첫머리에 언급한 암울한 통계는 세계에서 가장 위대한 노동 계급의 일반적인 도덕적, 정치적 쇠퇴와 더불어, 미묘하지만 효과적인 형태의 교육적 대량 학살이 일어나고 있음을 나타낸다. 우리들의 대다수인 아프리카계 미국인들과 라틴계 사람들이 학문의 전당에 있는 것은 모두에게 대학을 개방하라는 대중적인 운동 때문이다. 결과적으로, 우리는 터널 비전의 경향에 반대하여 투쟁해야 하는 영광스러운 의무가 있다. 인간이 노력하는 모든 분야에서, 특히 수학과 과학이라는 중요한 분야에서 진정으로 평등하고 진실한 대안을 제공하기 위해 우리는 세계의 대다수 사람이 만든 기여에 중심을 두고 보아야 한다.

참고문헌

Alkalimat, A. (1990). *Eurocentricism: A review of Samir Amin's Eurocentrism. Unpublished review*. Department of Africana Studies. SUNY-Stony Brook.

American Association for the Advancement of Science. (1989). *Science for all Americans: A project 2061 report on literacy goals in science, mathematics, and technology*. Washington, D.C.: American Association for the Advancement of Science.

Amin, S. (1989). *Eurocentrism*. New York: Monthly Review Press.

Ball, W. W. R. (1922). *History of Mathematics*. London: Macmillan and Co.

Commission on Professionals in Science and Technology. *Scientific manpower, 1987 and beyond: Today's budget —Tomorrow's work force*.

Frankenstein, M. and Powell, A. (1989). "Mathematics Education and Society: Empowering Non-Traditional Students" In C. Keitel, P. Damerow, A. Bishop, & P. Gerdes (Ed.), *Mathematics, education and society* (pp. 157-159). Paris: UNESCO.

Joseph, G. G. (1987). Foundations of Eurocentrism in mathematics. *Race and Class* 27(3): 13-28.

Klein, M. (1953). *Mathematics in Western Culture*. New York: Macmillan.

Matthews, C. M. (1990). *Science, engineering, and mathematics precollege and college education*. Congressional Research Service IB 88068: 5-6.

Midonick, H. O. (1965). *The Treasury of Mathematics*. New York: Philosophical Library.

National Research Council. (1989). *Everybody counts: A report to the nation on the future of mathematics education*. Washington, D.C.: National Academy Press.

Powell, A. B. (1985). Working with "underprepared" mathematics students. In M. Driscoll and J. Confrey (eds.). *Teaching mathematics: Strategies that work* (pp. 181-192). Portsmouth, NH: Heinemann.

Steen, L. A. (1987, July 17). Mathematics education: A predictor of scientific competitiveness. *Science* 251.

제15장

수학 교실 속 세계 문화

글로디아 자슬라브스키(Claudia Zaslavsky)

편집자 주: 수학교육자인 글로디아 자슬라브스키Claudia Zaslavsky는 그녀의 첫 저서인 《Africa Count: Number and Patterns in African Culture, 1979》[a)]와 《Multicultural Mathematics: Interdisciplinary Cooperative-Learning Activities, 1993》, 《Multicultural Math Classroom, 1996》으로 잘 알려져 있다. 《아프리카 수학》 등 그녀의 저서들은 다문화 수학 측면에서 교육과정 자료 개발에 관심을 두도록 했다. 이 장에서 저자는 아프리카 사람들과 아메리카 원주민들의 다양한 수학적 실제(practice)를 제공하고, 이들의 실제가 아이들을 위한 수학과 교육과정에 왜, 그리고 어떻게 통합될 수 있는지를 논의한다. 이 장은 《For the Learning of Mathematics(1991)》, 11(2), 32-36쪽에 게재되어 있다.

미국의 수학 교실에는 다양한 문화에 속하는 아이들이 있다. 일부 아이들은 최근에 미국에 도착했지만, 일부는 수십 년 또는 수백 년 전에 미국에 온 이민자들의 후손이다. 또한, 일부는 아메리카 원주민이 그들의 조상이다. 한때 미국을 많은 국적의 사람들과 문화를 융합하는 "인종의 용광로melting pot"라고 부르기도 했다. 하지만, 이 융합의 기회를 절대로 갖지 못한 집단이 있었다. 몇 가지 예를 들면, 대부분의 아메리카 원주민, 아프리카

a) 역자 주. 이 책은《아프리카 수학》(김성희, 김진호, 박현미, 안희진, 유대현 공역, 경문사, 2008)으로 번역되어 있다.

계 사람들, 푸에르토리코의 식민지였던 지역과 전에는 멕시코에 속했지만 지금은 미국의 남서부에 해당하는 지역에 사는 라틴 아메리카인들이다. "인종의 용광로"에 넣을 대상들을 선택한 후에 남겨진 폐기물과 같은, 즉 선택받지 못한 사람들이었다. 이들은 빈곤하게 삶을 사는 사람 중 불균형적으로 큰 부분을 차지하고 있었고, 지금도 그렇게 살고 있다.

이제 우리는 "인종의 용광로"란 비유가 잘못되었음을 안다. 반대로, 사람들은 최근에 자신들의 뿌리를 찾는 것에 더 관심을 두게 되었다. 미국에서 가장 오래 살았고, 가장 핍박받은 민족 집단들은 아메리카 원주민과 유럽으로부터 이주해 온 농장 소유자들의 노예살이를 위해 쇠사슬에 묶인 채 신세계로 끌려온 아프리카 사람들이다. 현재 이들의 후손은 자신들의 문화적 유산을 확고히 할 것을 거듭 주장하고 있다. 비록 이들의 조상이 영국, 스페인, 다른 유럽인들을 종종 포함하기도 할지라도, 이들은 사회적 압력에 의해서 종종 핍박받는 사람들로 인식되거나 동일시된다. 덧붙여 말하자면, 아메리카 원주민과 아프리카 사람은 서로 결혼하여 많은 아프리카계 미국인들은 자신들의 조상을 아메리카 원주민으로 생각할 수 있다. 미국 인구 조사는 스페인 태생의 사람을 백인 또는 흑인에 포함시키거나 별도의 또는 추가 집단으로서 스페인 태생의 히스패닉 인구로 계산하기도 한다. 이들을 세부적으로 더 분류하고 그에 따른 이름을 붙이고 하는 것은 이 분류에 따라 속하는 사람들 사이에서조차 합의가 안 되는 주제이다. 그리고 이 주제에 대한 논쟁은 종종 열기를 띤다. 대중매체에서 그리고 정부와 위원회 보고서에서, "소수인종"이란 용어는 흑인, 라틴계(히스패닉계), 아메리카 원주민, 그리고 아시아계 미국인을 포함한다. 이 사람들은 "소수인종"이란 단어가 암시하는 "실패자"란 의미 때문에 이 단어를 싫어한다. 또한 이들은 이들 모두가 한 집단으로 싸잡아 취급되는 것에 반대한다. 내가 이름 붙인 각 집단의 내부에서조차 사람들은 지리적 기원, 문화 양식, 그리고 사회적 계층에서 매우 다르다.

2000년에 모든 학생의 1/3이 "소수인종"이 될 것이라고 추정된다. 소수인종의 가정과 공동체에서 성장한 아이들의 학습 양식은 주류 문화 속에서 자란 아이들의 학습 양식과 종종 다르다. 이들은 교실 안팎에서 교육 기회를 덜 접한다. 이들 "소수인종" 학생 중 대부분이 낮은 질의 교육 서비스가 제공되는 학교에 다니고, 모든 중요한 표준화된 "성취도" 검사들에서 가장 낮은 점수를 받으며, 낙제율 또한 높다. 이러한 낮은 성취의 학생들이 불균형적으로 많은데, 이들은 저학년에서부터 낮은 성취도를 보인다. 이들은 제한적인 그리고 낡은 교육과정을 제공받고, 기계적 암기식 교수법으로 수업을 받으며, 표준화된 지필 검사와 선다형 검사로 시험을 본다. 미국에 있는 한 수학교육 공동체는 모든 학생을 위한 프로그램을 제안한다. 《Curriculum and Evaluation Standards for School Mathematics》(NCTM, 1989)[b]은 다음과 같이 진술하고 있다.

---

b) 역자 주. 이 책은 《수학교육과정과 평가의 새로운 방향》(구광조, 오병승, 류희찬 공역, 경문사, 1992)으로 번역되어 있다. 원서명에 있는 Standards는 학생들이 배울 내용이란 뜻이고, 이 학생들이 배울 내용이 객

> 모든 학생, 특히 젊은 여학생들 그리고 소수인종들이 수학을 열심히 공부할 것을 격려하는 의식적인 노력을 하는 것이 매우 중요하다(68쪽).

학생들의 다양한 배경과 관심사에 대해 인식해야 한다.

> 학생들은 수학의 문화적, 역사적, 과학적 진화와 관련된 많은 그리고 다양한 경험을 해야 한다(5쪽).

학생들이 자신이 속한 문화유산과 관련된 주제를 수학 학습에 포함함으로써 혜택을 보는 학생들은 소수인종 집단의 아이들만이 아니다. "지구촌"에 있는 학생들은 세계 곳곳에 있는 사람들의 공헌을 존중하고 감사해야 하는 법을 배워야 한다.

교육학자들은 "교육과정을 다문화화" 하기 위해서 수학에 세계의 여러 문화의 업적을 반영하는 가치에 대해 인식하기 시작하고 있다(Bishop, 1988; D'Ambrosis, 1989; Gerdes, 1988).

문화적 관점 도입하기

미국에서 영향력 있는 교육학자들은 표준화된 검사와 교과서가 수학교육과정에 영향을 주는 방식에 대해 개탄한다. 각종 시험이 최우선 고려사항이다. "시험에 나오지 않으면 가르치지 말아라" 이것은 많은 학교 행정가들과 교사들에게 팽배해 있는 관점이다.

여러 곳에서 일부 교사들은 의무 교육에 문화적 관점을 도입하려는 시도를 하고 있다. 이 교사들은 수학을 의식하지 않으면서 수학적 내용을 담고 있는 국어, 사회, 미술 수업을 실행한다. 아래 설명을 보자.

"아동 도서 주간"을 축하하기 위해서 한 지역 학교의 독서 지도교사reading supervisor가 내가 집필한 《Count on Your Fingers African Style(1980, 1996)》을 8세 학생들에게 이야기해 달라고 나를 초대했다. 이 학교 아이들의 대부분은 저소득층이고, 검은색 피부를 가졌고, 스페인어를 말하는 이주민들이거나 도미니카 공화국에서 온 이주민들의 자녀들이다. 이 학교 선생님들은 아이들과 함께 이 책의 내용에 대해 토의를 하였고, 학생들은 세기에 대해서, 책을 집필하는 것에 대해서, 출판하는 과정에 대해서 질문할 준비가 되어있

관적 인식론을 토대로 하는 교육에서의 내용과 구성주의를 바탕으로 교육할 때 교육의 내용이 다르다는 것이 이 책의 본질이다. 그런 점에서 이 책에서 말하는 추론, 의사소통, 연결, 문제해결은 학생들이 배울 내용이었다.

었다. 많은 아이가 스페인어로 셀 수 있었고, 아이티 공화국 출신의 일부 아이들은 프랑스어를 알고 있다. 우리는 영어, 스페인어, 프랑스어, 세 언어의 수 세기 용어counting words 간의 유사점과 차이점에 주목하면서 비교하였다.

나는 이 아이들에게 그들이 아프리카의 한 나라에 있는 시장을 방문하는 중이라고 생각하라고 요청하였다. 또한, 이 시장에서는 누구도 자신의 나라 언어를 말할 수 없다고 말해주었다. 아이들은 오렌지 8개를 어떻게 주문할까? 물론, 이들은 손가락을 이용할 것을 제안했다. 그래서 나는 각자가 팔을 표시할 수 있는 방법을 상상하고, 내가 신호를 줄 때, 손가락으로 "8"을 보이게 해서 손가락을 들어 올리라고 요청했다. 정말 많은 방법이 있었다! 일부 아이들은 이 책에서 설명한 방법들을 이용했다. 반면에 다른 아이들은 독특한 방식을 창안하였다. 이로부터 우리는 한 문제를 해결하는 데 많은 방법이 있음과 이 방법들은 모두 동등하게 타당하다는 사실을 알 수 있다. 그리고 이 예시는 책에 관한 이야기를 가장한 좋은 수학 수업이다!

우리는 수와 수가 얼마나 유용한가에 대해서 논의하였다. 한 남자아이가 주 정부에서 운영하는 합법적인 복권과 상치되지만, 저소득층 공동체에서는 만연한 불법적 도박 게임인 "Playing the Numbers"에 대해서 말을 하였다. 이 지도교사는 빠르게 개입하였다. "경찰을 조심해!" 이 아이는 교사의 말에 당황한 듯싶었지만, 당황한 이유에 관해서는 설명하지 않았다.

나는 이 학교를 떠나면서 현관 입구에 전시된 한 9살 학급이 만든 아름다운 퀼트 작품을 주목하였다. 이 작품은 5×6 배열로 된 30개의 정사각형으로 이루어졌다. 이 정사각형들은 구조가 같았다. 각 정사각형은 프린트하거나 단색의 천을 서로 바느질한 작은 정사각형과 삼각형으로 이루어져 있었다. 천의 색과 패턴을 혼합하고 짜 맞추면서 생기는 무늬대로 해가면서 이 아이들은 다양하고 즐거운 작품은 얻을 수 있었다.

나는 이 수학적 산물에 대해 더 많이 알기 위해서 이 아이들의 교사를 면담하기로 했다. 이 교사는 "저는 미술을 전공했어요. 저는 아이들에게 이 퀼트를 만들게 했어요. 그래서 이 아이들이 미국의 식민지 시대(18세기)의 생활을 느끼게 하고 싶었어요. 저는 사회 교과와 미술 교과를 결합하고 싶어요. 현재, 우리는 아메리카 원주민의 구슬 패턴을 하고 있어요"라고 말했다. 내가 "이 아이들은 또한 매우 훌륭한 수학을 하고 있어요"라고 말하자, 이 교사는 놀라는 것 같았다. 어쨌든, 이 활동은 수학교육과정에 있지 않았고, 이들 응용 활동은 표준화된 성취도 검사에 포함되지도 않았다. 후에 나는 아프리카-아메리카 퀼트 전시물에 대해 읽었다. 저자는 많은 표준 퀼트 패턴과 전통적인 아프리카 직물의 패턴의 유사점에 관해 그리고 아프리카 노예 여성들이 영국과 미국에 퀼트를 소개했을 가능성에 관해 설명하였다(Barry, 1989).

나는 교사에게 남학생들이 바느질하기를 반대하였는지 물었다. 교사는 "오, 아니에요. 제가 아이들에게 재단사들이 바느질한다고 말해주었어요. 전혀 문제가 없었어요"라고 대답했다. 퀼트 사진과 구슬로 활동을 하는 학생들의 사진은 《Arithmetic Teacher(Zaslavsky, 1990)》에 있다.

이 원고에서 나는 아프리카 사람들의 수학적 관행과 아메리카 원주민들의 수학 관행을 기술할 것이다.

수와 명수법

공립학교 제도가 시작한 후로 수를 가지고 하는 활동은 수학교육과정의 대부분을 차지한다. 이것은 가게 주인, 점원, 농부, 그리고 공장 노동자들의 요구를 만족시켜 주었다. 사람들은 진법 체계를 그들의 필요에 따라 발달시켰다. 명수법의 영어 체계와 대부분의 유럽 언어의 체계는 십씩 그리고 십의 거듭제곱으로 묶음짓기를 토대로 한다. 왜 사람들은 10을 진법의 기본 수로 일반적으로 이용한 것일까? 우리가 열 개의 손가락(기본수[c])을 가지고 있기 때문일까? 서아프리카 사람들, 중앙아메리카 사람들, 이뉴잇족(북미의 에스키모인)과 북극의 에스키모 사람들은 20씩 묶는다. 시에라리온 공화국의 몬데족의 언어와 같은 몇몇 언어에서 20에 해당하는 단어는 "완벽한 인간(손가락 10개와 발가락 10개를 모두 가리킨다.)"을 의미한다.

아이들은 큰 수들의 구조를 조사함으로써 진법 체계를 배울 수 있다. 예를 들어, 나이지리아의 요루바족 언어에서 사십오에 해당하는 단어는 "20개씩 세 묶음에서 오와 십을 덜어냄"을 의미한다. 즉 이 언어는 대부분의 유럽인의 언어에서처럼 곱셈과 덧셈을 사용하기보다는 곱셈과 뺄셈의 연산을 이용한다. 즉, 같은 문제에 대해 해법이 다양하고, 한 해법이 우수한 만큼 다른 해법도 우수하다(Zaslavsky, 1979a, 207쪽).

상대방의 언어를 이용해서 말할 수 없는 사람들은 주로 수를 표현하는 손가락 동작을 이용한다. 이런 손가락 동작들은 수어(數語)와 관련되어 있을 것이다. 또한 이 동작들은 매우 다를 수 있다. 북아메리카 원주민들이 유럽의 정착민들로 인해서 서부로 밀려가기 훨씬 이전에 서로 다른 언어를 말하는 원주민들은 대평원에서 만났다. 필연적으로 그들은 수를 신호를 포함해서 손가락 신호$_{\text{number signs}}$ 체계도 발달시켰다(Zaslavsky, 1979b).

고대 이집트 사람들은 수, 진법 체계, 수 기호$_{\text{written numeral}}$, 계산 방법, 응용에 대한 풍부한 자료의 출처를 제공한다(Gillings, 1979; Joseph, 1991). 하지만, 이 위대한 고대 이집트 문명의 기원이 지금은 수단 영토인 나일 계곡의 상류 그리고 한때는 비옥한 사하라 지

---

c) 역자 주. digit를 우리말로 기본수 또는 밑기수라고 한다. 10진법에서 기본수는 0, 1, 2, 3, 4, 5, 6, 7, 8, 9의 10개이다. 2진법의 기본수는 0, 1이다.

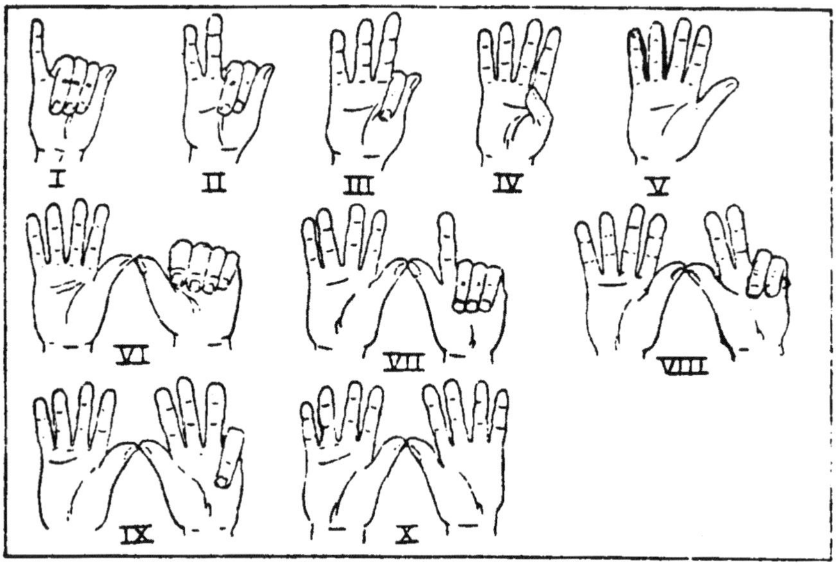

[그림 15-1] William Tomkin(1969)이 집필한 《Indian Sign Language》(Dover, New York)로부터

역인 아프리카에서 발원하였다는 사실은 덜 알려져 있다. 근대 제국주의의 태동 이전에 역사학자들은 고대 이집트 사람들의 피부가 검었다는 것을 인정하고 있다. 그러나, 유럽 사람들은 자신들이 정복했고, 노예로 부린 이 사람들, 아프리카의 검은 피부를 가진 사람들이 고대 이집트의 고등 문명의 발명자들과 동족이라는 사실을 인정할 수 없었다. 자신들의 노예화를 정당화하기 위해서 그들은 아프리카 사람들을 인간 이하로 묘사하였고 그들의 역사를 부정하였다. 그래서 이집트를 아프리카 대륙에서 분리해 냈다. 마틴 베르날Martin Bernal은 자신의 저서 《Black Athena》[d](1987; 또한 Davidson, 1987을 참고)에서, 이 문제에 대해서 매우 자세하게 논의하면서 여러 권의 책으로 출판하였다. 뿐만 아니라, "수학의 아버지"로 숭배받는 많은 그리스 사람들은 이집트에서 공부하였거나 그들 자신이 이집트 사람이었다. 이 중 극히 일부인 피타고라스, 에우독수스, 유클리드는 그리스인이었다(Jeseph, 1987). 베아트리스 룸킨Beatrice Lumpkin(1983a)는 수학의 발달에서 아프리카 사람들의 참여시기를 크게 고대 피라미드와 사원 시기, 고전적 헬레니즘 시기, 그리고 이슬람 시기로 구분한다.

중앙아메리카 민족들은 그들 자신만의 고유한 수를 적는 기호들을 개발하였다. 마야인들은 적어도 2,000년 전에 이것들을 개발하였다. 각 민족이 개발한 이 기호 체계들은 20과 20의 거듭제곱을 토대로 하였으며, 0, 자릿값 개념, 덧셈, 그리고 기호들의 반복을 사

d) 역자 주. 이 시리즈물은 《블랙 아테나 1》(2006, 소나무), 《블랙 아테나 2》(2012, 소나무), 《블랙 아테나의 반론》(2017, 소나무)으로 오흥식이 번역하였다.

용하고 있었다. 마야 연대기에 적용할 때, 묶어세기는 20일 한 달, 18개월 일 년, 더 큰 묶음을 표현하기 위해서 20, 18×20, 18×20×20 하는 방식으로 사용했다. 인간계의 일 년은 20일 한 달 그리고 18개월하고 52년 주기로 365일을 만들기 위해서 5일을 더했다. 신계의 일 년은 20일 한 달로 하여 13달로 구성되어 있었다. 이 두 방법의 달력은 동시에 사용되었다. 아메리카 대륙에 거주했던 민족들의 수학에 대한 훌륭한 업적은 Cross(1986)를 참고하기 바란다.

잉카 제국에서 사용하던 결승문자Quipu는 기록 보관을 위한 독특한 체계를 보여준다. 십과 십의 거듭제곱에 기초한 위치적 기수법이 엉킨 대걸레를 닮은 형형색색의 실들이 모여 있는 상태로 표현되어 있다. 하지만, 이 결승문자는 전체 인구 조사를 포함할 수 있다. 500년 전 안데스산맥의 대부분 지역과 페루의 모든 지역을 포함하는 잉카 제국의 맥락에서 결승문자의 구성과 사용법에 대한 황홀한 논의는 아셔Ascher(1981)를 참고하기 바란다.

수의 또 다른 측면은 암산하는 능력이다. 1990년은 아프리카의 계산기로 알려진 노예 Tom Fuller가 사망한 지 2백 주년이 되는 해였다. 그는 1724년 14살의 나이에 북아메리카로 배에 실려서 갔고, 모든 노예가 그러했듯이, 그도 어떠한 종류의 학교 교육을 받을 기회를 금지당했고, 결과적으로 읽고 쓸 수도 없었음에도 놀라운 계산 능력을 발달시켰다. 자신의 인생의 후반부에 반노예제도 옹호자들은 그를 흑인의 정신 능력을 입증하기 위해서 활용했다(Fruvel & Gerdes, 1990).

디자인과 패턴

대부분의 문화는 특색있는 디자인을 개발하였다. 각 문화는 이 디자인을 자신들의 옷, 바구니 세공품, 나무로 만든 물건들, 그리고 건물에 접목하였다. 예를 들면, 미국 남서부의 나바호족은 아름다운 양탄자rugs로 유명하다. 이것은 나바호족 여성들의 예술적 창작물이다. 이들 양탄자의 복잡한 디자인과 훌륭한 솜씨는 "최초의 미국 직물공예자"라고 불리고, 이런 점 때문에 박물관들에서 좋은 위치들을 얻는다. 스페인 정복자들이 16세기에 양을 들여왔을 때, 남서부에 거주하던 종족들은 전통적으로 면직물을 사용하였지만, 모직물을 사용하게 되었다. 나바호족은 아마도 17세기 후반에 푸에블로 종족들로부터 직물 짜는 법을 배웠다. 자신들이 사용하기 위해서 민무늬 천과 담요에 단순한 디자인을 넣으면서 이들은 상업적 시장에 팔기 위해서 풍부한 패턴을 갖는 담요와 양탄자를 만들게 되었다. 1800년대 중반에, 이들 직조물은 큰 값을 받았다. 최근에 각 여성은 그들의 섬세한 직조술과 혁신적인 디자인으로 유명하게 되었다. 기하적 모티프와 반복 패턴을 갖는 나바호족 양탄자들은 대칭의 분석을 위한 훌륭한 매개체를 제공한다(Zaslavsky, 1990).

출처: Le Roy H. Appleton, 《American Indian design and decoration》 (Dover, New york, 1971)

[그림 15-2] 7개의 단색 일차원 패턴(아메리카 원주민)

자이르의 바쿠바족은 "바쿠바 밸버bakuba velvour"로 알려진 자수한 라피아 천과 섬세한 목공예로 유명하다. 이들 예술품은 전통적인 기하적 모티프의 반복이 특색이고, 또한 유

출처: Geoffrey Williams, 《African Designs from Traditional Sources》로부터 각색 (Dover, New york, 1971)

[그림 15-3] 7개의 단색 일차원 패턴(자이르의 바쿠바족)

럽과 미국에 있는 많은 박물관에 전시되어 있다. 영국 박물관에 있는 작품들 중 몇 점은 200년 이상 거슬러 올라간다. 이들 작품을 연구하기 위해서 한 박물관을 방문하면, 학생들은 자기 자신의 고유한 패턴을 만들고 싶은 생각을 할 수도 있을 것이다(Zaslavsky, 1979a; Washburn과 Crowe, 1988).

건축물

우리 대부분은 직선으로 된 환경에 사는 데 너무나 익숙해서 다른 환경을 상상하기 어렵다. 우리의 가구와 장신구는 직선 벽과 직각으로 된 모서리에 잘 맞도록 디자인되어 있다. 하지만, 다른 문화에 있는 사람들이 자신들에게 익숙한 원형 집을 버리고 직사각형 집에 살아야 한다면 그들은 꽤나 불편해 할 것이다. 미국의 북중부에 있는 대평원에 사는 아메리카 원주민들은 원뿔 모양의 천막tipis에서 살았다. 이 천막은 동물들의 가죽으로 만들어졌으며 이동할 수 있었고, 중요한 기호들로 장식되어 있다. 이것은 이 사람들의 생활 방식에 적절한 주택이다. 금세기 초에 Oglala Lakota족의 족장인 Black Elk는 다음과 같이 한탄하였다.

> 우리는 당신들이 보고 있는 회색의 작은 원통형 집을 만들었고, 저것들은 정사각형이다. 이 정사각형 집은 살기에 나쁜 방식이다. 왜냐하면, 정사각형 집 안에는 힘이 있을 수 없기 때문이다. 인디언이 하는 모든 것은 원 안에 있고, 세상의 힘은 원 안에서 항상 작동하고 모든 것이 둥글게 되려고 한다는 것을 당신은 알아야 한다(Neihardt, 1961, 198쪽).

왜 일부 사회에서는 둥근 집이 전통이 되었는가? 사람들은 이용가능한 자원들과 기술 그리고 그 사회의 생활 방식도 고려해야 한다. 정착한 농경민들은 미래를 위한 집을 짓는 반면에, 유목민들은 한 달이나 두 달 후에 정착지를 포기하고 집을 꾸려서 이동해야 한다. 이것도 또한 생각해 보자. 구하기 어려운 자원들을 이용해서 자기 자신의 집을 짓는 가족은 가지고 있는 양의 자원들로 벽을 만들면서 가장 큰 가능한 바닥 공간을 얻고자 할 것이다. 달리 말하면, 주어진 둘레의 길이로 하는 넓이를 가장 넓게 하는 것이다. 원이 답이다.

원형 집은 원뿔 모양의 천막, 북미 지역의 이뉴잇 에스키모들의 반구형 이글로, 킬리만자로산에 사는 사람들의 벌집 모양을 한 초가지붕 집, 서아프리카의 진흙 벽돌로 만들고 초가지붕을 한 큰 원통형 집과 같은 다양한 형태를 띤다. 자슬라브스키(1989, 1993,

1994, 1996)은 이러한 아이디어에 기초한 수업을 제안했다.

거의 5천 년 전에 이집트 사람들이 만든 피라미드들의 화려하고 정확한 건축은 오늘날 사람들에게 큰 감명을 준다. 현재 멕시코 영토의 초기 거주자들도 피라미드들을 건축하였는데, 이 중 일부는 2천 년 전에 지어졌다(Lumpkin, 1983a, 1987). 아프리카의 도시국가인 Great Zimbabwe에는 이집트의 피라미드들만큼 유명하지 않지만 복잡한 석조 건축물을 가지고 있다. 아마도 8세기 또는 9세기 전부터 시작해서 이 건축물은 남아프리카에 있는 한 거대 왕국의 통치자들을 위한 관청으로 수 세기 동안 사용되었다. Great Zimbabwe의 전역에 펴져 있는 수백 개의 작은 석조 구조물들은 그 왕국의 전임 통치자들의 통치에 대한 기념물이다(Asante, 1983).

학생들이 이들의 치수를 분석하고, 이들 대형 건축물을 짓는 데 든 노동 시간과 재료의 양을 비교하고, 모형을 구성할 수 있도록 하는 데 이용가능한 충분한 정보가 있다.

확률 게임과 기능

태곳적부터 인간은 미래를 예측하려고 노력했다. 일부 예측 행위들이 확률 게임, 그리고 결과적으로 중요하고 성장하는 분야인 수학적 확률과 통계로 이끌었다. 동전 던지기는 가장 단순한 도박의 한 형태이다. '던지고 받기Igba-ita'라는 나이지리아의 익보Igbo 게임은 20세기까지 화폐로 이용된 개오지 조개껍질cowries들을 던지고 이것들이 엎어졌는지 뉘어졌는지를 주목한다. 동전을 도입하면서, 이 게임은 Igba-ego(ego는 동전을 의미한다.)로 알려져 있다. 영국 성공회의 선교사인 G. T. Basden은 시장에서 도박하는 여러 무리의 남자들을 관찰했다. 도전자가 12개의 개오지 조개껍질을 던진다. "전광석화와 같이 참가자들이 위치를 기록하고, 판돈을 잃거나 이득을 본다. 이 게임은 대단히 빠르게 진행되고, 먼지 더미가 도박꾼들이 모여 있는 각 무리를 에워싼다. 나는 이 게임에 참여하는 사람들을 지켜보았고, 조개껍질들이 떨어진 위치를 기록하는 것은 항상 내 능력 밖의 일이었으며, 조개껍질들은 내가 세기도 전에 이미 세어졌고 가져갔다(Zaslavsky, 1979a, 114쪽에서 인용). 학생들은 마카로니 조개macaroni shell 또는 다른 비대칭적인 사물로 이 게임을 할 수 있고, 자신들이 한 게임의 결과를 대칭적인 동전들을 던져서 생긴 결과들과 비교할 수 있다. 아메리카 원주민의 마카로니 조개껍질은 한쪽에 표시가 된 복숭아 또는 자두 씨 4개를 던지고 그 결과를 확인한다.

삼목 게임의 그림이 기원전 1300년경의 이집트의 파라호 세티 I세의 왕릉의 지붕 판에 조각되어 있었다고 주장된다. 의심의 여지 없이, 만약 그것이 존재하였다고 할지라도, 그 증거물은 여러 요인과 오염에 의해 닳아 사라졌을 것이다. 영국 사람들은 영국식 삼목 게임Noughts and Crosses과 Nine Men's Morris 게임[e]을 하고, 미국에 있는 아이들은 틱택토 놀이를 한다. 반면에 "Mill"은 다른 유럽 국가들에서 붙인 이 게임의 이름이다. 삼목 게임의 가장 복잡한 변형 중 하나는 레소토 왕국의 Murabaraba[f]이다. 간단한 것이건 복잡한 것이건, 이러한 전략 게임들은 아이들이 문제해결과 의사결정에 필요한 기능들을 획득하도록 돕는다(Zaslavsky, 1982, 1996).

영국 박물관에 자이르의 바쿠바 종족의 93대 왕을 아름답게 조각한 나무 조각상이 있다. 17세기 초에 그는 국민에게 아름다운 예술품들을 돌려주었으며, 국민에게 그들이 Lela라고 부르는 게임을 가르쳤다. 이 게임은 주로 아라비아 이름 만카라Mankala로 잘 알려져 있고, 아프리카에서 인기 있는 옮기기 게임이다. 이 왕은 자신의 통치를 기리기 위해서 자신의 초상화 중 자신의 앞에 이 게임판을 그려 넣었다.

이 만카라 게임은 아프리카 대륙의 대부분 그리고 아시아의 여러 지역에서 행해지고 있다. 이 고대 아프리카의 돌을 이용한 게임은 이 세상에서 가장 좋은 전략으로 알려져 있다. 이 게임의 가장 간단한 버전은 이제 막 초등학교에 입학하는 아이들에게도 적절하다. 이 버전은 아이들에게 수 세기와 일대일 대응 개념을 연습시킬 수 있다. 좀 더 복잡한 버전은 모든 사칙연산이 역할을 한다. 그래서 이 버전은 너무나 복잡해서 어른들에게도 도전거리가 되어서 국가 간 경기로 치러지기도 한다(Zaslavsky, 1979a, 116-136쪽). 아프리카의 십대들은 매우 빠른 속도로 게임을 하고, 나처럼 경험 없는 구경꾼은 무엇이 진행되고 있는지 이해하는 것은 고사하고 쫓아가기도 불가능하다.

이 게임은 여러 가지 점에서 유용함을 입증하였다. 아프리카 포로들이 이 게임을 아메리카로 가져왔고, 사회과학자들은 미국, 카리브해 섬들, 브라질 지역에 사는 아프리카 사람들의 조상을 추적하기 위해서 이들 지역에서 인기 있는 버전들의 규칙을 분석했다. 내가 이 글을 쓰고 있던 달에, 나는《Africa Count》에 있는 간단한 게임을 자신의 프로젝트, "정글로부터 레이저 빛: 초등학생들을 아프리카의 전설들에 관심갖게 하기"에 사용할 수 있도록 허락해 줄 것을 요청하는 편지 한 통을 텍사스주에 있는 한 교사로부터 받았다. 나는 기꺼이 허락을 해 주었지만, "정글"이란 단어를 "열대우림"으로 대체할 것을 권했다. 한 가지 이유로 아프리카는 정글이 없다. 두 번째, 아프리카와 연계해서 "정글"이란 단어는 타잔의 이미지를 떠올리게 하는 부정적인 의미를 내포하고 있다.

아이들은 게임판의 모양에 변화를 주거나 만카라용 말의 수에 변화를 주는 것과 같이 게임의 규칙에 변화를 주어서 새로운 게임을 만들 수 있다. 다음 예시가 설명하듯이, 전

e) 역자 주. 자세한 놀이 방식은《수학 IQ를 만드는 세계 어린이들의 놀이》(김진호, 유대현, 안희진, 옮김, 교우사, 2005, 31쪽)에 설명되어 있다.

f) 역자 주. 이 게임에 대한 자세한 설명은 https://sites.google.com/site/boardandpieces/list-of-games/murabaraba를 참고하기 바란다.

략 게임들은 젊은이들에게 논리적 추론에 필요한 기능을 발달하도록 장려한다. Stewart Culin이 집필한 《Games of the North American Indians(1907)》에서 그는 남서부에서 푸에블루 아이들이 놀이하는 피카리아Picaria[g)]라는 삼목 게임을 기술한다(Zaslavsky, 1982, 46-50쪽). Culin이 한 이 게임에 관한 기술은 애매하였다. 나는 최근에 발간된 몇 권의 책들에서 이 게임에 대한 한 가지 변형을 보았다. 그리고 나는 대안적인 규칙들이 이 게임을 더 좋은 게임이 되게 할 것이라고 생각하게 되었다. 11살과 12살 학생으로 이루어진 한 무리에게 Culin의 규칙에 따라 이 게임을 하면서 놀아볼 것을 요청하였다. 몇 분이 지나지 않아서 그들은 "게임을 먼저 시작한 사람이 늘 이겨요"라며 불평을 하였다. 그 후에 대안적인 규칙들을 이용하는 게임을 할 것을 이들에게 요청하였다. 물론, 이 게임이 내가 선호하는 규칙이라고 하는 것은 말하지 않았다. 그들은 새로운 버전이 더 좋은 게임이라고 말하는 데 만장일치를 보였다.

결론

다문화 관점 그리고 다학문 통합 관점을 수학교육과정에 도입하는 것은 많은 유리한 점을 갖고 있다.

- 학생들은 모든 사회에서 수학의 역할을 인식하게 된다. 그들은 수학적 관행들이 사람들의 실생활적 요구와 관심으로부터 발생한다는 것을 알게 된다.
- 학생들은 자신들의 문화와 다른 문화의 공헌에 감사하고, 그리고 그들 자신의 유산에 자부심을 갖는다.
- 수학을 배우는 것을 역사, 어학, 미술, 그리고 다른 과목들과 연결함으로써, 모든 교과가 더 많은 의미를 갖는다.
- "소수인종" 학생들의 문화적 유산을 교육과정으로 유입하는 것은 그들의 자존심을 세워주고 그들이 좀 더 수학에 관심을 가질 수 있도록 해 준다. 11살 남학생이 아프리카 문화를 토대로 한 교실 활동에 대한 자신의 평가에서 다음과 같이 썼다. "[수업을 통해] 나와 같은 흑인들에 대해 강한 느낌을 느끼고 깊은 신뢰감을 느꼈다. 그리고 수학을 통해 기분이 더 좋아졌다" 누가 이 진심 어린 의견에 덧붙일 것이 있겠는가!

미주: 다른 활동들뿐만 아니라, 이 원고에서 기술된 개념 중 일부를 통합한 수업을 하려면 이 원고에 있는 참고문헌들을 참고하기 바란다.

g) 역자 주. 이 게임에 대한 상세한 설명은 https://en.wikipedia.org/wiki/Picaria를 참고하기 바란다.

참고문헌

Asante, M., and K. Asante. (1983). "Great Zimbabwe: An ancient African citystate" In I. Van Sertima (ed.). *Blacks in science* (pp. 84-89). New Brunswick, NJ: Transaction Books.

Ascher, M., and R. Ascher. (1981). *Code of the Quipu*. Ann Arbor, MI: University of Michigan.

Barry, A. (1989). "Quilting has African roots, a new exhibition suggests" *New York Times* (November 16): p. C12.

Bernal, M. (1987). *Black Athena: The Afroasiatic roots of classical civilization*. New Brunswick, NJ: Rutgers University.

Bishop, A. J. (1988). *Mathematical enculturation*. Kluwer, Dordrecht.

Closs, M. E (Ed.). (1986). *Native American mathematics*. Austin, TX: University of Texas.

D'Ambrosio, U. (1989). Project: A research program and a course in the history of mathematics: Ethnomathematics. *Historia Mathematica* 16: 285-286.

Davidson, B. (1987). The ancient world and Africa: whose roots? *Race & Class* 29 (2): 1-15.

Fauvel, J., and P. Gerdes. (1990). African slave and calculating prodigy: Bicentenary of the death of Thomas Fuller. *Historia Mathematica* 17: 141-151.

Gerdes, P. (1988). On culture, geometrical thinking and mathematics education. *Educational Studies in Mathematics* 19: 137-162.

Gillings, R. J. (1975). *Mathematics in the time of the Pharoahs*. Cambridge, MA: MIT Press.

Joseph, G. G. (1987). Foundations of Eurocentrism in mathematics. *Race and Class* 28 (3): 13-28.

______. (1991). *The crest of the peacock: nonEuropean roots of mathematics*. London: I. B. Tauris.

Krause, M. (1983). *Multicultural mathematics materials*. Reston, VA: NCTM.

Lumpkin, B. (1983a). Africa in the mainstream of mathematics history. In I. Van Sertima (ed.). *Blacks in science* (pp. 100-109). New Brunswick, NJ: Transaction Books.

______. (1983b). The pyramids: Ancient showcase of African science and technology. In I. Van Sertima (ed.). *Blacks in science* (pp. 67-83). New Brunswick, NJ: Transaction Books.

______. (1987). Pyramids — American and African: A comparison. In I. Van Sertima (ed.), *African presence in early America*. (pp. 169-187). New Brunswick, NJ: Transaction Books.

NCTM. (National Council of Teachers of Mathematics) (1989). *Curriculum and evaluation standards for school mathematics*. Reston, VA: NCTM.

Neihardt, J. G. (1961). *Black Elk speaks*. Lincoln, NB: University of Nebraska.

Seattle Public Schools. (1984). *Multicultural mathematics posters and activities*. Reston, VA: NCTM.

Washburn, D., and D. W. Crowe (1988). *Symmetries in culture*. Seattle, WA: University of Washington.

Zaslavsky, C. (1979a). *Africa counts: Number and pattern in African culture*. New York, NY: Lawrence Hill. French edition: *L'Afrique compte! Nombres, formes et démarches dans la culture africaine*. Argenteuil, France: Éditions du Choix, 1995.

______. (1979b) It's OK to count on your fingers. *Teacher* 96 (February): 54-56.

______. (1980). *Count on your fingers African style*. New York: Crowell; republished (1996), New York: Black Butterfly.

______. (1982). *Tic-tac-toe and other three in row games*. New York: Crowell.

______. (1989). People who live in round houses. *Arithmetic Teacher* 37 (September): 18-21.

______. (1990). Symmetry in American folk art. *Arithmetic Teacher* 38 (September): 6-12.

______. (1991). Multicultural mathematics education for the middle grades. *Arithmetic Teacher* 38 (February): 8-13.

______. (1993). *Multicultural mathematics: Interdisciplinary cooperativelearning activities*. Portland, Maine: J. Weston Walch.

______. (1994). *Multicultural math: Handson activities from around the world*. New York, NY: Scholastic Professional.

______. (1996). *The multicultural math classroom: Bringing in the world*. Portsmouth, NH: Heinemann.

제 6 부

민족수학 연구

ETHNOMATHEMATICAL RESEARCH

ETHNOMATHEMATICS

제 6 부

민족수학 연구

아서 윌리엄 바덴 파웰(Arthur B. Powell)과
마릴린 프랑켄슈타인(Marilyn Frankenstein)

민족수학 분야가 발전함에 따라, 여러 연구자는 다양한 민족의 수학적 지식에 대해 도출한 결론을 재해석하고, 왜곡되고 숨겨진 수학적 지식의 역사를 지속적으로 발굴하고 보급해야 할 것이다. 이러한 민족수학에 대한 연구는 우리가 살아가는 세계를 창조하고 재창조하는 지식을 보다 더 확장하게 하고, 더 깊이 있게 만들어 줄 것이다. 또한 이것은 우리가 지식을 어떻게 생성하는지를 재검토하게 할 것이다. 예를 들어, 우리는 학생들과 교사들이 서로의 민족수학의 지식을 발견하기 위한 공동 조사를 제안한다. 이는 아래에서 논의하겠지만, 우리의 교수학습을 개선할 뿐만 아니라 새로운 연구 방법론을 제시해 줄 것이다. 마지막으로, 프레이리Freire가 주장한 것처럼 지식의 목적을 사람들의 지배와 해방 사이의 근본적인 모순을 해결하는 것이라고 본다면, 우리는 민족수학을 가르치고 배우는 과정에서의 문화적 행동과 해방적 사회를 만들기 위해 필요한 경제적, 정치적 행동 사이의 연결에 관해서도 탐구할 필요가 있다.

민족수학 연구는 수학적 지식에 대한 재고를 요구할 뿐만 아니라, 이 재고를 통해 중요한 인식론적 질문을 제기한다. 서로 다른 문화적 과정과 유물에서 발견되는 수학은 서로 다른 수학인가, 아니면 하나의 보편적인 수학의 다른 표현인가? 모잠비크의 게르데스Gerdes와 그의 동료들이 앙골라의 루소나the lusona of Angola에서 그래프 이론의 아이디어[a)]를

a) 역자 주. 앙골라의 루소나에는 그래프 이론을 사용하여 사람 간의 관계를 나타내는 전통이 있다. 이 전통은 수학적 모델링으로 알려져 있다. 루소나에서는 사람들이 지역 사회 내에서 사람들 간의 관계를 나타내기 위해 그래프를 이용한 수학적 모델링을 사용한다. 예를 들어, 가족 구성원 간의 관계 또는 정치 조직

발견할 때, 그들은 다른 수학을 발견하고 있는 것인가, 아니면 우리가 알고 있는 학문적 수학의 다른 표현을 발견하고 있는 것인가? 다른 한편으로는, 우리가 루소나 전통에 부여하는 가치는 그것과 학문적 수학 사이의 연결에만 기인하는 것인가? 또한, 우리는 서로 다른 문화적 전통을 학술 수학의 관점에서 조사하기 때문에 진정으로 다른 수학을 놓치고 있는 것은 아닌가? 핑스텐Pinxten이 제17장에서 논의하겠지만, 실제로 우리는 다른 공간 개념에 직면하였을 때, 학문적 수학자들은 그것을 알아보기 어렵다. 또한, 많은 문화적 관습과 유물을 수학적 활동의 산물로 재고함에 따라, 일부는 '수학'의 독특함을 잃을까 걱정하는 사람들도 있다. 이러한 우려에 대한 엘리트주의적 측면을 제외하면, 학문의 경계가 모호해짐으로써 무엇이 손실되는가? 의미를 만들고 세계를 이해하는 과정은 학문 분야 간의 복잡한 상호연결, 겹침, 모호한 경계뿐만 아니라 합리성과 다른 인식 방식 간의 상호연결을 볼 수 있음을 요구할 수 있다. 마지막으로, 오드리 로드(Audre Lorde, 1984)는 다음과 같이 말하고 있다.

> 우리가 고대 의식과 비유럽식 의식과 상호작용하며 더 가까워질수록, 우리는 더 많이 우리의 감정을 소중히 여기게 되고, 진정한 지식과 지속적인 행동이 나오는 숨겨진 힘을 존중하게 된다(Weiler, 1994, 28쪽).
> 합리성은 불필요한 것이 아니다. 그것은 지식의 혼돈에 도움을 주고, 감정에 도움을 제공한다. 이곳에서 저곳으로 이동하는 데 도움을 준다. 하지만 그러한 장소들을 존중하지 않는다면, 그 길은 무의미하다. 종종 학문적인 분석적 사고의 합리성 숭배에서 그런 일을 발생시킨다. 하지만 궁극적으로, 나는 감정/사고를 이분법으로 보지 않는다. 나는 그것을 방법과 조합의 선택으로 본다(Weiler, 1994, 29쪽).

민족수학 연구가 계속해서 우리가 생각하는 수학적 지식의 의미를 재고하도록 강요함에 따라, 이로 인해 또한 세계에 대한 우리의 모든 지식을 재고하게 된다. 헨더슨(Henderson, 1990)은 '형식적이고 상징적인 표현은 종종 우리 경험의 특정 측면을 포착하는 훌륭한 방법이지만', '형식적인' 수학이 궁극적이고 진정한 수학이라는 잘못된 견해는 '우리가 우리 인간의 경험을 구성하는 이해를 제한하고, … 더불어 인간의 정신을 손

구성원 간의 관계를 나타내기 위해 그래프를 사용할 수 있다. 루소나에서 그래프 이론을 사용하는 것은 서로 다른 문화가 서로 다른 수학적 시스템을 가지고 있는 한 예이다. 이 경우 루소나는 그래프 이론을 사용하여 사람 간의 관계를 나타내지만, 서양 문화는 일반적으로 도시 간의 관계 또는 유전자 간의 관계와 같은 다른 유형의 관계를 나타내기 위해 그래프 이론을 사용한다. 루소나에서 그래프 이론을 사용하는 것은 민족수학 연구가 우리에게 수학적 지식의 다양성을 더 잘 이해하는 데 어떻게 도움이 될 수 있는지 보여주는 전형적인 예이다. 민족수학 연구는 서로 다른 문화의 수학적 지식과 관행을 연구하는 것으로, 민족수학 연구를 통해 전 세계 사람들이 문제를 해결하고 세상을 이해하는 데 수학을 사용하는 다양한 방법을 배울 수 있다.

상시킨다'(5쪽). 핑스텐, 반 도렌, 하비(Pinxten, van Dooren, Harvey, 1983)[1]는 나바호(Navajo)족의 수학교육은 완전히 발달된 공간 체계(학문 수학의 정적 개념과 직접적으로 대조되는 동적 시스템)의 지식으로 시작하고 있다고 주장한다. 이는 단지 나바호족의 사회문화적, 심리적 소외를 피하는 유일한 방법이기만 한 것이 아니라, 또한, '과학이 모든 기본 질문에 대한 유효한 답변을 주장할 수 없는 한…, 세계적 질문에 대한 다른, 소위 원시적이고, 선과학적이고, 또는 다른 방식의 외국적인 접근 방식을 근절하는 것은 어리석은 일이다'라고 주장한다(174쪽). 아담스(Adams, 1983)는 인도와 아프리카와 같은 비서양사회에서 '과학과 종교, 철학과 심리학, 역사와 신화 사이에는 명확한 구분이 없다'고 주장하고, 이 모든 것들은 하나의 현실로 간주되고, 일상생활과 자연스럽게 얽혀 있다는 것을 우리에게 상기시켜 주고 있다(43쪽).[2] 또한 그는 서양 과학이 감정적, 직관적, 그리고 영적인 지식의 가치를 재고함으로써 우리가 살아가는 세계에 대한 지식을 더욱 깊이 있게 이해할 수 있다고 주장한다. 또한 그는 아인슈타인이 '물리학의 근본적인 개념에 이르는 인도적 방법은 없다. … 이러한 법칙들에 이르는 논리적인 길은 없다. 단지 직관, 경험에 대한 공감적 이해를 기반으로만 이루어질 수 있다(41쪽)'라고 주장한 것을 언급하였다. 우리는 모든 사람의 논리가 서로 상호작용하여 우리 모두가 세계를 더 효과적으로 이해하고 행동할 수 있도록 도울 수 있는 방법을 밝혀내기 위해 더 많은 연구가 필요하다는 것을 느끼게 된다.

수학 교사들이 이러한 연구를 시작할 수 있는 한 곳은 그들이 가르치는 교실 안에 있는 다양한 문화적 전통을 가진 학생들의 민족수학일 것이다. 프랑켄슈타인(Frankenstein, 1989)은 학생들이 자신의 학습을 평가함으로써 자신들의 민족수학의 지식을 발견하도록 독려하였다. 그녀는 문제를 해결하려는 모든 시도에는 항상 올바른 추론이 포함되어 있다고 강조하였다. 특정 문제에 대해 그들이 이해하는 것을 탐구함으로써, 그들은 일상적인 수학 지식을 발견하고 더 많은 것을 이해하기 위해 무엇을 배워야 하는지 알게 되고 동기부여를 받게 된다. 포웰과 로페즈(Powell and López, 1989)는 교사-학생 공동연구자로, 학생들이 민족수학을 탐구할 수 있도록 수학일지를 활용하였다.

이러한 탐구는 우리 학생들이 지니고 있는 수학적 지식을 효과적이고 윤리적으로 조사할 수 있는 방법론의 개발이 중요하다는 것을 시사해 주고 있다. 레이브(Lave, 1988)와 그녀의 동료들은 성인 수학 프로젝트에서 슈퍼마켓 쇼핑을 민족학적으로 연구함으로써, 인지심리학 실험을 설계하고, 그 후 슈퍼마켓에서 그들의 발견에 대한 설명을 찾을 수 있었다. 게르데스(1988)는 노예제와 식민지화로 인해 묻힌 모잠비크의 수학적 전통을 밝혀내는 방법을 고안하였다. 그는 동료들과 학생들과 함께 모잠비크 전통 수학을 이해하기 위해 다양한 방법을 사용하였다.

> 교사를 포함한 공동연구자들은 바구니, 매트, 냄비, 집, 물물교환망 등과 같은 전통적인 물건들의 기하학적 형태와 패턴을 살펴보고, 다음과 같은 질문을 던졌다. 왜 이러한 물건 및 제품들은 그 형태를 갖고 있을까? 이 질문에 답하기 위해 우리는 일반적인 생산 기술을 배웠고, 형태를 바꾸어 보았다. 그 결과, 이러한 물건들의 형태는 거의 절대적으로 임의적이지 않았고, 많은 경우 실용적 이점을 가지고 있었으며, 대개의 경우 생산을 하기 위한 거의 유일하거나 최적의 방법이었다. 전통적인 형태는 쌓인 경험과 지혜를 반영하고 있었다. 이는 사용하는 재료에 대한 생물학적이고 물리학적인 지식뿐만 아니라, 원, 각, 직사각형, 정사각형, 정오각형, 정육각형, 원뿔, 피라미드, 원기둥 등과 같은 도형의 속성과 이들 사이의 관계에 관한 수학적 지식도 포함한다(140쪽).

프랑켄슈타인은 학생들이 모호한 "모르겠어요"라고 대답하지 않도록 장려하고, 문제를 해결하려는 시도에서 스스로 검열하지 않도록 강조하며, 자신들의 이해를 정확하게 평가할 수 있는 인터뷰 기법을 사용하였다.

키니크(Knjnik, 1992, 이 책의 제18장에서 제시)는 브라질의 토지 없는 사람들의 인민운동에 관한 자신의 연구 작업을 논의하면서, 민족수학적 접근을 '특정 사회 집단의 개념, 전통, 수학적 관행을 연구하는 것, 그리고 이러한 집단이 자신들이 이러한 지식을 가지고 있다는 것을 깨닫게 하는 교육적 작업'이라고 정의하였다. 그녀는 그들 자신이 지닌 지식으로 지식을 기록하고 해석할 수 있고, 박식한 지식을 습득할 수 있으며, 두 가지 다른 유형의 지식을 비교하여 실제 문제를 해결할 때 가장 적합한 것을 선택할 수 있음을 인지시키는 데 참여시켰다(4쪽).

포웰(Powell & López, 1989; Powell & Ramnauth, 1992)은 참여 연구 모델과 일기 및 기타 글쓰기 활동을 결합하여 학생들이 수학 학습의 인지적 및 정서적 요소 모두에 대해 반성하고 교수-학습의 방법론적 측면을 비판적으로 분석하도록 독려하였다. 그녀의 연구에서 로페즈(López)는 다음과 같이 말하였다.

> 나는 수학 실력이 부족해서 이 연구에 관심을 가지게 되었다. 수학을 더 적극적으로 배우면 수업에서 더 잘할 수 있을 것 같다. 학기 내내 나는 수업, 과정, 그리고 수학 학습에 대한 관찰을 자세히 기록한 수학일지를 썼다. 우리는 수업 후에 그리고 일정이 허락할 때마다 만나서 수학 수업에서 글쓰기의 결과로 내가 얻은 것이 무엇인지 논의했다. 그런 다음 나는 글쓰기 경험과 내가 보관한 일지에 대해 언급하라는 요청을 받았는데, 그 결과 내가 배우고 있는 수학에 대한 이해가 더 좋아진 방법을 정확히 알 수 있었다. 나는 특정 아이디어나 개념에 대해 글을 쓰며, 그것들에 대해 더 명확하게 이해하게 된 경우가 많았다(172쪽).

글쓰기가 수학 학습에 효과적이며 교사와 학생이 함께 이 과정을 연구할 수 있다는 아이디어를 확장하면서, 포웰, 제프리스, 셀비(Powell, Jeffries, Selby, 1989)는 더 일반적인 인간의 활동 과정에도 주의를 기울여야 한다는 논의를 추가적으로 진행하였다. 포웰, 제프리스, 셀비의 연구는 수학교육의 다양한 환경에서 모든 행위자의 권한 부여에 관한 것에 관심을 가졌다. 학생들과 교수자는 학생들의 일지를 연구했을 뿐만 아니라, 학생들은 교수자의 교육적 접근 방식을 비판했다. 이 프로젝트를 분석하면서 학생들은 교육학에서의 연구 활동을 '참여적이고 학생들의 의견에 권한을 부여할 수 있는 힘을 가지고 있는 활동'으로 정의하였다. 많은 교육 환경에서 학생들은 일반적으로 권한이 없다고 느끼고 종종 그렇게 간주된다. 학생들의 목소리에 권한을 부여하고 그들의 관점을 수학교육을 변화시키는 데 통합하기 위해 교수자는 학생들의 목소리를 듣고 학생들의 관점을 교육 연구에 통합할 수 있는 진정한 방법을 찾는 것으로 시작해야 한다.

한편, 우리는 영맨(Youngman, 1986)이 말하는 프레이리의 '민중에 대한 비판적인 믿음'에 대한 경향이라고 부르는 것을 피해야 한다. 이 경향은 프레이리가 '교육자들이 학습자들보다 우월한 이론적 이해를 가질 수 있다고 직접적으로 말하는 것에 대해 모호하게 만들며, 이는 사실 비판적 의식의 발달에 필수적인 조건이다'(179쪽)라고 말한 것이었다. 우리는 학생들의 주제를 듣는 동안 우리의 비판적이고 이론적 틀을 사용하여 그것들을 조직화하고, 학생들이 기존에 가지고있던 인식에 도전하는 문제로 표현하게 된다. 또한, 학생들이 떠올리기 어려운 주제를 제안하며, 사회와 지식의 구조에 대한 일반적으로 받아들여지는 신화를 깨뜨리는 데 중요하다고 판단되는 주제들을 제시하고, 이는 비판적 의식의 발달을 방해하는 요소들에 개입한다.

우리는 이론적인 지식에 기여하면서도 지식 생성을 위한 도구의 불평등한 발전을 부정하지 않으면서, 가능한 한 '협력과 민주주의 원칙에 기반한 평등한 권력'을 바탕으로 학생들이 자신의 민족수학의 지식에 대해 배울 수 있는 방법을 찾기 위한 더 많은 연구를 해야 한다(Youngman, 1986, 179쪽). 더욱 중요한 것은 이 연구를 진행하는데 해당 문화의 작업자들을 포함하는 방식으로 연구를 수행해야 한다는 것이다. 이는 연구의 결과를 검증하기 위한 것뿐만 아니라, 더 중요한 것은 연구의 혜택이 공정하게 공유되도록 하기 위한 것이다. 또한, 우리는 실천praxis에 주목해야 한다. 즉, 행동과 반성의 불가분성을 이해하는 것이다. 우리는 가르치는 것과 배우는 것, 연구 질문을 정하는 것과 답을 찾는 것 사이의 이분법적 구분을 없애야 한다. 레이브(Lave, 1988)는 슈퍼마켓 수학에 대한 성인 수학 프로젝트 연구에 대해 '설명과 분석은 단일한 방법(또는 학문)으로 독점적으로 분리된 것이 아니라, 모든 단계에서 전체 프로젝트의 일부로 진행되었다'라고 결론을 내리고 있다(121쪽).[3]

하지만 이러한 모든 연구를 통해 하나의 근본적인 질문은 민족수학적 교수학습에 관여하는 문화적 행동이 해방적인 사회를 창출하는 데 어떠한 역할을 할 수 있는지에 대한 것이다. 카비(Carby, 1990)는 대학의 문학 교과과정에서 아프리카계 미국 여성이 교과목의 한 주제로 포함되었지만, 학계가 대다수의 아프리카계 미국인의 물질적 조건을 무시하는 점을 강조하였다. 그녀는 우리가 실제 권력 문제에 대해 생각하도록 하였다. '차별의 정치는 유색 여성들을 눈에 띄게 만들지만, 반면 착취의 정치를 보이지 않게 하는 데 효과적인가?'(85쪽). 또한 랑그와 랑그(Lange & Lange, 1984)가 발견한 것처럼, 수학교육은 보다 일반적인 방법으로 사람들의 권한을 부여할 수 있지만, 특정권한 부여 문제에서 사람들과 협력하는 것이 반드시 최선의 접근 방법은 아니다. 미국 남부의 섬유 산업에서 일하는 임금 노동자들은 복잡하게 구성된 급여 체계로 고군분투하고 있었는데, 랑그 부부는 노동자들을 위해 급여 계산을 수행하는 슬라이드룰을 조합한 수학 문제를 없애 버리고, 노동자들이 대우받고 급여를 지불하는 방식의 근본적인 사회경제적 관계에 초점을 맞출 수 있도록 하였다(14쪽).

반면, 우리가 느끼기에 민족수학의 지식을 통한 일반적인 해방은 식민지적 사고관을 극복하는 데 매우 중요한 부분이다. 사모라 마셀(Samora Machel, 1978)[b)]은 다음과 같이 말하였다.

> 식민주의는 인류가 지금까지 겪어온 가장 큰 문화 파괴자이다. 아프리카 사회와 문화는 짓밟혔고, 살아남은 아프리카 사회와 문화는 그들의 내용에 의해 조종되었다. 이는 두 가지 다른 방식으로 이루어졌다. 첫째는 식민주의적 착취를 지지하기 위해 제도를 활용하는 것이었다. … 둘째는 문화를 '민속적으로 꾸미는' 것으로, 그것을 통해 화려한 습관과 관습으로 축소시키고, 대신에 식민주의의 가치를 강요하는 것이었다(400쪽).

위에서 논의한 바와 같이 교육적 행동과 해방적 사회 변화 사이의 연결은 민족수학 연구에서 가장 발달하지 않은 부분이다. 이 점에서, 브라질의 무토지 원주민들과 협력하여 브라질의 정치경제학을 변형하는 공동 목표를 향해 노력하는 수학교육연구자인 크니즈닉(Knijnik, 1992)의 연구는 주목할 만한 예외적인 사례이다.[4] 우리의 실천은 민족수학 지식이 학생들의 자신감을 높이고 지식의 본성에 대한 비판적인 통찰력 영역을 열어준다는 것을 확인하였다. 하지만 이 지식이 억압과 지배에 대항하는 행동으로 이어지는지에 대한 확인은 없다. 발달한 자본주의 사회의 현대 역사적 맥락에서는 억압된 자의 교육이 가져올 수 있는 가장 중요한 집단적 변화는 사회주의 경제와 정치 재편을 위한 이념적 분위기의 미묘한 변화일 수 있다. 하지만, 이것은 하찮은 것이 아니다. 엔테타(Nteta, 1987)는

---

b) 역자 주. 모잠비크의 독립 영웅이자 초대 대통령으로, 그는 민족수학을 식민지 사고관을 극복하는 데 중요한 도구로 보았으며, 민족수학이 모잠비크의 독립과 발전에 기여할 수 있다고 믿었다.

'해방적인 자아의식은 해방 과정 내의 객관적인 힘'이라고 주장하였다(55쪽). 그는 스티브 비코(Steve Biko)의 이론과 남아프리카의 흑인 의식 운동의 목표가 '검은 인종이 그들의 지위를 자연스러운 것이나 불가피한 것이나 영원한 사회 질서의 일부로 보지 않도록 권력 관계의 신비를 해체하는 것'이라고 보여주며, 실제로 남아프리카의 정치적 지형을 돌이킬 수 없도록 변화시켜 버렸다(60-61쪽). 우리는 교육 실천의 한계를 보다 명확하게 이해함으로써, 해방적 변화를 위한 교육 행동의 급진적 가능성을 높일 수 있을 것이라고 주장할 수 있다. 따라서, 우리는 민족수학 연구에서 추구해야 할 가장 중요한 영역은 지식과 변화를 위한 행동의 변증법적 상호작용이라고 생각한다.[5]

파셰(Fasheh, 1982, 본 책의 제13장에 제시)는 수학을 문화적 관련성과 개인적 경험을 통해 수학을 가르침으로써 학습자들이 현실, 문화, 사회, 그리고 자신에 대해 더 많이 알게 된다는 가설을 통해 조사의 방향을 제시하였다. 이것은 다시 그들이 더 능동적이고, 비판적이고, 감사하며, 자신감이 생기도록 도울 것이다. 그것은 그들에게 새로운 관점과 통합을 구축하고, 새로운 대안을 찾는 데 도움이 될 것이며, 바라건대 기존의 구조와 관계를 변화시키는 데 도움을 제공하길 기대한다(8쪽).

미주

1. 그들의 책의 마지막 장을 수정하고 업데이트한 버전으로 본 책의 제17장에 제시하였다.

2. 이 에세이에서 아담스(1983)는 아프리카 민족의 지식이 과장되게 왜곡된 놀라운 예를 제공한다. 말리의 도곤족(the Dogon of Mali)이 방대한 천문학적 지식을 어떻게 습득했는지 설명하기 위해 일부 서양 과학자들은 외계 우주선이 우주에서 착륙하여 도곤족에게 별에 대해 알렸다는 가설을 세우기까지 했다. 기원전 2000년에 도곤족은 하나의 렌즈를 다른 렌즈 앞에 놓고 기본 망원경을 만들었다(36-37쪽, 41쪽).

3. 인지와 맥락의 불가분성과 '논리적 사고'의 의미에 대한 민족수학적 관점에 대한 레이브(Lave)의 연구는 추론과 문제 해결에 대한 루리아(Luria, 1976)의 결론을 재평가하도록 한다. 정치 계획은 진보적이었고, 학교 교육을 통해 농민들이 러시아 사회의 다른 계급 사람들과 지적으로 동등하다는 것을 보여주고자 하는 열망에서 비롯되었다. 하지만 그의 해석은 '추상적인' 추론이 무엇인지에 대한 정적인 관점에 의해 제한되었다. 러시아 오지 마을의 교육받지 않은 사람들과의 수학문제 해결에 대한 인지심리학적 실험을 통해

그는 이들이 '문제의 조건을 외부적인 실제 경험으로부터 추상화하지 못하고, … 문제의 논리에 따른 적절한 해답을 시각적인 실제 경험 대신에 추론 체계에서 유도할 수 없다는 이론을 제시하였다'(120쪽). 루리아는 '교육의 중요성은 단지 새로운 지식을 습득하는 데 있지 않고, 즉시적인 실제 경험으로부터 분리된 새로운 동기와 형식적인 언어적 논리적 사고를 창조하는 데 있다'(133쪽)고 생각하였다. 하지만 레이브가 인식하였듯이, 인지의 발생은 항상 실천과 밀접하게 얽혀 있다. 따라서 루리아의 실험 결과는 실험자와 실험대상 사이의 문화적 불일치(감성, 언어, 이념 등)의 결과였을 것이다. 그리고 민족수학의 관점에서 이론화되는 것처럼, 우리는 추상적이고 실용적인 것을 이분화할 수 없고, 원하지도 않는다. 따라서 우리는 학교의 이러한 시도가 지식을 현존하는 상태에 맞추기 위한 노력임을 결론지을 수 있다. 우리는 우리보다 인지심리학에 더 정통한 사람들이 이러한 질문들에 대해 깊이 있게 연구할 것을 희망한다. 또한, 루리아의 재평가는 가장 진보적이고 비판적인 프로젝트조차도 그들의 작업을 제한하는 역사적 맥락에서 발생한다는 점에서 중요한 사례 연구가 될 것으로 생각한다. 모든 지식은 고정적이지 않으며, 모든 지식은 비판적으로 검토되고 재조명되고 재창조되어야 한다.

4. 다른 맥락에서, Powell(Baldassarre, Broccoli, Jusinski, and Powell, 1993 참조)은 학생들이 교육 자료에 대한 비판을 행동으로 옮겨 그 불쾌한 자료의 배포를 금지하는 결과를 낳았다. 이것은 미국에서는 강력하고 의식적인 반대 정치 운동이 부족한 상황을 반영하고 있다.

5. 이를 위해 John Volmink와 편집자들은 'Critical-mathematics Educators Group'을 조직하였다. 이 그룹의 뉴스레터 사본은 편집자에게 문의하기 바란다.

참고문헌

Adams III, H. H. (1983). African observers of the universe: The Sirius question. In I. V. Sertima (ed.). *Blacks in science: Ancient and modern*, (pp. 27-46). New Brunswick, NJ: Transaction

Baldassarre, D., Broccoli, M., Jusinski, M. M., and Powell, A. B. (1993). Critical thinking and critical collective action in education: Race, gender, and the mathematical establishment. In W. Oxman and M. Weinstein (eds.). *Critical Thinking as an Educational Ideal: Proceedings of the Fifth Annual Conference of the Institute for Critical Thinking*. October 22-24, 1992 (pp. 154-158). Montclair: New Jersey, Institute for Critical Thinking, Montclair State.

Carby, H. V. (1990, Sept./Oct.). The politics of difference. *Ms. Magazine*. pp. 84-85.

Fasheh, M. (1982). Mathematics, culture, and authority. *For the Learning of Mathematics* 3(2), 2-8.

Frankenstein, M. (1989). *Relearning mathematics: A different third R-Radical maths*. London: Free Association.

Gerdes, P. (1988). On some possible uses of traditional Angolan sand drawing in the mathematics classroom. *Journal of the Mathematical Association of Nigeria* 18(1): 107-125.

Knijnik, G. (1992). An ethnomathematical approach in mathematical education: A matter of political power. *For the Learning of Mathematics* 13(3): 23-26.

Lange, B., and Lange, J. (1984). Organizing piece-rate workers in the textile industry. *Science for the People* (May/June): 12-16.

Lave, J. (1988). *Cognition in practice*. Cambridge, England: Cambridge.

Lorde, A. (1984). *Sister outsider*. Trumansburg, NY: The Crossing Press.

Luria, A. R. (1976). *Cognitive development: Its cultural and social foundations*. Cambridge, MA: Harvard.

Machel, S. (1978). Knowledge and science should be for the total liberation of man. *Race & Class* 19(4): 399-404.

Nteta, C. (1987). Revolutionary self-consciousness as an objective force within the process of liberation: Biko and Gramsci. *Radical America* 21(5): 55-61.

Pinxten, R., Van Doren, I., and Harvey, E (1983). *The anthropology of space*. Philadelphia: University of Pennsylvania.

Powell, A. B., Jeffries, D. A., and Selby, A. E. (1989). An empowering, participatory research model for humanistic mathematics pedagogy. *Humanistic Mathematics Network Newsletter* (4): 29-38.

Powell, A. B., and López, J. A. (1989). The role of writing in learning mathematics and science: A case study. In E Connolly and T. Vilardi (eds.), *The Role of Writing in Learning Mathematics and Science* (pp. 157-177). New York: Teachers College.

Powell, A. B., and Ramnauth, M. E (1992). Beyond questions and answers: Prompting reflections and deepening understandings of mathematics using multiple-entry logs. *For the Learning of Mathematics* 12(2): 12-18.

Weiler, K. (1994). Freire and a feminist pedagogy of difference. In E L. McLaren and C. Lankshear (eds.). *Politics of liberation: Paths from Freire* (pp. 12-40). London: Routledge.

Youngman, E (1986). *Adult education and socialist pedagogy*. London: Croom Helm.

제16장

최근 민족수학 연구에 관한 검토

파울루스 게르데스(Paulus Gerdes)

편집자 주: 모잠비크Mozambican의 수학자이자 수학교육자인 파울루스 게르데스Paulus Gerdes는 아프리카의 문화적 관습과 유물에 내재된 수학적 아이디어를 발견하고 이에 대한 연구결과를 수학 학계에 알리는 데 앞장서 온 연구자이다. 본 장에서 그는 민족수학 분야 연구에 대한 포괄적인 조사와 분석을 제시한다. 본 장은 그가 미국과학진흥협회 연례 회의에서 발표한 논문(American Association for the Advancement of Science, Boston, MA, February, 11-16, 1993)의 수정본이다.

미국과학진흥회 연례 회의 역사상 처음으로 올해에는 회의 프로그램에 민족수학에 관한 분과가 포함되었다. 나는 민족수학을 과학적 시도endeavor로서 인정해주고, 나를 민족수학 연구에 대한 미국과학진흥협회의 첫 번째 발표에 초청해주신 미국과학진흥협회 조직위원들, 특히 미국수학회American Mathematical Society 부회장인 C. Davis에게 감사의 말씀을 드린다. 이것은 쉬운 일이 아니다. 전 세계적으로 민족수학 연구가 진행되고 있으며 이미 발표된 수백 개의 연구가 빛을 발하고 있다. 나는 이 발표를 준비하면서 다음과 같은 질문들에 대해 고심해야 했었다.

• 민족수학은 무엇에 관한 것인가?

- 민족수학은 어떻게 그리고 왜 생겨났을까?
- 어떤 연구 동향이 존재하는가?
- 이 조사에는 무엇을 포함하는가?
- "최근의 연구"는 언제 어디서 시작하는가?
- 구체적인 예로 어떤 것들이 제시되어야 하는가?

해당 분과의 다른 연사들인 우비라탕 담브로시오U. D'Ambrosio(브라질), M. Frankenstein(미국), M. Closs(미국), G. Joseph(영국)이 미주, 아시아, 유럽의 민족수학 연구와 관련된 주제를 다룰 예정이기 때문에 나는 아프리카 대륙, 특히 모잠비크에 대한 연구 조사에 집중할 것이다.[1] 본 발표를 역사와 관련된 소개로 시작하는 것이 도움이 될 것으로 보인다.

민족수학은 수학과 수학교육의 문화인류학cultural anthropology으로 정의될 수 있는데, 이는 수학과 문화인류학의 교차점에 위치하는 비교적 새로운 분야이다. 수학을 "문화적 영향이 없는" 그리고 "보편적인" 학문으로 보는 시각이 지배적이었고, 아마도 여전히 그러하기 때문에 민족수학은 다른 민족과학보다 늦게 등장했다. 수학자, 민족학자, 심리학자, 교육학자 중 와일더Wilder, White, Fettweis, Luquet, Raum이 민족수학의 선구자로 보여진다.

고립된 선구자들Isolated Forerunners

1950년 세계수학자대회International Congress of Mathematicians 연설에서 레이몬드 와일더R. Wilder는 "수학의 문화적 기초"라는 제목하에 수학을 문화적 요소로 보는 것이 새로운 것이 아니라고 주장한다. 다시 말해, "인류학자들은 이미 그렇게 해왔지만, 일반적으로 인류학자들의 수학적 지식에는 한계가 있기 때문에 그들의 반응은 보통 원시적인 문화에서 나타나는 산술적 형태에 관한 단편적인 의견들로 구성되어 있다"라고 한다(Wilder, 1950, 260쪽). 그는 인류학자 L. White의 수필 《수학적 현실의 위치: 인류학적 각주(1947)》를 주목할 만한 예외로 인용하고, C. 카이저C. Keyser의 《문화적 단서로서의 수학(1932)》을 언급한다. 카이저는 "어떤 주요 문화권에서 발견되는 수학의 형태가 그 문화권에서 전체적으로 받아들여지는 독특한 특성에 대한 단서 또는 열쇠"라는 주장을 옹호했다(Wilder, 1950, 261쪽). 와일더는 "문화가 그 요소들, 특히 수학을 지배하기 때문에, 수학자들에게는 이러한 관점으로부터의 관계를 연구하는 것이 더 생산적일 것이라"고 말한다(Wilder, 1950, 261쪽). 와일더는 인류학자 R. Linton이 그의 저서 《인간에 관한 연구The Study of Man》(Linton, 1936, 319쪽)에서 관찰한 "수학적으로 천재는 오직 그 천재가 속한 문화 내 수학적 지식이 도달한 지점에서부터 지속될 수 있다"라는 것에 동의했다.

와일더는 자신의 생각을 다음과 같이 요약했다. "인간의 다양한 문화에는 수학적이라고 불리는 특정한 요소들이 있다. 문명의 초기에 그러한 수학적 요소들은 문화마다 매우 달랐기 때문에 한 문화에서 '수학'이라고 불렸던 것이 다른 특정 문화에서는 그렇게 인식되지 않을 수도 있었다. 첫 번째로는 탐구와 발명, 두 번째로는 적절한 기호 사용의 증가와 그에 따른 학술지의 표준화 및 보급의 증가로 인한 확산이 가속화됨에 따라, 이탈리아의 기하학이나 프랑스의 함수론에서 강조하는 것과 같은 사소한 문화적 차이의 예외는 있지만 가장 진보된 문화들의 수학적 요소들은 점차적으로 통합되어 수학이라고 불리는 모든 문명화된 문화에 공통적이고 본질적으로 하나의 요소로 귀착될 때까지 점진적으로 변하였다. 이것은 고정된 실체가 아니라 지속적인 변화의 대상이다. 모든 변화가 새로운 물질의 축적을 의미하는 것은 아니며, 일부는 영향력 있는 문화적 차이variations로 인해 더는 수학으로 간주되지 않는 물질의 손실shedding을 의미한다. 예를 들어, 소위 '경계선borderline' 연구라는 것은 수학으로 또는 수학 외적으로 간주하기도 어렵다"(Wilder, 1950, 269쪽, 270쪽)

와일더은 이후 두 권의 저서 《수학적 개념의 진화Evolution of Mathematical Concepts(1968)》와 《문화적 체계로서의 수학(Mathematics As A Cultural System)(1981)》에서 그의 생각을 더욱 자세히 설명하였다. Smorynski에 따르면, 와일더의 논문은 "각각의 문화는 그 문화와 함께 진화하고 소멸하는 문화 그 자체의 수학을 가지고 있다"로 요약될 수 있다고 한다(Smorynski, 1983, 11쪽).

White는 앞서 언급한 그의 연구 "수학적 현실의 위치…"의 도입을 "수학적 진실은 외부 세계에 존재하는가, 인간에 의해 발견되는 것인가, 아니면 인간에 의해 발명되는 것인가?"라는 질문과 함께 시작한다(White, 1956, 2349쪽). 이에 대한 답으로 White는 "수학의 모든 것, 다시 말해 수학적 '진실'과 수학적 '현실'은 인간 문화의 일부이며"(White, 1956, 2351쪽), "수학은 행동의 한 형태, 즉 일련의 자극들에 대한 특정 영장류의 반응들"(White, 1956, 2353쪽)이라고 기술한다. 또한, White는 수학적 진실이 "발견되는 것과 동시에 인간이 만든 것이며, 인간의 마음의 산물이지만 개인이 자란 수학적 문화에서 각 개인에 의해 마주치거나 발견된다"고 주장한다(White, 1956, 2357쪽). 수학은 Euclid와 Pythagoras부터 시작된 것도 심지어 고대 이집트나 메소포타미아에서 시작된 것도 아니다. White의 관점에서 "수학은 백만 년 전쯤 인간과 문화의 기원과 함께 시작된 사고의 발전이다"(White, 1956, 2361쪽)

와일더와 White는 초기 수학적 사고와 문화에 대한 독일의 수학자이자 민족학자이자 교육학자인 E. Fettweis(1881-1967)[2]의 연구와 수학적 개념의 문화적 기원에 대한 프랑스 심리학자 G. Luquet의 성찰에 대해 인지하지 못했었다(Luquet, 1929).

O. Raum의 저서 《아프리카의 산술Arithmetic in Africa(1938)》은 당시 수학자들과 인류학자

들에게는 분명히 알려지지 않았다. 이 책은 London 대학 교육연구소의 식민지학과colonial department에 개설된 한 강좌의 내용을 담고 있다. T. Nunn은 책의 서문에 "… 교육이 … 토착 문화와 실제 생활에서의 관심에 지적으로 토대를 두지 않는다면 진정으로 효과적일 수 없다"고 적었다(Raum, 1938, 4쪽). 선교사의 아들로 아프리카에서 자란 O. Raum은 남아프리카와 탕가니카(현재 탄자니아)에서 가르친 경험을 토대로 책의 서문에 "많은 유럽인의 검증되지 않은 가정 중 하나는 아프리카인들이 산술에 재능이 없다는 것이다. 그들이 산술을 가르친 아프리카인이 실수했을 수도 있다. 그러나 그것은 유럽의 아이들도 마찬가지이다. 따라서 잘못은 아프리카 학생들에게 있는 것이 아니다. 오히려 가르치는 방식이나 가르치는 산술 유형이 잘못된 것일 수 있다(Raum, 1938, 5쪽)" 이 책은 세 가지 주요한 제안을 한다. "첫째, 아프리카인들의 일상적인 행동은 전 세계의 수리철학자들이 발전시켜온 수의 논리적 본성과 관련된 일반화의 구체적인 예를 제공한다. 둘째, 아프리카 아이들에게 수 체계를 다루고 연산을 수행하는 것을 가르치기 위해서 성인과 청소년 모두 수와 관련된 부족tribal의 활동이 가장 적합한 도구이다. 셋째, 일반화와 추상화가 지속적인 사고의 도구로서 학생들에 의해 획득되려면, 자신의 문화적 배경을 가진 수에 관한 문제로부터 높은 수준의 산술 과정이 개발되어야 한다" 좋은 교수teaching의 원칙 중 하나는 "학생의 문화적 배경을 이해하고 학교에서의 수업을 그 문화적 배경과 연관시키는 것의 중요성을 강조하는 것이다"(Raum, 1938, 5쪽)

와일더, White, Fettweis, Luquet, Raum의 성찰은 많은 반응을 불러일으키지 못했다. 그 당시의 지배적인 생각은 수학이 보편적이고 기본적으로 선험적인 지식의 형태라는 것이었다. 환원주의적reductionist 풍조가 수학교육을 지배하는 경향이 있었으며, 이는 문화와 무관한 인지 모델을 암시했다.[3]

민족수학 프로그램의 지적 아버지인 우비라탕 담브로시오

1960년대 북미에서 남미로 성급하게 이식된 "새 수학" 교육과정의 실패, 새롭게 정치적으로 독립한 제3세계 국가들이 경제적으로 독립하기 위한 노력에 있어서 수학교육을 포함한 모두를 위한 교육의 중요성, 그리고 베트남 전쟁에 수학자 및 수학 연구가 개입된 것에 대한 북미의 대중적 불안은 수학 연구와 교수에 관한 위치와 의미에 대한 성찰을 자극하는 요소들이다.

1970년대 말과 1980년대 초에 수학자들 사이에서 수학과 수학교육의 사회적, 문화적 측면에 대한 인식이 증가하기 시작했다.[4] 이러한 흐름은 1976년 국제수학교육대회(International Congress on Mathematical Education, ICME-3, Karlsruhe, 독일), 1978년

제3세계 국가들의 수학발전에 관한 회의(Khartoum, 수단), 1978년 수학과 현실 세계에 관한 워크숍(Roskilde, 덴마크)[Booss & Niss, 1979 참고]에서 수학교육의 사회적 목적과 수학을 왜 배워야 하는지에 관한 분과와 1978년 세계수학자대회(International Congress of Mathematicians, Helsinki, 핀란드), 1981년 지역사회 수학 심포지엄(Huaraz, 페루), 1982년 카리브 민족의 이익을 위한 수학 회의(Paramaribo, 수리남)에서 수학과 사회 Mathematics and Society 관련 분과에서 찾아볼 수 있다. 이러한 모든 노력에서 역동적인 역할을 한 사람이 브라질의 우비라탕 담브로시오이다. 그가 민족수학 프로그램을 시작한 것도 바로 이 시기이다. 그는 1984년 제4차 국제수학교육대회(Adelaide, 오스트레일리아) 기조 강연에서 "수학교육을 위한 사회문화적 토대"에 대해 자신이 가지고 있던 생각을 발표했다(담브로시오, 1985a 참고).

담브로시오는 자신의 민족수학 프로그램을 다양한 문화 체계에서 "(수학적) 지식의 생성, 전달, 확산 및 제도화 과정을 추적하고 분석하는 방법론"으로 제안한다(담브로시오, 1990, 78쪽). 학교에서 가르치고 배우는 수학인 "학문적 수학"과 대조적으로, 담브로시오가 말하는 "민족수학은 국가 및 부족사회, 노동 집단, 특정 연령대의 아이들, 전문 계층 등과 같은 구별 가능한 문화 집단에서 실제로 실천되는 수학"을 의미한다(담브로시오, 1985b, 45쪽). "학교 교육의 메커니즘은 이러한 실천들을 수학의 지위를 가지는 다른 동등한 실천들로 대체하며, 이는 원래의 형태에서 벗어나 체계화된 방식codified version으로 반환되는 것이다"(담브로시오, 1985b, 47쪽). 학교를 다니기 전과 학교 밖에서 거의 모든 아이들은 "수, 양, 정량화하고 정성화하는 능력, 추론 패턴을 사용하는 능력이 발달된, 다시 말해 "수학적 소양을 갖추게"된다(담브로시오, 1985a, 43쪽). 학교에서 "'학습된' 수학적 소양은 소위 '자연스럽게 발생하는' 수학적 소양을 제거한다. 수, 연산, 기하적 형태와 개념을 완벽하게 잘 다루는 사람이 동일한 사실과 필요에 대해 완전히 새롭고 형식적인 접근에 직면할 때 서로 다른 방식의 수치적이고 기하적인 사고들 사이의 장벽이 되는 심리적 벽을 만든다"(담브로시오, 1985a, 45쪽). 결과적으로 "수학교육의 초기 단계는 아이들에게 실패감과 의존감을 심어주는 매우 효율적인 방법을 제공한다"(담브로시오, 1985a, 45쪽). 다시 말해, "학교 교육 첫해에 잃어버린 수학적 역량은 이 단계에서 일상생활과 노동 기회를 위해 필수적이다. 그러나 이러한 역량들은 실제로 사라졌다. 자발적이라고 말하는 전자의 능력은 격하되고, 억압되고, 잊혀진 반면, 학습된 능력은 학습 장애, 조기 중퇴, 심지어 실패 또는 기타 여러 가지 이유로 인해 동화되지 못했다"(담브로시오, 1985a, 46쪽). 그렇다면 '무엇을 해야 하는가'라는 질문이 제기된다. "우리는 … 학교 수학을 포기하고 민족수학을 계속해야 하는가? 분명히 아니다…"(담브로시오, 1985a, 70쪽). 담브로시오의 관점에 따르면, 누군가는 문화적 형태를 양립해야 한다, 즉 "학교에서 수학은 알려진 대중적 관행과 현재의 대중적 관행에 대한 지식, 이해, 통합 및 호환을 교육과정 속에서 가능케해야 한다. 다시 말해, 민족수학을 교육과정에 인정하고 통합하는 것이다"(담브로시오, 1985a, 71쪽). 민족수학을 교육과정에 통합하기 위해서는 '민족수학 내에서 구조화된 지식 체계를 파악'하는 것이 필요하다(담브로시오, 1985b, 47쪽). 연구자들은 "이러한 특정 문제에 국한된 관행에서 근본적인 구조를 찾으려고 노력해야 한다. 다시 말해, 다음과 같은 질문을 던져야 한다.

1. 문제에 국한된 특정한 관행과 해결 방안은 어떻게 방법론으로 발전하나?
2. 어떻게 방법론이 이론으로 발전하나?
3. 어떻게 이론들이 과학적인 발명으로 발전하나?(담브로시오, 1985b, 48쪽).

민족수학의 몇 가지 특징은 이미 알려져 있다.

1. 민족수학은 한정된 자원을 활용하기 때문에 기술적으로 제한적이다. 반면 상황과 무관한 기준을 따르는 형식적인 규칙에 얽매이지 않기 때문에 창의적인 요소가 높다.
2. 수학의 보편주의적 특성과 달리, 민족수학은 특정 지식보다는 광범위할지라도 상황에 묶여있기 때문에 특수적이지만, 이상적으로는 상황에 얽매이지 않는 것을 주장하고 목표로 한다.
3. 수학은 합리적인 행태인 간결한 기호로 작동하는 반면, 민족수학은 심리-정서적으로 관련된 은유와 기호 체계를 통해 작동한다"(담브로시오, 1987, 37-38쪽).

아래에서는 담브로시오의 민족수학과 관련되어 제안된 다른 개념들을 간략히 살펴본다.

새로운 개념의 형성

식민지 교육colonial education은 일반적으로 수학을 "백인 남성"만의 창작물로, 그리고 "서구적" 또는 "유럽적"인 것으로 제시한다. 1960년대에 고도로 산업화된 국가에서 제3세계 국가로 교육과정이 급하게 이식되면서 적어도 암묵적으로 아프리카, 아시아, 아메리카 인디언의 수학에 대한 **부정**이 계속되었다.

1970년대와 1980년대에 개발도상국과 이후 다른 나라의 수학교사와 교수학자들didacticians 사이에서 이러한 부정에 대한 저항이 커졌다(예: Njock, 1985). 이는 인종차별주의와 신-식민주의적 편견neo-colonial prejudices 그리고 수학과 수학사에 대한 유럽 중심주의에 대한 반감이 반영된 것이다.[5] 많은 교사와 교수자들은 "외부에서 들여온imported 학교 수학" 외에도 다른 수학이 존재했고 지금도 존재하고 있음을 강조했다.

이러한 맥락에서 "학문 수학"/"학교 수학"(즉, 외부에서 이식되어 들여온 교육과정에 관한 학교 수학)을 대조하기 위해 다양한 개념이 제안되었다.

- 토착indigenous 수학 [예: Gay, Cole, 1967; Lancy, 1976 참고]: 게이Gay와 콜Cole은 Kpelle 부족의 어린이들이(라이베리아) "서구 지향의" 학교에서 "그들은 그들의 문화와 관련된 아무런 의미도 없는 것들을 배운다(1967, 7쪽)"라는 점을 비판하면서, 토착 수학을 출발점으로 하는 창의적인 수학교육을 제안하였다.
- 아프리카의 사회수학sociomathematics [Zaslavsky, 1973]: "아프리카 사람들의 삶에서 수학의 응용, 그리고 반대로 아프리카의 제도가 아프리카 사람들의 수학 발전에 미친 영향이다"(7쪽)[6]
- 비형식적informal 수학 [Posner, 1978, 1982]: 형식적인 교육 시스템 밖에서 전수되고 학습되는 수학이다.
- (아프리카) 사회문화적 환경에서의 수학 [S. Touré, S. Doumbia(코트디부아르), 1984]: 아동의 사회문화적 환경과 관련되는 아프리카 놀이 및 공예품 속 수학을 교육과정에 통합한다.
- 자발적spontaneous 수학 [D'Ambrosio, 1982]: 개별 인간과 문화 집단은 특정한 수학적 방법을 자발적으로 개발한다;[7]
- 구두oral 수학 [Carraher 외, 1982; Kane, 1987]: 모든 인간 사회에는 한 세대에서 다음 세대로 말로 전달되는 수학적 지식이 존재한다.
- 억압된oppressed 수학 [Gerdes, 1982]: 계급 사회(예: 식민지 점령기의 제3세계 국가)에서 지배적인 이데올로기에 의해 수학으로 인정되지 않은 대중의 일상생활 속 수학적 요소가 존재한다.
- 비표준non-standard 수학 [Carraher 외, 1982; Gerdes, 1982, 1985a; Harris, 1987]: 전 세계와 각 문화권에서는 "학문" 수학과 "학교" 수학의 두드러진 표준 양식을 넘어 기존 패턴과 구별되는 수학적 양식이 발달하였고 발달하고 있다.
- 숨겨져 있거나hidden 얼어붙은frozen 수학 [Gerdes, 1982, 1985a, b]: 아마도 이전에 식민지였던 사람들의 수학적 지식의 대부분은 사라졌지만, 누군가는 예컨대 바구니 만들기와 같은 오래된 기술에서 "숨겨져 있거나" "얼어붙은" 수학적 사고를 재구성하거나 "녹여버리려는" 시도를 할 수 있다.
- 민족folk 수학 [Mellin-Olsen, 1986]: (보통 그렇게 인식되지 않지만) 각 민족이 일하는 활동에서 발전된 수학은 수학을 가르치는 데 출발점이 될 수 있다;

• 노하우know-how를 통해 체계적으로 정리된 수학 [Ferreira, 1991].

이러한 개념들의 제안은 잠정적이다. 이는 제3세계의 맥락에서 등장한 유행과 같았고, 이후 다른 국가에서도 반향을 일으켰다.[8] 앞서 언급한 잠정적 개념에 의해 조명된 다양한 측면은 담브로시오의 민족수학이라는 보다 일반적인 "공통 분모" 아래 점차 통합되었다. 이 과정은 1985년 국제민족수학연구그룹(ISGEm)이 창설되면서 더욱 가속화되었다.

관련 예시

브라질의 사탕수수 농부

"브라질 북동부의 사탕수수 농부들은 브라질 수학교육에서 다루지 않는 자신들만의 토지 면적 측정 방법과 절차를 가지고 있다. 언뜻 보기에는 그들의 절차가 단순히 틀린 것처럼 보일 수 있지만, 인터뷰를 통해 알게 된 사실은 농부들이 실제로 1차원의 길이 측정값이 면적과 어떤 관련이 있는지 잘 이해하고 있다는 것이다. 농부들이 범하는 측정에서의 부정확성은 그들의 부주의 때문이 아니라, 실용적인 측면과 정숫값integer으로 작업하는 것을 선호하기 때문인 것으로 보인다"(Abreu and Carraher, 1989, 70쪽).

코트디부아르의 카우리cowry 게임

1975년 S. Touré가 설립한 아비장의 수학연구소(Mathematical Research Institute of Abidjan, IRMA, 코트디부아르)에서는 1980년에 "아프리카 사회 문화적 환경에서의 수학"에 관한 연구 세미나가 열렸다. 이 세미나는 S. Doumbia에 의해 진행되었는데, 그녀와 그녀의 동료들이 분석한 흥미로운 주제 중 하나는 서아프리카 전통 게임에서의 수학이다. 그들의 연구는 이러한 게임을 분류하고, 게임에 관련된 수학 문제의 해결 방법을 다루며, 수학 교실에서 이러한 게임을 활용할 수 있는 가능성을 탐구하는 것이다. Nigbé Alladian과 같은 일부 게임의 규칙들이 확률에 대한 전통적, 적어도 경험적 지식을 보여준다는 그들의 결론은 분명 더 많은 연구를 자극할 것이다.

한 명이 카우리 껍질 4개를 가지고 Nigbé Alladian 게임을 한다. 두 명의 참가자가 차례로 카우리 껍질을 던진다. 네 개의 카우리 껍질이 모두 같은 방향으로 떨어지거나, 즉 모두 "위" 또는 모두 "아래", 두 개는 "위" 나머지 두 개는 "아래"로 떨어지면 참가자들이 점수를 얻는다. 다른 경우, 즉 한 개가 "위" 나머지 세 개가 "아래" 또는 한 개가 "아래" 나머지 세 개가 "위"로 떨어지면 참가자들은 점수를 얻지 못한다. IRMA의 연구자들은 실험적으로 카우리 껍질이 "위"로 떨어질 확률이 $\frac{2}{5}$라는 것을 발견했다. 다음 표는 "위"로 4개 "아래"로 4개 그리고 그 외 경우들의 확률을 보여준다.

<table>
<tr><th>위치</th><th>확률</th><th></th></tr>
<tr><td>모두 "위"</td><td>$\frac{16}{625}$</td><td rowspan="3">$\frac{313}{625}$</td></tr>
<tr><td>모두 "아래"</td><td>$\frac{81}{625}$</td></tr>
<tr><td>두 개 "위", 두 개 "아래"</td><td>$\frac{216}{625}$</td></tr>
<tr><td>한 개 "위", 세 개 "아래"</td><td>$\frac{96}{625}$</td><td rowspan="2">$\frac{312}{625}$</td></tr>
<tr><td>세 개 "위", 한 개 "아래"</td><td>$\frac{216}{625}$</td></tr>
</table>

위에서와 같이, 점수를 얻을 확률과 얻지 못할 확률이 (거의) 같도록 게임의 규칙이 정해졌다는 것을 알 수 있다. S. Doumbia는 "확률 계산에 대한 지식이 없이 게임 참가자들은 … 그들의 점수 획득 가능성에 균형을 맞추기 위해 영리한 계산 시스템을 채택했다. 점수를 획득할 확률은 $\frac{312}{625}$이다"로 결론지었다(Doumbia, 1989, 175쪽).[9]

모잠비크 시장market의 여성

모잠비크 교육대학교(Beira 분교)의 초등 수학교육 석사 학위 프로그램의 교수자와 학생들은 학교 안과 밖에서 산술에 대해 분석했다. 인터뷰를 통해 문맹인 여성들이 어떻게 덧셈과 뺄셈을 하는지 알아본 결과, 그들은 "거의 모든 문제를 본질적으로 구두/암산 방법, 즉 음성으로 된 숫자spoken numerals를 통한 계산 방법을 사용하여 쉽게 해결했다. 이때 사용된 방법은 현재 초등교육을 위한 수학의 강의 계획서에서 제시하는 방법과 매우 유사하지만, 몇 가지 흥미로운 대안도 포함하고 있었다"라는 사실을 발견했다(J. Draisma, 1992, 110쪽). 예를 들어, 인터뷰에 참여한 여성 중 59%는 62-5를 머릿속에서 먼저 2를 뺀 다음 3을 빼는 방식으로 계산했다. 식으로 나타내면 아래와 같다.

$$\begin{array}{l} \underline{62 - 5 = ..?} \\ 62 - 2 = 60 \\ 60 - 3 = 57 \end{array}$$

즉, 그들은 교과서에서 강조하는 것과 동일한 방법을 사용했다. 다른 29%의 여성들은 60에서 먼저 5를 뺀 다음 2를 더했다.

$$\begin{array}{l} \underline{62 - 5 = ..?} \\ 60 - 5 = 55 \\ 55 + 2 = 57 \end{array}$$

그리고 12%의 여성들은 먼저 62에서 10을 빼고 10과 5의 차이인 5를 더했다. 식으로 나타내면 아래와 같다.

$$\begin{array}{l} \underline{62 - 5 = ..?} \\ 62 - 10 = 52 \\ 10 - 5 = 5 \\ 52 + 5 = 57 \end{array}$$

이 여성들은 그들만의 방법을 (재)발명했나요? 그들은 이러한 방법을 배웠나요? 누구로부터 어떻게?

곱셈을 할 때 인터뷰에 참가한 대부분의 여성은 두 배 하기$_{\text{doubling}}$로 문제를 해결하는데, 6×13을 예로 설명하면 아래와 같다.

$$\begin{array}{l} \underline{6 \times 13 = ..?} \\ 2 \times 13 = 26 \\ 4 \times 13 = 2 \times 26 \\ 2 \times 26 = 52 \\ 6 \times 13 = 26 + 52 \\ 26 + 52 = 78 \end{array}$$

(J. Draisma, 개인적 대화, 1992). 이 여성들 각자가 자발적으로 두 배 하기 방법을 (재)발명했을까요? 아니면 이것에 관한 어떤 전통이 존재할까요? 만약 전통이 존재한다면, 그 방법은 어떻게 가르쳐지고 배워지나요?

나이지리아의 교육받지 못한 농민들

나이지리아의 Ahmadu Bello 대학에서 Shirley(1988)와 그의 학생들은(예: Azenge, 1988) 학교를 다니지 않고 문맹인 학생의 가정 공동체 구성원들과 인터뷰를 실시했다. 연구결과, "그들이 사용한 (산술적) 알고리즘 중 일부는 학교에서 가르치는 알고리즘과 유사하지만, 몇 가지 흥미로운 비표준적 방식도 나타났다"는 것을 발견했다(Shirley, 1988, 5쪽). "응답자 중 몇몇은 특히 분해, 결합, 분배 방식을 사용하여 수를 간단히 정리하는 데 뛰어난 수 감각을 보여주었다"(Shirley, 1988, 6쪽). 예컨대, 18+19를 구하기 위해 몇몇은 다음과 같은 절차를 사용했다. 18에서 1을 빼면 17이 남고, 1을 19와 합하면 20이 되므로 17+20은 18+19와 같다. 식으로 나타내면 다음과 같다.

$$\underline{18 + 19 = ..?}$$
$$18 - 1 = 17 \text{ 그리고 } 1 + 19 = 20$$
$$17 + 20 = 37$$

동일한 문제에 대한 또 다른 접근 방식은 18과 19를 모두 20으로 반올림하고 여기서 2와 1이 각각 더해졌음에 주목하여, 20을 두 번 더하면 40이 되고, 다시 2와 1을 빼서 37을 계산했다. 연구자들은 문맹인 연구 참가자들이 나눗셈 문제에 대해 창의적인 해결책을 제시했다는 점에 주목했다. "45÷3의 경우, 한 응답자는 21÷3이 7이라는 사실을 분명히 알고 있었고, 이를 사용하기 위해 45를 21+21+3으로 분해했다. 이후 모든 항을 3으로 나눈 값들을 더하면 7+7+1=15가 된다"(Shirley, 1988, 7쪽). Shirley는 "학교 수업은 지나치게 주어진 과제를 수행하는 데 한 가지의 유일한 방법만이 있는 것처럼 느껴지게 한다"라는 점에서 교사-학생에게 문맹이든 아니든, 시골이든 도시든 그들의 지역공동체 속에서 (민족적) 알고리즘을 찾도록 조언한다.

연구 분야로서의 민족수학

이전 절에서 민족수학은 특정한 하위문화$_{\text{sub-culture}}$에 관한 수학이었다. 그런 의미에서 소위 학문 수학도 민족수학의 구체적인 예라고 할 수 있다. 모든 민족수학이 수학인 경우 왜 굳이 민족수학이라고 부를까? 왜 단순히 이 하위문화의 수학과 저 하위문화의 수학이라고 부르지 않을까?

그렇게 함으로써 민족수학은 하나의 연구 분야로서 특정 하위문화의 방식과 관련된 다양한 수학의 존재를 인정하는 다른 차원에서 정의될 수 있다.

하나의 연구 분야로서 민족수학은 수학과 수학교육의 문화인류학으로 정의되거나, 1977년 담브로시오가 말한 "사회적, 경제적, 문화적 배경과 직접적인 관련이 있는 과학적 더 나아가 기술적 현상에 대한 학문으로서의 **민족과학**"으로 정의될 수 있다(D'Ambrosio, 1987, 74쪽). 이런 의미에서 민족수학은 1986년 아셔$_{\text{Ascher}}$가 정의한 "문맹 민족의 수학적 아이디어에 대한 연구"를 포함한다.[10]

민족지학자와 인류학자들 사이에서 "민족과학"이라는 개념은 19세기 말부터 사용되었다. 이들이 사용한 개념은 오늘날 수학자와 수학교육자들이 사용하는 개념보다 더 제한적이고 다른 이데올로기적 의미를 가지는 것으로 보인다.

Panoff와 Perrin(1973)의 민족학 사전에는 민족과학의 개념에 대한 두 가지 정의가 제시되어 있다. 첫 번째 경우는 "이국적인$_{\text{exotic}}$ 사회에 대한 실제적 지식$_{\text{positive knowledge}}$과 서구 과학의 확립된 분야에서 공식화된 지식을 비교하는 데 전념하는 민족학의 한 분야"(Panoff & Perrin, 1973, 68쪽)이다. 이 정의는 즉각적으로 몇 가지 질문을 떠올리게 한다. "실제 지식이란 무엇인가?", "어떤 의미에서 이국적인가?", "서구 과학이 존재하는가?", 두 번째의 경우, "토착적 사고$_{\text{indigenous thinking}}$에 의해 다르게 이해되는 자연 현상에 대한 서구 과학 분야 중 하나의 적용"을 민족과학이라고 부른다(Panoff & Perrin, 1973, 68쪽). 두 가지 정의는 모두 민족지학이 가장 "선진화된" 국가에서 피지배 민족의 문화를 거의 독점적으로 연구하는 "식민지 과학"으로서 탄생한 식민지 시대로 거슬러 올라가는 전통에 속하며, 또한 원시적 사고$_{\text{primitive thinking}}$를 서구적 사고와 완전히 다른 것으로 간주하여 대립시킨 "과학"이기도 하다.

민족지학자들 사이에는 민족과학을 지금과 완전히 다른 방식으로 생각하는 또 다른 흐름도 존재한다. 예를 들어, C. Favrod(1977)는 그의 사회문화적 인류학의 도입에서 민족언어학을 다음과 같이 정의한다. "민족언어학은 문화적이고 사회적인 삶 전체와의 관계 속에서 언어를 연구하려고 한다"(Favrod, 1977, 90쪽). 이러한 민족언어학의 특징을 민족수학으로 옮기면 다음의 정의를 유추해 볼 수 있다. **"민족수학은 문화적이고 사회적인 삶 전체와의 관계 속에서 수학(또는 수학적 아이디어)을 연구한다"** 이런 의미에서 민족수학은 "수학은 외부 세계 또는 자연에 토대를 두고 있으며, 사회는 그 일부일 뿐이며 이 뿌리가 계속해서 무엇을 어떻게 싹을 틔울 것인가를 지시한다"라는 D. Struik의 **수학의 사회학**$_{\text{sociology of mathematics}}$(1942)에 가깝다고 할 수 있다(Struik, 1986, 297쪽). H. Bos와 H. Mehrtens (1977)은 수학과 사회의 상호작용에 관한 문헌을 분석하였다.

T. Crump에 따르면, 민족과학이라는 용어는 1960년대에 민족지학자들 사이에서 널리 사용되었다. "이는 '특정 문화에서 전형적으로 나타나는 지식과 인식 체계'를 지칭하는 것으로 받아들여질 수 있다"(Crump, 1990, 160쪽).[11] Crump의 《수의 인류학(1990)》에서는 "민족수학자"의 연구에 대한 언급이 거의 없다. 그는 "첫째, 그들의 연구에서 인지적

가정에 관심을 갖는 전문 수학자는 거의 없으며, 둘째, 현장 연구 과정에서 나타나는 수들이 해당 문화에서 얼마나 중요한지를 이해하는 능력을 가진 인류학자들이 거의 없다"라는 것을 지적한다(Crump, 1990, viii쪽). 1990년대에도 여전히 인류학자, 과학사학자, 수학자들은 수학의 인류학으로서 민족수학을 발전시키기 위해 서로 협력해야한다(D'Ambrosio는 때때로 "인류학적 수학"이라는 표현을 사용하기도 한다. 예: 1985b; 참조: Gerdes, 1985c).

민족수학적 운동(Gerdes, 1989a 참고)[12]

일반적으로 민족수학을 연구하는 학자들은 매우 의욕적이다. 이런 의미에서 우리는 민족수학적 운동에 대해 말할 수 있는데, 그 특징은 다음과 같다.

- **민족수학자들**은 특히 세기, 위치 찾기, 측정하기, 디자인하기, 놀이하기, 설명하기를 포함하여 광범위한 수학 개념을 사용한다.[13]
- **민족수학자들**은 교수, 학습 및 수학의 발달에 대한 사회문화적 요인의 영향을 강조하고 분석한다.
- 민족수학자들은 수학(수학의 기법과 진리)이 **문화적 산물**이라는 사실에 주목한다. 그들은 모든 민족—모든 문화와 모든 하위문화—이 그들만의 고유한 수학을 발전시킨다는 것을 강조한다. 수학은 **보편적이고 범인류적인 활동**으로 간주된다. 문화적 산물로서 수학은 역사를 가진다. 특정 경제적, 사회적, 문화적 조건에서 수학은 특정한 방향으로 나타나고 성장했으며, 다른 조건에서는 다른 방향으로 나타나고 성장했다. 즉, 수학의 발전은 단선적이지 않다(Ascher & Ascher, 1986, 139쪽, 140쪽 참고).
- **민족수학자들**은 이식되어 외부에서 들여온 "교육과정"에서의 학교 수학이 아프리카, 아시아, 남미의 문화적 전통과는 분명히 이질적이라는 것을 강조한다. 분명히 이 수학은 제3세계 외부에서 온 것이다. 그러나 **실제에서** 이 "학교 수학"의 내용 중 상당 부분은 아프리카와 아시아에 그 기원을 두고 있다. 이는 식민지화 과정에서 수용되어 억압받는 민족의 (과학적) 문화를 크게 파괴했다.[14] 당시 식민지 이데올로기는 아프리카, 아시아, 아메리카 인디언의 수학이 생존하는 것을 무시하거나 경멸했다. 제3세계 사람들의 수학적 능력은 부정되거나 단순 암기의 수준으로 평가절하되었다. 이러한 경향은 1960년대 고도로 산업화된 국가에서 제3세계 국가로 교과과정(새 수학)이 이식되면서 강화되었다.
- **민족수학자들**은 이전에 식민지였던 민족의 수학적 실제화$_{\text{realizations}}$에 대한 지식에 기

여하려고 노력한다. 그들은 식민주의에서 살아남아 수학적 사고 및 여타 과학적 사고를 드러내는 문화적 요소를 찾는다. 그들은 이러한 수학적 사고를 재구성하려고 노력한다.

• 제3세계 국가에서 **민족수학자들**은 식민지 시대에도 살아남은 수학적 전통과 사람들의 일상생활 속의 수학적 활동을 찾고 이를 교육과정에 통합할 수 있는 방법을 분석한다.

• **민족수학자들**은 또한 교실에서 수학을 행하고 보다 정교하게 발전시키기 위해 출발점이 될 수 있는 다른 문화적 요소와 활동을 찾는다.

• 교육적 맥락에서 **민족수학자들**은 일반적으로 학생들이 자신이 살고 있는 현실을 성찰하고 해방의 관점에서 수학을 사용하고 발전시키기 위한 비판적 수학교육을 선호한다. 여기서 잘 알려진 급진적 제3세계 교육자인 파울루 프레이리P. Freire의 영향이 눈에 띈다.

파울루 프레이리와 민족수학

민족수학 분야에서 활동하는 일련의 학자들, 예를 들어 P. Gerdes(1975),[15] M. Frankenstein (1981, 1983, 1989), S. Mellin-Olsen(1986), M. 보르바M. Borba(1987a), E. Ferreira (1992), M. Frankenstein과 A. Powell(1994)은 브라질 교육학자 파울루 프레이리에게 경의를 표했다. 특히 프레이리의 저서 《억압받는 자에 관한 교수학(1970)》과 《비판적 의식을 위한 교육(1973)》에 나타난 그의 사상은 이 분야 학자들의 성찰에 깊은 영향을 미쳤다. Mellin- Olson의 말을 빌리자면, "프레이리가 표현한 것처럼, 지식이라는 것이 지식을 구성하는 과정에 의해 문화와 관련되어 있다면, 이는 (수학) 교육의 교수학적 과정에서 어떻게 지식을 다루어야 하는지에 대해 시사하는 바가 있어야 한다"(Mellin-Olsen, 1986, 103쪽). 프레이리(1987) 자신도 담브로시오의 제자 M. 보르바와 공저한 "민족수학: 교수학적 제안으로서 'Favela(빈민가)'의 수학"이라는 논문을 그의 저서 《우리가 만든 학교 …: 사람들의 교육에 대한 학제 간 성찰》에 포함했다. M. Frankenstein과 A. Powell은 교육자들이 수학적 지식으로 중요하게 여기는 것을 재고하고, 문화가 수학적 지식에 미치는 영향을 고려하며, 수학적 지식의 왜곡되고 숨겨진 역사를 밝히는 것이 수학이라는 학문과 수학의 교육학적 관행을 다시 생각하게 하는 민족수학적 관점인 프레이리주의의 중요한 기여라고 주장한다(Frankenstein과 Powell, 1991, 14쪽).

프레이리의 대화적 방법론의 사용은 "한 문화 사람들과 함께 교육과정을 구성하기 위해 그 문화의 민족수학을 조사하고, 수학에 대한 사람들의 지식을 더 풍부하게 하기 위해 다른 문화들의 민족수학을 탐구하여 교육과정을 구성함으로써 민족수학에 관한 교육과정적 실천"을 발전시키는 데 필수적인 것으로 여겨진다(Frankenstein과 Powell, 1991, 32쪽).

다음 장에서는 대륙별 민족수학 문헌에 대한 개요를 제시하고, 모잠비크의 민족수학 연구에 대한 논의로 이 장을 마무리하고자 한다.

아메리카

수학자이자 인류학자인 마샤 아셔과 R. Ascher는 1981년 《퀴푸의 코드Code Of The Quipu: 미디어, 수학, 문화에 대한 연구》를 출간하여 페루의 현악기 조각들이 어떻게 풍부하고 논리적인 수학적 전통을 구현하는 데 기여했는지 보여주었다. M. Closs는 《아메리카 원주민의 수학(1986)》이라는 책을 편집했다. 편집자 서문에서 그는 "… 아메리카 원주민의 수학은 여러 개별 문화에서 개별적으로 발전한 것들의 복합체로 가장 잘 설명될 수 있다"(Closs, 1986, 2쪽)라고 말한다. 이 책은 수 체계, 암면미술rock art에 나타난 수 표현, 달력 체계, 수의 의식적 사용과 집계표tallies, 기하학의 일부 측면을 분석한다. 민족수학적 연구 방법론은 관심의 대상이다. Closs는 "논문들은 수학의 역사가 전통적인 경계를 벗어난 자료를 통합하기 위해 어떤 형태를 취해야 하는지에 대한 아이디어를 제공한다. 그것은 인류학, 고고학, 언어학과 같은 다른 학문의 자원과 방법론을 끌어들임으로써, 역사적 접근 방식에 대한 거의 전적인 의존을 보완하거나 대체하는 형태이다"라고 말한다(Closs, 1986, 2쪽). R. Pinxten 외(1983)는 나바호족(Navajo)의 "기하학적" 세계관을 연구하고, 수학교육에 대한 제안을 내놓았다(Pinxten, 1989). C. Moore(1986)는 "아메리카 원주민의 수학교육"을 위한 끈으로 만든 모양string figures의 사용을 분석했다(Moore, 1987, 1994 참고). J. Marschall (1987)은 아메리칸 인디언의 기하학 "지도책atlas"를 정교하게 만들었다.

Campinas 주립대학의 E. Ferreira(1988, 1989)와 그의 학생들은 브라질의 인디언 지역 공동체에서 수학과 수학교육을 분석했다. 예를 들어, L. Paula와 E. Paula(1986)는 타피라페Tapirapé 인디언의 끈으로 만든 모양에 관해 연구했다.

C. Cossio와 A. Jerez(1986)는 케추아Quichua어(에콰도르)와 스페인어에서 나타난 수학에 관한 논문을 게재하였다.

일련의 중요한 연구들은 담브로시오의 학생들에 의해 수행되었다. 예를 들어, 앞서 말한 M. 보르바(1987)는 캄피나스Campinas 빈민가 주민들의 일상생활에서 수학을 분석했고, S. Nobre는 대중적인 동물 복권의 수학을 연구하여 "수학교육과정 개발의 사회적, 문화적 측면"(1989a)이라는 제목의 석사 학위 논문을 썼다(Nobre, 1989b 참고). R. Buriasco

는 "학교 안과 밖의 수학: 막힘에서 전환으로"(1989)라는 석사 학위 논문을 썼다. G. Knijnik은 브라질 남부 리오그란지두술Rio Grande do Sul 주의 땅 없는 농민들의 삶을 위한 투쟁에서 수학을 연구하여 박사 학위 논문을 썼다(Knijnik, 1993 참고, 본 고의 제18장에서 재출판).

페르남부쿠Pernambuco(브라질 북동부)에서는 위에서 이미 언급했던 T. Carraher (Nunes), A. 슐리만A. Schliemann 그리고 D. Carraher 학파에 의해 민족수학과 인지심리학의 경계에 관한 중요한 연구가 수행되었다.[16] 예를 들어, Schliemann(1984)은 목공 견습생들의 수학을 분석했다. T. Carraher(1988)는 길거리에서의 수학과 학교 수학을 비교했고, T. Carraher 외(1987)는 글로 쓰인 수학written mathematics과 말로 전달되는 수학oral mathematics의 차이점을 분석했으며, G. Saxe(1988)는 사탕 판매와 수학 학습에 관한 연구를 수행했다. 1993년에 발행된 브라질 학술지 "A Educação Matemática"의 창간호는 민족수학에 관한 것이다. 여기에는 우비라탕 담브로시오, E. Ferreira, L. Meira, G. Knijnik, 그리고 M. 보르바의 기고문이 포함되어 있다.

모잠비크와 브라질 간에는 민족수학 연구에 대한 협력이 있었다. 브라질에서 모잠비크 연구자들은 민족수학에 대한 연이은 워크숍을 개최하였다. 1988년 4월과 5월에 P. Gerdes(상파울루 주립대, Rio Claro), 1992년 1월에 M. Cherinda와 D. Soares(산타카타리나 연방 대학, Florianópolis)의 지원속에서 P. Gerdes, 1993년 1월에 D. Soares(산타카타리나 연방 대학, Florianópolis). P. Gerdes(1989b)는 브라질에서 인도 바구니의 산술적 및 기하학적 장식에 관한 연구를 수행했다.

콜롬비아에서 V. Albis(1988)는 인디언 사람들의 기하에서 의식적인 몇 가지 측면을 분석했다. A. Cauty와 그의 동료들은 그들이 "콜롬비아 원주민의 민족 교육"이라는 맥락에서 수학교육의 가능성을 분석한다(Cauty, 1994, 1995 참고).

국제민족수학연구그룹(International Study Group on Ethnomathematics)의 뉴스레터에는 북미의 민족수학 연구 및 교육에 관하여 몇 개의 짧은 연구들이 게재되었다. D. Orey(1989)는 "NCTM 규준에 관한 민족수학적 관점"을 분석했고, G. Gilmer(1990)는 "교육과정 개발에 대한 민족수학적 접근법"을 제안했으며, B. 룸킨B. Lumpkin(1990)은 "다문화 수학교육과정"에 대해 논평했고, 클로디아 자슬라브스키C. Zaslavsky(1989)는 "문화 전통 연구와 수학의 통합"과 "수학 수업에서의 세계 문화"를 주장했고, L. Shirley(1991)는 "어린이 문화", "수학을 위한 비디오 게임: '어린이 문화'의 사례"에서 수학을 분석한다. J. Stigler와 R. Baranes(1988)는 문화와 수학 학습에 관한 연구의 분석 논문을 게재했다.

미국에서 민족수학적 관심의 선구자 중 한 명은 H. 긴즈버그H. Ginsburg와 그의 제자 Petitto와 포스너Posner이다. 1978년, 긴즈버그의 제자들은 옷감 상인, 재단사와 같은 전문직 집단과 코트디부아르의 두 민족 집단의 수학적 지식에 관한 박사 학위 논문을 작성하고, 비교 실험을 실시했다. 긴즈버그는 "가난한 아이들, 아프리카 수학, 그리고 학교 교육의 문제"라는 논문에서 "미국 연구자들의 교훈은 분명하다. 가난한 아이들이 어떤 시험에서 성적이 나쁘면 그 아이보다는 시험에 문제가 있을 가능성이 더 크다"(Ginsburg, 1978, 41쪽)는 교훈을 얻었다. 그러므로 "… 만약 교육과정이 각 문화의 특정한 양식에 맞춰진다면 기본적인 기능을 가르치는 것이 더 효과적일 수 있다" "아프리카 어린이들에게 있어 답은 명확해 보인다: 교육과정이 효과적으로 되려면 현지 문화에 반응할 수 있어야 한다" 긴즈버그는 "미국 빈곤층의 하위 그룹도 마찬가지일 가능성이 높다"고 주장한다(Ginsburg, 1978, 42쪽, 43쪽).

파울루 프레이리의 영향과 관련하여, 나는 이미 M. Frankenstein과 A. Powell의 연구를 언급했었다. 그들의 비판수학교육자그룹Criticalmathematics Educators Group은 비전통적인 학생들의 수학적 역량 강화mathematical empowering에 적극적으로 참여하고 있다(Frankenstein & Powell, 1989 참고).

수학교육과정의 다문화화multiculturalization[17]는 비전통적 학생들nontraditional students 사이에서 (문화적) 자신감을 높이는 한 가지 방법이다. 마샤 아셔(1991)는 "비-서구" 사회에서의 수학적 아이디어에 관한 그녀의 초기 논문들을 엮어 《민족수학: 수학적 아이디어에 대한 다문화적 관점Ethnomathematics: A multicultural View of Mathematical Ideas》이라는 책으로 출판했다. 이 책에는 수, 모래 속의 그래프, 친족 관계의 논리, 게임과 퍼즐에서의 우연과 전략, 공간의 구성과 모델링, 대칭 조각 장식에 관한 장들이 포함되어 있다. G. Gilmer, M. 톰슨M. Thompson, 글로디아 자슬라브스키C. Zaslavsky(1992)는 유치원부터 8학년까지의 어린이를 위한 다문화 수학 활동을 제작했다(Zaslavsky, 1992 참고). J. Ratteray(1992)는 수학을 포함한 다문화 교육과정을 위한 아프리카 중심의 접근에 관한 논문을 게재했다.[18] B. 룸킨은 어린이를 위한 다문화 수학책을 제작했다.

아시아, 오세아니아 및 호주

R. Souviney(1989)는 1976년 파푸아뉴기니에서 시작된 토착민 수학 프로젝트Indigenous Mathematics Project의 결과를 기술했다. 1983년 초, D. Lancy는 파푸아뉴기니와 미국의 인지 테스트 결과를 비교한 《Cross-cultural Studies In Cognition And Mathematics(인지와 수학에서의 다문화적 연구)》라는 책을 출판했다. A. Bishop(1978, 1979)은 공간 능력을 분석했다. G. Saxe(1981, 1982a, 1982b)는 파푸아뉴기니의 옥삽민Oksapmin 부족을 대상으로 신체를 이용한 수 세기와 산술에 대한 일련의 연구를 수행했다. Lean은 1986년에 파푸아뉴기니의 세기 체계에 관한 연구를 출판했다.

폴 해리스P. Harris(1984)와 K. Crawford(1984, 1989)는 호주 원주민 지역공동체의 수학 교육을 분석했다. 웨스턴 호주 공과 대학(Western Australia Institute of Technology)은 1985년에 R. Hunting의 《학습, 원주민 세계관 및 민족수학Learning, Aboriginal World View, Ethnomathematics》이라는 책을 출판했다(Hunting, 1987 참고). Graham(1988)은 원주민 아동의 수학교육을 분석한다.

G. Knight(1984)는 마오리족 예술-직조와 서까래 패턴-의 기하에 관한 두 편의 논문을 게재했다. 마샤 아셔는 마오리족 게임의 수학적 측면을 연구했다. B. Barton은 "숲을 보기 위해 나무를 활용하기: 뉴질랜드 수학 구조의 고고학"(1990)이라는 제목의 논문을 썼고, "민족수학에 대한 철학적 정당화와 교육에 대한 몇 가지 시사점"을 주제로 박사 학위 논문을 준비했다(같은 제목의 논문, 1992 참조).

R. Zepp은 그의 저서 《언어와 수학교육Language and Mathematics Education》의 마지막 장에서 민족수학에 대한 이론적 논의를 제공한다.

마샤 아셔(1988a)와 P. Nissen(1988)은 뉴 헤브리데스 제도(New Hebrides)의 모래 그림에서 수학적 측면을 분석했다. P. Gerdes(1989c, 1994a: 제11장)는 남인도 타밀Tamil족의 문턱 디자인에 관한 연구를 수행했다.

J. Turner는 일련의 연구에서 히말라야 동부 부탄의 초등 수학교육과 민족수학에 대해 논의했다(예: Turner, 1992).

무니르 파셰M. facheh(1982, 1989)는 팔레스타인 점령지 서안지구(West Bank)의 수학교육에서 발생하는 문화적 갈등을 분석했다.

유럽

1985년 베르겐 교육 연구소(Bergen Institute of Education)의 Mellin-Olsen과 그의 동료들은 스칸디나비아 국가들, 영국, 프랑스, 멕시코, 모잠비크에서 온 참가자들과 함께 "수학과 문화"에 관한 세미나를 조직했다(Bonilla-Rius, 1986 참고). 이 회의는 유럽에서 수학교육의 구체적인 주제로 문화적 문제를 다룬 최초의 회의였던 것 같다. 마틴 해리스 M. Harris(1987, 26쪽)는 아프리카의 민족수학 연구가 어떻게 영어권에서 여성, "노동 계급", 소수자 해방의 관점에서 수학교육에 대한 비판적 성찰을 자극하는지를 표현했다. 런던대학교 교육연구소(University of London Institute of Education)에 기반을 둔 그녀의 "일에서의 수학" 프로젝트는 "수학적으로 풍부한 일상 활동을 교사에 의해 수학적으로 개발될 수 있는 자원으로 학교에 가져옴으로써 학교의 이상과 일의 실제 사이의 조정"을 시도한다(Harris & Paechter, 1991, 278쪽). 옷감과 옷감에 관한 활동은 "모든 문화와 남녀 모두에게 공통적이고 자연스러운 매우 풍부한 수학적 자원"의 한 예이다(M. Harris, 1988, 28쪽). 남녀 학생 모두와 모든 사회적, 문화적 배경을 가진 학생들이 "수학을 일상생활의 일부로써 행하고 즐기는 것으로 인식하고 자신감을 갖게 된다면, 고용주가 긍정적이고 자신감 있는 태도를 신장할 가능성이 더 커질 것이다"(Harris와 Peachter, 1991, 282쪽).[19]

프랑스에서는 수학교육의 다문화적 문제에 관한 관심이 높아지고 있다. 1992년에 수학교육연구소(Institute for Research in Mathematics Education)는 국제민족수학연구그룹(International Study Group on Ethnomathematics)의 프랑스어판 뉴스레터를 창간했다. Damerow(1992)는 전 세계 민족수학자들이 제기한 문제들에 대해 성찰하는 것이 독일에서 시급하다고 강조한다. S. Shan과 E Bailey(1991)와 D. Nelson, G. Joseph와 J. Williams(1993)는 영국의 상황에서 보다 정의롭고 평등한 사회를 위한 다문화적 수학교육의 필요성과 관행을 분석한다. O. Skovmose(1994)는 민족수학 연구가 "비판수학교육"을 실현하는 데 중요한 기여를 할 것으로 보고 있다.

아프리카에서/아프리카에 대해 진행 중인 민족수학 연구[20]

나는 이미 Raum의 《아프리카의 산술Arithmetic in Africa(1938)》, 게이Gay와 콜Cole의 《새로운 수학과 오래된 문화New Mathematics and an Old Culture(1967)》, 자슬라브스키의 고전적인 《아프리카 수학Africa Counts(1973)》에 대해 언급했다.

Lea(1987, 1989a, b, c, 1990a, b)와 보츠와나 대학교에 있는 그녀의 학생들이 보츠와나Botswana의 산San족 사냥꾼들로부터 정보를 수집했다. 그녀의 논문은 산족의 기술 및 공예에서의 세기, 측정, 시간 계산, 분류, 추적 및 일부 수학적 아이디어에 관해 설명한다. 교육적 제안은 Stott와 Lea(1993)의 연구에 포함되어 있다.

지난 몇 년 동안 아프리카에서 말로 표현되고 글로 기술된 수 체계에 관한 일련의 연구 프로젝트가 수행되고 있다. 예를 들어,

- 전통적인 이비비오Ibibio와 에픽Efik 사회에서의 세기(I. O. Enukoha, University of Calabar, Calabar, Nigeria)
- 풀베족(풀라니족)의 계산(S. O. Ale, Ahmadu-Bello-University, Bauchi, Nigeria)
- 이슬람 이전의 계산 방법(Y. Bello, Bayero University, Nigeria)
- 나이지리아 언어에서 세기(Ahmadu-Bello-University, Zaria)
- 부룬디Burundi에서 식민지 이전의 계산 체계(J. Navez, University of Burundi, Bujumbara)

- 코트디부아르에서 수 세기 학습(Tro, 1980, Zepp, 1983 참고)
- 기니Guinea의 주요 언어 그룹에서 사용하는 계산 체계(S. Oulare, University of Conakry)
- 케냐의 다양한 인종 그룹에서의 세기(J. Mutio, Kenyatta University, Nairobi)
- 보츠와나의 전통적인 세기(H. Lea, University of Botswana, Gaberone)
- 우간다의 일부 문화권의 수와 패턴(E. Segujja-Munagisa)
- 모잠비크의 수 체계와 대중적 계산 방식

E. Kane의 박사 학위 논문 "서대서양 그룹과 만데족Mandé의 구어적 계산 체계spoken numeration systems"(1987)는 세네갈에서 구어로 전해지는 약 20개 언어의 계산 체계를 분석한다. 그는 만데족과 같은 구어적 계산 체계가 개혁과 진화에 쉽게 영향을 받을 수 있다고 말한다. Kane은 "구어 문화oral cultures"의 특수성에 적합한 계산 체계 분석을 위한 방법론을 개발한다. V. Mubumbila(1988)는 중앙아프리카의 수비학numerology에 관한 연구를 했다.

자슬라브스키(1973, 109-110)는 표범, 염소, 카사바 잎 더미를 가지고 강을 건너야 하는 한 남자가 특정 조건을 충족해야 하는 크펠레족(라이베리아)의 수수께끼를 제시한다. 아셔(1990)는 이 강 건너기 문제를 문화 간 관점에서 바라보고 알제리, 카보베르데 제도, 에티오피아, 라이베리아, 탄자니아, 잠비아에서 이러한 유형의 수수께끼 문제의 수리-논리적 측면을 분석한다. Kubik(1990)은 발루차지Valuchazi족(앙골라 동부와 잠비아 북서부)의 "산술 수수께끼"에 대해 살펴보았다. S. Doumbia(1992, 1993a, 1993b)는 전통적인 언어verbal와 카우리 게임(코트디부아르)에 대한 교수학적 실험을 수행했다(Doumbia와 Pil, 1992 참고).

Crowe(1971, 1973, 1975, 1982a, b)의 초기 연구에 이어, Washburn와 Crowe의 저서 《문화의 대칭성: 평면 패턴 분석의 이론과 실제Symmetries of Culture, Theory and Practice of Plane Pattern Analysis(1988)》는 Federov(1891)에 의한 소위 24개의 평면 그룹을 토대로 아프리카 환경으로부터 여러 가지 패턴을 분류한다. 최근에는 Washburn (1990: 제5장)이 라피아raffia 패턴의 대칭 분석을 통해 다양한 바쿠바Bakuba 그룹에서 생성된 패턴을 구분할 수 있는 방법을 보여주었다. 자슬라브스키(1979)는 아프리카 예술, 건축 및 디자인에서 나타나는 줄무늬 패턴 및 평면 패턴 그리고 양측 대칭 및 회전 대칭의 몇 가지 예를 제시한다. 일반적으로 인류 문화, 특히 아프리카의 공예품과 예술에서 대칭이 나타나는 이유는 무엇일까? 이 질문은 Gerdes의 일련의 연구들에서 다루어졌다(Gerdes, 1985b, 1990a, 1991a, 참고). 그는 아프리카 바구니 공예에서 축 대칭, 이중 축 대칭, 4차 회전 대칭의 기원을 분석한다. "다양한 문화권에서의 5중 대칭과 (바구니) 엮기weaving"에서는 장인들이 (바구니) 직조에서 몇 가지 문제를 해결할 때 5중 대칭이 상당히 "자연스럽게" 어떻게 나타났는지를 보여준다(Gerdes, 1992a). 모잠비크 문화에서 선택한 이러한 사례들은 핸드백, 모자, 바구니 직조부터 빗자루 제작에 이르기까지 다양하다.

Langdon(1989, 1990)은 "아딘크라$_{adinkra}$" 옷감(가나)의 대칭에 관해 설명하고, 이를 교실에서 사용할 수 있는 가능성을 탐구한다. 비슷한 관점에서 M. Harris(1988)는 가나의 평직물에 인쇄된 디자인뿐만 아니라, 보츠와나의 바구니와 나이지리아 요루바$_{Yoruba}$족의 "부바$_{buba}$" 블라우스에 대한 대칭을 설명하고 탐구한다.

나는 이미 아프리카 전통 게임에 대한 Doumbia의 연구에 대해 언급했다(Doumbia, 1994 참고). Vergani(리스본의 오픈 대학교)는 앙골라에서 행해지는 지능 게임의 수학적 측면에 대한 논문을 준비하고 있다. Mve Ondo(1990)는 두 가지 "계산 게임", 즉 Owani(콩고)와 Songa(카메룬, 가봉, 적도기니)라는 "만칼라$_{Mancala}$" 게임에 대한 논문을 게재했다(A. Deledicq와 A. Pop-ova, 1977 참고).

아마두-벨로-대학교(Zaria, Nigeria)의 교육대학은 예컨대 학교를 다니지 않는 어린이와 성인이 일상생활에서 사용하는 수학과 이러한 지식을 수학교육에 포함시킬 수 있는 가능성과 같은 민족수학 연구를 매우 역동적으로 촉진해 왔다.[21] S. Ale(1989)은 풀베족(풀라니족, Fulani)의 수학적 유산과 이 유산을 기반으로 풀베족(풀라니족)의 필요에 맞는 교육과정을 구성할 수 있는 가능성에 대한 연구를 하고 있다. G. Thomas-Emeagwali는 최근 아프리카 역사 속 과학과 기술에 관한 그녀의 저서에서 나이지리아, 시에라리온, 짐바브웨, 잠비아에서의 사례 연구와 함께 수학에 관한 장을 포함시켰다.

G. Aznaf는 에티오피아의 민족수학에 관한 박사 학위 논문을 준비 중이다. D. Mtetwas는 "쇼나$_{Shona}$ 문화의 측면에서 수학적 사고"에 관한 연구 프로젝트를 시작했다.

"수학, 철학, 교육"이라는 지역 학회(1993년 1월, 코트디부아르의 Yamoussoukro)에서 S. Doumbia(코트디부아르)와 P. Gerdes(모잠비크)는 아프리카 전통 게임, 그림, 공예품의 교육적 활용에 관한 워크숍을 공동으로 진행했다. 후기 아파르트헤이트$_{post-Apartheid}$에 새로 설립된 남아프리카공화국 수학교육협회(Association for Mathematics Education in South Africa, AMESA)는 1994년 첫 국가 의회에서 민족수학과 교육에 관한 원탁회의를 개최했다. 그해 말 AMESA는 민족수학에 관한 연구 모임을 만들었다.

모잠비크의 민족수학 연구

모잠비크에서 민족수학 연구는 1970년대 후반 시작되었다. 식민지 시대에서 살아남은 대부분의 "수학적" 전통과 모잠비크 사람들의 일상생활에서 이루어지는 대부분의 "수학적" 활동은 명시적으로 수학적이지 않은, 즉 "숨겨진" 수학이기 때문에 이 연구의 첫 번째 목표는 그 "숨겨진" 수학을 "발견"하는 것이었다. 이 "발견"의 첫 번째 결과는 "기하학적 사고의 자각에 대해서(On the Awakening of Geometrical Thinking)"(1985b, c)에 포함되어 있으며, "민족기하학: 기하학의 발생과 교수학에 대한 문화인류학적 기여"(1991a)에서 조금 더 확장되었다.

Gerdes는 "모잠비크의 문화, 수학 및 교육과정 개발"(1986)과 "문화, 기하적 사고 및 수학교육"(1988)에 관한 논문에서 아프리카의 전통적 문화 요소를 수학교육에 접목하는 방식으로 자신의 실험을 요약하여 보여주었다. 두 번째 논문은 모잠비크의 전통문화에서 발전한 유클리드 방식의 기하적 아이디어의 대안적 구성을 제시한다. 이 논문은 이러한 구성의 교육적 효과를 입증할 뿐만 아니라, 교사 교육의 맥락에서 "문화적 의식화 conscientialization"의 방법론을 보여준다. "널리 퍼진 장식 무늬와 피타고라스 정리"(1988)와 "얼마나 많은 피타고라스 정리의 증명이 존재할까?"라는 논문은 《아프리카의 피타고라스 African Pythagoras》라는 책에서 더 자세히 다루고 있다. Gerdes는 "문화와 수학교육에 관한 연구"(1992b, 1994c)라는 논문에서 다양한 아프리카 장식품과 유물이 어떻게 소위 피타고라스 정리 및 관련된 아이디어나 명제의 발견과 증명을 위한 풍부한 맥락을 만드는 데 사용될 수 있는지를 보여준다. 일련의 민족수학 관련 논문들은 《민족수학: 문화, 수학, 교육(Etnomateática: Cultura, Matemática, Educação)(1991b)》과 《아프리카의 민족수학과 교육(Ethnomathematics And Education In Africa)(1995a)》이라는 책에 포함되어 있다.

Gerdes는 "SONA 기하학: 적도 남쪽 아프리카의 모래 그림 전통에 대한 고찰"(1993a, b, 1994a, 1994d, 1995c)에서 Tchokwe 그림에 관한 전통(앙골라)[22]의 수학적 구성 요소를 재구성하고 교육적, 예술적, 과학적 잠재력을 탐구하려고 시도했다. 이전 논문인 "수학 교실에서 앙골라 전통 모래 그림의 활용 가능성"(1988d, e)에서 Gerdes는 이미 이 전통을 교육에 접목할 수 있는 몇 가지 가능성을 분석했다. Gerdes는 "잃어버린 그림 찾기"(1988f)라는 논문과 《루소나 Lusona: 아프리카의 기하학적 재현(1991c)》이라는 저서에서 모래 그림 전통의 기하학에서 영감을 받은 수학적 놀이를 소개한다. 《생활 수학: 아프리카의 그림(1990b)》은 어린이(10-15세)를 위해 자세히 설명해 놓은 책이다. 교사 교육에서 "sona"를 사용한 실험은 "앙골라 모래 그림(sona) 탐구하기: 수학 교사의 문화적 인식 자극하기"(1993c)에 설명되어 있다. 이 연구에 대한 개요는 "Tchokwe sona 전통에서 수학적 요소"(1990c)에 제시된다.

최근 몇 년 동안 더 많은 교수자들, 특히 해외에서 공부하고 귀국한 젊은 교수자들은 민족수학 연구에 관심을 갖고 연구를 시작했다. 제3회 범아프리카 수학자 대회(Pan-African Congress of Mathematicians, Nairobi, 1991)에서 A. Ismael은 "마쿠아 Macua 문화(모잠비크 북부)에서 '짝수'와 '홀수' 개념의 기원"에 대해 발표했고, M. Cherinda는 "암산과 Tsonga 언어(모잠비크 남부)"에 대한 논문을 발표했다. 제8회 남부 아프리카 수학과학

협회(Southern Africa Mathematical Sciences Association)의 심포지엄(Maputo, 1991)에서 D. Soares는 "모잠비크의 대중적인 셈하기 실제"에 관한 논문을 발표했다(참조: Soares and Ismael, 1993, 1994). 아프리카의 수학교육에 관한 첫 번째 학회(Cairo, 1992)에서 M. Cherinda는 "민족수학에서 어린이들의 '관심 범위'"에 관한 논문을 발표했고(Cherinda, 1994a, b 참고), J. Draisma는 "모잠비크의 덧셈과 뺄셈에 대한 암산"(Draisma, 1994 참고)에 대한 연구를 발표했다. 또한 마푸토Maputo와 베이라Beira에 있는 모잠비크의 교육대학교(Mozambique's Pedagogical University) 학생들도 민족수학 연구에 관심을 갖게 되었다. 1991년 두 명의 학생이 민족수학 분야의 석사 학위 논문을 발표했다. "쿠아마khuama 형식의 바구니에 장식된 장식품의 대칭성"(E. Uaila)과 "마푸토Maputo 시의 금속 창 격자에 장식된 장식품의 대칭성"(A. Mapapá)이 그것이다(Mapapá, 1994 참고).

Gerdes(1993d)가 편저한《모잠비크의 수 세기-문화, 언어, 수학교육에서의 성찰을 위한 기여Numeration in Mozambique–Contribution to a Reflection on Culture, Language and Mathematical Education》란 책에 M. Cherinda, A. Ismael, D. Soares, A. Mapapá, E. Uaila, J. Draisma의 논문들이 수록되어 있다. 또 다른 편저인《모잠비크의 민족수학과 민족과학의 탐구Explorations in Ethnomathematics and Ethnoscience in Mozambique》(Gerdes, 1994e)에서, 민족수학에 대한 A. Ismael, M. Cherinda, D. Soares, A. Mapapá의 기고가 수록되어 있다. Gerdes와 Bulafo(1994)는 시파시sipatsi 핸드백을 만드는 대부분의 여성 방직공들의 기하학적 지식에 관한 책을 출판했다. 여성의 수학적 지식에 관한 이러한 탐구는 남부 아프리카의 여성과 기하학에 대한 Gerdes(1995b)의 연구에서 계속되었으며, 이 연구에서 그는 후속 연구를 제안하고 있다.

미주

1. 편집자 P. Scott(뉴멕시코대학교 교육대학, NM 87131, U.S.A)에게서 받아볼 수 있는 국제민족수학연구그룹 뉴스레터(ISGEm 뉴스레터)는 매우 유용하다.

2. 그의 논문 목록을 위해 아래를 참고할 수 있다: K. Reich, M. Folkerts, and C. Scriba, Schriftenverzerchnis von Ewald Pettweis (1881~1967) samt einer Würdigung von Olindo Falsirol, *Historia Mathematica* Vol. 16 (1989): 360-372.

3. U. D'Ambrosio의 분석 참고, 1987, 80쪽.

4. B. Wilson (1981)의 서지 가이드도 같이 참고.

5. 예를 들어, G. Joseph(1987, 1989, 1991)와 S. Anderson(1990)의 연구 참고.

6. D'Ambrosio는 1976년 브라질의 맥락에서 같은 용어를 사용했다. U. D'Ambrosio (1976) 참고.

7. Carraher, Schliemann, Ferreira, Borba와 같은 D'Ambrosio의 학생과 동료들은 이 자발적 수학에 관한 흥미로운 사례를 많이 발표했다.

8. 고대 메소포타미아에 대한 그의 역사적 연구의 맥락에서 J. Høyrup은 "보조과학적 subscientific 수학"이라는 개념을 도입했다(참조: Høyrup, 1994).

9. 흥미로운 사례는 S. Doumbia와 J. Pil(1992)의 책과 Doumbia(1993a)의 책에 나와 있다.

10. 당시 Ascher 부부는 D'Ambrosio의 연구를 알지 못했다. (M. Ascher와 R. Ascher, 1986; M. Ascher, 1984 참고).

11. W. Sturtevant(1972) 역시 참고.

12. 1994년 국제학술지 *For the Learning of Mathematics*는 민족수학에 관한 특별호를 발간했다(U. D'Ambrosio와 M. Ascher가 편집). 여기서 C. Zaslavsky, C. Moore, A. Bishop, P. Gerdes, R. Pinxten, V. Katz, R. Bassanezi, M. Ascher 및 U. D'Ambrosio의 논문이 게재되었다.

13. A. Bishop(1988a)의 "환경 활동과 수학적 문화"라는 장을 참고. 중요한 것은 곧 출간될 그의 저서 《수학적 적응-수학교육의 문화적 갈등(Mathematical Accultration-Cultural Conflicts in Mathematics Education)》인데, 여기에서는 모든 수학교육은 문화적 상호작용의 과정에 있으며 모든 아이는 그 과정에서 어느 정도의 문화적 갈등을 경험한다는 것을 가정한다.

14. 예를 들어, Bishop(1989)를 참고: "가장 역설적인 것 중 하나는 이집트인, 중국인, 인도인, 이슬람교도, 그리스인, 서유럽인 등 여러 다른 문화와 사회가 [소위] 서구 수학의 발전에 기여했다는 것이다. 그러나 서구의 문화적 제국주의가 식민지 사회에 서구식의 수학을 강요했을 때, 그 수학은 이들 사회가 기여한 것으로서 인식되지 못했다…" A. Bishop(1990) 참고.

15. Gerdes(1975)에서 "파울루 프레이리의 이론"과 "문제화하는 방법, 하나의 문제?" 장을 참고; Gerdes(1985a) 참고.

16. "구어를 통한 수학(oral mathematics)"과 "브라질의 사탕수수 농부"를 참조.

17. P. Wilson(조지아 대학교 수학교육과, 105 Aderhold Hall, Athens, GA 30602)은 1992년 수학의 다문화 문제에 대한 annotated bibliography를 제작했다.

18. Ratteray의 독립교육연구소(Institute for Independent Education)가 편집한 학술지 "Africa and the World"도 참고

19. T. Smart & Z. Isaacson(1989)와 J. Evans(1989)도 참고.

20. 사하라 사막 이남 아프리카의 민족수학과 수학의 역사에 대한 참고 문헌은 Gerdes(1994b)를 참조. 아프리카 수학의 역사에 관한 정보는 AMUCHMA 뉴스레터(AMU = 아프리카 수학 연합, AMUCHMA = 아프리카 수학 역사 위원회)를 참고. 영문판을 받으려면 편집자(P. O. Box 915, Maputo, Mozambique)에게 편지를 보내주세요.

21. 이 연구 프로젝트들에 관한 설문을 위해서 L. Shirley (1986a, b, 1988)을 참고.

22. M. Ascher (1988b) 및 M. Ascher (1991)의 제2장 참조.

참고문헌

G. Abreu and D. Carraher. (1989). The mathematics of Brazilian sugar cane growers. In C. Keitel et al. (eds.). *Mathematics, education, and society*. Paris: UNESCO, 68-70.

V. Albis. (1988). "La division ritual de la circunferencia: Una hipótesis fascinante" Bogotá, Colombia: (mimeo).

S. Ale. (1989). Mathematics in rural societies. In C. Keitel, P. Damerow, A. Bishop, and P. Gerdes (eds.). *Mathematics, Education, and Society*. Paris: UNESCO, 35-38.

U. D'Ambrosio. (1976). Matemática e sociedade. *Ciência e Cultura*. Vol. 28. São Paulo: 1418-1422.

______. (1982). *Mathematics for rich and for poor countries*. Paramaribo, Brazil: CARIMATH.

______. (1985a). *Socio-cultural bases for mathematics education*, Campinas, Brazil: UNICAMP.

______. (1985b). Ethnomathematics and its place in the history and pedagogy of mathematics. *For the Learning of Mathematics*. Vol. 5 (no.1): 44-48.

______. (1987). *Etnomatemática: raízes socio-culturais da arte ou técnica de explicar e conhecer*, Campinas, Brazil: UNICAMP.

______. (1990). *Etnomatemática: arte ou técnica de explicar e conhecer*. São Paulo: Editora Ática.

U. D'Ambrosio and E Gerdes. (1994). Ethnomathematics, ethnoscience, and the recovery of world history of science — Zaragoza Symposium report. *Physis, Rivista Internazionale di Storia della Scienza*. Firenze, Vol. 31, (fasc. 2): 570-573.

S. Anderson. (1990). Worldmath curriculum: fighting eurocentrism in mathematics. *Journal of Negro Education*. Vol. 59 (no.3): 348-359.

H. Anzenge et al. (1988). *Indigenous mathematical algorithms*. B. Ed. project. Zaria, Nigeria: Ahmadu Bello University.

M. Ascher. (1984). Mathematical ideas in non-western cultures. *Historia Mathematica*. Vol. 11: 76-80.

______. (1988a). Graphs in culture: A study in ethnomathematics I. *Historia Mathematica*. Vol. 15, 201-227.

______. (1988b). Graphs in cultures (II): A study in ethno-mathematics. *Archive for History of Exact Sciences*. Vol. 39, no.l: 75-95.

______. (1990). A River-crossing problem in cross-cultural perspective. *Mathematics Magazine*. Vol. 63, no.l: 26-29.

______. (1991). *Ethnomathematics: A multicultural view of mathematical ideas*. Pacific Grove, CA: Brooks.

M. Ascher and R. Ascher. (1981). *Code of the Quipu: A study in media, mathematics and culture*. Ann Arbor: The University of Michigan Press.

______. (1986). Ethnomathematics. *History of Science*, Vol. 24. London: 125-144.

______. (1994). Ethnomathematics. In I. Grattan-Guinness, *Companion Encyclopedia of the History and Philosophy of the Mathematical Sciences*. London: Routledge and Kegan Paul, 1545-1554.

M. Ascher and U. D'Ambrosio. (1994). Ethnomathematics: A dialogue. *For the Learning of Mathematics*. Vol. 14, no. 2: 36-43.

B. Barton. (1990). "Using the trees to see the wood: An archaeology of mathematical structure in New Zealand" Auckland: (mimeo).

______. (1992). "A philosophical justification for ethnomathematics and some implications for education" Auckland: (mimeo).

R. Bassanezi. (1994). Modelling as a teaching-learning strategy. *For the Learning of Mathematics*. Vol. 14, no. 2: 31-35.

A. Bishop. (1978). *Spatial abilities in a papua New Guinea context*. Lae: Papua New Guinea: University of Technology.

______. (1979). Visualising and mathematics in a pre-technological culture. *Educational Studies in Mathematics*. Vol. 10: 135-146.

______. (1988a). *Mathematical enculturation, a cultural perspective on mathematics education*. Boston: Kluwer.

______. (Ed.) (1988b). *Culture and Mathematics Education*. Boston: Kluwer, Dordrecht.

______. (1988c). Mathematics education in its cultural context. In A. Bishop (ed.). *Culture and Mathematics Education*. Boston: Kluwer, Dordrecht, 179-192.

______. (1989). *Cultural imperialism and western mathematics: The hidden persuader*. Cambridge, MA (preprint).

______. (1990). Western mathematics: The secret weapon of cultural imperialism. *Race & Class*. Vol. 32: no. 2. 51-65.

______. (1994). Cultural conflicts in mathematics education: Developing a research agenda. *For the Learning of Mathematics*. Vol. 14, no. 2: 15-18.

E. Bonilla-Rius. (1986). Seminar on Mathematics and Culture. A viewpoint of the meeting. *Zentralblatt für Didaktik der Mathematik*. No. 2: 72-76.

B. Booss and M. Niss. (1979). *Mathematics and the real world*. Basel: Birkhäuser.

M. Borba. (1987a). Um estudo em etnomatemática: Sua incorporção na elaboração de urea proposta pedagógica para o Núcleo-Escola da Favela de Vila Nogueira e Silo Quirino. M. Ed. thesis, São Paulo State University, Rio Claro.

______. (1987b). Etnomatemática: A matemática da favela em uma proposta pedagógica. In R Freire et al. (eds.). *Na escola que fazemos … Uma reflexão interdisciplinar em educação popular*, Petrópolis: Editora Vozes, 71-77.

H. Bos and H. Mehrtens. (1977). The interactions of mathematics and society: Some explanatory remarks. *Historia Mathematica*. Vol. 4: 7-30.

R. Buriasco. (1989). *A matemática de fora e de dentro da escola: Do bloqueio à transição*. Rio Claro, Brazil: UNESEP.

T. Carraher, D. Carraher, and A. Schliemann. (1982). Na vida, dez; na escola, zero:

Os contextos culturais da aprendizagem de matemática. *Cadernos de Pesquisa*. Vol. 42: 79-86.

______. (1987). Written and oral mathematics. *Journal of Research in Mathematics Education*. Vol. 8: 83-97.

T. Carraher. (1988). Street mathematics and school mathematics. *Proceedings of the 12th International Conference on Psychology of Mathematics Education*. Veszprem, Hungary: 1-23.

A. Cauty. (1994). What sort of mathematics for Amerindians. *Abstracts of the ORSTOM-UNESCO Conference '20th Century Science beyond the Metropolis'*. Paris: ORSTOM-UNESCO, 243-245.

______. (1995). What sort of mathematics for Amerindians. *Proceedings of the ORSTOM-UNESCO Conference '20th Century Science beyond the Metropolis'*. Paris: ORSTOM-UNESCO, (in press).

M. Cherinda. (1994a). Mathematical-educational exploration of traditional basket weaving techniques in a children's 'Circle of Interest' In E Gerdes (ed.). *Explorations in Ethnomathematics and Ethnoscience in Mozambique*. Maputo, Mozambique: ISP, 16-23.

______. (1994b). Children's mathematical activities stimulated by an analysis of African cultural elements. In C. Julie et al. (Eds.). *Proceedings of the 2nd International Conference on the Political Dimensions of Mathematics Education: Curriculum reconstruction for society in transition*. Cape Town: Maskew Miller Longman, 142-148.

M. Closs. (Ed.) (1986). *Native American Mathematics*. Austin: University of Texas.

C. Cossio and A. Jerez. (1986). *Elementos de analisis en matematicas Quichua y Castellano*. Quito, Ecuador: Pontifica Universidad Catolica.

K. Crawford. (1984). Bicultural teacher training in mathematics education for aboriginal trainees from traditional communities. In P. Damerow et al. (eds.). *Mathematics for all*. Paris: UNESCO, 101-107.

______. (1989). Knowing what versus knowing how: the need for a change in emphasis for minority group education in mathematics. In C. Keitel et al. (eds.). *Mathematics, Education, and Society*. Paris: UNESCO, 22-24.

D. Crowe. (1971). The geometry of African art I. Bakuba art. *Journal of Geometry*. Vol. 1: 169-182.

______. (1973). Geometric symmetries in African art. In C. Zaslavsky, *Africa counts*. 190-196.

______. (1975). The geometry of African art II. A catalog of Benin patterns. *Historia Mathematica*. Vol. 2: 253-271.

______. (1982a). The geometry of African art III. The smoking pipes of Begho. In C. Davis, B. Grunbaum, E Sherk (ed.). *The geometric vein, the Coxeter Festschrift*. New York: Springer Verlag, 177-189.

______. (1982b). Symmetry in African art. *Ba Shiru, Journal of African Languages and Literature*. Vol. 3, no.l: 57-71.

T. Crump. (1990). *The anthropology of number*. Cambridge, England: Cambridge University Press.

P Damerow. (1991). Ethnomathematik und Curriculumexport. Preface to E Gerdes, *Ethnogeometrie*. Badsalzdetfurth / Hildesheim: Franzbecker Verlag, ix-xviii.

A. Deledicq and A. Popova. (1977). *"Wari et Solo," le jeu de calculs africain*. Paris: Cedic.

S. Doumbia. (1989). Mathematics in traditional African games. In C. Keitel, E Damerow, A. Bishop, and P. Gerdes (eds.). *Mathematics, education, and society*. Paris: UNESCO, 174-175.

______. (1992). "Les jeux verbaux au Côte d'Ivoire" Paper presented at ICME7, Montreal.

______. (1993a). Jeux verbaux et enseignement traditionnel en Afrique. *Actes du Séminaire Interdisciplinaire Mathéatiques-Philosophie et Enseignement*. Ministère de l'Éducation Yamoussoukro, Côte d'Ivoire: Nationale, 92-96.

______. (1993b). Les jeux de cauris. *Actes du Séminaire Interdisciplinaire Mathématiques-Philosophie et Enseignement*. Yamoussoukro: Ministère de l'Éducation Nationale, 97-101.

______. (1994). Les mathématiques dans l'environnement socioculturel africain, et l'exposition "jeux africains, mathématiques et société" *Plot*. No. 69: 1-31.

S. Doumbia and J. Pil. (1992). *Les jeux de cauris*. Abidjan: IRMA.

J. Draisma. (1992). Arithmetic and its didactics. In *Report of the first year of the Master's Degree Program in Mathematics Education for Primary Schools* (August 1991 — July 1992). Beira, 1992: Instituto Superior Pedagógica, 89-129.

______. (1993). Numeração falada como recurso na aprendizagem da Aritmética. In P.

Gerdes (ed.). *A numeração em Moçambique*. Maputo, Mozambique: ISP, 134-150.

______. (1994). How to handle the theorem $8+5=13$ in (teacher) education? In E Gerdes (ed.). *Explorations in ethnomathematics and ethnoscience in Mozambique*. Maputo: ISP, 30-48; reproduced in C. Julie et al. (eds.). *Proceedings of the 2nd International Conference on the Political Dimensions of Mathematics Education: Curriculum reconstruction for society in transition*. Cape Town: Maskew Miller Longman, 196-207.

M. El Tom. (Ed.). (1979). *Developing mathematics in Third Worm countries*. Amsterdam: North-Holland.

J. Evans. (1989). Mathematics for adults: community research and the 'barefoot' statistician. In C. Keitel et al. (eds.). *Mathematics, education, and society*. Paris: UNESCO, 65-68.

M. Fasheh. (1982). Mathematics, culture and authority. *For the Learning of Mathematics*. Vol. 3, no.2: 2-8.

______. (1989). Mathematics in a social context: math within education as praxis versus within education as hegemony. C. Keitel et al. (eds.). *Mathematics, education, and society*. Paris: UNESCO, 84-86.

C. Favrod. (1977). *A antropologia*. Lisbon: Publicações Dom Quixote.

E. Ferreira. (1988). *The teaching of mathematics in Brazilian nature communities*. UNICAMP.

______. (1989). The genetic principle and ethnomathematics. In C. Keitel et al. (eds.). *Mathematics, education, and society*. Paris: UNESCO, 110-111.

______. (1991). Por uma teoria da etnomatemática. *BOLEMA*, Vol. 7: 30-35.

______. (1992). A matemática no pensamento de Paulo Freire. Campinas: UNICAME (mimeo).

M. Frankenstein. (1981). A different third R: Radical maths. *Radical teacher* No. 20: 14-18.

______. (1983). Critical mathematics education: an application of Paulo Freire's epistomology. *Journal of Education*. Vol. 165: 315-339.

______. (1989). *Relearning mathematics: A different third R—Radical maths*. London: Free Association Books.

M. Frankenstein and A. Powell. (1989). Mathematics education and society: Empowering non-traditional students. In C. Keitel, P. Damerow, A. Bishop, and E

Gerdes (eds.). *Mathematics, education, and society*. Paris: UNESCO, 157-159.

______. (1994). Towards liberatory mathematics: Paulo Freire's epistemology and ethnomathematics. In E McLaren & C. Lankshear (eds.). *The politics of Liberation: Paths from Freire*. London: Routledge and Kegan Paul, 74-99 (preprint 1991).

P Freire. (1970). *Pedagogogy of the oppressed*. New York: Publisher.

______. (1973). *Education for critical consciousness*. New York: Publisher.

P Freire et al. (Eds.). (1987). *Na escola que fazemos … Uma reflexão interdisciplinar em educação popular*. Petrópolis, Brazil: Editora Vozes.

J. Gay and M. Cole. (1967). *The new mathematics and an old culture, a study of learning among the Kpelle of Liberia*. New York: Holt, Rinehart and Winston.

P. Gerdes. (1975). "*Education, mathematics, mathematical education*" Nijmegen, The Netherlands: University of Nijmegen, (mimeo).

______. (1980). *A ciência matemática*. Maputo: INDE.

______. (1982). "*Mathematics for the benefit of the people*" Paramaribo, Brazil: CARIMATH, (mimeo).

______. (1985a). Conditions and strategies for emancipatory mathematics education in underdeveloped countries. *For the Learning of Mathematics*. Vol. 5, no.3: 15-20.

______. (1985b). *Zum erwachenden geometrischen Denken*. Maputo, Mozambique: Eduardo Mondlane University (mimeo).

______. (1985c). How to recognize hidden geometrical thinking? A contribution to the development of anthropological mathematics. *For the Learning of Mathematics*. Vol. 6, no.2: 10-12, 17.

______. (1986). On culture, mathematics and curriculum development in Mozambique. In S. Mellin-Olsen & M. J. Hoines (eds.). *Mathematics and culture: A seminar report*. Caspar Radel: Forlag, 15-42.

______. (1988a). On culture, geometrical thinking and mathematics education. Educational Studies in Mathematics. Vol. 19, no.3: 137-162; and reproduced In Bishop, A. (ed.). *Mathematics Education and Culture*. Dordrecht / Boston, 1988: Kluwer Academic Publishers, 137-162.

______. (1988b). A widespread decorative motif and the Pythagorean Theorem. *For the Learning of Mathematics*. Vol. 8, no.l: 35-39.

______. (1988c). How many proofs of the Pythagorean Proposition do there exist? *Namnären*. Vol. 15, no.l: 38-41.

______. (1988d). Possible uses of traditional Angolan sand drawings in the mathematics classroom. *Abacus, the Journal of the Mathematical Association of Nigeria*. Vol. 18, no.l: 107-125.

______. (1988e). On possible uses of traditional Angolan sand drawings in the mathematics classroom. *Educational Studies in Mathematics*. Vol. 19: 3-22.

______. (1988f). Find the missing figures. *Namnären*. Vol. 15, no.4: 51-53.

______. (1989a). Zum Konzept der Ethnomathematik. In E Gerdes, *Ethnomathematische Studien*. Vol.1. Maputo: Publisher, 4-11.

______. (1989b). Sobre aritmética e ornamentação geométrica: análise de alguns cestos de Índios do Brasil. *BOLEMA*, Special no.l: 11-34, reproduced in *QUIPU*, Vol. 6. Mexico: 1989, 171-187.

______. (1989c). Reconstruction and extension of lost symmetries: Examples from the Tamil of South India. *Computors & Mathematics with Applications*. Vol. 17, no.4-6: 791-813.

______. (1990a). On ethnomathematical research and symmetry. *Symmetry: culture and science*. Vol. 1, no.2: 154-170.

______. (1990b). *Vivendo a matemática: desenhos da África*. São Paulo: Editora Scipione.

______. (1990c). On mathematical elements in the Tchokwe “sona” tradition. *For the Learning of Mathematics*. Vol. 10. no.l: 31-34.

______. (1991a). *Ethnogeometrie: Kulturanthropologische Beiträge zur Genese und Didaktik der Geometrie*. Bad Salzdetfurth/Hildesheim (Germany): Verlag Franzbecker, [preface by P. Damerow].

______. (1991b). *Etnomatemática: Cultura, Matemática, Educação*. Maputo: Instituto Superior Pedagógico, [preface by U. D’Ambrosio].

______. (1991c). *Lusona: geometrical recreations of Africa*. Maputo, Mozambique: Instituto Superior Pedagógico, [preface by A. Kuku].

______. (1992a). Fivefold Symmetry and (basket)weaving in various cultures. In I. Hargittai (Ed.). *Fivefold symmetry in a cultural context*. Singapore: World Scientific Publishing, 243-259.

______. (1992b). *Pitágoras Africano — Um estudo em cultura e educação matemática*. Maputo, Mozambique: Instituto Superior Pedagógico.

______. (1992c). Sobre o despertar do pensamento geométrico. Curitiba, Brazil:

Universidade Federal de Paraná, [preface by U. D'Ambrosio].

______. (1993a). *Geometria Sona: Reflexões sobre uma tradição de desemho em povos da África ao Sul do Equador*. Vol. 1 Maputo: Instituto Superior Pedagógico, *Análise e reconstrução*, 200 pp.

______. (1993b). *Geometria Sona: Reflexões sobre uma tradição de desemho em povos da África ao Sul do Equador*. Vol.2 Maputo: Instituto Superior Pedagógico, 2: *Exploração educacional e matemática*, 169 pp.

______. (1993c). Exploring Angolan sand drawings (sona): stimulating cultural awareness in mathematics teachers. *Radical Teacher*. No. 43: 18-24.

______. (Ed.). (1993d). *A numeração em Moçambique — Contribuição para uma reflexão sobre cultura, l'ngua e educação matemática*. Maputo, Mozambique: Instituto Superior Pedagógico.

______. (1994a). *Geometria Sona*: Reflexões sobre urea tradição de desemho em povos da África ao Sul do Equador. Vol.3 Maputo, Mozambique: Instituto Superior Pedagógico, *Análise comparativa*, 120 pp.

______. (1994b). Mathematics in the History of Sub-Saharan Africa. *Historia Mathematica*. Vol. 21: 345-376.

______. (1994c). *African Pythagoras — A study in culture and mathematics education*. Maputo, Mozambique: Instituto Superior Pedagógico.

______. (1994d). *SONA Geometry: reflections on the tradition of sand drawings in Africa south of the equator*. Translated by A. Powell. Maputo, Mozambique: Instituto Superior Pedagógico.

______. (Ed.) (1994e). *Explorations in Ethnomathematics and Ethnoscience in Mozambique*. Maputo: Instituto Superior Pedagógico.

______. (1994f). Reflections on ethnomathematics. *For the Learning of Mathematics*. Vol. 14, no. 2: 19-22.

______. (1995a). *Ethnomathematics and education in Africa*. Stockholm: University of Stockholm Institute of International Education.

______. (1995b). *Women and Geometry in Southern Africa, Suggestions for further research*. Maputo: Universidade Pedagógica, (French language edition *Femmes et Géométrie en Afrique Australe* to be published by L'Harmattan, Paris).

______. (1995c). *Une tradition géométrique en Afrique — Les dessins sur le sable*. 3 volumes. Paris: L'Harmattan.

______. (1995d). On ethnomathematics and the transmission of mathematical knowledge in and outside schools in Africa south of the Sahara. *Proceedings of the ORSTOM-UNESCO Conference '20th Century Science beyond the Metropolis'*. Paris: ORSTOM-UNESCO, (in press).

P. Gerdes and G. Bulafo. (1994). *Sipatsi: Technology, art and geometry in Inhambane*. Translated by A. Powell. Maputo, Mozambique: Instituto Superior Pedagógico, 102 pp. (Also published in Portuguese and French).

G. Gilmer. (1990). Ethnomathematical approach to curriculum development. *ISGEm-Newsletter* Vol. 5, no.2: 4-5.

G. Gilmer, M. Thompson, and C. Zaslavsky. (1992). *Building bridges to mathematics: Cultural connections*, San Francisco: Addison-Wesley.

H. Ginsburg. (1978). Poor children, African mathematics and the problem of schooling. *Educational Research Quarterly*. Special Edition, 1978, Vol. 2, no.4: 26-43.

B. Graham. (1988). Mathematical education and Aboriginal children. In A. Bishop (ed.). *Culture and mathematics education*. Dordrecht/Boston: Kluwer, 119-136.

M. Harris. (1987). An example of traditional women's work as a mathematics resource. *For the Learning of Mathematics*. Vol. 7, no.3: 26-28.

______. (1988). Common threads, mathematics and textiles. *Mathematics in school*. 24-28.

M. Harris et al. (1988). *Cabbage, mathematics in work*. London: Institute of Education, University of London.

M. Harris and C. Paechter (1991). Work reclaimed: Status mathematics in nonélitist contexts. In M. Harris (ed.). *Schools, mathematics and work*. London: Falmer, 277-283.

P. Harris. (1984). The relevance of primary school mathematics in tribal Aboriginal communities. In P. Damerow et al. (eds.). *Mathematics for all*. Paris: UNESCO, 96-100.

J. Høyrup (1994). *In measure, number, and weight—Studies in mathematics and culture*. Albany: State University of New York Press.

R. Hunting. (1985). *Learning, aboriginal worldview and ethnomathematics*. Western Australia: Institute of Technology.

______. (1987). Mathematics and Australian aboriginal culture. *For the Learning of*

Mathematics. Vol. 7, no. 2: 5-10.

A. Ismael and D. Soares. (1993). Métodos populares de contagem em Moçambique. In P. Gerdes (ed.). *A numeração em Moçambique*. Maputo, Mozambique: ISP, 114-120.

A. Ismael. (1994a). On the origin of the concepts of "even" and "odd" in Makhuwa culture. In E Gerdes (ed.). *Explorations in Ethnomathematics and Ethnoscience in Mozambique*. Maputo, Mozambique: ISP, 9-15.

______. (1994b). Motivations for the learning of mathematics — in view of Mozambique's historical, social and cultural development. In C. Julie et al. (eds.). *Proceedings of the 2nd International Conference on the Political Dimensions of Mathematics Education. Curriculum reconstruction for society in transition*. Cape Town: Maskew Miller Longman, 53-56.

G. Joseph. (1987). Foundations of Eurocentrism in mathematics. *Race & Class*. Vol. 28, no.3: 13-28.

______. (1989). Eurocentrism in mathematics: The historical dimensions. In C. Keitel et al. (eds.). *Mathematics, Education, and Society*. Paris: UNESCO, 32-35.

______. (1991). *Crest of the peacock: Non-European roots of mathematics*. London: Tauris.

E. Kane. (1987). *Les systèmes de numération parlée des groupes ouest-atlantiques et Mande. Contribution à la recherche sur les fondaments et l'histoire de la pensée logique et mathématique en Afrique de l'Ouest*. Lille.

V. Katz. (1994). Ethnomathematics in the classroom. *For the Learning of Mathematics*. Vol. 14, no. 2, 26-30.

C. Keitel, P. Damerow, A. Bishop, and P. Gerdes. (Eds). (1989). *Mathematics, Education, and Society*. Paris: UNESCO.

C. Keyser. (1932). Mathematics as a Culture Clue. *Scripta Mathematica*. Vol. 1: 185-203.

G. Knight. (1982a). The geometry of maori art-rafter patterns. *The New Zealand Mathematics Magazine*. Vol. 21, no.2: 36-40.

______. (1982b). The geometry of Maori art-weaving patterns. *The New Zealand Mathematics Magazine*. Vol. 21, no.3: 80-87.

G. Knijnik. (1993). An ethnomathematical approach in mathematics education: A matter of political power. *For the Learning of Mathematics*. 13(3): 23-26.

G. Kubik. (1990). Visimu vya mukatikati — dilemma tales and "arithmetical puzzles" collected among the Valuchazi. *South African Journal of African Languages*. Vol. 10, no.2: 59-68.

D. Lancy. (Ed.) (1978). The indigenous mathematics project. *Papua New Guinea Journal of Education*. Vol. 14: 1-217.

______. (1983). *Cross-cultural studies in cognition and mathematics*. New York: Academic Press.

N. Langdon. (1989). Cultural starting points for mathematics: A view from Ghana. *Science Education Newsletter*. No.87: 1-3.

______. (1990). *Cultural starting points*. Paper presented at SEACME 5, Brunei, (mimeo).

H. Lea. (1987). Traditional mathematics in Botswana. *Mathematics Teaching*. Vol. 119.

______. (1989a). Informal mathematics in Botswana. *Proceedings of the 41st CIEAEM Meeting of the International Commission for the Study and Improvement of Mathematics Teaching*. Brussels: 43-53.

______. (1989b). *Mathematics in a cultural setting*. Gaberone: University of Botswana.

______. (1989c). *Informal Mathematics in Botswana: Spatial concepts in the Kalahari*. Gaberone: University of Botswana, 1989.

______. (1990a). *Informal Mathematics in Botswana: Mathematics in the Central Kalahari*. Gaberone: University of Botswana.

______. (1990b). Spatial concepts in the Kalahari. *Proceedings of the 14th International Conference on Psychology of Mathematics Education*. Vol. 2, Oaxtepec, Mexico: 259-266.

G. Lean. (1986). *Counting systems of Papua New Guinea*. Lae: Papua New Guinea University of Technology.

R. Linton. (1936). *The Study of man*. New York: Appleton.

B. Lumpkin. (1990). A multicultural mathematics curriculum. *ISGEm-Newsletter*. Vol. 6, no.1, 2.

G. Luquet. (1929). Sur l'origine des notions mathématiques: Remarques psychologiques et ethnographiques. *Journal de Psychologie*, 733-761.

A. Mapapá and E. Uaila. (1993). Tabelas e mapas comparativos relativos à numeração falada em Moçambique. In E Gerdes (ed.). *A numeração em Moçambique*. Maputo, Mozambique: ISP, 121-132.

A. Mapapá. (1994). Symmetries and metal grates in Maputo—Didactic experimentation. In E Gerdes (ed.). *Explorations in Ethnomathematics and Ethnoscience in Mozambique*. Maputo, Mozambique: ISP, 49-55.

J. Marschall. (1987). An atlas of American Indian geometry. *Ohio Archaeologist*. Vol. 37, no.2: 36-49.

S. Mellin-Olsen. (1986). Culture as a key theme for mathematics education. Postseminar reflections. In *Mathematics and Culture, a seminar report*. Radal: Caspar Forlag, 99-121.

______. (1987). *The Politics of Mathematics Education*. Dordrecht: Kluwer.

S. Mellin-Olsen, and M. J. Hoines. (Eds.). *Mathematics and Culture: A seminar report*. Radel: Caspar Forlag.

C. Moore. (1986). *The implication of string figures for Native American mathematics education*. Flagstaff, AZ: Publisher (mimeo).

______. (1987). Ethnomathematics. *Science*. Vol. 236, Washington, DC: 1006-1007.

______. (1994). Research in Native American mathematics education. *For the Learning of Mathematics*. Vol. 14, no. 2: 9-14.

V. Mubumbila. (1988). *Sur le sentier mystérieux des nombres noirs*. Paris: L'Harmattan.

B. Mve Ondo. (1990). *L'Owani et le Songa. Deuz jeux de calculus africains*. CCF St Exepéry/Sépia, Libreville (Gabon): Collection Découvertes du Gabon.

D. Nelson, G. Joseph, and J. Williams. (1993). *Multicultural mathematics: Teaching mathematics from a global perspective*. Oxford: Oxford University Press.

P. Nissen. (1988). Sand drawings of Vanuatu. *Mathematics in School*: 10-11.

G. Njock. (1985). Mathématiques et environnement socio-culturel en Afrique Noire. *Présence Africaine*. no.135, 3rd Quarterly. Paris: New Bilingual Series, 3-21.

S. Nobre. (1989a). *Aspectos sociais e culturais no desenho curricular da matemática*. Rio Claro, Brazil: UNESE

______. (1989b). The ethnomathematics of the most popular lottery in Brazil: the “animal lottery” In C. Keitel et al. (eds.). *Mathematics, Education, and Society*. Paris: UNESCO, 175-177.

D. Orey. (1989). Ethnomathematical perspectives on the NCTM standards.

ISGEm-Newsletter. Vol. 5, no.l: 5-7.

M. Panoff and M. Perrin. (1973). *Dicionário de Etnologia*. São Paulo: Lexis.

L. Paula, and E. Paula. (1986). XEMA'EAWA, *jogos de barbante entre os Índios Tapirapé,* Campinas, Brazil: UNICAMP, (mimeo).

R. Pinxten, I. v. Dooren, and E Harvey. (1983). *The anthropology of space: Exploration into the natural philosophy and semantics of the Navajo*. Philadelphia: University of Pennsylvania.

R. Pinxten. (1989). World view and mathematics teaching. In C. Keitel et al. (eds.). *Mathematics, Education, and Society*. Paris: UNESCO, 28-29.

______. (1994). Ethnomathematics and its practice. *For the Learning of Mathematics*. Vol. 14, no. 2: 23-25.

J. Posner. (1982). The development of mathematical knowledge in two west African societies. *Child Development*. Vol. 53: 200-208 [based on her Ph.D. diss., 1978].

J. Ratteray. (1992). *Center shift, an African-centered approach for the multicultural curriculum*. Washington, DC: Institute for Independent Education.

O. Raum. (1938). *Arithmetic in Africa*. London: Evans Brothers.

K. Reich, M. Folkerts, and C. Scriba. (1989). Das Schriftenverzeichnis von Ewald Fettweis (1881-1967) samt einer Würdigung von Olindo Falsirol. *Historia Mathematica*. Vol. 16: 360-372.

G. Saxe. (1981). Body parts as numerals: A developmental analysis of numeration among remote Oksapmin village populations in Papua New Guinea. *Child Development*. Vol. 52: 306-316.

______. (1982a). Developing forms of arithmetical thought among the Oksaprain of Papua New Guinea. *Developmental Psychology*. Vol. 18: 583-594.

______. (1982b). Culture and development of numerical cognition: Studies among the Oksapmin of Papua New Guinea. *Children's logical and mathematical cognition*. New York: Publisher, 157-176.

______. (1988). Candy selling and math learning. *Educational Researcher*. Vol. 17, no.6: 14-21.

______. (1991). *Culture and cognitive development: Studies in mathematical understanding*. Hillsdale: Erlbaum.

A. Schliemann. (1984). Mathematics among carpentry apprentices: Implications for school teaching. In P. Damerow et al. (eds.). *Mathematics for all*. Paris: UNESCO,

92-95.

S. Shan, and P. Bailey. (1991). *Multiple factors: Classroom mathematics for equality and justice*. Staffordshire: Trentham Books.

L. Shirley. (1986a). History of mathematics in Nigerian mathematics classrooms: Values and problems. *Abacus, Journal of the Mathematical Association of Nigeria*. Vol. 12: 123-133.

______. (1986b). *Ethnomathematics and the history of African mathematics*. Paper presented at the Second Pan-African Congress of Mathematicians, Jos, Nigeria: (mimeo).

______. (1988). *Historical and ethnomathematical algorithms for classroom use*. Budapest: ICME VI.

______. (1991). Video games for math: A case for 'kid culture'. *ISGEm-Newsletter*. Vol. 6, no.2: 2-3.

O. Skovsmose. (1994). *Towards a Philosophy of Critical Mathematics Education*. Dordrecht: Kluwer.

T. Smart, and Z. Isaacson. (1989). "It was nice being able to share ideas," women learning mathematics. In C. Keitel et al. (eds.). *Mathematics, Education, and Society*. Paris: UNESCO, 116-118.

C. Smorynski. (1983). Mathematics as a cultural system. *Mathematical Intelligencer*. Vol. 5, no.l: 9-15.

D. Soares, and A. Ismael. (1994). Popular counting methods in Mozambique. In E Gerdes (ed.). *Explorations in Ethnomathematics and Ethnoscience in Mozambique*. Maputo, Mozambique: ISP, 24-29.

R. Souviney. (1989). The indigenous mathematics project: Mathematics instruction in Papua New Guinea. In C. Keitel et al. (eds.). *Mathematics, Education, and Society*. Paris: UNESCO, 106-110.

J. Stigler, and R. Baranes. (1988). Culture and mathematics learning. *Review of Research in Education*. Vol. 15: 253-306.

L. Stott, and H. Lea. (1993). *Common threads in Botswana*. Gaberone: British Council.

D. Struik. (1942). On the sociology of mathematics. *Science and Society*. Vol. 6: 58-70.

______. (1986). The sociology of mathematics revisited: A personal note. *Science &*

Society. Vol. 50, no.3: 280-299.

W. Sturtevant. (1972). Studies in ethnoscience. In J. Spradley (ed.). *Culture and Cognition*. San Francisco: Chandler Publ., 129-167.

G. Thomas-Emeagwali. (1992). *Science and technology in African history wirh case studies from Nigeria, Sierra Leone, Zimbabwe and Zambia*. New York: Edwin Mellen Press.

S. Touré. (1984). Preface. In *Mathématiques dans l'environnement socio-culturel Africain*. Abidjan, Côte d'Ivoire: Institut de Recherches Mathématiques d'Abidjan, 1-2.

G. Tro. (1980). *Étude dė quelques systèmes de numération en Côte d'Ivoire*. Abidjan, Côte d'Ivoire: (mimeo).

J. Turner. (1992). Complementarity, ethnomathematics, and primary education in Bhutan. *Canadian and International Education*. Vol. 21, no.l: 20-43.

D. Washburn, and D. Crowe. (1988). *Symmetries of culture, theory and practice of plane pattern analysis*. Washington, DC: University of Washington Press.

D. Washburn. (1990). *Style, classification and ethnicity: Design categories on Bakuba raffia cloth*. Philadelphia: American Philosophical Society.

L. White. (1947). The locus of mathematical reality: an anthropological footnote, reproduced in J. Newman (ed.). *The World of Mathematics*. Vol. 4. New York: Tempus, 1956, 2348-2364.

R. Wilder. (1950). The cultural basis of mathematics. *Proceedings International Congress of Mathematicians*. 1950, Vol. 1: 258-271.

______. (1968). *Evolution of mathematical concepts*. New York: John Wiley, 1968; London: Transworld Publ., 1974.

______. (1981). *Mathematics as a cultural system*. Oxford: Pergamon Press.

B. Wilson. (1981). *Cultural contexts of science and mathematics education*. Leeds, England: University of Leeds.

C. Zaslavsky. (1973). *Africa counts: Number and pattern in African culture*. Boston: Prindle, Weber and Schmidt, 328 pp.; paperback edition: Brooklyn, NY: Lawrence Hill Books, 1979.

______. (1979). Symmetry along with other mathematical concepts and applications in African life. *Applications in school mathematics*. Reston VA: National Council of Teachers of Mathematics, 82-97.

______. (1989). Integrating math with the study of cultural traditions. *ISGEm-Newsletter*. Vol. 4 no.2: 5-7.

______. (1992). *Multicultural mathematics: Interdisciplinary cooperative-learning activities*. Portland, ME: Weston Walch.

______. (1994). "Africa Counts" and ethnomathematics. *For the Learning of Mathematics*. Vol. 14, no. 2: 3-8.

R. Zepp. (1983). *L'apprentissage du calcul dans les langues de Côte d'Ivoire*. Place: Institut de Linguistique Appliqueé, Université d'Abidjan. Vol. 99.

______. (1989). *Language and mathematics education*. Hong Kong: API Press, 211-236.

제17장

수학 및 과학 교육에의 적용

릭 핑스턴(Rik Pinxten)

*H. Freudenthal*을 기리며

편집자 주: 인류학자인 릭 핑스텐Rik Pinxten은 나바호족[a](Navajo)의 공간 개념에 관한 연구를 활용하여 나바호족 어린이들을 위한 기하학 교육과정을 제안하였다. 이 장은 수학적 아이디어가 전 인류적으로 보편성을 가지고 있다는 개념에 반대되는 입장에서 내용을 진술하였다. 국권을 잃어 본 적이 없는 모잠비크 사람들이 '피타고라스 정리'라고 불리는 것과 동일한 것을 이미 발견한 것으로 인정받을 수도 있다는 게르데스(Gerdes, 제11장)의 주장과는 대조적으로, 핑스텐은 나바호족의 기하학은 '피타고라스 정리'와 같은 정적 공간 개념과는 비교할 수 없는 것이라고 주장한다. 이 장은 주로 핑스텐, 도렌, 하비(R. Pinxten, I. van Dooren, E. Harvey, 1983)의 《나바호족의 자연 철학과 의미론적 공간에 대한 탐구》라는 책의 제5장을 수정 및 확장한 내용으로 이루어져 있다. 이 책은 필라델피아 대학 출판사에서 출판되었다.[b]

---

a) 역자 주. 나바호족은 북미 대평원 지역인 네바다주, 애리조나주, 뉴멕시코주, 유타주에 걸쳐 거주하는 아메리카 원주민 부족 중의 하나로, 가장 큰 부족이다.

b) 나바호족이 지니고 있는 공간에 대한 연구를 시작한 처음부터 나는 그 결과를 나바호족들에게 유용하고 이로운 방식으로 적용할 수 있는 가능성을 찾으려고 지속적으로 노력하였다. 적용할 수 있는 첫 번째이자 가장 중요한 영역을 발견하였는데, 그것은 젊은 나바호족 인디언들(또는 기타 원주민 그룹)의 교육에 적용하는 것이었다. 특별히, 공간 개념화와 공간 표현을 포함하는 학문 분야의 교육과 관련된 부분에 적용하는 것이다.

문제 제기

피아제, 브루너 등의 유전심리학(genetic psychology) 및 이와 관련된 교육 절차에 대해 작성된 논문을 읽다 보면, 독자는 이들 저자들의 전제에 대한 재고의 필요성을 느끼게 된다. 일반적으로 말해서 이 분야의 모든 저자는 일종의 부분/전체의 구분, 일종의 '질적 기하학(qualitative geometry)'(또는 더 정확하게는 위상수학)의 발달적 우선순위, 그리고 명확한 순서 개념(피아제의 보존개념 등)에 동의한다고 말할 수 있다. 이러한 예비 학습 지식이 더 또는 덜 발달된 상태에서 유아들은 수학, 지리, 역사(뿐만 아니라 환경에 대한 더 체계적인 공부도 포함) 교과의 형식적인 교육에 들어가게 된다. 피아제의 전략과 통찰력이 현재 서구 유럽의 학교에서 일반적으로 적용되고 있으며, 이른바 새 수학(집합론에 기반한 수학)이 서구에서 성공적으로 보급되고 있음을 감안하면, 유전심리학 이론에 근거한 전인류를 대상으로 하는 보편적 방법을 통한 교육에의 적용 가능성ㅡ심지어 성공적인 적용 가능성ㅡ을 뒷받침하는 증거가 될 수 있다.[1]

미국 남서부의 나바호족 보호구역에 있는 학교(심지어 그곳에서 찾을 수 있는 최고의 학교에서조차도)에서 동일한 학문적 지식을 가르칠 때 우리는, 완전히 다른 문화적 배경에서 같은 자료, 동일한 심리적 신념 및 연구 결과를 그대로 사용하는 것은 전혀 효과가 없을 뿐만 아니라, 근본적으로 부적절하다는 사실에 충격을 받게 된다. 무슨 일이 일어났는가? 왜 두 가지 교육 유형 사이에 이런 차이가 있는가? 내 생각에는 지적 능력의 전제 조건을 살펴보면 이 질문에 대한 답을 얻을 수 있을 것으로 생각했다. 나바호족과 백인 교사 모두에게 이 문제에 대해 질문하고 그들의 개별적인 문제 이해를 조사했지만, 유용한 정보는 거의 얻지 못했다. 교육적 과제와 환경에 대해 매우 다른 전망들이 존재하고 있었다. 락 포인트(Rock Point)에 있는 학교는 교육과 사회 문제에 있어서 상당히 자유롭거나 '진보적'이다. 반면, 라운드 락(Round Rock)에 있는 학교는 상대적으로 보수적이고 고전적이며, 인디언 사무국(BIA)의 영향권에 있는 학교로 낮은 포부와 성과도 다소 좋지 않다. 그럼에도 불구하고, 양쪽 학교의 교사들, 특히 내가 이야기한 나바호족 출신의 교사들은 서양식(예를 들어 피아제식)과 나바호족 방식 사이의 관점, 체계, 선입견 및 실제 개념 사이의 차이에 대해 매우 빈약하게 이해하고 있었다. 그들은 서로 다른 문화적 전통에 따라 다르게 형성된 지식 체계에서 공간을 다루는 방법(서양 방식 및 나바호족 방식)의 차이, 조작하는 방법의 차이, 행동하는 방법의 차이 및 실제로 지식을 형식화하는 방식의 차이를 잘 이해하지 못하고 있었다. 단 한 명의 나바호족 컨설턴트만이 두 '체계'(BB)[2] 사이에서 의식적으로 그리고 신속하게 상호 간 사고의 전환을 할 수 있었다. 그는 서양식 및 나바호식 두 공간 체계의 차이점과 그것들을 다른 관점에서 바라볼 때 느끼는 '번역 불가능성'에 대한 심도 있는 논의를 시작하였다. 그는 나에게 현재의 연구를 계속 진행하라고 격려했고, 나는 번역 불가능성의 격차를 줄이고 상호이해를 촉진할 수 있는 합리적인 결과가 만들어지기를 바랄 뿐이었다. 대부분의 교사는 (나바호족 교사뿐만 아니라 백인 교사들도) 가끔씩 '오해'의 구체적인 사례에 대해 나에게 말해 주었다. 영어에서 시간의 공간적 해석(시간의 전후)은 나바호족 교사와 아이들 모두에게 매우 어려운 구분으로 간주되었다. 또한 영어에서는 명백한 '부분/전체'의 구분의 다양한 해석도 마찬가지였다.[3] 1990년대 이후로는 비고츠키(Vygotsky)의 연구(예: Wassman, 1995)와 콜(M. Cole)의 연구 그룹에 의한 상세한 심리-인류학적 연구(예: Cole and Scribner, 1974)의 성과들로 인해서 이러한 혼란 요인들을 더 잘 이해하게 되었다.

내 경험으로 볼 때, 나바호족의 지식 체계와 서양식 지식 체계 사이에는 근본적이고 잘 이해되지 않은 비상관성이 존재한다. 구체적으로 그들의 지식 체계에는 이미 존재하고 있음에도 불구하고, 그들이 다니는 학교 교육 상황에서는 형식적인 교육을 받아야 한다는 사실로 인해 다른 사회적, 문화적 요인 중에서도 학교의 비효율성에 대한 광범위한 느낌이 있을 수 있다고 나는 확신한다. 피아제의 접근법이 교육에서 성공적인 이유는 적어도 일부는 기하학의 경우와 같이 논리적으로 만족스럽고 밀접하게 '유사'하거나 '자연스럽게 예상되는' 유아기 개념으로부터 출발하여 구축되었기 때문으로 설명될 수 있다. 다시 말해서, 유아기의 지식은 매우 적절하고 학교에서의 교육 내용과 호환성이 높다. 또한, 우리 문화는 자연환경(실제로 캠벨이 말하는 '조립된 세계')과 그 개념화에서 더 추상적이고 복잡한 기하학에 이르기까지 명백하게 연속적이고 매끄럽게 발전하는 단계를 가진 공간 체계화 위에 구축되었다. 피아제 개념의 상대화[c]는 새로운 것이 아니다. 즉, 피아제의 인지발달 이론에 대한 서구 중심적 편견에 대한 비판은 제네바 연구소(예: Bovet, 1974)를 비롯하여 다른 곳(예: Pinxten, 1976)에서도 제기되었다. 나바호족 교육의 문제(또는 어떤 비서구 문화지역 교육의 문제)는 다음과 같이 요약될 수 있다. 다른 요인들(사회적, 감정적 등)과 별개로, 유치원 이전의 원주민들의 모국어 지식의 영향과 내용은 나바호족 문화와 서양 문화는 서로 다르다. 따라서 나바호족 상황에 부합된 교육과정과 실제 적용은 학교에서 습득한 지식의 원활하고 이해하기 쉬운 통합적 발전을 이루기 위해 반드시 조정되어야 한다. 확실히 말하자면, 현재의 '스키조이드(Schizoid)[d]' 상황(나바호족이 자신들의 전통으로부터 어느 정도의 지식을 얻고, 서구 전통으로부터 부실하고 불완전한 지식을 얻으며, 두 가지 문화 사이에서 비교, 변환, 이동 또는 번역할 수 있는 방법이 거의 없는 상태)을 방지하기 위해서는 두 문화 체계 간의 차이를 더 잘 이해하는 것이 절실하게 필요하다. 따라서, 유치원 연령 이전에 습득한 나바호족의 자연 지식 배경을 기반으로 하는 새로운 공식적 학교 교육 내용 체제를 구축할 필요가 있다. 교육적 가치를 고려할 때, 이

c) 역자 주. 보편적으로 적용되는 이론이 아니라, 민족에 따라 다르게 적용되어야 한다는 의미
d) 역자 주. 심리학 용어로 한 사람이 두 개 이상의 개인적 의식이나 정체성을 가지고 있는 것을 의미함.

것이 현재 내가 직면하고 있는 해결해야 하는 과업이다.[4]

공간 표현의 문제

나는 나바호족 어린이와 서양 어린이에게 전달되는 공간적 및 수학적 지식에서 유아 개념화의 문제를 간략하게 스케치하여 설명함으로써 현재 논의 중인 문제의 범위와 깊이를 제시하고자 한다. 또한 이를 통해 이 문제에 대한 해결책을 제안할 것이다. 여기에서 제시되는 내용은 기본 개념만 강조하고 보다 정교하거나 파생된 개념은 고려하지 않을 것이라는 의미에서 '스케치'라고 표현하고 싶다. 나바호족의 어린이를 위한 직관적 기하학 교육과정은 다른 곳에서 찾아볼 수 있다(Pinxten et al., 1987).

서양의 사례

서구의 심리학적으로 형성되고 있는 형식적, 수학적 사고 발달에 대한 설명에서 나바호족의 사고방식과 비교해서 상호배타적 방식으로 발전하는 세 가지 주요한 특징을 찾을 수 있다.

1. 특정 계층 구조

피아제(그리고 브루너(Bruner), 퍼스(Furth), 굿나우(Goodnow) 등과 같은 다른 학자들과 함께)는 어린이들의 공간 개념 구성 과정을 설명하면서, 보다 정교한 개념들이 이전에 습득한 개념에 기반하여 체계적이고 선형적인 방식으로 유도하거나 해석한다는 분석을 제시하였다(Piaget and Inhelder, 1947, 참조. 또한 스키마 참조: Pinxten 1976). 'distinctness'의 개념은 'neighborhood'의 개념에서 파생되거나 유도되고, 'order'의 개념은 'neighborhood' 및 'distinctness'의 개념에서 파생된다. 'border'의 개념은 'order'의 개념에서 파생된다. 이와 같은 방식으로 더 정교한 개념들(투영 기하학적 및 유클리드 기하학적 개념)은 선형적이고 체계적인 방식으로 진행하는 절차에 의해 전체적인 개념에 통합된다. 이러한 개념들과 점진적 획득의 체계는 단순히 외부적이거나 형식적인 해석이 아니라, 실제로 어린이의 머릿속에서 몇 년 동안 진행되고 있는 발달적 진행을 설명하기 위한 것임을 강조하는 것이 중요하다. 의미론적 용어로 의미 있는 공간 표상에 대해 설명하면, 의미 구성의 진행은 다음과 같은 매우 체계적이고 거의 필연적 과정을 따른다고 할 수 있다:

근처(Near): 구성 요소가 없음;
구분(Distinct): 구성 요소로 '근처(Near)'를 가짐;
순서(Order): 구성 요소로 '근처(Near)'와 '거리(distance)'를 가짐;
등등.[5]

서양 발전(the Western development)[e], 모델의 한 가지 근본적인 특징은 다음과 같이 요약할 수 있다. 각각의 '더 높은(더 복잡한)' 개념은 필연적으로 배타적인 '더 낮은(덜 정교하고 더 일찍 습득한)' 개념을 구성 요소로 포함하고 있다는 점에서 계층적 진행이 이루어지고 있다. 실제로 유클리드 기하적 개념(거리, 각)은 명확하게 위상 개념(연속, 연결)으로부터 구성되며, 모든 위상 개념은 다시 한 가지 기본 또는 '원시' 개념을 공유하고 있는데, 이것은 '근방(인근, neighborhood)'을 공유하고 있다.

이러한 설명에 대한 교육적 결과는 분명하게 나타난다. 피아제에 따르면, 어린아이들은 위상적 공간 개념이 먼저 발달하기 때문에 이와 관련된 개념들을 먼저 습득한다는 점을 감안한다면, 교육과정도 이러한 위상적 개념들을 기반으로 (특정한 습득 순서에 따라) '후속'되는 근방(인근)에 있는 개념들을 구축할 수 있다. 실제 교육 현장에서 이러한 절차의 성공은 이 이론의 정확성을 뒷받침하는 증거로 받아들여졌다. 즉, 계층 구조는 교육적 실천을 통해 그 타당성이 입증된 것이다.

2. 부분/전체의 구분은 항상 존재

현대 서구 사고방식은 일종의 원자주의적 경향이 분명하게 나타나고 있다. 과학 분야와 학교의 교육에서는 환경의 '객체화'(The 'objectification' of the environment)가 당연시된다(특정 시간 동안 상황과 주체는 주변 환경으로부터 추상화될 수 있고, 학교 교육에서도 특정 동물, 장소, 사물 자체를 별개로 학습한다). 특별히 이러한 접근 방식이 가지는 가장 강력한 측면은 사물의 '분할 가능성'일 것이다. 여기에는 사물을 바라보는 한 관점으로서 공간과 시간의 '분할 가능성'이 포함된다. 물리적 세계, 그리고 어느 정도 심리적, 문화적 세계도 분절되고 더 작은 부분으로 나누어져 이를 더욱 자세히 연구할 수 있다고 보는 관점이다.[6] 생각과 사고 발달을 연구하고자 할 때 유전심리학자와 인지심리학자들은 대체로 이러한 관점에 가장 큰 관심을 가졌다는 것은 놀라운 일이 아니다. 또한 서양 어린이의 유년기 지식과 더 자연스러운 연결을 갖도록 고안된 현대 수학은 본질적으로 집합론, 즉 기본적으로 전체를 다루고 작동하는 형식적 체계라고 해도 놀라운 일이 아니다. 여기서

e) 역자 주. 주로 유럽과 북미를 중심으로 한 문화와 사회의 진보, 기술 발전, 인식론적 발전 등을 의미함

초기의 구성 요소는 단지 전체의 일부분에 불과하다.[7] 초등학교 등 여러 학교급에서 가르쳐지는 모든 학문 분야에서 부분/전체 시스템의 분할 유형과 특징은 매우 중요한 역할을 한다. 왜냐하면, 이러한 원자주의적 관점은 우리 문화적 지식의 근본이기 때문이다. 따라서 학교 현장에서 시도하는 것처럼 서구 지식의 체계적인 제시에 더 성공적으로 접근하거나 학습하기 위해서는 부분/전체 개념에 대한 명확하고 공통된 이해가 절대적으로 필요하다는 점을 강조해야 한다.

3. 정적인 세계

서양 지식의 실제 활용과 교육에서 드러나는 매우 일반적이고 어쩌면 다소 형이상학적인 특징은 '정적 해석'에 있다. 이는 외부 세계는 주로 상황, 객체, 상황 간의 전환 등으로 구성된 것으로 해석하며, 과정과 행동의 복합체로 해석하지 않는다는 것이다.

물리학, 생물학, 사회과학 분야에서는 가장 먼저 불변하는 현상에 대한 가장 정적 분석을 통해 불변의 요소를 정의한다(예: 생물학의 분류법, Atran(1990) 참조). 그러다가 연구 영역을 발전시키는 조금 늦은 다음 단계에서 역동적인 현상을 도입한다(가장 전형적인 사례는 역시 생물학에서 나타나는데, 다윈주의는 19세기 중반에 등장한다). 이러한 관점은 과학철학 논의에서도 명확하게 드러나고 있다. 실제로, 여러 세대 동안 감각적인 자료나 데이터, 원자, 최소 특징 등을 추구한 후 아주 최근에야 비로소 실천 이론과 사건 및 변화 이론에 대한 논의가 본격적으로 이루어지고 있기 때문이다.[8]

공간과 시간은 직교적으로 해석된다. 즉, 세상의 여러 요소(사물, 상황)는 3차원 공간 위에서 특징지어지고, 마치 그 공간 위에 시간이 정의되는 것처럼 나타난다. 반대로 시간은 대부분 분할 가능한 공간처럼 표현되며, 동일한 단위(말하자면 원자)로 잘린다. 이는 시간을 정적인 프레임 안에서 다루기 위한 시도인 것이다(참조. Grunbaum, 1964; Einstein(1949)은 특히 이 문제를 그의 주요 관점 중 하나로 강조함; Smart, 1964). 지금까지 제시한 간단한 설명들은 우리가 다루고 있는 문제들과 관련하여 너무 현실과 거리가 멀게 느껴질 수 있을 것이다. 왜냐하면, 여기서 제시된 논의가 다소 간결하게 제시되었기 때문이다.[9] 그러나, 이러한 관점의 타당성은 지식의 근본적인 관점에 대한 '나바호족의 관련된 내용'을 다룰 때, 분명하게 드러나게 될 것이다.

이제 좀 더 실제적 예시를 통해 이러한 관점에 관해 설명하려고 한다. 지리 수업의 경우 초등학교부터 세분화된 내용을 다루고 있다. 예를 들어, 세분화될 수 있는 땅덩이 단위('대륙'은 불변이고 '국가'는 정적인 단위이며, 산, 초원, 심지어 농경지와 도시도 표면, 선, 점으로 분할하여 인식하는데, 이것은 곧, 즉 대상들의 정적인 양상임)로 학습한다. 자연과학에서 생물학을 보면, 서로 상관하며 구별되는 고정된 단위로서 다양한 종, 과, 개체에 대해 논의되고 있다. 인체에 대한 교육에서는 신체 부위 간의 관계와 함께 신체와 기관의 불변성을 강조하고 있다(지속적인 대사 과정, 파괴 또는 재건과 같은 끊임없는 과정보다는 오히려 변함없는 형태, 전체 형태에 중요성을 부여한다).

서양의 교육(그리고 더 나아가 서양 지식)이 우리의 세상을 어떻게 바라보는지에 대해 강조하고 싶다. 서양 지식은 우선적으로 사물, 상태, 상황, 현상의 불변적 요소에 초점을 두고, 역동적 요소는 보조적으로 그리고 덜 중요하게 다루는 경향이 있다. 이러한 관점을 확인할 수 있는 학문 분야로 대표적인 것이 기하학이다. 위상 기하학과 대부분 서양 학교에서 가르치는 유클리드 기하학에서 점, 선, 부피, 집합 등은 정적인 측면으로 다루고 있다. 공간 현상의 역동적 측면은 학교 교육과정에서는 거의 다루지 않는다. 기하학과 다른 학문 분야에서 이러한 강조가 나타나는 것은 서양인의 자연 지식과 학습 지식 모두에서 현상의 정적 측면, 형태, 구조, 분할 가능성에 대한 일반적 강조와 일치한다고 생각될 수 있으며, 실제로 상당히 일관성이 있다고 생각된다.[10]

나바호족의 사례

나바호족이 가지고 있는 우리가 사는 세상에 대한 인식은 근본적으로 서양의 인식과는 차이가 있다. 나바호족의 세 가지 상관된 특징을 살펴보고, 그 차이로 인해 나타나는 교육적 함의를 개략적으로 살펴본다.

1. 특정 계층 구조

깔끔하고 규칙적인 계층 구조와 발전을 보여주는 서양의 공간 개념과 대조적으로, 나바호족의 공간 개념(Pinxten et al.(1983)이 한 의미 분석에 따르면)은 적어도 세 가지의 동등하게 중요한 기본 개념, 즉 '운동', '입체성/평면성', '차원'에 기반을 두고 있는 것으로 보인다. 이 세 가지 모두 위상적 속성을 가지고 있다. 더욱이, 이들은 피아제식 서양 개념의 계층적 구조와 같이 '근원적'이라고 할 수 있는 개념은 존재하지 않는다. 즉, 이들 세 가지 개념은 서로가 명확하게 복합적이며, 서로가 구성 요소(서로가 상호 간에 결정짓는)로서 공간적 개념을 가지고 있다. 따라서 이들 세 가지 개념은 일종의 순환성을 나타낸다. 마지막으로, 이들은 엄격한 의미에서 가장 기본적인 구성 요소라고 말할 수 없다. 왜냐하면, 이들 세 가지가 기본 개념으로 선택된 이유가 다른 개념을 구성하는 관련 개념으로 선택되었다는 사실 때문에, 이러한 지위를 갖게 되었다. 만약 이것이 '기본 요소'의 기준이라면(그리고 다른 어떤 기준도 그렇게 강력한 논쟁으로 옹호될 수 없다면), 그것은

확실히 피아제가 제시한 연역 가능성 기준보다는 매우 약한 연결고리가 있을 뿐이다.[11]

결과적으로 나바호족의 공간 지식에 나타나는 계층적 구조 또는 더 일반적으로 조직적 구조는 피아제가 서양 아동들에게서 발견한 유형의 구조와 다르다. 따라서 나바호족 문화 환경에서 공간 개념을 가르치기 위해서는 서양식 계층적 공간 구조를 바탕으로 하는 교육 절차는 적절하지도 않고 만족스럽지 않을 수도 있다.

2. 부분/전체의 구분은 부차적임

서양 사고와 지식 체계에서 핵심적 역할을 했던 것인 '부분과 전체'의 구별이 나바호족의 지식 체계에서는 그다지 중요하지 않다. 나바호족은 사물을 부분, 전체, 또는 명확히 구별되는 정적인 개체로 보는 것이 아니라 과정, 사건, 흐름으로 표현하는 경향이 있다. 나바호족이 더 강조하는 것은 원자론적 구조[f]보다는 끊임없는 변화하는 것에 있다. 우리가 살아가는 세상을 '역동적 사물', '힘', '변화', '행동', '상호작용'으로 구성된 것으로 상상하면 이를 더 쉽게 이해할 수 있다. 이러한 시각에서 보면, 변화가 일어나지 않는 정적 세계에서는 사물과 형태를 구분하기 쉽지만, 끊임없이 변화하는 세상에서 지각과 행동을 분리하고, 지속적인 흐름 속에서 부분을 따로 떼어내는 것을 처음부터 당연한 특징으로 보는 것은 타당하지 않다. 내 생각에는 이 차이는 매우 중요한 차이점이며 분명하고 명확하게 드러내야 한다. 나바호족의 지식에서 현실의 모든 측면은 과정과 매우 유사하며, 정적인 사물과 다르므로 나바호족에게는 '사물', '형태'를 서양의 관점과 동일한 방식으로 정의할 수 없다.

첫째로, 과정이나 흐름은 조각(정적으로 정의된)으로 '잘라내어' 조각들(정적으로 정의된)의 조합(정적인)으로 간주해서는 안 된다. 이 점은 중요하다. 톰(Thom)의 '역동적 위상수학(1977, pp. 1-10)'에서도 역동적 현상은 고정화, 즉 초기 상태와 최종 상태 사이의 변화로 정의함으로써 이해하기 쉽고 관리하기 쉽도록 만들어진다. 다시 말하면, 서양 관점에서 역동적 현상은 정적 현상(상태, 상황)의 변화로 일반적으로 정의함으로써 파악할 수 있으며, 이렇게 서양적 정의에 따르면 분할될 수 있다. 이것은 서양의 원자론적 관점에서 현실에 접근하는 주요(하지만 유일하지는 않은) 방법이다. 이러한 접근 방식은 나바호족에게는 이질적이고 부적절하며 자연스럽지 않다. 땅을 나누고 울타리를 치는 일은 실용적 조작 수준(그렇게 함으로써 땅의 본질적인 특성인 살아 움직이는 측면을 놓칠 것이기 때문)에서도, 그리고 이론적 수준(인체의 부분에 대해 합리적으로 말할 수 없음. 인간 개인의 완전한 현상은 매우 단단한 시스템임)에서도 이루어질 수 없다.

---

f) 역자 주. 사물이나 체계를 작은 독립적인 부분으로 분할하여 설명하는 방식.

앞선 분석은 나바호족이 주변 환경에서 명백히 다른 형태, 몸체, 물체 등을 서로 구분하지 않는다는 것을 의미하지 않는다. 첫째, 앞에서 언급한 분석은 나바호족과 서양의 세상에 대한 지식에서 (부분적으로) 유사한 개념의 해석에 대한 분석이며, 개념 자체에 대한 분석은 아니다. 둘째, 이것이 가장 중요하다. 나바호족은 외부 세계를 주로 규칙적인 현상, 즉 '과정이나 흐름'의 패턴화된 또는 불변하는 물체로 구성된 것처럼 반응한다. 따라서 이러한 과정의 불변성을 설명하기 위해 '물체'라는 개념이 도입된다면,[12] 이 개념은 서양의 '물체' 개념과는 아주 먼 친척 관계에 불과하다. 나바호족은 분명히 형태 자체보다는 과정 속의 형태에 더 강조점을 둔다.

위 내용 모두가 교육 전략과 어떻게 관련되는지 명확히 설명되어야 한다. 예를 들어, 서양 문화권에서 기하학과 과학교육에서 점, 선, 원자, 그리고 기타 부분/전체적인 사례들을 언급하는 것은 당연하며, 공간지식에 대한 교육에서 위상수학이라는 가장 일반적인 공간 개념으로 시작하더라도 점, 선, 면, 그리고 입체에 대한 개념의 중요성은 명백하며 논란의 여지가 없다(예: Thom, 1977, 2장 '형태' 참조). 이후에는 뚜렷한 유클리드적 개념을 가르치고 실제로 그 기반 위에서 구성할 수 있는데, 이는 유사한 (하지만 더 구체적인) 점 개념 등으로 구성되어 있기 때문이다. 그런데 이러한 기하학적 개념과 모델을 구성하는 방식은 수학적 의미에서 나바호족 학생들에게 적용될 수 없다. 오히려 진정으로 역동적 위상수학적 접근이 필요하다(아직까지 문헌에서 이러한 부분에 대해서는 찾지 못했다). 핑스텐 외(Pinxten et al., 1983)의 연구 결과처럼 나바호족의 공간에 대한 자연스러운 지식 개념을 효율적으로 해석하는 '역동적인 입체', '역동적인 차원', '움직임의 역동적 해석'에 대한 공식적인 교육 체계가 필요하다. 이를 기반으로 나바호족의 공간 지식에 대한 기반으로서 더욱 정교화된 측정 개념을 도출해야 한다. 다음 단락에서 이 문제에 대한 상세한 해결책을 제안할 것이다. 어쨌든 우리의 과업은 위상수학에서부터 시작하여 현재 접근 방식보다 세분화와 원자론에 대한 강조를 적게 하는 기하학 교육 체계의 구축으로 만들어 가야 한다(Pinxten et al., 1987, 이러한 맥락의 교육 자료 참조).

3. 역동적 세계

앞부분에서 언급했듯이 나바호족의 세계관은 현실의 정적인 측면보다는 역동적인 측면을 더 강조한다. 두 용어가 나바호족이나 서양 세계 어느 쪽에서도 배타적으로 사용된다고 말할 수는 없지만, 각각 어느 쪽이 더 중요한지는 분명해 보인다. 나바호족은 역동성을, 서양은 정적인 것을 더 강조한다.

나바호족의 지식에도 공간과 시간의 직교성은 어느 정도 존재하지만, 공간 현상에서의 명확한 '역동성'으로 인해서 이 사실을 가린다. 사실, 서양 사상에서 시간의 일부 측면(특히 변화의 시간 측면, 시간 속에서의 존재 측면 등)은 나바호족에서는 별로 드러나지 않는다. 오히려 공간 현상은 본질적으로 이러한 특성을 갖고 있다고 여겨진다(즉, 서양인의 관점에서). '세대$_{generation}$'와 '시간의 선형적 진행' 등 시간의 또 다른 측면은 분리되고 '진정한 시간적' 특징으로 간주된다(제1장 참조). 따라서 어느 정도까지 나바호족 세계관에서는 '시공간'[g]에 대해 이야기할 수 있으며(참조, Whorf, 1956), 이는 공간 개념 안에 '시간이 가득 찬'[h] 정체성을 가지고 있음을 의미한다. 즉, 공간 현상은 항상 이러한 공간적 역동성을 가지고 있음을 의미하며(서양의 관점에서), 이는 그것들로 인해서 유클리드 기하학적 개념과 같은 것들을 보다 덜 엄격하거나 순전히 '공간적' 개념으로 만들게 된다.[13] 따라서 현재 나바호족 학교에서 널리 행해지는 완전히 정적인 공간 표현(purely static spatial representations) 체계 내에서의 교육은 오히려 개념적 오해로 이끄는 문제점이 있다.

교육에서 문화 소외 문제를 어떻게 해결할 수 있을까?

우리는 여기서 세 가지 가능한 접근 방법에 대해 살펴볼 것이다. 서양 체계 가르치기, 나바호족 체계 발전시키기, 서양 체계 통합하기이다.

1. 서양 체계 가르치기

현재 학교 상황에서 나바호족의 현실관을 충분히 고려할 때도, 우리는 이 문제가 잘못된 방식으로 해결되는 것을 목격할 수 있었다. 나바호족 지식은 전통적인 도덕적, 사회적 문제에 관한 것만 용인되거나 심지어 권장되었지만, 다른 영역에서는 완전히 무관하다고 여겨지거나 심지어 존재하지 않는 것으로 간주되고 있다. 서양 학교에서 교육받은 교사들에게는 나바호족(혹은 다른 비서양인)의 고유한 그들만의 문화적 범위 내에서 구축된 지식을 자신의 교실에서 가르쳐야 할 과학 분야의 지식으로 간주될 수 있느냐에 대해서는 전혀 고려할 필요가 없다는 것이 명백해 보인다. 이렇게 생각하는 논리는 다음과 같다. 고전 시대 어느 시점에 몇몇 사람들이 완전히 새로운 사고방식을 시작했고, 다른 민족들의 지식은 이것과 비교할 때 실제 가치가 없다는 것이다. 이러한 태도는 이러한 서구적 사고방식, 즉 '과학적 사고'가 이식되는 곳마다 거대한 자연과 사회 영역을 정복하는 기술 폭발을 생각할 때 충분히 이해할 수 있는 부분이기도 하다. 그러나 앞서 설명했듯이,

g) 역자 주. 시간과 공간이 융합된 개념.
h) 역자 주. 시간성이 강한 상태.

다른 민족들의 지식을 활용하는 문제는 더욱 미묘하고 다른 차원이 존재한다. 따라서 여기서는 다음에 제시하는 두 가지 대안적 접근 방식을 통해 이를 명확히 하고자 한다. 한편, 현재와 같은 서양 체계를 가르치는 접근 방식의 효과는 이전 단락에서 설명했듯이, 서구식 교육의 '피해자'의 양산, 즉 여기에서는 나바호 인디언들이 혼합되고 형편없이 통합된 지식을 얻는 것이다. 나바호족은 자신의 전통에 대한 진정한 지식이 없고, 또 다른 별개로 조직되고 분명히 불완전한 두 번째 지식 체계인 서양 지식 체계를 가지게 된다. 그들은 종종 자신의 전통적 지식 체계의 훌륭하고 가치가 있는 정보에 관한 인식을 할 수 없고, 현재 학교 지식의 일부 측면에 대한 비판적인 논의와 질문을 할 수도 없다. 더욱이, 한 체계의 요소들이 다른 체계로, 그리고 반대 방향으로 이동할 수 있는 통합 및 번역 가능성 또는 심지어 대체 가능성도 기대할 수도 없다. 최소한 이 상황에서 아이들과 교육받은 성인들과 대화를 나누고 질문을 하였을 때, 우리가 얻은 경험은 그러했다. 다시 말하자면, 최종 결과는 부분적이고 상대적으로 통합되지 않은 두 체계에 대한 지식(Fishman, 1979에 따르면 '문화 이중주의'의 나쁜 예)을 얻는 것이며, 두 체계 모두의 관련성과 상호관계로부터 소외되는 것이다.

2. 나바호족 체계 발전시키기

우리가 생각하는 두 번째 가능성은 나바호족의 공간 인식을 기하학 교육을 위한 진정한 질적 자료로 삼고, 기존의 유클리드 기반 서양 기하학 개념을 향해 나아가는 것이다. 실제로 이 접근법은 기본적인 나바호족 개념과 현재 의미 분석 과정에서 구별된 모든 개념 간의 관계를 기존의 공식 표기법과 기존의 공식 이론에 부합하도록 번역하는 것과 같다는 것을 발견할 수 있다.

이러한 접근 방법을 실현하기 위해서는 서양과 다른 나바호족 공간 개념에 적합한 표기 체제가 필요하다. 이 표기 체제는 다음과 같은 특징을 가져야 한다. 첫째, 정확한 측정보다는 나바호족의 공간 인식을 질적(정량적이 아닌)으로 해석하고 표현할 수 있어야 한다. 둘째, 대부분의 기하학 체계가 전달하는 정적 성격보다는 역동적 측면을 강조할 수 있어야 한다. 공간을 이러한 방식으로 해석하는 데 다소 적합하면서, 유일한 형식적 접근법은 주로 톰(Thom, 예: 1977년)이 개발한 동적 위상수학 또는 파국 이론[i](catastrophe

i) 역자 주. 여기서 파국 이론이란, 불연속적이거나 갑작스러운 변화를 설명하는 데 사용되는 수학적 도구이다. 예를 들어, 꽃잎의 수에 대해 생각해 보자. 꽃잎의 수는 유전적 요인과 환경적 요인의 영향을 받는다. 유전적 요인은 꽃잎의 수를 결정하는 안정적 요인이라면, 환경적 요인은 꽃잎의 수를 변화시킬 수 있는 불안정한 요인이다. 특정 환경 조건에서 꽃잎의 수는 갑자기 변할 수 있다. 이러한 갑작스러운 변화는 파국 이론을 사용하여 설명할 수 있다. 이러한 파국 이론은 나바호족 공간 개념을 이해하는 데 유용한 도구가 될 수 있다. 나바호족 공간 개념은 질적이고 역동적이므로, 정량적이지 않고 시간이 지남에 따라 변할

theory)이다.

일반적으로 말하면, 톰(Thom)은 변화, 교대, 중단, 파동 같은 움직임 등 몇 가지 역동적인 측면을 설명할 수 있는 형식적인 이론을 구축하려고 하였다. 그는 사회과학(주로 언어학)을 포함한 여러 과학 분야에서 이 모델의 응용을 모색하였다. 그의 이론의 세부 사항은 생략하고 간단히 말한다면, 그는 역동적인 측면을 두 상태(즉, 초기 상태와 최종 상태) 사이의 변화로 접근하였고, 이러한 변화의 유형, 특징, 규칙성 등을 공식적으로 규정하는 접근 방식을 제시하고 있다. 그의 이론은 위상수학 이론으로, 공간의 가장 일반적인 특징(예를 들어 유클리드 공간, 비유클리드 공간 등과 같은 다양한 복잡한 공간에 나타나는 공통적 특징)을 다루는 이론이다. 잘 알려진 것처럼 위상수학은 적어도 공간 모델(예: 유클리드 모델)의 기초에 관해 이야기할 수 있는 장점을 제공하므로, 동적 위상수학은 기하학에 대한 일반적이고 기초적 접근 방식에 대한 의미 있는 대안으로 보인다. 따라서 나바호족의 공간 인식에 대해 이러한 유형의 프로그램을 적용해 보는 것은 타당하다고 판단된다.

톰(Thom)의 접근법이 가지는 문제점은 바로 일반적인 정적 위상수학에서처럼(예: Sauvy and Sauvy, 1972년, 교실 적용 지침서) 쉽고 철저한 입문서가 없다는 점이다. 따라서 수학자들이 현재의 설명에서 가치 있는 무엇인가를 찾기를 기대하고, 이를 통해 교사를 위한 안내서 작성에 도움이 되길 기대한다.

절차는 다음과 같이 진행될 것이다. 먼저, 서양 기하학을 기초로 하는 내용은 축소되고, 위상수학적 방법으로 표현한다. 나바호족의 공간에 대한 개념화는 이와 비슷한 방식으로(역동적 위상수학을 강조) 형식화될 수 있고, 따라서 특별한 위상수학 명제 체제로 간소화될 수 있다.[14] 두 번째 단계에서는 '서양'과 '나바호족' 위상수학 체계, 공준, 명제들을 비교해야 한다. 마지막 단계로, '나바호족' 명제에서 '서양' 체계와 관련된 '서양' 기하학으로의 전환을 용이하게 하기 위한 정확한 적응 절차를 고안해야 한다.

이러한 전략은 엄청난 장점을 가지고 있다. 즉, '서양' 기준 기하학 개념으로의 전환이 이해되고 명시적으로 나바호족의 인식을 고려할 수 있게 된다. 반면, 서양 체계를 가르치는 앞의 전략에서는 나바호족 어린이의 고유한 공간 인식의 카테고리를 고려하지 않았고 무시하고 강제로 서양 기하학을 강요하였다. 실제로, 양쪽 모두에서 위상학적 측면의 더 기본적인 공식화와 개념으로부터 출발하게 된다면, 서양과 나바호족 두 체계의 공간 구조화를 서로 대안으로 비교할 수 있는 기회가 제공될 것이다. 더 나아가, 나바호족 아이들에게 적응이나 '유도된 전환'을 가능하게 만들 것이다. 우리는 나바호족 어린이가 가지고 있는 전통적 개념과 서양 개념 간의 차이점에서부터 시작하여 두 개념 간의 전환을 명확

수 있다. 파국 이론은 이러한 유형의 변화를 설명하는 데 사용할 수 있다.

하고 의도적으로 훈련시키고, 공간 체계의 관점의 차이로 인해 나바호의 어린이가 마주치게 되는 세밀하고 어려운(서양화된 교육관점에서 볼 때) 부분을 신중하게 전달하기 위해 노력할 것이다. 확실히 더 발전된 기하학적 사고에서는 '서양' 기반의 교육이 더 적절한 지침이기 때문에 우리는 안전한 기준점으로 서양 기하학을 선택할 수 있다. 이것은 서양 기하학이 공간과 형태를 연구하는 데 널리 사용되고 잘 정립된 체계임을 의미한다.

이 전략은 상호 간의 번역 가능성이라는 엄청난 이점을 가지고 있기 때문에 적어도 학교 교육을 개선할 것으로 기대된다. 하지만 이러한 전략도 두 가지 심각한 단점을 가지고 있다. 첫 번째 단점은 의심할 여지 없이 환원주의[j] 프레임을 지지한다는 것이다. 이로 인해, 표현된 문장이나 관점들은 항상 형식 체계를 가지는 위상수학적 구절로 축소된다. 앞서 언급했듯이 기존 형식(우리가 아는 한)은 나바호족 개념 내용을 심각하게 축소할 것이다. 실제로 '나바호족의 공간' 개념에 대한 대안 없이, 즉 '점'이라는 개념 없이, 그리고 계층적이고 엄격하게 상호 관련되지 않은 개념에 대한 수많은 어려움과 함께 나바호족이 가진 고유한 개념은 축소될 것이다. 이로 인해, 나바호족 공간의 경우에는 이러한 단점이 번역 가능성이 가지는 장점을 훨씬 능가할 것이다. 결정적인 균형은 반정형 공간 표현 모델(the semiformal spatial representation model, Pinxten et al., 1983의 제4장)의 동적 위상수학 모델에서 상세한 수학적 '변환'이 완료될 때만 이루어질 수 있다. 두 번째 단점은 복잡한 논쟁 없이도 명백한 것으로, 초등학교 과정에서 위상수학적 표현을 사용하는 것과 관련이 있다. 제시된 절차는 나바호족의 공간 개념을 일반적인 공간 분류 체계로 통합하는 것을 목표로 한다. 피할 수 없는 결과는 나바호족 학생들과 교사들이 더 나은 이해력을 갖게 되고 실제로 기하학 분야에 더 쉽게 진입할 수 있을 것이다. 왜냐하면, 그들은 기하학과 위상수학, 그리고 나아가 그들의 특정 '위상수학 체제'와의 기본적인 기초적 연결을 이해할 수 있기 때문이다. 그러나 이 모든 것은 서양 지식에 대한 통로일 뿐이며, 따라서 학교에서의 의사소통과 상호작용의 '서양화'라고 할 수 있다.

따라서 지금까지 살펴본 두 번째 대안은 나바호족 사상과 서구 사상 간의 연결을 (적어도 일부 분야에서) 더 잘 이해할 수 있도록 해주겠지만, 서구적 관점의 확장이 더 중요하다고 생각하는 암묵적인 확신에 기반을 두고 있다. 이는 도덕적으로나 정치적으로 매우 의심스러운 입장일 뿐만 아니라, 전 세계에 재앙적인 획일화를 초래할 수 있다. 사실, 모든 생존을 '진실'로 추정되는 하나의 세계관에 모든 것을 걸고 투자하는 것이 사실 엄청난 위험이라는 것을 이해하는 데는 그리 대단한 상상력이 필요하지 않다. 우리가 생존해야 하는 세계의 매우 제한된 영역만이 이러한 전망에 의해 합리적으로 잘 이해된다고 할

j) 역자 주. 환원주의로 해석하게 되면 복잡한 현상이나 시스템을 단일한 구성 요소나 기본적인 수준의 원리로 축소해 나가는데, 이로 인해 현상의 본질이나 전체적인 맥락을 놓칠 수 있고, 이러한 간소화는 실제 현실의 다양성과 상호연관성을 무시할 우려가 있다.

수 있기 때문에 그 위험은 훨씬 더 클 수 있다. 그럼에도 불구하고 나바호 인디언이든 다른 민족이든 모든 비서구 민족에 대한 현재의 식민지 및 반식민지적인 제도적 '개발' 시도는 우리가 실제로 진행 중인 도박과 같은 것이다. 좋은 의도는 분명 충분히 가지고 있지만, 위험의 대가에 대한 의식은 부족하다.

3. 서양 체계 통합하기

제시된 대안은 나바호족 시각을 중심으로 나바호족 공간 모델 내에서 '서양' 시각을 통합하는 것이다. 이 전략의 최종 결과는 나바호족 중심적인 틀 속에서 나바호족 사고 방식과 서구 사고 방식을 통합하는 것으로 이끌 것이며, 이는 정치적·교육적 목적에서 정당화될 수 있다.[15]

우리는 나바호족이 가진 공간 개념의 모델(Pinxten 외 (1983), Ⅳ권에서 제시된 바와 같이)을 두 가지 방법으로 사용할 계획이다. 첫 번째 이 모델은 나바호족 지식에 대한 명확하고 분명하게 설명된 교육을 촉진하는 데 도움이 되어야 한다. 두 번째 이 모델은 나바호족 학생들이 학교에서 배우는 외부 개념(예를 들어, 서구적 개념이나 또 다른 개념)의 인지적 맥락을 쉽게 이해하도록 돕는 데 용이해야 한다. 더 나아가서 이러한 개념은 가능한 한 자신의 민족이 가진 원래의 지식 체계로 번역되어야 한다. 어떤 의미에서는 이 전략은 앞부분에 제시된 전략과 유사하지만, 그 결과는 이전 전략과 정반대이다. 나바호족 지식을 서양 지식으로 축소시키는 대신, 오히려 그 반대를 옹호한다. 이러한 조치의 일반적인 정치적 또는 사회문화적 이유는 매우 간단하다. 현재로서는 모든 것을 포괄하는 메타 시스템적 접근 방식이 불가하다는 점을 고려할 때(우리가 아는 한, 적절한 메타언어도 해당 체제 간의 상호대응 및 번역 규칙도 없기 때문) 수입된 틀은 다소 희생되더라도 가능한 한 전형적인 토속 틀을 보존하려고 한다. 왜냐하면 토속 틀의 지속은 우리를 풍요롭게 할 것이고, 현재 문화적 지식 체계 간의 실제 소통은 확실히 토속 틀의 희생을 바탕으로 이루어지기 때문이다.

나바호족의 공간 지식 교육

나는 교육에서 나바호족 공간 지식을 학교에서, 기하학 수업에서, 그리고 교과과정의 다른 부분에서(다음 내용 참조) 명시적으로 다루면 현재의 불행한 상황이 급격하게 변할 것으로 예상한다. 콜Cole과 그의 동료들이 '교육과 문해력'에 관한 연구 결과와 일치하듯이 나는 이 자료를 교실 환경에서 명시적으로 다루면 교사와 학생들의 공간 개념에 대한 이해가 향상될 것이라고 추측할 수 있다(Scribner and Cole, 1981). 나는 다음과 같은 계획을 제안한다. 이러한 제안은 의미론적 분석 결과를 기반으로 하고 있다.

전제

1. 나바호족 지식에서 공간은 유한하고 경계가 있는 절대적인 것이다. 이것은 인식할 수 있는 세계의 모델을 통해 입증될 수 있다. 즉, 모든 존재하는 것은 상상할 수 있는 모든 실체에게 정해진 위치를 부여하는 접시 모양의 거대한 구조물 안에 담겨 있다고 여기는 모델이다. (이 구조를 '4개의 산 사이의 지구'와 동일시할 필요는 없다. 절대적이고 유한하며 경계가 있는 공간이라는 개념만 전달되면 된다.)
2. 공간은 마치 공간 안에 있는 실체나 물체처럼 역동적이다. 즉, 모든 '실체', '객체' 또는 이와 유사한 행동 및 인식의 단위는 지속적으로 과정에 참여하는 단위로 간주되어야 한다. 같은 방식으로 공간 단위와 공간적 관계도 이와 같은 의미에서 질적이며 명확하게 정의되고 쉽게 양적으로 측정되고 본질적으로 정적인 것으로 간주될 수는 없다.

보충 설명: 앞서 언급한 '전제'들은 수많은 간접적인 예시를 통해 탐색되고 입증되어야 하며, 나바호족 용어와 문구에서 의미를 직접적으로 끌어낼 수 있어야 한다. 하지만 특정 개념에 보다 세부적 설명은 교실에서 좀 더 엄격하게 이루어져야 한다.

실제로 나바호어 어휘(Pinxten et al., 1983, 제1장과 제3장)에서 분리된 모든 개념은 언제부터든 시작하여 체계적으로 가르칠 수 있다. 아마도 가장 편리한 시작점은 "부피", "차원" 및 "운동"과 같은 기본적인 개념일 것이다. 어떤 경우든 실용적이며, 교육학적인 접근은 상대적으로 쉽게 보인다.

나바호족 언어에서 '부피감(volumeness)'이라는 추상적인 개념을 전달하기 위해 다음과 같은 절차를 단계별로 따를 수 있다.

1. 교사는 학생들에게 나바호족 언어의 어휘에서 발견되는 모든 부피감의 사례를 다룰 수 있도록 다양한 유형의 물체와 물체의 집합 등으로 놀이를 하도록 한다. 먼저, 분류 동사들은 어떤 방식으로든 무작위가 아닌 다른 유형의 물체를 정의하는 역할을 하며, 다른 용어와 표현들은 부피감이라는 개념을 더욱 완성하게 한다.
2. 이 과정 전반에 걸쳐서, 나바호 세계의 사물에 대한 의식적이고 명시적인 탐구 과정 내내 이 단계들은 여러 차례 반복되며, 모든 이러한 현상들은 '부피감'이라는 보다 추상적이고 포괄적인 개념의 단순한 예시에 불과하다는 개념이 자라나게 된다(기술적이고 일반적이지 않은 개념에 해당하는 경우와 마찬가지로, 나바호족 언어로 이

명사에 상응하는 것이 필요하다). ‘부피감’이라는 개념을 습득하기 위한 특별한 교육을 도입할 수 있다. ‘부피감’의 개념과 ‘움직임(운동)’과 같은 개념 간의 차이는 두 개념의 사례를 철저하고 명시적으로 비교함으로써 교육할 수 있다.

이어서 나바호족 공간 지식 체제의 다른 모든 개념도 유사한 방식으로 가르칠 수 있다. 더 기본적인(구성 요소가 적은) 개념들이 습득되면, 더욱 복합적인 개념, 즉 의미 표현에서 여러 ‘구성 요소’를 가지고 있는 개념들을 도입할 수 있다. 예를 들어 설명하면 다음과 같다.

‘거리’라는 개념은 서구 아이들이 4~5학년(Piaget and Inhelder, 1947, 10세 정도의 나이)쯤에 완전하고 체계적인 방식으로 습득할 수 있는 다소간 계량적인 개념으로 다음과 같은 학습 과정 혹은 절차를 통해 도입될 수 있다.

1. 교사는 아이들이 막대기, 부피의 이동 등을 가지고 놀게 하며 ‘공간적 거리’의 개념을 친숙하게 만들려고 노력한다. 이 개념은 (이전에 습득했던 덜 복잡한 개념인) ‘분리’의 보다 복잡하고 추상적인 형태로 다루어지도록 한다.
2. 다음 단계에서도 (부피, 물체, 막대기 또는 그 사이의 단계 등을 사용하여 실험 및 탐색함으로써) 적어도 ‘무언가 또는 누군가’가 ‘무언가 또는 다른 누군가’로부터 거리(distance)’를 두고 있어야 한다는 점을 이해하도록 돕는다. 이렇게 함으로써 거리 개념에서 ‘부피감’(객체 또는 자아)에 대한 구성적 특징을 도입하게 된다. 즉, 거리는 부피감의 예시들 사이에 존재하는 것이다.
3. 유사한 방식으로 다른 구성 요소들이 ‘거리’ 개념을 이해하기 위해 필요한(그러나 불충분한) 구성 요소로 도입된다. 결국, 적어도 ‘거리’의 의미론적 특성(1983년 Pinxten et al.의 제4장에서 제시된 의미론적 분석에서)이 습득된다. 교육과정은 언제나 추상적인 개념을 습득하는 것을 목표로 하며, 구체적인 사례와 이들의 명칭은 각 개념을 습득하는 절차의 시작 부분에서만 예시 역할을 할 수 있을 뿐, 정의나 추상 개념 자체가 될 수는 없다.[16]

이러한 절차는 제4장 말미에서 제시한 의미 모델의 모든 개념이 특정 특성, 즉 구성 요소를 가지면서 동시에 다른 개념의 구성 요소이기도 한 이중적인 역할을 바탕으로 가르칠 수 있을 때까지 따를 수 있다. 이러한 방식으로 나바호족의 공간 개념과 나바호족 공간 지식의 전체 구조는 명확하게 그리고 적절한 교육 방법을 통해 가르칠 수 있을 것이다.

나는 이 과정에서 사용될 수 있는 실제 및 상세한 교육 수단과 장치에 대해 거의 다루지 않았다. 다만, 나는 그것들이 서양의 현대적인 놀이 학습에서 사용되는 것과 다소 유사할 것이라 확신하지만, 적절하고 완전히 다른 전략으로 옹호될 수도 있을 것이다. 그러나 이는 현재 우리가 진행 중인 연구의 범위를 벗어나는 부분이다. 이러한 질문들은 기술적 성격을 지니고 있으며, 핑스텐 외(Pinxten et al., 1987)에서 상세히 다루어졌다. 우리는 여기에서 나바호족 어린이들의 경험 세계에서 공통적인 교육 맥락을 개발하고자 한다. 예를 들어, 집(후간), 로데오, 양치기, 직조 등이 여기에 해당한다. 나는 여기에서 일반적 개요를 제공하고, 나바호족 공간 지식을 현대 학교에서 적절하게 가르치는 것이 합리적이고 바람직하며 실제로 가능하다는 것을 보여준 것으로 만족한다. 이러한 정보를 적절한 교육적 방법으로 검증해 보는 것은 교육과정 전문가들이 해야 할 일이며 그들의 몫이다.

서양 공간 체계의 교육

완전히 발전되고 잘 훈련된 나바호족 공간 지식 시스템을 습득한 후에 더 나은 대응으로 다소간에 해당하는 서양의 공간 지식을 교육할 수 있다. 다시 말해서, 완전히 '낯선' 지식 체제에서의 맹목적이고 잘못 이해된 훈련을 피하고, 반면에 기존 범주를 궁극적으로 서양 중심 교육으로 축소하는 것을 방지하기 위해 나바호족 지식의 완전하고 의식적이며 명확한 배경에서 서양의 개념을 가르치는 것을 제안한다. 만약에 축소가 필요하다면, 그것은 서양 개념의 일부에서 이루어질 것이다.

따라서 나는 서양적 대안을 나중에 외부 세계와 상호작용하는 동일한 기본 문제에 대한 구체적이고 차별적인 심화로서 가르칠 것을 제안한다. 이는 외부 세계와의 상호작용의 기본 문제들에 대한 동일한 기본적인 문제에 대한 특별하고 차별화된 세부 사항으로, 서양 문화 맥락에서 이해력을 갖춘 나이에 도달한 서양 아이들에게 적어도 어느 정도 비서양적인 접근 방식이 가르쳐지는 것과 유사한 방식이다. 구체적인 예시에 대해서는 다시 한 번 핑스텐(Pinxten et al., 1987)을 참고하면 된다.

다음 전제를 고려하시오.

1. 공간(서구 지식 체계에서)은 무한하고, 경계가 있으며, 상대적이다. 이러한 관점은 나바호족의 시각과 크게 다르지만, 세계의 기본 과학 모델을 참조하여 유사한 방식으로 가르칠 수 있으며, 나바호족 관점에서는 감산(substraction)을 통해 시각화할 수 있다. '끝이 없는 선을 상상해 보세요', '원을 윤곽선을 따라 연속적인 움직임으로 상상해 보세요', '공의 특징을 상상해 보세요'(사실 우리가 이러한 현상의 특징에 대해 배운 방식과 거의 동일하다(사실 이러한 현상의 특성에 대해 가르쳐진 방식과 매우 유사하다.). 또한 '사물 간의 단순한 관계만 다루는 상대성 이론적 관점을 상상

해 보세요'. 이는 뉴턴의 절대 공간에 반대하는 논의에서 라이프니츠가 한 말을 거의 그대로 사용한 설명이다(참조, Smart, 1964).

2. 공간은 그 안에 있는 물체와 존재들처럼 정적이다. 이는 서구의 공간 개념은 나바호족의 공간 현상과 행위에 대한 '스냅샷', 즉 순간적인 이미지를 캡처하여 나바호족의 의미(나바호족의 관점에서)에서 마치 실제 물체 또는 현상인 것처럼 그것들을 다루는 개념으로 가르칠 수 있다.

보충 설명: 물론, 위의 가정들을 가르치기 위해서는 일부 훈련이 필요하다. 이를 통해 학습자들이 어느 정도 그러한 세계관 내에서 추론하는 것이 가능해질 것이다[현장 연구를 수행하는 동안 나는 프레임의 전환(서양식 사고와 나바호족식 사고 사이의 전환)에 어려움을 겪었고, 이러한 습득의 어려움을 과소평가할 의사는 없다].

따라서 이 시점부터는 몇 가지 서구적인 공간 개념, 즉 기하학적 체계를 가르칠 수 있다. 물론, 앞서 언급했던 섬세한 '번역' 과정을 항상 유지해야 한다.[17]

'부피(volume)'를 가르칠 때는 다음과 같은 절차를 따를 수 있다.

1. 나바호족의 '부피감' 개념을 반복함으로써 (서양의) 부피에 관한 기하학적 개념이 전자의 개념과 어떻게 유사하면서도 다른지 쉽게 지적할 수 있다. 쉽게 명확히 할 수 있는 주요한 차이점은 바로 정적-동적 이분법과 관련이 있다. 다시 말해, 부피 개념은 나바호족에서 알려진 동적 부피감 사례의 '스냅샷' 또는 순간적인 슬라이스로 결과가 나타나기 때문에 이 개념은 매우 특별하다. 이러한 특징 이외에도 엄격한 계량적인 특성은 유사한 방식으로 설명할 수 있다(예를 들어, 세분화 가능성과 형태의 불변성은 기본적이며, 피아제의 연구를 바탕으로 쉽게 가르칠 수 있다). 부피감의 사례는 실제적으로나 이론적으로 축소되거나 또는 조작될 수 있다. 이는 결과적으로 서양인들이 부피를 다루는 규칙적이고 고도로 대칭적인 형태로 이어질 수 있다. 서양의 부피 개념과 나바호족의 부피감 개념 사이에는 고도의 유사성이나 동일성이 있으며, 이는 부피감의 사례와 마찬가지로 부피를 조작하고 인지하며 분류하고 재구성할 수 있다는 사실에 기인한다. 이 두 개념 간의 차이는 상호보완적이고, 따라서 고도로 세련된 특징들의 집합이다.

나바호족과 서구 개념 사이의 차이점과 유사점에 대한 유사한 탐구는 실용적(활동적, 구체적) 수준과 이론적 수준 모두에서 수행될 수 있다. 그러나 보충적이고 더 어려운 과제는 개념 쌍들 사이의 관계적 정의(또는 의미론적 특징)의 차이를 가르치고 체계적이며 명시적으로 분석하는 것이다. 이러한 이론적 수준의 작업, 즉 적절한 관계 집합과 정의를 구성하는 것은 대부분 나바호족 공간 지식 시스템의 해당 구조적 정보와의 대조를 통해 이루어진다.

나는 모든 정교한 서양 지식의 전형적인 관계와 구조화의 실제 공리적 방법을 알려주는 이 수준의 추론이 교육을 통해 또는 서구 체제에서 논리적 규칙의 사용에 대한 상세한 분석을 통해 도입될 것을 제안한다. 후자는 의심할 여지 없이 서구 규칙과 매우 유사한 나바호족 고유의 논리 규칙과 쉽게 연결된다(분석 및 현장 자료의 예 참조). 일관성, 논리적 연결성, 논리 연산자는 기하학적 추론의 정교한 형태로 서구(절대적으로 중요한) 의존성을 설명하고 가르칠 때 강조된다.

그러나 명확성과 설득력을 높이기 위해 '부피' 개념에서부터 시작하여 서양 기하학의 기본 개념을 소개하기 위해 어떤 절차를 따를 수 있는지 매우 일반적인 용어로 간략하게 설명하고자 한다.

2. 두 번째 단계에서는 '선'의 개념을 도입할 수 있다. 위의 의미에서 두 개의 구체적인 '입체'가 여러 점을 연속적으로 서로 만날 때, 모든 점을 한 번 지나쳐 만지면서 볼 수 있거나 그릴 수 있거나 (궁극적으로) '걸을 수 있는' 구조는 선을 구성한다. 예를 들어, 시각적으로 하늘과 하늘 사이의 연결은 그러한 선이다. 또한 두 '부피' 사이의 연결, 즉 산과 강처럼 서로 만나는 곳들의 연결은 끊임없이 진행되는 연결로 간주된다.

3. 두 부피는 한 '면'으로 서로 닿거나 겹칠 때면 '면'의 개념에 도달할 수 있다.

4. 두 부피가 서로 만나거나 겹쳐서 그들이 함께 있는 장소가 단 하나이고, 볼 수도 시각화할 수도 어떤 방향으로도 진행할 수 없지만, 항상 같은 장소라고 생각할 때 우리는 점을 갖는다. 이와 유사하게 등등.

이 단계들의 설명적 정교함은 크게 향상될 수 있다. 이러한 주제에 관심이 있는 분들은 화이트헤드(Whitehead)의 훌륭한 연구를 참고하여 훨씬 더 적절한, 즉 직관적이지 않고 '논리적으로' 혼란스러움이 적은, 사고의 흐름을 이해할 수 있을 것이다. 내가 여기서 하고자 하는 것은 단지 두 체제 간의 가능한 소통 방법을 지적하는 것일 뿐이며, 암시된 단계와 개념의 적절성에 대해서는 걱정하지 않는다. 화이트헤드(Whitehead)의 제안을 나바호족 교육에 적합하고, 올바르며, 정확한 형태로 '번역'하는 것은 잘 훈련된 교육자 또는 심리학자의 몫인 것이다. 이러한 '번역'의 일반적인 성격은 우리의 이러한 설명을 통해 명확해졌으면 한다.

이와 관련된 다른 자료의 상세 설명

물론 앞서 언급한 유형의 교육은 수학적(혹은 보다 엄밀하게는 기하학적) 추론에만 국한되지 않는다. 이와 유사한 '프로그램'은 공간 개념이 암시되는 교육과정의 다른 영역에서도 개발될 수 있고, 또한 개발되어야 한다.

지리학은 분명히 풍부한 공간 표현을 활용한다. 사회과 교육과정에 나바호족의 공간에 대한 역동적이고 전체적인 관점을 고려한 지리학 단원을 개발하는 것은 매우 흥미로운 일이다. 예를 들어:

(a) 산이나 골짜기는 서구 맥락에서처럼 단순히 '객체'로 소개되어서는 안 되며, 오히려 수년에 걸쳐 골짜기와 산의 양상이 변화하는 상호작용의 복합체로 표현되어야 한다. 가장 중요한 것은 두 지형 사이의 역동적인 상호작용 관계를 가르치는 것이다. 나바호족 아이들이 협곡에서 양을 몰 때, 방향 감각이 탐색 도구로 작용하는 방식은 아름다운 예시이다(Pinxten et al., 1987).

(b) 지구는 쉽게 국가 단위로 세분화되어서는 안 되며, 주변이 물로 둘러싸인 상대적으로 변함이 없는 지형으로 인식되어야 한다. 여기에 서로 다른 생활권 또는 영토, 즉 도시, 민족들의 공간, 공동체 등이 구분된다. 이러한 생활권은 서로 상호작용하는 비교적 밀집된 패턴을 나타내며 (일부는 더 많고 일부는 적게), 밀집된 내부 상호작용 구조를 가지고 있다. 또한, 이들은 어느 정도의 성장, 쇠퇴, 변화 등을 겪는다.

이러한 접근 방식으로 지리학을 다룬다면 물론 세부 사항까지 완전히 연구될 수 있으며 매우 흥미로운 결과를 가져올 수도 있다. 이러한 접근 방식은 전혀 이상하지 않다. 왜냐하면, 소위 '신진 지리학자들'은 서구 지리학 개념을 비슷한 (하지만 덜 급진적으로 정교화된) 방식으로 다루려고 노력해 왔기 때문이다. 굴드와 화이트(Gould & White, 1974) 및 린치(Lynch, 1960)의 선행 연구를 참조한다. 반면에 콩클린(Conklin, 1980)의 이푸가오 지리학에 관한 훌륭한 저서는 다른 문화권에서 이러한 접근 방식의 예시로 활용될 수 있다.

자연과학도 마찬가지로 유사한 방식으로 재구성될 수 있다. 현대 서구 교육의 객관적이고 분절 중심적인 접근 방식 대신에, 교육에서 생물체에 대한 '특정 방식으로 작동하도록 배치된 체제'라는 유기체적 관점을 쉽게 강조할 수 있다. 다시 말해, 이러한 대안은 현대 생명과학의 관점과도 크게 다르지 않다. 와딩턴(Waddington, 1977, 제1, 2장)은 오늘날 이러한 분야에서 대안적이고 동적인, 심지어 유기체적인 접근 방식의 중요성을 강조하고 있다. 생태계와 상대적으로 독립적인 생물학적 시스템(인간, 동물, 식물)을 갖춘 상징적 시스템으로 자연을 바라보는 것은 매우 의미 있는 관점이 될 수 있다.

역사, 사회과학, 언어학과 같은 분야에서도 유사한 접근 방식은 중요한 결과를 낳을 수 있다. 이러한 각 분야에서 나바호족 지식의 체계적이고 시대 변화를 고려하는 관점을 다양한 교육과정에 도입할 수 있다.

이 모든 것의 활용은 무엇인가?

서구 맥락에서 이미 오래전부터 '정립되어있는' 것처럼 보이는 지식 영역에 대해 나는 진정으로 토착적인 접근 방식을 추구하고 있음이 분명해졌을 것이다. 지식과 교육의 일부 영역을 이처럼 힘들고 꼼꼼하게 재조직하는 것은 '어떤 의미가 있는가?' 혹은 왜 확립된 자료와 학문 분야에 고수하지 않고 '이처럼 위험하고 정당성 없는 시도를 하는가?'라는 일반적인 질문이 의문으로 떠올라 왔을 것이다.

나는 이처럼 복잡한 접근 방식을 제안하는 데에는 여러 가지 중요한 (심지어 보편적으로 적용 가능하다고 말할 수 있는) 이유가 있다.

첫째, 나바호족의 이유: 우선, 오늘날 완전히 부적절한 교육 현상이 존재한다. 이는 나바호족 어린이와 성인들 사이의 오해 및 사회문화적, 심리적 소외를 초래한다. 학교 교육과정은 거의 완전히 순수한 나바호족 세계관을 고려하지 않기 때문에, 거의 토착 문화적 맥락에 통합되지 않는다. 그 결과 사람들은 어느 시점에 자연적인 지식 체계와 서구적 대안 사이에서 선택해야 하는 상황에 놓이게 된다. 대부분의 사람들은 선택하지 않고 부분적으로 나바호족적이고 부분적으로 서구적인 '분열된 세계'에서 살고 생각하게 된다. 민주 사회에서 이러한 이류 대우를 받을 이유는 아무에게도 없다. 내가 이 장 초반에 강조했던 대안은 토착민들의 틀에 따라 교육과정을 재설계하는 것이다. 이것이 바로 내가 이 세 번째 대안에서 성취하려고 시도했던 것이다. 내가 이러한 방식으로 작업하려고 노력하는 몇몇 기관을 알고 있다. 주목할 만한 곳은 '앨버커키 학교 교육과정 지원 부서(the Division for Curriculum Services at Albuquerque)', 록 포인트와 러프 록(Rock Point and Rough Rock)의 지역 사회 학교, 그리고 몇몇 개인 연구원들이다. 내가 다룬 영역에서 현재 연구가 그들에게 도움이 되기를 바란다.

둘째, 서구적 관점에서 본 인식론적 이유: 오늘날 지배적인 역사적, 문화적 특수성을 지닌 관점에 대한 대안을 찾으려고 연구해 내는 것은 매혹적이고 이론적으로 매우 가치 있는 일이다. 서구와 비서구적 관점 간의 거의 번역 불가능성과 비교 불가능성이라는 엄청난 차이를 극복하는 과제는 보편적 진리를 향해 연구한다고 주장하는 모든 (서구) 과학자에게 있어 가장 보람되고 중요한 작업이다. 이러한 프로그램의 형식 및 해석적 난해함은 특정 주장의 타당성을 결정한다. 따라서 이 연구와 유사한 연구의 정치적, 사회적 측면 외에도 나는 인식론적 관련성을 강조하고 싶다.

셋째, 진화론적 이유: 마지막으로, 그리고 가장 일반적인 관점에서 볼 때 진화론적 논쟁은 설득력이 있다. 전 세계적인 전통적인 비서구 사고 및 행동 체계 위에 서구 세계관과 사고 체계를 체계적으로 겹쳐 놓음으로써 엄청난 획일화가 진행되고 있다. 과거에는 다른 문화의 지식이 서구 사상의 발전에 중요한 기여를 하였으며, 때로는 결정적인 역할을 했었다(예를 들어 라이프니츠가 현대 수학과 물리학을 변화시키는 데 영향을 미친 일부 중국 개념의 영향). 마찬가지로 서구 사상과의 질서 있는 소통과 상호작용은 때때로 다른 문화에도 유익한 영향을 미쳤다. 그러나 현재 일어나고 있는 다른 지식 체제의 체계적인 소멸을 통해 원래의 '응답의 풀pool of responses'(물론 은유적인 표현임)은 극적으로 줄어들고, 결국 '서구 풀the Western pool'과 동일해지고 있다. 전 세계적으로 우리가 감수하는 위험과 우리가 목격하는 빈곤은 (진화론적으로 말하자면) 매우 두려운 일이다. 과학이 모든 기본적인 질문에 대한 유효한 답을 가질 수 있다고 주장할 수 없는 한(현재 상황에서와 같이 자연과 사회생활의 일부 측면만이 아직 불완전한 과학 시스템에서 만족스러운 타당성과 신뢰성으로 다루어질 수 있기 때문에), 세계적으로 모든 다른, 이른바 원시적이고 선과학적이거나 전근대적, 그 외의 이질적인 접근 방식을 근절하는 것은 어리석은 일이다.

서구 관점이 만족스러운 방식으로 적용되지 않는 서구 생명과학에 중국 모델이 적합하다는 니덤(J. Needham, 1956)의 말을 굳이 믿을 필요는 없다. 그러나 지식론과 존재론(엄밀히 말하면 자연철학)의 기본적인 수준에서 상호영감과 상호작용은 아마도 모든 경우에 보람되고 유익할 것이다. 이러한 다양한 관점의 가능한 관련성에 대한 일반적인 이해를 고려할 때(모든 다른 것을 희생하는 유일한 접근이나 어떠한 문화적으로 편향된 관점이든 간에), 나는 토착 지식(예를 들어, 나바호족 체계)의 옹호와 의식적이고 완전한 활용의 가능성을 지지한다. 이것은 비교와 상호영향이 평등한 방식으로 나타나거나 심지어 계획할 수 있는 정도까지 유지되어야 한다. 이 일반적인 전략의 구체화로서, 예를 들어, 수학자가 나바호족 공간 지식의 통찰을 기반으로 동적 위상수학의 공리화를 시도해 보는 것은 매우 고무적일 수 있다고 제안한다. 이러한 기본적인 수준에서 다르게 구성된 사고 체계와의 대립에서 생기는 기본적이고 직관적인 영감은 사전에 측정될 수 없다. 즉, 공간 지식 체계 자체에 대한 완전한 의식과 주요 고려 없이는 불가능한 것이다.

앞선 논의들은 과학 이론과 모델의 특수적인 강점과 타당성에 대한 일반적인 인식에서 하나로 통합되어 돈 캠벨(Don Campbell, 1973, 1989)의 입장과 상호일치한다. 모든 인간은 특정 문화적 배경과는 상관없이 거의 동일한 방식으로 세계에 직면하며, 비록 다소 다른 방식으로 해석을 받을 수는 있지만 거의 동일한 질문을 다루고 있다. 캠벨(Campbell)의 주장에 동의하듯이, 과학과 진리에 대한 진화 모델이 타당성을 지닌다면, 특히 가정된 과학 모델과 이론의 타당성과 강점이 유효한 예측을 불허할 정도로 약한 분야에서 다양성과 다양한 관점은 가치가 있다. 나는 오늘날 많은 학문 분야 지식이 이러한 측면에서 무능력하다고 확신하며, 따라서 앞으로 언젠가 삶에 대한 질문을 종합적으로 분석하는 데 도움이 되도록 가능한 한 많은 합리적인 접근 방식을 지원하고 발전시켜야 한다는 논리를 옹호한다. 나바호족 사고 체계는 확실히 몇 가지 측면에서 합리적이며, 따라서 완전히 발전되면 때때로 서구 체계를 밝혀줄 수 있고, 반대의 경우도 마찬가지일 것이다. 나는 과학 철학자와 인류학자의 임무는 더욱 적절한 합리성 기준을 정교하게 만들려고 노력하는 것(현재 몇몇 학자들이 착수하고 있는 작업)이며, 현대 과학의 기본적인 제안과의 대결을 통해 소멸되지 않은 비서구 문화 지식 체계와 효과적이고 소외되지 않는 소통 및 상호작용을 조직하는 것이라고 생각한다.

미주

1. 현재로서는 이 문제를 자세히 설명하는 것은 불가능하다. 그러나 이 주제에 대한 다양한 출판물이 존재한다. 제네바 학파의 출판물에서 충분한 예시를 찾을 수 있다.

2. BB라는 뛰어난 젊은 나바호족 남성은 나바호족 공간 지식을 연구하는 것에 대해 '당신의 연구에 대해 듣자마자 당신은 크고 매우 복잡한 문제에 직면할 것이라고 생각했다. 공간은 깊은 개념이며, 나바호족과 관련된 연구 성과에서도 매우 빈약한 부분이다'라는 반응을 보였다.

3. 한 컨설턴트인 LB는 분류학적 분류에 대한 테스트가 한 동안 수행되었다고 이야기했다. 컨설턴트들은 지시 사항에 따라 테스트에 임했지만, 그들은 이러한 방식으로는 '알려진(known)' 것을 이해하지 못했다고 시인했다. 그들 자신은 이러한 분류 방식에 따라 작업은 하지 않을 것이라고 말하였고, 이러한 원칙은 실제로 적용되지 않았다.

4. 교사와 학생들이 이 문제에 대한 논의하면서 드러난 '두 문화 지식 체계(서양과 나바호족) 간의 비교 불가능성'에 대한 이해 부족은 쉽게 파악할 수 있었다. 칸트는 유클리드 기하학을 타고난/명백한 것으로 간주하고, 외부 세계의 유일하게 가능한 기하학으로 간주했고, 이 세기 전반까지의 사상가들(프레게와 후설(Frege and Husserl)을 포함하여)은 19세기에 리만과 로바쳅스키가 고안한 비유클리드 기하학은 정말로 이해할 수 없는 사실로 생각한 것은 너무나도 잘 알려져 있는 사실이다. 후자는 물리 세계의 어떤 것과도

정말로 호환성이 없는 반직관적인 산물들로 보였고, 아인슈타인(1949)이 이들의 이점에 대해 논의할 때까지는 단지 '사소한 사건(faits divers)[k)]'처럼 보였다. 이 문제는 아직 우리 교육에 완전히 뿌리 내리지 않았으며, 더 기본적인 '위상수학(topology)을 통한 변화'(Reichenbach, 1958; Thom, 1977 참조)는 말할 것도 없다.

5. 이러한 진행은 항상 그렇게 엄격한 형태로 나타나지는 않지만, 총체적인 공간 표현에서는 체계적이고 명확한 계층적 진행이라는 개념이 확실히 적용될 수 있다.

6. 과학철학에서의 논의를 참조한다. Russell(1921)은 감각 데이터를 찾으려고 했고, Goodman(1977)은 '원자로서의 퀄리아(qualia as atoms)'를 추구하였다. 또한 Quine (1969)의 '객체에 대한 말(Speaking of Objects)'을 참고한다.

7. 이러한 문제에 대한 논의는 Ernest(1991), Pinxten(1994)을 참고한다.

8. 파국 이론(catastrophe theory)이론에 대한 기본 작업(예: Thom, 인용문) 및 소산 구조 이론(dissipative structure theory), 혼돈 이론(chaos theory)(예: Prigogine and Stengers, 1990)을 참조하였다.

9. 관심 있는 독자는 인용된 문헌을 참고하기 바란다(특히 Atran). 이러한 부분에 대해서는 다른 문헌에서 자세하게 분석하였다(Pinxten, 출판 예정, Pinxten and Farrer, 1994).

10. 이러한 설명이 과도한 단순화이고, 이것이 주제에 대한 다소 편향되었다는 사실도 잘 알고 있다. 하지만 내가 가진 일반적인 확신은 타당한 것으로 생각된다(과학철학자들의 언급 참조). 이러한 편향성은 주제에 대한 강조를 줌으로 인해 논점을 명확하게 드러내는 역할을 한다.

11. 따라서 이 글의 요점은 나바호족이 더 원시적이거나 '전논리적(prelogically)' 사고방식을 갖고 있다는 것이 아니라, 동일한 유형의 개념과 연산이 서로 다른 방식으로 사용된다는 점을 보여주는 것이다(Kpelle족의 논리 연산자 사용에 대한 콜Cole et al.의 1971년 연구와 유사한 입장이므로 참조 바람).

12. Thom(1977, pp. 10-11)은 감각 지각에 지배되는 개념과 대비되는 '객체'에 대한 상대적으로 역동적인 개념을 발전시키려고 한다. 그의 개념은 안정된 상태 간의 전환에서 출발하여 '객체'를 그 결과로 간주하기 때문에 여기서는 적용할 수 없다.

13. 앞으로 명확해질 것처럼 '동적 양상'은 공간을 통한 '움직임'이나 이동과 동일시할 수 없다. 후자의 범주는 나바호족과 서양 체계 모두에서 관련성이 있지만 '정적/동적' 이

---

k) 역자 주. 프랑스어로 사소한 사건을 지칭하는 말로서 다양한 일을 의미한다.

분법과는 무관하다.

14. 나바호족 체제에서 강조되는 '입체성(volumeness)'의 개념을 기존 위상수학 표기 체계나 형식 이론에 반영하는 것은 기술적으로 상당히 많은 문제가 있다. 왜냐하면, 대부분 (아니면 모든) 위상수학은 기본 단위를 '점'으로 설정하고 있기 때문이다.

15. 처음에는 서양과 나바호족 공간 인식 사이의 병렬적 발전 모델을 고려했다. 그러나 정적인 시각과 동적인 시각 모두를 동시에 적절하게 설명할 수 있는 메타언어가 필요하다는 것을 알게 되었다. 이러한 시각으로는 형식적인 정교함이 없는 막연하고 유사한 비교만 남게 되었다. 따라서 두 공간 표현 체계 간의 '상관관계'에 대한 실제 검색은 매우 위험해져 중요하고 명확한 방식으로 상관관계를 설명할 가능성이 없다. 이러한 모든 단점을 고려하여 이 프로그램을 포기하고 교육적으로 실행가능한 대안에 집중하기로 결정하였다. 우리는 이 부분에 대한 Dirk Batens의 통찰력과 조언에 감사를 표한다.

16. 영어는 대부분의 다른 유럽 언어와 마찬가지로 이러한 점에서 모호하다. 즉, 같은 단어가 추상적 개념과 구체적 사례를 나타내는 기하학적 개념(대부분의 경우)을 모두 나타내는 데 사용된다. 명사는 두 가지 사고 수준에서 이중적 역할을 한다.

17. 나바호족 체제에서 점에 대한 개념은 완벽하게 부족하기 때문에 점부터 시작하기보다는 나바호족의 현지 체계에 일반적으로 가까운 개념들로부터 시작할 것을 나는 제안한다. Whitehead(1953)는 그의 작지만 뛰어난 저서에서 '점', '공간', '표면'과 같은 원시 개념에서 번갈아가며 시작하여 기하학 및 모든 기하학적 명제를 동일한 타당성과 동등한 위력을 가진 체제로 구축할 수 있다는 것을 보여주었다. '입체'에서 시작하여 '표면' 및 다른 기하학적 개념을 만족스럽게 정의할 수 있으며, 결국 전체 체제의 가장 상세하고 복잡한 개념으로 '점'을 정의하고 개념을 마무리할 수 있다. 다시 말해, 다양한 관점에서 동일한 타당성과 위력을 가지도록 접근이 가능하다. 여기에서 이 아이디어를 참조하고 싶다(물론 덜 엄격하고 덜 정교한 방식으로). 따라서 나는 나바호족 사람들과 하는 수업에서 먼저 '부피'를 도입하고 훨씬 나중 국면에서 좀 더 '원시적인' 상태의 다른 개념들로 마무리하는 것을 제안한다.

참고문헌

Atran, S. (1990). Cognitive foundations of natural history. Towards an anthropology of science. Cambridge: Cambridge University Press.

Bovet, M. (1974). Cognitive processes among illiterate children and adults. In *Culture and cognition*. Edited by J. Berry and E Dasen. London: Methuen.

Campbell, D. T. (1964). Distinguishing differences of perception from failures to communicate in cross-cultural studies. In *Crosscultural understanding*. Edited by F S.C. Northrop and H. Livingstone. New York: Harper and Row.

______. (1973). Ostensive instances and entitativity in language learning. In *Unity through diversity*. A Festschrift for Ludwigh von Bertalanffy. Edited by William Gray and Nicholas D. Rizzo. New York: Gordon and Breach.

______. (1989). Descriptive epistemology. In Campbell D. T. *Methodology and epistomology for social sciences*. Chicago: Chicago University Press.

Cole, M., J. Gay, J. Glick, and D. Sharp. (1971). *The cultural context of learning and thinking*. London: Methuen.

Cole, M., and S. Scribner. (1974). *Culture and psychology*. New York: Methuen.

Conklin, H. C. (1980). *An ethnographic atlas of ifugao*. New Haven: Yale University Press.

Einstein, A. (1949). Einstein's autobiography. In *Albert Einstein: Philosopher-scientist*. Edited by Paul A. Schilpp. Evanston, Ill.: La Salle.

Ernest, P. (1991). *The philosophy of mathematics education*. London: Falmer Press

Fishman, J. (1977). In *On going beyond kinship, sex and the tribe: Interviews with contemporary anthropologists in the U.S.A.* By Rik Pinxten. Gent: Story.

Goodman, N. (1977). *The structure of appearance*. Boston Studies in Philosophy of Science. Dordrecht: Reidel

Gould, R, and R. White. (1974). *Mental maps*. London: Penguin.

Grunbaum, A. (1964). *Philosophical problems of space and time*. London: Rout-ledge and Kegan Paul.

Lynch, K. (1960). *The image of the city*. Cambridge, Mass.: MIT Press.

Needham, J. (1956). *Science and civilization in China*. London: Cambridge University Press.

Piaget, J., and B. Inhelder. (1647). *La construction de l'espace chez l'enfant*. Paris:

PUF.

Pinxten, R. (1976). Epistemic universals: A contribution to cognitive anthropology. In *Universalism versus relativism in language and thought*. Edited by R. Pinxten. The Hague: Mouton.

______. (1994). An anthropologist in the mathematics classroom? In S. Lerman (ed.). *Cultural perspectives on the mathematics classroom*. Dordrecht: Kluwer Academic Publishers, 85-98. Forthcoming Philosophy and Anthropology. M.S.

Pinxten, R., I. van Dooren, and E Harvey. (1983). *Anthropology of space: Explorations into the natural philosophy and semantics of the Navajo*. Philadelphia: University of Pennsylvania Press.

Pinxten, R., I. van Dooren, and E. Soberon. (1987/1994). *Towards a Navajo indian geometry*. Gent: KKI Books.

Pinxten, R., and C. Farrer. (1994). On learning and tradition. In W. De Graaf and R. Maier (eds.) *Sociogenesis revisited*. New York: Springer, 169-184.

Prigogine, I. and I. Stengers. (1990). *Order out of chaos*. New York: Wiley Inter-science.

Quine, W. V. O. (1969). *Ontological relativity and other essays*. New York: Columbia University Press.

Reichenbach, H. (1958). *The philosophy of space and time*. New York: Dover.

Russell, B. (1921). *The analysis of mind*. London: Allen and Unwin.

Sauvy, J., and Sauvy, S. (1972). *L'enfant à la découverte de l'espace*. Paris: Casterman.

Scribner, S., and M. Cole (1981). *The psychology of literacy*. Cambridge, MA.: Harvard University Press.

Smart, J. J. (1964). *Problems in space and time*. New York: Macmillan.

Thom, R. (1977). *Stabilité structurelle et morphogénèse*. Paris: Interéditions.

Waddington, C. H. (1977). *Tools for thought*. St. Albans, England: Paladin.

Wassman, J. (1995). The final requiem for the omniscient informant? In *Culture & Psychology* I: 167-202.

Whitehead, A. N. (1953). On mathematical concepts of the material world. In *Alfred N. Whitehead: An anthology*. Edited by E S. C. Northrop and H. Gross. Cambridge, England: Cambridge University Press.

Whorf, B. L. (1956). *Language, thought, and reality: Selected writings of Benjamin Lee Whorf*. Edited by John B. Carroll. Cambridge, MA: MIT Press.

제18장

수학교육의 민족수학적 접근: 정치권력의 문제

겔사 크니닉(Gelsa Knijnik)

편집자 주: 브라질의 수학교육자인 겔사 크니닉Gelsa Knijnik은 땅이 없는 브라질 농촌 노동자들의 조직적인 움직임에 관한 자신의 연구를 보고한다. 그녀는 학문적인 지식과 대중적인 지식의 상호관계와 교육에서 민족수학적 접근이 사회 변화 과정에 기여할 수 있는지에 대해 고민한다. 본 장은 1992년에 《For the Learning of Mathematics》, 13(3), 23-26에 게재된 논문을 조금 수정하여 기술하였다.[a)]

본 연구는 브라질의 리우그란지두술(Rio Grande do Sul) 주의 시골 지역에서 진행되었다. 브라질의 총면적은 약 850만km^2로 남아메리카 전체 면적의 약 50%, 아메리카대륙의 20% 이상에 해당한다. 현재 브라질의 인구는 약 1억 4,600만 명으로, 인구 밀도는 km^2당 16명이다.

---

a) 이 글에서는 브라질 최남단에 위치한 한 시골 학교에서 저자의 활동에 대해 설명하고 논의한다. 이 학교는 조직화된 농촌 운동, 주로 MST(Movimento dos SemTerra: 땅 없는 사람들의 운동)와 관련되어 있다. 민족수학적 접근 방식을 사용하여 사람들의 두 가지 구체적인 사례가 제시된다. 저자는 토지를 위한 투쟁의 맥락에서 학문적인(erudite) 수학 지식과 대중적인 수학 지식의 상호관계를 다루는 몇 가지 교육 활동을 개발했다. 이 논문은 대중적 지식을 미화하지 않으면서도 이러한 종류의 교육적 활동이 사회 변화 과정에 제공할 수 있는 시사점에 대해 논의한다.

브라질의 가장 큰 경제 문제 중 하나이자 사회적, 정치적 문제이기도 한 것은 매우 밀집된 토지 구조이다. 브라질 전체 농촌 부동산$_{properties}$의 53%를 차지하는 25acres 미만의 농촌 부동산은 브라질 전체 면적의 3%에 불과하다. 반면, 브라질 전체 농촌 면적의 1%에 불과한 2,500acres 이상의 농촌 부동산은 브라질 전체 농촌 부동산의 44%를 차지한다.

저자의 현장 조사는 주도$_{state\ capital}$에서 약 370마일 떨어진 리우그란지두술 주의 작은 지역인 브라가(Braga)의 농촌 지역에서 진행되었으며, 인구는 약 5,000명(1980년 인구보다 15% 감소)에 불과하다. 인구의 73%가 농촌 지역에 거주하는 이 지역은 본래 농업 지역이다.

저자가 연구를 진행한 브라가에 위치한 DER/FUNDEP 농촌 학교[1]는 1989년에 조직화된 농촌 운동, 주로 MST[b)]에 대한 대응으로 설립되었다. 이 학교는 사회 변화에 기여하는 방법론적 접근으로 이해되는 대중 교육의 한 형태를 구현하는 것을 목표로 한다. 오늘날 이 학교는 조직화된 농촌 노동자들과 함께 우선적으로 교육해야 하는 데, 이는 그들이 말한 것처럼 "사회 변화 과정에 관여하는 주요 주체를 교육해야 할 역사적 시급함이 있기" 때문이다.

이 학교에는 다양한 유형의 공식적이고 비공식적인 과정이 있다. 여러 과정 중 저자의 연구는 초등학교 교사 자격증을 준비하고 수여하는 것을 목표로 하는 과정과 더 직접적으로 연결되어있다. 사실상 거의 모든 학생이 학위를 받기 전에도 수업을 하고 있었다. 이들을 "비전문 교사$_{lay\ teachers}$"라고 불린다. 교사가 부족하고 때로는 학교가 없는 브라질 농촌 지역에서는 더 높은 수준의 공부를 한 지역사회 구성원이 교사의 직책을 맡아 아이와 심지어 성인 학습의 과정에 도움을 주고 있다. 이러한 상황에서는 교육과 관련된 사람들에게 더 나은 조건을 제공하는 것이 절대적으로 필요하다. 보통 아주 먼 지역사회의 학교에는 모든 학년의 아이들을 교육하는 데 하나의 학급만이 운영되고 있다. 교사들은 시간제로 근무하거나 농사를 짓기도 한다.

이 "비전문 교사"들은 학생 신분으로 방학 기간 4회에 걸쳐 DER/FUNDEP 시골 학교를 방문한다. 이는 6개월 동안 학교에서 종일 공부하고 지역사회에서 가르치는 동안 "장거리 학습"을 하는 것을 의미한다. 이 4회의 기간이 끝나면 실습 학기가 있는데, 이 기간에는 DER/FUNDEP 교사의 감독하에 지역사회에서 가르치게 된다.

오늘날 MST는 브라질에서 가장 중요한 농촌 운동 중 하나이다. 이 운동의 슬로건인 "점령, 저항, 생산"은 농촌의 대규모 이탈을 막기 위한 토지 개혁 투쟁을 묘사하며, 국가 부의 재분배를 통해 내륙 주민들에게 더 나은 삶의 조건을 제공하기 위해 노력한다.

---

b) 역자 주. 땅 없는 사람들의 운동(Movimento dos SemTerra).

MST 구성원들이 땅을 차지하면 그들은 매우 기본적인 플라스틱 텐트 속 불안정한 야영지에서 생활하게 된다. 이 기간 이들은 서로 모여 그룹을 조직하고 정치, 경제, 사회 문제에 관해 토론을 시작한다. 경찰의 폭력에 저항하는 방법을 배우기도 한다. 또한 정착지에서 상품을 생산하고 판매하는 방법과 정부로부터 받아야 할 토지를 어떻게 관리할지 계획한다. 현재(1996년 10월) 브라질의 26개 주 중 19개 주에 걸쳐 145,000명이 정착지에 있고 MST와 관련된 캠프에는 24,000명 이상의 사람들이 있다.

땅이 없는 사람들의 운동은 토지 개혁에 있어 교육이 전략적인 문제라는 것을 분명히 알고 있다. 즉, 브라질 농민들은 항상 학문적 지식을 박탈당해 왔으며, 이러한 상황에서는 농촌에서 성공적으로 생활하고 상품을 생산하기 어렵다. 이 운동은 생산을 조직하고 관리하고 계획할 때 학문적 지식, 즉 기술 지식이 절대적으로 필요하다는 것을 인식하고 있다.

민족수학적 접근

수학교육에서 교수학적 관행practice이 근본적으로 정치적 문제라는 점을 당연시하는 저자의 연구는 제3세계의 해방적 대중 교육에 대한 광범위한 질문과 수학을 배우고 가르치는 과정 사이의 구체적인 연관성을 확립하려 한다.

나는 민족수학적 접근이라는 표현을 다음을 지칭하기 위해 사용한다.

> 지배되는 사회 집단의 전통, 관행, 수학적 개념에 대한 조사와 그 집단이 자신들의 지식을 해석하고 해독할 수 있도록, 학문적 수학자들이 생산한 지식을 습득할 수 있도록, 그리고 자신들의 지식과 학문적 지식을 비교하여 두 유형의 지식 사용에 관련된 권력 관계를 분석할 수 있도록 발전시킨 교수학적 활동에 관한 탐구

이러한 접근은 수학이 문화적 지식이며 수학의 탄생과 성장이 인간의 필요와 관련이 있다는 것을 가정한다. 이는 인식론적 관점에서 민족수학적 접근을 수학과 문화인류학의 교차점confluence에 위치하는 것을 의미한다.[2] 저자는 교수학적 지식과 사회학적 지식 역시 이 교차점에 소개하고자 한다.

본 현장 연구의 이론적 분석은 민족수학적 접근의 사회학적 차원을 강조한다. 연구의 대상은 수학적 지식이 절대적으로 필요한 내륙 사람들의 생산 활동과 관련된 두 가지 사회적 관행을 말한다. 이 조사는 수학적 지식에 관한 해당 그룹의 두 가지 구체적인 관행, 즉 땅의 면적 추정cubação de terra과 나무줄기의 부피 추정cubagem da madeira의 맥락에서 대

중적 지식과 학문적 지식 간의 상호관계에 대해 논의한다.

이 두 농촌의 사회적 관행은 브라질 최남단 시골에만 국한된 것이 아니다. 브라질 북동부 지역에서도 연구자인 Guida Abreu가 이러한 관행에 대해 조사했다. 그녀의 연구는 사탕수수 농부들이 농업과 관련된 활동에서 사용하는 수학을 조사했다.[3] 저자의 관점에서 볼 때 중요한 점은 DER/FUNDEP에 오기 전 이러한 대중적인 방법을 알고 있었던 학생들이 수학 시간에 그 그룹에서 이러한 방법을 가르쳤던 사람이었다는 점이다. 그들은 "학생"이면서 동시에 "교사"였다. 한 학생이 다음과 같이 말했다. "수학 수업 전에는 셈하기counts만 알았는데, 이제는 수학을 알게 되었어요" 이 문장은 학생이 수학 수업을 통해 자신의 사회적 관행과 관련된 수학을 해독하고 이해할 수 있었다는 것을 의미한다. 나아가, 주어진 교수학적 접근으로 인해 학생은 그 그룹에서 "수학 서적book mathematics"이라고 부르는 학문적 지식도 습득했다. 여기서 강조해야 할 중요한 점은 대중적 지식이 그것을 "고양시키려는exalting" 의도 없이 교수학적 활동에서 고려되었다는 점이다.

두 가지 사회적 관행

여기에서는 토지 넓이 측정에 관한 것부터 시작하여 조사 대상이었던 수학적 관행을 소개한다. 이 방법은 "Jorge의 방법"과 "Adão의 방법"이라고 불리는 두 가지의 서로 다른 방법으로 구성되어 있다. Jorge와 Adão는 그들의 지역사회에서 "땅을 측정"하는 구체적인 방법을 그룹에 직접 가르쳤다. 나무 몸통의 부피를 측정하는데 "Roseli의 방법"이 아래에 설명된다. Roseli 역시 이 방법을 그룹에 직접 가르쳤다. 다른 학생들은 나무 몸통의 부피를 알아내기 위한 다른 방법에 익숙했었지만, Roseli의 방법은 브라질 남부 시골에서 가장 많이 사용되는 방법이었다.

[표 18.1] Jorge의 넓이 측정 방법

농부의 언어	학자의 언어
이곳은 4개의 벽으로 둘러싸인 땅이다.	이것은 볼록사각형이다.
첫째, 모든 벽을 더한다.	첫째, 이 볼록사각형의 둘레를 구한다.
둘째, 더한 값을 4로 나눈다.	둘째, 둘레를 4로 나눈다.
셋째, 얻은 숫자를 자신과 곱한다.	셋째, 둘레를 4로 나눈 후 얻은 한 변의 길이를 가지는 정사각형의 넓이를 구한다.
이것이 이 땅의 "cubação"이다.	이것이 볼록사각형의 둘레에서 얻은 정사각형의 넓이다.

[표 18.2] Adão의 넓이 측정 방법

농부의 언어	학자의 언어
이것은 4개의 벽으로 둘러싸인 땅이다.	이것은 볼록사각형이다.
첫째, 2개의 맞은편에 있는 벽을 더하고, 그것을 2로 나눈다.	첫째, 2개의 대변의 평균을 구한다.
둘째, 다른 2개의 벽을 더하고, 역시 2로 나눈다.	둘째, 다른 2개의 대변의 평균을 구한다.
셋째, 첫 번째로 얻은 숫자를 두 번째 숫자와 곱한다.	셋째, 위에서 얻은 두 평균값으로 이루어진 직사각형의 넓이를 구한다.
이것이 이 땅의 "cubação"이다.	이것은 볼록사각형 두 쌍의 대변의 평균으로 결정된 직사각형의 넓이다.

[표 18.3] Roseli의 부피 측정 방법

농부의 언어	학자의 언어
이것은 나무의 몸통이다.	이것은 원뿔대a frustrum of a cone이다.
첫째, 나무 몸통의 중간 부분을 선택한다.	첫째, 원뿔대를 원기둥으로 변환한다.
둘째, 밧줄로 그 중간 부분을 감고 밧줄 길이를 구해 4로 나눈다.	둘째, 원기둥 밑면의 둘레를 구하고, 그 값의 4분의 1을 구한다.
셋째, 얻은 숫자를 자신과 곱한다.	셋째, 원기둥 밑면의 둘레의 4분의 1로 구한 값을 한 변으로 하는 정사각형의 넓이를 구한다.
넷째, 얻은 숫자에 나무 몸통의 길이를 곱한다.	넷째, 정사각형 넓이에 원기둥의 높이를 곱한다.
이것이 "cubagem da madeira"이다.	이것이 한 변의 길이가 (밑변의) 둘레의 4분의 1로 구해진 사각기둥의 부피이다. 사실, 이 둘레는 원기둥 밑면의 둘레이고, 원기둥은 그 전에 원뿔대를 원기둥으로 변환하여 얻었다.

볼록사각형의 면적을 구하는 경우, 단순한 수학을 통해 Jorge 방법의 결과가 Adão 방법의 결과보다 항상 크며 이는 학문적인 계산으로 구한 땅의 크기를 지나치게 크게 어림한다는 것을 보여주는 것은 어렵지 않다. Jorge와 Adão가 그들의 방법을 그룹에 설명할 때, 학생들은 그 방법들이 학문 수학의 관점에서 의미하는 바를 해독하고 이해했다. 이것은 위에 제시된 표에서 첫 번째 열에서 두 번째 열로의 전환을 나타낸다.

최종 논평

장을 마무리하면서 본 연구의 몇 가지 이론적 측면을 강조한다. 본 연구는 대중 지식을

"미화"하는 것을 피하려고 노력한다는 점이 중요하다. 오히려 본 연구는 사회적 불평등 관계의 산물인 대중적 수학적 관행이 어떠한 한계와 단점을 가지는지 이해하는 것을 목표로 한다. 이러한 대중적 수학 지식의 단순한 영속은 사회적 종속을 강화하는 메커니즘이 포함되어 있음을 이해할 필요가 있다. MST에게 학문적이고 기술적인 지식을 파악하고 활용하는 것이 토지 개혁을 구체화하는 데 전략적인 문제라는 것은 명확하다. 이러한 구체적인 지식 없이 생산을 조직하고, 관리하고, 계획하고, 상업화하기 어려울 것이다. 이러한 주장을 고려할 때, 단순히 대중 지식을 미화하는 것만으로는 사회 변화 과정에 기여하지 못한다는 점을 재확인하는 것이 중요하다. 특정 하위subordinate 집단이 자신의 부족한 지식이 가져오는 경제적, 사회적, 정치적 불이익을 의식하고 학문적erudite 지식을 배우려고 노력할 때, 이러한 의식은 사회 변화 과정에 기여할 수 있다.

Pierre Bourdieu[4]는 "내가 저항하기 위해 나를 지배하게 만드는 것을 유지하려는 권리를 주장하는 것보다 더 나은 논거가 없다면, 이것이 저항인가? 반대로 지배당하는 사람들이 자신을 '저속하게' 만드는 것을 잃어버리고 자신이 '저속하게' 보이는 것들을 적절히 사용하려고 노력할 때, 이것이 복종인가?"라고 말하며 이러한 견해를 지지한다. 그리고 Bourdieu는 "저항은 소외가 될 수 있고 복종은 해방이 될 수 있다"라고 말하며 단락을 마무리한다.

두 번째 요점은 저자가 "민족수학적 접근"이라고 부르는 교수학적 활동이다. 우선, 이것은 대중 수학을 탐구하고 구원하려고 시도한다. 이 수학은 지배적인 문화에 의해 정당화되지 않고 오직 구두로 전승되어 살아남은 것이다. 즉, 이 수학은 그 자리를 차지하는 어떠한 "통합적 지식synthesis-knowledge"도 없이 사라지는 경향이 있다. 그럼에도 불구하고 이 교수학적 활동은 단순히 대중 지식을 구원하려고 하지 않는다. 이 교수학적 활동은 그것을 해독하고 이해하려고 노력하여 학생들에게 그들 방법의 한계와 이러한 방법이 정확하지 않더라도 하위 농촌 그룹에서 활용되는 이유를 인식할 수 있는 기회를 제공한다. 나아가 Paulus Gerdes의 말을 빌리자면,[5] 문화적 인식의 과정은 대중 지식을 출발점으로 삼아 구성되지만, 그것을 초월하는 "통합적 지식"의 탄생을 가능하게 한다.

감사의 글

나는 이 연구의 이론적 해석을 통해 나를 안내해 준 Tomaz Tadeu da Silva 교수의 도움과 예리한 비평에 감사를 표하고 싶다. 또한 이 연구의 초판에 대한 의견을 주신 Dick Tahta와 우비라탕 담브로시오Ubiratan D'Ambrosio에게도 감사의 말씀을 전한다.

미주

1. DER/FUNDEP: Departamento de Educação Rural da Fundação para o Desenvolvimento, Educação e Pesquisa da Região Celeiro.

2. ISGEm Newsletter: *International Study Group on Ethnomathematics Newsletter* 1.1(1985).

3. ABREU, Guida M. C. P., Disscertação de Mestrado, Universidade Federal de Pernambuco (Brasil: Recife, 1988).

4. Pierre, BOURDIEU, "Os usos do povo," in Coisas Ditas São Paulo: Brasiliense, 1987, 181-187. 1982년 스위스 로잔(Lausanne)에서 있었던 강연을 저자가 번역(저자가 직접 영어로 번역).

5. Paulus, GERDES, *Ethnomatematica: cultura, matematica, educacao*. Maputo, Mozambique: Instituto Superior Pedagógico, 1991, 62-79.

맺음말

글로리아 포드 길머(Gloria F. Gilmer)

편집자 주: 글로리아 포드 길머Gloria F. Gilmer는 수학자이자 수학교육자, 상담가로 국제민족수학연구그룹(International Study Group on Ethnomathematics)의 초대 회장이다. 그녀는 다른 사람들과 함께 이 그룹과 민족수학이라는 과학 분야를 국제적으로 인정받게 하는 데 중요한 역할을 했다.

소개

1985년부터 1996년까지 나는 (1) 문화적 맥락에서 수학의 교수·학습을 촉진하고 (2) 민족수학에 대한 후속 연구를 장려하는 두 가지 목표를 가진 국제민족수학연구그룹(ISGEm)의 회장을 맡았다. 이 맺음말에서, 나는 이 단체가 앞으로 추진할 과제를 탐구하는 도전을 하려 한다. 부회장인 우비라탕 담브로시오Ubiratan D'Ambrosio는 민족수학 분야를 형성하는 데 많은 업적을 남겼다. 뉴스레터 편집자인 Rick Scott과 국가별 배포자들은 회원들의 정보를 더 많은 독자에게 전파하기 위해 많은 일을 해왔다. 나는 특히 미국의 수학계 다른 단체들과 관계를 구축하고 유지하기 위해 노력해 왔으며, 국가 회의 프로그램에 우리가 포함될 수 있도록 주선하고 매년 ISGEm의 사업 및 프로그램 회의를 계획했다. ISGEm에는 회원들의 연구 활동을 장려하는 4개의 특별 관심 그룹(SIGs)이 있는데,

그것은 다음과 같다. (1) 개념 및 이론적 관점, (2) 문화적으로 다양한 환경에서의 연구, (3) 학교 밖 적용, (4) 교육과정 개발 및 교실 적용.

배경

민족수학에 대한 나의 지식과 이후 ISGEm의 회장직은 Atlanta 대학교(현 Clark-Atlanta 대학교) 교수직, 미국수학협회(Mathematical Association of America, MAA) 이사회 회원, 국립교육연구소(National Institute of Education, NIE, 전 미국 교육부 연구 기관)의 수학 팀에 소속된 이후에 이어졌다.

조지아(Georgia)주에 위치한 유서 깊은 흑인 대학인 Clark-Atlanta 대학교에서 나는 나의 뿌리로 돌아가 잃어버린 것을 되찾고 미래의 흑인 수학자 및 수학 교사들의 연구와 실습을 지도할 수 있는 기회를 가졌다. 이 기간에 나는 Etta Falconer의 뒤를 이어 MAA의 흑인과 수학 프로젝트(Blacks and Mathematics, BAM)를 이끌었다. 이 프로젝트는 흑인 학생들이 수학의 활용과 진로에 대해 더 많이 배우도록 장려하기 위해 고안된 고등학교 강의 프로그램이었다. Della Bell, Henry Gore, Jim Donaldson, Jack Alexander와 같은 BAM 코디네이터들을 통해 새로운 아이디어, 새로운 얼굴, 새로운 수입이 MAA에 들어왔다. MAA 이사회의 일원으로서 나는 미국의 많은 교실을 방문하고 Dorothy Bernstein, Henry Alder, Gerald Alexanderson, Richard Anderson, Don Bushaw, Bill Chinn, Ed Dubinsky, R. Craighton Buck, Debra Haimo, Donald Hill, Richard Griego, John Kennelly, Pat Kenschaft, Annelli Lax, Joanne Leitzel, Lee Lorch, Henry Pollak, Gerald Porter, G. Baley Price, David Roselle, Ken Ross, Alan Schoenfeld, Martha Siegel, Donald Small, David Smith, Lynn Arthur Steen, Marcia Sward, Alvin White Willcox 등 많은 수학자들과 함께 일하는 것을 통해 수학 공동체의 문화를 경험할 기회를 가졌다.

1981년부터 1984년까지 국립교육연구소에서 나는 국립과학재단(National Science Foundation)의 프로젝트 담당자들과 함께 컴퓨터를 활용한 수학 교수·학습에 관한 최초의 정부 출연 연구와 24개국이 참여한 제2회 국제수학성취도연구(International Study of Mathematics Achievement)를 관리했다. 또한 1983년에 발표된 교육에서 우수성에 관한 국가 위원회(National Commission on Excellence in Education)의 유명한 보고서인 "위험에 처한 국가: 교육 개혁의 필요성(Nation at Risk: The Imperative for Educational Reform)"을 위한 정보를 수집했다.

NIE에 근무하는 동안 나는 약 50명의 수학자로 이루어진 미국 대표단의 일원으로

1983년에 중국을 방문하였고, 중국의 수학교육에 관한 광범위한 보고서를 작성하여 미국의 교육 실천에 기여했다(Gilmer, 1983). NIE에서 나는 오늘날 수학교육의 문제점과 시급한 과제를 전 세계적인 맥락에서 바라보았다. 예를 들어, 미국에서는 수학 교사들이 가르치는 것에만 너무 몰두한 나머지 학생들이 정규 학교 교육을 받지 않고 습득하는 수학적 아이디어와 방법들이 교사들에게 거의 알려지지 않았고, 그러한 아이디어와 방법들이 한 세대에서 다음 세대로 전달되는 과정도 거의 알려지지 않았다.

이 사실을 깨닫고 나는 수년간 위스콘신(Wisconsin)주 밀워키(Milwaukee) 중심도시 주민들의 수학 학습에 관해 연구하고 글을 쓰고 강연하였으며, 수학교육과 과학교육 프로그램을 운영하는 국가흑인여성협의회(National Council of Negro Women), 국가도시연맹(National Urban League), 전국도시연합(National Urban Coalition)과 같은 시민 단체를 통해 수학교육의 문제에 대한 인식을 발전시켰다.

1984년 호주 애들레이드(Adelaide)에서 열린 제5회 국제수학교육학회(Fifth International Congress on Mathematics Education, ICME-5)에서 나는 담브로시오의 기조강연을 통해 민족수학을 처음 알게 되었고, 이 수학 개념에 대한 나의 인식을 글로 남겼다(Gilmer, 1985). 그 이전까지는 나도 버트런드 러셀Bertrand Russell과 마찬가지로 수학의 차갑고 엄숙한 아름다움을 경험해왔다. 클라렌스 F. 스티븐스Clarence F. Stephens의 학생으로서, 그리고 나중에는 그의 동료로서[1] 나는 수학자의 엄격함, 정확성, 탄력성을 중요시하고 존중, 연대, 협력과 같은 학계 공동체에 내재된 사회적, 인도주의적 가치에 감사하는 법을 배웠다(Gilmer, 1990). 그때나 지금이나 나의 이해 방식, 학습 스타일, 직관, 감정, 수학의 활용은 모두 아프리카계 미국 기독교인이자 수학 공동체의 적극적인 일원으로서 나의 문화적 유산과 밀접하게 연관되어 있다. 그러나 지금 나는 민족수학이라는 개념이 수학 지식의 발전과 습득에 얼마나 큰 잠재력을 가지고 있는지 더 잘 알고 있다. 연구 분야로서 민족수학은 수학 개념과 수학적 개념의 습득 및 적용을 문화적 기원을 통해 연결한다. 이러한 방식으로 민족수학은 수학교육의 개혁과 수학 연구의 새로운 지평을 열어준다.

조직의 역사

1985년 미국 텍사스(Texas)주 샌안토니오(San Antonio)에서 열린 전미수학교사협의회(National Council of Teachers of Mathematics, NCTM) 연례 회의에서 우비라탕 담브로시오, Rick Scott, Gilbert Cuevas, 그리고 나는 민족수학에 관한 국제연구그룹(ISGEm)을 결성했다. 1986년 3월, Rick Scott은 첫 번째 ISGEm 뉴스레터를 발행했다. 첫 번째 사업 회의는 1986년 4월 워싱턴 DC(Washington DC)에서 NCTM 연례 회의의 일환으로 개최되었다. 1987년 9월, 글로디아 자슬라브스키Claudia Zaslavsky가 총무secretary가 되었고 Elisa Bonilla가 뉴스레터를 스페인어로 번역하기 위해 이사회에 합류했다. 매년 NCTM 연례 회의와 연계하여 연구 분과를 개최할 수 있었다. 1990년, NCTM 이사회는 ISGEm의 가입을 승인했다.

또한, 1985년 당시 미국수학회(AMS) 회장이었던 Julia Robinson은 나를 소외된 소수자의 수학 기회를 위한 MAA, AMS, AAAS(American Association for the Advancement of Science) 공동위원회(Committee on Opportunities in Mathematics for Underrepresented Minorities, COMUM)의 회장으로 임명했다. 나는 이 위원회를 통해 "COMUM의 친구들"을 만들어 소수 민족 공동체와 넓은 전문가 공동체를 연결했다. ISGEm 회원들도 "COMUM의 친구"가 되었다. 이들은 COMUM 회의에 참석하여 미국수학자협회(National Association of Mathematicians, NAM), AMS, MAA의 수학자들과 민족수학에 대한 아이디어를 공유했다. ISGEm 회원들은 또한 연례 회의에서 패널 발표 및 논문 발표 분과와 같은 COMUM의 다른 활동에도 초청되었다. COMUM이 수학과학교육위원회(Mathematical Sciences Education Board)의 "소수자를 위한 수학 만들기" 프로젝트에 착수했을 때 많은 ISGEm 회원들이 참여했다. 이러한 방식으로 COMUM은 ISGEm의 아이디어를 MAA, AMS, NAM 회의에서 발표할 수 있는 기회를 제공했다.

미국에서의 활동과 인정 외에도 ISGEm은 국제적으로도 활발하게 활동해왔다. ISGEm은 뉴스레터를 20개국으로 확대하여 배포했다. 1988년 헝가리 부다페스트(Budapest)에서 열린 ICME-6에서 첫 국제회의를 개최했다. 두 번째 국제회의는 1992년 퀘벡(Quebec)에서 열린 ICME-7에서 개최되었고, 세 번째 회의는 1996년 스페인 세비야(Seville)에서 열린 ICME-8에서 개최되었다.

앞으로의 과제

다음 세기에도 ISGEm과 일반적으로 민족수학 분야의 연구자들은 더 많은 민족수학적 지식을 창출 및 보급하고 인류 발전을 촉진하기 위한 민족수학적 접근을 사용하기 위해 인간의 에너지를 동원해야 하는 지속적인 과제에 직면하게 될 것이다. ISGEm의 경우 이러한 과제는 SIG를 통해 달성할 수 있으며, 이를 강화해야 한다.

지식을 창출하기 위해서는 새로운 아이디어에 대한 개방성을 유지하기 위한 전략을 설계해야 한다. 이를 위한 한 가지 전략은 MAA, AMS, NCTM과 같은 기존의 전문 단체와 함께 수학의 역사 및 교수학(History and Pedagogy of Mathematics), 비판적수학교육자그룹(Criticalmathematics Educators Group), 인문수학네트워크(Humanistic Mathematics

Network), 미국교육연구협회(American Education Research Association), 미국과학진흥협회(American Association for the Advancement of Science), 아메리칸 인디언 과학 및 공학협회(American Indian Science and Engineering Society), 미국기술협회(National Technical Association), 미국수학자협회(National Association of Mathematicians), 배너커협회(Bannaker Association), 미대륙간수학교육학회(Interamerican Conference on Mathematics Education), 그리고 아프리카수학연합(African Mathematical Union)과 같은 다양한 그룹과 의미 있는 관계를 지속적으로 발전시키는 것이다. 전문가 그룹과 함께 ISGEm은 학교와 대학을 대상으로 민족수학적 사고를 수업, 교직원 교육 및 연구 프로그램에 포함하도록 노력해야 한다. 특히 ISGEm은 현재 전문 수학 커뮤니티의 주류에서 제외되어있는 사회, 인종, 계급, 성별 그룹의 개인을 학문 수학 및 수학 관련 직업에 포함시키고 이들을 수학교육 연구의 진지한 연구자로 참여하도록 장려해야 한다. 이를 통해 성인과 아이 집단 사이에 존재하는 본능적인 수학적 지식이 널리 알려질 것이다. 또한 집단 내에서 한 세대에서 다른 세대로 수학적 아이디어를 전달하는 데 사용되는 비공식적, 공식적 과정의 본질을 밝히기 위해 미국 및 기타 지역에서 더 많은 연구가 필요하다. 이러한 과제를 달성하는 데 필요한 전략은 ISGEm 발전을 위한 장기 전략 계획의 일부가 되어야 한다. 이러한 계획에는 다음과 같은 구성 요소가 포함되어야 한다. (1) 회원들이 서로를 알아가고 그들의 업무에 대해 알아가도록 유도하는 의미 있는 관계 구축, (2) 회원 간의 리더십을 개발하고 책임을 공유, (3) ISGEm의 수학교육 의제를 공공의 장에서 효과적으로 추진하기 위한 전략 개발 및 실행.

패러다임의 변화

위에서 언급한 전략들의 필요성은 최근 Rochester 대학에서 있었던 일들을 살펴보면 잘 나타난다. 1995년 11월, Rochester 대학의 수학과 구성원들은 대학 당국이 수학과 박사 과정을 없애고, 학과 규모를 절반으로 줄이며, 다른 학과의 비정규 및 정규 교원을 고용하여 입문 수준의 수학 강의를 맡게 하는 르네상스 계획을 시행할 예정이라는 소식을 들었다. 이러한 감축 조치들은 대학의 운영을 일반적으로 축소하는 것이었다. 대학 행정부가 화학공학, 비교문학, 언어학 대학원 프로그램도 없애려고 했지만, 해당 학과의 교수진들은 계속해서 참여할 수 있는 학과 간 교류interdepartmental 박사 프로그램을 개설했다. 27개의 학과는 수학과 박사 과정 프로그램이 자신들의 프로그램에 필수적이지 않다고 주장했다. 또한 대학 행정부는 수학과 교수진과 이공계science and engineering 교수진 간의 연계가 거의 없다고 지적했다. 이러한 조치가 미국 전역의 대학에 미칠 파급 효과를 우려한 수학계는 특별 AMS 위원회를 구성하는 등 Rochester 대학의 수학과 교수진을 지원하기 위해 결집했다. 이를 계기로 수학과 교수진, 다른 학과의 동료 교수진, 행정부 간에 전례 없는 대화가 이루어졌다. 그 후 물리학과 및 천문학과의 도움으로 수학 박사 과정 폐쇄 결정이 철회되었다. 또한 이러한 구제의 일환으로 수학과는 수학을 전공하지 않은 학부생을 위한 강의를 검토하고 다른 학과 교수진의 연구 전문 분야와 연계하는 데 동의했다. 한 명의 수탁자trustee는 이 대학에 대학원 우수 강의에 대한 시상 시스템을 구축하기 위해 수백만 달러를 기부했다(Focus, February 1996, 1쪽; June, 1996, 1쪽).

Rochester 대학의 수학과가 경험한 이러한 사례는 "관계가 기본이다"라는 카오스 이론의 중요한 원리를 잘 보여준다. 카오스 이론을 공부하는 학생들은 그 어떤 것도 개별적으로 분리하여 연구할 수 없다는 사실을 발견하고 있다. 존재하는 모든 것은 자유롭지만 동시에 존재하는 다른 모든 것과의 관계에 의해 구속된다. 이러한 상호연결성은 "초기 조건에 대한 민감한 의존성"이라고 불린다. 모든 사물의 상호연결성은 민족수학자들의 사고와 유사한 수학에 대한 사고방식이다. 따라서 "개념적이고 이론적인 기초"에 관한 ISGEm SIG의 중요한 과제는 이 학문의 기초를 발전시키는 데 상호연결성 패러다임의 사용을 지속하고 확장하는 것이다.

1994년 AMS의 정책 성명(American Mathematical Society, 1994)에 따르면, 수학은 자연 세계를 설명하고 이해하려는 노력에서 발전한 측정, 형태, 패턴 및 변화에 대한 학문으로 정의한다. 또한 수학은 자연과학과 기술에 피드백을 주는 풍부하고 정교한 문화를 발전시켰다. 현재 수학은 자연과학과 공학을 넘어 의학, 비즈니스, 생명 과학, 그리고 사회 과학에까지 영향을 미치고 있다. 따라서 담브로시오가 민족수학을 서로 다른 자연적 그리고 문화적 환경에서 현실을 설명하고 대처하기 위해 다양한 문화권에서 사용하는 방법들을 비교 연구하는 학문으로 정의할 때, 유럽 중심의 수학 개념이 포함되고 존중된다. 그러나 중요한 것은 민족수학자들은 식별 가능한 모든 문화적 집단에 속한 사람들의 타고난 재능, 지식, 기술, 기법, 도구, 힘을 존중하는 방식으로 그 집단의 수학적 지식을 발전시키기 위한 도전을 받는다는 점이다. 이는 수학이 무엇인지, 수학이 무엇을 하는지, 누가 수학을 만들어 내는지에 대해 다른 사람들의 이해에 대한 깊은 관점으로 이어진다. 이 책에 소개된 연구의 범위와 깊이는 분명 민족수학 분야의 기초를 연결하고 확장하여 이 분야의 기초를 확립하는 중요하고 결정적인 노력을 증언한다.

미주

1. 1987년 여름까지 18년 동안 아프리카계 미국인 수학자 Clarence F. Stephens는 포츠담Potsdam의 New York 주립대학교 인문대학의 수학과 학과장을 맡았다. 1985년 Potsdam의 New York 주립대학교에서는 184명의 수학 전공 학부생이 졸업하였다. 이는 미국에서 UC Berkeley와 UCLA에 이어 세 번째로 많은 숫자였다. 1985년부터 1987년까지 3년 동안 Potsdam 대학 전체 졸업생의 평균 24%가 수학을 전공한 반면, 북미에서 수여된 학사 학위 중 수학 전공자는 1%에 불과했다. 1981년 Potsdam 주립대학교 수학과는 MAA의 수학 학부 프로그램 위원회 패널에 의해 성공적인 수학 프로그램으로 선정되었다. 또한 매년 수십 명의 Potsdam 대학의 수학과 졸업생이 Bell 연구소, IBM, 제너럴 다이내믹스(General Dynamics) 등 유수의 기술 기업에 채용되는 것으로 나타났다. Potsdam 대학의 캠퍼스를 방문한 캐나다 온타리오주 오타와(Ottawa)에 있는 Carleton 대학의 John Poland는 Potsdam의 학부 수학 프로그램을 “현대판 동화”로 묘사했다 (Poland, 1987). Stephens은 수십 년 전에도 메릴랜드Maryland주의 고등교육 시스템의 역사적인 흑인 기관인 Morgan 주립대학교에서 비슷하지만 알려지지 않은 업적을 달성한 바 있다.

참고문헌

American Mathematical Society. (1994). *AMS National Policy Statement 94-95.* American Mathematical Society, Providence, RI.

Gilmer, G. F. (1983). *A Report on the 1983 Mathematics Delegation to the People's Republic of China*, NIE Unpublished Report.

______. (1985). Sociocultural Influences on Learning. In W. Page (ed.), *American Perspectives on the Fifth International Congress on Mathematical Education, MAA Notes Number 5,* The Mathematical Association of America, pp. 95-96.

______. (1990). An interview with Clarence Stephens, *UME Trends*, p. 1.

Poland, J. (1987). A modem fairy tale? *American Mathematical Monthly*, 94 (3): 291-295.

Devlin, K. (1996). University of Rochester Eliminates Ph.D. Program, *FOCUS,* 16 (1), p. 1.

______. Rochester Reinstates Ph.D. Program, *FOCUS,* Vol. 16 (3), June 1996, p. 1.

찾아보기

ㅎ

기타

Published by
State University of New York Press, Albany

For information, address State University of New York
Press, State University Plaza, Albany, N.Y., 12246

민족수학

지은이 김진호 · 김상미 · 서보억 · 신동조 · 여승현 · 이대현 · 황지현
펴낸이 조경희
펴낸곳 경문사
펴낸날 2024년 8월 30일 1판 1쇄
등 록 1979년 11월 9일 제1979-000023호
주 소 04057, 서울특별시 마포구 와우산로 174
전 화 (02)332-2004 팩스 (02)336-5193
이메일 kyungmoon@kyungmoon.com

값 35,000원

ISBN 979-11-6073-706-6